天下第一

風水理氣大全

張清淵◎著

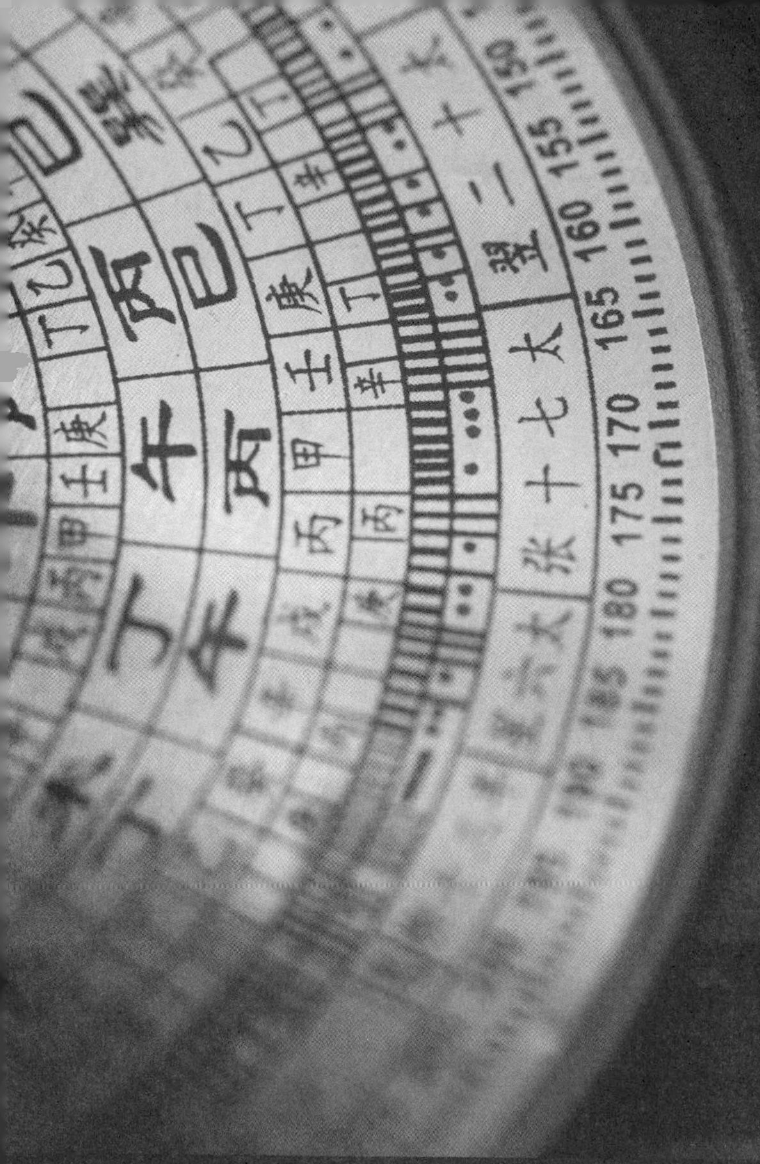

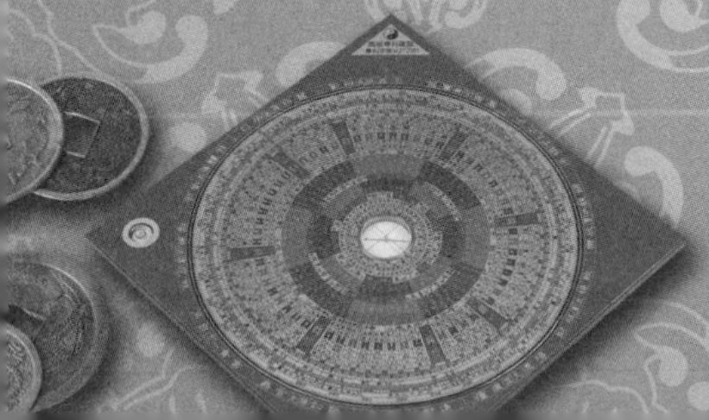

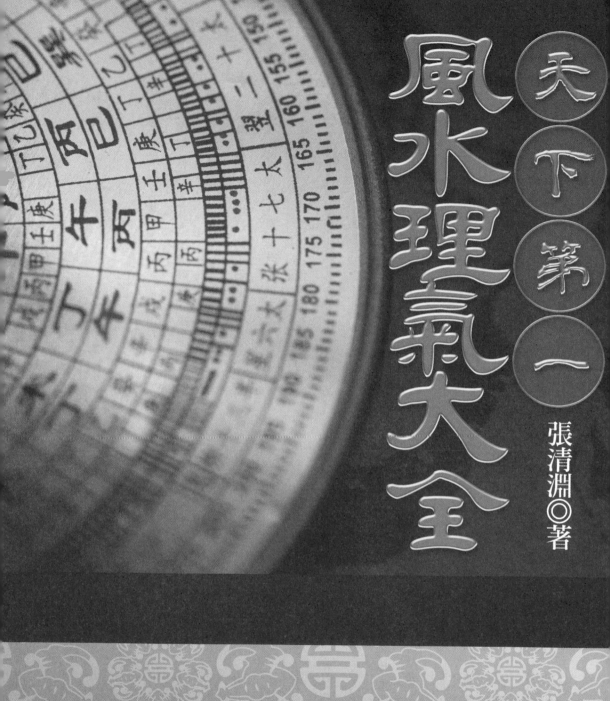

序文

風水堪輿之學，在中華文化中佔了極重要的地位，從殷商時期，便有以『相地』之法，來選定國家都城的所在。《詩經》：「篤公劉，既溥既長。既景乃岡，相其陰陽，觀其流泉。其軍三單，度其隰原。徹田為糧，度其夕陽。豳居允荒。」這是敘述周人的先祖，公劉以相土嘗水之法，來觀察山川地形的陰陽向背，並依此選擇營建住宅都城，軍民一起治理田地，種植莊稼的景象。由此可證明在殷商時期就有風水實際運用之方案及記載。

漢代以來獨尊儒術，儒家重視養生送死的觀念，主張視死如生是說先人往生後需要厚葬，這些觀念從現代被發覺的許多帝王陵之陪葬品可以得到例證，這使得風水堪輿之學在民間有了長足的發展，自晉代郭璞著『葬經』之後，風水地理之學的理論，便正式的更加影響古人的生活習俗與文化的傳承，爾後經過歷代堪輿先賢們的增補發揚，到了二十一世紀的現在科技昌明，風水堪輿之學已然融入了人們的生活習俗當中，更引起了重大的迴響和認同以及深遠的影響。

依中國人的哲學觀念而言，在這些變幻莫測的因緣裡，風水堪輿的理論最能指出，世間百態與旺衰替之時間與空間，所顯現的立體和繁複性，中國文化講究的是天人合一的和諧與順應自然的哲學觀，從而反映在時間和空間的風水觀念則是隱約、曲折、變化，又合於中道的思想，是洞見生命紋路的神秘之網，上可輔國安邦，下能便覽營謀，創造自然和諧的智慧之結晶。天有天理，人有人理，地有地理，堪輿學術是結合天、地、人三才，研究天文、地理與人事之間的相關變化，相互為表裡的因果關係，要使三才能夠相互呼應，則必須有人的知識體系和智慧配合，才能夠理解宇宙萬物和人的世事遞演變化的奧秘之所在。

以現今之科學理論而言，風水堪輿之學就是地球物理學、水文地質學、環境景觀學、宇宙星體學、地球磁場方位學、人體生命學、生態建築學、氣象學等等，合為一體的綜合性科學，因此風水堪輿之學即大自然科學，正如太上大道道德經及感應篇所闡述的：「人法地，地法天，天法道，道法自然。」因此人類需要瞭解自然、順應自然、利用自然、改造自然並留下自然，因此祖先所留下的風水堪輿之術有著一定的科學依據和自然的環保概念。

自古以來，風水堪輿之學大致分為『巒頭』與『理氣』兩派，總的來說，『巒頭』派主要特色為觀山川之形勢，尋找龍脈中結穴之地，我們口常用語中的「來龍去脈」一詞，典故正是由此而來，因此巒頭又稱為形勢派，《地理小補》云：「世俗以龍穴砂水稱地，幾能昧此本原，形勢與理氣原無分途，蓋山自崑崙發脈，有一支萬派之象，但終必萬派歸於一支而地方成。水自尾閭歸源，有萬派一支之象，而終必一支化為萬派，其地乃結。此形勢之祕訣，而亦形勢之捷訣也。學者當訪明師指透。」

至於『理氣』派則是依據河圖、洛書的原理，再輔以易經八八六十四卦、十天干、十二地支及五行四象的生剋制化和陰陽消長的遞演為基準，運用在羅盤的二十四山當中，來尋找吉祥的方位、座向，而羅盤是將在360°的羅盤圓週內，再以360°分成八等份，八個宮位，或稱八個大卦，即每卦每宮位為45。角再以每卦之中配置三山，而形成一卦管三山，總共有二十四山，故為二十四山向以生二十四之變，故而風水堪輿所用之羅經正是化繁為簡的把宇宙萬象的時間與空間組合成二十四山及六十四卦的方位又為360。的圓周，理氣就是應用易經之理加在羅盤上面。在諏撰吉日方面，則再輔以奇門遁甲與天星擇日的方法，以決定堪輿之吉凶好壞與應驗的時間。

既然形勢與理氣原無分途，誠如先賢所云：「萬山自崑崙發脈，有一支萬派之象，但終必萬派歸於一支而地方成。水自尾閭歸源，有萬派一支之象，而終必一支化為萬派，其地乃結。」所以筆者認為，陰宅與陽宅的風水造作當中，不管在形勢與理氣方面，兩者皆應該是合而為一的互為表裡之因果關係，因此有巒頭而無理氣則不靈，有理氣而無巒頭則不驗。巒頭能取吉於山川峰巒，鍾地靈之氣，理氣能擇佳期以奪日月之光，是為天光下臨，地德上載，藏神合朔，神迎鬼避。故造福人群，即在將此二者合而為一，追本溯源，風水之學既然是同源，又何需有派別之分！

目前的風水堪輿之學，先賢們更在兩派的基礎上擴大發展，終於形成現今百家爭鳴的現象，有三合派、八宅派、紫白九星派、玄空飛星派和玄空六法及龍門八局、乾坤國寶所謂的三元派，派別琳瑯滿目，讓人眼花撩亂。所以筆者認為，風水堪輿之學是要為大眾服務，不管哪一派的理論，只要實踐應驗的過程有效，就是好的。有鑒於此，筆者多年來殫精絕慮，遍習各派理論，並在實際的操作案例當中，驗證了各門各派理論之優劣，進而再與同道好友相互討論研究探討，因而得到啟發之下，積三十餘年之心得，終於略有所成，創研出行之有效並且能夠把各派之精華特色，彼此合而為一的串連起來，以為相互呼應而達到助人趨吉避凶之功效，故而編著本《天下第一風水理氣大全》付梓出版。

因此筆者認為，風水地理之學不必要定於一尊，如能建立一套基礎綱領，並可串連起各門各派之理論精華，並濃縮合而為一的相互應用，使得學習者能夠簡單易懂而操作又方便且有固定的準則脈絡可循，方不至於迷失方向，又能直指風水堪輿術的研習大道，使大眾能正本清源，使我們的優秀文化能夠永續的薪火相傳下去，而摒除以往人云亦云或眾說紛紜的相互攻訐指責的陋習，則筆者創作編著本書之心願即可告慰了。

本書之完成，特別要感謝白漢忠老師對本書之文稿及照片加以電腦文檔之編排及協助整理，同時還要感謝林志縈老師及蕭木通老師提供部分之資料及先師徐傳承之經驗心傳和滇西普光明老前輩之遺作的啟發，使得本書之理論與訣竅能夠更加完善的有了實際的物證參照，同時還要感謝紅螞蟻圖書公司及創辦人李錫東先生的鼎力支持，更期望本書的付梓出版，能夠使讀者開卷有益，並能夠帶動促進改善風水地理學之研究風潮，進而去除閉門造車之陋習以及派別林立各說各話之亂象，是以為序，還望各界先進閱讀本書後，如有遺漏或不足之處，敬請不吝賜教，讓吾輩能將易經以及易經應用之學更加發揚光大。

張清淵 序於 二〇一二年

主編的話

堪輿學，即風水學，風水的歷史相當久遠，在古代風水盛行於中原地區，形成文化，自古以來即是用來選擇國都、宮殿、以及村落、住宅、建築、墓地等一系列選擇合適的地方的一門學問方法與原則。

時至今日堪輿學的門派諸多，產生了許多不同的學術理念，所以各派的立論點也有不同，然而每一派門的學術都有其經驗價值，不可偏廢，只是現今派別林立，而今人所著述的書籍理論亦有部份是人云亦云，有不盡解處，即以臆度之，妄加猜測，如此即曲解古意，真偽混雜，不足以盡堪輿之真旨。

本書著者張清淵大師，在堪輿的學術中通達各派，享譽國際，同時也是很多國內外政商名貴以及國際性跨國企業競相指名聘任為專業顧問。張大師精研融會五術命理之學，在命理風水界有著崇高地位，其鑽研命理印證堪輿三十多年，深覺風水命理界不該故步自封，抱著「秘笈」、「孤本」而不放的抱殘守缺，對傳授學術也故作神秘，造成派別林立之亂象，吾人應該以更廣闊的心胸，在學習傳統學術之外也必須轉化符合現代科學驗證的精神，誠如張清淵大師所言：「風水地理之學不必要定於一尊，如能建立一套基礎綱領，並可串連起各門各派之理論精華，並濃縮合而為一的相互應用，使得學習者能夠簡單易懂而操作又方便且有固定的準則脈絡可循，方不至於迷失方向，又能直指風水堪輿術的研習大道。」所以張大師希望在本書付梓出版後，能得到拋磚引玉之效，讓大家重新認識祖先留下的傳統寶貴的易經優良文化智慧遺產，打破命理五術玄學為封建迷信之陳腐觀念，消弭派別林立與各說各話之亂象，讓更廣大的讀者群在面對傳世的術數典籍時，能一窺術數典籍的全貌，本書作者張清淵大師衷心的期望能夠一掃以往風水古籍讓人感到深奧難懂的弊病，讓愛好中國傳統文化的讀者，再也不會被難以透解的法訣、奧語、秘訣所困擾，讓中國傳統風水命理學術持續傳承，推陳出新，更符合現代民眾的需要，將這門學問以圖文並茂及深入簡出的嶄新面貌呈現出來，以期能夠導正風水堪輿之學走向康莊大道。

張清淵大師博學甚廣，平時只要一有空閒就投入學術著述，累積了非常寶貴且豐富的資料，但是張大師因公務繁忙並且不諳電腦文書處理，所以特別邀約我來參與主編《天下第一風水理氣大全》一書的出版，將張大師三十餘載以來，所有針對各門各派風水堪輿之學的學術理論之著述，以及珍貴的風水堪輿學印證資料，再加上其口述經驗使之集於大成，我們殷切的期望本書能夠達到將堪輿的所有常用法訣融通於一爐，使之無門派之分並且適合現代社會之實際堪輿運用，讓學者研讀本書必有所得。

主編白漢忠

前言

地理風水之學由來已久，人類在生存與發展的過程當中，人們為了爭取更好的生存與發展的空間，從而與大自然的爭鬥當中，不斷的進化，進而學會瞭解自然而順應自然，因而產生利用自然、留住自然及改造自然的一門進化學。自漢代盛行陰陽五行學說之後，遂有堪輿之說，最早見於《淮南子》其中的〈天文訓〉即有「堪輿徐行，雄以音知雌。」西漢《史記・日者列傳》已經記載有「堪輿家」，東漢班固《漢書》則記述當時有《堪輿金匱》傳世。清康熙年間《古今圖書集成》收錄歷代風水主要書籍。晉代郭璞《古本葬經》其中有「氣乘風則散，界水則止，古人聚之使不散，行之使有止，故謂之風水。」「風水之法，得水為上，藏風次之。」

天地間萬事萬物，不外乎陰陽，用之於物質，則成科學，用之於理智，則為哲學，易曰天地定位，山澤通氣，雷風相薄，水火不相射，也是說明氣場之變化。一勺子曰：「天地人上共一氣，氣之清者，在天能照曜乾坤，在地能化生萬物，在人能神明變化。氣之濁者，在天為彗孛虹霞，在地為洪水蟲蛇，在人為悖亂愚頑，日月星辰者，氣中之象，山川土石者，象中之氣，人得土氣以成形，浩然剛磊者充塞兩間矣。」所以祖上風水的興衰，最直接體現的即是從後代子孫的面相即能得知：若五嶽骨高的人，其祖上風水便得龍脈地勢之利，四水清秀，便得水法之來源。若紫氣盈面，便是祖上風水得氣。若面色黲枯，則其祖上風水之氣已洩氣。

堪輿學中巒頭與理氣是相輔相成的，巒頭中不離理氣，理氣中不離巒頭。看地首先審形度勢，跟著以羅盤測定方位，將形局分布於八個基本大方位，然後再細分為二十四個小方位，看來龍山脈從那一方位入首，穴前上堂之水從那一個方位來，那一個方位去，應是從那一個方位出口，皆取陰陽相配來決定坐向．再按三元九運，為順逆飛佈之機，察生旺休囚之象。

所謂審形度勢有四勢，則是指前後左右之大勢，即術家所謂左為青龍，右為白虎，前為朱雀，後為玄武．如左水倒右則左為天門，右為地戶，左砂宜低，右砂宜高，天門宜開，地戶宜閉。廖金精陰契陽符有云：「地理之學，推明理氣，此其標準也．蓋理寓於氣，氣囿於形，形以目觀，氣須理察．是故山水融會之處，就是形止氣凝之地。此所以目力與心思，巧妙精微，方為達理。」

俗云：「風水堪輿師分為三等，上等先生觀星望斗，中等先生尋水口，下等先生手拿羅經滿山走。」觀星斗非指觀天上之星辰，而是形容山巒的高低起伏，形成何種星體是否成垣局就可決定龍脈結穴之地。入山尋水口是指看地之捷訣，若見每一個地區出水口之山巒交鎖週密，所謂「交」是指結穴處兩水交會，但有陽會水與陰流水之分尤須細察，更忌兩水合襟處，山嘴尖，水流直出，龍虎砂不彎抱，真氣蕩然而散，若此者葬下定招凶禍。所謂「鎖」是指水出之處，必須下砂關鎖緊密，乃水口關攔。關攔就是不見出水之處，或是不見出水口，水之入口欲其寬，水之出口欲其小，如再有華表、捍門（華表：兩山對峙于水口，山勢高聳頓卓者，水口之間有奇峰卓然挺立，仿佛大廳之外有旗杆，水口內必有富貴之地。捍門，兩峰對峙于水口，河流從中間流出。捍門之山最喜成形如日月，旗鼓，龜蛇，獅象立於水口，禽星、獸星守水口，羅星塞水口，其內必有大地。若水口開闊全無關攔斷無吉地，即有小結發福亦甚短暫。

歷來堪輿諸書多以巒頭居長，自秦、漢、晉、唐、宋、元以來，凡著書立說者，無不蒐採漁獵，多半在巒頭著墨。而理氣方面則更是百家爭鳴，讓後人莫衷一是，眼花瞭亂，是以俗云：「巒頭無假，理氣無真。」

其中有以先天來龍，後天立向者。有以後天來龍，先天立向者。有以先天來龍，立向消水，配成六十四卦者。

有以後天來龍，立向消水，配成六十四卦者。有以先後天合用，配成六十四卦者。有以邵子先天六十四卦圓圖，排列二十四山錯綜抽換爻象者。

有以甲癸申貪狼；坤壬乙巨門；子未卯祿存；巳戌乾文曲；巽辰亥武曲；艮丙辛破軍；丁庚寅左輔；午酉丑右弼，陽順陰逆，為挨山倒排父母者。

理一也，極也。氣二也，陰陽也。陰陽二氣生化無窮，不外易經六十四卦之理以為歸，所謂理氣是也。人之體有氣則生，無氣則沒；地之體，有氣則靈，無氣則絕，而又人依氣賴以立身，地依氣賴以生物，是故人與地同一氣，同一理也。

地理家論房份，有以左屬孟，中屬仲，右屬季；有以右屬孟，左屬仲，中屬季；有以胎養生沐屬孟，冠臨旺衰屬仲，病死墓絕屬季；有以乾坤艮巽寅申巳亥屬孟，壬丙甲庚子午卯酉屬仲，乙辛丁癸辰戌丑未屬季；有以震巽屬孟，坎離屬仲，艮兑屬季，各說不一。

聖人畫卦作易，仰觀俯察，以立三才之道，天地、山澤、雷風、水火八卦分配之體，宏佈八方之位。子母，亦天地、山澤、雷風、水火之序，分施於三路之間。此為先天卦位，本於河圖之數而作也，而一九、三七、二八、四六，縱橫十五，綱紀不雜，為洛書之數。聖人以一坎、二坤、三震、四巽、五中、六乾、七兑、八艮、九離隸之。此為後天卦位，本於洛書之數而定也。天氣地形，兩相交感，而人寓乎形氣交感之間，一六共宗、二七同道、三八為朋、四九為友、五十同途。

山水向我者為有情，背我者為無情，理氣亦然，形家法家，千言萬語，均不能出形勢，大情則大結，小情則小結。二十四山，周天三百六十五度有奇，古人以十二支平均分之，故以三百六十度為用，每支得三十度，再按卦理，亦應以三八為合，故以二十四山為立向之用，每山占十五度，其內有干支八卦之陰陽五行，以此為用之道，得失之理，乃係乎八卦之子母公孫。

如巒頭山形俱得上乘之地，主家必發，其發祥之徵兆，全以山水形局大小為斷，而其發祥之房份年間，則在於理氣中探索，先後之序，往來消長，妙有造化之不同，理氣是隨元運之旺衰零正而主宰天地之氣，周流六虛，循環無端，為長中少三索各人之造化。以是之故風水之所以受到人們的特別關注，追根究底是因為人們隱隱約約的意識到，它對一個人或一個家族的富貴貧賤、與旺衰絕壽夭有很密切的關聯性。

目錄

序文……002
主編的話……006
前言……008
重要的卦理基礎……020
河圖……025
洛書……032
先天八卦……040
後天八卦……050
二十四山的陰陽方位……056
二十四山與二十四節氣和六十四卦的關係……059
二十四山配六十四卦……089
卦氣與卦運……092

卦氣五行與卦運五行……098
父母卦與子息卦……107
江東卦江西卦南北卦之分辨……111
何謂雌雄……118
零神與正神……120
龍與水交戰……122
相通之卦……130
卦反、爻反……135
羅盤上的六十四卦……137
玄空大卦之應用法則……139
近代各元運起迄年份……141
正神與零神・得運與失運……142
卦之零正次序……144

真神路……151
城門法……154
些子能量……158
城門訣……160
龍向山水衰旺原則……176
龍水向山立向原則……180
相通法則……185
八大局……193
龍向山水與卦氣卦運應用法則……198
卦氣組合法則——合生成……209
卦氣組合法則——生入剋入・生出剋出……212
卦運組合法則——一卦純清及合十局……215
卦運組合法則總結……221

龍與向的卦運組合……222
卦運組合法則——相通……227
卦運組合法則——父母配子息……228
六十四卦與後天大八宮卦的配合……232
七星打劫法……237
房份的吉凶斷訣……243
明師操縱房份法……253
陽宅吉凶判斷訣竅……262
屋外形勢與收氣的關係……266
定宅氣之法・室內開門引氣法……274
宋氏祖居風水考察……280
風水富豪條件……291
風水發貴條件……295

風水致貧條件……298
風水弱勢條件……300
天星垣局與堪輿風水之關係……303
何種風水地理出帝王……304
風水與擇日——天地人的交互感應……312
最早的擇日——奇門遁甲術……315
玄空大卦奇門六十四卦擇日法……322
八門、九星、八神的擇吉運用……325
玄空大卦配天星及奇門遁甲諏吉舉例……346
玄空大卦結合時間空間與人事……353
天星選擇的主要概念……365
行星的相關意義……368
行星運行的速度……373

十二宮代表意義……375
行星的相位……378
認識星座符號……381
星座的分類法……387
行星的感應……393
風水流派異同之省思……398
八宅與玄空大卦的結合……409
東四宅與西四宅……411
八宅法大遊年歌……413
八宅法運用上的侷限……420
宇宙中盛衰消長的五大能量……421
易經的主要三原則……424
陽宅開門應驗論斷……429

九宮飛星派……439
九星的意涵……442
流年九星斷訣……450
飛星流年斷訣……458
三合派地理與玄空大卦的結合……485
三合派二十四山消水吉凶斷驗……492
乾坤國寶龍門八局與玄空大卦的結合……516
二十四山先後天配合房位吉凶……536
九星水法與玄空大卦的結合……544
玄空飛星與玄空大卦的結合……551
玄空挨星盤式飛佈排法……557
玄空替卦……568
玄空飛星三元九運二十四山解說……573

玄空四大格局……584
玄空飛星相會吉凶斷……589
玄空六法與玄空大卦的結合……609
賴布衣消砂法——收山出煞法則……627

附錄

八純卦抽爻換象些子變卦法……650
玄空大卦抽爻換象吉凶斷訣……679
玄空大卦在羅盤操作上的一些問題點……784
巒頭與理氣的配合……792
秘傳楊公土牛經……800
尋找吉穴須觀四面八方之山巒……815
六十透地龍……819
結語……833

重要的卦理基礎

堪輿有三才理氣與巒頭之分，三才者：「天、地、人」。天之道主陰與陽，地之道主柔與剛，人之道主仁與義。天有寒暑、風雲、晝夜；地有山川、河嶽；人有五倫，各有其義。在天成象，在地成形，乾道成男，坤道成女，方以類聚，物以群分。堪為天道，觀天文，輿為地理，察山川河嶽。故堪輿之學廣泛指觀察天文星相與山川河嶽的對應關係，及天道與地道的對應現象，使人居其中能順天道。正如《道德經》曰：「人法地，地法天，天法道，道法自然」。是為生生不息的自然現象。

堪輿學講究的是天時、地利、人和的密切配合，並使其共構而又產生另一嶄新的能量，其研究範圍包括：易經、天文、地理、氣象、地質、景觀、生物與生態環境、室內佈置、建築、奇門遁甲、擇吉之學、宗教、靈修學、命理學、占筮等，並和其他相關學問的涉獵與配合而成體用相稱的運用。

生活在不同時代或是不同國度區域，便會有不同的際遇，就如同一樣的一件事情以同一處事方式來處理也會有不同的結果，風水術在長期的歷史發展演進過程中形成了許多的派別，而其看待和剖析、操作風水的角度各不相同，各個流派的理論、術語、操作技術等，各個流派都有其各自的方法，也都有其各自的特點。長期以來堪輿流派被劃分為巒頭形勢派和理氣派兩個大的派系，兩個大流派下又統諸多小流派。中國五術山、醫、命、卜、相，其中以風水術的派別最為繁多，但筆者一再的倡導風水堪輿應以巒頭為體，理氣為用，相互斟酌的應用並以易經六十四卦為基準，為操作之藍圖，以卦氣、卦運之法則為配合，如此必達到高精準的靈驗性。

中國堪輿風水學說，源自於河圖、洛書、先、後天八卦，因此要想研究這門學問必須先從八卦開始著手研究，先瞭解先、後天八卦，也就是河圖與洛書的變化及其互動關係，如此才能正確的學到風水堪輿學之竅門，否則當難以精緻而入其堂奧，甚至無從入手，研究風水堪輿之學若不熟研八卦變化，就加以妄談格局，必是本末倒置。而風水堪輿之學所謂的格局，大都是古人留下來的著作或經驗之談，是可以參考運用，但也絕不能照本宣科依樣畫葫蘆，因古今時代背景不同，現今高樓大廈林立，高速公路、鐵路、捷運相互串連通達，山川龍脈的變化多端，故而筆者認為研究風水堪輿之學貴在靈活運用，活學活用是最主要的關鍵，用心研究天象天文天道、天候及山川河嶽、地道、地理、地質、景觀、建築，與人在其中的對應關係，及天下千山萬水的變化互動、對待、對應的聯動效應現象與關係，而不是咬文嚼字的死背古文經典及先人所言之格局，若不去瞭解易經六十四卦及天地人三才的變化、對應、對待、互動的聯動效應關係，如此必產生死讀書，讀死書而產生不能靈活運用的現象。

《地理小補》云：「世俗以龍穴砂水稱地，幾能昧此本原，形勢與理氣原無分途，蓋山自崑崙發脈，有一支萬派之象，但終必萬派歸於一支而地方成。水自尾閭歸源，有萬派一支之象，而終必一支化為派，其地乃結。此形勢之祕訣，亦形勢之捷訣也。學者當訪明師指透。箇中義理，第一要識龍之行止，第二要識龍之正偏，第三要識龍之主奴，第四要識龍之來往，第五要識龍之前後，第六要識龍之出納，第七要識龍之性情，第八要識龍之順逆，第九要識龍之尊卑，第十要識風水之聚散。此十者，龍穴砂水之中不可缺一也」。

「尋地之祕旨，又在大學之道，知止而後有定，定而後能靜，靜而後能安，安而後能慮，慮而後能得之理。總之，論龍穴，論砂水，在於一天地之渾沌方而已，明得天地大雌雄，一山一水配成天地大形勢，及天地合德，陰陽分配，天地之大雌雄交姤，人理生育之道，與五行正變之體，一理萬化之氣，五方風土之感，形氣相交吉凶之理，於是形勢之道得矣。生面別開，庶不似庸術習見，必遇明師方知此論奧義，否則局外摸索難免買櫝還珠也」。

天道為理氣，地道為巒頭，巒頭與理氣為堪輿術兩大流派，地理師多以「巒頭為體，理氣為用」。凡看風水入門，「第一要緊看巒頭，有了巒頭穴可求，若是巒頭不齊整，縱合大星也是浮」，理氣與巒頭二者不能廢一。

宇宙之道，源於陰陽，早期的風水沒有派別之分，是以山形水勢及配合陰陽五形來論吉凶。而陰陽備載於易經，由乾坤六子，化生萬物。乾坤六子為：乾為父、坤為母、震為長男、巽為長女、坎為次男、離為次女、艮為少男、兌為少女。

人類歷經歷史長河的天災地變及兵禍戰亂、人事變遷和朝代之遞演和改變以及文明文化傳承的進化，使得衍生自易經及河圖洛書的堪輿學歷經了各種不同經驗傳承的薰陶，因而產生了百家爭鳴，使風水術逐漸分起派別，各說各話。隨著易理九星等術數的發展，使風水學理因而增加了許許多多的複雜性，但也更具體及多樣化。特別自明清以來，不少風水地理家紛紛開宗立派，將原有之學理加進自己的觀點和經驗，並以此創立新的宗派以區分原來的宗派，進而標新立異，別樹一幟。其中亦不乏有可以借鏡學習的東西。還有一種情況，是現今的一些風水師不願屈居人下，都想開宗立派，獨樹一幟，於是把古人的真經加上一點只有自己認可是秘訣的言論，尚未經過真實的臨場印證，就立個山頭，創立門派，然後就大肆宣揚與傳授，真是自欺欺人，既誤人又誤己。

風水理氣派別甚多，有三元、三合、八宅、龍門八局、九星、玄空、玄空六法、六十四卦、挨星理氣等，理論繁雜，其中有合理亦有不合理者，故有「真巒頭、假理氣」之別。此乃造成了巒頭形勢之好壞、善惡、真假難辨，而理氣的派別分歧難述。

理氣是重學理，並以坐、向、山、水來推算主人命運的時空因素，理氣之法是依據《周易》的原理以八卦、十天干、十二地支、天星、五行為基準，比巒頭專論山川形勢更為抽象。其法以羅盤定空間陰陽、方位，並取八卦五行，專主陰陽配合生剋制化，飛星翻佈定吉凶，明清以後，術家傾向「巒頭為體，理氣為用」。兩者漸漸合而為一。風水學在中國歷經了百千年的發展，演變出來的派別也多彩繽紛。但是在實際操作應用上，許多地理師還是偏重於理氣而忽略了巒頭。

筆者認為，巒頭為體，理氣為用，巒頭為先天，理氣為後天，因為先有先天的巒頭山川形勢之好壞、善惡、真假，方可以後天的理氣來推斷吉凶悔吝及應驗時間，依巒頭為體，理氣為用之法來進行裁剪之機，以為改變或改造吉凶悔吝之兆或剋應之期，或加速吉兆之應驗，或減少凶兆之剋應，或將凶兆化險為夷，或轉凶為吉，這正是體無用則不靈，而有用無體則不驗，必須兩兩相合並使其產生共構方可顯其靈驗。

因此，若沒有巒頭之好壞、善惡、真假之時，若只圖於理氣之造作，將難以見識其吉凶悔吝之驗。所以沒有好的巒頭為根本，縱使高明之地師亦難以使其發富發貴，頂多是圖個平安而已。因此風水堪輿之學，一在天，為時間，一在地，為地利之空間，一為人為的造作環境，此為天地人三才之配合的聯動效應，然而選擇及理氣派別繁多，但皆貴在能將其聯貫結合在一起，使之精密精確精準串聯貫通運用，不應有派別之分及成見之別，應取異中求同。

河圖

相傳上古時期伏羲氏王天下，遍尋治理之道，一日到黃河，忽有龍馬負圖而出，繼而得之以化八卦，黃帝據此「使羲和占日，常儀占月，臾區占星氣」。古稱此圖為「河圖」。

伏羲是傳說中三皇五帝之一，當他為天下王的時候，對於日月星辰，季節氣候變化與草木興衰等等，有一番深入的觀察。不過，這些觀察並未能理出所以然來，所以他依然遍尋治理之道。

傳說有一天，鄰近黃河的地方，河中忽然躍出龍馬，伏羲氏發現龍馬身上的圖案與自己一直觀察萬物自然的意象心得暗合，也就在這一刻，伏羲氏突然發現自己正處於一種強烈的精神震撼之中，深切地感受到了自身與自然之間，出現了一種莫名的和諧一致的超自然現象，就這樣伏羲通過龍馬身上的圖案與自己的觀察，一小圈一小圈地排列成一幅特殊的圖案，這就是龍馬身上的

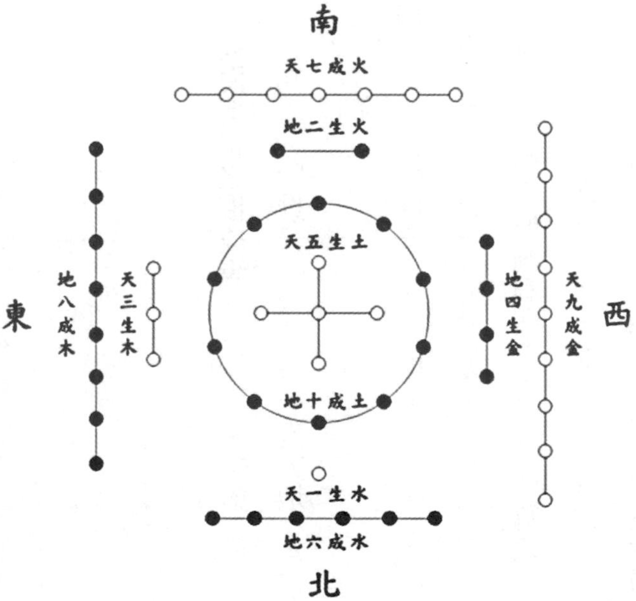

圖1 河圖

圖案，就叫做「河圖」。伏羲氏綜合對大自然現象的觀察，並由河圖中獲得靈感啟發，而畫出了八卦，這就是先天八卦。

河圖圓，圓者氣也。天數五，地數五。

天數為一三五七九，地數二四六八十，

一二三四五為生數，六七八九十為成數，一生一成而造化之機成焉。

北方天一生水，地六成之，水無土不成，故一加五為六，所以云一六共宗。南方地二生火，天七成之，火無土不成，故二加五為七，所以云二七同道。

東方天三生木，地八成之，木無土不成，故三加五為八，所以云三八為朋。

西方地四生金，天九成之，金無土不成，故四加五為九，所以云四九為友。

五十俱為土，而同途在中宮，蓋五行無土不成，無中央則不能臨制四方也。冬令為北方之氣而屬水，水生春令東方之木，木生夏令南方之火，火生中央及四維之土，而四維四季之土，以未土為最旺，土生秋令西方之金，而金復生冬令北方之水，此河圖之氣，四氣循環，周流六虛，所以云圓也。

河圖之五行，相生循環，亦合乎大自然春夏秋冬四時之氣的循環遞演，而春夏為發育之氣，秋冬為收藏之氣，此所以十二支之建寅為正月，建卯為二月，建辰巳午未申酉戌亥子丑而至於三四五六七八九十十一十二月也。此十二支之五行，所以亦隨河圖之五行而定。十天干因戊己屬中央及四維之土，故以八干輔於支位，五行亦同隸之。

太陽躔丑為冬至，冬至一陽生，為溫厚之氣始，躔戌為春分，為溫厚之氣盛，太陽躔未為夏至，夏至一陰生，為嚴凝之氣始，躔辰為秋分，為嚴凝之氣盛，所以辰戌丑未為天地四方之氣，亦為四方之界。

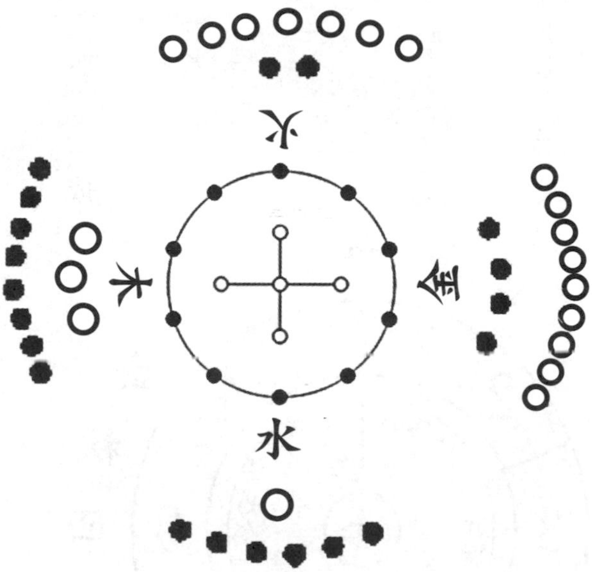

圖2　　河圖

河圖生成數

北方水位：是為天一生水，地六成之，謂之一六共宗。

南方火位：是為地二生火，天七成之，謂之二七同道。

東方木位：是為天三生木，地八成之，謂之三八為朋。

西方金位：是為地四生金，天九成之，謂之四九作友。

中央土位：是為天五生土，地十成之，謂之五十共處。

觀察河圖的構成型態，從中央土開始，土生金，到西方；金生水，到北方；水生木，到東方；木生火，到南方；火生土，復歸於中央，如此形成一個五行相生的循環。再者，此河圖的五行相生循環，亦合乎大自然四時之氣的循環。

春天屬於木氣，方位屬東，

大地之氣，東南西北，
春夏秋冬，相生循環

圖2

夏天屬於火氣，方位屬南，

秋天屬於金氣，方位屬西，

冬天屬於水氣，方位屬北。

春、夏、秋、冬、東、南、西、北、木、火、土、金、水，全都循著同一方向循環周流，這也就是大地之氣的運行原理。

天地之氣，一六與四九可通，二七與三八可通，一六與三八則不可通，二七與四九則亦不可通也。幕講云，坎離逢震巽，艮兌合乾坤，亦即一六四九可通，二七三八亦可通之義，並寓合五合十五之深。又曰，一四合五，九六合十五，二三合五，七八合十五，此乃萬物不能沒土，象徵坤土載育萬物之德，故地球為人類萬物之母親也，而萬事萬物萬象萬變萬法不離其宗。卦氣有可通不可通之分，山水清純夾雜，亦有可通不可通之別，即寓於此河圖生成之中可知矣，世俗不察，往往從盤面二十四山之干支八卦方位論短長者，此不明河圖之原理也，此為研究風水堪輿術者不可不慎，不可不知之道理。

經云：「認金龍，一經一緯義不窮，動不動，直待高人施妙用者」。亦寓此深意，天地四時之氣，一左一右，亦即一經一緯，金龍為即時當令之氣，至剛至動，乾乾不息，易乾六爻均以龍名之者，乃至剛之氣，無以命名而名之也。地理取義金龍即此，唯得其真法訣之局中人方知其妙用，世以元運之當令之星挨山挨向而謂為金龍者，是未明河圖之真旨也。河圖之原理無窮，金龍之用法不一，玩味而得知此法之人，方知四時各有金龍，每運各有金龍，形與氣各有金龍，正所謂高人施妙用哉。

九運分上下兩元，一二三四為江西卦，為上元龍與山之取捨，為一片。九八七六為江東一片，上元時為向上與水之取捨，為一片。下元反是。

法則

（一）來龍與元運合五、合十。

如一運時，以兌為澤（4,1）來龍。乾為天（9,1）坐山為例。

A、來龍與水46合十。

如兌為澤（4,1）來龍，戌中艮為山（6,1）為水口或三叉水。

B、龍與向合五、合十五。

如兌為澤來龍（4,1），向子中坤為地卦（1,1），4與1合五是也。

（二）坐山與向合十。

坐山為乾為天（9,1），向為坤為地（1,1）。

坐山與水合五、合十五。

坐山為乾為天（9,1），出水艮為山卦（6,1）。

（三）向與水合生成、合十。

如向坤為地（1,1），水出艮為山卦（6,1）。16合生成數。

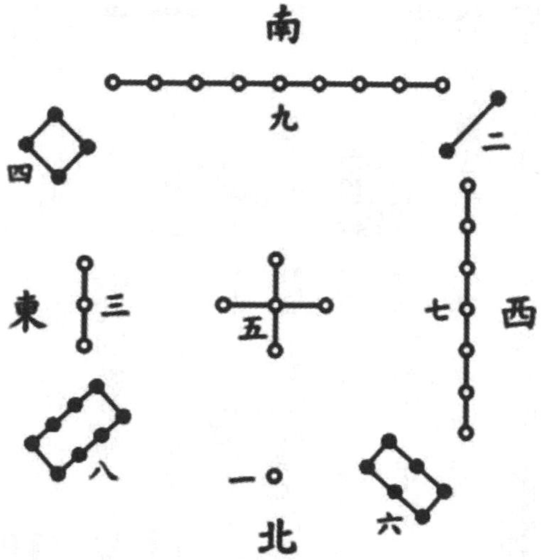

洛書

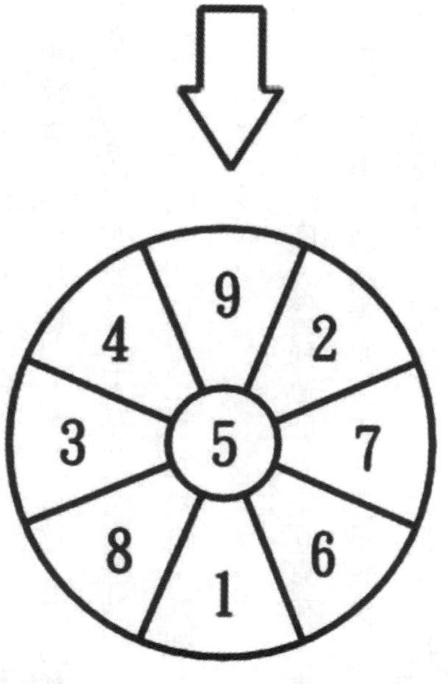

洛書九宮數

圖4

洛書

相傳夏禹治水時在洛水中有靈龜浮出，靈龜背上的甲殼有奇特的花紋圖案，這就是「洛書」。將洛書一到九的數字配置在九宮圖中，其訣曰：「戴九履一，左三右七，二四為肩，六八為足，五居其中」。如此就構成一個無論縱、橫、斜角相加都等於十五的數字陣列。

洛書方，方者形也。其數對待合十，由洛書分佈而成，四正一三七九為奇，四隅二四六八為耦，五居中央，縱橫十五，為流行之氣機。

上元一二三四為一片，下元六七八九為一片，陽奇順佈，陰耦逆佈，生旺衰死，吉凶消長，以此為定論，用洛書之數，合先天子母公孫之卦以為用，數為表而爻象為裡是為挨星真訣，世以洛書九數入中，從掌上飛佈論得失者，比比皆是，無從糾正，蔣氏云洛書大數先天矩，此為至理名言，地理又以貪巨祿文廉武破輔弼之九星稱之者，亦爻象之代名詞，用不在星而在於卦，不在於後天之卦，而在於先天之一再三索之卦。故可以洛書之數名之，也可以北斗之星稱之，因此先後天同為八卦，而其用不在於先後天之某方位八卦，而在於交互中活活潑潑之八卦中。

真知玄空者，必知洛書之稱用，與世俗之稱用有異也。洛書數有九，而卦只有八，周易全部，包含三才，何嘗非八，何來有九，五者妙合媾精之所也。易三六畫卦，二五均在中爻，故二亦稱妙合，五居中而臨制四方，非五之制四方，乃四方之各居中而能各制其四方也。其八方相對合十者，妙用在於零正生死，此零彼正，此生彼死，確為玄空中不易之圭臬，唯其隨氣流行之零正生死，不在於洛書之方位，亦不在於入中順逆顛倒飛佈之躔何方或落何宮也。總之天地自然之氣，有其遞演變化法則，非人力可以隨意挪移。

天地定位，山澤通氣，雷風相薄，水火不相射，其生生化化，自有不易之理、不易之位，不易而易，是為真易，不易者無形之雌雄，雌雄者，自然之陰陽交合也。必易者隨時流行之氣也。所易合於不易，即易簡之道也。即玄空之橐籥也。此方是玄空大卦之真理真妙訣也，非口口相傳之祕或代代心傳相授之機，窮究深索，其孰能知之乎？

如果依河圖的五行規則來觀察洛書，其五行的生剋關係則是：從中央土（５）開始，土剋水（１、６），到北方；水剋火（２、７），到西方；火剋金（４、９），到南方；金剋木（３、８），到東方；木剋土，復歸於中央。如此就構成一個東、北、西、南逆時針旋轉且五行相剋的循環圈。

這個逆時針旋轉的循環圈，又恰好與太陽在黃道十二宮隨著時令、月份而移動的方向相同，這在七政四餘的天文學理論稱為太陽的躔度，也就是以視運動來觀察太陽相對於地球的位置。

當冬至的時候，太陽躔於丑宮，相當於西洋占星學的摩羯座；春分的時候，太陽躔於戌宮，相當於白羊座；夏至的時候，太陽躔於未宮，相當於巨蟹座；秋分的時候，太陽躔於辰宮，相當於天秤座。所以太陽的移動是循著辰丑戌未的順序而形成一個逆時針轉動的圓，這與洛書相剋循環的方向相同，因此就可得知早在發現河圖洛書之同時，古聖先賢就已知曉天地之運行軌道，並以河圖洛書之圖模擬出天象的運動規律及其生生不息的動態變化，它是超科學的。

故而可知，洛書體現了天之氣的運行規則，並與河圖構成一天一地、一順一逆、一相生一相

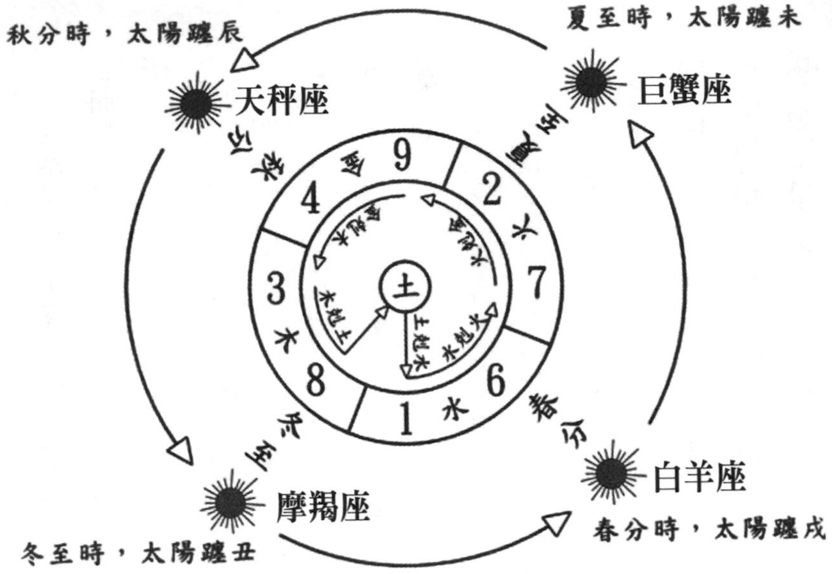

洛書五行相剋循環，與太陽
運行方向相同

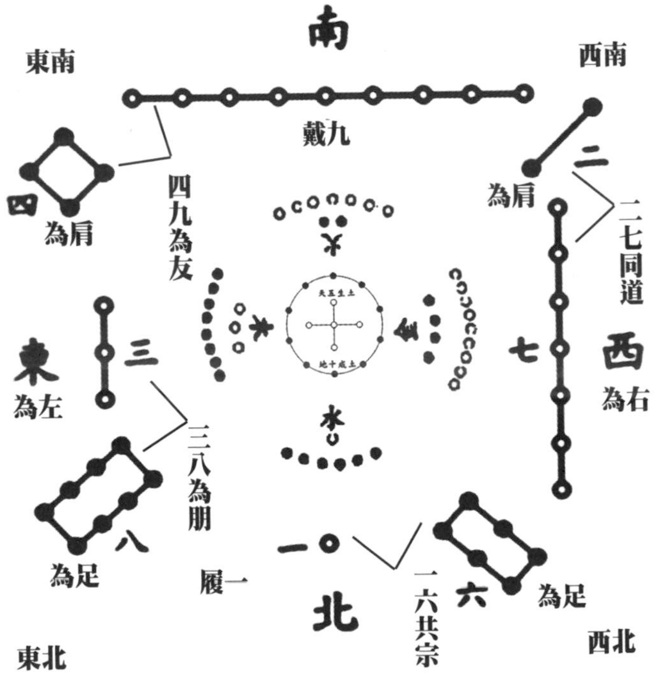

河圖（在內）洛書（在外）組合圖

十二地支四季圖

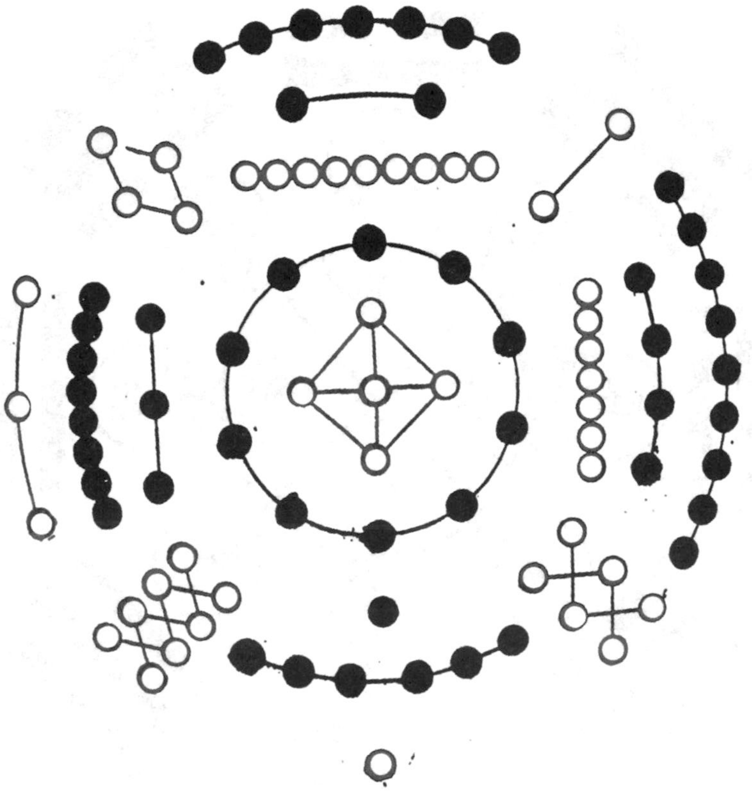

河圖洛書合併圖示
河圖為黑色圈圈，洛書為白色圈圈

剋，相反而相成的交互作用，天地之間萬事萬物即由此兩股陰、陽、剛、柔、動、靜、順、逆之能量相激相盪、相輔相成、交互作用化育而出。它以精巧絕倫的奇偶之數字，配合五行觀及正反螺旋的辨認思維，簡約而睿智，古樸而博大精深，以客觀的反應出宇宙乃至萬物左右對稱的基本功能結構，而模擬出天象的運動規律及動態變化的生生不息的原型，是超時空的宇宙先驗模式，它涵蓋有與天地準，故而能彌綸天地之道，以通神明之德，以類萬物之情，形容出玄妙莫測的宇宙大道之運動規律，而以這種生生不息的運動規律，也是放諸四海皆準的法則。

河圖之數

河圖用十個黑白圓點表示陰陽、五行、四象，其圖為四方形。

北方：一個白點在內，六個黑點在外，表示玄武星象，五行為水。

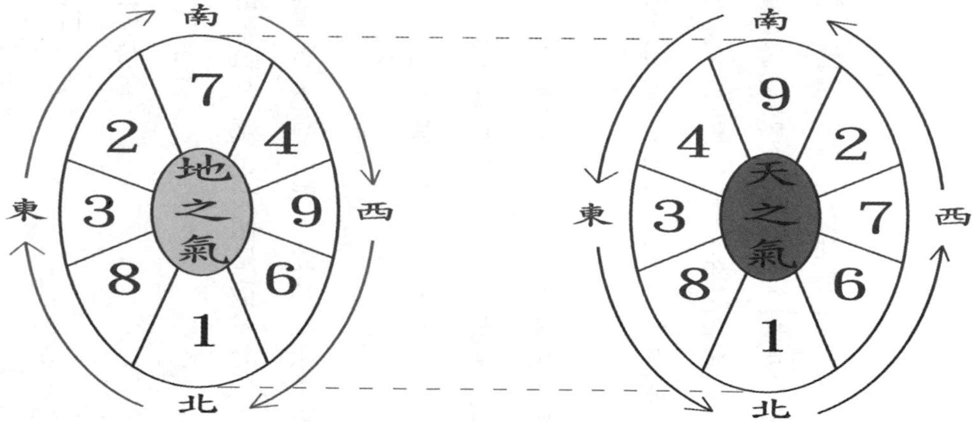

圖5：**天之氣相剋循環，地之氣相生循環，一順一逆，一左一右，一生一剋，二氣交互作用而生萬物。**

東方：三個白點在內，八個黑點在外，表示青龍星象，五行為木。
南方：兩個黑點在內，七個白點在外，表示朱雀星象，五行為火。
西方：四個黑點在內，九個白點在外，表示白虎星象，五行為金。
中央：五個白點在內，十個黑點在外，表示時空奇點，五行為土。
其中，單數為白點為陽，雙數為黑點為陰。四象之中，每象限各統領七個星宿，共28宿。以上按古人坐北朝南的方位為正位就是：前朱雀，後玄武，左青龍，右白虎。此乃風水象形之源也。

河圖共有10個數，1，2，3，4，5，6，7，8，9，10。其中1，3，5，7，9，為陽，2、4、6、8、10為陰。陽數相加為25，陰數相加得30，陰陽相加共為55數。所以古人說：天地之數五十有五，即天地之數為55。以成變化而行鬼神也。即萬物之數皆由天地之數化生而成。

天一生水，地六成之；地二生火天七成之；天三生木，地八成之；地四生金，天九成之；天五生土，地十成之。所以一為水之生數，二為火之生數，三為木之生數，四為金之生數，五為土之生數。六為水之成數，七為火之成數，八為木之成數，九為金之成數，十為土之成數。萬物有生數，當生之時方能生；萬物有成數，能成之時方能成。所以，萬物生存皆有其數也。

河圖本是星圖，其用為地理，故在天為象，在地成形也。在天為象乃三垣二十八宿，在地成形則青龍、白虎、朱雀、玄武、明堂。天之象為風為氣，地之形為龍為水，故為風水。乃天星之運，地形之氣也。所以四象四形乃納天地五行之氣也。

一般認為河圖為體，洛書為用；河圖主常，洛書主變；河圖重合，洛書重分；方圓相藏，陰陽相抱，相互為用，不可分割。

土為中為陰，四象在外為陽，此內外陰陽之理；木火相生為陽，金水相生為陰，乃陰陽水火既濟之理；五行中各有陰陽相交，生生不息，乃陰陽互根同源之理；中土為靜，外四象為動，乃陰陽動靜之理。若將河圖方形化為圓形，木火為陽，金水為陰，陰土陽土各為黑白魚眼，這就是太極圖了。此時水為太陰，火為太陽，木為少陽，金為少陰，乃太極四象也。故河圖乃陰陽之用，易象之源也。易卜乃陰陽三才之顯也。

坐北朝南，左東右西，水生木、木生火、火生土、土生金、金生水，為五行左旋相生。中心不動，一、三、五、七、九、為陽數右旋；二、四、六、八、十、為陰數左旋；皆為順時針旋轉，為五行萬物相生之運行。銀河系等各星系俯視皆右旋，仰視皆左旋。故順天而行是左旋，逆天而行是右旋。所以順生逆死，左旋主生也，右旋主死。

天開地闢謂之定位，包含三才，曠蕩八方，自然之雌雄、剛柔、自然之陰陽交媾，放之彌於六合者，是為玄空也。萬物莫能外之，萬物莫能出之，而萬物各具此老少陰陽也，各具此曠蕩之氣也。有此自然相配之氣，而後有自然相見相交之形，化化生生，均繫於此，分而言之，所以有日月相配，山水相見，男女相交，皆得此氣也。得此氣而後萬物自知相配相見相交，而無所用其教導也。

故而何以大恆？何以因貳？何以肆事？何以正元？何以四偶？何以黃中？何以參伍以變？何以大鵬雙翼？蜻蜓四羽？蜘蛛八足？雪花六出？梅花開五瓣？這與現今的細胞一、二分裂，波粒二象，二進制原理，遺傳密碼，基本粒子之科學原理不謀而合，故而老子曰：「大方無偶，大器晚成，大音希聲，大象無形，道褒無名。良賈深藏若虛，若子盛德，容貌若愚」。

數始於一而終於九，一二合三，三三合九，九為萬物之玄關，所以其數對待合九，乃化機化成之妙理，天地定而父母男女，尊卑高下，剛柔動靜，在在而分，天地交而生萬物，父母交而生子息，父母子息合為八體，是成八卦，父母老而退休，六子各自為父母，而各掌權衡，聘配三八，而三又為萬物之玄關，萬物之父母矣。從此可知大玄空即是根據易經、河圖、洛書之理而衍生出的堪輿風水之學也。

一二三四為一片，六七八九為一片，坤巽離兌為上元一片，艮坎震乾為下元一片，陽九陰六，有條不紊，此所以又云先天為體也。先天屬靜而居下曰體，後天屬動而居上曰用，一體一用，一靜一動，而成天地陰陽之造化，吉凶消長之樞紐。

先天虛其中，乃放之彌六合，大而無外之象，人為天地相交而化生者，休養生息，於此曠蕩無際之間，實屬化機化成之象，以先天已成之機，云曰後天者亦無不可也。故周公相陰陽，楊公看雌雄，此地理之道尚矣，地理是為人生與天地形氣，氣感相應之哲理，故以玄空為名，而理則不外乎河洛、先、後天八卦之妙理也。捨此而言地理者，非天地人三才之理，乃旁門無理之理，強以為理者，此非真堪輿風水術之真理。

由太極之陰陽兩儀化生出四象，再由四象化生出八卦，每卦各具或陰或陽之三爻，是為先天八卦：

乾三連。（三個陽爻）
坤六斷。（三個陰爻）
兌上缺。（上爻為陰）
巽下斷。（初爻為陰）
離中虛。（中爻為陰）
坎中滿。（中爻為陽）

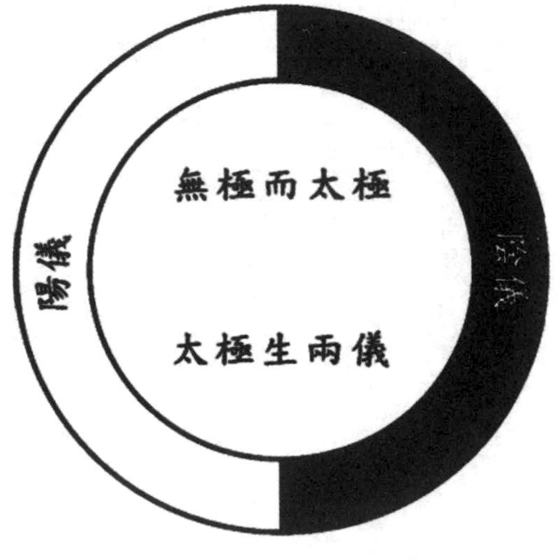

圖6 太極化生兩儀

兩儀生四象

圖7

震仰盂。（中上爻為陰，像個口朝上的容器）

艮覆碗。（中下爻為陰，像個倒扣的碗）

一陰一陽之謂道，即太極也。天地之間，一氣而已，非有理而後有氣，乃氣立而理因之寓也。就形下之中而指其形而上者，不得不推高一層以立至尊之位，故謂之太極；而實無太極之可言，所謂「無極而太極也」也。陰陽動靜，無處無之。以山水而言，山為靜，水為動，如理氣來看，則理屬靜，氣屬動，使無極而生太極之理為此氣從出之母，則亦一物而已，又何以生生不息，妙萬物而無窮乎？今曰理本無形，故謂之無極，無乃轉落註腳。太極之妙，生生不息而已矣。生陽生陰，而生水火木金土，而生萬物，皆一氣自然之變化。

周敦頤，原名敦實，因避宋英宗諱改名敦頤，字茂叔。道州營道（今湖南道縣）人。出生於一〇一七年（宋真宗天禧元年），卒於一〇七三年（宋神宗熙寧六年），謚號元，稱元公。曾建書堂於廬山之麓，堂前有一溪，以家鄉之濂溪命名，書堂因而取名為濂溪書堂，晚年定居於此，後人因此稱為濂溪先生。

周敦頤從小讀書深思，在家鄉道州營道頗有名氣。從先秦諸子到佛家道教，廣泛的閱讀使他接觸到了許多思想，這就為他日後精研中華精神的《易經》，奠定了基礎，創立理學。

中國思想史上宋明理學在明清兩代佔有重要地位，宋明理學以中華精神為主幹，還多方吸收了佛家等思想，成為明清時代的主流思想。周敦頤被視為北宋理學的創始人，著作流傳於今的有《太極圖說》、《易通》（又名《通書》）、《愛蓮說》、《拙賦》等。據考證已佚著作還有《同人說》，是對《周易》同人卦的解說，獨立於《易通》。在上述著作中以《太極圖說》和《易通》之影響為大，體現了宋明理學的思想基礎。

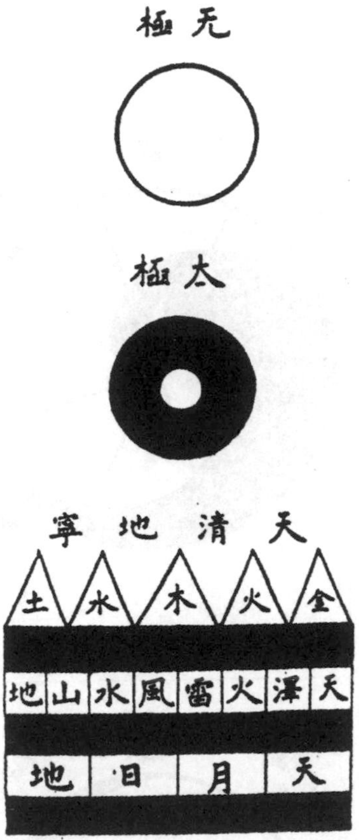

《太極圖說》，朱震《漢上易傳》謂出於陳摶。晁公武《郡齋讀書志》謂受於潤川鶴林寺僧壽涯。黃宗炎亦從朱說，且溯其原於河上

圖7-1

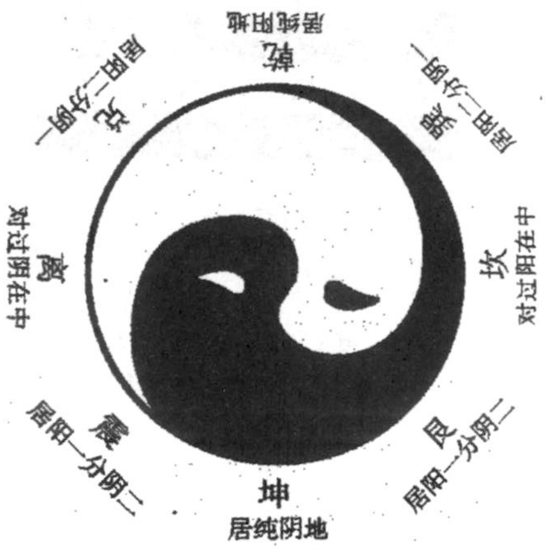

圖7-2

公曰：《太極圖》創自河上公，乃方士修練之術也。……考河上公本圖，名《無極圖》，魏伯陽得之，以著《周易參同契》；鍾離權得之，以授呂洞賓。洞賓後與陳圖南同隱華山，而以授陳，陳摶刻之華山石壁。……以授種放，放以授穆修與僧壽涯。……修《無極圖》授周子。

《太極圖說》：無極而太極。太極動而生陽；動極而靜，靜而生陰。靜極復動。一動一靜，互為其根。分陰分陽，兩儀立焉。陽變陰合，而生水火木金土，五氣順佈，四時行焉。五行一陰陽也，陰陽一太極也，太極本無極也。五行之生也，各一其性。無極之真，二五之精，妙合而凝。乾道成男，坤道成女。二氣交感，化生萬物，萬物生生而變化無窮焉。唯人因得其秀而最靈。形既生矣，神發知矣，五性感動而善惡分，萬事出矣。聖人定之以中正仁義，而主靜，立人極焉。故聖人與天地合其德，日月合其明，四時合其序，鬼神合其吉凶。君子修之吉，小人悖之凶。故曰；「立天之道，曰陰與陽。立地之道，曰柔與剛。立人之道，曰仁與義」。又曰：「原始反終，故知死生之說」。大哉易也，斯其至矣！

《太極圖》主要源於道教系統的《太極圖》或《太極先天圖》，其基本線索一如南宋朱熹所說，陳摶以《先天圖》傳種放，放傳穆修，修傳李之才，之才傳邵雍。

《周子太極圖》五層圖式是解《易傳》「易有太極，是生兩儀，兩儀生四象，四象生八卦，八卦定吉凶，吉凶生大業」之義而作。「會五於一」皆寓太極之義。

圖式是本漢儒之意以四季為四象，分土王四季，水生數一合中五成數六示冬；木生數三合中五成數八示春；火生數二合中五成數七示夏；金生數四合中五成數九示秋。此圖左陽右陰，五行一陰陽，天一生水而地六成之，天一陽數，地六陰數，此即五行之水一陰陽；地二生火天七成之，地二陰數，天七陽數，此即五行之火一陰陽，陰陽歸於一太極。

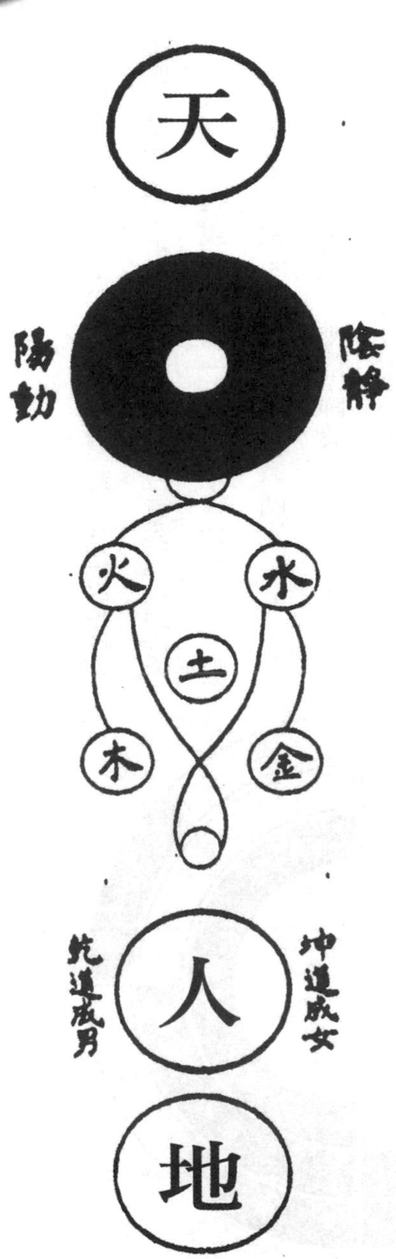

五行陰陽，陰陽太極，四時運行，萬物始終之義。謂二為兩儀，五為五行，並有「五行一陰陽，陰陽一太極」之說，此為一解；謂火數二合木數三為一五，象陽儀，水數一合金數四為一五，象陰儀，四象歸於兩儀，兩儀歸於一太極，此又為一解。以邵雍「萬物各有太極、兩儀、四象、八卦」。

《太極圖說》主要是提供了一套完整的宇宙觀、動靜觀和人生觀。

在談到宇宙本源問題時，周敦頤拋棄了道教體系中的成仙得道的煉丹術，吸收了宇宙生成論的一些說法，描繪了一幅世界生成、發展的圖景。把道教的無極視為宇宙的本源。

圖8

四象生八卦

周敦頤在人性論中又汲取了道家關於主靜的修身原則和方法。老子說：「不欲以靜，天下將自定」。（37章）「我無為，人自化；我好靜，人自正」（57章）「致虛極，守靜篤」。「歸根曰靜，靜曰複命」（16章）。當然周敦頤雖對道家思想有所吸收。同時，對主靜的追求也是為了更好地遵循中正仁義的儒家道德準則。

從先天八卦之形態及排列次序，可以歸納出其與兩儀、四象的一些關係。從陽儀一路化生而出的乾、兌、離、震四卦，可發現其初爻皆為陽爻，而從陰儀一路化生而出的巽、坎、艮、坤四卦，其初爻皆為陰爻。

四象：太陽、太陰、少陽、少陰。我們發現從太陽化生而出的乾、兌兩卦，其初、中二爻皆為陽爻。與太陽相對相反之太陰，其所化生而出的坤、艮兩卦，初、中二爻皆為陰爻。從少陽化生而出的巽、坎兩卦，其初爻皆陰而中爻皆陽。與少陽相對相反之少陰，其所化生而出的離、震兩卦，則是初爻皆陽而中爻皆陰。

圖9

八卦之陰陽

乾、震、坎、艮這四卦為陽。

坤、巽、離、兌這四卦為陰。

如果將先天八卦與洛書九宮數組合起來，我們會發現，屬於陰卦的坤、巽、離、兌這四卦恰好落在一、二、三、四宮，而屬於陽卦的乾、震、坎、艮這四卦則正好落在六、七、八、九宮，這正體現了陽一片，陰一片，上元一二三四一片，下元六七八九一片的兩片之理。

圖10

八卦之四正四隅

先天八卦與洛書結合之後，配合洛書的方向性，位於東、南、西、北四正方的乾坤坎離就稱為四正卦，位於其他東南、西南、東北、西北四個角隅方的艮兌震巽就稱為四隅卦。四正卦和四隅卦也可以區分陰陽，一般是依洛書數的奇偶來分，也就是位於奇數四正位的一九三七宮的乾坤離坎四卦為陽，而位於二八四六偶數四偶宮的巽震兌艮四卦為陰。

八卦之四正四隅

圖11

後天八卦

後天卦乃根據易經說卦傳中的一段文字：「帝出乎震，齊乎巽，相見乎離，致役乎坤，說言乎兌，戰乎乾，勞乎坎，成言乎艮」。文中並且指出震為東方之卦，巽為東南方之卦，離為南方之卦……等等，八卦各具方位之屬性。於是將八卦配合方位，從東方震卦開始，按說卦傳的次序震、巽、離、坤、兌、乾、坎、艮順時針排列八方，即成後天卦。

易曰帝出乎震，以至成言乎艮，為四時流行之氣，循環無端，即寓河圖木火土金水四方流行之氣也。此為後天八卦之五行排列次序，所以如此擺佈也。非以八卦陰陽老少之次序排列，乃依八卦五行情性及四時流行之氣排列也。八卦之用，八卦之氣，人物之感，悉兆於此，有天地定位之氣體，而後有出聚相見致役說言戰勢成言之形性，所以云後天，實則有氣自成形，有形自有感，乃同時同氣相應而成，並無先後之分也。

曰先天、後天者，乃指形氣相感之先後耳，非指八卦之有先後也，世以伏羲文王名之者，不

後天八卦

圖12

過闡述之有先天、後天，並不是說八卦會有先後之分，有體無用，有用無體，世無此理，也非為大易之道，豈能有先後之偏差哉，方隅唯八，故卦亦八，乾坎艮震為陽一片，巽離坤兌為陰一片，一二三四為上元一片，六七八九為下元一片，此數之流行之次序，故此為八卦陰陽老少之次序也從圖中明白的顯示出來，故而堪輿風水學分成上元與下元，陽一片，上元一片，陰一片，下元一片為數之流行次序，又將此流行次序分成三元九運也。

數始於一，故用卦運起坎一，虛其中五而終於離九，坤，順也。資生萬物而承天，故體卦始於坤。而終於乾，先後天上下相須而成用，是為真理氣真玄空，世俗之地理師以後天八卦之方位，並以洛書九數之當令一數入中宮，用這樣取九星順逆飛佈為用，並以之謂為玄空，此乃未明河洛先後天卦理之原理也。書云數有數之陰陽，卦有卦之陰陽，即指後天為言，四正一三七九數之陽也。而卦則坎震屬陽，離兌屬陰，四隅二四六八數之陰也。而卦則乾艮屬陽，巽坤屬陰，又云上元是陰，下元是陽，上元是陽，下元是陰者，真實是含卦與數之陰陽為言也。

上元一三運，卦數一三坎震均屬陽，下元七九運，數之七九屬陽，而卦之兌離屬陰矣，上元二四運，數之二四為耦，而卦之坤巽亦屬陰，下元六八運，數之六八為耦，而卦之乾艮屬陽矣，由此可知陰陽奇偶，活活潑潑，非一成不變也，變化無象而萬變不離其變，而變中各有所本有所宗也。總之陰陽卦數，得玄空大卦真訣者各有行用，有條不紊，不能絲毫假借也。

世人若未研究玄空大卦者，就會產生混雜而難分，又有以一四七、二五八、三六九為三般卦者，有以一四七為孟、二五八為仲、三六九為季者，豈知三般卦只有一四七，而無二五八與三六九，此乃指卦與數言，孟仲季之一四七與二五八與三六九，乃指九數之次序言，一實一虛，有條不紊，理數之難明於此可知，莫怪世人之難於入門也。語云陰陽懞懂，豈懞懂哉，不易悟徹耳，無人指示耳，故欲學玄空大卦堪輿風水之學，需尋明師指導，方免於差之毫釐，失之千里之嘆也。這正如古云：「千里求藝，萬里求師，名師易得，人師難待」。若讀者有興趣研究此玄空大卦風水堪輿之學，可洽詢筆者服務電話。

先後天體用

世俗常言：先天為體，後天為用，今人言之雖然能朗朗上口，但實際上先天之體是很少人真正的會使用。先天之體，絕少人能用之，而後天之用，亦已根本會錯其用意，如今之章派為尤甚，以元運及山向盤，如年月紫白之從掌上飛佈，與原理已相去霄壤，茲姑不贅，先天在下層，靜而不動為體，後天在上層，動而不息為用，先天卦爻，陽九陰六，上元一二三四運為用，坤巽離兌為體卦，坤統三女屬陰一片，共管九十年，下元六七八九運為用。艮坎震乾為體卦，乾統三男屬陽一片，共管九十年，上下兩元，合為一百八十年，體則千古不易，用則循環無端．此玄空理氣之稱體用，非巒頭理氣之稱體用也。世以三元九運論短長者，閱此可以曉然開朗而知此中之妙也。

先天為體，後天為用

體卦與元運息息相關，元運又稱星運，體卦為主，星運為用。三元易盤其二十四山由六十四卦排成，自午中向丙排列，分別為乾、夬、大有……至於子中之復卦；另外自午中向丁排列，分別為姤、大過、鼎、恆……至於子中之坤卦。

以上六十四卦，外卦之數字為先天五行，即一六水，二七火，三八木，四九金。先天之數

先天八卦

後天八卦

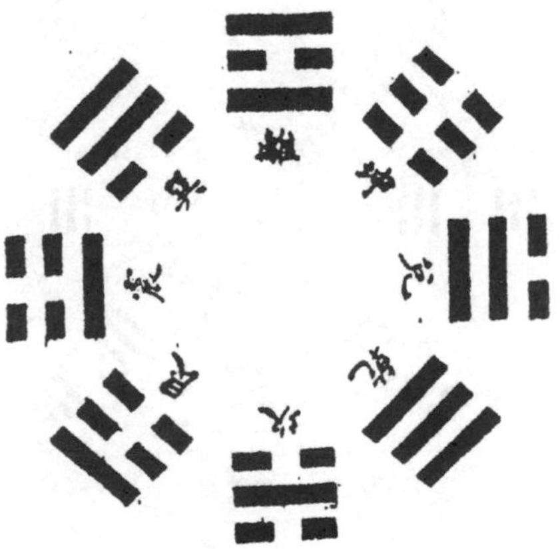

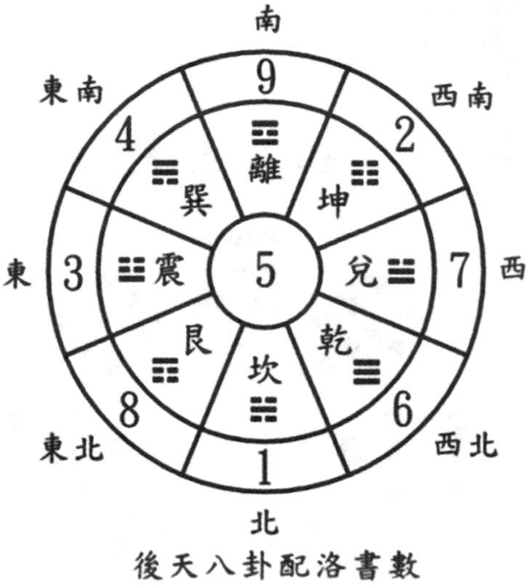

圖13

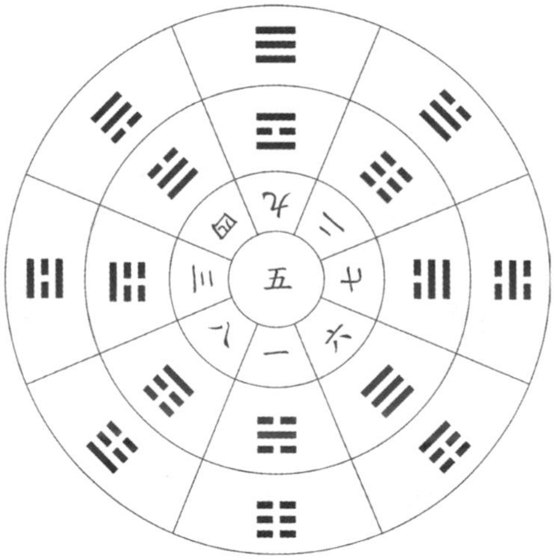

圖13-1

先後天八卦配洛書數：內圈：洛書數，中圈：後天卦，外圈：先天卦，請參看圖13

字，一坤為水，六艮亦為水；二巽為火，七坎亦為火；三離為木，八震亦為木；四兌為金，九乾亦為金。一個是生數，另一為成數，一生一成，是為生成之數，也是陰陽妙動之機。

內卦之下所註之貪、巨、祿、文、武、破、輔、弼，即為後天九星之名，亦稱九星星運，一白為貪狼星屬水，二黑為巨門星屬土，三碧為祿存星屬木，四綠為文曲星屬木。五黃為廉貞星屬土，六白為武曲星屬金，七赤為破軍星屬金，八白為左輔星屬土，九紫為右弼星屬火。這是九星之數，也是元運挨星之基礎。

就後天卦而言，一白為坎卦，二黑坤卦，三碧震卦，四綠巽卦，六白乾卦，七赤兌卦，八白艮卦，九紫離卦。

（一）、易理：易理者：河圖、洛書為基，配合先後天八卦為用；圖參書、書參圖，謂之為易理。圖為五行、書為星氣。

1、河圖數為先天：坤一、巽二、離三、兌四、艮六、坎七、震八、乾九是為卦體，五行為一六水、二七火、三八木、四九金；而坤巽離兌為陰、艮坎震乾為陽，以配局法，並主卦氣法。

2、洛書數為後天：坎一貪、坤二巨、震三祿、巽四文、中五廉、六乾武、七兌破、八艮輔、九離弼為星氣、為用，用此配局法並主運法。

（二）、陰陽：河洛卦數、龍山向水、配陰陽。

1、河圖先天卦：坤巽離兌、一二三四陰，艮坎震乾、六七八九陽，先天用卦象分陰陽。

2、洛數後天：一三七九、坎震兌離陽，二四六八、坤巽乾艮陰，以卦數分陰陽。

3、先天為體、後天為用：先天為五行、後天為卦運，先天靜為體卦、後天動為用卦言。

4、用此配對局法、運法是為限。

二十四山的陰陽方位

二十四山，乃為風水堪輿師所用的方位代名詞，周天原是三百六十五度有奇，古人以十二支平均分之，故以三百六十度為用，每支得三十度，後以四正有子午卯酉代之矣，而四隅則無之，故經云後天再用干與維，所以成二十四龍，再按卦理，亦應以三八為合，故以二十四山為立向，每字佔十五度，其干支八卦之陰陽五行，於地理作法，毫無所涉，唯用此以記其方向之名耳，而為用之道。得失之理，乃係乎八卦之子母公孫；不係乎二十四龍也，世之地理家皆只知二十四山之表，不知二十四山之裡也。此亦是風水堪輿師聚為爭訟數千百年而未能見其真諦，將何以去其非而歸其正哉，至如其他消納等種種俗說，以及用六十四卦為地理作用者，更非所計矣。

二十四山由八干：甲丙庚壬，乙丁辛癸。四維：乾坤艮巽。十二支辰：子午卯酉。寅申巳亥，五行長生之位。辰戌丑未，五氣歸元之所。

陽山：甲丙庚壬，寅申巳亥，乾坤艮巽。

陰山：乙丁辛癸，子午卯酉，辰戌丑未。

壬子癸，後天坎，屬北方。丑艮寅，後天艮，屬東北。

甲卯乙，後天震，屬東方。辰巽巳，後天巽，屬東南。

丙午丁，後天離，屬南方。未坤申，後天坤，屬西南。

庚酉辛，後天兌，屬西方。戌乾亥，後天乾。屬西北。

六十四卦的每一個卦皆由六爻相互組成，而這六爻有陰爻與陽爻之別。古稱為重卦或別卦，而六爻中每一個爻的位置稱為爻位，這個位置既表示空間位置，又表示時間位置，所以易傳曰：「六位時成，乾乘六爻以御天」。

將八卦中任兩卦一上一下重疊起來，就成為一個六爻卦。以這種排列組合方式總共可以排出六十四個六爻卦。

關於六十四卦的組成、演繹、分析、歸納等等學理，自古以來有相當多的論述和詮釋，本書僅針對與玄空大卦風水理論有關的原理原則用圖解的方式加以闡釋，做為瞭解學習玄空大卦的基礎。

《繫辭》曰：「天生神物，聖人則之；天地變化，聖人效之；天垂象，見吉凶，聖人象之。河出圖，洛出書，聖人則之。易有四象，所以示也。繫辭焉，所以告也。定之以吉凶，所以斷也」。孔子曰：「昔聖人之作易也，仰則觀象於天，俯則察法於地，睹鳥獸之文，與

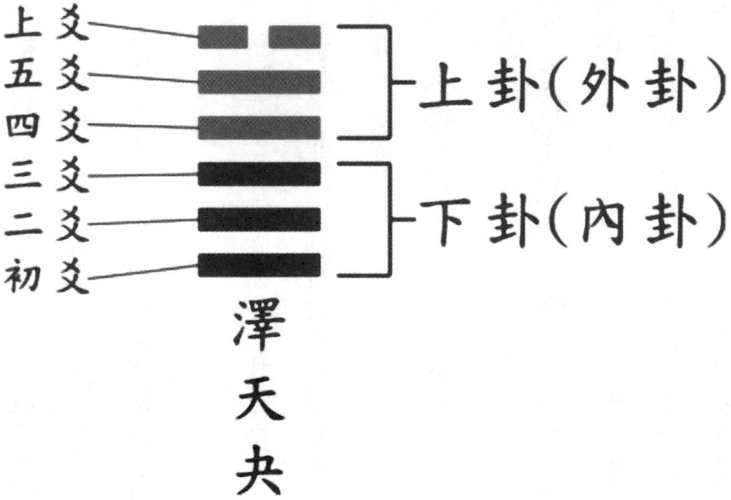

圖14 **六十四卦的構成**

地之宜。近取諸身，遠取諸物，以通神明之德，以類萬物之情」。

今觀法於天，則北極至尊，四星妃后。各有所例所屬。察法於地，則崑山象夫，卑澤象妻。睹鳥獸之文，鳥則雄者鳴鴝，雌能順服；獸則牡為唱導，牝乃相從。近取諸身，則乾為人首，坤為人腹。遠取諸物，則木實屬天，根荄屬地。陽尊陰卑，蓋乃天性。且詩初篇實首關雎；禮始冠、婚，先正夫婦。天地六經，其旨一揆。

《周禮・太卜》曰：「太卜掌三易之法，一曰連山，二曰歸藏，三曰周易」。其經卦皆八，其別卦皆六十有四，故可知三易皆共宗八個經卦與六十四個別卦，並以這個符號系統來對應文字系統，而經卦與別卦的區別，是經卦三畫，別卦又叫重卦六畫，也就是說六十四卦是由八個經卦兩兩相重而成的，因此也就可知六十四卦是以八卦為經為本，因此六畫卦又名上（外）下（內）卦，以（內）卦為本，為貞，以上（外）卦為用。

周易分為經與傳兩部分，經，指古經文。傳，指孔子對經文的註解，共十篇，孔子作易傳為十翼。易是算天運自然、陰陽二氣交互變化規律，故聖人初畫八卦，設剛柔、陰陽兩畫，即一稱為陽爻，一稱為陰爻，是為一陰一陽謂之道，以象陰陽二氣，故而八經卦是由此剛柔或陰陽二爻組合而成，再配以天地人三才之義，如此八經卦則成萬象備矣，而六十四卦是由內外三爻（六位）陰陽合體，於是六十四卦從而揭示出天運自然萬象變化遞演之道也。

二十四山與二十四節氣和六十四卦的關係

相傳連山易有三萬言，歸藏易有四千三百言，晉永嘉時二易失傳，目前僅存周易，而周易包括理、象、數三方面，是從時空週期運動規律進而探索天地人（即萬物）之盛衰、沉浮和生長收藏的規律，它呈現了以陰陽消長為主線主軸，將萬物錯綜有效的遞演變化之大規律，以精巧絕倫的符號體系表現出統一與和諧性，並以天文曆法之數理表達出其系統性與全面性，和實際性、實用性的天人合一思維模式。

中華文化的天地人三才哲學體系，呈現出天人合一觀念的淵源，配合了五行學說的預測體系，呈現出神妙玄微而莫測的實證科學驗證體系，故易者為陰陽之道，而卦者，陰陽之物，爻者，陰陽之動也，因此可知六十四卦的每一卦都有其陰陽，而卦中的每一爻，也各有其陰陽，六爻中的每一爻所佔的位置稱為爻位，爻位也各有其陰陽之位置，而這個爻位或卦位（上下卦），它既表示了空間位置，也表示了時間位置。

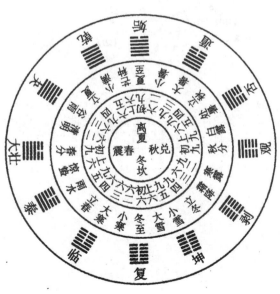

方位與節氣

《易傳》曰：「大明終始六位時成，乾乘六龍以御天，時乘六龍以御天，而乾乘六龍與時乘六龍，而這六龍泛指空間與時間的統一，六龍指六甲，一歲有六個甲子，一甲子有六十日（60×6=360），一年有360天，一天有十二時辰，一個月30天計360時辰，因此可知這六十四卦中的每個卦由六爻組成，而這種六爻的結構象徵著至大無外，至小無內，上下無常，剛柔相易，變動不居，周遊六虛的立體時空關係和無限的運動規律，概括宇宙古今包羅萬象。並把陰陽相

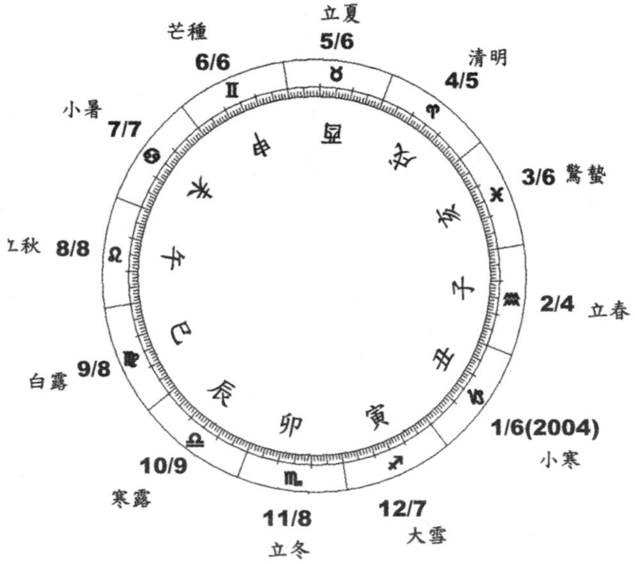

節氣日期
如圖所示，立春2月4日，就是當黃道的太陽在子，也就是寶瓶座15度，這正是立春真時刻。如圖所示，立夏5月6日，就是當黃道的太陽在酉，也就是金牛座15度，這正是立夏真時刻。

應之理和取象比類的類比之法，簡單淺顯的表現出來，其實易經的大易之道，陰陽而已。陰陽之理，同性相敵，異性相感，故而筆者謹以先賢所述之理為藍本，再以筆者對易經之鑽研心得，和對玄空大卦風水堪輿術實際上的操作經驗，將有關的原理法則規律用圖文並茂簡單易懂的方式加以闡釋，做為本書的重點，祈能拋磚引玉的導入，帶動以易經為藍本為基準的玄空大卦風水堪輿學術正確的研究風潮。

當我們仰頭觀察天空之時，總會覺得太空像一個巨大的圓頂籠罩在頭頂上，尤其更明顯的是可以看到月亮、行星乃至無數恆星都分佈在這個圓頂上，總覺得自己是處在這個球的中心點，而從古到今人們正是以觀察者為球心，並以無限大為半徑的假想概念應運而生，由於地球每天由東向西自轉一周，另一方面地球每年繞太陽公轉一周，太陽是恆星，地球依一定的軌道方向速度以很平穩的繞日運動，這使人們覺得地球不動，而太

月份	月建	節	陽曆	氣	陽曆
正月	建寅	立春	2月4或5日	雨水	2月19或20日
二月	建卯	驚蟄	3月5或6日	春分	3月21或22日
三月	建辰	清明	4月5或6日	穀雨	4月20或21日
四月	建巳	立夏	5月5或6日	小滿	5月21或22日
五月	建午	芒種	6月5或6日	夏至	6月20或21日
六月	建未	小暑	7月7或8日	大暑	7月23或24日
七月	建申	立秋	8月7或8日	處暑	8月23或24日
八月	建酉	白露	9月7或8日	秋分	9月23或24日
九月	建戌	寒露	10月8或9日	霜降	10月23或24日
十月	建亥	立冬	11月7或8日	小雪	11月22或23日
十一月	建子	大雪	12月7或8日	冬至	12月22或23日
十二月	建丑	小寒	1月5或6日	大寒	1月20或21日

二十四節氣的月建與陽曆日期

陽卻在星座間移動，這叫做視運動，也就是在一年間的不同時間點，太陽會靠近不同的星座位置而產生太陽在各星座由西向東的視運動，恰好與地球由東向西繞太陽運轉的方向相反，而太陽的視運動回歸週期，即太陽在各星座間的繞行路徑古稱為黃道，如此就形成了二十四個特定的點，即二十四個節氣。

《淮南子・天文訓》上說：「十五日為一節，以生二十四時之變」。《鶡冠子・漫流》：「斗柄東指天下皆春，斗柄南指天下皆夏，斗柄西指天下皆秋，斗柄北指天下皆冬」。其中斗柄每行15°為一節，環周360°故為二十四向以生二十四之變，如此就產生了風水堪輿之術所用的羅經（羅盤），由八卦（八宮）分置在360°的羅盤內，再以360°分成八等份，八個宮位，或稱八個大卦，即每卦為45°角再以每卦之中配置三山，而形成一卦管三山，每山管15°之方位，這與斗柄每行15°為一節，環周360°不謀而合，故為二十四向以生二十四之變，故而風水堪輿所用之羅經正是化繁為簡的把宇宙萬象的時間與空間組合成二十四山及六十四卦的方位又為360°的圓周。

再者，從360°圓周方位細分成八卦八宮的八大方位，再由八宮八卦八大方位角細分成一卦或一宮或一大方位（360°÷8=45°）各管45°角的方位，而這每一宮或每個卦或每個大方位角又各管三山，也就是再把八大方位角各細分成三等份，等於15°之方位角，這樣三山就管45°角。

然後又將24山向之方位角配上64卦，如此就變成每宮每卦或每個大方位各配上8個卦，而形成64卦配置在24山向之中，如此使24山向內每山各管有2卦4爻，羅經360°正好配置六十四卦，而每小卦有6爻，64卦共384爻，再以360°÷384爻＝每爻有0.9375°，因此可知風水堪輿術所共同使用的工具羅經，或稱羅盤，是先賢對此學術應用上的執一而馭萬，化繁成簡之最簡易而且是具體的最佳創作。

這是古聖先賢將宇宙萬象從八個大動態功能屬性上進行有系統、有規律的依著六爻層次，以綜合分析來找出規律原點並加以取象比類的最佳智慧創作。

周天360°分成八個卦（以示八節、八極、八正、八風）每卦45°，而八卦或八節是從二至、二分之四正位和四立之合稱而來，今以陽曆日期而知冬至（12月21～22日），春分（3月21～22日），夏至（6月21～22日），秋分（9月22～23日）。

四立：立春（2月3～4日），立夏（5月5～6日），立秋（8月7～8日），立冬（11月7～8日），一卦管三山，故而成24節氣。因此每卦即每個節氣15°，從冬至到立春中間有小寒、大寒，從立春到春分中間有雨水、驚蟄，從春分到立夏中間有清明、穀雨，從立夏到夏至中間有小滿、芒種，從夏至到立秋中間有小暑、大暑，從立秋到秋分中間有處暑、白露，從秋分到立冬中間有寒露、霜降，從立冬到冬至中間有小雪、大雪，共二十有四。

二十四節氣是以黃河流域的氣候為依據，這是以自然季節現象和農業生產活動週期相結合為內容。春分、秋分表示晝夜平分，氣候適中；夏至、冬至表示暑夏寒冬的到來；立春、立夏、立秋、立冬表示春夏秋冬四季的開始；雨水表示降雨季節的開始；驚蟄是冬眠蟄蟲開始復甦，出土活動；清明表示天氣開始轉暖草木新綠，景象清新；穀雨是降雨開始增多，有利於穀物的生長；小滿表示草木開始繁茂，夏熟穀物子粒開始飽滿；芒種是一年中農事繁忙的時節，需要即時進行夏收、夏管、夏種；小暑、大暑是一年中最炎熱的季節；處暑表示炎熱季節的結束；白露表示氣溫下降快，濕度尚大，多露水；寒露表示地面輻射冷卻快，凝結的露水溫度低；霜降表示進入降水降霜季節；小寒、大寒是一年中最寒冷的時節。

二十四節氣是以太陽曆為基礎，根據視運動而知太陽在黃道上的位置，從黃經0°起，每15°為一節，每月30天中有一個中氣和一個節氣，全年分十兩個中氣和十兩個節氣，以後合稱為節氣，是為一年有二十四節氣。

節氣與周天360度數

這樣使用周天圓度的360°。細分成八等份，之後又細分成二十四等份，有二至，冬至、夏至，二分，春分、秋分為一正方形，而四立（四維）又成一正方形。

因此可知，古代公度年圖是將周天運動一分為二，為四，為二十四，又分為三，為九，為二十七，為八十一，此皆本於太極陰陽原理，而太極陰陽原理又本於日、月、五星，為天體運動的法則，如太陽、月亮的出沒而形成晝夜及其長短與日時，公轉則形成春夏秋冬的更替。月盈、月缺、漲潮、退潮、花開花落的自然現象和其週期規律，古人將之總結。

先天八卦之中「乾兌離震，巽坎艮坤」乾為首，而後天八卦之中「乾坎艮震，巽離坤兌」又是以乾為首也。八卦配十天干之「納甲」當中，乾納甲壬、坤納乙癸、艮納丙、兌納丁、坎納戊、離納己、震納庚、巽納辛等，乾仍是為首納壬，故為八卦之首也，配合為先也，而六十甲子當中，六個壬可配六個陽支：「壬子、壬寅、壬辰、壬午、壬申、壬戌」等皆為「六壬」。此為大六壬基本原理。依據「易經」之河圖與洛書之法則為基本原理，天一生水、地六成之，天二生火、地七成之，天三生木、地八成之，天四生金、地九成之，天五生土、地十成之。五行之水、火、木、金、土等為據。十天干以甲丙戊庚壬，為陽、乙丁己辛癸，為陰、而壬為水，為陽干，為配五行天一生水，地六成之。故「水」與「壬」皆為五行之始也。這又與物質不滅定律，碳水化生一樣。

據說此為九天玄女祕傳三式之一，大六壬有四柱八字結構，以及占星術與紫微斗數十二宮命盤的基本架構，配合天盤、地盤，涵蓋了天文學、曆法與易經八卦的理論，其中與本篇關係密切的八卦屬性詮釋如下：

乾卦

河魁、登明主之。內赤外白，內方外圓。遇水則軟，遇火則堅。夏火金敗，秋月金全。上有文字，節義相兼。旺則珠玉，休是銅錢。仰如鼎立，覆似鍾懸。團圓外貌，堅硬內堅。人見敬仰，富貴雙全。上有文字，繩索相連。聚而成實，散而無緣。細想是卦，無過銅錢。仰似鼎立，格似鍾懸。若非金鐵，即是銀銅。團圓外實，裡面虛實。人見敬貴，能鑒身容。

坎卦

神后主之。均性成風，依近水中。下浮南北，又浮西東。有形不動，落亦無蹤。騰浮萬物，便似飄萍。悠悠之物，外典內黑。性喜潛藏，情同隱匿。長在家居，唯能野合。去即被擒，逢生不識。

艮卦

大吉、功曹主之。艮青之形，不動其情。內虛外實，團圓所成。旺相則實，無氣則靈。木能生火，豈能停歇。人驚響谷，形如覆盆。春秋不改，積世長存。此物團圓，內悔外貞。能屈不動，種之生生。若非青白，即是龜紋。

震卦

太沖主之。震物動停，內白外青。圓頭尾小，將變其形。震主變動，身無定形。如蠶作繭，能騰能生。能團能圓，似獸能聲。逐物改變，色體蒼然。下不著地，上不侵天。若非果物，即是魚蚌。

巽卦

天罡、太乙主之。巽主風雪，節氣氤氳。聲添琴韻，遠聽時聞。乍吟乍笑，時矛時群。形如彩蝶，囊如青萍。奔注為形，光彩金生。遊行照影，強索之形。空中隱映，神歌鬼哭。裡實外虛，空穀傳聲。

離卦

勝光主之。似龍無角，似馬無訛。若非牝馬，即是驢騾。人頭即少，離體身多。不臨溪谷，即是長城。先白後赤，水土圓藏。雕形鱗族，內柔外剛。外頭雖實，裡畔虛張。賊人盜得，灰土埋藏。

坤卦

小吉、傳送主之。坤體外黃，其色內蒼。水上而實，內圓外方。形如瓦碟，堅實能剛。若非古器，即是橐囊。卦體名坤，土性長存。朝則平野，墓則孤村。人來扣抱，逐伴隨群。若非牝馬，即是其左「牛」右「享」。

兌卦

從魁主之。兌為金外地人，堅硬栽截。乍剛乍柔，有時曲折。內裡光彩，外邊欠缺。若非連珍，衣加帶剛。兌性居平，外缺裡明。形依靜域，炫耀光生。遙為宇殿，似佛光榮。若非銅錢，即是金銀。

人為萬物之靈，覆載莫逃乎天地。《易》與天地準，故能彌綸天地之道。天地不外陰陽，陰陽不外五行，人不能外五行以生。所以人只要順應天道，研《易》而且善用《易》，就能趨吉避凶，呈祥獻瑞。歷代先賢研易而總結出：擇日學（天）；風水學（地）；人為趨避法（人）。六壬的天盤、地盤及月將，與太陽的角度關係最為密切，是結合天文、易理，在人事上的精微應用，尤其是用於擇日，可以配合奇門遁甲，也可以再配合天星。

先賢張九儀在書中公開的要訣是：六壬擇日專以祿馬貴人三吉神為要旨。要到山到向，以及天機靈動發用，吉氣迎入，自然如期而發。

一分為二法則

故有河出圖，洛出書，聖人則之，黃帝四面、四達自中四仲中星的內涵，夏至、冬至為陰陽之始，春分、秋分為陰陽各半，天象運行週而復始，概莫能外，這是天運自然循環，如鬼斧神功，非人力之所能更改。這種一分為二的時空運動法則，為中國古代的二進制原理，並將之反應於太極和天文曆法的八卦、六十四卦上。

《周易・繫辭傳》：「易有太極，是生兩儀，兩儀生四象，四象生八卦，八卦生吉凶，吉凶生大業」。北宋先賢邵雍在此基礎上，將一分為二大法則，視為天地萬物之父母，而成就了《皇極經世》之曠世巨著，邵雍在《皇極經世》觀物篇中說：「是故一分為二，二分為四，四分為八，八分為十六，十六分為三十二，三十二分為六十四……合之斯為一，衍之斯為萬」。

一分為二的法則，其特點是正反相對稱的將內涵與外延，內視與外照，以正反之形式展開，這正與伏羲之先天八卦的陰陽對待關係不謀而合，宇宙運行法則如此，物質世界存在形式亦復如是。大到日月五星，小到物質分子無不以正反相對形式出現，而一年中從冬至一陽生，夏至一陰生，這一切從冬至到夏至，或從夏至到冬至，皆在太陽視運動圈中的南北兩極之中心點。

一朔一望之中心從初一朔日到十五望日，十五望日到初一朔日，是太陽、月亮與地球在太空中180°～360°的正反比例關係之中心點，午夜零時到中午12時，或中午12時到午夜零時，是地球自轉一周中的南北極的中心點。因此正反相對稱是宇宙物質世界普徧存在的永恆規律，就連生命的遺傳密碼脫氧核糖核酸（ＤＮＡ）亦是如此。

脫氧核糖核酸（ＤＮＡ）以及蛋白質結構也是正反對稱的結構，而這種物質之所以皆以正反相對稱的形式結構是由宇宙一分為二的運動法則的層層推進，永無休止的進行基因密碼的自我複製。我們從各種脊椎動物的胚胎發育比較中，就如卵魚類、兩棲類、鳥類及哺乳動物的胚胎發育過程中總是從受精卵的細胞分裂開始，而細胞分裂是從一分為二，二分為四，四分為八……，在細胞分裂中刻劃著生命密碼的生命細絲也是一條變為兩條，把親代的所有物質照此模式傳給下一代。這與伏羲六十四卦圓圖中的排列組合不謀而合。

自一陽始生的復卦，到乾為天的三十二卦皆為陽卦，而自姤卦到坤為地的三十二卦皆為陰卦，從此伏犧圓圖不論上下經卦或是重卦皆是對待相錯，此從重卦之對看乾與坤對錯，大有與比對錯……，順此周行至復姤對錯而終。均取自圓周之周天360°之半為180°為對待相錯之進行排列組合的中心點。故而可知，玄空大卦之三元九運亦是根據伏義六十四卦圓圖的陰陽對待相錯之理，取其一分為二之法則而將三元九運分為360°取其一分為二，以為180年之循環週期，故而三元九運共管180年。

周易六十四卦之排列次序，除乾、坤、坎、離、大過、頤為互卦，小過、中孚為相錯卦，其餘五十六卦皆兩兩相綜為一組進行排列。而所謂的綜，是指將一卦顛倒過來及變為兩卦而言，如屯卦正視為屯卦，倒視則為蒙卦，如需卦與訟卦正視為需卦，倒視則為訟卦，如此一卦相綜為兩卦，以這樣的模式將六十四卦除去八個錯卦剩下五十六個卦，而這五十六個卦其實是從二十八個卦顛倒互為二卦而來，這與天運自然運轉週期的從南極的中心點到北極的中心點為180°或是從北極的中心點到南極的中心點為180°之理相同相合，如此兩邊之中心點合為180°+180°=360°。故而三元九運取180年為循環週期正合天心之運轉相合。故而可知先聖先賢之智慧創作是何其的偉大與先進，比現代的科學更科學更先進。

以定位而言，乾陽在上，坤陰在下，如此則為對待之體，以氣化而言，陰氣上升，陽氣下降是為流行之用，故先天以乾坤分天地而定上下之位，後天以坎離分水火而定南北之方，自此而知天南地北，火南水北木東金西，及陽動陰靜，陽剛陰柔的的動靜與對待關係，又取其半而成中庸之道，使其沒有過與不及之象。這正是老子言：「人法地，地法天，天法道，道法自然」。又曰：「陰中有陽，陽中有陰，負陰抱陽，沖氣以為和」。這是天地自然之易，是道法自然的畫前有易之基本思想模式，這也是人類史上歷代社會進化治亂興廢史蹟的循環大規律。

乾兌離震為日月星辰之變數，坤艮坎巽為水火土石之化數，如此八卦變化而萬物滋生。孔子曰：「先天而天弗為，後天而奉天時」。邵子詩曰：「身在天地後，心在天地先。一中分造化，心上取經綸」。故太極為先天，陰陽為後天，這正是天人合一模式，而三元玄空九運，正本於此而將此分成九宮八卦，而取其陰陽變化生成之數，演變成九運180年之規律循環遞演週期。筆者祈願以此與愛好玄空大卦的易經風水堪輿術之同好互相切磋研究探討，有興趣者可與筆者服務處聯絡。

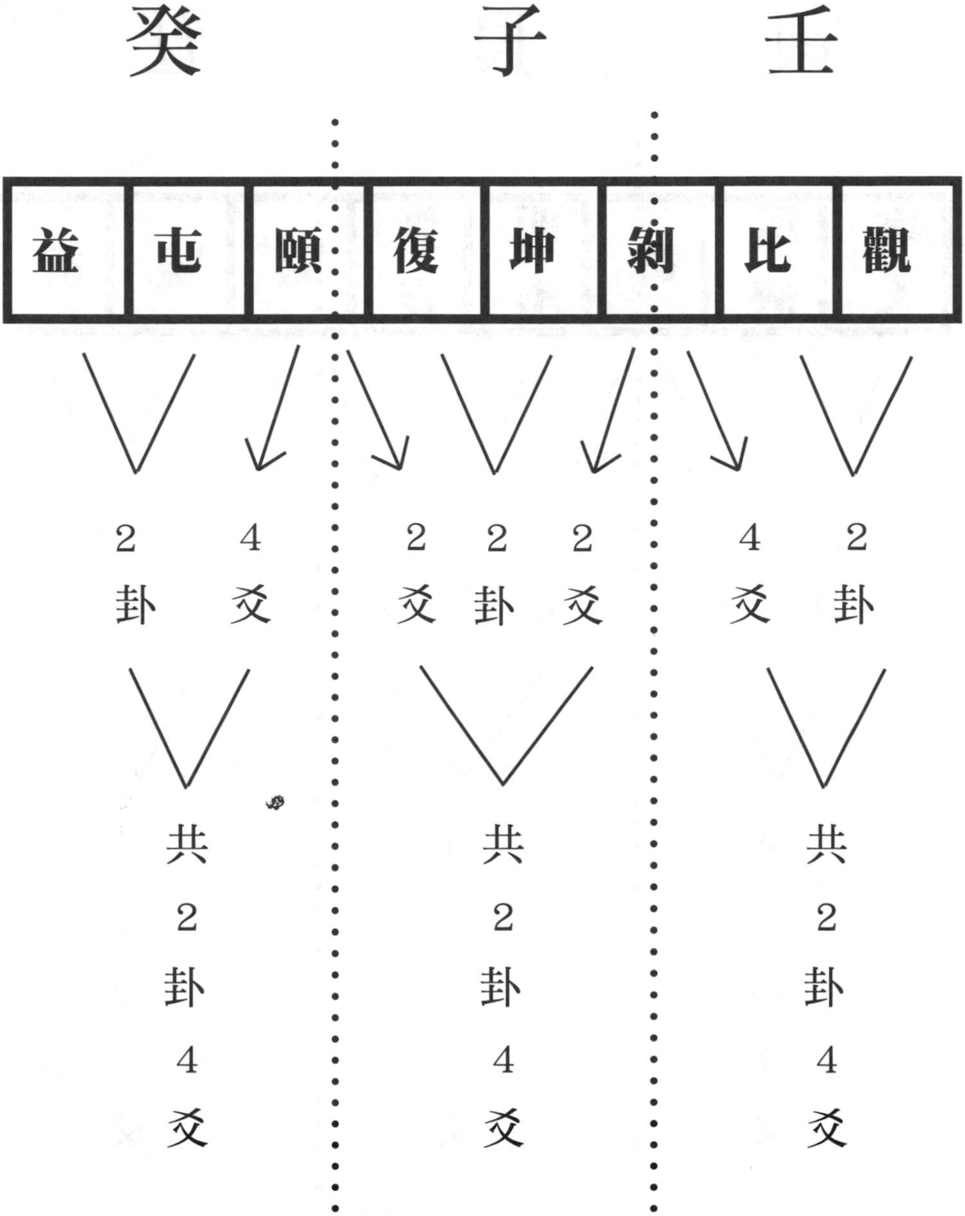
癸
子
壬
益
屯
頤
復
坤
剝
比
觀
2 卦
4 爻
2 爻
2 卦
2 爻
4 爻
2 卦
共 2 卦 4 爻
共 2 卦 4 爻
共 2 卦 4 爻

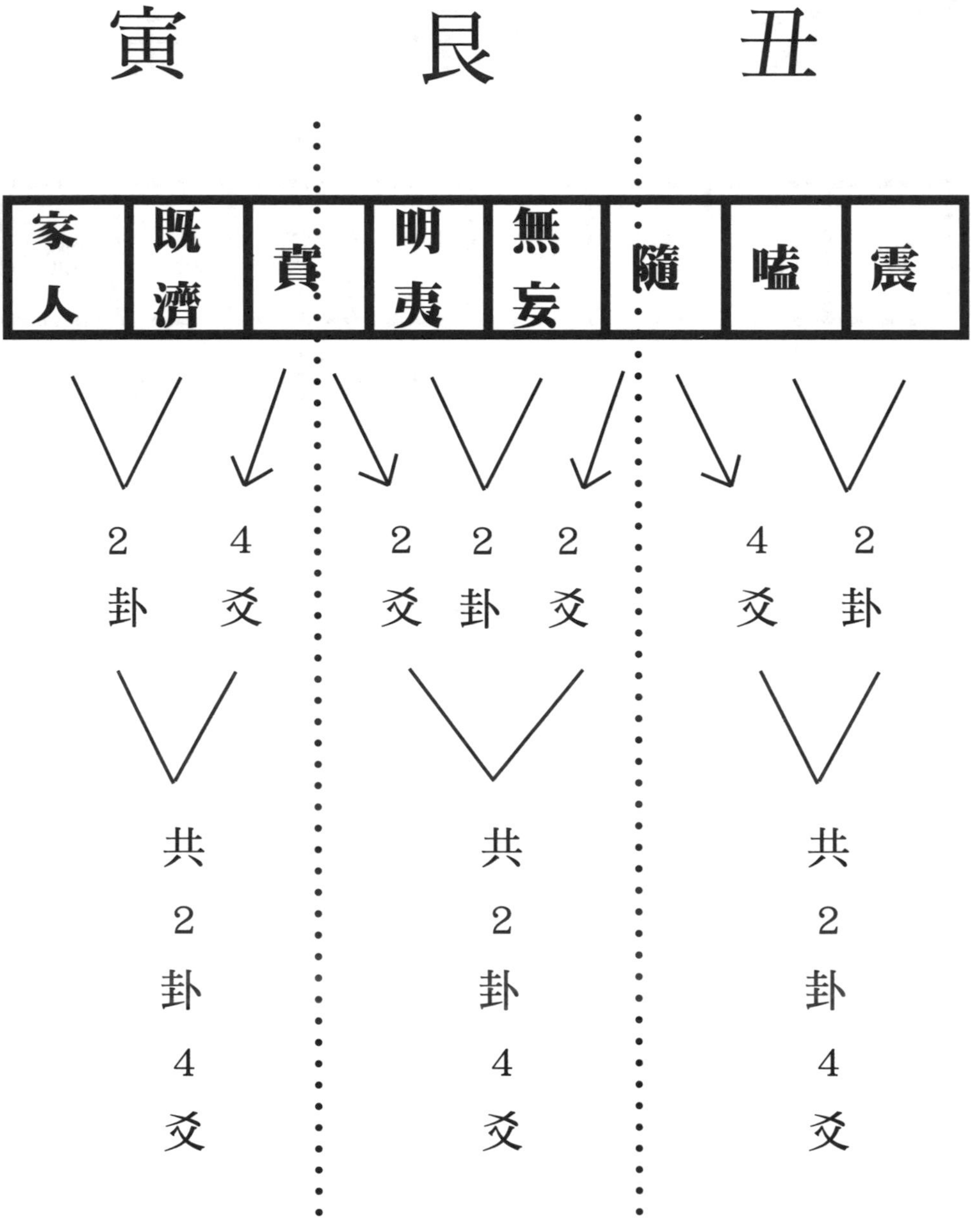
寅
艮
丑
家人
既濟
賁
明夷
無妄
隨
嗑
震
2 卦
4 爻
2 爻
2 卦
2 爻
4 爻
2 卦
共 2 卦 4 爻
共 2 卦 4 爻
共 2 卦 4 爻

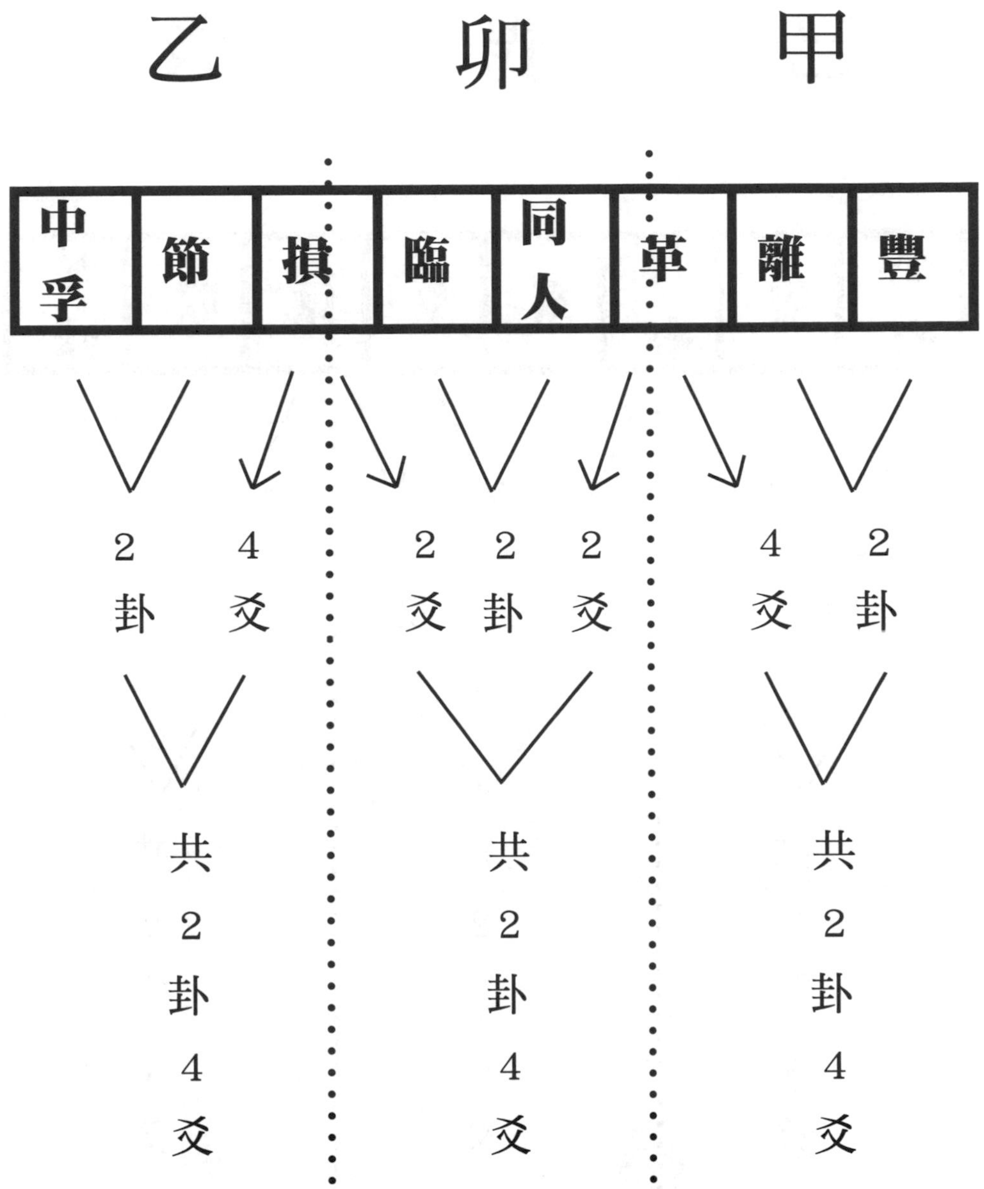
乙
卯
甲
中孚
節
損
臨
同人
革
離
豐
2 卦
4 爻
2 爻
2 卦
2 爻
4 爻
2 卦
共 2 卦 4 爻
共 2 卦 4 爻
共 2 卦 4 爻

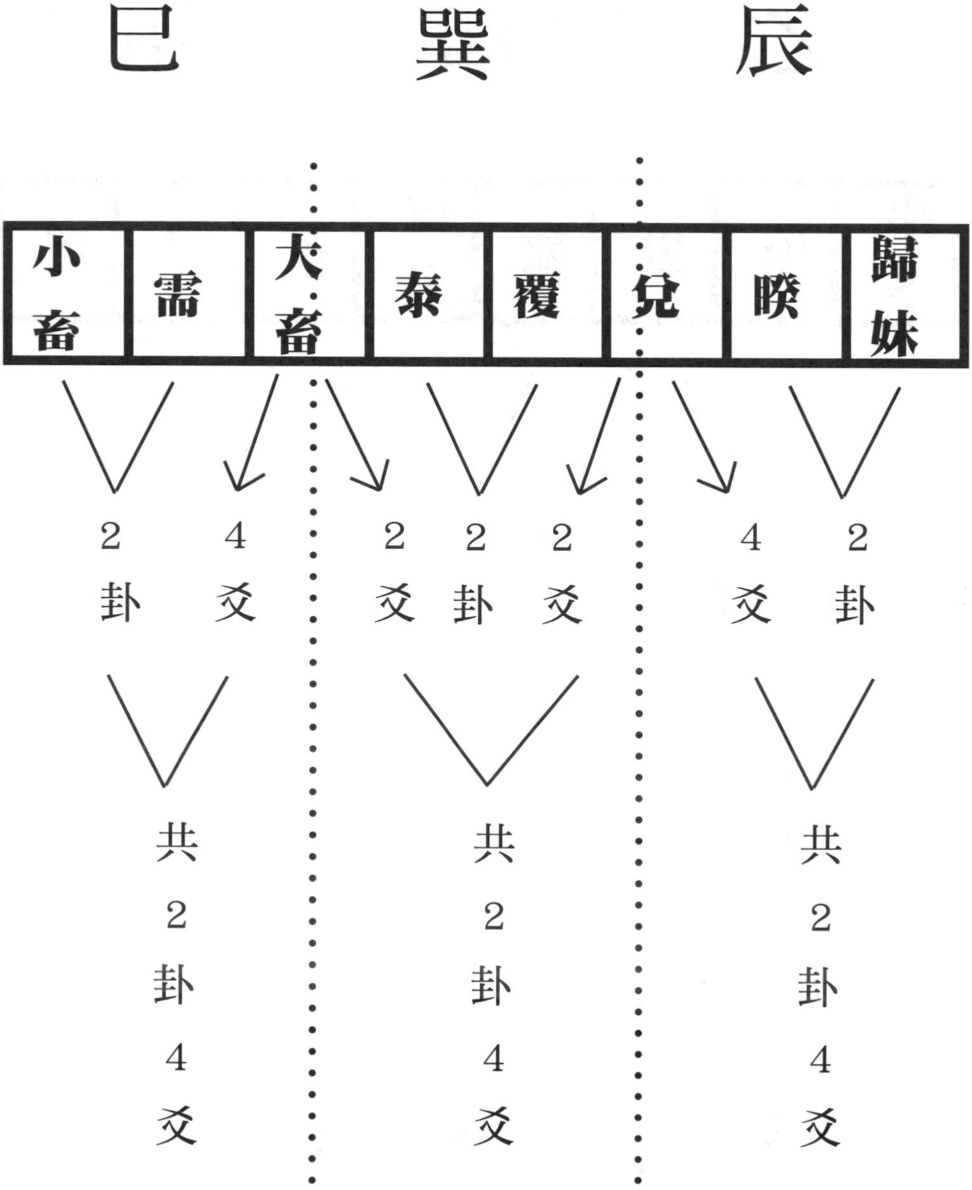
巳
巽
辰
小畜
需
大畜
泰
覆
兌
睽
歸妹
2 卦
4 爻
2 爻
2 卦
2 爻
4 爻
2 卦
共 2 卦 4 爻
共 2 卦 4 爻
共 2 卦 4 爻

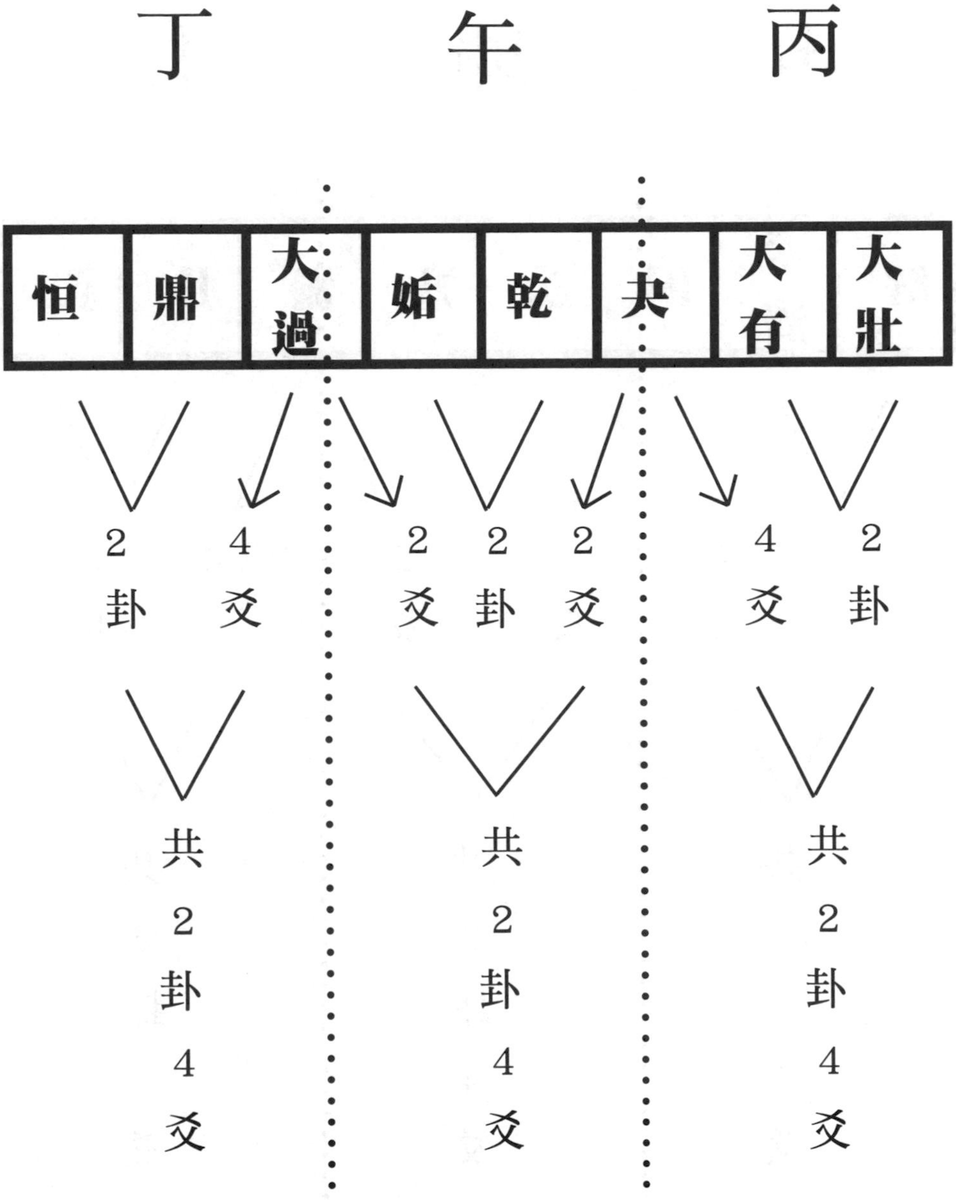
丁
午
丙
恒
鼎
大過
姤
乾
夬
大有
大壯
2 卦
4 爻
2 爻
2 卦
2 爻
4 爻
2 卦
共 2 卦 4 爻
共 2 卦 4 爻
共 2 卦 4 爻

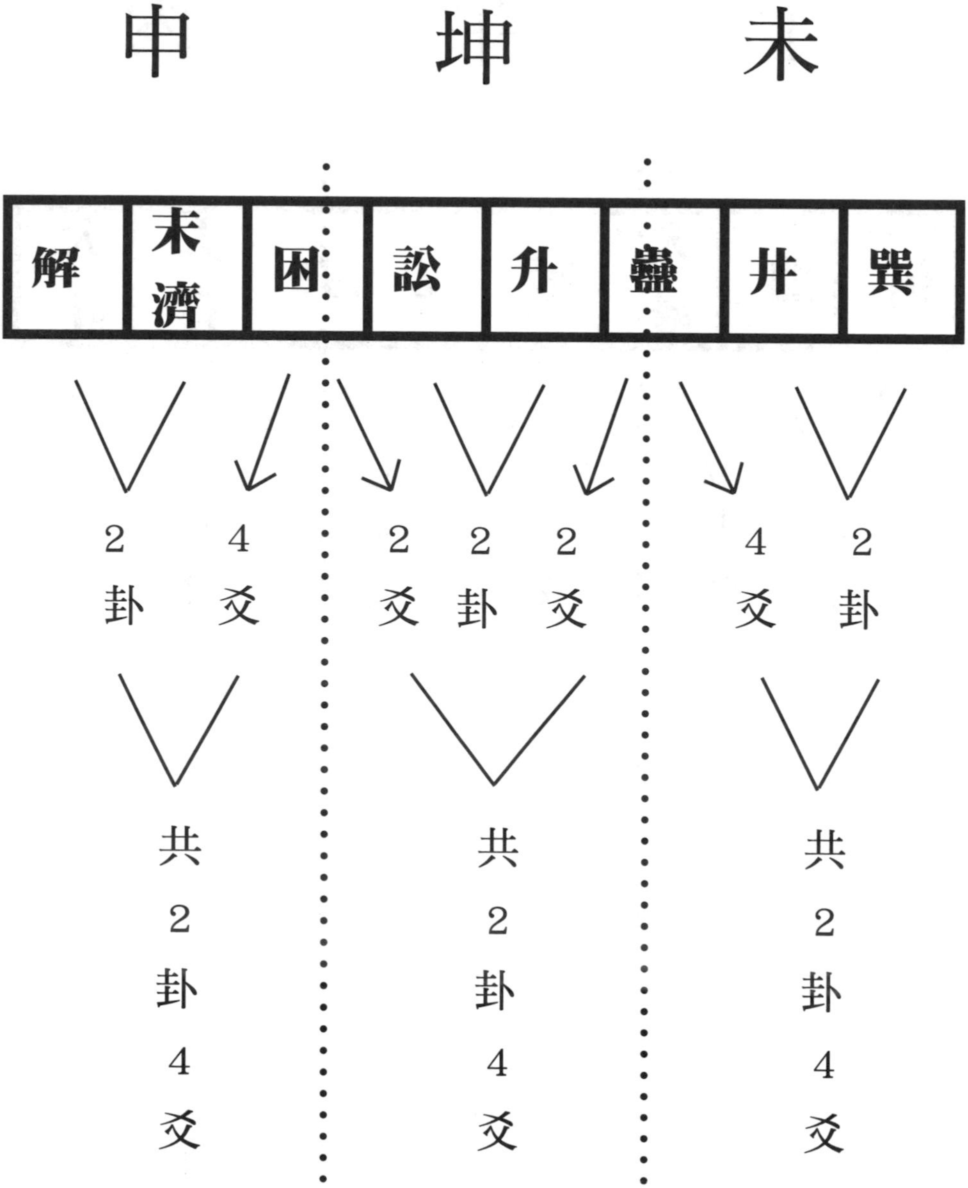

申
坤
未
解
未濟
困
訟
升
蠱
井
巽
2 卦
4 爻
2 爻
2 卦
2 爻
4 爻
2 卦
共 2 卦 4 爻
共 2 卦 4 爻
共 2 卦 4 爻

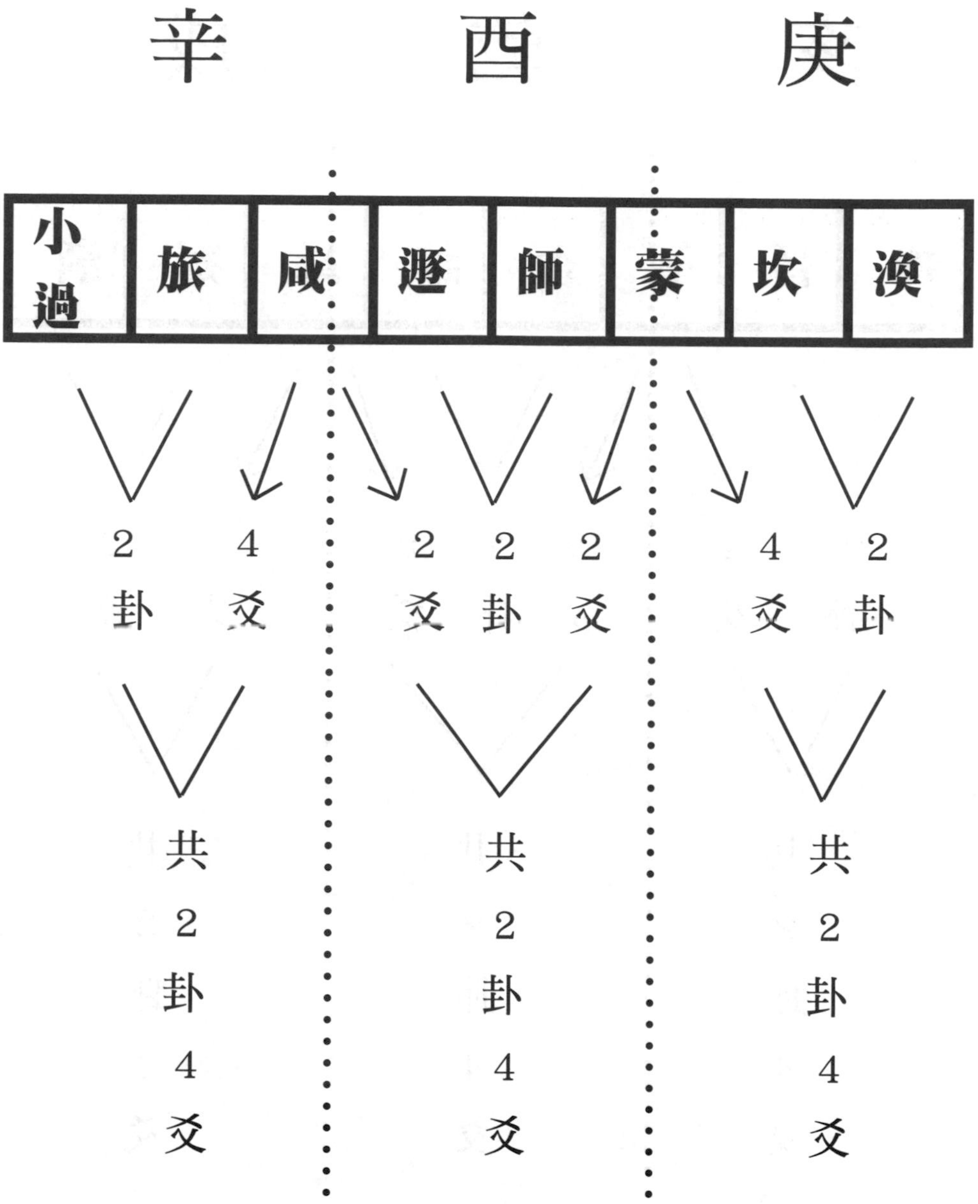
辛
酉
庚
小過
旅
咸
遯
師
蒙
坎
渙
2卦
4爻
2爻
2卦
2爻
4爻
2卦
共2卦4爻
共2卦4爻
共2卦4爻

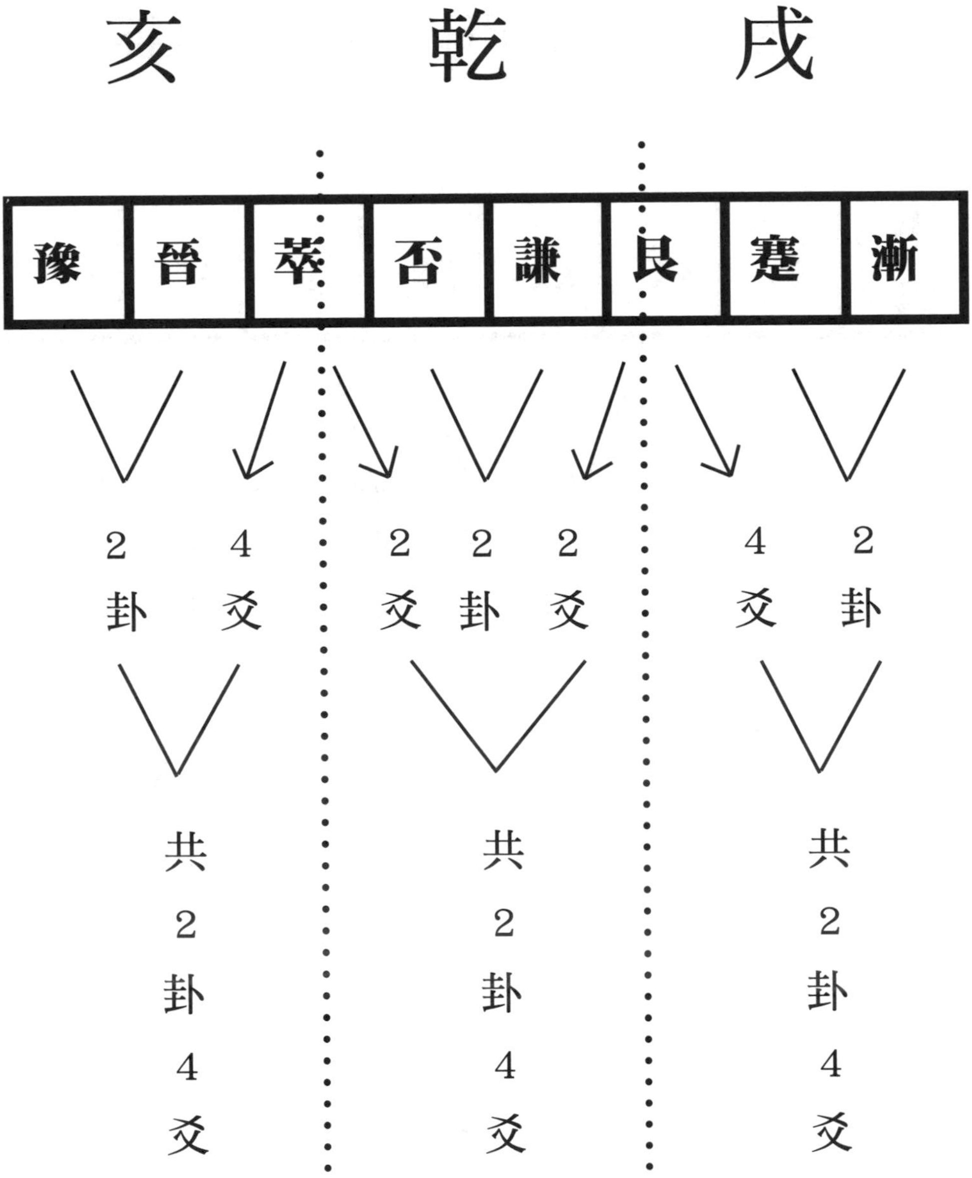
亥
乾
戌
豫
晉
萃
否
謙
艮
蹇
漸
2 卦
4 爻
2 爻
2 卦
2 爻
4 爻
2 卦
共 2 卦 4 爻
共 2 卦 4 爻
共 2 卦 4 爻

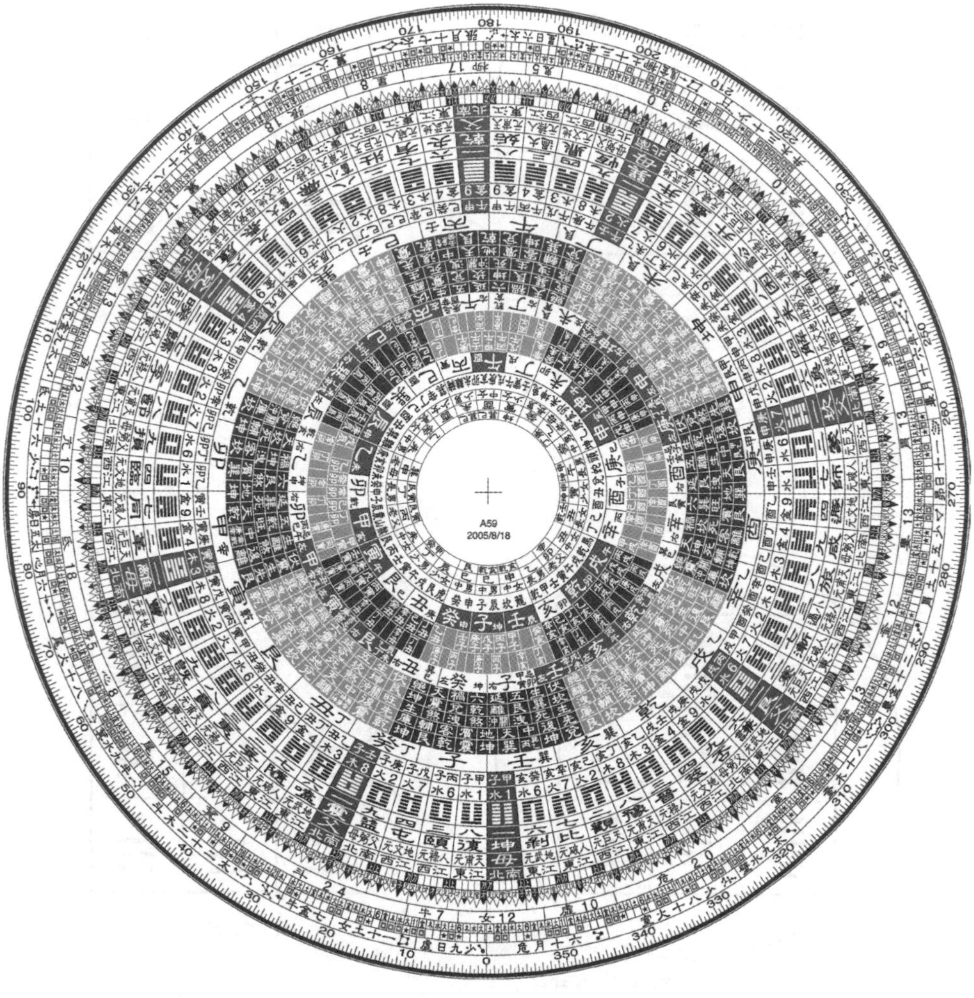

廿四山合六十四卦配六十甲子羅盤圖

由九宮推演出的六十四卦

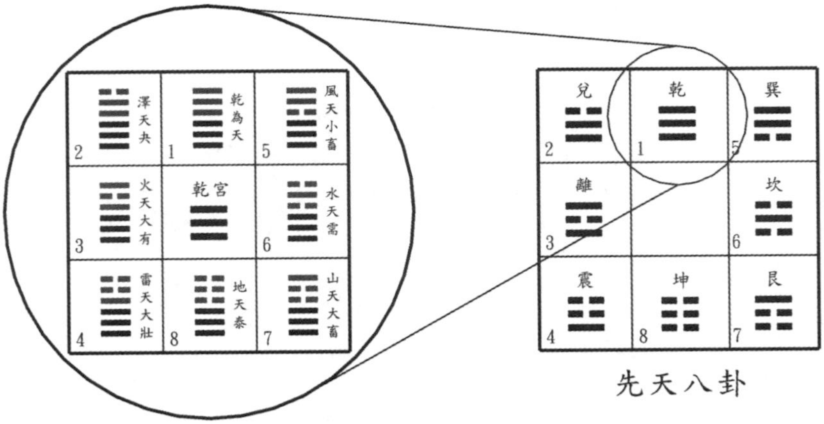

下卦為乾卦不變，上卦依卦序將八卦重疊，即得到乾宮之八個六爻卦

圖15

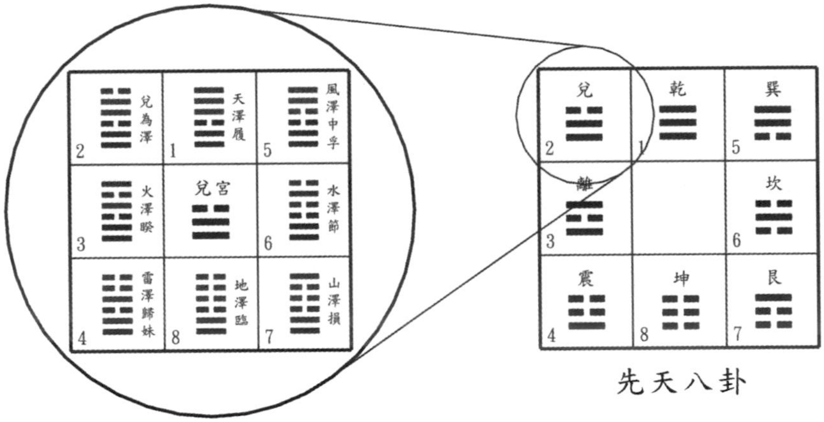

下卦為兌卦不變，上卦依卦序將八卦重疊，即得到兌宮之八個六爻卦

圖16

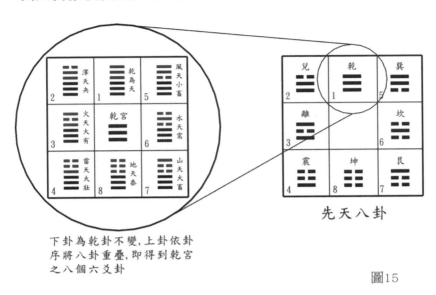

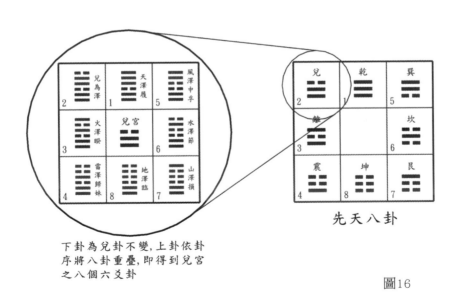

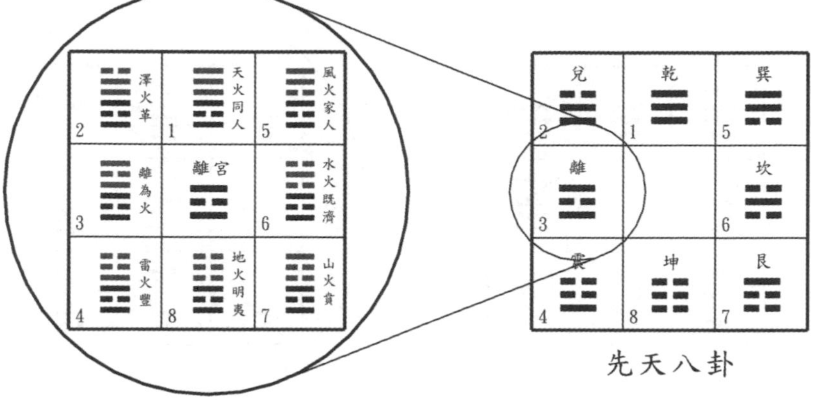

下卦為離卦不變，上卦依卦序將八卦重疊，即得到離宮之八個六爻卦

圖17

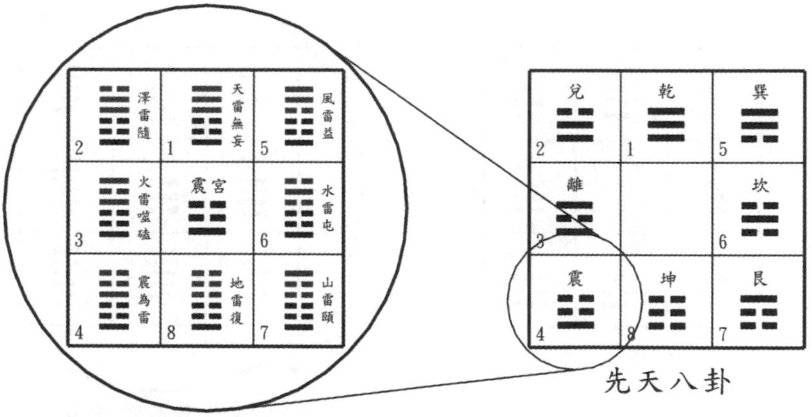

下卦為震卦不變，上卦依卦序將八卦重疊，即得到震宮之八個六爻卦

圖18

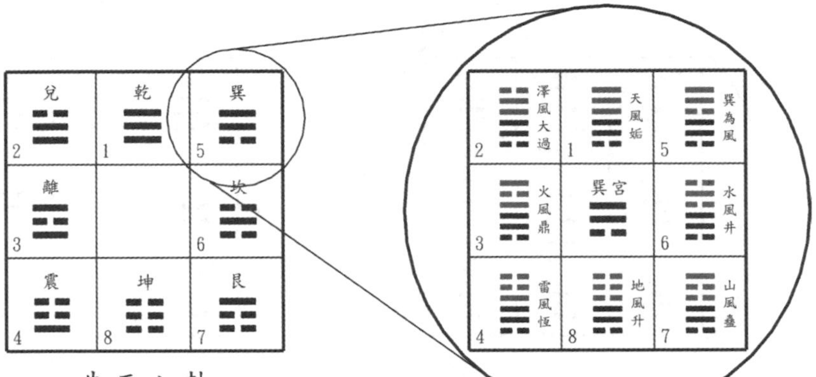

先天八卦

下卦為巽卦不變,上卦依卦序將八卦重疊,即得到巽宮之八個六爻卦

圖19

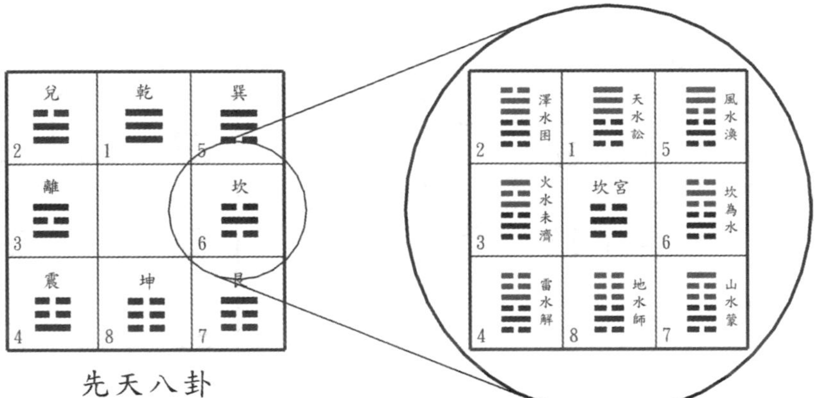

先天八卦

下卦為坎卦不變,上卦依卦序將八卦重疊,即得到坎宮之八個六爻卦

圖20

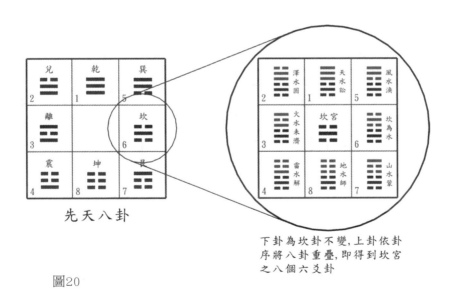

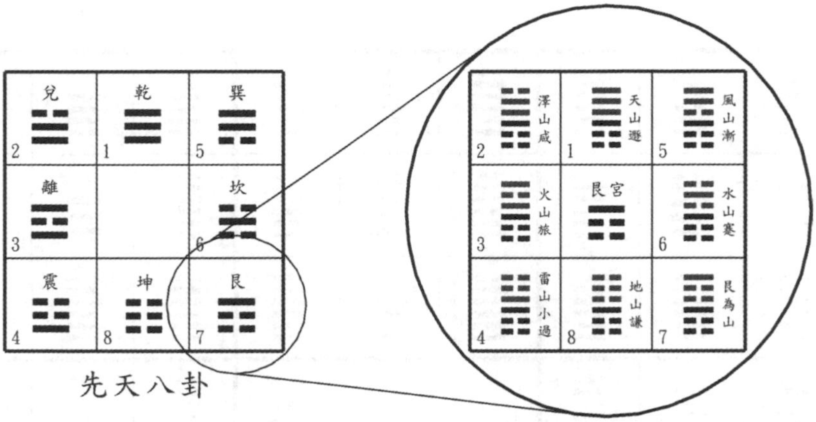

下卦為艮卦不變，上卦依卦序將八卦重疊，即得到艮宮之八個六爻卦

圖21

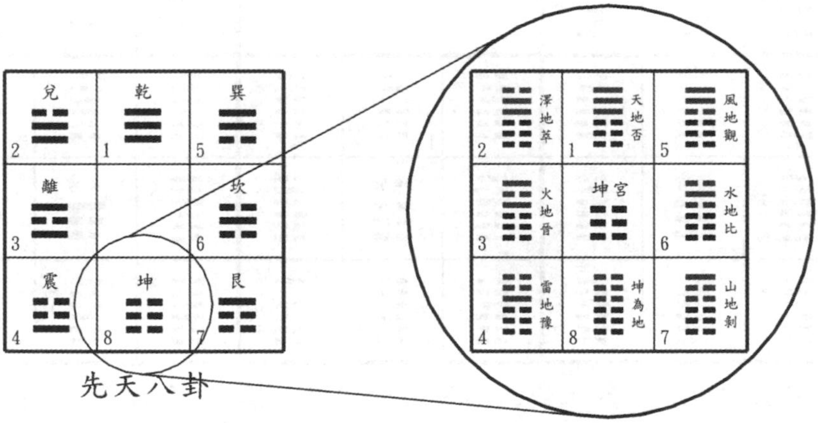

下卦為坤卦不變，上卦依卦序將八卦重疊，即得到坤宮之八個六爻卦

圖22

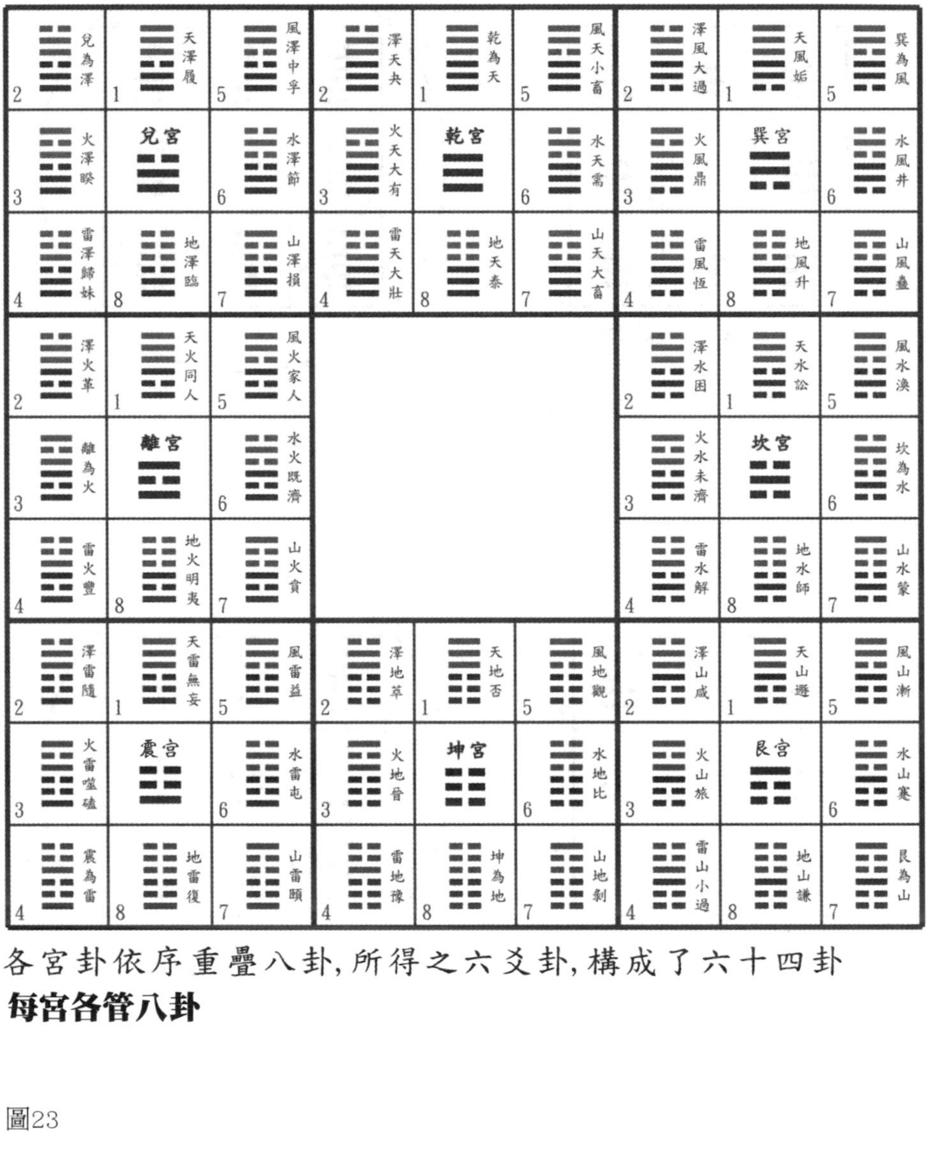

各宮卦依序重疊八卦，所得之六爻卦，構成了六十四卦

每宮各管八卦

圖23

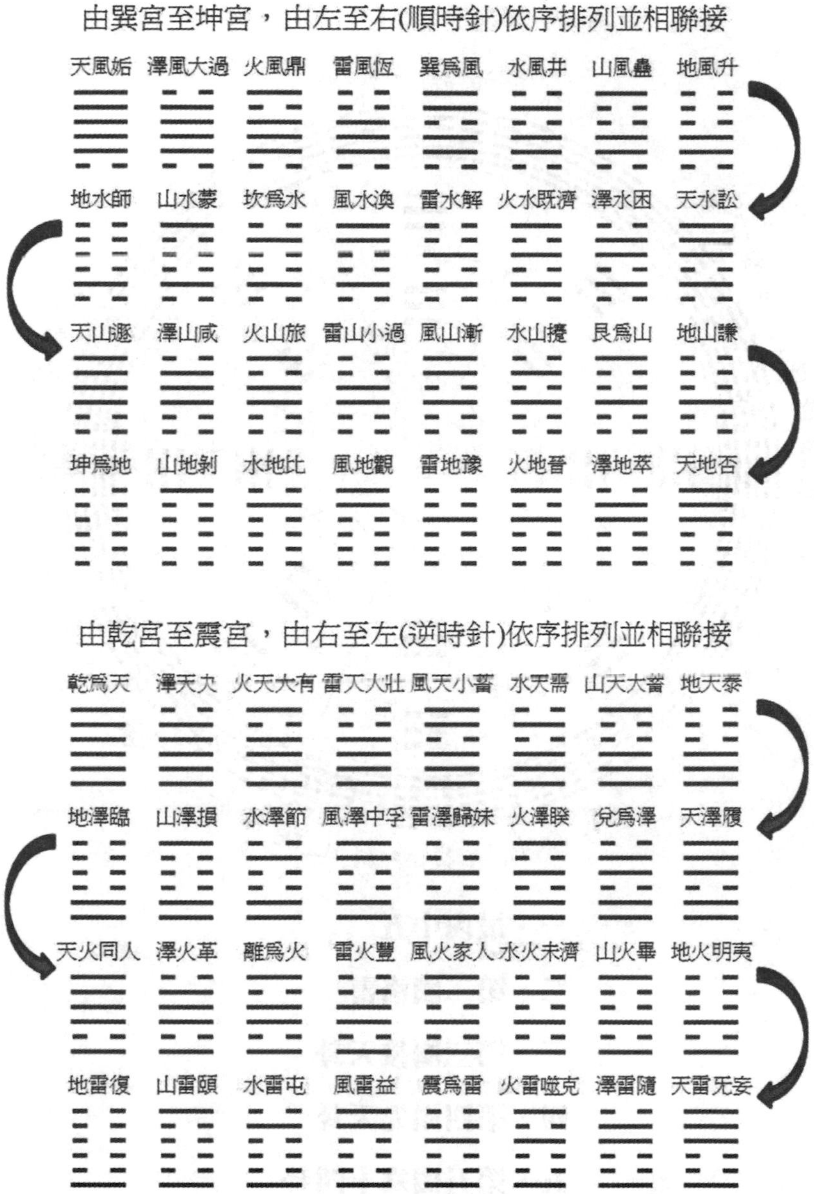
由巽宮至坤宮，由左至右(順時針)依序排列並相聯接
天風姤 澤風大過 火風鼎 雷風恆 巽爲風 水風井 山風蠱 地風升
地水師 山水蒙 坎爲水 風水渙 雷水解 火水既濟 澤水困 天水訟
天山遯 澤山咸 火山旅 雷山小過 風山漸 水山蹇 艮爲山 地山謙
坤爲地 山地剝 水地比 風地觀 雷地豫 火地晉 澤地萃 天地否
由乾宮至震宮，由右至左(逆時針)依序排列並相聯接
乾爲天 澤天夬 火天大有 雷天大壯 風天小畜 水天需 山天大畜 地天泰
地澤臨 山澤損 水澤節 風澤中孚 雷澤歸妹 火澤睽 兌爲澤 天澤履
天火同人 澤火革 離爲火 雷火豐 風火家人 水火未濟 山火賁 地火明夷
地雷復 山雷頤 水雷屯 風雷益 震爲雷 火雷噬嗑 澤雷隨 天雷无妄

圖24 **六十四卦圓圖**

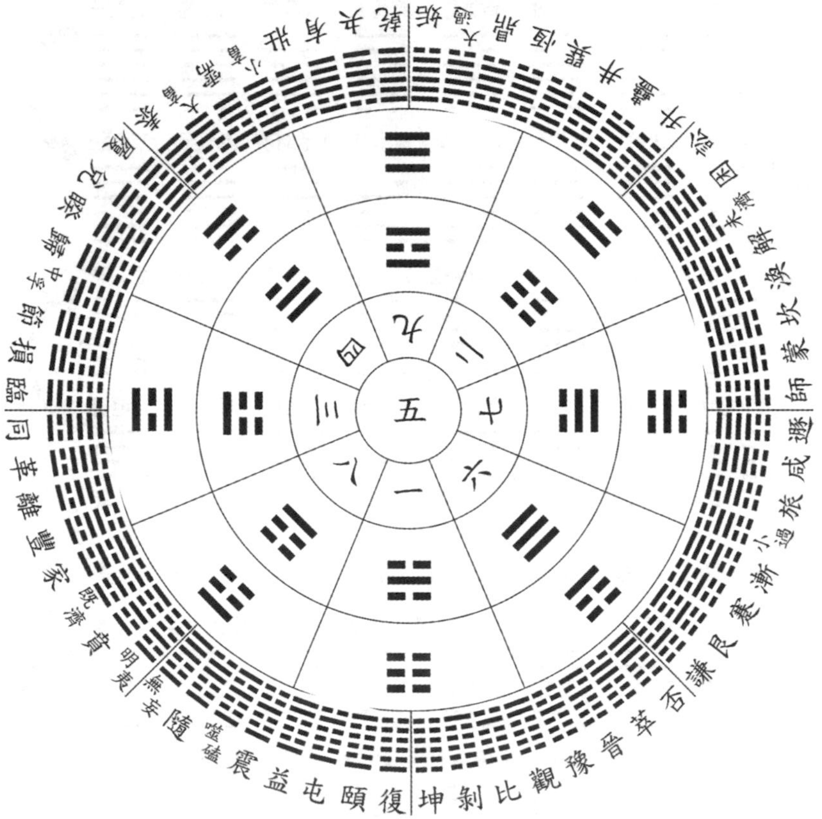

一、最內中五

二、第二圈洛書

三、第三圈後天卦

四、第四圈先天卦

圖25　**五、第五圈六十四卦**

二十四山配六十四卦

《周易參同契》：「易者，象也。懸象著明，莫大忽日月，窮神以知化，陽往則陰來，輻輳而輪轉，出入更卷舒。易有三百八十四爻，據爻摘符，符謂六十四卦。晦至朔旦，震來受符。當斯之際，天地媾其精，日月相擔持。」

《青囊序》云：「先天羅經十二支，後天再用干與維，八干四維輔支位，子母公孫同此推」。十二地支合周天列宿（28宿）十二次舍，配合八卦，八卦每卦三爻，共24爻，十二地支不足此數，故將十天干刪去戊己，再配四偶卦，合成24爻之數。

羅經之作也，取象乎天，故體圓，取法乎易，故列卦其中，周三百六十度，其分六十四卦，每卦各佔五點六二五度，各得一運。自午山中線起，以乾卦為首居下卦，以左旋丙巳巽辰乙卯甲寅艮丑癸子之序，加乾兌離震四卦於上，共三十二卦。再自午山中線起，以右旋丁未坤申庚酉辛戌乾亥壬子之序，加巽坎艮坤四卦於上，共三十二卦。

二十四山配六十四卦如下所示。

將各宮的六爻卦依序排列，並且連接起來，就構成了上面的六十四卦圓圖，也就是邵雍六十四卦方圓圖中的圓圖，再配以圓周，周天360°，如此即是玄空大卦六十四卦羅盤的基本構成。

六十四卦

以乾卦為首：乾為天卦。天澤履卦。天火同人卦。天雷旡妄卦。天風姤卦。天水訟卦。天山遯卦。天地否卦。

以兌卦為首：澤天夬卦。兌為澤卦。澤火革卦。澤雷隨卦。澤風大過卦。澤水困卦。澤山咸卦。澤地萃卦。

以離卦為首：火天大有卦。火澤睽卦。離為火卦。火雷噬嗑卦。火風鼎卦。火水未濟卦。火山旅卦。火地晉卦。

以震卦為首：雷天大壯卦。雷澤歸妹卦。雷火豐卦。震為雷卦。雷豐恆卦。雷水解卦。雷山小過卦。雷地豫卦。

以巽卦為首：風天小畜卦。風澤中孚卦。風火家人卦。風雷益卦。巽為風卦。風水煥卦。風山漸卦。風地觀卦。

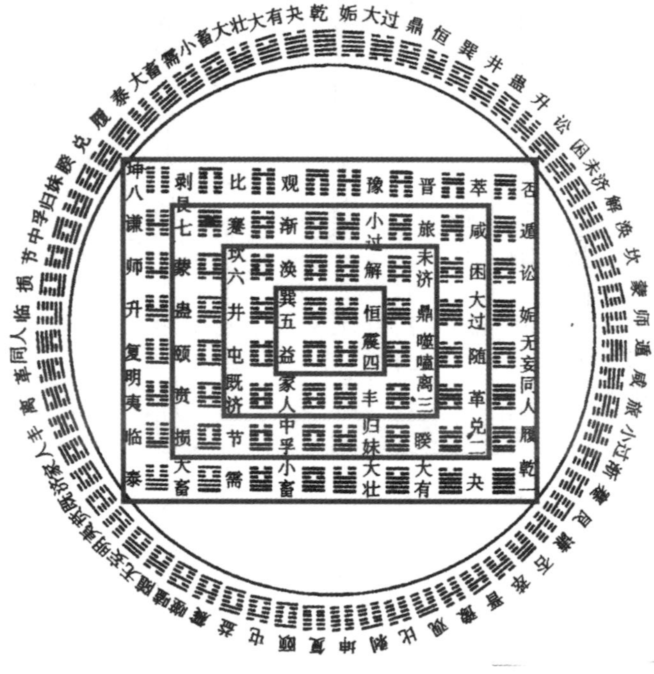

64卦方圓立體圖

以坎卦為首：水天需卦。水澤節卦。水火既濟卦。水雷屯卦。水風井卦。坎為水卦。水山蹇卦。水地比卦。

以艮卦為首：山天大畜卦。山澤損卦。山火賁卦。山雷頤卦。山風蠱卦。山水蒙卦。艮為山卦。山地剝卦。

以坤卦為首：地天泰卦。地澤臨卦。地火明夷卦。地雷復卦。地風升卦。地水師卦。地山謙卦。坤為地卦。

六十四卦中，每卦各有爻之變，共三百八十四爻變，以先天洛書之數，上下兩卦，或變爻後之卦合之。即：天九、地一、風二、火三、澤四、山六、水七、雷八。凡能合一六、二七、三八、四九、一四、二三、一九、二八、三七、四六、六九、七八者，為得合成之吉，該卦該爻為可用。若本卦合成，變爻後又有合成，該卦爻更吉，稱財富之爻也。

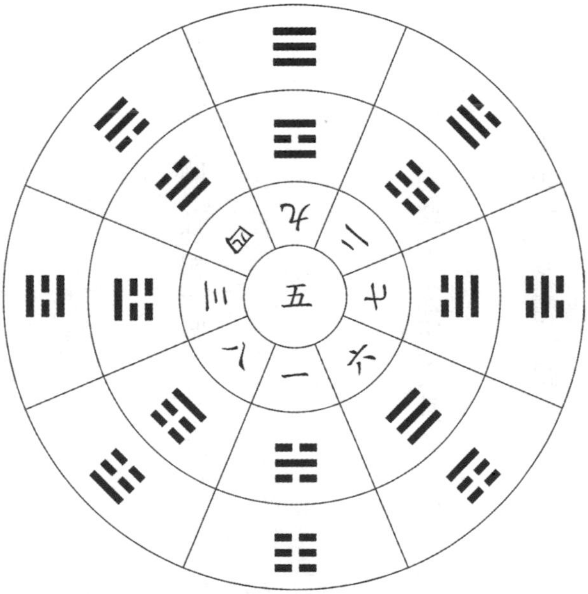

卦氣卦運演譯圖
由內而外
第一層：中五
第二層：洛書九宮
第三層：後天八卦
第四層：先天八卦

卦氣與卦運

從羅盤上看六十四卦的分佈，一個六爻卦是由一個上卦和一個下卦重疊組合而成的。

卦氣

我們將上卦的先天八卦圖，配以洛書九宮之數，看此上卦在先天卦圖中位於哪一宮，而該宮的洛書數即命名為此六爻卦的「卦氣」。

例如「風雷益」這個卦是由上卦「巽為風」及下卦「震為雷」組合而成，而上卦巽在先天八卦配洛書九宮圖中是位於第二宮，其洛書數即為「２」，所以風雷益的卦氣就是「２」。如此再配合河圖之五行生成，則可知風雷益卦的先天卦氣為二火。

又例如「山水蒙」卦，上卦為艮，下卦為坎，而上卦艮在先天八卦配洛書九宮圖中是位於第六宮，其洛書數即為「６」，所以山水蒙的卦氣就是「６」。如此再配合河圖之五行生成，則可知山水蒙卦的先天卦氣為六水。

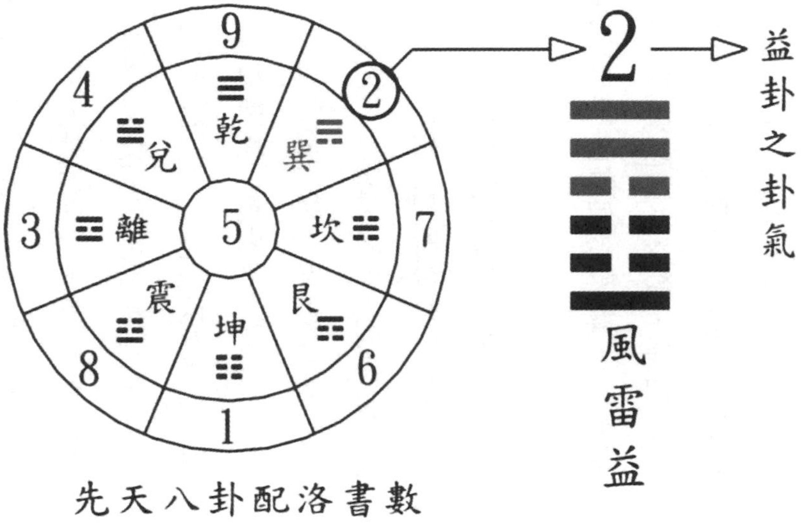
9
4
2
乾
兌
巽
3
離
5
坎
7
震
坤
艮
8
6
1
先天八卦配洛書數
2
風
雷
益
益卦之卦氣

圖26

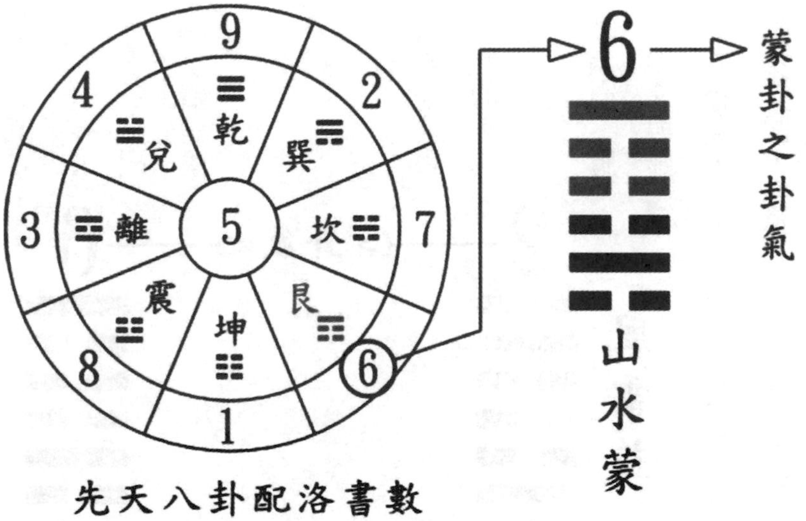
9
4
2
乾
兌
巽
3
離
5
坎
7
震
坤
艮
8
6
1
先天八卦配洛書數
6
山
水
蒙
蒙卦之卦氣

圖27

卦運

將六爻卦的上卦三爻與下卦三爻互相交配而得到一個新的卦，也就是上卦初爻與下卦初爻交配而得到新卦之初爻，上卦中爻與下卦中爻交配而得到新卦之中爻，上卦上爻與下卦上爻交配而得到新卦之上爻。至於兩爻交配所得之新爻到底是陽爻還是陰爻，則是根據以下規則來判斷：

陽爻與陽爻交配，或陰爻與陰爻交配，會得到陰爻。

一陽爻與一陰爻交配，則得到陽爻。

上下卦互相交配所得到的新卦，觀察此卦在先天八卦配洛書九宮圖中是位於哪一宮，該宮的洛書數就是這個六爻卦的卦運了。

我們以上述的例子來看，風雷益上卦為巽，下卦為震。將巽之三爻與震之三爻交配，巽初爻與震初爻相交，是陰爻與陽爻交配，故得到一個陽爻（視為初爻）。巽中爻與震中爻相交，是陽爻與陰爻交配，得到一個陽爻（視為中爻）。巽上爻與震上爻相交，也是陽爻與陰爻交配，亦得到一個陽爻（視為上爻）。此新卦三爻皆陽，所以是個「乾卦」，而在先天八卦配洛書九宮圖中乾卦位於九宮，其洛書數是

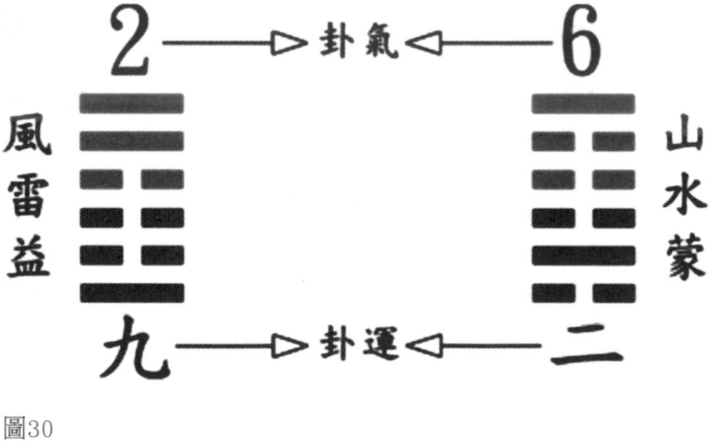

圖30

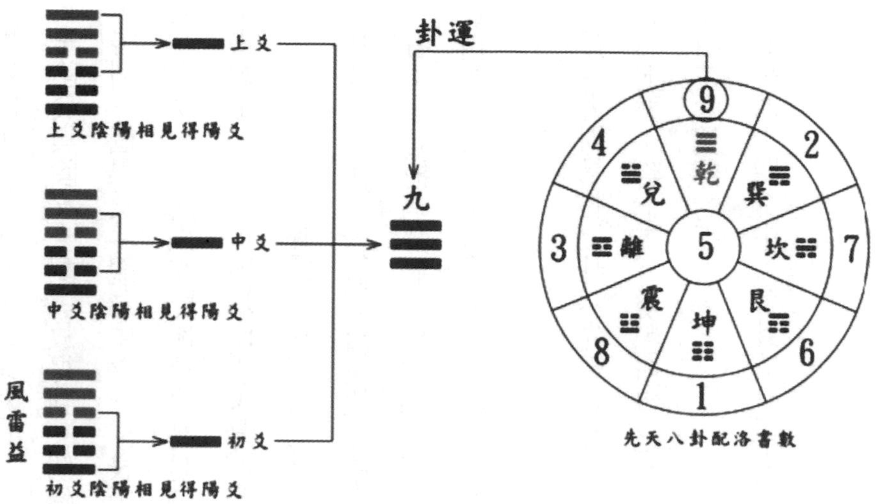
上爻
上爻陰陽相見得陽爻
中爻
中爻陰陽相見得陽爻
風雷益
初爻
初爻陰陽相見得陽爻
卦運
九
9
4
2
乾
兌
巽
3
離
5
坎
7
震
坤
艮
8
6
1
先天八卦配洛書數

圖28

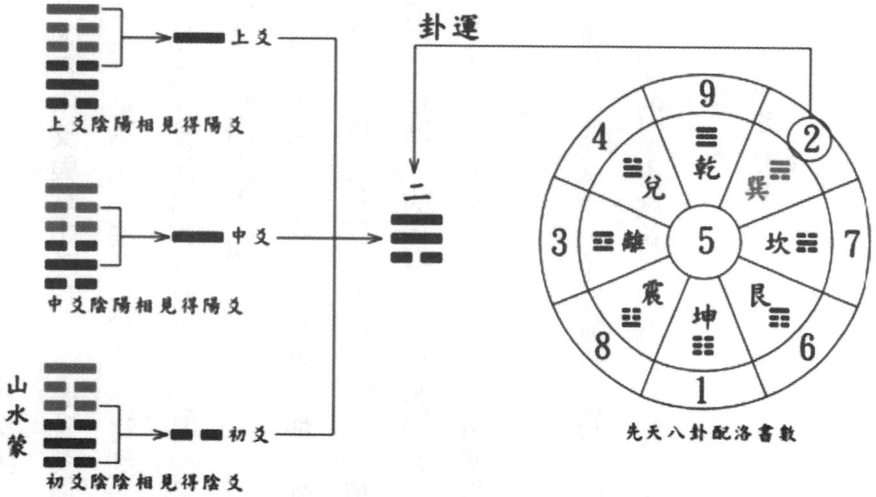
上爻
上爻陰陽相見得陽爻
中爻
中爻陰陽相見得陽爻
山水蒙
初爻
初爻陰陰相見得陰爻
卦運
二
9
4
2
乾
兌
巽
3
離
5
坎
7
震
坤
艮
8
6
1
先天八卦配洛書數

圖29

「九」，所以風雷益卦的卦運為「九」，也就是說風雷益是個九運卦。

再以山水蒙卦來看，上卦為艮，下卦為坎。將艮之三爻與坎之三爻交配，艮初爻與坎初爻相交，是陰爻與陰爻交配，故得到一個陰爻（視為初爻）。艮中爻與坎中爻相交，是陰爻與陽爻交配，得到一個陽爻（視為中爻）。艮上爻與坎上爻相交，也是陽爻與陰爻交配，亦得到一個陽爻（視為上爻）。所以交配所得之卦是個「巽卦」，而在先天八卦配洛書九宮圖中巽卦位於二宮，其洛書數是「二」，所以山水蒙卦的卦運為「二」，也就是說山水蒙是個二運卦。

「卦氣」與「卦運」在前人的著作中有時會以其他名詞來稱呼，例如某些書中把「卦氣」稱作「卦數」，把「卦運」稱作「運數」；也有把「卦氣」稱作「五行」，把「卦運」稱作「星運」者；也有把「卦氣」稱作「元運」，把「卦運」稱作「星數」的情況。所以讀者在閱讀玄空大卦相關著作時，要先把這兩種名詞在書中的定義和名稱分辨清楚，以免產生混淆使得理解有誤。

在本書則是將上卦（先天八卦）所配之洛書數統一稱為「卦氣」，並以阿拉伯數字標示於六爻卦的上方。將上下卦交配所得之卦（先天八卦），其所配的洛書數統一稱為「卦運」，並以國字註明在六爻卦的下方。

茲將六十四卦中，各卦的卦氣與卦運，標示於六十四卦圓圖中：

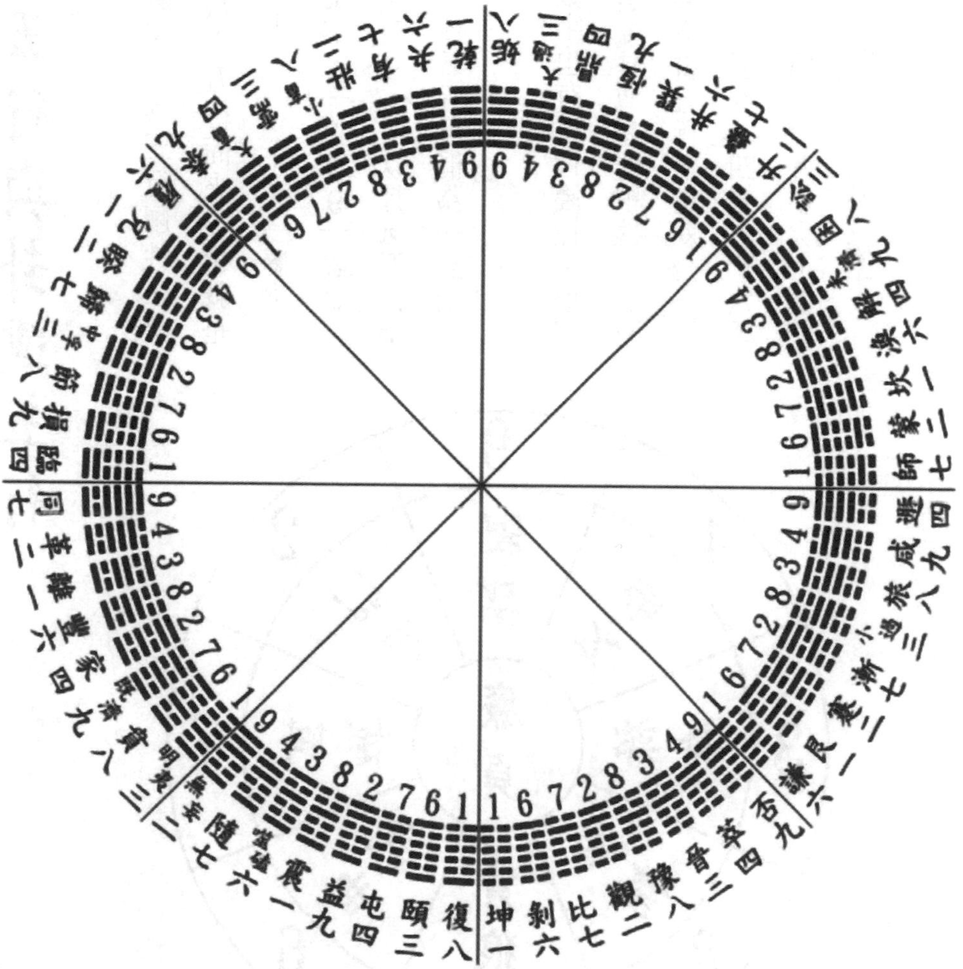

圖31

卦氣五行與卦運五行

卦氣的數字有其五行屬性，是根據河圖的數字五行而來。也就是「1、6」屬水、「2、7」屬火、「3、8」屬木、「4、9」屬金。例如乾卦卦氣是9，所以卦氣五行屬金。也有人把卦氣五行稱為「玄空五行」。

卦運的數字也有五行屬性，但與卦氣不同的是，卦運並非根據河圖五行，而是根據洛書五行。也就是一屬水、二屬土、三屬木、四屬木、六屬金、七屬金、八屬土、九屬火。例如風火家人卦運是四，所以五行屬木。

九星配洛書數

圖32

九運配九星

九星即貪狼、巨門、祿存、文曲、廉貞、武曲、破軍、左輔、右弼等，將九星與洛書九宮結合，各星所配之洛書數即為該星所代表之運數。

所以貪狼代表一運，巨門代表二運，三運祿存，四運文曲，五運廉貞但不會用到，六運武曲，七運破軍，八運左輔，九運右弼。

先天排山掌訣（推卦運捷訣）：

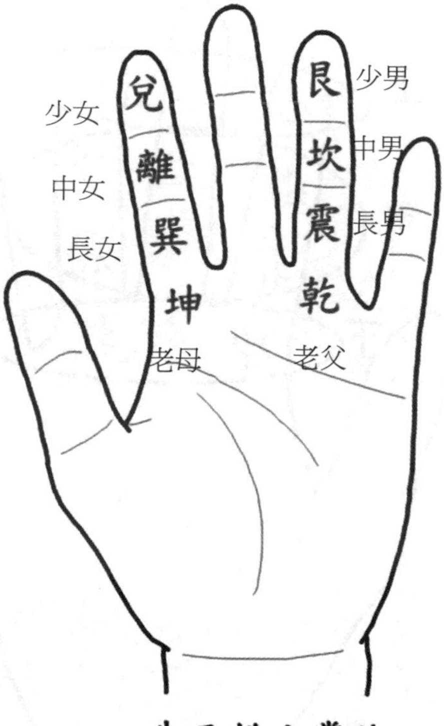

先天排山掌訣

圖33

運用此掌訣可快速推算任何一卦的卦運，其方法是將上卦固定不變，而掌訣上的八個卦位視為下卦，一一與上卦組合，並從某卦開始數起，按照特定的次序變換下卦，並且從一、二、三……數至九（五不算），一即一運卦，二即二運卦，如此即可配出八個卦，並能同時算出每卦的卦運。

口訣：本宮起數，上起上止，下起下止，中起中止。

兌艮為上部，乾坤為下部，坎離巽震為中部，從兌艮數起，最後會回到兌艮，從乾坤數起，最後會回到乾坤，從坎離巽震數起，最後仍回到坎離巽震。

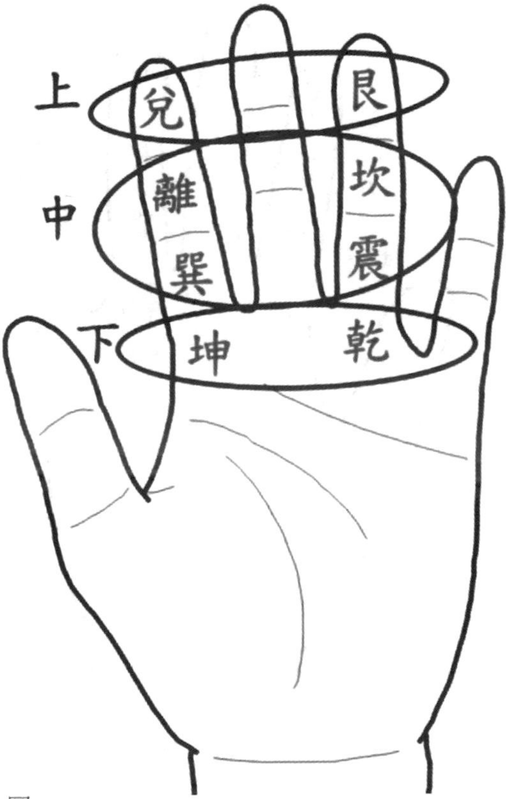

圖34

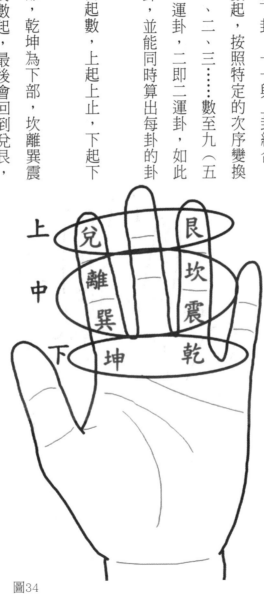

例如上卦為兌卦，則從掌訣中兌卦之位開始，從「一」數起，是為「本宮起數」。其順序為：兌一、離二、巽三、坤四、乾六（五不用算）、震七、坎八、艮九。兌艮為上部，從兌數起，結束於艮，是為「上起上止」。順序排出來之後，也就得出上卦為兌之八個卦的卦運，亦即：

上兌下兌為「兌為澤」，卦運是一。上兌下離為「澤火革」，卦運是二。上兌下巽為「澤風大過」，卦運是三。上兌下坤為「澤地萃」，卦運是四。上兌下乾為「澤天夬」，卦運是六。上兌下震為「澤雷隨」，卦運是七。上兌下坎為「澤水困」，卦運是八。上兌下艮為「澤山咸」，卦運是九。

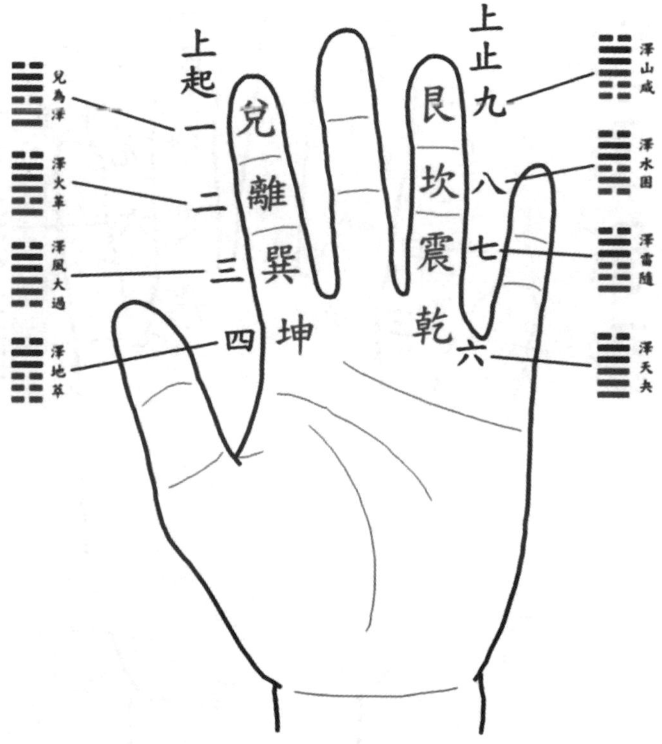

上卦兌之八個卦推運捷訣

圖35

例如上卦為離卦，則從掌訣中離卦之位開始，從「一」數起，其順序為：離一、兌二、坤三、巽四、震六（五不用算）、乾七、艮八、坎九。離坎為中部，從離數起，結束於坎，是為「中起中止」。如此可排出上卦為離之八個卦的卦運，亦即：

上離下離為「離為火」，卦運是一。上離下兌為「火澤睽」，卦運是二。上離下坤為「火地晉」，卦運是三。上離下巽為「火風鼎」，卦運是四。上離下震為「火雷噬嗑」，卦運是六。上離下乾為「火天大有」，卦運是七。上離下艮為「火山旅」，卦運是八。上離下坎為「火水未濟」，卦運是九。

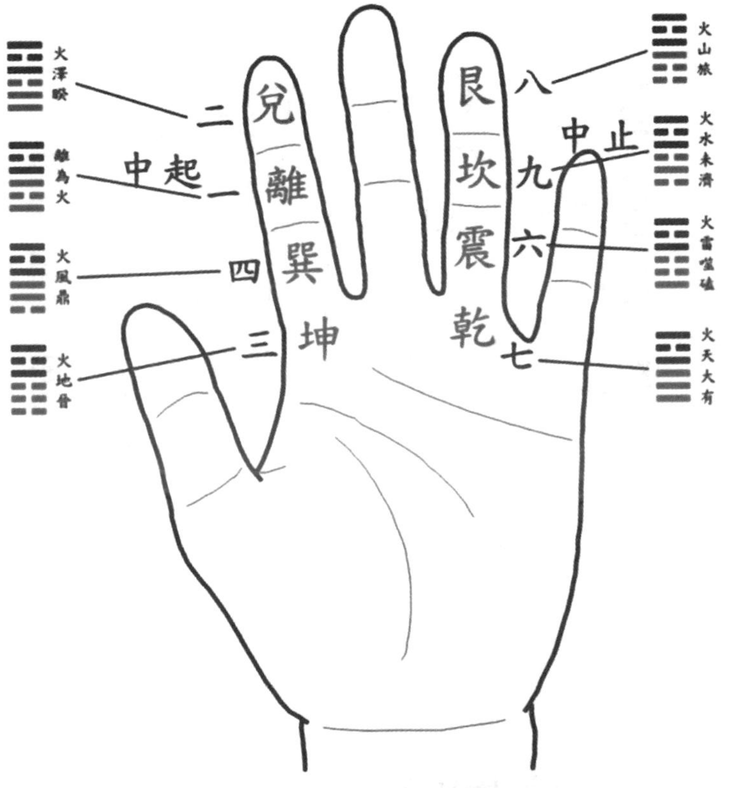

上卦離之八個卦推運捷訣

圖36

又例如上卦為巽卦，則從掌訣中巽卦之位開始，從「一」數起，其順序為：巽一、坤二、兌三、離四、坎六（五不用算）、艮七、乾八、震九。巽震亦為中部，從巽數起，結束於震，亦為「中起中止」。如此可排出上卦為巽之八個卦的卦運，亦即：

上巽下巽為「巽為風」，卦運是一。上巽下坤為「風地觀」，卦運是二。上巽下兌為「風澤中孚」，卦運是三。上巽下離為「風火家人」，卦運是四。上巽下坎為「風水渙」，卦運是六。上巽下艮為「風山漸」，卦運是七。上巽下乾為「風天小畜」，卦運是八。上巽下震為「風雷益」，卦運是九。

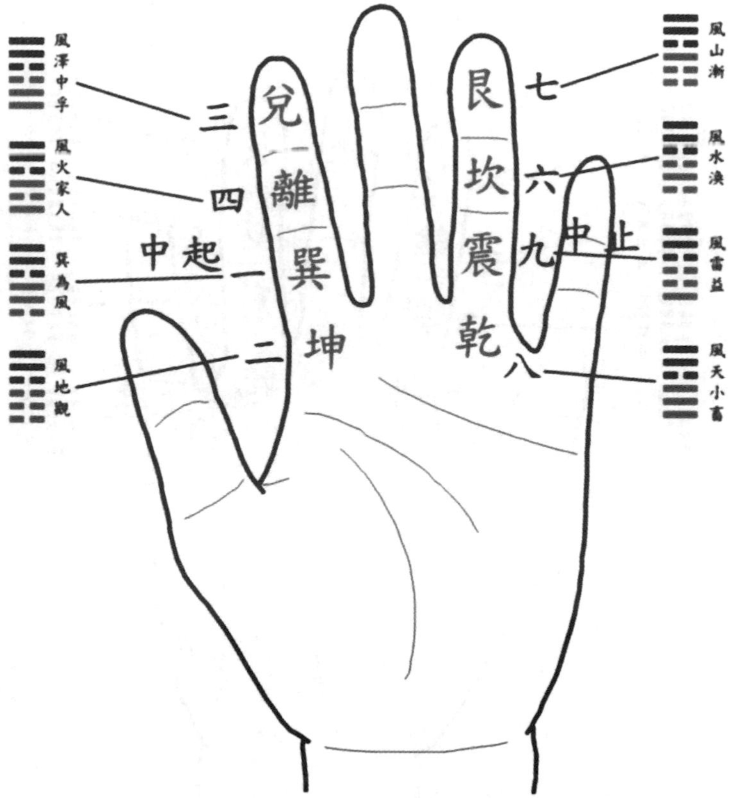

上卦巽之八個卦推運捷訣

圖37

再例如上卦為坤卦，則從掌訣中坤卦之位開始，從「一」數起，其順序為：坤一、巽二、離三、兌四、艮六（五不用算）、坎七、震八、乾九。坤乾為下部，從坤數起，結束於乾，是為「下起下止」。如此可排出上卦為坤之八個卦的卦運，亦即：

上坤下坤為「坤為地」，卦運是一。上坤下巽為「地風升」，卦運是二。上坤下離為「地火明夷」，卦運是三。上坤下兌為「地澤臨」，卦運是四。上坤下艮為「地山謙」，卦運是六。上坤下坎為「地水師」，卦運是七。上坤下震為「地雷復」，卦運是八。上坤下乾為「地天泰」，卦運是九。以上是坤、巽、離、兌這四卦為上卦時，運用掌訣推算卦運的方法。而另外一邊乾、震、坎、艮四卦為上卦時，其推算法是一樣的，請看以下圖解即可明瞭。

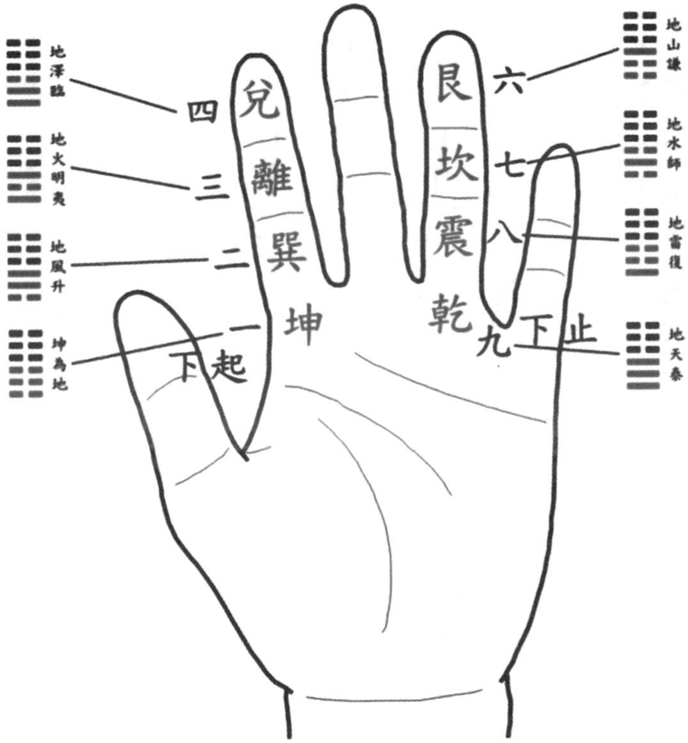

上卦坤之八個卦推運捷訣

圖38

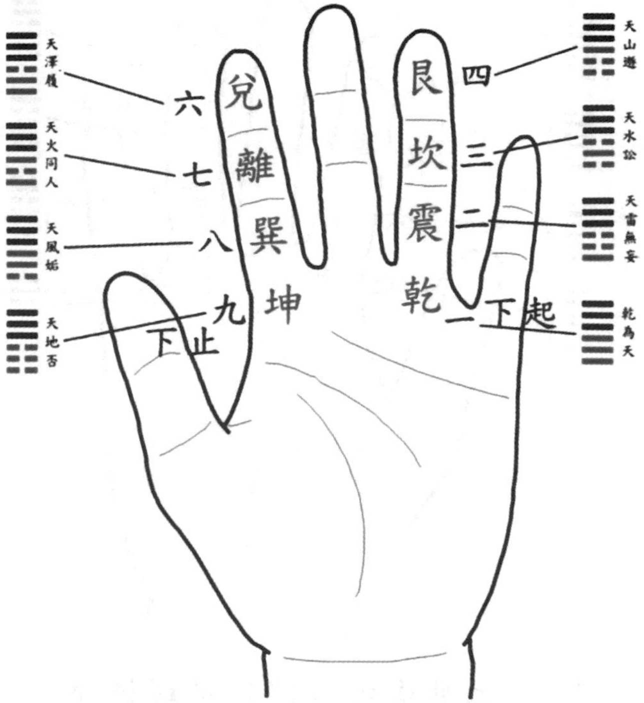

圖39　上卦乾之八個卦推運捷訣

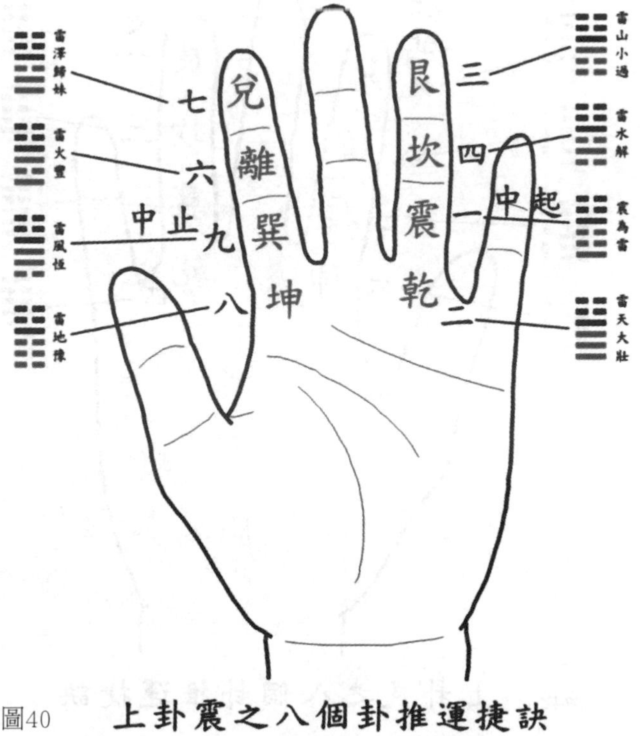

圖40　上卦震之八個卦推運捷訣

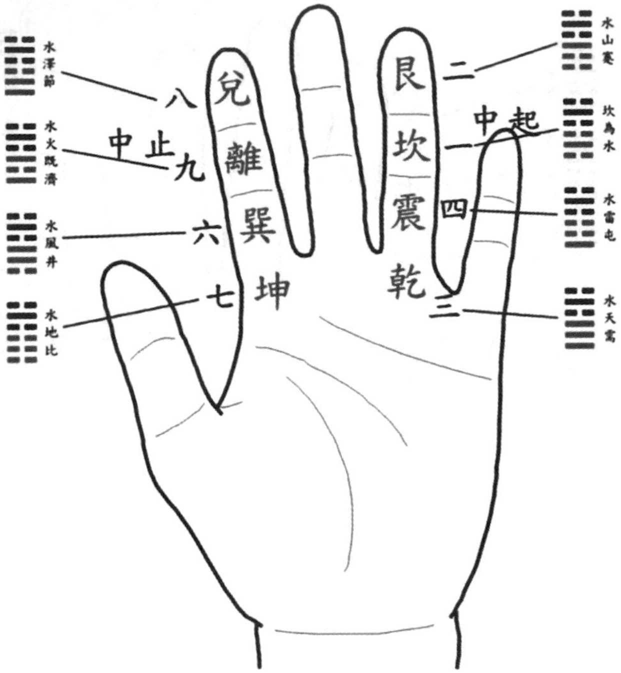

圖41　上卦坎之八個卦推運捷訣

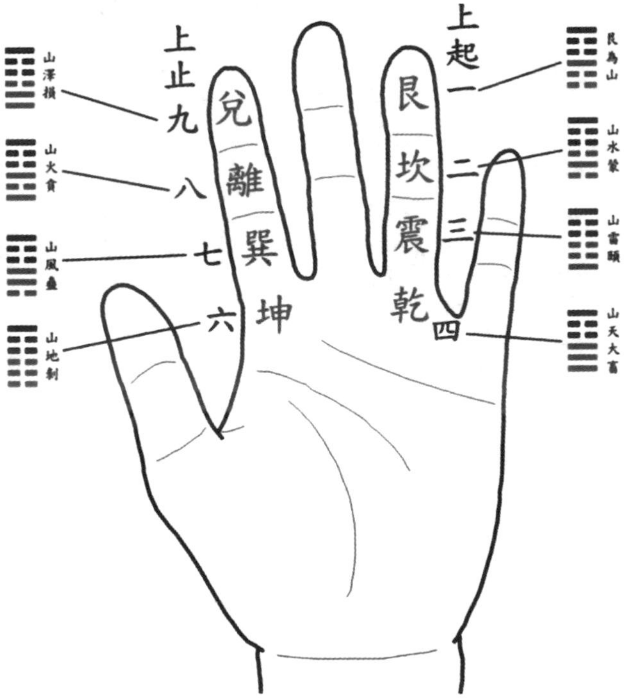

圖42　上卦艮之八個卦推運捷訣

父母卦與子息卦

乾、坤、坎、離、兌、艮、震、巽八純卦為大父母卦，其卦運皆為一，也稱為父卦。乾坤、坎離、兌艮、震巽彼此相交，互換上下卦，可得出否、泰、既濟、未濟、咸、損、益、恆八個卦，為小父母卦，也稱為母卦，其卦運皆為九。

乾坤、坎離、兌艮、震巽兩個一組，互相交配，一爻一爻的交換，則可生出其它四十八個卦，乃一運父母卦所生之子卦。

否泰、既濟未濟、咸損、益恆兩個一組，互相交配，一爻一爻的交換，也可生出另外四十八個卦，乃九運父母卦所生之子卦。

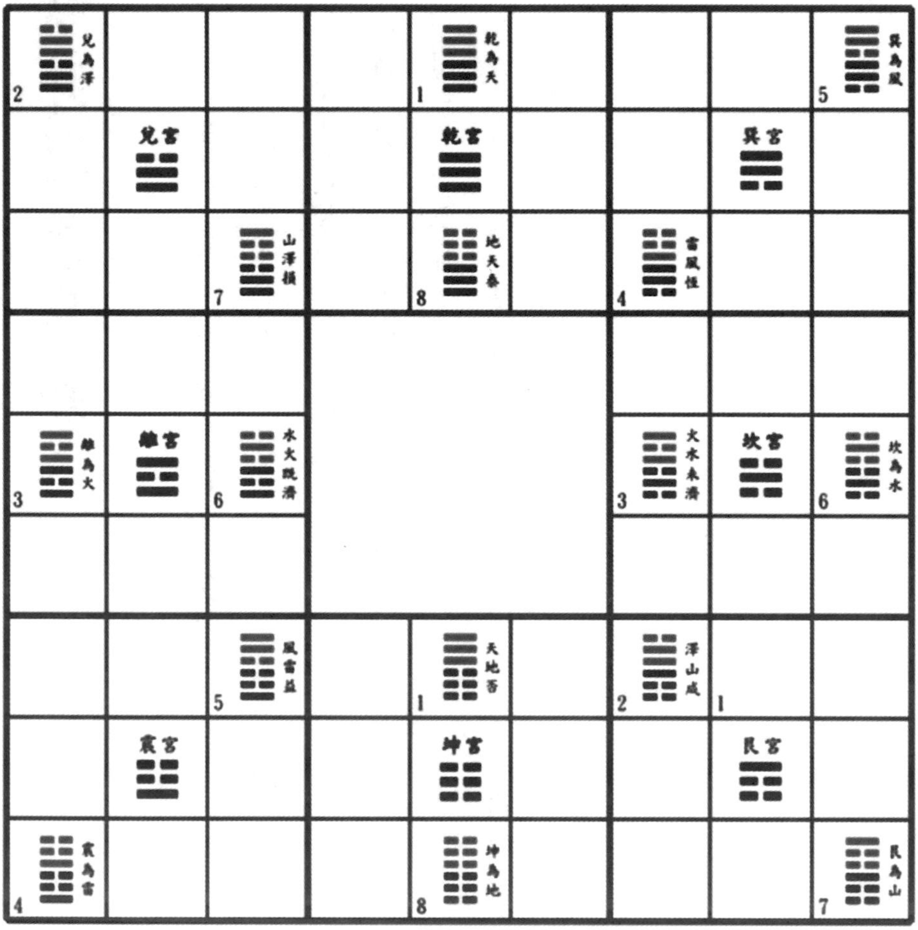

圖43 **十六個父母卦，交配得順逆四十八局**

四十八局順子局

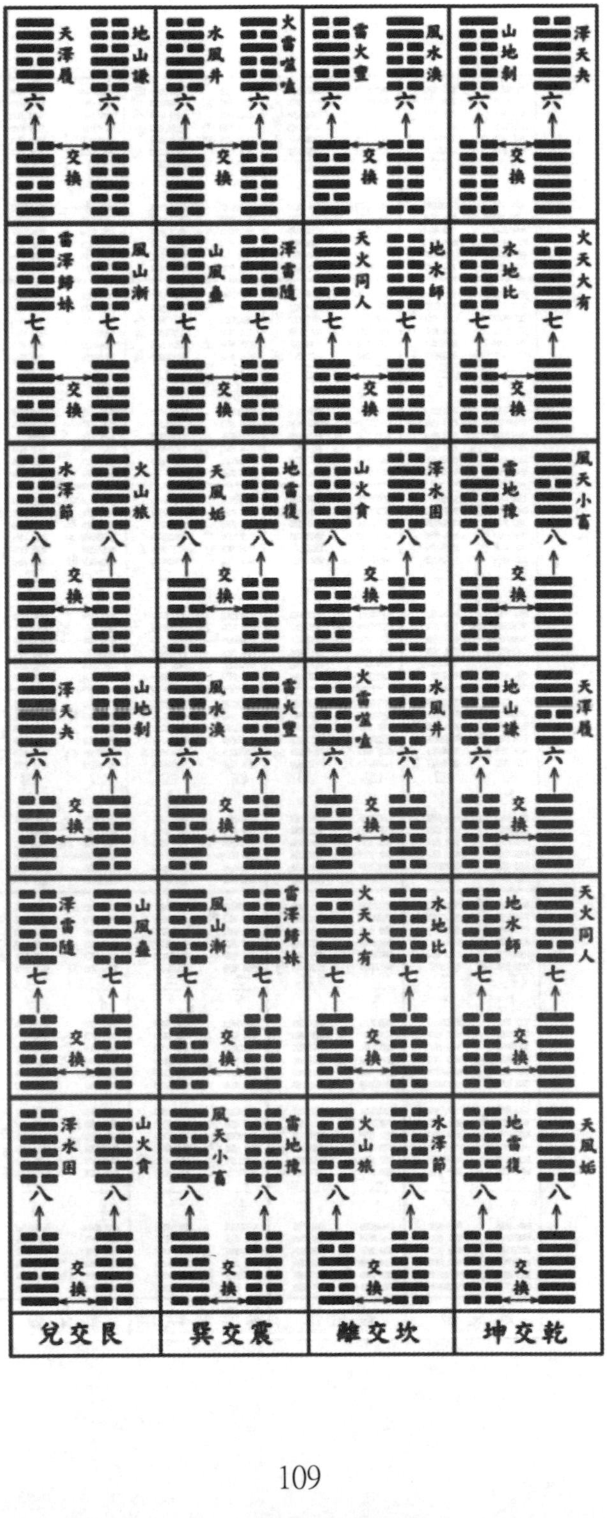
澤天夬 山地剝 風水渙 雷火豐 火雷噬嗑 水風井 地山謙 天澤履
六
交換
火天大有 水地比 地水師 天火同人 澤雷隨 山風蠱 風山漸 雷澤歸妹
七
風天小畜 雷地豫 澤水困 山火賁 地雷復 天風姤 火山旅 水澤節
八
天澤履 地山謙 水風井 火雷噬嗑 雷火豐 風水渙 山地剝 澤天夬
天火同人 地水師 水地比 火天大有 雷澤歸妹 風山漸 山風蠱 澤雷隨
天風姤 地雷復 水澤節 火山旅 雷地豫 風天小畜 山火賁 澤水困
坤交乾
離交坎
巽交震
兌交艮

圖44

四十八局逆息局

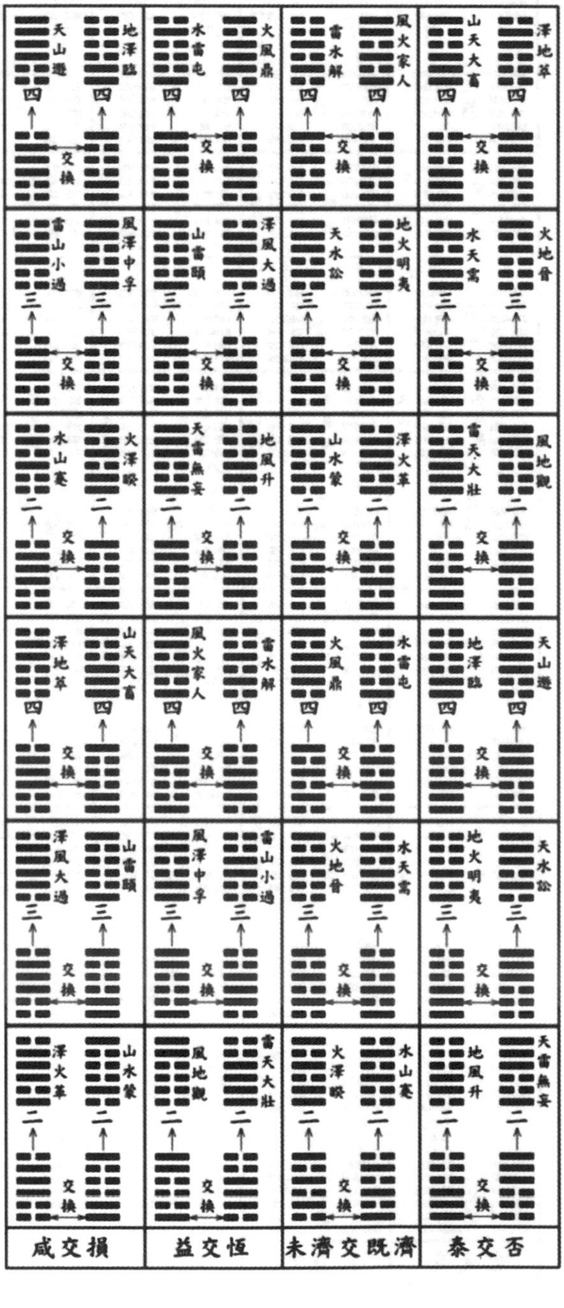

圖45

江東卦江西卦南北卦之分辨

太極生兩儀，兩儀生四象，四象再生八卦，八卦成列，即以乾坤為父母，震巽坎離艮兌為子息。自乾坤定位，父母之氣已老而退焉，其代勞用事者，長男長女配成風雷一卦。八方鼓動，萬物之生機萌焉，中男中女配成水火一卦。八方升降，陰陽之造化出焉，少男少女配成山澤一卦。八方流行，寒暑之往來通焉，三卦配成，各有六爻立體，其中二五之精，實乾坤父母之髓所凝結者，當二五妙合，以復乾坤本位，而後陰陽交錯，八體立焉，此所以抽爻換象之祕也。

地學上所謂的金龍乃極神妙之形容詞，地氣龍脈變化莫測，生動無常，故以乾金至動之名命之，先有氣而後成形，山形分枝落脈，變化無定，氣行如此，故成形亦如此，故稱山地曰山龍，平洋水道，之玄曲屈，其形猶龍，故稱平洋曰水龍，唯山出於天然，水道出於人為，雖有先後天之不同，氣之聚散則一也。

「先看金龍動不動，次察血脈認來龍」。金龍，係承雌雄之旨，先從形跡上著眼，故曰之「先看」，此為求地與相地最要之先著，猶如仁者之年青男女婚姻之媒介必先看乾坤父母兩造身家，以此可推及新人品貌、性情、體格。楊公教人先看金龍，次察血脈者，其循循善誘，可謂極明焉。

如山地滿山為頑石所佈，四面散蕩而不收，或是平地，為平洋龍，如一片汪洋，地無一局抵支流者，其氣不動，即無金龍動不動之可看性，更不必再言血脈認來龍矣。當然也必須是龍真穴的，真龍結穴的地方，才有來龍之血脈可認，否則一切免談也。

在六十四卦中凡卦運是一和九者稱為「南北卦」，又因為一運九運卦彼此交配能生出其它各運之卦，所以一九運卦又稱父母卦。如果細分，則一運卦為北卦，又稱為父卦，九運卦為南卦，又稱為母卦，這正是地磁能量波皆由北極中心往南極中心點送，是為天南地北，故南北之經是為地磁能量波必經之道，故曰北為父南為母，是為天地能量波出入之門。

觀察前面「四十八局順子局」之圓，可發現乾坤、坎離、兌艮、震巽這八個卦皆為一運卦，而其互相交配所生出的子息卦必定為六、七、八運之卦。在六十四卦中，凡卦運為六、七、八運者，即稱為「江東卦」。所以從「四十八局順子局」圖中，可得知凡一運卦彼此交配所生者皆為江東卦。

再看「四十八局逆息局」可發現泰否、未濟既濟、益恆、咸損這八個卦皆為九運卦，而其互相交配所生出的子息卦必定為二、三、四運卦。在六十四卦中，凡卦運為二、三、四運者，即稱為「江西卦」。所以從「四十八局逆息局」圖中可得知，凡九運卦彼此交配所生者皆為江西卦，故可知江東江西卦是日月普照天下出入之門。這是根據地球繞日公轉及自轉為太陽視運動的迴歸週期運動，其所衍生的大玄空風水堪輿的基本架構，進而探索天地人之盛衰，猶如生長收藏遞演定律。

江東一卦從來吉，八神四個一

前面所敘述的是用乾坤、坎離、兌艮、震巽這八個大父母卦互相交配而生出六七八運之江東卦，再用泰否、未濟既濟、益恆、咸損這八個小父母卦互相交配而生出二三四運之江西卦。但其實我們也可以完全只用乾、兌、離、震、巽、坎、艮、坤這八個純卦相交，就能生出所有的江東卦和江西卦，此即天玉經中「八神四個一」、「八神四個二」之義。

八神者，即指六十四卦中的乾、兌、離、震、巽、坎、艮、坤這八個純卦，乃六十四卦之大父母。八純卦兩個一組，分成「乾坤」、「坎離」、「兌艮」、「震巽」四組，每組彼此交換一爻，此即「八神四個一」，而交換一爻之後必定會得到江東之卦。

不論上卦或下卦，交通初爻必得八運卦。

不論上卦或下卦，交通中爻必得七運卦。

不論上卦或下卦，交通上爻必得六運卦。

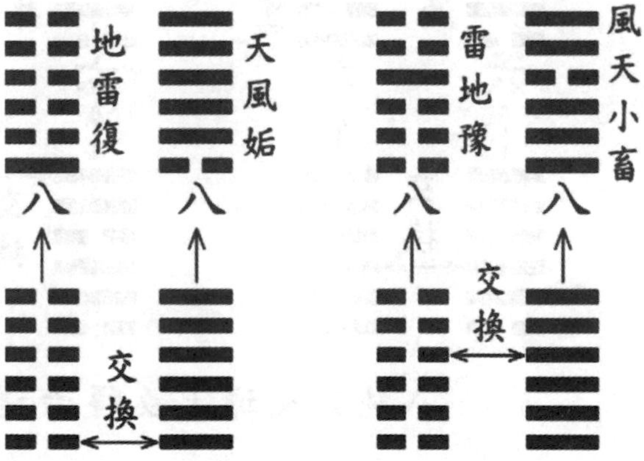

圖46　八純卦交通初爻得八運卦

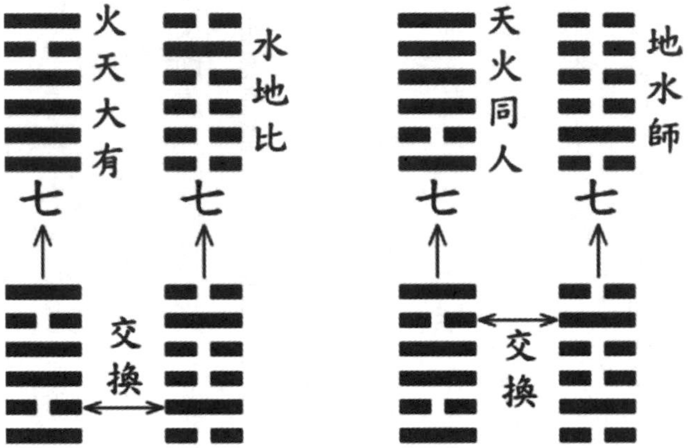

八純卦交通中爻得七運卦

圖47

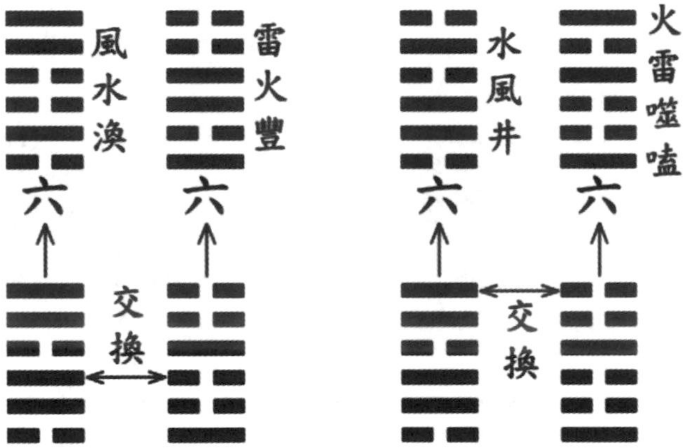

八純卦交通上爻得六運卦

圖48

江西一卦排龍位，八神四個二

八神仍然是指乾、兌、離、震、巽、坎、艮、坤這八純卦，同樣也分成「乾坤」、「坎離」、「兌艮」、「震巽」四組，但每組彼此交換二爻，即「八神四個二」，而交換二爻之後所得者必定為江西卦。不論上卦或下卦，交通中、上二爻必得二運卦。不論上卦或下卦，交通初、上二爻必得三運卦。不論上卦或下卦，交通初、中二爻必得四運卦。

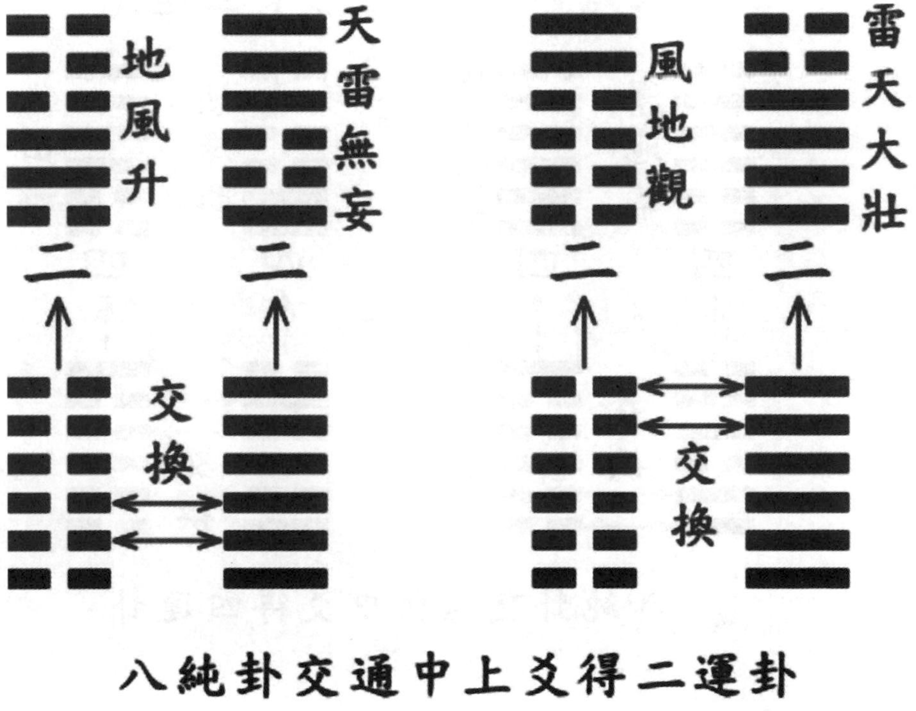

圖49

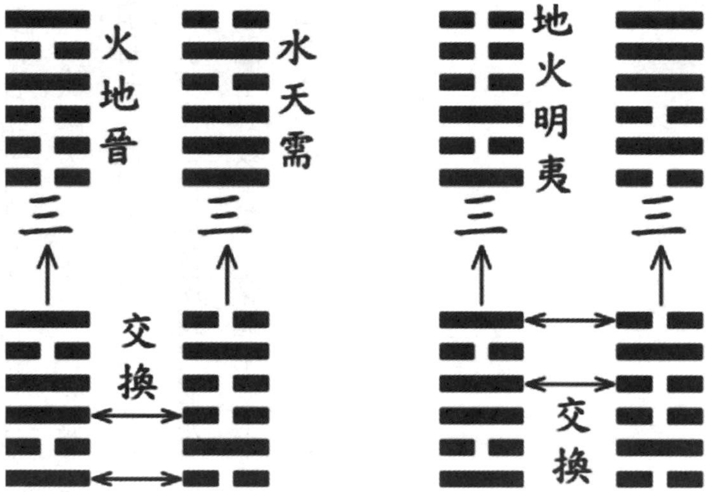

圖50 八純卦交通初上爻得三運卦

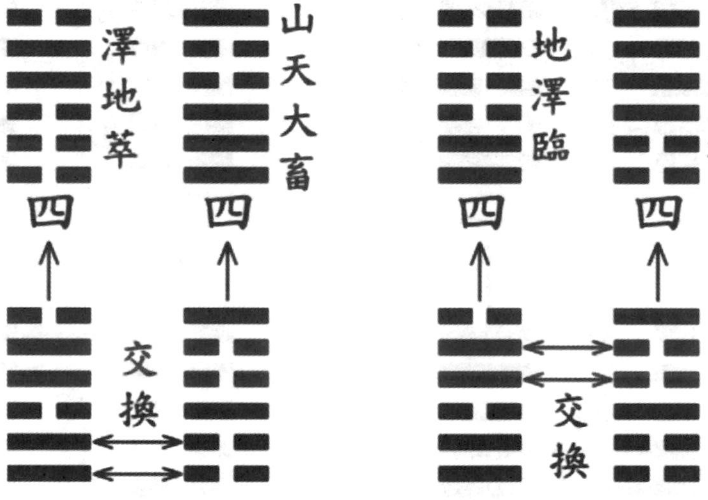

圖51 八純卦交通初中爻得四運卦

天元，人元，地元

在江東卦之中，八運卦為天元，七運卦為人元，六運卦為地元。在江西卦之中，二運卦為天元，三運卦為人元，四運卦為地元。

考察風水合影（左上）高笠軒、作者、鄭易珍；（右上）李家進、鄭金鴻、黃家瑜。

何謂雌雄

雌雄者，陰陽也，零為雌，一為雄，又有零神、正神之別稱。為何堪輿學用雌雄而不用陰陽者無他，與時相見之陰陽是會跟隨時空的運轉，是動的，而非靜態的，故而謂之雌雄。雌雄，為陰陽零正之別者，陰陽為靜體、永不變者。零神、正神是動態，是為得令與不得令之陰陽。「雌雄」則是動的，是為與時相見之陰陽，而非靜態靜止不動之陰陽，也就是說陽就是陽，陰就是陰，是不動的，這是靜態的，不動的，不變的，雌雄是與時相見之陰陽，是動態的，是周流不虛的，詳加思索即知此中之要妙，這對學習研究玄空大卦風水堪輿術將會有很大的助益。

雌雄為玄空運法之命脈，若不明雌雄者，則不識玄空大卦之精髓八卦只有一卦通、翻天倒地、不易之易為「靜」、交易之易為「動」、陰陽動靜是為變陽變陰、順逆流行、生死衰旺、吉凶禍福也！若不知此中之奧妙，則一切山川都成名色而已，更甭談玄空大卦學理。

故三元九運各運都有雌雄，雌雄分為內氣與外氣之別。內氣者：各運天心一卦入中五介數皇極位，順逆挨星行至五之位為正零神月窟〇為雌；其相對合十之位為正神天根一為雄也！此則「天根月窟寒來往，三十六宮總是春」之法，亦是河數與洛數有別而已。三元地理者，是以易理為基，河圖洛書為本並參九紫，因此正宗的元運是以河洛定三元之法也！

曾公曰：「楊公養老看雌雄，天下諸書對不同」。楊公云：「雌與雄交會合玄空，雄與雌玄空卦內推」。《天玉經》云：「關天關地定雌雄、富貴此中逢，翻天倒地對不同、秘密在玄空」。以上均為雌雄之義也，明乎此則學三元玄空不難矣！如此則玄空大卦之精華亦在掌中握也。

考察風水堪輿合影（左起）黃添榮、江美酌、黃家瑜、作者、白漢忠、鄭金鴻。

零神與正神

宇宙間一切山川河嶽是動的實象，陰陽為動靜。在時空上與時相見之陰陽為雌雄，得時者即得運為正神、為陽，失時者即失運為零神、為陰。台灣台北曾子南先生陽宅講座中談到，氣壓、氣流如水流，以零神「水」為表之；但氣壓、氣流如水流，是為有實質的能量、是為動的正神也！

1、有形勢而得運之空間，來龍、山丘為正神。

2、無形勢而不得運之向、水、低凹為零神。

3、時間運法之零神、正神：得令、得氣為正神，失令、失氣為零神，此法之常理也！

4、經云：「明得零神與正神、指日入青雲，不識零神與正神、代代絕根除」。「陰陽二字看零正、座向須知病，若遇正神正位裝、撥水入零堂，零堂正向須知好、認取來山腦，水上排龍點位裝、積粟萬餘倉」。

如以天運一白貪狼星坤卦入中，其上數1為正神、其下數1為坎一白貪狼星為正神。如此順挨到五之位為九，九則為零神，為雌也！先天乾宮為九、後天離宮亦為九，先後天其數星同九，均為正零神位；而其他七宮、六宮稱之謂副零神位也。所謂內氣與外氣者，如此之坤卦內之一白坎貪狼入中為例則是此中意。

如何謂之「零堂正向」

零堂者，各運挨五之位也。正向者，此零堂中有八個卦，這八個卦中只有一個卦為零堂中之正神向。如一運乾宮為零堂，而乾宮八卦中只有天地否一卦向泰卦為零堂中之正神向、內氣零堂、外頭一運之正神卦也！其他亦可在坎七宮、艮六宮取之副零堂、副正向可用。以上皆為相見之陰陽，叫做雌雄。

故而雌雄是與時相見之陰陽，內中又有得運與不得運，得時不得時，靜態與動態，剛與柔之別，內氣與外氣之分也。如上元一運時，在任何宮卦內之一運卦氣皆為內氣之正神，但以上元運之宮卦內之一運卦氣又比下元運宮卦內之一運卦氣更為得旺氣，而在他宮所見之如六七八九皆屬零神。如此亦即為學習玄空大卦應用於抽爻換象與移步換形的明師盤線之精華，凡此皆在此一言已明述殆盡矣！請讀者詳加思索此中之妙。

龍與水交戰

1、向與水交戰：元運是上元時，旺一二三四運，假如是立江西卦一二三四之向，復收一二三四江西卦之水者，因水應以衰為旺，故而收旺水則為向與水交戰。

2、龍與向交戰：元運是一二三四上元運，立江西卦一二三四向，而收江東卦六七八九之龍，是收衰龍而立旺向，此理不合龍向法則，謂之龍向交戰。

3、若元運為六七八九時，則應收六七八九下元之龍，立六七八九下元坐山，收一二三四之零神水，此為合法。反此即凶。

龍水向交戰謂之陰陽相乘，災禍立至。正神為陽，零神為陰，龍與山要用正神，向與水要用零神，如此才是陰陽相見，反此則為陰陽相乘。

玄空大卦取坐旺向衰，或取坐衰向旺，當然也不是一成不變的，也要視形局而定，如一般後有山，前有水的格局，取坐旺向衰為主，山在旺方，水在衰方為基本原則，這就是玄空大卦風水堪輿術，在臨場應用上所必須遵照而不可違背的要旨。

龍向水交戰，在得令時已是諸多不利，一逢失令，即一敗塗地。若遇龍向水交戰之情況，因龍不可解，可解者為向與水，向用正神，水用零神，並使水與向合生成之數，或使向與水成陰陽相對（1-7, 2-6, 3-9, 4-8）。

雌雄而曰兩片，是雌一片，雄一片，點有兩片，山一片，水一片，高一片，低一片，空一片，實一片是也。形一片，氣一片是也。形有形之兩片，氣有氣之兩片，形氣兩合，合為一片，形之兩片易曉，氣之兩片難明，形氣一片，為青囊之旨，更難分曉矣，世有地學，聚訟數千年者，即此一而已矣，形之真偽易知，氣之真偽莫辨，形氣之氣，理氣之氣，不能混為一談。世皆知形氣之氣，如《雪心賦》之類，無人知理氣之氣，如《青囊》、《天玉》之類，所以各示其是非，如入五里霧中，霧茫茫不知所以然。正如讀遍經書萬卷，不如明師一點，讀萬卷書，不如行萬里路。若無明師點破，則難入其堂奧也。

楊公恐人不明陰陽兩片之取捨，故下句接著水對三叉細認蹤一語以明之，水對三叉，一片也。因它有三叉內之一片，即有另一片在三叉之外，與此三叉相對也可知矣，豈非雌雄兩片，分得明明白白，清清楚楚，世俗有以九數入中，分順排逆排為兩片，或以左挨右挨為兩片者，真痴人說夢矣，讀者必知天地之氣，何處不是兩片，括而言之如此，分而言之，即上下尊卑中，亦各有兩片在乎其中，此兩片即為陰陽、雌雄、剛柔、內氣、外氣、動與靜、正神與零神之謂也。

江南龍來江北望；江西龍去望江東

江南江北，江東江西，皆對待之詞，所以青囊三卷，處處不脫相對，其曰陽用陰朝，陽來陰受，陰用陽應，陰來陽受，天尊地卑，陽奇陰耦，天有五星，地有五行者皆是，此為其條目，分明雌雄二字之意義，分明兩片之旨。是為陽來陰受，陰來陽受之旨，顯而易見是也。而此又與先天八卦之對待關係不謀而合，這正與堪輿風水所用之羅盤之陰陽對待關係相同，如坐乾為天必向坤為地之卦，此陽一片，其對待的另一半，必是陰一片，是為雌雄二片也。

如一龍在江南對江北龍望，必有一龍在江北可知矣，江東江西亦然，江南之龍，當然與江北之龍，別具一體，非同性可知矣，或雄在江南，雌在江北，或雌在江南，雄在江北，非雌雄同在一處亦可知矣，亦有相望而不相配者，雖望而不相見者，雖望而不相交者，望出於自然，相配相交，亦出於自然，非地學者可以用人力相左右或改變。雖云兩片，實則一片也。此乃玄空之真諦。物質上之望不望，處處不同，玄空中之相望，則無處不相望，無處不相應也。此處曰龍者，乃形蹤上物質上之龍可知矣，世俗有以中五入中！逆飛洛書九數，方位對調，謂之望者，可發一笑，此已盡失雌雄與零正玄空之本旨矣。

青囊序所謂：「先看金龍動不動，次察血脈認來龍，龍分兩片陰陽取也」。然金龍之象無形，金龍之氣無著，金龍無一定之形，而確有一定之方，學者當求天玉經，辰戌丑未叩金龍，動得永不窮，若還借庫富後貧，自庫樂長春之處細心體會。則江西一卦從來吉，八神四個一，江東一卦排龍位，八神四個二，南北八神共一卦之義，皆可明矣。

所謂江西一卦者，卦起於西，戌之界也。江東一卦者，卦起於東，辰之界也。南北八神共一卦者，卦起於南北，未丑之界也。雖從戌辰丑未之界，亦根於河圖之一二三四五六七八九來，其中一六共宗，二七同道，三八為朋，四九為友，學者深悉焉，其味無窮矣。其所謂江西江東南北之名者，天地四方之氣，為江水界之。四方之氣，有寒暖凝散厚薄之不同，其實皆乾坤父母一氣所化，故江西江東南北之卦，即父母祖宗之卦也。

如值上元一、二、三、四運，宜收江西卦巽離坤兌益未泰咸及其子息卦之龍與向，子息卦巽卦洛數屬二，則其他各卦洛數屬二者皆屬巽之子息，而收江東卦乾坎艮震否既損恆及其子息卦之水。若在下元六、七、八、九運宜收江東卦乾、坎、艮、震、否、既、損、恆及其子息之龍向，而收江西卦巽離坤兌益未泰咸及其子息卦之水。

如上元運宜收一二三四之來龍，必立一二三四之向，收六七八九之水口。若六七八九之來龍，則必立六七八九之向，收一二三四之水口。如此則可見零正、雌雄之動靜與陰陽之變化消長也。

以上是一般性的用法，通常水口與向在一起，或是在向上這一方的120°以內來水，來水與來龍入首或坐山在同一方，或在其後方，則是在左後方、右後方，因為另外有一派的用法，則是取龍與山合元運之旺，向與水合元運之衰方。

《天玉經》：「水流出卦有何全，一代作官員，一折一代為官祿，二折二代福，三折父母共長流，馬上錦衣遊，馬上斬頭水出卦，一代為官罷，直山直水去無翻，場務小官班」。《天玉經》：「相逢大地能幾人，個個是知心，若還求地不種德，穩口深藏舌」。

理氣之外種德行善也很重要，再來是巒頭一定要配合。故而《雪心賦》云：「蓋聞天開地闢，山峙川流，二氣妙運於其間，一理並行而不悖，氣當觀其融結，理必達於精微。地學中巒頭與理氣，是相輔相成，巒頭中不離理氣，理氣中不離巒頭」。因此有巒頭無理氣則不驗，有理氣無巒頭則不靈。

例如立一運之向，水口在六，為一六共宗；水口在九，則為一九合十；水口在七則為合陰陽，皆陰陽正配也。如立六運之向，水口在一，亦為一六共宗，水口在四，亦為四六合十，水口在二，亦為合陰陽。若不合生成數，或不合十、合五、合十五，又不合一七，二六，三九，四八，或合陰陽者，是為陰陽相乘，不可用。

以上江東江西卦之兩片，即山一片，水一片也。生旺一片為陽，衰死一片為陰，正神一片為陽，零神一片為陰。故江西為陽，江東為陰。江東為陽，則江西為陰。經云：「分却東西兩個卦，會者傳天下」。如值一二三四之西四卦為上元之正神，則以六七八九之東四卦為零神。如值六七八九東四卦為下元之正神，則一二三四之西四卦為零神。」

龍與山用正神，向與水用零神。即龍與山，以旺為旺；向與水，以衰為旺，陰宅以坐山為重，陽宅以門向為要。經云：「明得零神與正神，指日入青雲；不識零神與正神，代代絕除根」。又云：「地畫八卦誰能會，山與水相對是也」。此即山為旺，則水為衰，一為正，一為零。

經云：「本向本水四神奇，代代著緋衣」。又曰：「依得四神為第一，官職無休歇，若非同星運之卦消水，謂之借庫，美中不足耳」。

如收一運貪狼星內一二三四江西卦之龍向，又收貪狼星內六七八九江東卦之水，為一卦純清，其餘各運之山，收各運之水，俱仿此類推。設無一卦純清之局，而不犯龍水交戰，陰陽差錯之弊，遇二十年煞運，煞水之時，雖不甚利，亦無大碍。

如下元運立江東卦六七八九之向，復收六七八九之水，因水應在零神衰方不可在旺方也，是水與向交戰，若收一二三四之龍，因龍應在當元旺運之位也，則龍水與向俱交戰。龍水交戰，向水交戰，龍向交戰，謂之陰陽相乘，災禍立至。逢此種之局，龍不可改，但可改水使其合陰陽，以陽宅而言，屋不見活水，可將屋內外水溝口改合陰陽（即合一七，二六，三九，四八）門前有塘者，又將塘水出口改之使合陰陽。若陰陽相乘，即經中所謂「龍中交戰水中裝便是正龍傷」。又曰：「本山來龍，立本向，反吟伏吟禍難當」。又曰：「龍真穴的誤立向，陰陽差錯悔吝生」。讀者到此已瞭解，如當運之來龍入首必使其坐當運之坐山，而其向必在零神之衰方，因此可知，不可將當運當旺之來龍入首，又立當運當旺之向，是為反吟伏吟，因向與水必在衰方也。這可從羅盤中一瞧則一目瞭然，故而坐和向必為合十，即坐旺向衰。是為陰陽兩片，陽一片，陰一片也。無論龍真穴的之陰陽宅，凡犯陰陽相乘者，即值旺運，已諸多不利，一遇失元，若又值運逢煞水煞運之流年刑煞一到，更是一敗如灰，縱使用之於大小鄉村、都市、城邑無不皆然。

依得四神為第一解，即是向上之五行，或向上之五行，生來龍之五行為一邊，又水口之五行，宜尅坐山之五行，宜尅來龍之五行，宜生坐山之五行為一邊。此是為生入剋入之用，故皆不宜生出尅出，如否卦龍入首洛數九屬金，立既濟卦之向，洛數七屬火，火尅金，是向尅龍為尅入，七九同在江東卦一邊。如坐山是火水未濟卦，洛數三屬木，三叉水口在地天泰卦，洛數一屬水，水生木，是水口生坐山為生入，一三亦同在江西卦一邊，此便是向與龍為一氣，山與水為一氣，合龍向水山為四神，合生入尅入，故為第一，此即洛書五行，論生尅之法也。餘仿此類推。再以九星言之，水上是弼星，而來龍座向又屬弼星，是為一卦純清，皆合妙用，如在七八九運，值本元旺運之時，必定大發，餘者依此類推。

《天玉經》：

「一個排來千百個，莫把星辰錯，龍要合向向合水，水合三吉位，合祿合馬合官星，本卦生旺尋，合凶合吉合祥瑞，何法能趨避，但看太歲是何神，立地見分明，成敗定斷何公位，三合年中是。」

對於龍、山、向、水，如何取得卦氣之旺，還另有法訣，如值上元一二三四運時，來龍入首又是一二三四運卦之來龍，其向必是六七八九運之卦。或值下元六七八九運其向是一二三四運之卦，來龍又是六七八九運之卦則吉。最好是取來龍與水合生成、合十，則是吉上加吉。

相通之卦

相通者，即一、三相通，二、四相通，六、八相通，七、九相通。在六十四卦中，就是一運卦與三運卦互為相通之卦；二運卦與四運卦互為相通之卦；六運卦與八運卦互為相通之卦；七運卦與九運卦互為相通之卦。相通之卦於後面章節將述之，這也是龍山向水取用法則之一種。

圖52

圖53

圖54

圖55

卦反、爻反

將一個六爻卦的上卦與下卦交換位置，也就是把上卦換到下卦的位置，把下卦換到上卦的位置，如此即為「卦反」。

將一個六爻卦整個顛倒，也就是將整個卦反過來看，此時初爻變成上爻，二爻變五爻，三爻變四爻，四爻變三爻，五爻變二爻，上爻變成初爻，這種情況就是「爻反」，又稱為「反對」，在易經中又稱為「綜卦」。

一三七九運之卦，爻反之後卦運不變，原來是一運，爻反後仍是一運卦，原來是七運，爻反後仍是七運卦。

二四六八運之卦，爻反之後會變成相通之卦。原來是二運卦，爻反後會變成四運卦，原來是八運卦，爻反後就會變成六運卦。

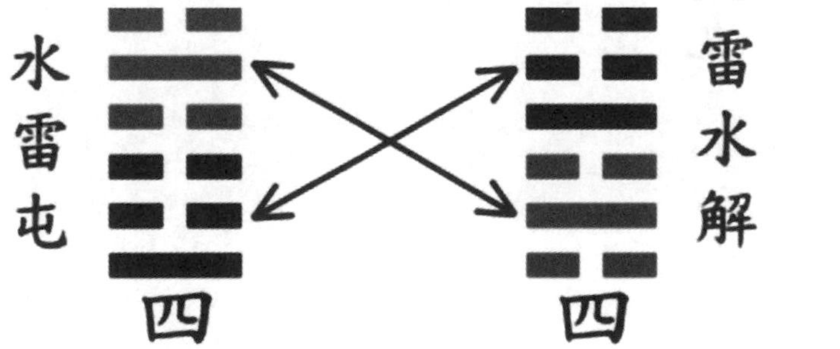

上卦變下卦，下卦變上卦，是為卦反
卦反之卦，卦運相同

圖56

六十四卦爻反之理，與玄空大卦理論中之「七星打劫訣」有密切的關係，故必須有所認知。

關於爻反應用於七星打劫之法則，在後面的章節會加以說明。

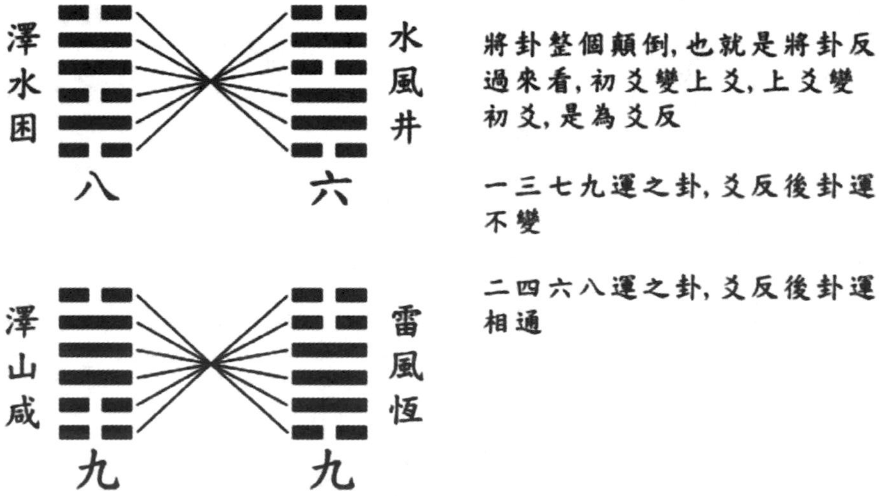
澤水困
八
水風井
六
將卦整個顛倒,也就是將卦反過來看,初爻變上爻,上爻變初爻,是為爻反
一三七九運之卦,爻反後卦運不變
二四六八運之卦,爻反後卦運相通
澤山咸
九
雷風恆
九

圖57

羅盤上的六十四卦

在前面「六十四卦之構成」及「卦氣與卦運」的章節中，我們已經畫出了一組六十四卦圓圖，每一卦並且註明了卦氣與卦運的數字，此即六十四卦羅盤的核心架構，而仍有所缺少的，乃每一卦中六個爻的角度分配，以及初爻、二爻、三爻……上爻等各爻位置的排列規則。

卦爻在羅盤上的排列次序

卦運一三七九者，逆時針排六個爻，例如乾卦卦運一，則以貼近姤卦哪一側視為初爻，靠近夬卦哪一側為上爻。卦運二四六八者，順時針排六個爻，例如姤卦卦運八，則以貼近乾卦哪一側視為初爻，靠近大過卦哪一側為上爻。

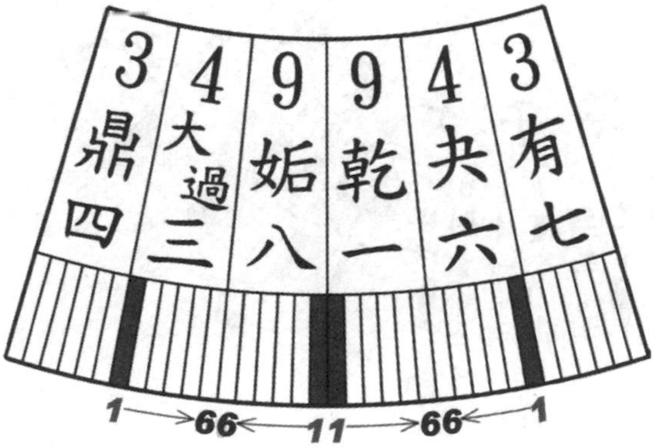

圖58

六爻的算法

奇數運：逆時針，起初爻

偶數運：順時針，起初爻

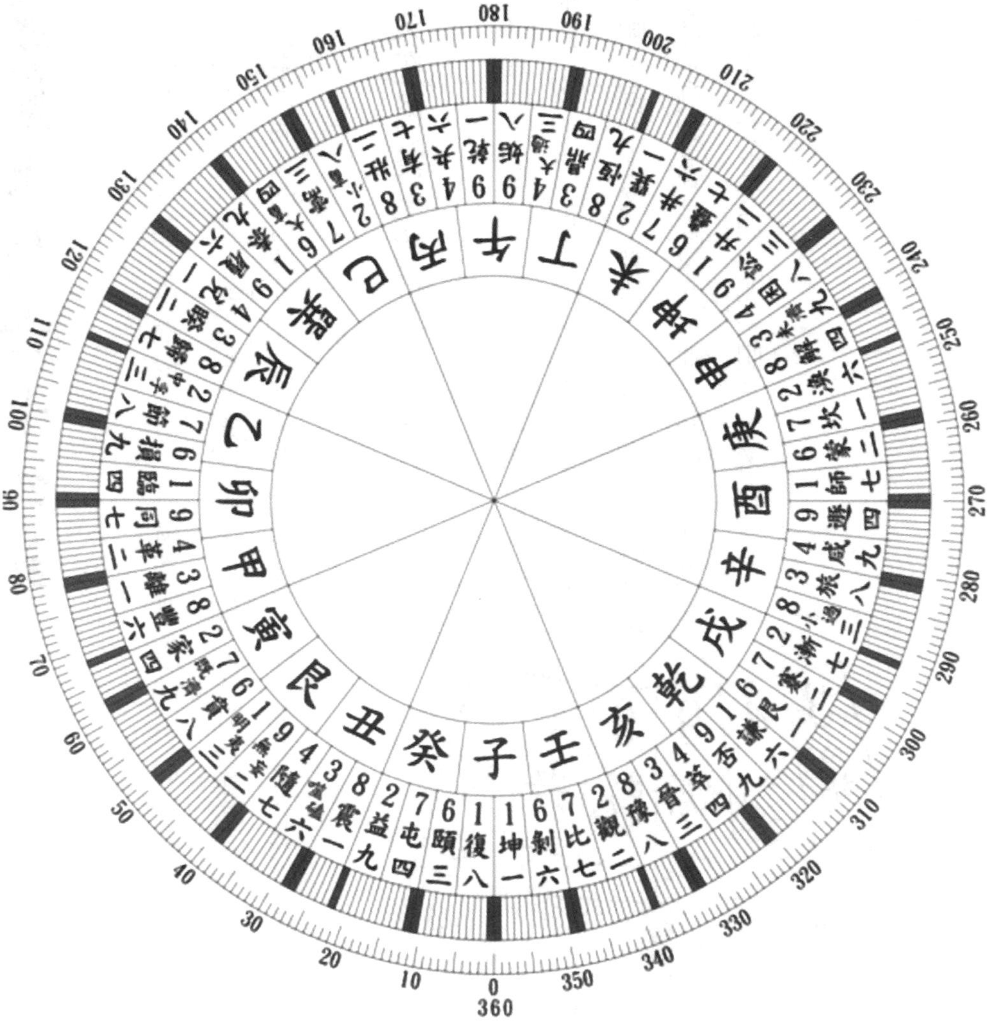

圖59 黑色為各卦出爻位置

元運

玄空大卦的元運系統是採用三元九運。三元九運的理論是分成「上元」、「中元」、「下元」，每一元再分成三運，從甲子年開始計算，每一運二十年，所以上元一運從甲子年開始到三運癸亥年止共六十年，中元四運又從甲子年開始到六運癸亥年共六十年，下元七運再從甲子起，到九運癸亥止共六十年。六十甲子共循環三次，三元九運共一百八十年。

元運的理論雖然是採三元九運，但玄空大卦在實際應用上，卻是五運不用，而將五運的前十年算在四運當中，所以四運就有三十年。五運的後十年算在六運當中，所以六運也有三十年。然後把一二三四運同視為上元一組，六七八九運同視為下元一組，也就是變成了上、下兩元。上元時，一二三四同旺，六七八九同衰；下元時，六七八九同旺，一二三四同衰。

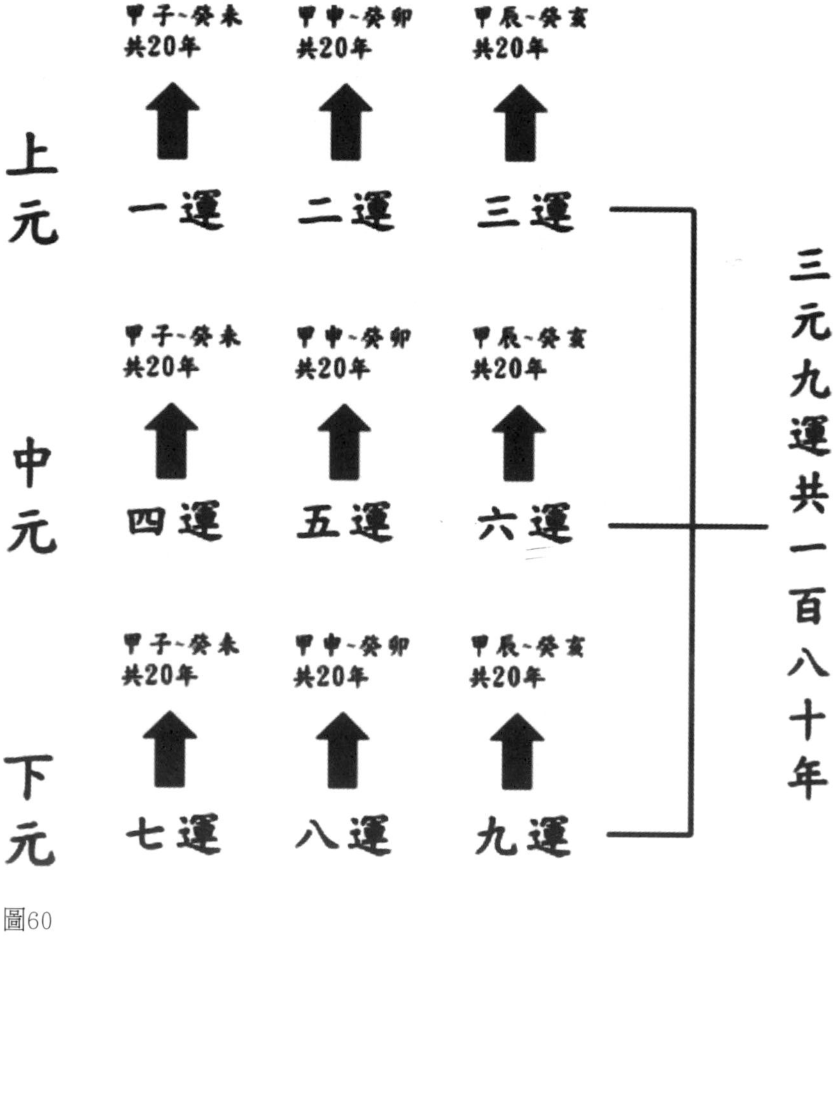
甲子~癸未
共20年
甲申~癸卯
共20年
甲辰~癸亥
共20年
上元
一運
二運
三運
甲子~癸未
共20年
甲申~癸卯
共20年
甲辰~癸亥
共20年
中元
四運
五運
六運
甲子~癸未
共20年
甲申~癸卯
共20年
甲辰~癸亥
共20年
下元
七運
八運
九運
三元九運共一百八十年
圖60

近代各元運起迄年份

上元

一運：一白水星管事，1864～1883年。

二運：二黑土星管事，1884～1903年。

三運：三碧木星管事，1904～1923年。

中元

四運：四綠木星管事，1924～1943年。

五運：五黃土星管事，1944～1963年。

（其中1944～1953年可劃歸四運，1954～1963年可劃歸六運）

六運：六白金星管事，1964～1983年。

下元

七運：七赤金星管事，1984～2003年。

八運：八白土星管事，2004～2023年。

九運：九紫火星管事，2024～2043年。

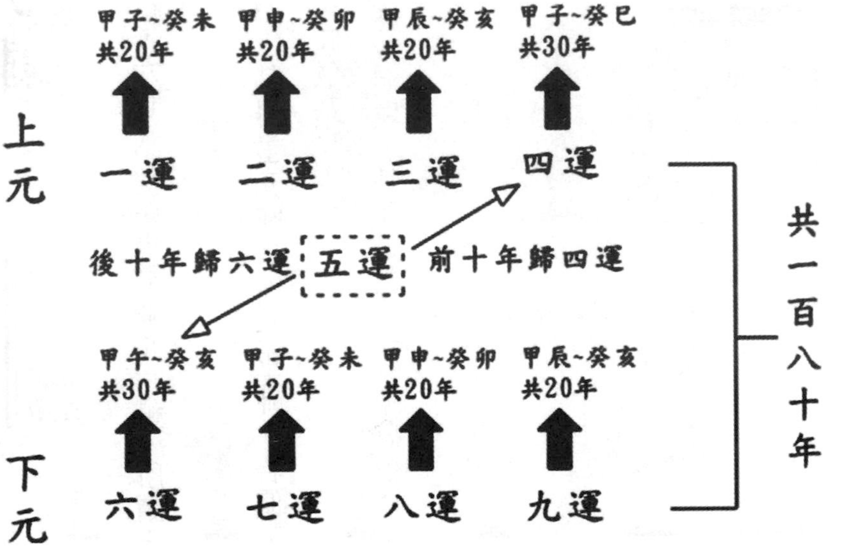

圖61

正神與零神・得運與失運

在玄空大卦實際應用是將一二三四運視為上元一組，六七八九運視為下元一組。所謂正神者，即當元當運之卦，零神者，即不當元不當運之卦。

在上元時，一二三四屬於當元旺氣，故一二三四之卦得當元旺氣而為正神，若值下元六七八九運，則屬當元旺氣，故而六七八九運之卦為當元旺氣為正神。

但讀者須知，卦氣之聚散變化外顯而迅速，吉凶感應較明顯，卦運是為時間之緩慢推移，為內顯而循次漸進，吉凶感應較為內歛。

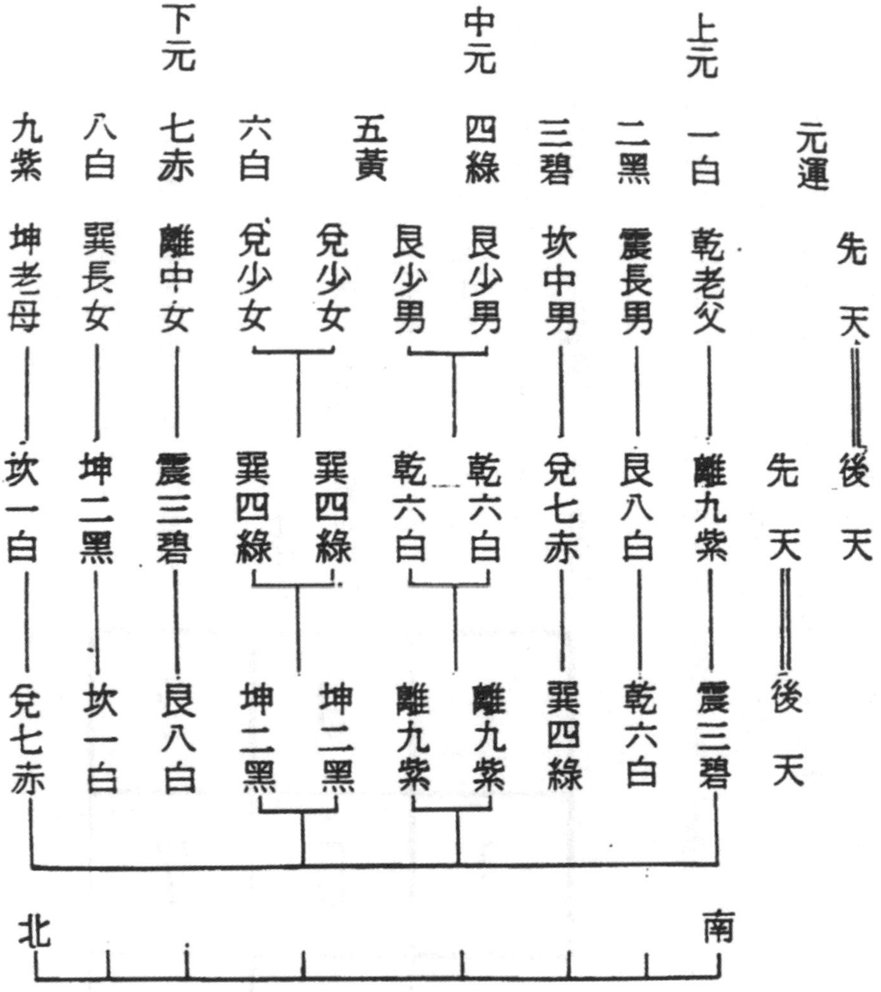
先天 後天
先天 後天
元運
上元
中元
下元
一白
二黑
三碧
四綠
五黃
六白
七赤
八白
九紫
乾老父
震長男
坎中男
艮少男
艮少男
兌少女
兌少女
離中女
巽長女
坤老母
離九紫
艮八白
兌七赤
乾六白
乾六白
巽四綠
巽四綠
震三碧
坤二黑
坎一白
震三碧
乾六白
巽四綠
離九紫
離九紫
坤二黑
坤二黑
艮八白
坎一白
兌七赤
南
北

南北八神

卦之零正次序

在六十四卦中，有卦運之一二三四，以及卦氣之１２３４，在玄空大卦理論中，則是以卦氣為重，因卦氣之聚散變化外顯而迅速，於吉凶感應上有明顯的作用，而卦運乃時間之緩慢推移，雖有作用，卻緩慢而不如卦氣之顯著，應屬一種輔助性的能量。若能在卦氣卦運相互兼顧，當屬最佳法則。

所以上元時，凡卦氣為１２３４者皆為正神。

相對的，上元時六七八九即屬失元之衰氣，因而在上元之時六十四卦中凡卦氣為６７８９者皆為零神。

4	9	2
3	5	7
8	1	6

上元1234為正神，6789為零神
下元6789為正神，1234為零神

圖62

青囊經所謂八體宏佈，子母分施，天地定位，山澤通氣，雷風相薄，水火不相射也。運盤者：周三百六十度，其分六十四卦，每卦各佔五點六二五度，各得一運。自午山中線起，以乾卦為首居下卦，以左旋丙巳巽辰乙卯甲寅艮丑癸子之序，加乾兌離震四卦於上，共三十二卦。

再自午山中線起，以右旋丁未坤申庚酉辛戌乾亥壬子之序，再加上巽坎艮坤四卦於上，共三十二卦。

其中，乾為天卦、兌為澤卦、離為火卦、震為雷卦、巽為風卦、坎為水卦、艮為山卦、坤為地卦。以上八組卦稱父卦，亦稱貪狼，亦稱北卦，即是一運。

天雷旡妄卦、澤火革卦、火澤睽卦、雷天大壯卦、風地觀卦、水山蹇卦、山水蒙卦、地風升卦。以上八組稱江西天元卦，亦稱巨門，亦稱西卦，即是二運。

天水訟卦、澤風大過卦、火地晉卦、雷山小過卦、風澤中孚卦、水天需卦、山雷頤卦、地火明夷卦。以上八組稱江西人元卦，亦稱祿存，亦稱西卦，即是三運。

天山遯卦、澤地萃卦、火風鼎卦、雷水解卦、風火家人卦、水雷屯卦、山天大畜卦、地澤臨。以上八組稱江西地元，亦稱文曲，亦稱西卦，即是四運。

序卦上傳三十卦象圖

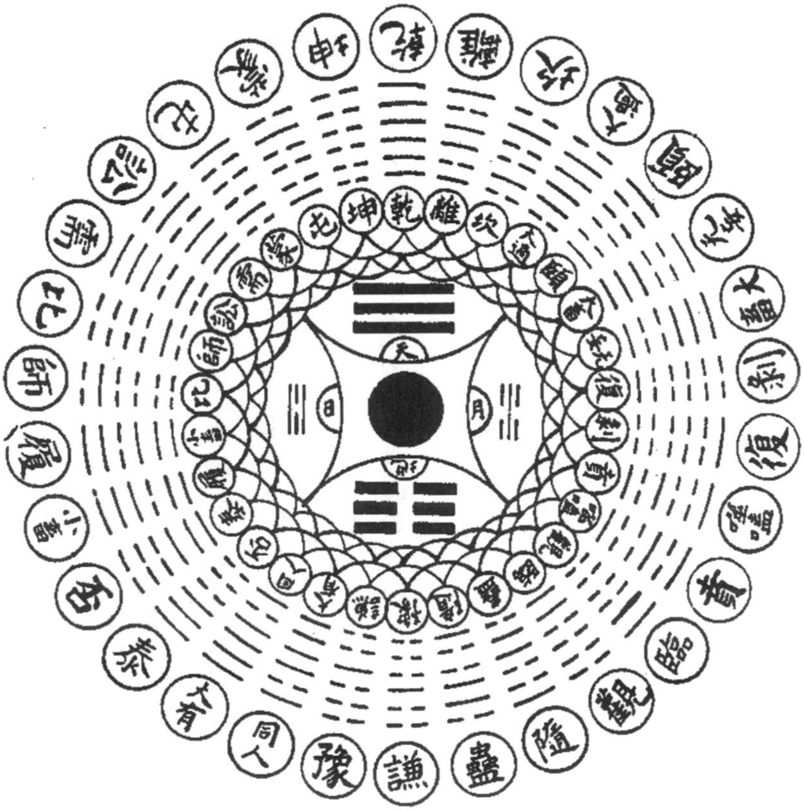

本圖片取材於游自在《易經圖象展覽特輯》

序卦下傳三十四卦象圖

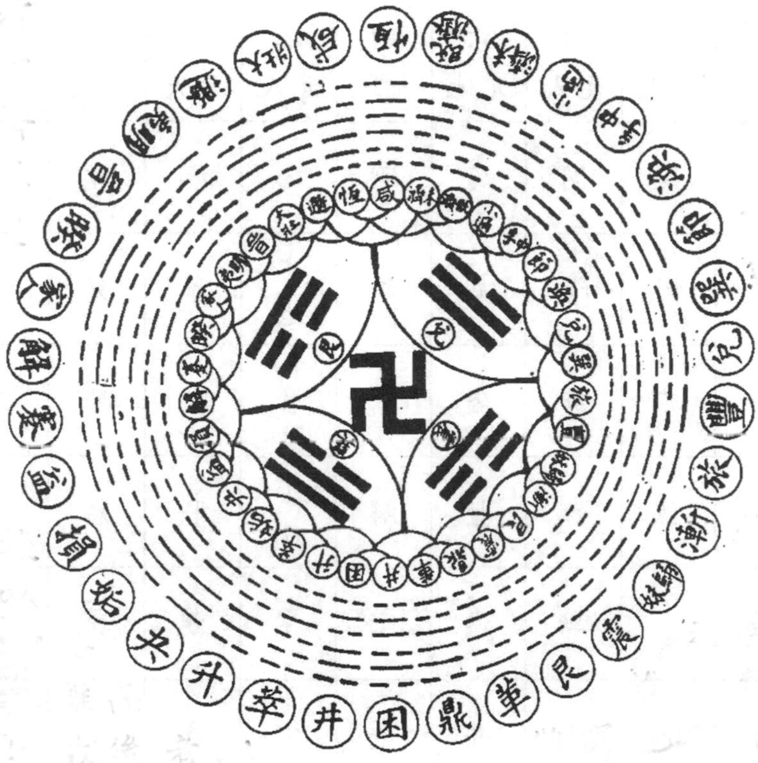

本圖片取材於游自在《易經圖象展覽特輯》

母	江東卦			江西卦			父	別卦
弼 九 元天	輔 八 元天	破 七 元人	武 六 元地	文 四 元地	祿 三 元人	巨 二 元天	貪 一 元天	星數／洛數
否	姤	同	履	遯	訟	妄	乾	九
咸	困	隨	夬	萃	大過	革	兌	四
未	旅	有	噬	鼎	晉	睽	離	三
恒	豫	妹	豐	解	小過	壯	震	八
益	小畜	漸	渙	家	孚	觀	巽	二
既	節	比	井	屯	需	蹇	坎	七
損	賁	蠱	剝	大畜	頤	蒙	艮	六
泰	復	師	謙	臨	夷	升	坤	一

江東江西父母卦卦氣卦運便覽圖

天澤履卦、澤天夬卦、火雷噬嗑卦、雷火豐卦、風水渙卦、水風井卦、山地剝卦、地山謙卦。以上八組稱江東地元卦，亦稱武曲，亦稱東卦，即是六運。

天火同人卦、澤雷隨卦、火天大有卦、雷澤歸妹卦、風山漸卦、水地比卦、山風蠱卦、地水師卦。以上八組稱江東人元，亦稱破軍、亦稱東卦，即是七運。

天風姤卦、澤水困卦、火山旅卦、雷地豫卦、風天小畜卦、水澤節卦、山火賁卦、地雷復卦。以上八組稱江東天元，亦稱左輔，亦稱東卦，即是八運。

天地否卦、澤山咸卦、火水未濟卦、雷風恆卦、風雷益卦、水火既濟卦、山澤損卦、地天泰卦。以上八組卦稱母卦，亦稱右弼，亦稱南卦，即是九運。

易盤中之外層六十四卦排列次序，是依右圖直看，由午中起乾、夬大有、大壯、小畜、需、大畜、泰、履、兌……至子中之頤、復。此三十二卦，由左邊順序排列，其初爻皆屬陽爻，即青囊經所謂，陽從左片團團轉是也。

再自午中姤、大過、鼎、恆……至子中剝坤止，則由右邊順序排列，初爻皆屬陰爻，是為陰從右路轉相通也。

地盤（即內層）六十四卦之排列次序，則由坤卦起橫過，亦由午中起排坤、謙、師、升、復……至子中之孚、小之畜止。此三十二卦俱左旋。

再自午中預、小過、解、恆、震……至子中之履、乾、三十二卦止，俱右轉。

再先天之乾一，即後天之離九，故乾卦是九運當旺，而天澤履，天火同人、天雷旡妄、天風姤、天水訟、天山遯、天地否、七個卦，俱是以乾卦為外卦而配兌、離、震、巽、坎、艮、坤、所盪成之卦、故乾、履、同、妄、姤、訟、遯、否、八個卦俱屬九運值旺。又先天之兌二，即後天之巽四，故兌卦是四運當旺，而澤天夬、澤火革、澤雷隨、澤風火過、澤水困、澤山咸、澤地萃、七個卦，亦同是四運值旺。又先天之離三，即後天之震三（先天為體，後天為用）故離卦是三運值旺，同時，凡是離為外卦，配合乾、兌、震、巽、坎、艮、坤、七個卦，所盪成之有卦，睽卦、噬卦、鼎卦、未濟、旅卦、晉卦、亦俱屬三運當旺。又先天之震四，即後天之艮八，故震卦八運當旺，「同時，凡屬震為外卦之壯、妹、豐、恆、解、小過、豫七個卦、亦連同係八運當旺」，其餘巽坎艮坤四卦仿此。

星數一九，二八，屬天元；三七屬人元；四六屬地元。

由一百四十八頁之圖橫看，是九星數，是為卦運。直看是洛書數，是為卦氣。

如第二行直看，則乾兌離震巽坎艮坤八卦屬貪一，即為一運卦。

橫看第三行，則乾妄訟遯，履同姤否八個卦，屬九運值旺。

唯其中妄訟遯履同姤六卦，皆為乾否兩卦之子息。及九星中貪弼之子息。又如乾屬貪星，為父卦，而武破輔內之履同姤為乾之真子。弼星為母卦，而巨祿文內之妄訟遯為「否」之真子，凡本卦之內三爻所變出之卦為子，外三爻所變出之卦為媳，媳卦即子卦之翻卦也。如乾卦之內三爻所變出之天澤履、天火同人、天風姤是為子，而其翻卦即風天小畜、火天大有、澤天夬，而夬、有、小畜，亦即乾卦外三爻所變出之卦是為息。其餘各卦仿此。

「共路兩神為夫婦，認取真神路」。此共路兩神者，二卦、兩山、兩宮、兩儀，均可謂之共路兩神。大如兩儀者，左為陽儀右為陰儀，是為共路兩神。而真神路的真正兩神其意義與用法為何呢？

舉例來說，一個家一條路家人要回家要走的是這一條共同的路，這為共路，那麼家庭的成員那麼多人，然而哪一位才能與你相攜相伴，陰陽交媾，創造這個家的生氣，生長之活力呢？答案很簡單，就是夫婦，世界眾多的男男女女不能單以陰陽皆可相通，唯有真夫婦才可陰陽交媾相通，這種簡明的引例，大至簡矣。

於風水地理言夫婦，為陰陽，為雌雄，為剛柔，為零正。固定的，無法改變的人事地物之基本表徵稱為陰陽，如男為陽，女為陰，如水為陽，山為陰，天為陽，地為陰…等等，皆言固定陰陽的基本表徵。

然於陰於陽，其間也各自有陰有陽，如男為陽，其陽具清涼為陰，女為陰，其陰悶熱為陽，此亦為陰陽交媾之處所萬物皆俱此理，皆俱此法。

時間與空間的運轉變化，所變生出的旺衰稱為雌雄，旺為雄，衰為雌，正神為雄，零神為雌，與時合健為雄，與時合衰為雌，此乃雌雄與陰陽分別之真意。然雄非全旺，雌亦非全衰，亦有旺中之衰，亦有衰鄉之旺，陰中有陽，陽中有陰，陰來陽受，陽來陰受，陰中有陽，陽中有陰，沖氣以為和。

古人言乾言坤，其意多有隱喻或一為喻先天，一喻為後天，或一語雙關，故弄玄虛，若非口傳心授，難明其旨，若不明所言為先天或言後天，就無能通解其體用關係，然不明體用關係至理，就凡事應之不準。

先天與後天是體用關係，然形勢巒頭與無形理氣亦是體用關係，如形勢山川百嶽，只能言及脈氣的旺衰強弱。若無主入住則不成作用矣。天下同一理，萬事同易理。

真夫婦，真神路，其旨在暢述體用之精髓，又如兩儀，左為陽儀，右為陰儀，是為共路兩神。

四象之太陽與少陰，太陽與太陰，也是共路兩神。太陽之乾宮與兌宮，少陰之離宮與震宮，太陰之坤宮與艮宮，少陽之坎宮與巽宮，也是共路兩神。一宮之中，如乾宮中之九四、三八、二七、六一，亦是共路兩神。為一六共宗、二七同道、三八為朋、四九為友。

二十四山之子癸、丑艮、寅甲、卯乙、辰巽、巳丙、午丁、未坤、申庚、酉辛、戌乾、亥壬，亦是共路兩神。就兩個卦而言，一六、二七、三八、四九、一九、二八、三七、四六，也是共路兩神。

而在上述多項之共路二神之中，哪一種組合才是真神路呢？就二小而言，後天坎宮中有壬子癸三山，壬與子，子與癸皆是共路兩神，然壬與子非真神路。何因？

以二儀、四象、八宮言之，子午卯酉四正與乾坤艮巽四維，就後天卦位而言，乾卦（戌乾亥）是先天坤宮與先天艮宮共路之兩神，為真神路。為一六共宗合生成數。坤卦（未坤申）是先天坎宮與先天巽宮共路之兩神，為二七同道合生成數。是為真神路。因未坤申是後天坤宮，其先天卦氣為二，而先天坎是後天兌宮，其卦氣為七，合二七同道之生成數。艮卦（丑艮寅）是離宮與震宮之共路兩神，亦為真神路。為三八為朋合生成數。巽卦（辰巽巳）是乾宮與兌宮之共路兩神，為四九為友合生成數，是為真神路。

何謂假神路？就四正之子午卯酉而言，子中之左至艮右為震宮其卦氣為八，子中之右至乾左為先天坤宮其卦氣為一，此雖為先天共路之先天兩神，但「一八」之數不合，故為假神路。是故，乾宮與巽宮雖然為共路兩神，但「九二」之數不合，為假神路。先天離宮與先天兌宮，亦為共路兩神，但「三四」之數不合，為假神路。先天坎宮與先天艮宮亦是共路之兩神，但「六七」之數不合，為假神路。此為公位宮位之假神路也。

七星打劫法之「識得父母三般卦，便是真神路」者，專指五行卦運之真神路而言，在城門法的運用亦如上取真神路。

城門法

（一）、城門法者，係就四象八卦，由公位及宮位上取真神路為城門。

（二）、司馬頭陀云：庚辛坤、壬癸乾、丁丙巽、乙甲艮為城門。為何意？

庚辛坤：庚辛系指西方兌宮所含之庚酉辛三山，其城門位於西南方坤宮內所含之未坤申，此三山為正城門，兌宮其數七，坤宮其數二，二七為同道。

壬癸乾：壬癸系指北方坎宮所含之壬子癸三山，其城門位於西北方乾宮所含之戌乾亥三山，此三山為正城門，坎宮其數一，乾宮其數六，一六為共宗。

丁丙巽：丁丙系指南方離宮所含之丙午丁三山，其城門位於東南方巽宮所含之辰巽巳三山，此三山為正城門，離宮其數九，巽宮其數四，四九為友。

乙甲艮：乙甲系指東方震宮所含之甲卯乙三山，其城門位於東北方艮宮所含之丑艮寅三山，此三山為正城門，震宮其數三，艮宮其數八，三八為朋。

然而一宮佔45°，若以45°來判斷真神路，是為過於粗糙的做法，未能達成精髓，孰不知一宮中含有八個卦，若以45°÷8=5.625°，那如何再精細的從這八個卦中去選取唯一的真神路？

今筆者以玄空大卦來解析：玄空大卦以360°圓周內配置64卦的卦氣卦運來說明，於庚山內的坎為水卦，其卦氣為七，配以未山內的巽為風卦，其卦氣為二，是為二七同道，是為真神路，是為真夫婦，是為城門位。以一例喻萬理，請讀者細細體會研究，即能所悟。

（三）、辛入乾宮百萬粧：城門該如何找，其理何在？前文言六七之數不合，為假神假格。而本文辛為兌宮其數為七，乾宮其數為六，為何言百萬粧，其理何在？

此局其源自先後天體系與相通氣之理，庚辛坤，此坤為言後天之宮，然先天坤後天坎其數為一，一與六為真神路，故以乾宮數六為副城門，其理一也。

再以乾宮論，後天乾卦其數六，然先天乾其數九，辛數為七，故七與九相通，為副城門，其理一也。故言：「辛入乾宮百萬粧」。

然乾宮為假神路，如何於乾宮找出真神路？

此局以玄空大卦旁能找出真神路，如辛中火山旅（3.8）合乾中雷地豫（8.8）。又如辛中雷山小過（8.3）合乾中火地晉卦（3.3）皆是三八為朋的真神路，真夫婦，為共路兩神。故城門位這也就與方位無全吉亦無全凶，可在吉中找其更吉，衰中找其旺，凶中找其吉，此非以玄空大卦，將難以找出其正確的方位角。

庚辛坤為城門，後天兌宮含庚酉辛三山，就先天入後天而言，其中庚與坤在先天合二七，故庚山以坤宮為正城門；而辛在先天之艮宮，所以要先天坤宮中找真神路，先天坤為後天坎其卦氣為一，而辛與後天之乾宮在公位上合六一之真神路，故辛以乾宮為副城門，所以辛入乾宮百萬粧也。

（四）、癸歸艮戶發文章：城門位該如何找？其理前言「一八」之數不合，為假神格。

而本文癸山為坎宮其數為一，艮宮其數為八，為何言「發文章」之語，其理安在？

此局其源亦同前文來自先後天體系與相通氣之理，壬癸乾，此乾為言後天之宮，然先天乾後天離其數為三，三與八為真神路，故以艮宮數八為副城門，其理一也。

再以艮宮論後天艮其數八，然先天艮其數六，故六與八相通，為副城門，其理一也。故言「癸歸艮戶發文章」。

然艮宮為假神路，如何於艮宮找出真神路？

此局須以玄空大卦方能找出真神路，如癸山中山雷頤（6,3），合艮中之地火明夷（1,3），又如坎中山地剝（6.6），合艮中地山謙（1.6），皆是一六共宗的真神路，真夫婦，為共神兩路。

（五）、丁坤終是萬斯箱：城門位該如何找？其理前言「九二」之數不合，為假神格。

本文丁山為後天離宮其數為九，後天坤宮其數為二，為何言「萬斯箱」之語，其理何在？此局其源亦如（四）來自先後天與相通之理，丁丙巽此巽後天之宮，然先天巽為後天坤，其數為二，後天巽視為先天兌，而後天兌其數為七，故以坤宮數二，二七為真神路為副城門，其理一也。再以坤艮宮論，後天坤宮其數為二，故言「丁坤終是萬斯箱」。然坤宮為假神路，如何於坤宮中找出真神路？此局須以玄空大卦方能找出真神路。

丁丙巽為城門，丙巽合九四真神路，為正城門；丁以坤宮，合二七之真神路，為副城門。故丁坤終是黃金萬斯箱也。丁中之澤風大過（4,3），合坤中之天水訟（9,3）為真神路；丁中之火風鼎（3,4），合申中之雷水解（8,4）為真神路；丁中之雷風恆（8,9），合申中之水火未濟（3,9）為真神路，坤申均屬後天之坤宮，故丁坤終是萬斯箱也。

（六）、乙向巽流清富貴：城門位該如何找？其理前言「三四」之數不合，為假神格。

本文乙山為離宮其數為三，巽宮其數為四，為何言「清富貴」之語，其理何在？此局其源亦如（五）來自先後天與相通之理。

乙甲為先天離後天震其數為三，後天艮為先天震，其數為八，三八為真神路。再以巽宮論，後天巽其數為四，然先天巽其數為二，故以二四相通為副城門，其理二也。故言「乙向巽流清富貴」。然巽宮為假神格，如何於巽宮中找出真神路？此局須以玄空大卦方能找出真神路。

乙甲艮為城門。甲艮合三八之真神路；為正城門；乙向巽宮合，為副城門。所以乙與巽宮合，可獲得清譽與富貴也。乙中之山澤損（6,9），合巽中之地天泰（1,9）為真神路；乙中之水澤節（7,8），合巳中之風天小畜（2,8）為真神路；乙中之風澤中孚（2,3），合巳中之水天需（7,3）為真神路。巽巳均屬後天之巽宮，故乙向巽流清富貴也。

些子能量

些子能量，其顧名思義，就是取細小的能源，從上古至今，皆不知此能量的成分與結構，而且每每取而用之，確是靈驗異常。所以皆稱為些子。

唐李白《清平樂》詞：「花貌些子時光，拋入遠泛瀟湘」。

宋蘇軾《東坡志林・論修養帖寄子由》：「尋常靜中推求，常患不見；今日鬧裡忽捉得些子」。

明高明《琵琶記・文場選士》：「才學無些子，只是賭命強」。

些子亦作些仔。少許，一點兒。近數十年來，些子能量的理論受到廣大的使用與宣傳，同時也出現了多種的新名詞，有些人稱之為些子、些子法、大些子、小些子、訣子能、生命能……等，名號雖然很多，但是離不開陰、陽兩種之別，而且兩者同樣有清純、混雜之分。

些子尚有其他說法：代表雌雄交媾之所在。些者，此也；子者，正也。即此正之謂。蓋變卦用爻時，必須合乎天心正運，方合「天機」，方合「些子」。

大些子，即合生成，觀察來龍之真偽以及交媾之所在、形成之作用。交媾產生之化生腦，在真龍過峽處下面有一小圓突，即此也。

郭璞謂：「葬乘生氣也」。葬書萬卷用此解，一言道盡。析其結構，葬字上有草，正表示有生氣，草下有死者，表示有屍首之意；下有廾，正如天心十道亦有升之意，豈非些子乎？

小些子，即合十，即後天二十四山經四位交媾，形成向上用神些子法之作用也。其法以龍脈走向之陰陽交媾，再產生山向，分陽出脈與陰出脈。

楊公曰：「識得五行顛倒顛，便是大羅仙！」蓋謂此也。些子法是地理仙師楊救貧特別獨傳給第一弟子唐朝國師曾文迪看陰陽宅最準確靈驗，並列為傳家之寶的天機秘訣，歷代父子秘傳，從不傳授外人，即父子相傳，也要焚香宣誓，方可傳授。

些子法是堪輿學的最高功夫，以運用自然及適應自然之法，使無形中的自然氣體吸入人體，達到健康長壽，換句話說，就是以天地的精氣為攝生的物件，以收益壽延年治病發財的效果。

堪輿之學，自黃石公、郭璞、陳希夷、楊赦貧、曾文迪諸多陰陽宗師倡導以來，並得歷朝政府贊同，其後代有明師，精通此道者頗不乏人。

亦有一說，指陽些子，從九大星系的影響，陰些子，從地球內外轉速不同而磨擦所發自地心的一種特異能源，其根據地球表面的山脈變化有過濾的作用。能量的多少及清純有很大的差別，這種些子能量人們用肉眼是看不見的，但是從其能量行走的氣脈亦有一些蛛絲馬跡，通常出現之處是窩、鉗、乳、凸四種，在大地中隱隱約約，只要在尋龍點穴時注意大地龍脈所透露出來的玄機，就不難識破天機所在。

城門訣

壬山：二運未方；三運辰方；五運辰方、未方；七運辰方；八運未方；九運辰、未二方。

子山：一運巽、坤二方；二運巽方；三運坤方；四運巽、坤二方；六運坤方；八運巽方。

癸山：一運巳、申二方；二運巳方；三運申方；六運申方；八運巳方。

丑山：二運庚、丙二方；四運庚、丙二方；六運庚方；七運丙方；九運庚、丙二方。

艮山：一運、三運、五運酉、丁二方；六運午方；七運午、酉二方；八運酉、午二方。

寅山：一運辛方；三運、五運辛、丁二方；六運丁方；七運辛方；八運辛、丁二方。

甲山：一運戌方；二運未方；三運戌方；
六運未、戌二方；七運未、戌二方；
八運未方；九運未方。

卯山：一運坤方；二運乾方；三運坤方；
四運坤方；六運坤、乾二方；
八運乾方；九運乾方。

乙山：一運申方；二運亥方；三運申方；
四運申方；六運申、亥二方；八運亥方。

辰山：一運壬方；二運庚方；三運壬方；
六運壬、寅二方；八運壬方；九運庚方。

巽山：一運酉方；二運子方；三運酉方；
四運子方；五運子、酉二方；
七運酉、子二方；八運酉方；九運子方。

巳山：一運辛方；二運癸方；三運辛方；
四運癸方；五運癸、辛二方；

七運癸、辛二方；八運辛方；九運癸方。

丙山：一運戌、丑二方；二運丑方；三運戌、丑二方；
四運戌方；五運戌、丑二方；七運戌方；八運丑方。

午山：二運乾方；四運艮方；六運乾、艮二方；
七運艮方；八運乾方；九運乾、艮二方。

丁山：二運亥方；四運寅方；六運亥、寅二方；
七運寅方；八運亥方；九運亥、寅二方。

未山：一運甲、壬二方；三運壬方；四運甲方；
六運庚、壬二方；八運甲、壬二方。

坤山：二運子、卯二方；三運卯方；四運子方；
五運卯、子二方；七運卯、子二方；
九運卯、子方。

申山：二、四、七運癸方；九運乙、癸二方。

庚山：一運丑方；二運丑方；三運辰、丑二方；五運辰、丑二方；六運辰方；七運辰方；九運辰方。

酉山：一運巽方；二運巽方；三運巽方；四運艮方；六運艮方；七運艮方；九運艮方。

辛山：一運巳方；二運巳方；四運寅、巳二方；六運寅方；七運寅方；九運寅方。

戌山：一運甲方；二運丙方；四運丙、申二方；六運甲方；七運丙方；八運甲方；九運丙方。

乾山：二運卯方；三運午、卯二方；五運午、卯二方；六運午方；七運卯方；八運午方；九運卯方。

亥山：一運丁方；二運乙方；三運乙、丁二方；五運乙、丁二方；六運丁方；八運丁方；九運乙方。

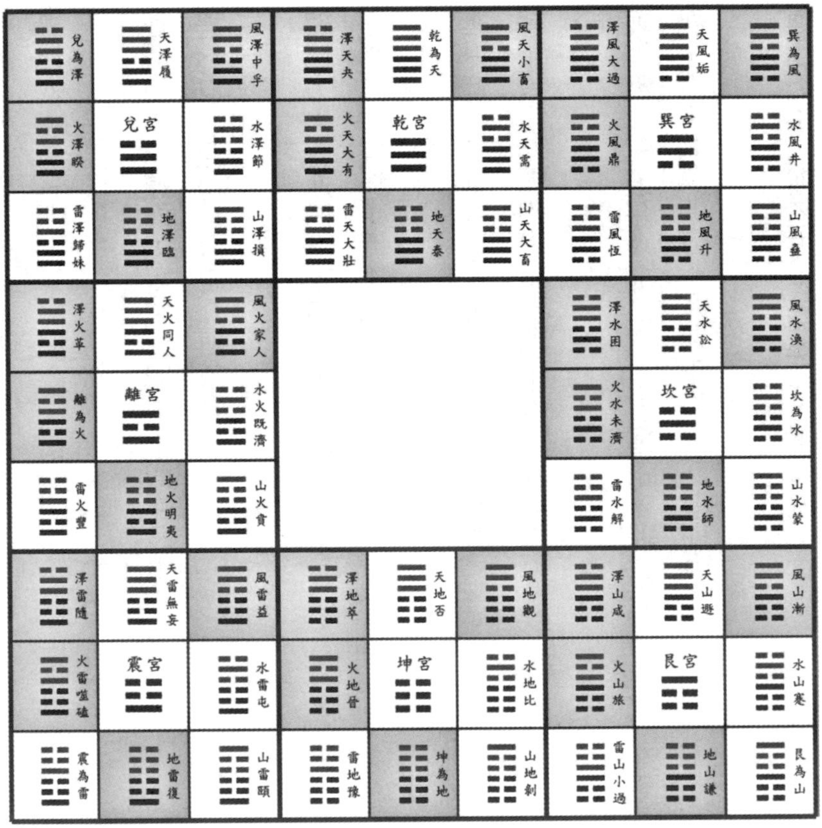

上元　1234為正神，6789為零神

下元　6789為正神，1234為零神

圖63

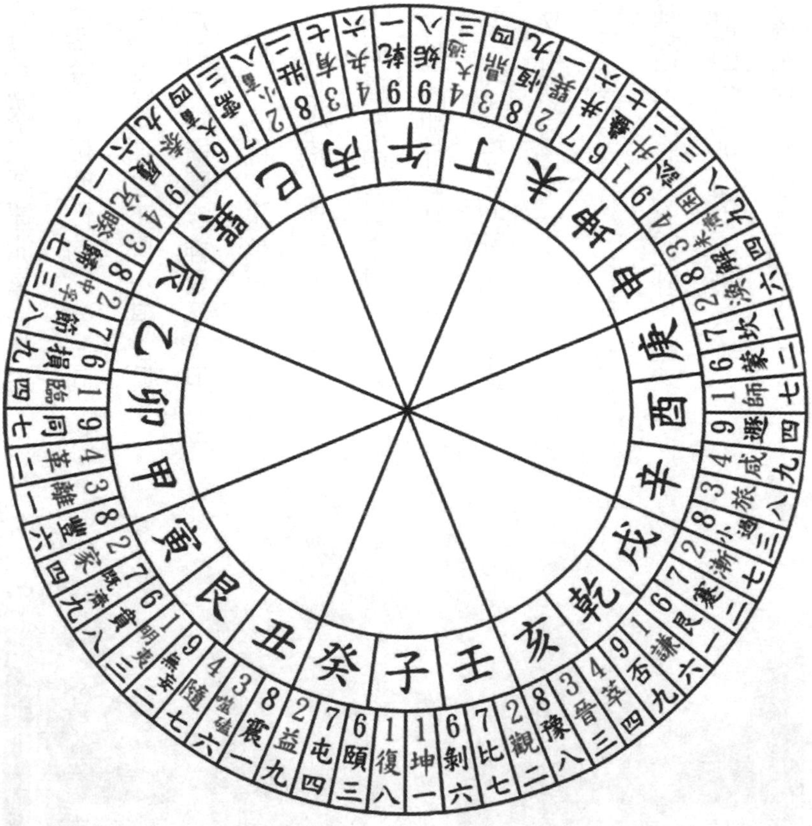

上元　1234為正神，6789為零神

下元　6789為正神，1234為零神

圖64

前面雖以卦氣區分出正神與零神，但卦運仍然不可完全忽略，卦運能量仍然對一個卦的旺衰程度具有輔助性的影響。同樣是正神旺氣，但因卦運之不同，其生旺的程度就有所差別。同樣屬零神衰氣，但因卦運不同，其衰死的程度也會有差別。

在上元一二三四運時，卦氣１２３４之卦均為旺，而這當中若又得卦運為一二三四當元之卦，即卦氣為１２３４，卦運也是一二三四，這樣的卦為旺中之旺，為正旺，又可稱為「生」。

在上元一二三四運時，若卦氣是１２３４，但卦運是六七八九之卦，雖然卦運不當元，但因卦氣外顯之力量較強，故仍算旺卦，為次旺，亦稱為「生旺」。

在上元一二三四運時，若卦氣是

考察風水堪輿合影

（左起）張家瑜、黃添榮、江美酌、作者、張方勸、黃家瑜、鄭易珍、鄭金鴻。

6789，但卦運是一二三四之卦，雖然卦運當元，但力量不如卦氣外顯之強，故依卦氣不當元而論，應屬衰卦，可稱為「衰」。

在上元一二三四運時，若卦氣是6789，且卦運也是六七八九，則卦氣與卦運皆不當運，乃衰中之衰，可稱為「死」。

在下元六七八九運時，則根據上述的原則，將其反過來看即可。從下頁圖中可以得知其生旺衰死之辨。

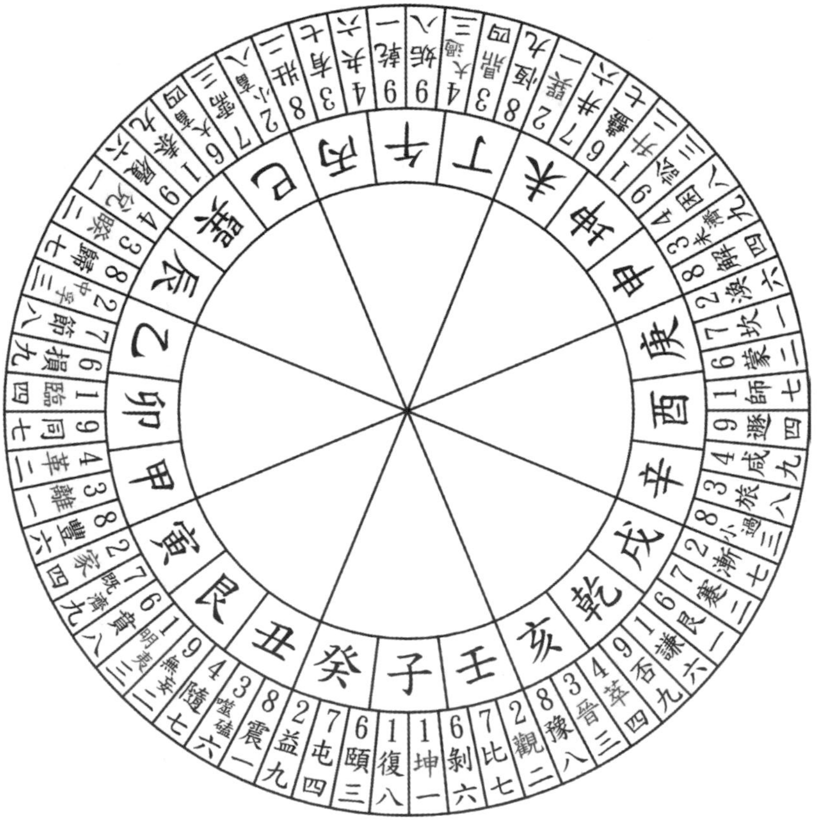

上元一二三四運，得一二三四運卦時，又得１２３４之卦氣，為正旺。

圖65

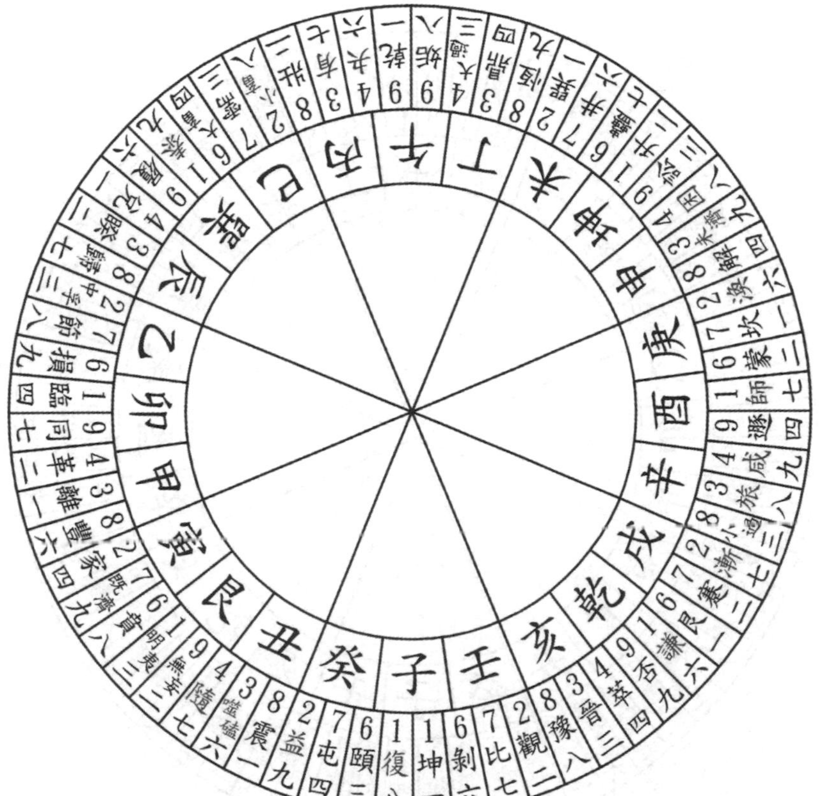

上元一二三四運時，得六七八九卦運，卦氣是１２３４，為次旺。

圖66

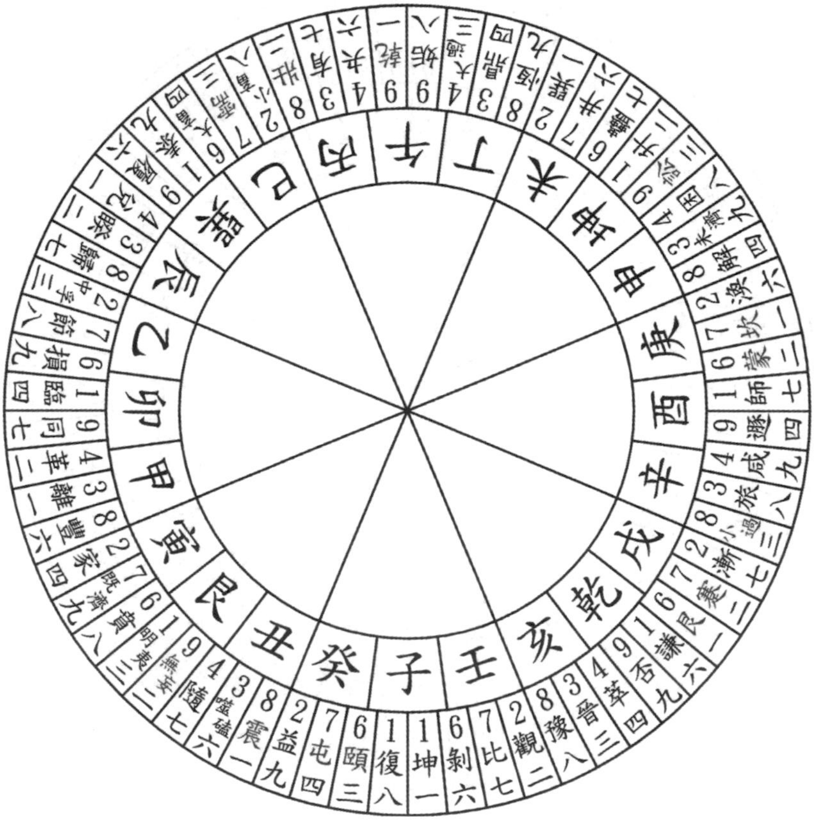

上元一二三四運時，得一二三四卦運，又得6789卦氣，為衰。

圖67

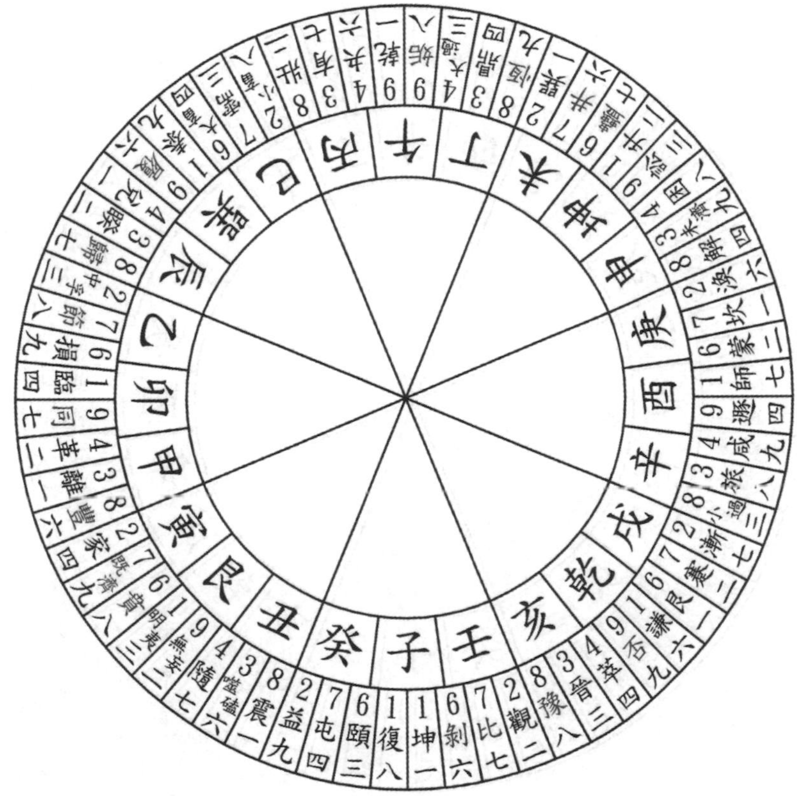

上元一二三四運時，得六七八九卦運，又得6789卦氣，為死。

圖68

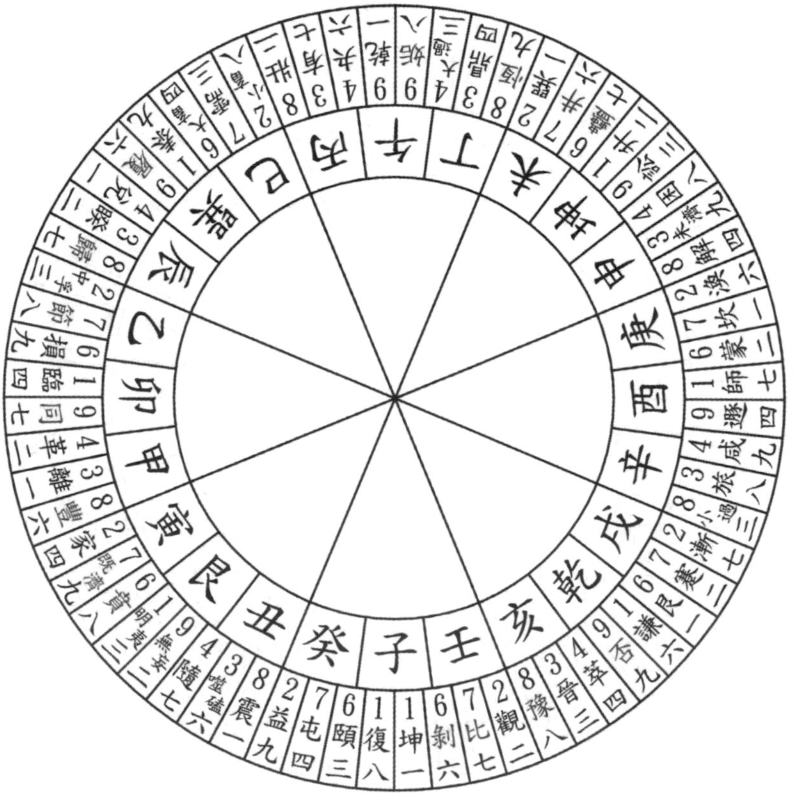

下元六七八九運時，得六七八九卦運，又得6789卦氣，為正旺。

圖69

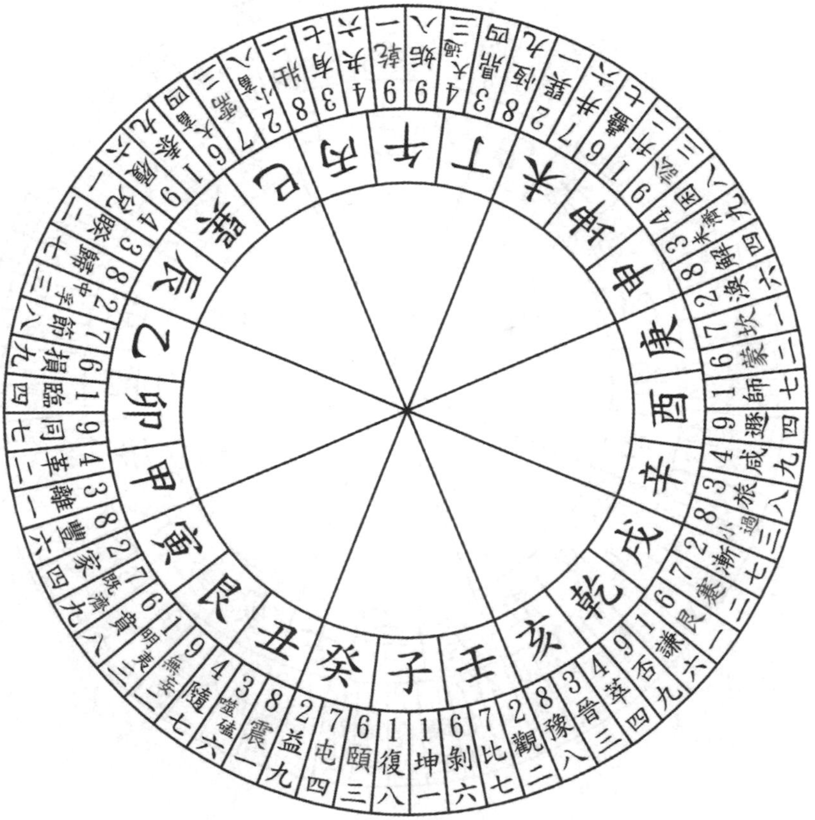

下元六七八九運時，得一二三四卦運，又得6789卦氣，為次旺。

圖70

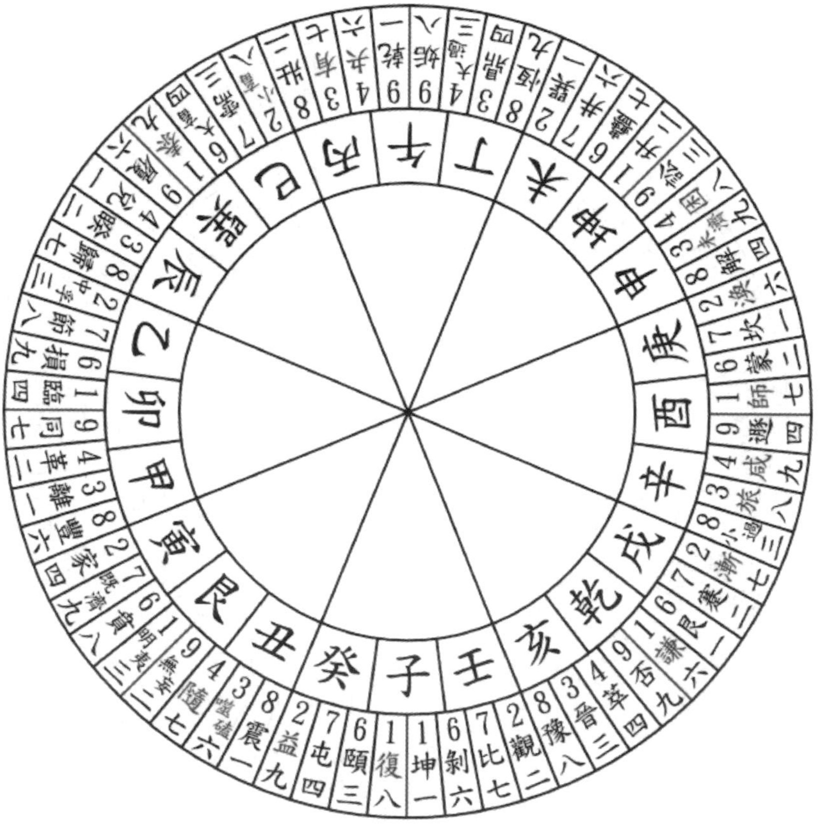

下元六七八九運時，得六七八九卦運，卦氣１２３４之卦，為衰。

圖71

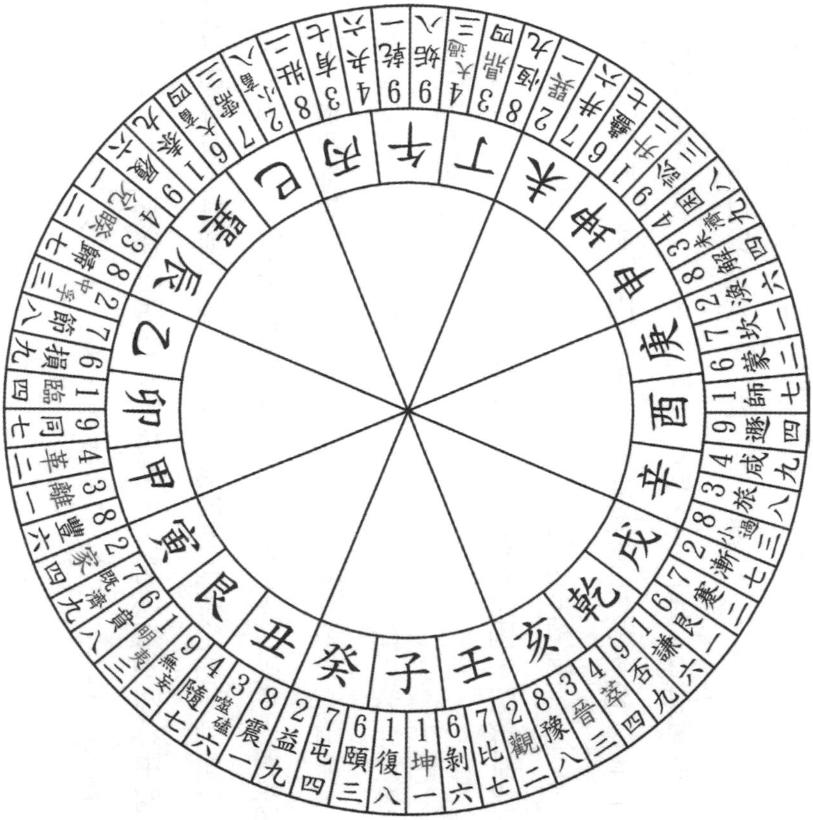

下元六七八九運時，得一二三四卦運，卦氣１２３４，為死。

圖72

龍向山水衰旺原則

此處的龍是指「來龍入首」之處，水是指「水口」，山、向是指墳墓或住宅的「坐山」與「立向」。龍、向、山、水分佔四個方位角度，各配以六十四卦中的一卦，這四個卦的卦與卦之間，也就是卦氣與卦氣、卦運與卦運之間會構成某些特定的排列組合，玄空大卦的理論基本上就是在判斷龍、向、山、水這內中四卦的排列組合所產生的是吉，還是凶。

龍、向、山、水四卦的組合做吉凶判斷之前，還必須先知道龍、向、山、水在大架構上的衰旺大原則，那就是：龍、山須配以生旺之卦，向、水須配以衰死之卦。換句話說，也就是龍、山須配正神，向、水須配零神。

這就是我們為何在前面要先說明卦之生旺衰死的原因，瞭解卦之生旺衰死，再配合此處所說的龍、向、山、水衰旺之大原則，我們就可以得到以下結論：

上元一二三四運時，龍、山之卦，其卦氣必定為１２３４（正神），而其卦運可以是一二三四，也可以是六七八九（生、旺）。向、水之卦，其卦氣必定為６７８９（零神），而其卦運可以是一二三四，也可以是六七八九（衰、死）。

下元六七八九運時，龍、山之卦，其卦氣必定為６７８９（正神），而其卦運可以是六七八九，也可以是一二三四（生、旺）。向、水之卦，其卦氣必定為１２３４（零神），而其卦運可以是六七八九，也可以是一二三四（衰、死）。

《都天寶照經》：

俗夫不知天機妙，自把山龍錯顛倒，
胡行亂作害世人，福未到時禍先到。
陽若無陰定不成，陰若無陽定不生，
陽水陰山相配合，兒孫天府早登名。
都天大卦總陰陽，玩山觀水有主張，
能知山情與水意，配合方可論陰陽。

無論龍、向、山、水四卦的排列組合為何，首先必須符合上述的這個大原則，然後才來考慮是否符合後面接下來所解說的各項法則。

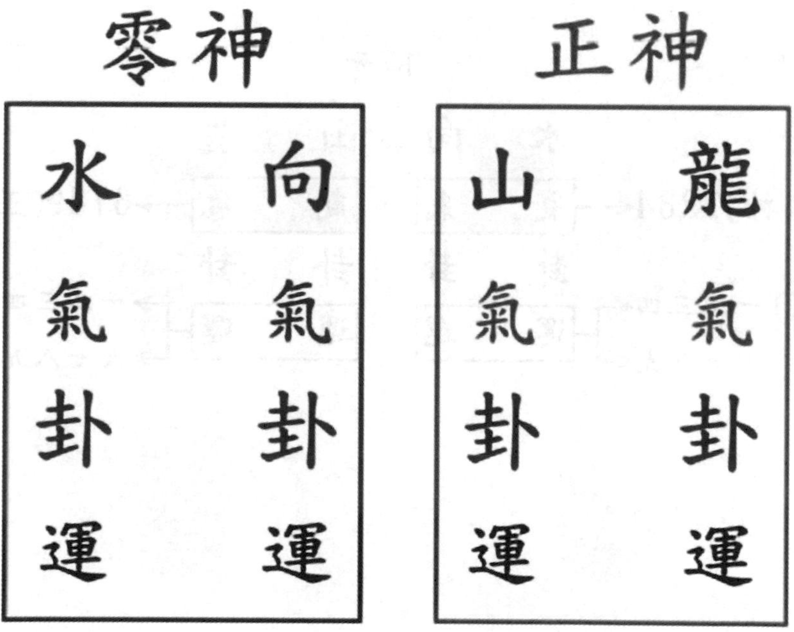

圖73

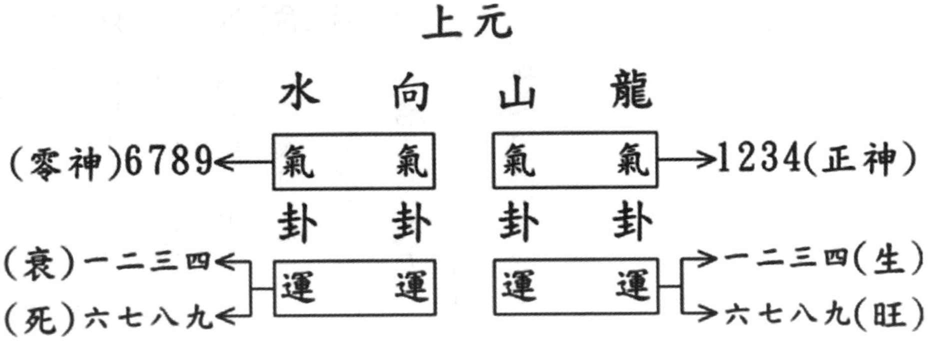
上元
水 向 山 龍
(零神)6789
氣 氣
氣 氣
1234(正神)
卦 卦 卦 卦
(衰)一二三四
(死)六七八九
運 運
運 運
一二三四(生)
六七八九(旺)

圖74

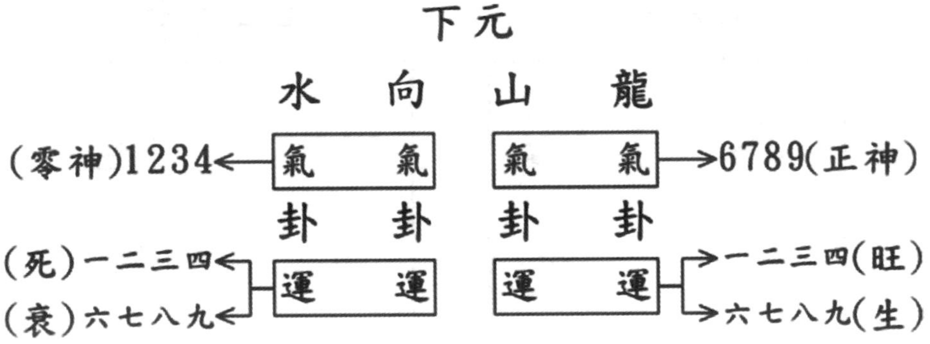
下元
水 向 山 龍
(零神)1234
氣 氣
氣 氣
6789(正神)
卦 卦 卦 卦
(死)一二三四
(衰)六七八九
運 運
運 運
一二三四(旺)
六七八九(生)

圖75

來龍與坐山和立向及水口的角度在構成河圖生成的原則上，亦可小到以這45°角內八個卦的每個小卦之卦氣卦運為基準，並以大玄空卦的零神、正神，及河圖生成數及相通或合十、合五、合十五、生入、剋入法則的基礎架構上，其應用將可更巧妙靈活的達到其精準、精確、精密的靈驗性，也就是以方位角而言，方位無全吉的方位，亦無全凶的方位，應當在其吉中求其更吉，在衰中取其旺，亦即在45°的方位上雖然是當運的吉方位，但是在其當運的吉方位45°角內亦藏有吉與凶的方位卦位在內，因為45°角內八個小卦的方位都各有當運與不當運之卦氣或卦運，因此也就各有其吉凶屬性，吉中有凶，凶中藏吉，陰巾有陽，陽中有陰的太極陰陽觀念，萬法孤陰不生，孤陽不長之理相合。老子曰：「負陰而抱陽，沖氣以為和」。

龍水向山立向原則

來龍與水口乃天然的巒頭形勢，無法以人力來改變，人力所能操作的部分在於立向角度與小明堂內的出水口選擇。玄空大卦在選取立向角度有一個大原則，即山向（坐山、立向）的角度方位必須與龍水的角度構成河圖生成數並與相通的法則或生剋制化之理相配合。

河圖生成數相配合即一與六配，是為「一六共宗」，二與七配，是為「二七同道」，三與八配，是為「三八為朋」，四與九配，是為「四九為友」，是為生成數，是為真神路，是為真共路二神真夫婦。

河圖生成數法則

當龍入首在一宮（先天坤宮）時，就要取六宮（先天艮宮）之卦為坐山。反之當龍入首在六宮時，就要取一宮之卦為坐山。

當龍入首在二宮（先天巽宮）時，就要取七宮（先天坎宮）之卦為坐山。反之當龍入首在七宮時，就要取二宮之卦為坐山。

當龍入首在三宮（先天離宮）時，就要取八宮（先天震宮）之卦為坐山。反之當龍入首在八

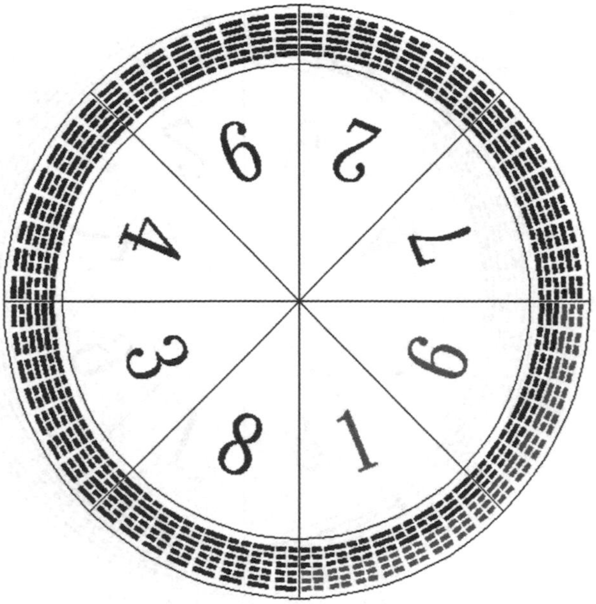

龍入首在1宮，則取6宮之卦為坐山
龍入首在6宮，則取1宮之卦為坐山

圖75-1

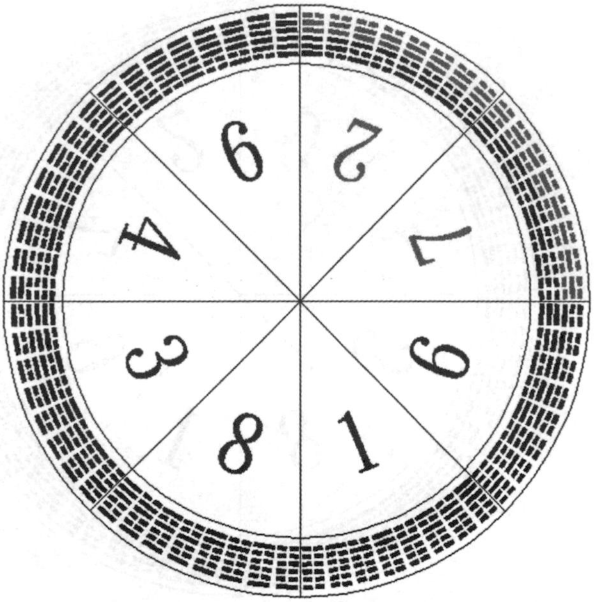

龍入首在2宮，則取7宮之卦為坐山
龍入首在7宮，則取2宮之卦為坐山

圖75-2

龍入首在3宮，則取8宮之卦為坐山
龍入首在8宮，則取3宮之卦為坐山

圖75-3

龍入首在4宮，則取9宮之卦為坐山
龍入首在9宮，則取4宮之卦為坐山

圖75-4

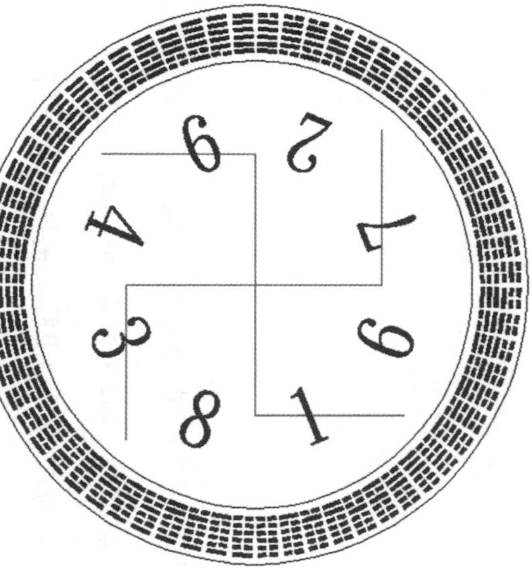

圖75-5

龍水向山之配合，乃依河圖生成數之組合

宮時，就要取三宮之卦為坐山。

當龍入首在四宮（先天兌宮）時，就要取九宮（先天乾宮）之卦為坐山。反之當龍入首在九宮時，就要取四宮之卦為坐山。

要注意此處所說的一宮、二宮……九宮，其方位角度在圓周上的分佈，是依六十四卦羅盤的宮位分佈為準。也就是說，例如一宮（先天坤宮）就是從子字的中央0°開始的左右兩邊合成的這45°角範圍，就是一宮，觀察一宮中所包含的八個六十四卦，其下卦皆為坤，但以一宮而言，有壬子癸三山，內有六十四卦中的八個卦，但以玄空大卦的法則，是說在先天坤宮的45°角的範圍內，但是這個坤宮又分成八個小卦，雖然其大卦皆為坤卦，但每個小卦的卦名卦氣和卦運與六十甲子皆不同。

如風地觀卦配置的天干地支為己亥，其先天卦氣為二火，後天卦運為二黑。水地比卦，配置天干地支為辛亥，其先天卦氣為七火，後天卦運為七赤。如山地剝卦，配置天干地支為癸亥，其先天卦氣為六水，後天卦運為六白。坤為地卦，配置天干為甲子，先天卦氣為一水，後天卦運為一白，地雷復卦配置天干地支為甲子，先天卦氣為一水，後天卦運為八白。山雷頤卦配置天干地支為丙子，先天卦氣為六水，後天卦運為三木。水雷屯卦配置天干地支為戊子，先天卦氣為七火，後天卦運為四綠。風雷益卦配置天干地支為庚子，先天卦氣為二火，後天卦運為九紫。

又如六宮（先天艮宮），就是從戌乾亥字的這45°的範圍內就是六宮，觀察六宮中所包含的六十四卦內的其中八個卦，其下卦皆為艮，但各有其不同的卦氣與卦運。其餘各宮依此類推，這可觀看本人所設計的六十四卦綜合羅盤即可明白其排列組合情形。

相通法則

相通即「一與三通」、「二與四通」、「六與八通」、「七與九通」。此乃一二三四一片，六七八九一片，而一三相通，一為先天之坤，三為先天之離，坤與離中爻相同（通也），而上下爻陰陽相反。

二四相通，二為先天之巽，四為先天之兌，巽與兌中爻相同，而上下爻陰陽相反。故可通也。六八相通，六為先天之艮，八為先天之震，艮與震中爻相同，而上下爻陰陽相反。故可通也。七九相通，七為先天之坎，九為先天之乾，坎與乾中爻相同，而上下爻陰陽相反。故可通也。

當龍入首在一宮（先天坤宮）時，就要取三宮（先天離宮）之卦為坐山。反之當龍入首在三宮時，就要取一宮之卦為坐山。當龍入首在二宮（先天巽宮）時，就要取四宮（先天兌宮）之卦為坐山。反之當龍入首在四宮時，就要取二宮之卦為坐山。

龍入首在1宮，則取3宮之卦為坐山
龍入首在3宮，則取1宮之卦為坐山

圖75-6

當龍入首在六宮（先天艮宮）時，就要取八宮（先天震宮）之卦為坐山。反之，當龍入首在八宮時，就要取六宮之卦為坐山。當龍入首在七宮（先天坎宮）時，就要取九宮（先天乾宮）之卦為坐山。反之，當龍入首在九宮時，就要取七宮之卦為坐山。

上述的龍山向水的立向原則與前面一段所說明的龍山向水衰旺原則是玄空大卦理論中兩個很重要的大原則，龍向山水彼此卦與卦的配合首先必須符合這兩個大原則，才能再接下去考慮後面所說明的各種卦氣，卦運的組合方法。

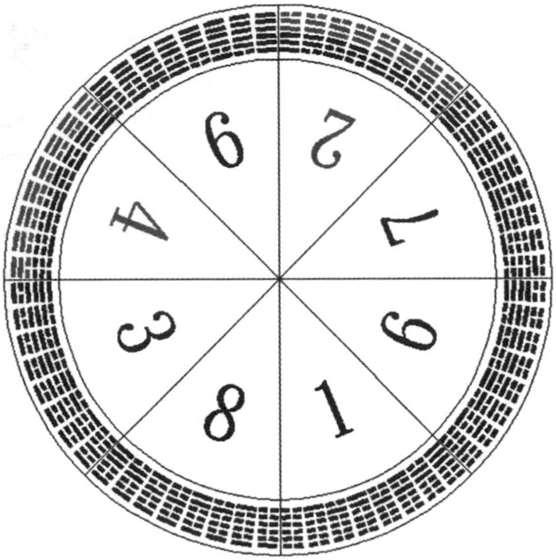

龍入首在2宮，則取4宮之卦為坐山
龍入首在4宮，則取2宮之卦為坐山

圖75-7

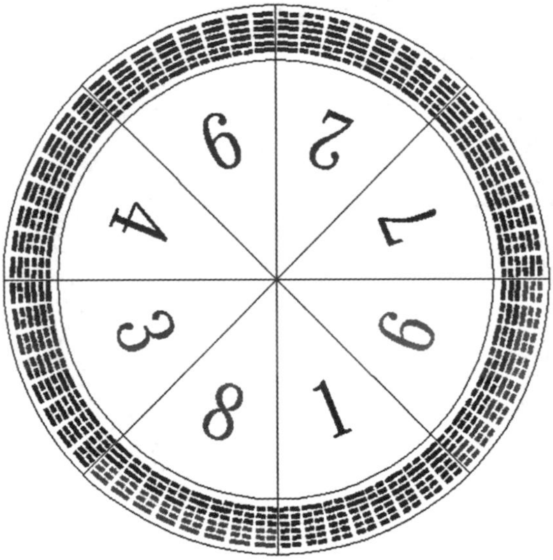

龍入首在6宮，則取8宮之卦為坐山
龍入首在8宮，則取6宮之卦為坐山

圖75-8

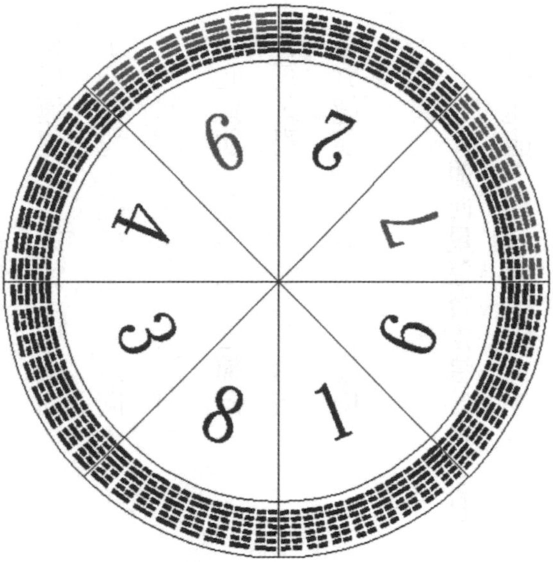

圖75-9

龍入首在7宮，則取9宮之卦為坐山
龍入首在9宮，則取7宮之卦為坐山

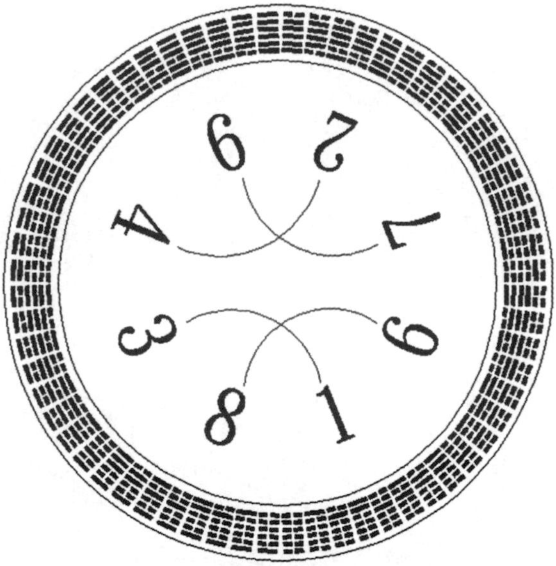

龍水向山之配合，依相通之宮卦來組合

圖75-10

卦內八卦不出位，代代人尊貴

（一）、龍向同運法

1. 一運龍：一運坐，一運向。
2. 二運龍：二運坐，二運向。
3. 三運龍：三運坐，三運向。
4. 四運龍：四運坐，四運向。
5. 六運龍：六運坐，六運向。
6. 七運龍：七運坐，七運向。
7. 八運龍：八運坐，八運向。
8. 九運龍：九運坐，九運向。

（二）、龍向星運合挨星、合十對待法

1. 一運龍，九運向。
2. 二運龍，八運向。
3. 三運龍，七運向。
4. 四運龍，六運向。

5. 六運龍，四運向。
6. 七運龍，三運向。
7. 八運龍，二運向。
8. 九運龍，一運向。

(三)、龍坐、向水五行合陰陽相見法

1. 一運龍，六運坐。
2. 二運龍，七運坐。
3. 三運龍，八運坐。
4. 四運龍，九運坐。
5. 六運龍，一運坐。
6. 七運龍，二運坐。
7. 八運龍，三運坐。
8. 九運龍，四運坐。

(四)、向水合挨星、合十法

1. 一運向，九運水。

2.二運向，八運水。
3.三運向，七運水。
4.四運向，六運水。
5.六運向，四運水。
6.七運向，三運水。
7.八運向，二運水。
8.九運向，一運水。

（五）、向水五行合生成法

1.一運向，六運水。
2.二運向，七運水。
3.三運向，八運水。
4.四運向，九運水。
5.六運向，一運水。
6.七運向，二運水。
7.八運向，三運水。

8.九運向，四運水。

（六）、向水五行同夫婦法

1.一運向，七運水。
2.二運向，六運水。
3.三運向，九運水。
4.四運向，八運水。
5.六運向，二運水。
6.七運向，一運水。
7.八運向，四運水。
8.九運向，三運水。

乾山乾向水流乾；乾峰出狀元，卯山卯向卯源水，驟富石崇比，午山午向午來堂；大將鎮邊疆，坤山坤向水坤流，富貴永無休。

五行之情性不同，八卦之意旨亦各有殊，辨明八卦之感應，或言貴，或言富，或云出狀元，或云出大將，即各卦之情性不同也。非拘拘然胡亂而言也。此言後天之乾坤卯午四卦者，巽艮酉子之四卦，亦在其中矣，即河圖一六二七，三八四九一生一成之意，言乾則坎在其中矣，言卯則艮在其中矣，唯此乾此坤此卯此午，非在羅盤的地卦方位，蔣氏謂此明玄空大卦向水兼收之法。

如六運取辰山戌向，辰為旺龍，戌乾亥為旺向，乾為旺水，寅庚亦為旺水，子卯為乾峰即是，又如申山寅向，取乾宮城門，收寅水，取子卯峰者亦是，又如九運午山午向者，如午山子向，午龍坎向，子水卯水，丑峰亥峰者即是，又如丑山未向，亥山巳向，收未水巳水，午峰酉峰者亦是，其他各卦類推，明乎玄空三大卦之位次，取用之法自明矣。

（一）、乾山乾向水流乾，乾峰出狀元

格局：乾卦來龍，立乾卦之向，收乾卦之水，又乾卦有峰。

主角卦：天澤履、乾為天、天火同人、天雷旡妄、天地否、天山遯、天水訟、天風姤。

配角卦：坤為地、地山謙、地水師、地風升、地澤臨、地天泰、地火明夷、地雷復。

倒排卦：火天大有（3,7）、雷天大壯（8,2）、山天大畜（6,4）、水天需（7,3）、風天小畜（2,8）、澤天夬（4,6）。

乾山乾向水流乾

來龍	**九**	**天水訟**	**三**
秀峰	**九**	**天山遯**	**四**
山向	**九**	**天火同人**	**七**
水口	**九**	**天雷無妄**	**二**

但大玄空所注重的必須是合生成真神路，或合五、合十、合十五、合相通之法則。如本例之來龍天水訟卦，其後天位在坤宮，即先天之巽宮，其卦氣為二，而秀峰天山遯在後天酉宮即先天之坎卦，其卦氣為七合生成之數。而其山向為天火同人，在後天震宮其卦氣為三，與來龍在後天坤宮卦氣為二合五，而其水口在天雷無妄，在後天艮宮，其先天為震宮，卦氣為八，與來龍二八

合十，此即玄空大卦之妙用也。

（二）、坤山坤向坤水流，富貴永無休

格局：坤卦來龍，立坤卦之向，收坤卦之水。

主角卦：坤為地、地風升、地火明夷、地澤臨、地山謙、地水師、地雷復、地天泰。

配角卦：乾為天、天雷无妄、天水訟、天山遯、天澤履、天火同人、天風姤、天地否。

倒排卦：山地剝（6,6）、水地比（7,7）、風地觀（2,2）、雷地豫（8,8）、火地晉（3,3）、澤地萃（4,4）。

龍向為一四合五，有水從坤宮地風升卦位向右流，是為卦氣二由地澤臨卦流出為後天震宮卦氣為三是為二，三合為五之數，此乃玄空大卦之妙用。

（三）、卯山卯向卯源水，富貴石崇比

格局：震宮卦內之龍，作震宮卦內之向，收震卦之水。

主角卦：震為雷、雷地豫、雷山小過、雷水解、雷風恆、雷天大壯、雷澤歸妹、雷火豊。

配角卦：巽為風、風天小畜、風澤中孚、風火家人、風雷益、風地觀、風山漸、風水渙。

倒排卦：天雷无妄（9,2）、水雷屯（7,4）、火雷噬嗑（3,6）、澤雷隨（4,7）、地雷復（1,8）、山雷頤（6,3）。

（四）、巽山巽向巽水流，富貴比陶朱

格局：巽宮卦內之龍，立巽卦之向，收巽宮卦內之水。

主角卦：巽為風、風天小畜、風澤中孚、風火家人、風雷益、風地觀、風山漸、風水渙。

配角卦：震為雷、雷地豫、雷山小過、雷水解、雷風恆、雷天大壯、雷澤歸妹、雷火豐。

倒排卦：地風升（1,2）、澤風大過（4,7）、火風鼎（3,4）、水風井（7,6）、天風姤

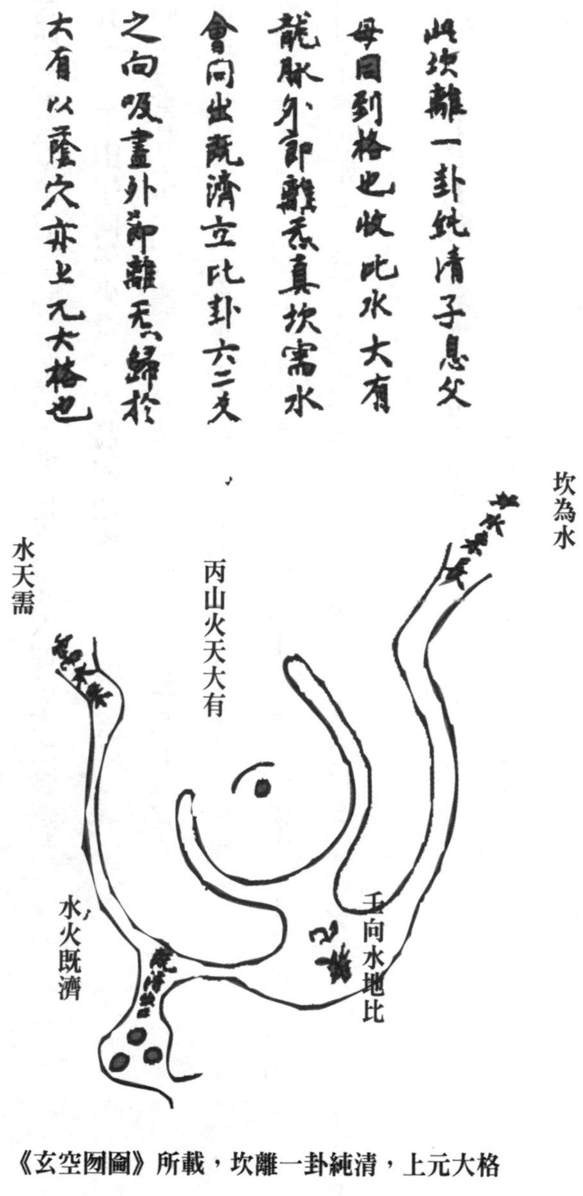
此坎離一卦純清子息父
母同到格也收此水大有
龍脈外卸離表真坎需水
會向出既濟立比卦六二爻
之向吸盡外面離氣歸於
大有以蔭穴亦上元大格也
坎為水
水天需
丙山火天大有
壬向水地比
水火既濟

《玄空圀圖》所載，坎離一卦純清，上元大格

（9,8）、山風蠱（6,7）。

龍向地天泰為後天巽宮卦氣為四，地雷復為先天坤後天坎卦氣為一。

（五）、午山午向午來堂，大將鎮邊疆

格局：離宮卦內之山（龍），立離宮卦內之向，收離宮卦內之水。

主角卦：離為火、火雷噬嗑、火地晉、火山旅、火水未濟、火風鼎、火天大有、火澤睽。

配角卦：坎為水、水風井、水天需、水澤節、水火既濟、水雷屯、水地比、水山蹇。

倒排卦：澤火革（4,2）、地火明夷（1,3）、風火家人（2,4）、雷火豐（8,6）、天火同人（9,7）、山火賁（6,8）。

（六）、子山子向子來水，富貴足千代

格局：坎宮卦內之山，立坎宮卦內之向，收坎宮卦內之水（或峰）。

主角卦：坎為水、水風井、水天需、水澤節、水火既濟、水雷屯、水地比、水山蹇。

配角卦：離為火、火雷噬嗑、火地晉、火山旅、火水未濟、火風鼎、火天大有、火澤睽。

倒排卦：山水蒙（6,2）、地水師（1,7）、澤水困（4,8）、天水訟（9,3）、雷水解（8,4）、風水渙（2,6）。

（七）、艮山艮向艮水到，范丹遇之變富豪

格局：艮宮卦內之龍，立艮宮卦內之向，收艮宮卦內之水（或峰）。

主角卦：艮為山、山水蒙、山風蠱、山天大畜、山澤損、山火賁、山雷頤、山地剝。
配角卦：兌為澤、澤火革、澤雷隨、澤地萃、澤山咸、澤水困、澤風大過、澤天夬。
倒排卦：水山蹇（7,2）、雷山小過（8,3）、天山遯（9,4）、地山謙（1,6）、風山漸（2,7）、火山旅（3,8）。

（八）、酉山酉向酉水朝，富貴入京兆

格局：兌宮卦內之龍，立兌宮卦內之向，收兌宮卦內之水（或峰）。
主角卦：兌為澤、澤火革、澤雷隨、澤地萃、澤山咸、澤水困、澤風大過、澤天夬。
配角卦：艮為山、山水蒙、山風蠱、山天大畜、山澤損、山火賁、山雷頤、山地剝。
倒排卦：火澤睽（3,2）、風澤中孚（2,3）、地澤臨（1,4）、天澤履（9,6）、雷澤歸妹（8,7）、水澤節（7,8）。

龍向山水與卦氣卦運應用法則

卦氣組合法則：

太陰配太陽・少陰配少陽（即合五、合十五）。

用於：龍與山配，向與水配。

太陰化生兩卦：坤、艮。太陽化生兩卦：乾、兌。六十四卦中，上卦為坤、艮、乾、兌者，其卦氣必為1（坤）、6（艮）、9（乾）、4（兌）。

龍與山，須一個是太陰，一個是太陽。向與水，也須一個太陰，一個太陽。

若坤配兌，則卦氣合五（1、4），艮配乾，則卦氣合十五（6、9）。

龍山向水所配之六爻卦，其上卦如果是乾、兌、坤、艮，即有可能符合太陰配太陽法則，還要再看以下之法則。

根據前面所提的大原則，龍、山必須同元，且為正神。所以上元的1234運時，龍、山必定一個是1（坤）一個是4（兌），下元6789運時，龍、山必定一個是6（艮）一個是9（乾）。如此一來，龍與山必定為合五（1、4）或合十五（6、9）。

向、水也同樣必須同元，但為零神。所以上元1234運時，向、水必定一個是6（艮）一個是9（乾），下元6789運時，向、水必定一個是1（坤）一個是4（兌）。如此一來，向與水也一樣必定為合五（1、4）或合十五（6、9）。

少陰化生兩卦：離、震。少陽化生兩卦：巽、坎。六十四卦中，上卦為離、震、巽、坎者，其卦氣必為3（離）、8（震）、2（巽）、7（坎）。

若離配巽，則卦氣合五（3、2），震配坎，則卦氣合十五（8、7）。

由於龍、山必須同元，且為正神。所以上元1234運時，龍、山必定一個是3（離）一個是2（巽），下元6789運時，龍、山必定一個是8（震）一個是7（坎）。如此一來，龍與山必定為合五（3、2）或合十五（8、7）。

向、水也必須同元但為零神。所以上元1234運時，向、水必定一個是8（震）一個是7（坎），下元6789運時，向、水必定一個是3（離）一個是2（巽）。如此一來，山與水也一樣必定為合五（3、2）或合十五（8、7）。

但是亦有以龍向同元及山水同元之法，有此排列組合見下例圖示。

《陰符經》：

「觀天之道，執天之行盡矣。天有五賊，見之者昌。五賊在心，施行於天，宇宙在乎手，萬化生乎身」。

「天地覆載萬物，是生養萬物也，然而風雨之、雷霆之、霜雪之、水旱之，萬物之氣皆歸於天地」。

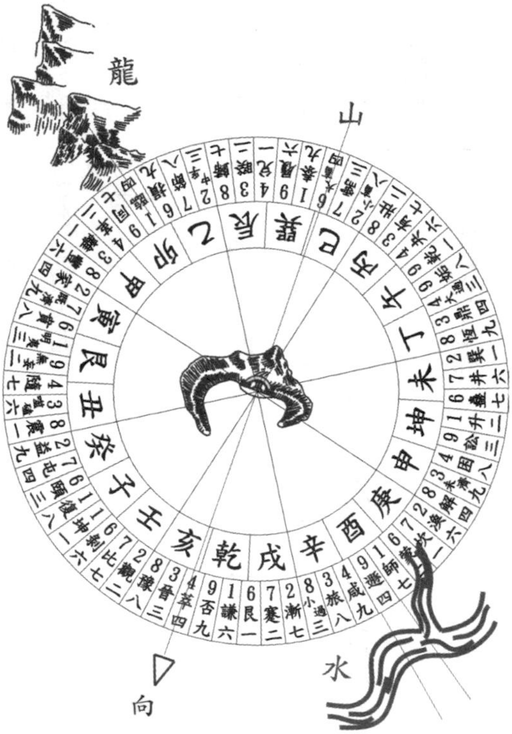
龍
山
水
向
子
癸
丑
艮
寅
甲
卯
乙
辰
巽
巳
丙
午
丁
未
坤
申
庚
酉
辛
戌
乾
亥
壬

圖76

上元

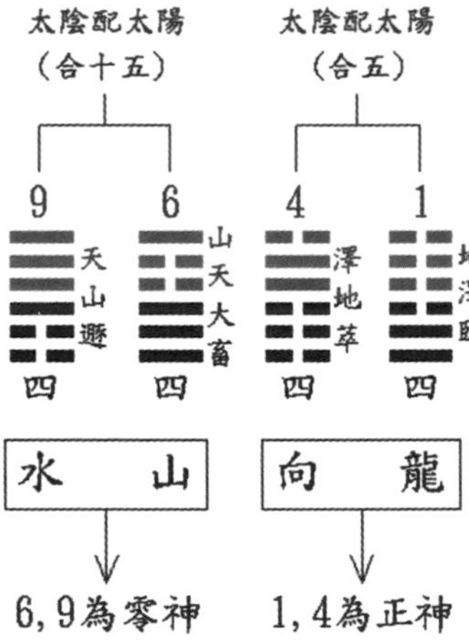
太陰配太陽
（合十五）
太陰配太陽
（合五）
9
6
4
1
天山遯
山天大畜
澤地萃
地澤臨
四
四
四
四
水 山
向 龍
6,9為零神
1,4為正神

圖77

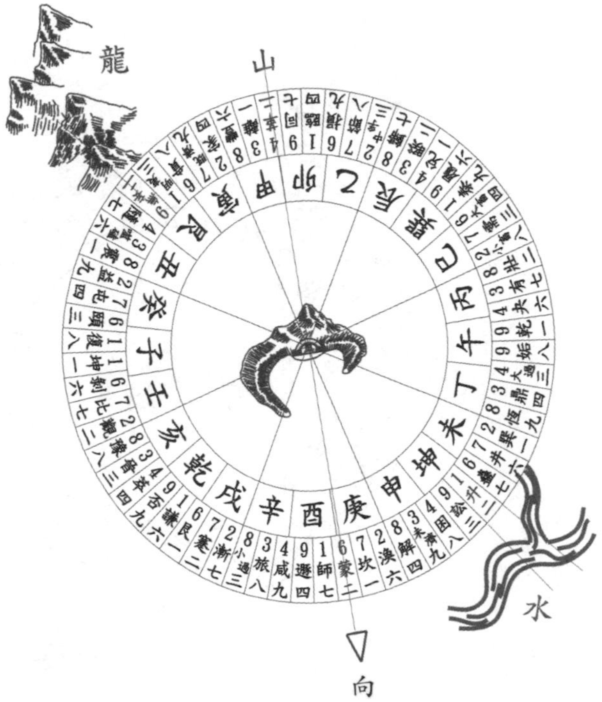
龍
山
水
向

圖78

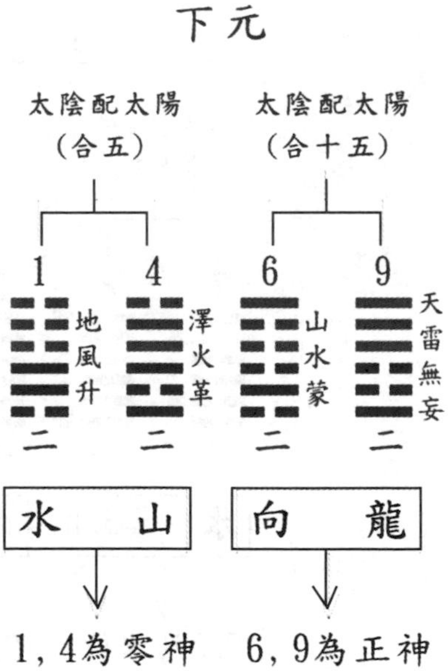
下元
太陰配太陽
(合五)
太陰配太陽
(合十五)
1
4
6
9
地風升
澤火革
山水蒙
天雷無妄
二
二
二
二
水　山
向　龍
1,4為零神
6,9為正神

圖79

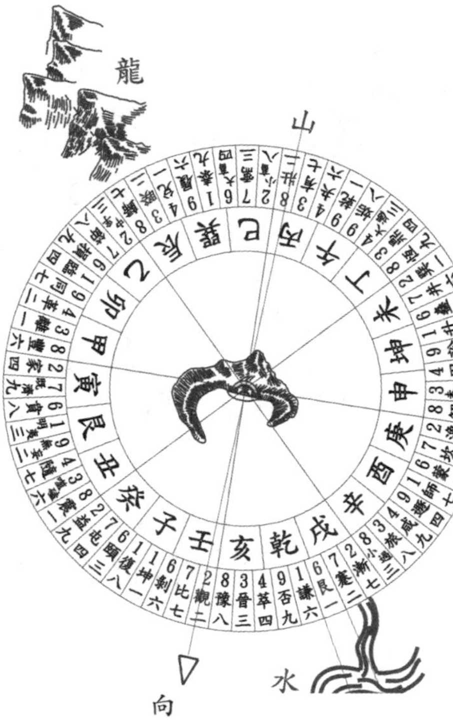
龍
山
向
水

圖80

上元

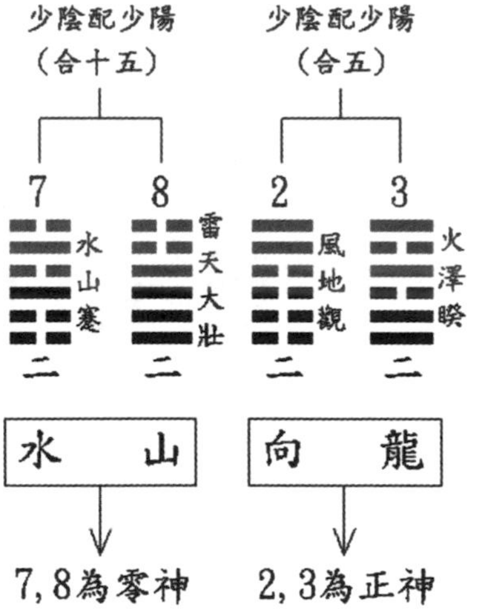
少陰配少陽
（合十五）
少陰配少陽
（合五）
7
8
2
3
水山蹇
雷天大壯
風地觀
火澤睽
二
二
二
二
水
山
向
龍
7,8為零神
2,3為正神

圖81

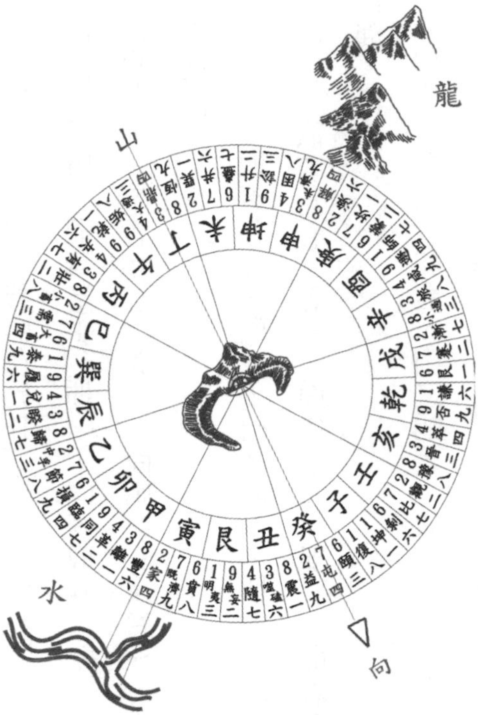
龍
山
水
向

圖82

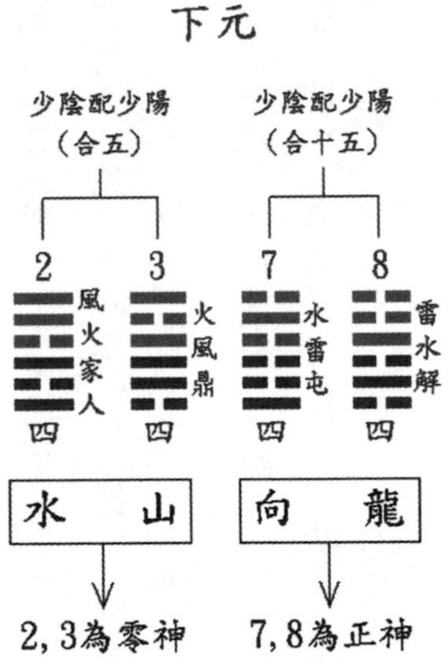
下元
少陰配少陽
（合五）
少陰配少陽
（合十五）
2
風火家人
四
3
火風鼎
四
7
水雷屯
四
8
雷水解
四
水 山
向 龍
2,3為零神
7,8為正神

圖83

卦氣組合法則：四正配四正，四隅配四隅（即合十）。

用於：龍與山配，向與水配。

四正指四正卦，即乾、坤、坎、離，四隅指四隅卦，即兌、艮、震、巽。而龍與山，須同時為四正卦，或同時為四隅卦。向與水，也須同為四正卦，或同為四隅卦。

龍與向，依前述的大原則，必須分屬不同元，且龍須為正神，向須為零神。而四正配四正、四隅配四隅，其關鍵意義應在於卦之相對相望，即「對待」之意。

所以上元時，龍若為1（坤），向應取9（乾），龍若為3（離），向應取7（坎）。以上乃四正配四正。龍若為2（巽），向應取8（震），龍若為4（兌），向應取6（艮），以上乃四隅配四隅。

下元時，龍若為9（乾），向應取1（坤），龍若為7（坎），向應取3（離）。以上乃四正配四正。龍若為8（震），向應取2（巽），龍若為6（艮），山應取4（兌）。以上乃四隅配四隅。

向與水之搭配，和龍、山之配是一樣的，採四正配四正時，一個取1（坤），另一個即取9（乾），一個取3（離），另一個就取7（坎）。採四隅配四隅時，一個取2（巽），另一個即取8（震），一個取4（兌），另一個就取6（艮）。所以採用四正配四正、四隅配四隅法則時，龍與山之卦氣必合十，向與水之卦氣也必定合十。且又需合乎龍與向、山水配的法則。（另有一種說法是龍與向，山與水配，但亦不可偏離卦氣、卦運之組合，否則差之毫釐，失之千里。）

龍
山
水
向
壬 子 癸 丑 艮 寅 甲 卯 乙 辰 巽 巳 丙 午 丁 未 坤 申 庚 酉 辛 戌 乾 亥

圖84

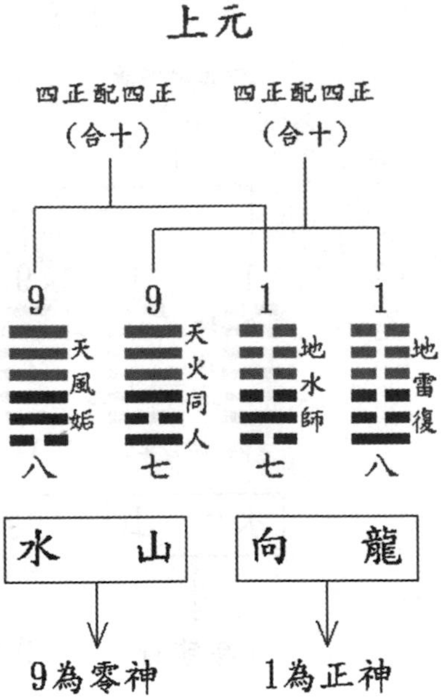
上元
四正配四正
(合十)
四正配四正
(合十)
9
天風姤
八
9
天火同人
七
1
地水師
七
1
地雷復
八
水 山
向 龍
9為零神
1為正神

圖85

龍
午
丁
未
坤
申
庚
酉
辛
戌
乾
亥
壬
子
癸
丑
艮
寅
甲
卯
乙
辰
巽
巳
丙
水
向

圖86

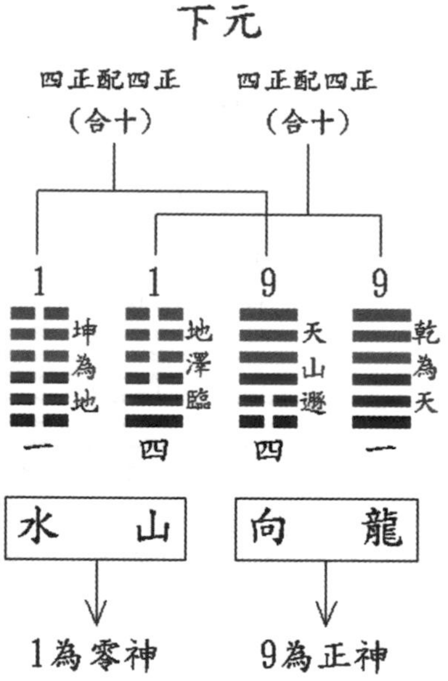
下元
四正配四正
（合十）
四正配四正
（合十）
1
1
9
9
坤為地
地澤臨
天山遯
乾為天
一
四
四
一
水 山
向 龍
1為零神
9為正神

圖87

龍
山
向
水
子
癸
丑
艮
寅
甲
卯
乙
辰
巽
巳
丙
午
丁
未
坤
申
庚
酉
辛
戌
乾
亥
壬

圖88

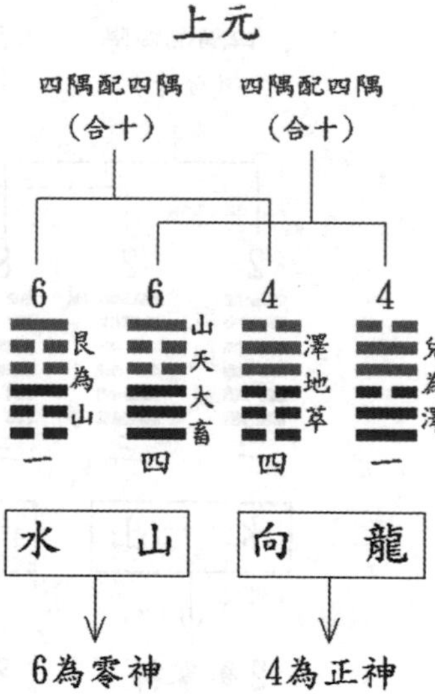
上元
四隅配四隅
（合十）
四隅配四隅
（合十）
6
6
4
4
艮為山
山天大畜
澤地萃
兌為澤
一
四
四
一
水　山
向　龍
6為零神
4為正神

圖89

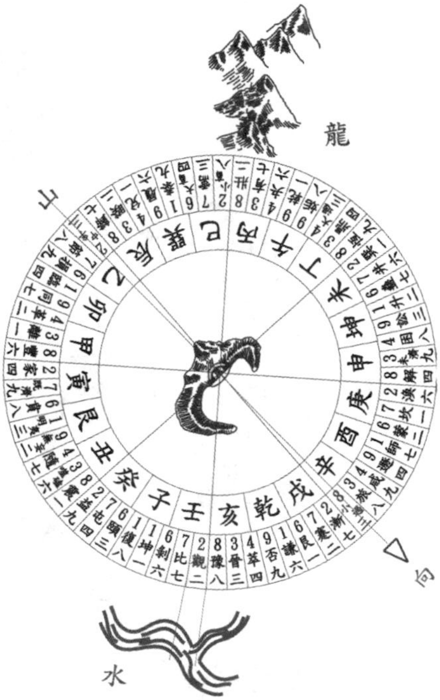
龍
山
向
水

圖90

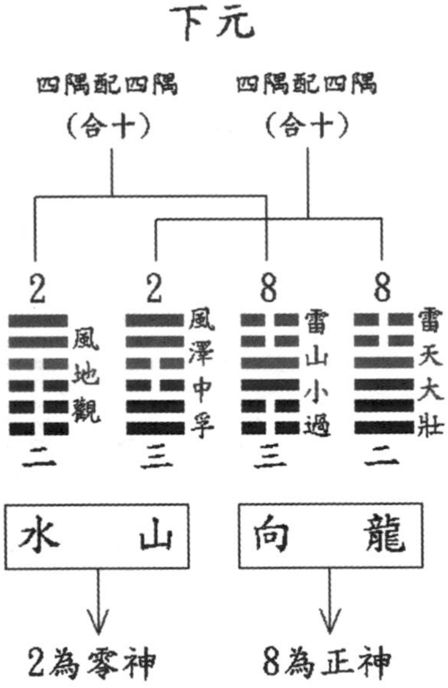
下元
四隅配四隅
（合十）
四隅配四隅
（合十）
2
2
8
8
風地觀
風澤中孚
雷山小過
雷天大壯
二
三
三
二
水 山
向 龍
2為零神
8為正神

圖91

卦氣組合法則——合生成

用於：龍與山配，向與水配，龍與向配，山與水配。

生成指河圖生成數，即「一六共宗、二七同道、三八為朋、四九作友」，也就是「1、6」互為生成數，「2、7」互為生成數，「3、8」互為生成數，「4、9」互為生成數。

龍與水，必須分屬不同元，且龍須為正神，水須為零神。所以當上元時，龍若是1（坤）則水可取6（艮）以配成一六共宗。龍若是2（巽）則水可取7（坎）以配成二七同道。龍若是3（離）則水可取8（震）以配成三八為朋。龍若是4（兌）則水可取9（乾）以配成四九作友。

下元時龍與水則顛倒，龍用6、7、8、9，水取1、2、3、4，仍相互配成生成之數。

向與山之搭配，與龍、水一樣，分屬不同元，但是兩者成為合十。

龍
水
向

圖92

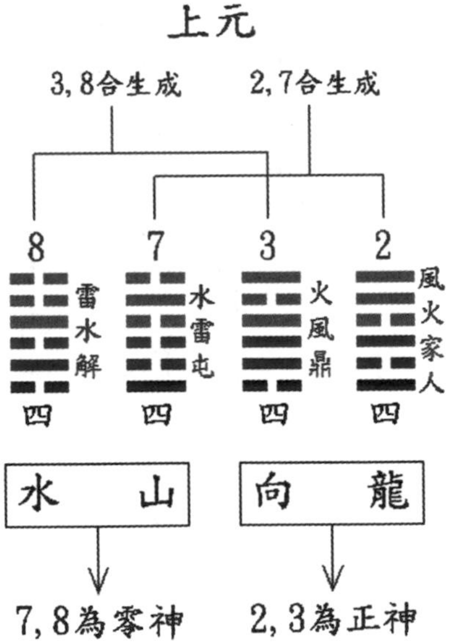
上元
3,8合生成
2,7合生成
8
7
3
2
雷水解
水雷屯
火風鼎
風火家人
四
四
四
四
水 山
向 龍
7,8為零神
2,3為正神

圖93

龍
山
向
水
甲
卯
乙
辰
巽
巳
丙
午
丁
未
坤
申
庚
酉
辛
戌
乾
亥
壬
子
癸
丑
艮
寅

圖94

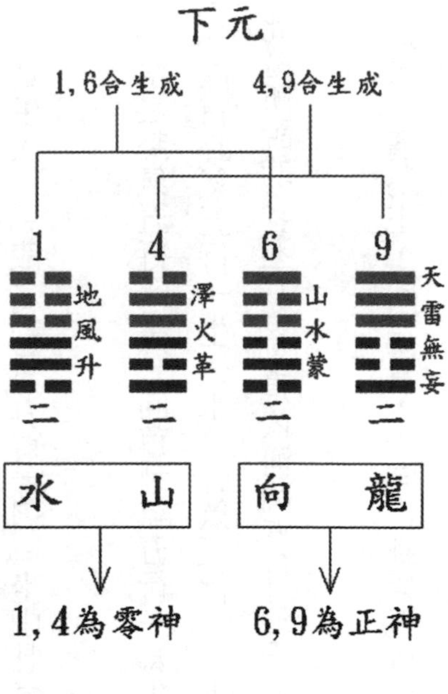
下元
1,6合生成
4,9合生成
1
4
6
9
地風升
澤火革
山水蒙
天雷無妄
二
二
二
二
水　山
向　龍
1,4為零神
6,9為正神

圖95

卦氣組合法則——生入剋入・生出剋出

一、用於：龍與山之搭配，向與水之搭配。

生入、剋入為進氣，為吉，生出、剋出為退氣，為凶。其法是以龍和坐山相比較，以龍為賓，坐山為主，「坐山卦氣五行」生「龍之卦氣五行」為生出，「坐山卦氣五行」剋「龍之卦氣五行」為剋出。「龍之卦氣五行」生「坐山卦氣五行」為生入，「龍之卦氣五行」剋「坐山卦氣五行」為剋入。

其二是以向首和水相比較，向首為主，水為賓，「水之卦氣五行」生「向首卦氣五行」為生入，「水之卦氣五行」剋「向首卦氣五行」為剋入。「向首卦氣五行」生「水之卦氣五行」為生出，「向首卦氣五行」剋「水之卦氣五行」為剋出。此處所說的卦氣五行，是依河圖五行為主。

二、用於：龍與向之搭配，山與水之搭配。

生入、剋入的另一種用法，是以龍和向為一組來比較，龍為主，向為賓，「向之卦氣五行」生「龍之卦氣五行」為生入，「向之卦氣五行」剋「龍之卦氣五行」為剋入。「龍之卦氣五行」生「向之卦氣五行」為生出，「龍之卦氣五行」剋「向之卦氣五行」為剋出。

又坐山和水口視為一組，坐山為主，水口為賓，「水之卦氣五行」生「坐山卦氣五行」為生入，「水之卦氣五行」剋「坐山卦氣五行」為剋入。「坐山卦氣五行」生「水之卦氣五行」為生出，「坐山卦氣五行」剋「水之卦氣五行」為剋出。

龍
山
水
向
子
癸
丑
艮
寅
甲
卯
乙
辰
巽
巳
丙
午
丁
未
坤
申
庚
酉
辛
戌
乾
亥
壬

圖96

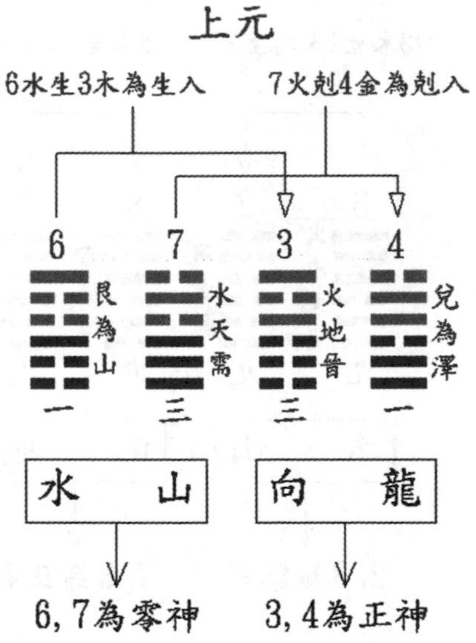
上元
6水生3木為生入
7火剋4金為剋入
6
7
3
4
艮為山
水天需
火地晉
兌為澤
一
三
三
一
水 山
向 龍
6,7為零神
3,4為正神

圖97

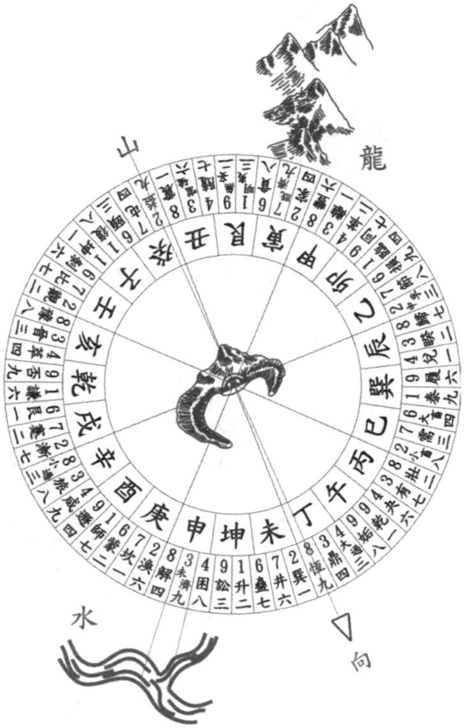
龍
山
水
向
圖98

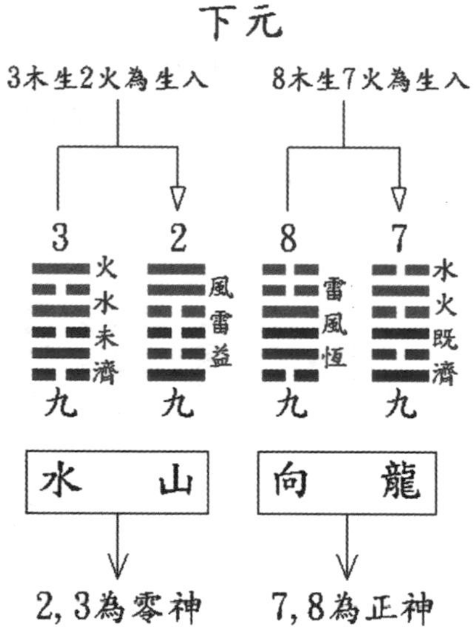
下元
3木生2火為生入
8木生7火為生入
3
2
8
7
火水未濟
風雷益
雷風恒
水火既濟
九
九
九
九
水 山
向 龍
2,3為零神
7,8為正神
圖99

卦運組合法則——一卦純清及合十局

龍、向、山、水所配之卦，其卦運完全相同，而卦氣須符合前述的各項卦氣組合法則。例如例圖100。

上例龍、向、山、水之卦運全都是二運，再以卦氣來看，龍、向卦氣合十五，山、水卦氣合五，龍、山卦氣合生成，向、水卦氣亦合生成。故符合一卦純清之格。

又例圖102，龍、向、山、水之卦運全都是八運，再以卦氣來看，龍、向卦氣合五，山、水卦氣合十五，龍、山卦氣合生成，向、水卦氣亦合生成。故此為符合一卦純清之格。

一卦純清之卦運，並不一定要當元，只要求龍、向、山、水之卦運必須完全相同，而卦氣又能符合卦氣組合法則，即構成一卦純清。

卦運組合法則：合十局

用於：龍與山之搭配，向與水之搭配。

龍與坐山，其卦運構成合十，而且卦氣也合十，同時向首與水，其卦運也構成合十，而且卦氣也是合十。如此龍與山、向與水的卦運、卦氣均兩兩合十，即為合十局。

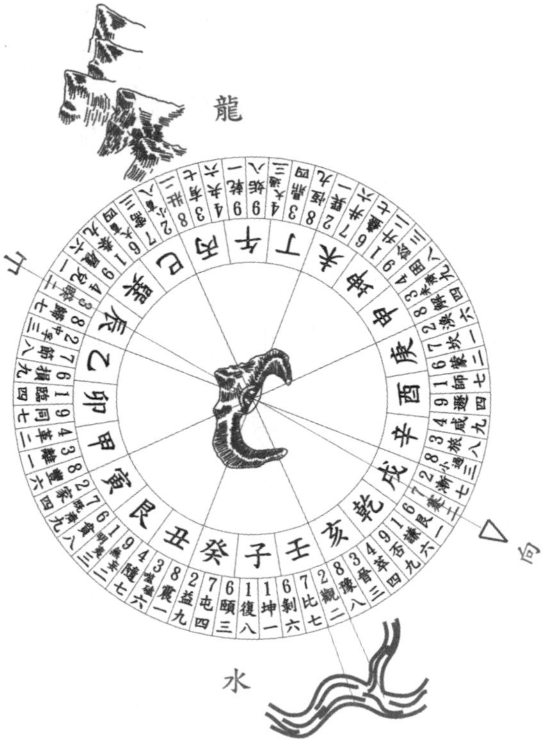
龍
山
向
水

圖100

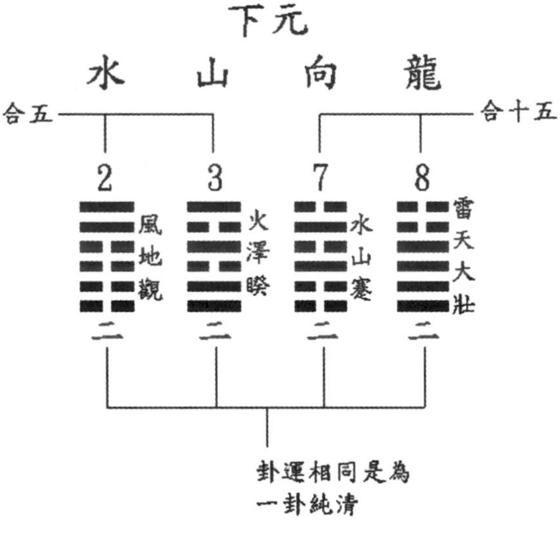
下元
水 山 向 龍
合五
合十五
2
3
7
8
風地觀
火澤睽
水山蹇
雷天大壯
二
二
二
二
卦運相同是為
一卦純清

圖101

龍
山
水
向

圖102

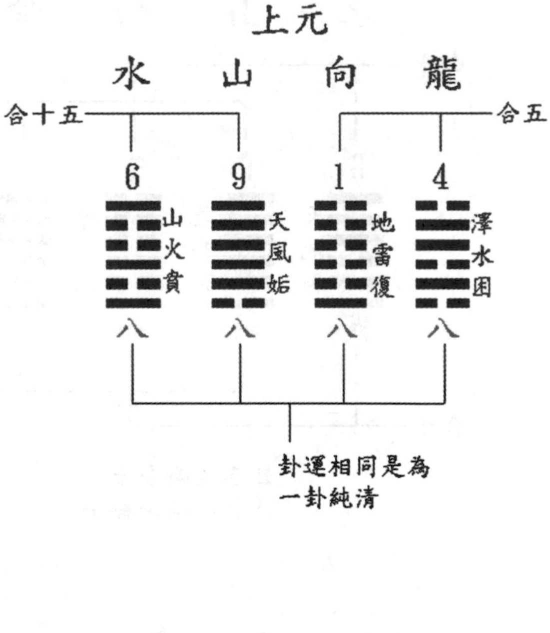
上元
水 山 向 龍
合十五
合五
6 9 1 4
山火賁
天風姤
地雷復
澤水困
八 八 八 八
卦運相同是為
一卦純清

圖103

圖104

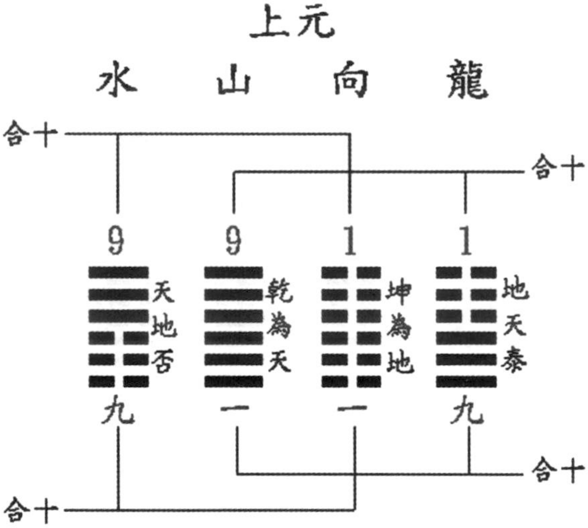

圖105

卦運兩兩合十
卦氣也兩兩合十

圖106

下元

水　山　向　龍

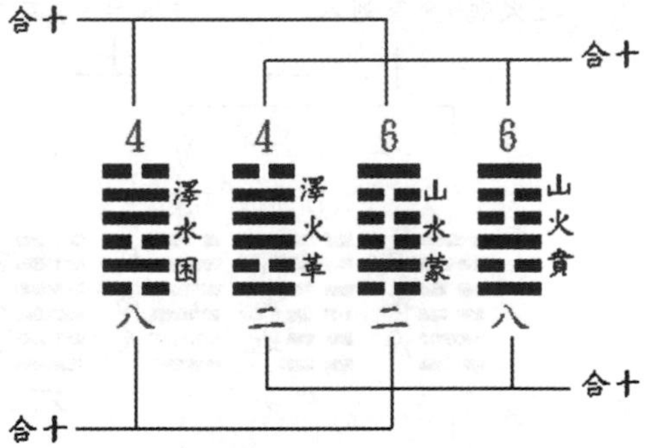

卦運兩兩合十
卦氣也兩兩合十

圖107

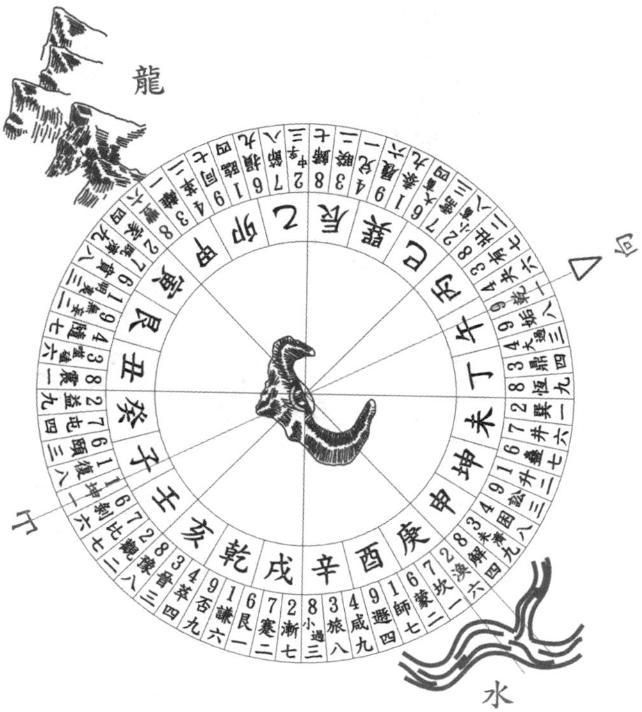
龍
向
水
丙 午 丁 未 坤 申 庚 酉 辛 戌 乾 亥 壬 子 癸 丑 艮 寅 甲 卯 乙 辰 巽 巳

圖108

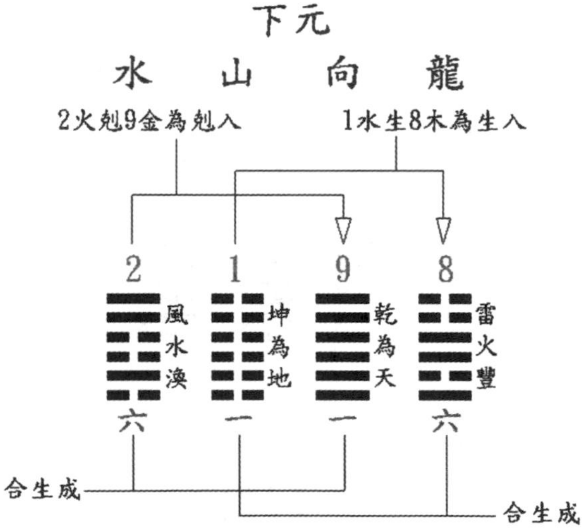
下元
水 山 向 龍
2火剋9金為剋入
1水生8木為生入
2
1
9
8
風水渙
坤為地
乾為天
雷火豐
六
一
一
六
合生成
合生成

圖109

卦運組合法則總結

合五、合十、合十五、合生成、合陰陽，向與山，也就是立向與坐山，這兩者在羅盤上其實是通過圓心的一直線，在六十四卦羅盤上測量，會發現坐山與立向的卦運必定是相同的，而其卦氣也必定是合十。所以討論卦運時只要看龍、向、水三者彼此間的相互關係。

依照前面章節所說明的六十四卦生旺衰死的分類，以及龍向取正神（生旺）、山水取零神（衰死）的大原則，亦有以龍山取正神，向水取零神之組合，我們可以對龍向水的卦運組合進行分析。

龍與向的卦運組合（亦即龍與山）

當龍之卦運是「一二三四」，向（山）卦運可以是「一二三四」，也可「六七八九」。當龍之卦運「六七八九」，向（山）之卦運可以是「一二三四」，也可以「六七八九」。因此龍與向的卦運組合就有以下幾種：

一、「一二三四」配「一二三四」。

二、「一二三四」配「六七八九」。

三、「六七八九」配「六七八九」。

在「一二三四」配「一二三四」的情形中，我們就要取「一配四」、「二配三」的組合，此即「合五」。

在「一二三四」配「六七八九」的情形中，我們就要取「一配九」、「二配八」、「三配七」、「四配六」的組合，此即「合十」。

也可以取「一配六」、「二配七」、「三配八」、「四配九」的組合，此即「合生成」。

還可以取「一配七」、「二配六」、「三配九」、「四配八」的組合，此即「合陰陽」。

在「六七八九」配「六七八九」的情形中，我們就要取「六配九」、「七配八」的組合，此即「合十五」。

龍與水、向與水的卦運組合，其實和上述龍、向的組合情形是一樣的，也就是要取合五、合十、合十五、合生成、合陰陽。

在考慮龍向水之間卦運的組合方式時，仍然不可忽略的是，卦氣的組合必須符合前面所說明的各項卦氣組合法則。請參考下例110～119之圖表說明。

圖110

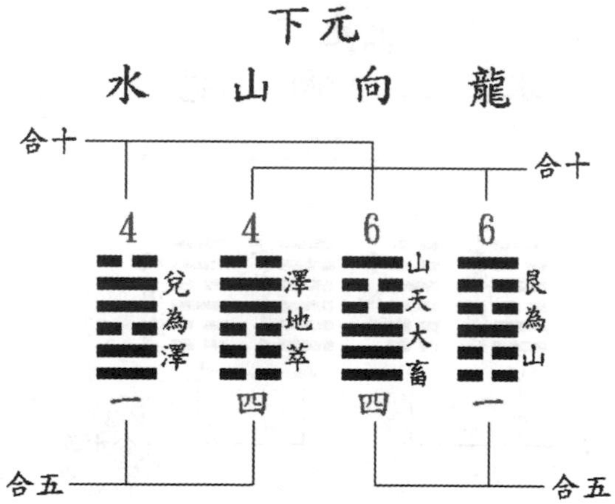

圖111

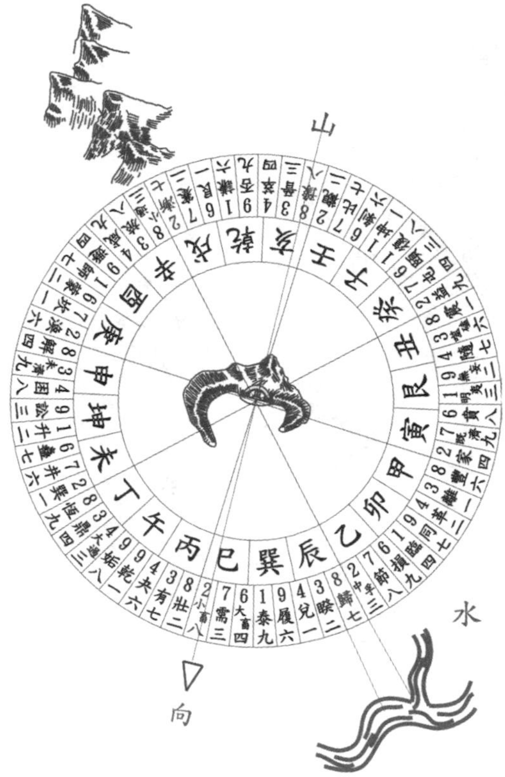

圖112

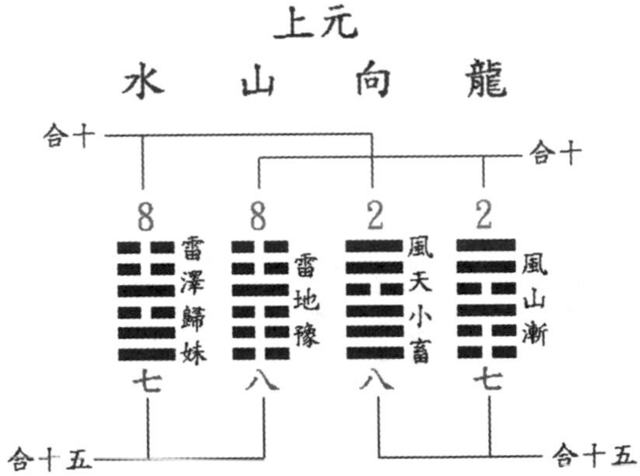

圖113

水
向
山
龍
子
癸
丑
艮
寅
甲
卯
乙
辰
巽
巳
丙
午
丁
未
坤
申
庚
酉
辛
戌
乾
亥
壬

圖114

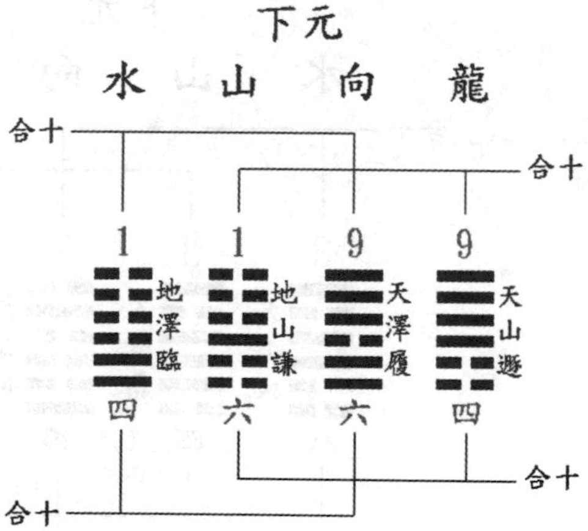
下元
水 山 向 龍
合十
合十
1
1
9
9
地澤臨
地山謙
天澤履
天山遯
四
六
六
四
合十
合十

圖115

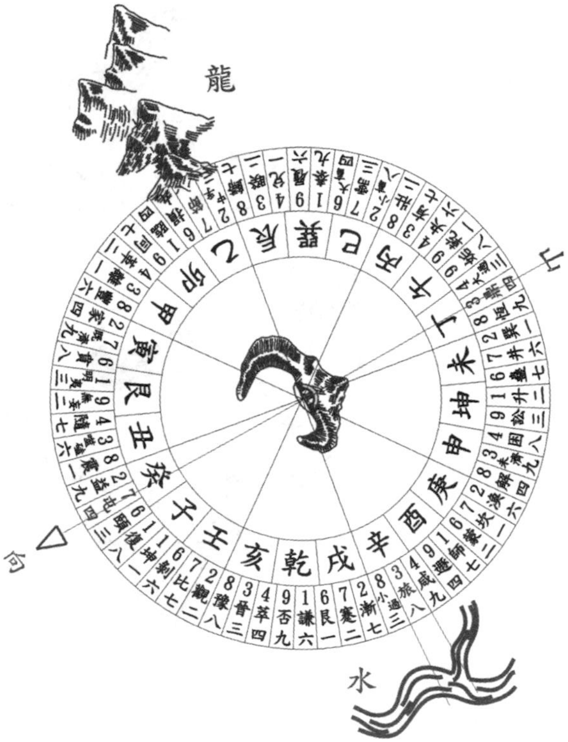

圖116

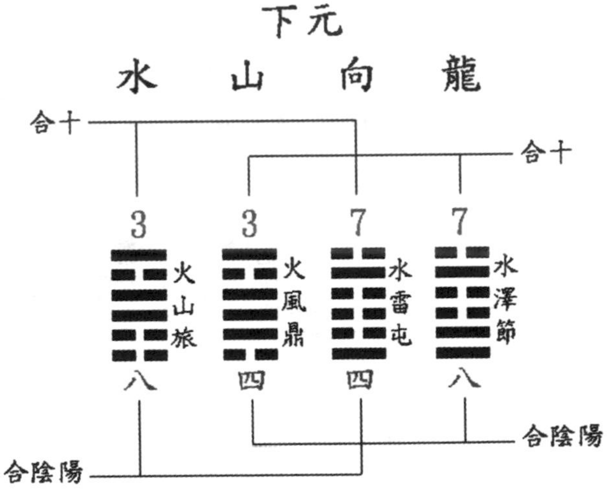

圖117

卦運組合法則——相通

相通者，即一與三通、二與四通、六與八通、七與九通。所以卦運取相通就是一運配三運、二運配四運、六運配八運、七運配九運。

在考慮卦運之相通時，仍然必須一定要顧及卦氣須符合前述的各項卦氣組合，如生成、生入、剋入法則，最好能夠卦氣與卦運皆能符合所有的玄空大卦的組合法則，請參考118～121圖說。

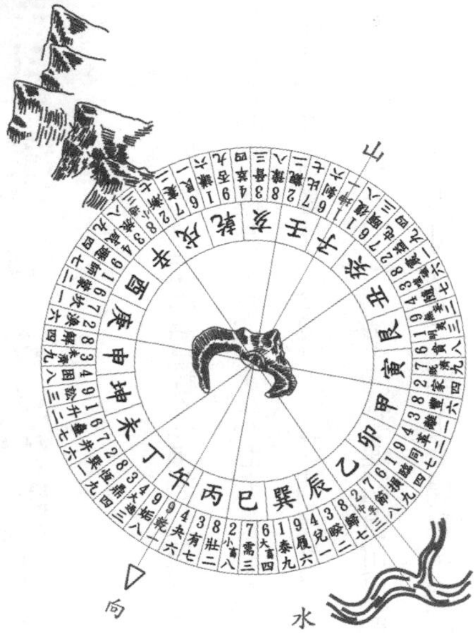

圖118

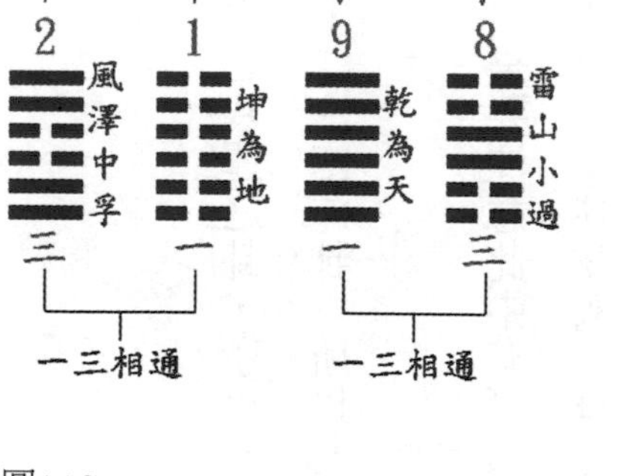

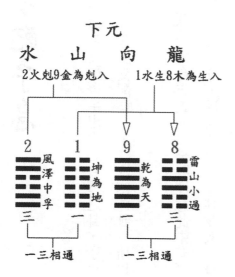

圖119

卦運組合法則——父母配子息

在前面的章節中曾經介紹過父母卦與子息卦，即一運卦交配會生出六七八運之卦，所以一運卦是六七八運卦之父母，六七八運卦是一運卦的子息。九運卦交配會生出二三四運卦，所以九運卦是二三四運卦之父母，二三四運卦是九運卦的子息。

龍、向（山）、水的卦運組合可以取父母卦配子息卦的組合方式。但是要注意此中有真假父母之分，我們可以看「四十八局順子局」圖來得知真假父母之分，以水地比七運卦為例，雖然說

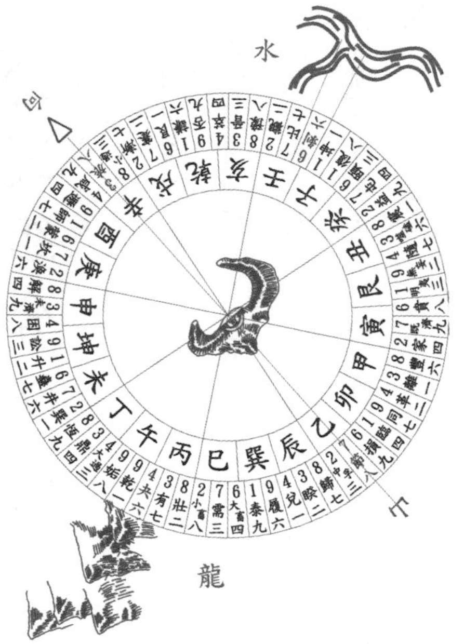

圖120

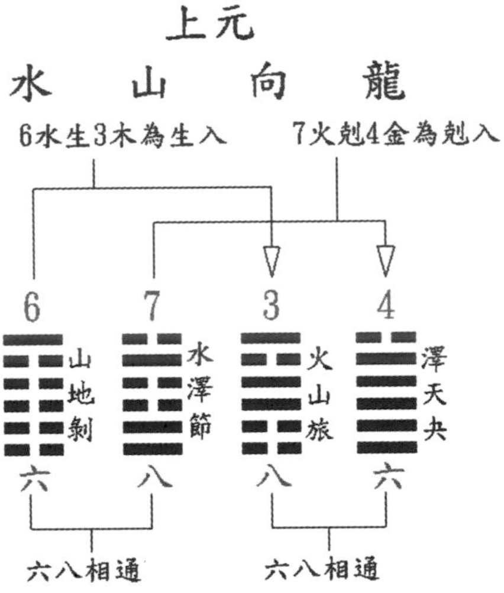

圖121

以一運卦為父母，但事實上水地比是由乾、坤交配而得，也是由坎、離交配而得，所以乾坤坎離才是比卦的真父母，震巽艮兌雖然也是一運卦，卻不是比卦的真父母。

又例如火山旅八運卦，乃是由坎、離交配而得，也是由艮、兌交配而得，所以坎離艮兌才是旅卦的真父母，乾坤震巽雖也是一運卦，卻不是旅卦的真父母。請參考122～127圖表解說。

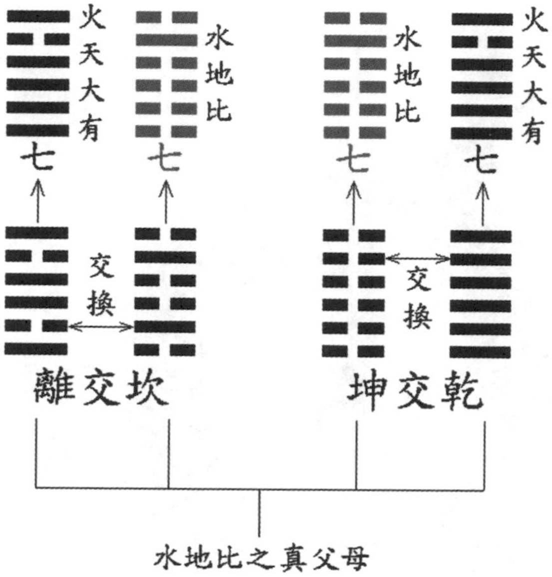

圖122

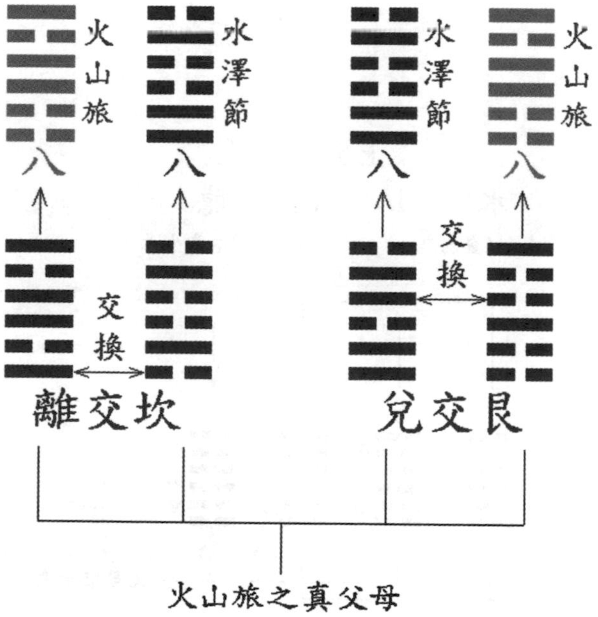

圖123

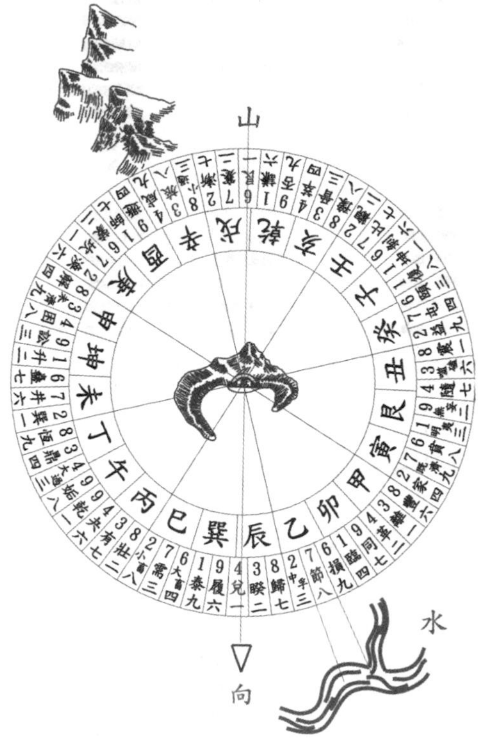
山
水
向
圖124

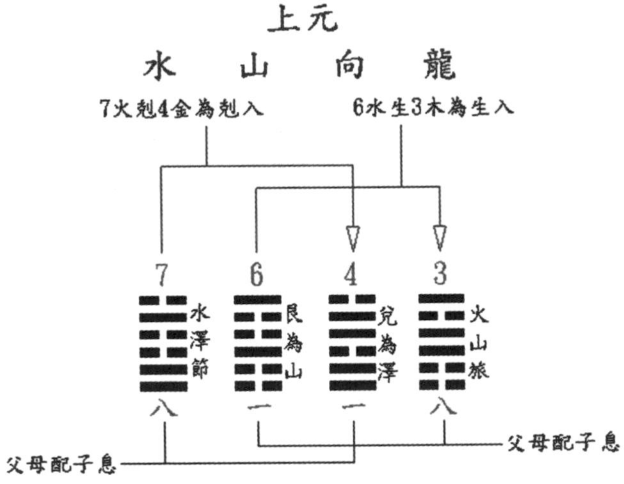
上元
水 山 向 龍
7火剋4金為剋入
6水生3木為生入
7
6
4
3
水澤節
艮為山
兌為澤
火山旅
八
一
一
八
父母配子息
父母配子息
圖125

龍

圖126

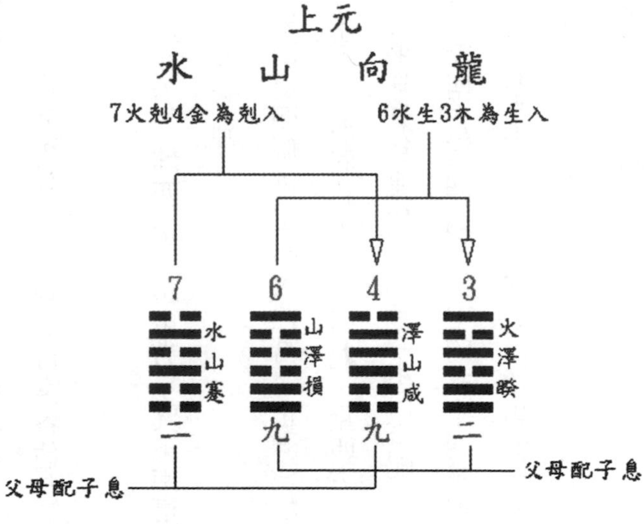
上元
水 山 向 龍
7火剋4金為剋入
6水生3木為生入
7
6
4
3
水山蹇
山澤損
澤山咸
火澤睽
二
九
九
二
父母配子息
父母配子息

圖127

六十四卦與後天大八宮卦的配合

後天大八宮卦也就是後天八卦配洛書九宮的方位，即坎一北方、坤二西南方、震三東方、巽四東南方、乾六西北方、兌七西方、艮八東北方、離九南方。八宮均分360°圓周每宮各佔45°，在45°內並包含六十四卦中的八個卦。

依上下元零神正神之原理劃分，上元一二三四運時，坎北方、坤西南、震東方、巽東南這四個宮位為正神，乾西北、兌西方、艮東北、離南方這四個宮位為零神。

所以上元時，可以在坎北方、坤西南、震東方、巽東南這四個宮位（大八宮之正神）中尋找生、旺之卦的來龍，並取合乎卦氣卦運法則之生旺卦來立座向。而同時可在乾西北、兌西方、艮東北、離南方這四個宮位（大八宮之零神）中尋找衰、死且合乎卦氣卦運法則之卦的水口來配合。

下元時則與上元相反，在乾西北、兌西方、艮東北、離南方這四個宮位中的六十四卦裡尋龍立向，而在坎北方、坤西南、震東方、巽東南這四個宮位中的六十四卦裡尋水口以相配合。

上元1234運時，在坎北方、坤西南方、震東方、巽東南方，這四個宮位中尋可用之山，在乾西北方、兌西方、艮東北方、離南方，這四個宮位尋可用之水以相配合。

下元6789運時，在乾西北方、兌西方、艮東北方、離南方，這四個宮位中尋可用之山，在坎北方、坤西南方、震東方、巽東南方，這四個宮位尋可用之水以相配合。

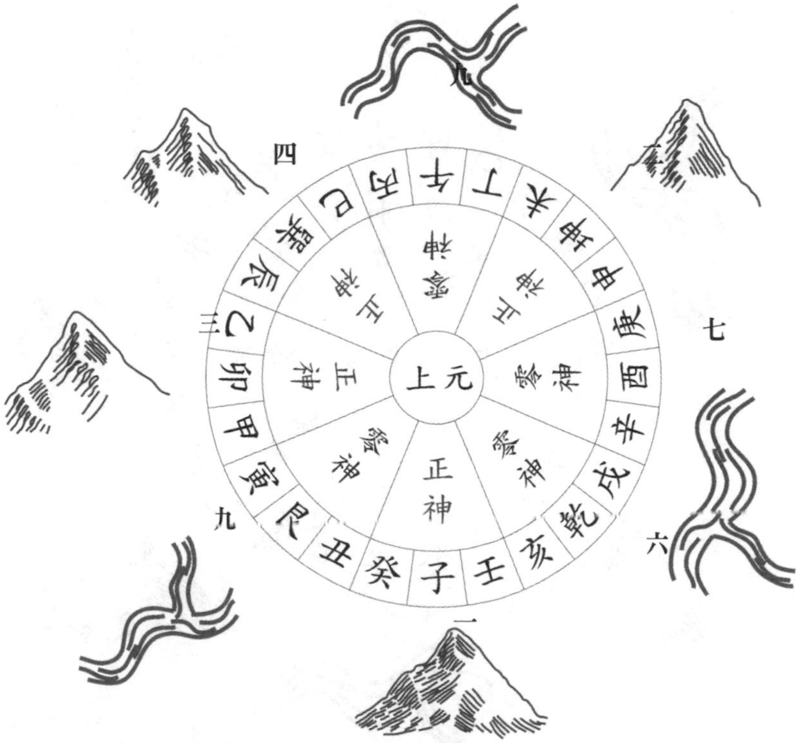

圖128

上元1234運時，在坎北方、坤西南方、震東方、巽東南方，這四個宮位中尋可用之山，在乾西北方、兌西方、艮東北方、離南方，這四個宮位尋可用之水以相配合。

圖129

下元6789運時，在乾西北方、兌西方、艮東北方、離南方，這四個宮位中尋可用之山，在坎北方、坤西南方、震東方、巽東南方，這四個宮位尋可用之水以相配合。

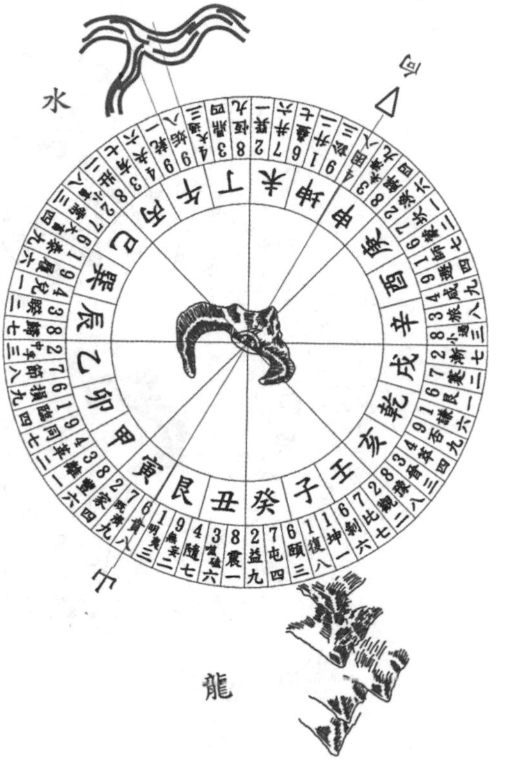

圖130

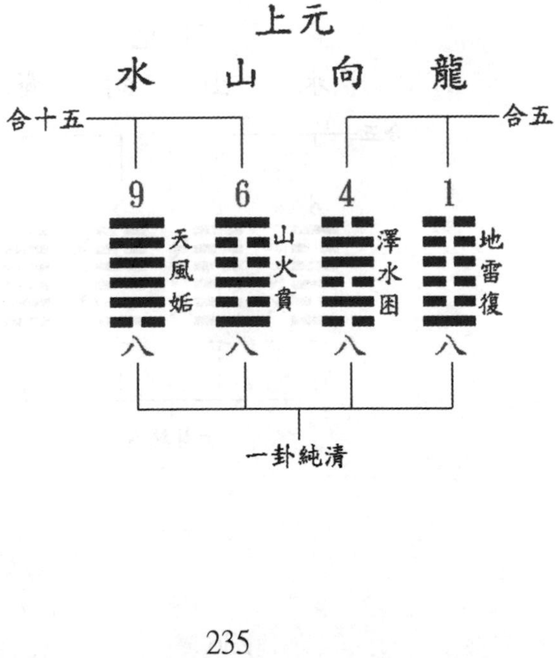

圖131

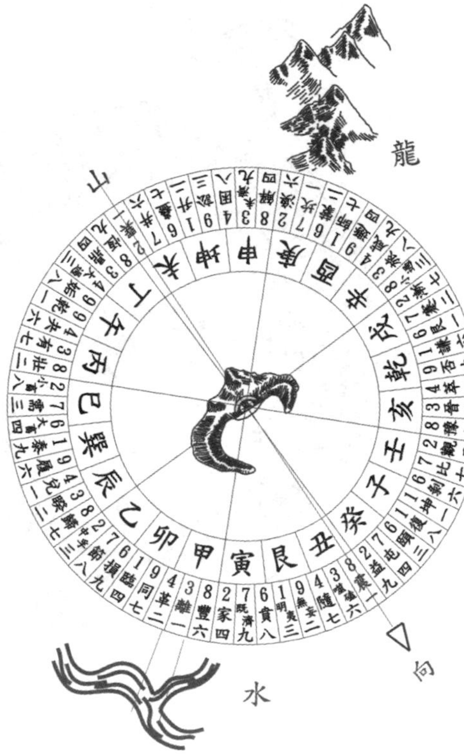
龍
山
向
水
丙 午 丁 未 坤 申 庚 酉 辛 戌 乾 亥 壬 子 癸 丑 艮 寅 甲 卯 乙 辰 巽 巳

圖132

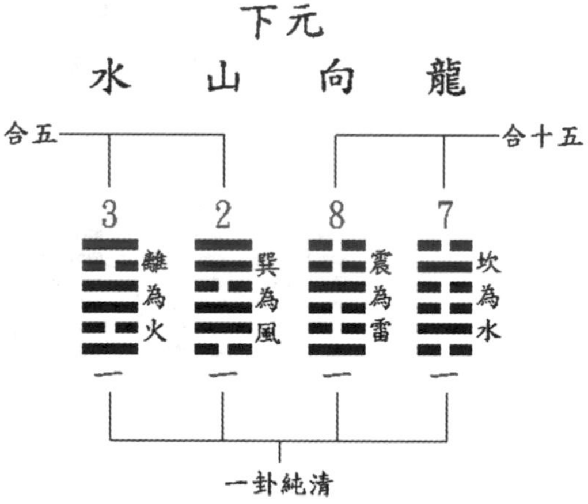
下元
水 山 向 龍
合五
合十五
3 2 8 7
離為火
巽為風
震為雷
坎為水
一 一 一 一
一卦純清

圖133

玄空大卦的龍向山水理論要求，龍、山必須取當元生旺之卦，向、水必須取失元衰死之卦。但有時因為主客觀條件的限制而不能符合，例如尋得一處真龍正穴，巒頭形勢佳妙之地，可惜來龍入首目前失元運，若貿然用之唯恐不但不能發福反而有禍。但如果周圍巒頭形勢配合得當，條件俱足，那麼就可以運用「七星打劫」之法去劫取周圍巒頭之旺氣為我所用，則儘管來龍失元運，但因劫得他處當元旺氣，故仍然可以發福。此即七星打劫，也就是化煞為權，藉權為用的基本概念。

在本書前面介紹重要卦理基礎的章節中曾經說明六爻卦之「爻反」，也就是將整個卦顛倒，反過來看，此時初爻變成上爻，二爻變五爻，三爻變四爻，四爻變三爻，五爻變二爻，上爻變成初爻。在六十四卦羅盤上，我們將下卦按照先天卦的次序排列，而將六十四卦分為八宮，例如乾宮的八個卦，其下卦均為乾卦。兌宮的八個卦，其下卦均為兌卦。離宮的八個卦，其下卦均為離卦，依此類推。

易盤六十四卦，分為八宮，各宮內卦由乾兌離震、巽坎艮坤所構成，而每一宮之外卦，也是由乾兌離震、巽坎艮坤所盪成。此八宮中，每宮有一個卦無反對，無反對之卦為本宮之主卦，其餘七卦都有反對卦，皆可翻出別宮去，又可翻入本宮來，此即「北斗七星去打劫，離宮要相合」也。

七星打劫者，爻反也。又名翻天倒地，即將卦之頭尾倒翻，如山天大畜（6,4），頭尾倒翻，變成天雷旡妄（9,2），若為山雷頤卦，則倒翻仍為山雷頤卦，這個卦無反對，為該宮之主卦。

如九運天澤履（9,6）之龍，九運為下元，龍向必在江東之一邊，那天澤履之爻反，頭尾倒置即變成風天小畜（2,8），以風天小畜之二運卦為氣口，天澤履卦為兌宮之卦，風天小畜為乾宮之卦，這已經離開本宮而出，到下元去打劫上元之氣矣。

但河圖數之五行，向卦天澤履屬九乾金，風天小畜之氣口屬二巽火，因向之金受氣口火之剋，故我勢弱不能劫也。因此須要有兌四金之水口，以兌四金與向之九乾金合生成，才能劫。因此向之卦反，天澤履（9,6）變澤天夬（4,6），以助向卦（天澤履）乾九之金，始為我勢強，有力量去劫。風天小畜二運先劫而用之，下元劫上元之氣也，若此種劫法形成我勢弱，而成無助之形局，則不能劫矣。此時用向卦之爻反，頭尾倒置打劫「顛倒」，用向卦之卦反，亦即內外卦對調，助向得勢「倒排」。本向無運，而去打劫有旺氣之氣口，為我所用，此謂之打劫。

如果把任何一宮中的八個卦，全部「爻反」，那麼就會得到七個不同的卦，而其中有一卦即使爻反之後仍舊是原來的卦，除了此卦爻反之後不變，其他七卦爻反後都變成別宮的卦了。以乾宮八卦為例來看：乾為天卦爻反仍是乾為天卦沒有變，夬卦爻反變姤卦，大有卦爻反變同人卦，大壯卦爻反變遯卦，小畜卦爻反變履卦，需卦爻反變訟卦，大畜卦爻反變无妄卦，泰卦爻反變否卦。

乾宮八卦爻反後，翻出至各宮之卦，而將各卦在各宮的當元旺氣卦為我所用，此即化煞為權，藉權為用的法則訣竅，亦即是北斗七星去打劫。

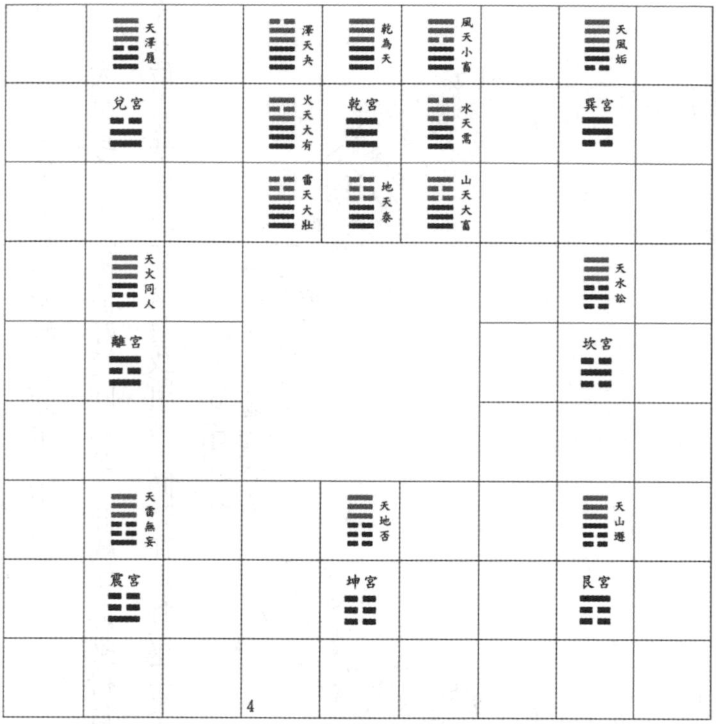

圖134

原來的卦與爻反之卦，在易經卦理中互為「綜卦」，代表兩卦彼此之間蘊含著氣韻相連、能量遞嬗循環、此消彼長、生生不息之涵義，因此當某卦不合天時，能量無法顯露發越時，便將此能量傳遞於爻反之卦，故七星打劫必須尋得符合爻反卦理之巒頭形勢，才具備打劫的條件，才有機會劫取與本宮一脈相連而來，生生不息之當元旺氣。

例如下元六七八九運時，尋得一處真龍正穴，但來龍入首為大有卦

（3七），乃失元衰死之卦。觀察整體巒頭形勢，發現於同人卦（9七）位處有秀峰挺立，於解卦（8四）位處有秀水蜿蜒而來（來水）。

大有卦爻反之後恰好為同人卦，此巒頭形勢符合爻反之卦理，便可考慮以七星打劫之法劫取同人卦位秀峰之當元旺氣為我所用。同時在解卦位之來水亦帶有當元旺氣，也可考慮一併劫取之。

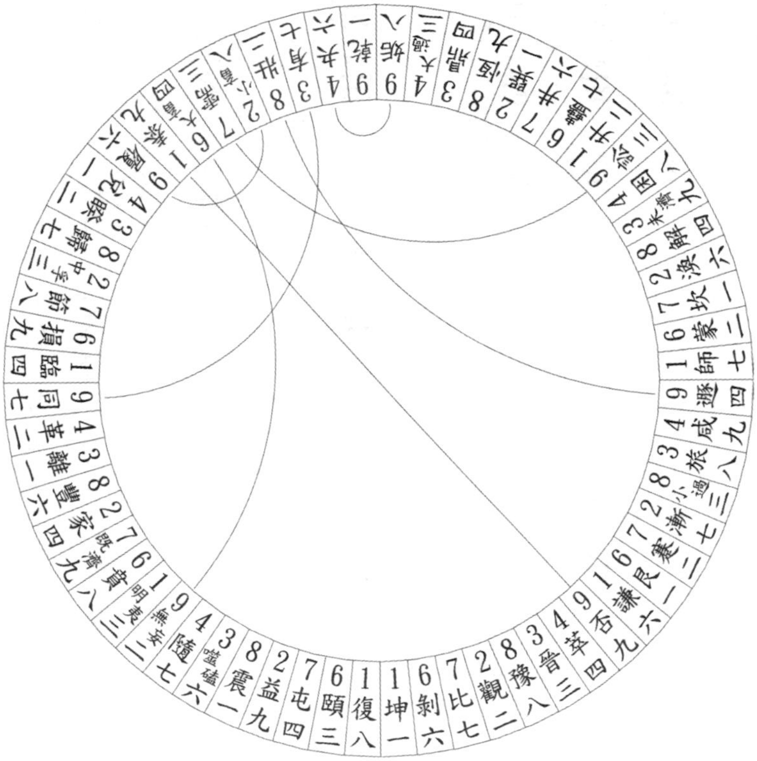

圖135

要將形局周圍的秀峰秀水之旺氣劫取，收歸我所用，此「打劫」關鍵就在於「立向」。立向既要符合卦氣卦運的法則，又要具備爻反的關係，此即「北斗七星去打劫，離宮要相合」之意，而離宮要相合非指離卦的宮位，而是當本宮沒有當元旺運之卦時就要離開本宮之位去劫取合乎為我所用的旺氣宮位的當元旺氣，當元當運之宮位為我所劫而為我所用。因為條件限制嚴格，所以要找到能打劫之向也就更加不易。

以上的例子來看，可以立水山蹇卦（7二）之向。蹇卦爻反後恰好為解卦，卦氣7、8合十五，卦運相通。又蹇卦與同人卦之間，卦氣7、9為剋入，卦運合生成。大有卦之間卦氣為3、7合十，卦運為2、7合生成。卦氣卦運皆符合法則，又具有爻反之關聯性，所以立蹇卦之向便能劫得同人卦秀峰之旺氣，以及解卦來水之旺氣，在下元時即使龍運不佳也可用，且能收得旺氣而發福。且山為暌卦，與解卦三八合生成，與同人為金剋木，合剋入法則。

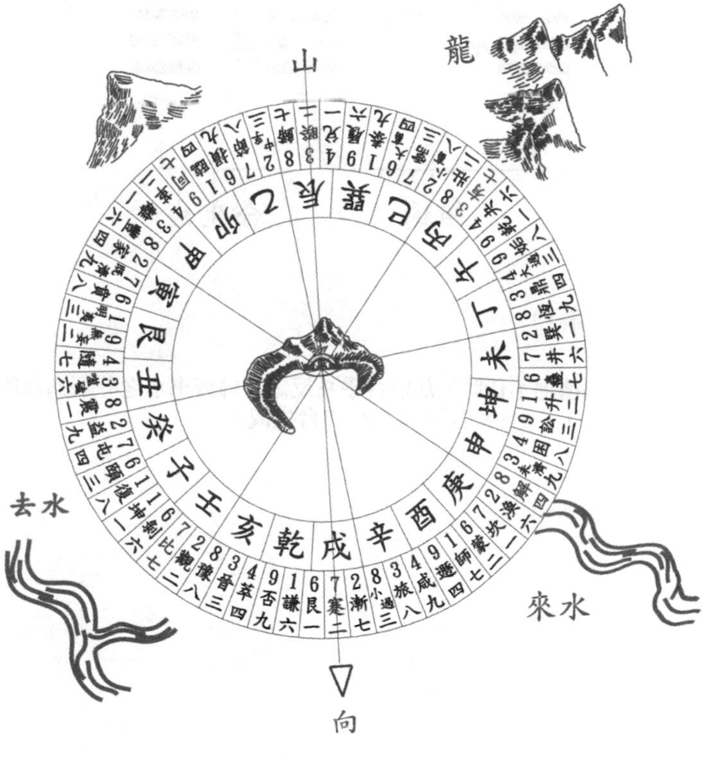

圖136

下元

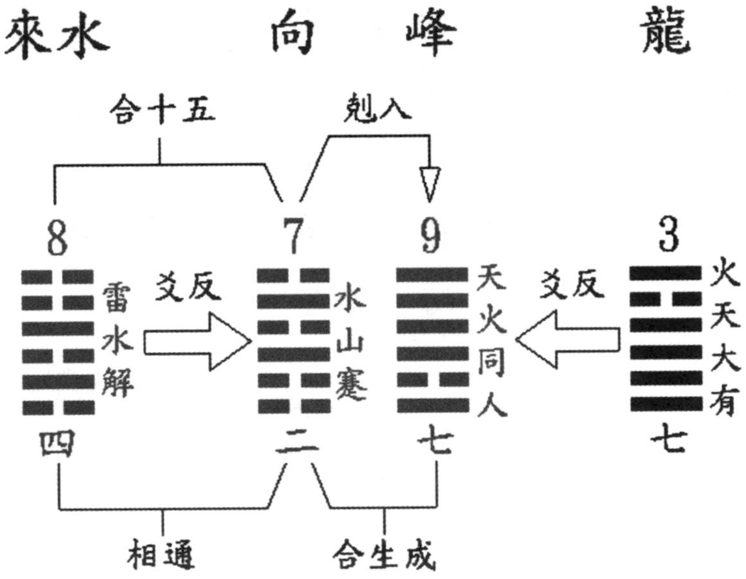

圖137

龍運不佳時，劫取合乎爻反之秀峰或來水之旺氣為我所用，3、7合十，3、8 合生成。2、7合生成。

房份的吉凶斷訣

凡研究風水堪輿者，都是發展人類智慧、為主家解決問題重要途徑之一。在進行風水操作的當中，房份的吉凶，是非常重要的一環，因為主家都會問，對哪一房比較好？是利於財，或是利於丁，或是利於求官貴，這是堪輿師一定會被詢問的事項。

巒頭和理氣上都有關於房份的斷訣，在本章節會逐一的說明，但是特例要留意的是任何事件的發生與進展絕對不是單線進行的，風水固然是重要的因素，但是缺乏良好的行銷與管理，也會降低成功的機會。比方說，經營企業，如果自認為相當努力付出，卻仍然無法達到成果的時候，就應該從命理與風水中尋求解決之道。

風水學說中，道德的講究非常重要，風水學家總認為好風水，也要心地好的人才能得之。如果一個作惡多端的人，就算有極佳的風水也會得而復失。

有個故事是這樣的：有一個地方惡霸，要求風水師找一處絕佳風水來安葬父親，風水師迫於淫威之下找了一處吉地。下葬後，當晚地理師即到墓前說道：「此地若不發，則無地理；此地若發，則無天理」。結果，此墓當晚即被雷劈開。可見一個壞人也不是風水庇蔭的對象。

《周易》坤卦，文言曰：「積善之家，必有餘慶；積不善之家，必有餘殃」。明白告訴我們，凡事應以積善為原則，一個作惡的人，不但自己會遭受報應，也會連累親族。如此，就算有再佳的風水也是枉然。

范仲淹和風水的故事

范仲淹是北宋的政治家、文學家，官自宰相。那句千古名句「先天下之憂而憂，後天下之樂而樂」就是出自范仲淹的《岳陽樓記》。

相傳范仲淹在京城做官後，回蘇州吳縣，準備將祖墳遷葬在天平山下。天平山位於蘇州靈岩山北，海拔221米。風景以怪石、清泉、紅楓取勝，向有「天平三絕」之譽自唐以來，天平山就是遊覽勝地。

天平山上有大量的石柱奇觀。滿山滿谷都是嶁峋怪石，千姿百態。當時有個風水先生認為天平山石頭如亂箭穿胸，山塢是塊絕地，不可在這此修造墳墓。范仲淹卻認為，假如不把祖墳葬在這裡，將來別人誤葬了，貽害不小，於是毅然買下這塊絕地。當夜，山上電閃雷鳴，石頭全豎了起來。風水先生再來看時，大驚道：「這叫萬笏朝天，絕地變成了福地，將來子孫必發達無疑」。後來范仲淹做到參知政事，封魏國公。其子范純佑、範純仁、範純禮等都當了大官。

范仲淹年輕時生活十分貧困，念書沒有東西吃。在寺廟裡念書，每一天煮一鍋粥，把粥劃成四格，每餐吃一塊。心想將來若能出人頭地，定要救濟貧苦者。後來當了宰相，便把俸祿拿出來購置義田，給貧窮無田地者耕作。

一次在蘇州買屋居住，一位風水先生盛讚此屋，風水極佳，後代必出公卿。范仲淹心想，既然此屋風水能使後代顯貴不如改為學堂，讓蘇州城百姓的子弟入學，將來眾人的子弟都能賢達顯貴，較之自己一家的子弟顯貴，豈不是更為有益嗎？於是立刻把住宅捐出來，改作學堂。實踐了年輕窮苦時念念利益眾生的宿願。

看了這傳記得知他曾養活三百多家。個人的收入養活了三百多家，也只能糊口而已，都過很貧窮的生活。不久范仲淹四個兒子長大成人，均聰穎非凡德才兼備，分別官至宰相、公卿、侍郎，范家的曾孫都賢明顯貴，綿延不絕，傳至今已八百年了，蘇州一帶范氏後人依然興旺。范仲淹善心為他人謀福利，而犧牲自己的利益，其功德是無法估量的，而上天所回報給范氏子子孫孫的福祿，范仲淹毫無利己之心，播下了意想不到的善種，八百年來不斷地開花結果，無意之中為子孫萬代謀福利，成為行善的典範，受世人的敬仰讚頌。

他的子子孫孫一直到民國初年都不衰，這是他培育百世之德，才有百世的子孫保之。范家八百年不衰，都是積德積得厚，真正修行，真做善才能夠把自己的福報分給別人去享受，這是大福報。由此可知，斷惡修善，積功累德，才是人生第一大事。也唯有行善績德的人，才會遇到風水明師，找到風水吉地。

二十四山分房位

乾坤艮巽子午卯酉長房位

甲庚丙壬辰戌丑未二房位

乙辛丁癸寅申巳亥三房位

此論房位之法，乾坤艮巽水來去，合在局內，主一四七房大發財丁，此方若有奇山秀水主發科甲在一四七房。若犯水之囚射，主一四七房伶仃退敗。

若子午卯酉方水朝堂，有合先後天吉位，主一四七房大發財丁。例如午方水來入局，流年歲君犯子午沖動，發財，餘倣此推之。

八卦論房份

論房位：乾坤父母卦水來去合局諸房吉昌。震巽山峯秀美合法長女長男榮華。坎離二卦有奇峯秀水，中男中女富貴。艮兌二卦有砂峯秀麗，美水朝來，小男小女榮富。

論男女賢愚：例如坐坎卦山，西方水來朝堂，乃先天坎中男，後天兌小女，次房應子孫英賢。例如坐離卦山，東方水朝來過堂，乃先天離中女秀富。例如坐乾卦山，有東北水朝來，先天震長男子孫豪英秀富，餘局倣此推之。

龍門八局論房份

以下是以龍門八局論房份吉凶，以壬子癸山為例來做說明，學者以此舉一反三可也。

坎卦山，來龍戌乾亥，來龍丑艮寅，先天庚酉辛，後天未坤申，地刑未坤申，天劫水辰巽巳，坐山要豐滿，案堂有秀案，來水庚酉辛，來水未坤申，出水巽丙乙。故巽出好大房，丙出有利於二房，乙出有利於三房。坤出敗大房，庚出敗二房，辛出敗三房，內外局流地支者女人大凶病。酉水出敗大房，未出敗二房，申出敗三房。

九星水法房份吉凶斷訣

貪狼水來：

長房先發，後眾房皆發，如逢星峰高聳俊秀，早發科甲，如見田塘溪流小水，富貴遲來，如眾水彙聚在明堂或能環繞有情，富貴速發而悠遠，巳酉丑、寅午戌年應驗。

巨門水來：

房房發達，多生貴子，百子千孫，如屬溪坑小水，子孫得福稍遲，如逢江河湖水環繞有情，子孫速發，亥卯未年應驗。

武曲水來：

長房，三房人丁興旺，後代聰明，大發人丁久遠，亥卯未，寅午戌年應驗。

輔弼水來：

房房發達，三房最盛，其骨色澤光潤。

破軍水來：

先敗長房，人財田地官非牽連不斷，後代凶暴，女夭男亡，子孫聾啞疾病不斷，巳酉丑，寅午戌年應驗。

廉貞水來：

大敗長房，中房敗退，蟲蟻蛇鼠作巢，子孫有足疾，肺疾吐血，巳酉丑，亥卯未年應驗。

祿存水來：

先敗長房，子孫聾啞，如見田莊溪流小水，屍骨入泥，木根穿內，亥卯未，寅午戌年應驗。

文曲水來：

小房五房先敗，子孫懶惰，顛狂，好色好賭，家業冷退，根纏筋骨，亥卯未巳酉丑年應驗。

先天八卦分房法

壬子癸先天坤卦管老母（各房）。

未坤申先天巽卦管長女（一、四、七）。
甲卯乙先天離卦管中女（二、五、八）。
辰巽巳先天兌卦管少女（三、六、九）。
丙午丁先天乾卦管老父（各房）。
丑艮寅先天震卦管長男（一、四、七）。
庚酉辛先天坎卦管中男（二、五、八）。
戌乾亥先天艮卦管少男（三、六、九）。

飛星分房法

一白水管中男（二、五、八）。
二黑土管老母（長女及諸房主婦）。
三碧木管長男（一、四、七）。
四綠木管長女（一、四、七）。
五黃土隨元運而定，陰為女、陽為男。
六白金管老父（長男及諸房家長）。

七赤金管少女（三、六、九）。
八白土管少男（三、六、九）。
九紫火管中女（二、五、八）。

巒頭分房法

由山峰巒頭的分房法，就是長房、四房、七房看穴左的高低，二房、五房、八房看穴前，三房、六房、九房看穴右定吉凶。若是高低無破缺，壽長財丁旺定無缺。

日月星辰、天地萬物，亙古以來存在著，謂之為自然。日月且有盈虧，天地造物本不全美，所以某一地局、某一山向，必有某一房特別發達或特別衰微的感應，補偏救弊亦有良方。事之有成便有缺，物之有新便有弊，成與不成，弊與不弊，其妙全在於一「用」字。用之善者，事未有不成者；用之於不善，事未有不缺者；用之於善，未有不新者；用之不善，未有不弊者。凡人丁房份眾多的家族，最好把祖墳分別葬在不同地點或不同卦向，或在不同的元運進葬，這樣就不會產生吉應皆偏於一房，避免存在一榮俱榮、一損俱損的情況。

巒頭分房法（圖片引用自《地理實用集》鐘義明著）

玄空大卦感應之年命

三元玄空大卦對於房份的吉凶感應更加精密，若所立分金為乾卦初爻動，乾卦納甲壬，感應生庚為：甲子、甲寅、甲辰，其感應力量最大。壬午、壬申、壬戌、其感應力量其次。

本卦是乾為天，變卦是天風姤。故卦氣轉為巽，以巽卦之內卦感應力量最大，此為內在的，其禍福是由內而外。而外卦為乾，主外來之禍福，其應驗皆在外來之象。

乾卦納甲壬，但以壬戌、壬申、壬午，感應力較大，壬辰、壬寅、壬子，其感應力較小。

巽卦納辛，感應生庚為：辛丑、辛亥、辛酉，其感應力量最大。辛卯、辛巳、辛未，其感應力量其次。

乾為天			天風姤		
爻上	——	戌壬	爻上	——	戌壬
爻五	——	申壬	爻五	——	申壬
爻四	——	午壬	爻四	——	午壬
爻三	——	辰甲	爻三	——	酉辛
爻二	——	寅甲	爻二	——	亥辛
爻初	——	子甲	爻初	— —	丑辛

如圖：若為乾卦，所立分金為初爻動則變為天風姤

明師操縱房份法

此法乃根據來龍入首之卦位，分成天元、人元、地元三卦，再將座向安排於天元或人元或地元之卦位上，而對應於長房或中房或三房。

天元、人元、地元的區分法，這是先看六爻卦的上卦為何卦，例如澤天夬，就看它的上卦兌卦。例如雷水解，就看它的上卦震卦。風火家人卦，就看它的上卦巽卦。

將六爻卦的上卦依序變動初爻、中爻、上爻，變動之意是指爻的陰陽互換，陽爻變陰爻，陰爻變陽爻。而上卦變動初爻後所得之卦即為天元，並對應於長房；變動中爻所得之卦為人元，對應於二房；變動上爻所得之卦為地元，對應於三房。

例如澤天夬的上卦為兌卦，兌卦變初爻即成坎卦，所以坎卦就是天元。兌卦變中爻即成震卦，震即人元。兌卦變上爻即成乾卦，乾即地元。

若來龍入首為澤天夬，那麼於六十四卦中，如果將坐山安排在上卦為坎的卦位上，例如水風井（7六）、水天需（7三）、水澤節（7八）等等，則風水吉凶之感應將發生在長房身上，因為是動初爻。如果將坐山安排在上卦為震的卦位上，例如雷天大壯（8二）、雷風恆（8九）、雷水解（8四）等等，則風水吉凶之感應將發生在二房身上，因為是動二爻。如果將坐山安排在上卦為乾的卦位上，例如天風姤（9八）、天澤履（9六）、天山遯（9四）等等，則風水吉凶之感應將發生在三房身上，因為是動三爻。

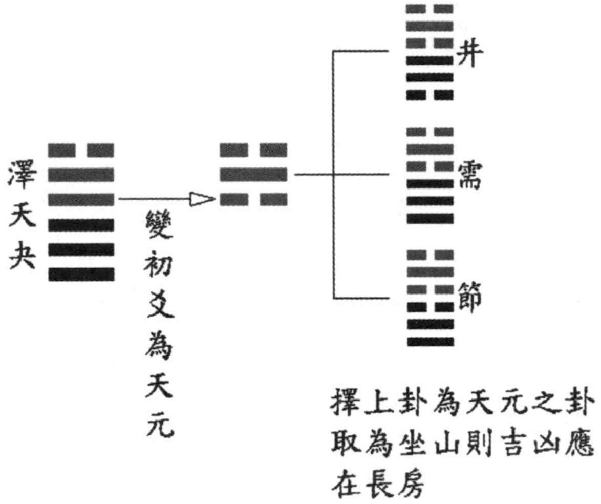
澤天夬
變初爻為天元
井
需
節
擇上卦為天元之卦
取為坐山則吉凶應
在長房

圖138

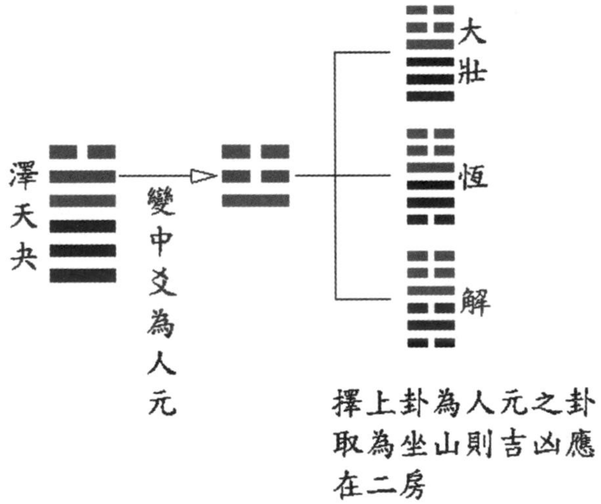
澤天夬
變中爻為人元
大壯
恆
解
擇上卦為人元之卦
取為坐山則吉凶應
在二房

圖139

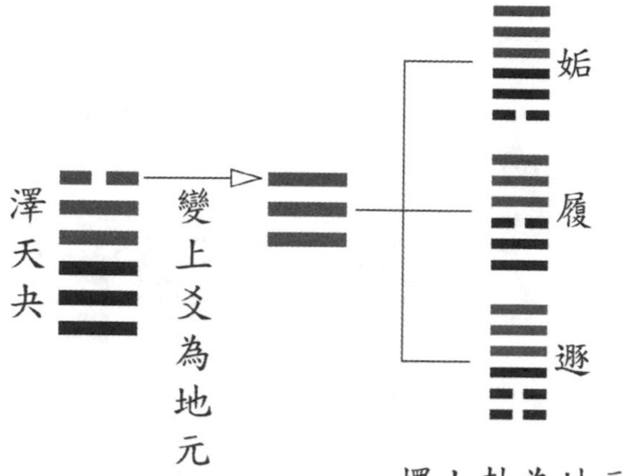

擇上卦為地元之卦取為坐山則吉凶應在三房

圖140

水　山　向　龍

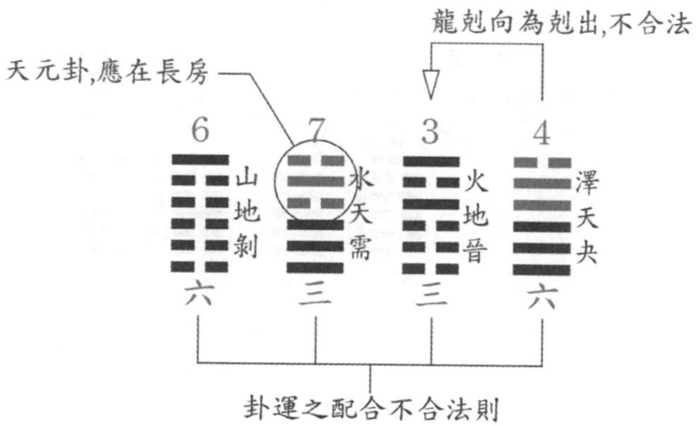

1.龍向山水之卦氣卦運配合不合乎法則,故此局為凶

2.坐山上卦為天元卦,故應在長房,長房會出凶禍而敗絕

圖141

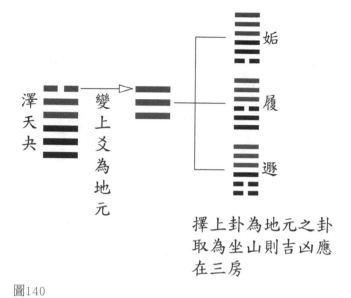

水　山　向　龍

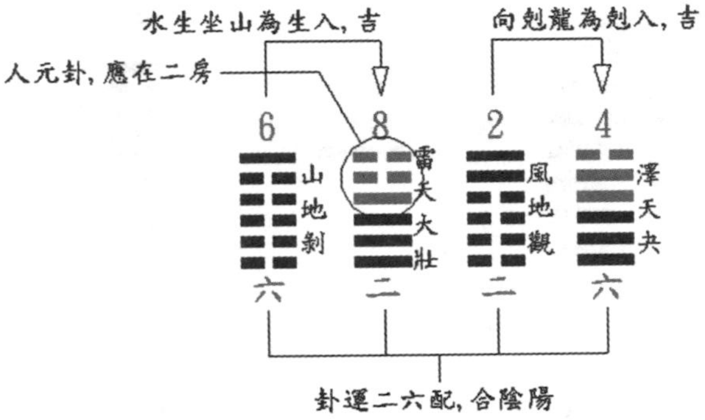

1. 龍向山水之卦氣卦運配合均合乎法則，故此局為吉

2. 坐山上卦為人元卦，故應在二房，二房發

圖142

水　山　向　龍

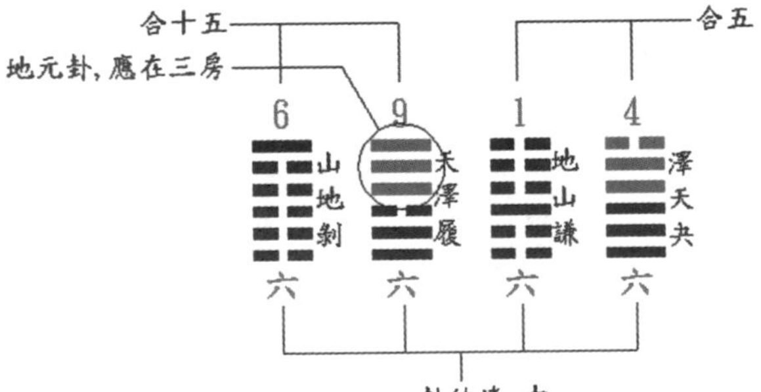

1. 龍向山水之卦氣卦運配合均合乎法則，故此局為吉

2. 坐山上卦為地元卦，故應在三房，三房發

圖143

立局便訣

一、若犯差錯切莫裁：陽差、陰錯、陰陽差錯、出卦。由三叉水口、入首、向卦、坐山倒排均可。以星數找出運表、橫看直取、經縱緯橫。

二、水向、向水、龍山生成者：星數必同星。

三、向水、水向、山龍合十者：星數必合十。

四、向龍、山水五行合五、十五者：星必同數。

五、龍山、向水合生成者：星數必一卦純清。

六、龍山峰、向水水，相生同氣者：星數必合十。

其水與水相對者：必合五亦十五歸中；水與水同卦亦可用，星數必合六合周流即可。

七、龍山、向水合陰陽者：星數也必合陰陽。

八、公位內消水為自庫、出位為借庫，局法須知通宮法。龍之差錯交戰，必有前水之救助，否則不用為妙。

天地父母三般卦法

（一）、父母一卦配成之卦：龍山向水均由卦運一九父母卦所配也。

（二）、天元一卦配成之卦：龍山向水由卦運二八運互配。
（三）、人元一卦配成之卦：龍山向水由卦運三七運互配。
（四）、地元一卦配成之卦：龍山向水由卦運四六運互配。

一家骨肉親

就八宮而言，在同一宮中，或真神路之兩宮中，每兩個卦之間也是共路之二神。但凡兩個卦，彼此之間其上層五行與下層卦運，均是陰陽相見；或是上層五行陰陽相見，下層卦運一卦純清者，此為五行卦運之真神路。

（一）、其上層五行之先天卦氣必須是

1.互為生成之數：一六、二七、三八、四九。
2.互為合十對待：一九、二八、三七、四六。
3.互為陰陽相見：一七、二六、三九、四八。

（二）、其下層卦運星數必須是

1.互為成生成之數：一六、二七、三八、四九。

2.互為合十對待：一九、二八、三七、四六。

3.互為陰陽相見：一七、二六、三九、四八。

4.一卦純清：一一、二二、三三、四四、六六、七七、八八、九九。

如果上層五行卦氣及下層卦運星數均合乎以上之條件者，始可謂為一家真骨肉，否則只為一家而已。

(三)、其他的情形

1.上層五行卦氣是一八、二九、三四、六七；一二、九八、三六、四七者，非一家骨肉，男女失其蹤也，不可用於龍山之一片，向水之一片。

2.下層卦運星數為一八、二九、三四、六七；一二、九八、三六、四七者，亦非一家骨肉，男女失其蹤，亦不可用於龍山、向水。

3.如上層五行卦氣、下層卦運星數都合乎通卦者（一三、二四、六八、七九），是為骨肉不真之一家，因五行陰陽相乘，僅能用於龍向峰、山水水。

4.如下層五行卦氣、下層卦運星數都合五、十五者，亦為陰陽相乘，雖為一家亦為不真，僅能用之於龍向峰、山水水。

5.上層五行卦氣相同，下層卦運星數合生成或合十，亦為不真不可用。

6.上層五行卦氣合五、合十五，下層卦運星數合生成或合十，亦為不真。

7.上層五行合十，下層卦運星數合五、十五，亦為真，地理者重視上層卦氣五行之陰陽相見，福祿永貞也。上層五行合生成，下層卦運星數合五、十五者，亦為真。

夫婦合十吉格

(一)、卦運合十吉格

一，乾、坎、艮、震、巽、離、坤、兌。合十夫婦
九，泰、否、恆、益、咸、損、未濟、既濟
二，妄、壯、升、觀、革、睽、蹇、蒙。合十夫婦
八，困、節、賁、旅、復、豫、小畜、姤。
三，夷、頤、孚、需、訟、大過、小過、晉。合十夫婦
七，師、同、妹、有、比、漸、隨、蠱。
四，屯、家、大畜、鼎、解、遯、萃、臨。合十夫婦
六，嗑、豐、夬、履、井、渙、剝、謙。

(二)、玄空五行合十吉格

1師謙復升夷臨泰坤　天地定位
9訟遯妄姤同否履乾
2渙漸益家觀孚小畜巽　雷風相薄
8解小過恆豐豫妹壯震
3未濟旅噬鼎晉睽有離　水火不相射
7蹇屯井既濟比節需坎
4困咸夬萃隨大過革兌　山澤通氣
6蒙頤蠱剝損大畜賁艮

陽宅吉凶判斷訣竅

陽宅吉凶的判斷，其中一個重要的關鍵在於納氣的看法，陽宅納氣又分屋外和屋內兩種情況，一般而言屋外納氣對吉凶的影響力要比屋內來得大，有時僅觀察屋外的納氣狀況就足以判斷此宅的吉凶了。

屋外納氣的情況是要根據建築物的型態，以及周邊道路的曲直寬窄、起伏、往來走向、鄰房的大小、遠近、高低、空與實的分佈狀況等等，而且屋外的一切是別人的或是公共的建築，是不能隨意的去更動，而屋內除了主體結構不可以動，其餘可以根據自己的需求去改造，因此建議讀者購屋要從所構成的整體形勢來觀察，看此建築物收到何種氣，據以判斷吉凶。而屋內的裝潢擺設、隔間及牆壁的顏色和人在屋內的動線、採光和空氣的流通，也會對屋宅吉凶判斷產生影響。

風水之所以受到人們的特別關注，追根究底是因為人們隱隱約約的意識到，它對一個人或一個家族的富貴貧賤、興衰壽夭有著很密切的關聯性。從現代射電天文學原理，氣是構成世界本元的元素，它無所不在。

山中有氣是為活山，則林鬱蒼翠，生氣蓬勃，鳥語花香；水中有氣，則流水潺潺，草木欣欣向榮，魚蝦潛游活潑；人得氣而精神飽滿；地得氣而滋生萬物，而風水之氣不同於空氣之氣，但卻於空氣之氣中可見其氣之行。

近來射電天文學家研究得到一個結果，說明氣是為宇宙間的微波幅射，包括星球的電磁幅射，而風為送氣之媒，但風有強風、烈風、和風、大風、冷風、颱風、颶風、微風、暖風、迴風、清風，而風水所強調的是藏風聚氣。也就是要避開強風而要微風。

光的要素來自太陽，光的本質是電磁波，俗稱七色光，而光有波和粒子兩種性是為波粒二性，因此光也是一粒粒的粒子。而水可收攏宇宙之氣，科學家也認為超微粒子和磁場對人體及自然界中的任何物質都會產生有磁量場的作用，超微粒子和磁場這些能量也可隨著自然界之改變而改變，也可隨著人體自身的場態能量訊息之改變而改變。

為何您的富貴生基或祖墳的風水及陽宅的風水好壞會直接影響您及您的家人吉凶呢？

因為地球是一個大磁場，地球之磁性有紀錄功能、有傳播功能及轉化為電能磁量之功能，因此可知地球之地磁場可習慣性的記下每個地區及這個地區周圍的山山水水或高低起伏建築物的各種訊息。

當您祖先的骨骸或是您所做富貴生基的血磷子及曾經使用過的吉祥物埋入地脈後，或是您現在所居住的陽宅有您的能量，亦即ＤＮＡ在宅屋內，那麼這就可在自然界的轉化中產生一種帶有骨骸血磷子或是您的ＤＮＡ信號的電磁波與山水的原本信息能量結合而轉化成另一種特殊的新的、好的或壞的信息傳送到空間而影響遠在外界遠處的您。

但這些訊息能量波又為何只影響到自己或自己的子孫的好壞吉凶呢？因為您的生基有用您的血液所調製的血磷子和其他您的照片或所用過的吉祥物，其中已含有您的ＤＮＡ之氣息。至於祖先的骨骸在遺傳學的ＤＮＡ有與您相同的遺傳基因，以及物質不滅定律上所顯現的生物電磁波，且祖先遺骸中又有與您相同信號的血磷子，故可見您的祖先之骨骸及您的富貴生基中之吉祥物與您及您的子孫生物電磁波是同位信息。而經由空氣中之氣場的轉化傳播和記憶，就能與您產生感應和溝通，正如收音機、電視機，要收看電視及收聽廣播電台節目必須具備同頻道、同赫磁才能接收到電視、電台的節目的道理一樣。

也就是當人接收到您的祖先之骨骸及您的富貴生基中之血磷子之電磁信息或是您的電磁波信息，就在人的體內產生一系列的物理及化學反應，而人體含有75％的水分，而水可收攏宇宙之氣的能量場，此即風水地理家之所謂的「山川有靈而無主，祖先之遺骸為有主而無靈」。

故祖先之遺骸得山川地理之靈氣，是為鍾山川地靈之氣，並經由風水地理師選擇良辰吉日以奪日月之光華，從而蔭育自己的子孫發富、發貴、發財、發丁及添壽之蔭佑也。故而從現今之科學理論而言，風水是地球物理學、水文地質學、環境景觀學、宇宙星體學、地球磁場方位學、人體生命學、生態建築學、氣象學等等，合為一體的綜合性科學，因此風水學為大自然科學。

太上大道道德經云：「人法地，地法天，天法道，道法自然」。因此人類需要瞭解自然、順應自然，愛惜自然，利用自然、改造自然、留住自然、保護自然，而創造出與自然產生和諧共構的新能量場，因此祖先風水之影響後代子孫榮枯是有著一定的科學依據。

中國術數也同樣認為命運在一定程度上是可以改變的。傳統風水學的立論基點就是幫助善心人改變命運，楊公、賴公都有「寅葬卯發」的真實本事。並在民間廣為流傳有關於風水祖師楊筠松很多以風水術救人助人的故事。

風水是中國傳統文化的特產和寵兒，有歷代的經驗法則為準繩，而經歷了人類的歷史長城薪火傳承了數千年。近年來「風水」經國內外專家學者的再認識與再評價，並且發現它具有未被認識的科學內涵，是個值得發掘與研究的寶藏。美國、加拿大、日本、韓國、新加坡等國學者都相繼的對風水學展開專題研究。

國內也出現了風水研究熱，電視媒體報導、學術交流、相關論文發表、人才培養，與實際應用日趨活躍。尤其是深入民間，經過數千年潛移默化的影響著尋常百姓的人生決策與生活起居，成為大眾人生的決策指南，並常以此為祈求趨吉避凶與事業發展的依據。

其實風水與命運是緊密相連的，不管是用八字、紫微斗數、七政四餘的命盤結構就可以測出命運的走向，實際上它也可由陰陽二宅來看出好壞吉凶之端倪。

高明的風水師能從家族的風水推論出其後裔子孫之命中格局的富貴、貧賤、壽夭，同時也可藉由一個人的出生年、月、日時之命盤格局來推算出其祖上風水的形勢特點。地理風水也影響風土人情，什麼樣的山水，就會孕育出什麼樣的人物，所謂地靈人傑，即是此意。

劉伯溫《堪輿漫興》云：「尋龍山水要兼論，山旺人丁水旺財」。山龍形勢孕育人物的粗俗智愚，水龍格局孕育地方財貨饒瘠。

因此一個家族成員的出生年、月、日、時之命格也與陽宅、陰宅存在著同步資訊的往來呼應，當一個人還未出生時，是由以經過往祖先的風水來決定這個人出生年、月、日時之命格好壞及格局高低，當這個人出生以後其祖先才過世，那麼其祖墳風水的好壞將對這個人的行運好壞產生了好壞加減之影響。如此代代相傳的循環遞演影響著人類薪火傳承的興衰起伏輪替。

屋外形勢與收氣的關係

這個部分的相關內容應該是陽宅風水中很基本，而且是很重要的知識，或許是太基本了，很多人反而忽視了它的重要性。許多人研究陽宅風水，往往都在理氣的理論中打轉，最後鑽進了死胡同，用死板的理氣理論來解讀風水，完全不顧宅體形勢與環境格局的影響，等到發現論斷不準不靈驗，就認為這套理論有誤，或是陷入徬徨迷惑之中。殊不知任何理氣理論都有某方面的不足之處，沒有百分之百完美無缺的理論，而理氣理論必須與整體巒頭形勢結合起來，並與福主的生辰八字與家中人事佈局相互搭配論斷才會靈驗有準。

除了過度重視理氣理論而忽視宅體形勢格局之外，還有一個原因是這部分的相關知識，必須現場實地觀察，並且有名師從旁解說指點，才能真正掌握其要點，進而明白如何佈局，在現今大小高低錯綜複雜的建築群中，如何看出納氣的關鍵之處是至關重要的。

筆者在書上所介紹的只是歸納出幾個最基本的概念。雖然基本卻很重要，讀者須清楚瞭解這幾個觀察建築形勢與納氣關係的大要訣，然後再根據現場實際狀況做引伸變化，所謂運用之妙存乎一心，然萬變不離其宗，只要多觀察，多細心揣摩，必能有心得。

下圖中的ＡＢＣＤ圖可以視為單棟建築，Ｌ型的房子最能說明納氣的方向，例如像Ａ棟這樣的Ｌ型，就會收到坤氣。其餘依此類推。

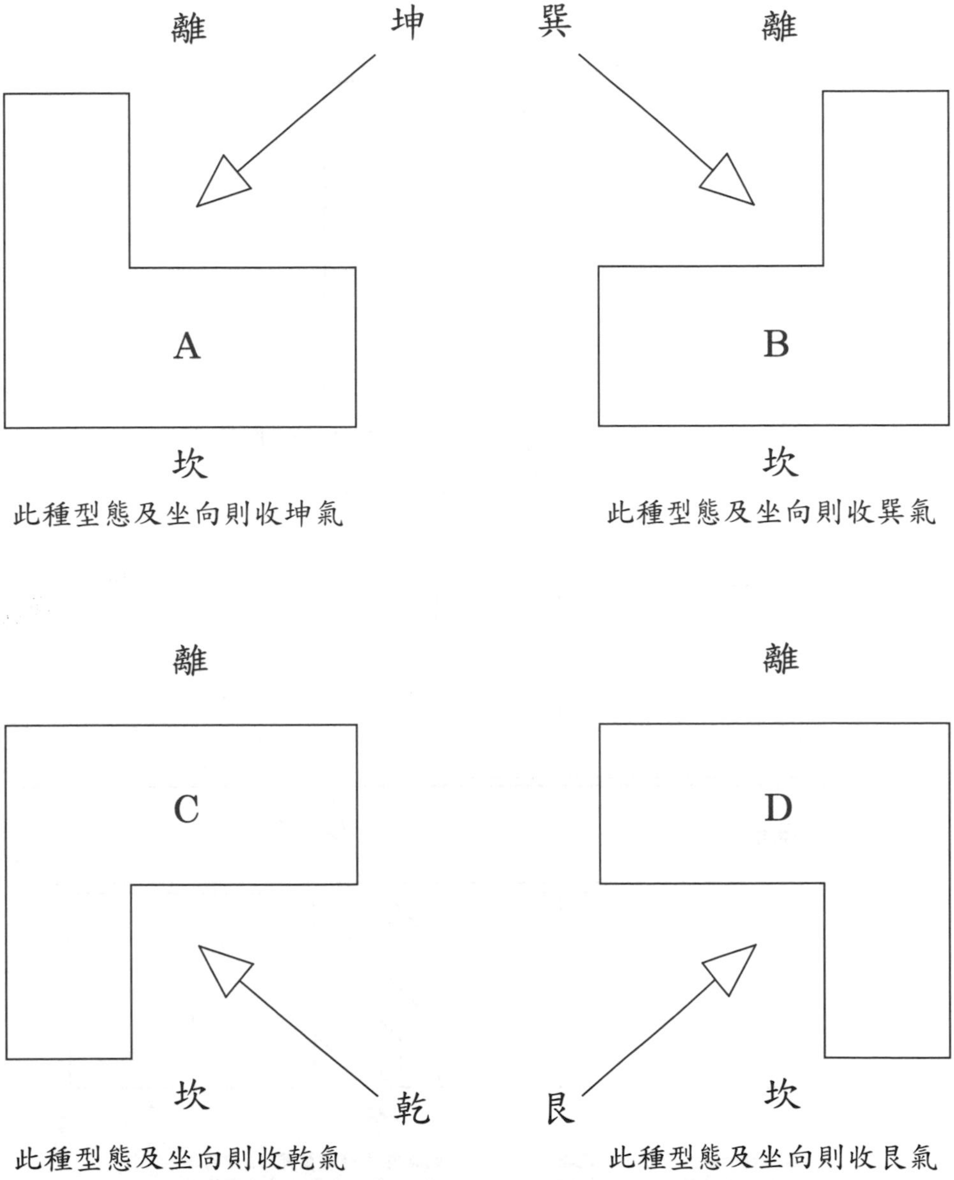
離
坤
巽
離
A
B
坎
坎
此種型態及坐向則收坤氣
此種型態及坐向則收巽氣
離
離
C
D
坎
乾
艮
坎
此種型態及坐向則收乾氣
此種型態及坐向則收艮氣

圖144

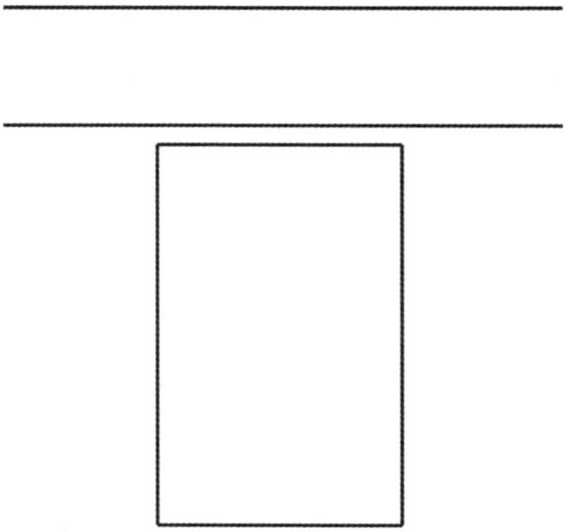

圖145

周圍如果都沒有其他建築物，
則氣散盪而不能收

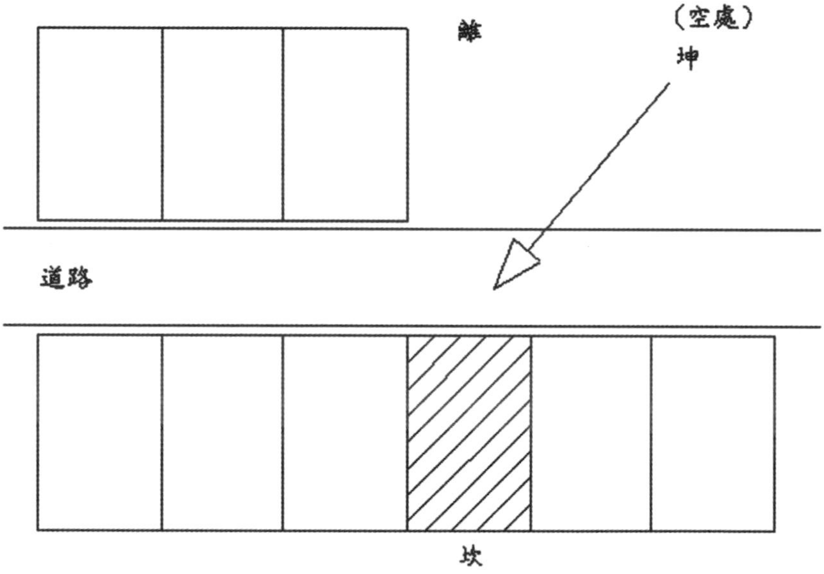

由單獨一棟房子延伸至道路兩旁的建築群，其納氣的法則道理是一樣的

此處建築群的型態乃A棟的延伸，故畫斜線處的房子亦納坤氣

圖146

單獨一棟四四方方的房子，周圍地勢平坦空曠，沒有其他建築物，那麼此處的氣是散盪而不能收的。如果漸漸地道路兩旁的房子一棟一棟蓋了起來，而形成像上圖那種形勢，此時要把眼光放大來看，上圖其實可以視為A棟L型的延伸和變化，差別在於A是單獨一棟房子而上圖是好幾棟房子組合起來構成L的型態，因此它們納氣的道理是一樣的。所以上圖中畫斜線處的房子就會收到坤氣。下圖則是上面那種建築群的另一種延伸和變化。

很多在理氣理論中打轉的人看到十字路口就被迷惑了，會以為氣從十字路口來，所以是納巽氣。其實上圖若用整體建築群的眼光去看，會發現它仍然是A棟L型的延伸，所以仍然是納坤氣。

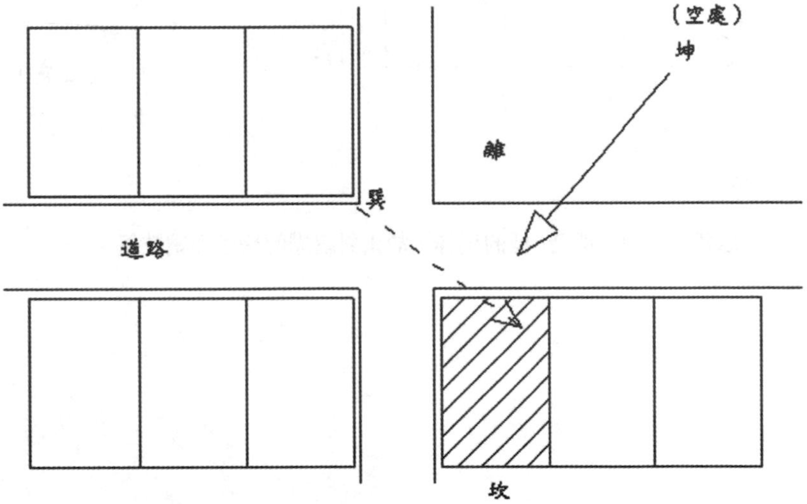

很多人看到十字路口就忽略了整體形勢格局，其實像這種格局，斜線那一戶仍然是收到坤氣。 圖147

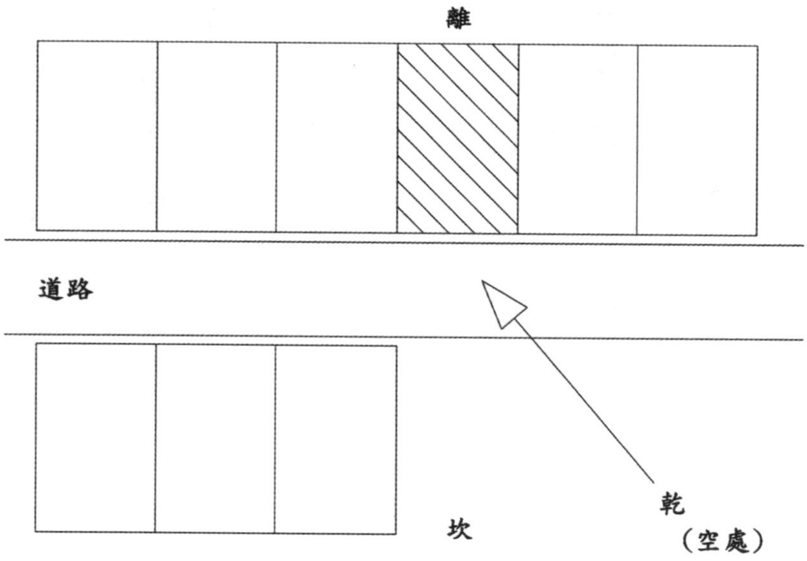

圖148

此處建築群的型態乃C棟的延伸，故畫斜線處的房子亦納乾氣。

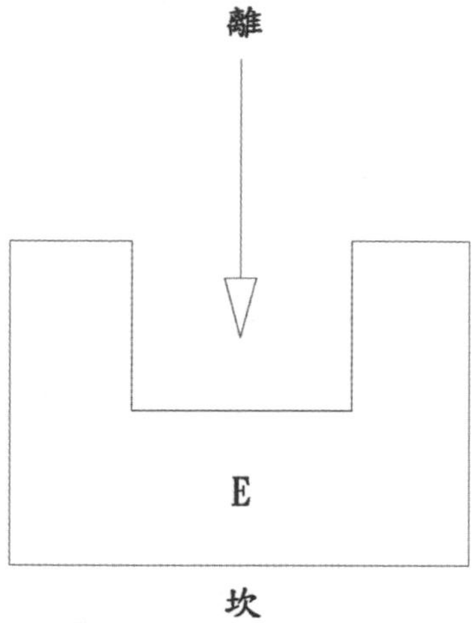

此種型態及坐向則收離氣

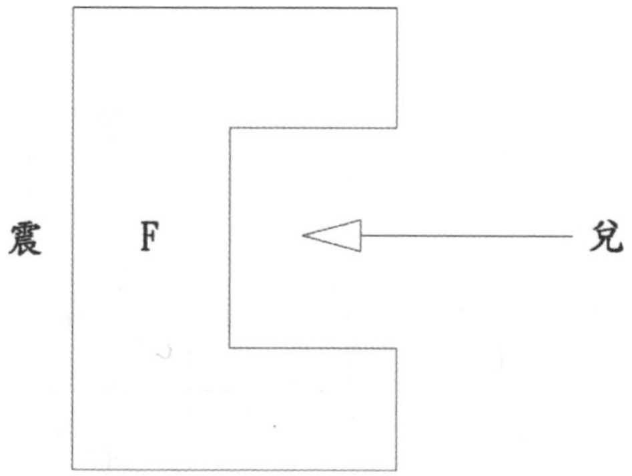

此種型態及坐向則收兌氣

圖149

EF則是凹型的單棟建築，凹進來的地方，退縮之處，收到對面的氣，簡單明瞭。

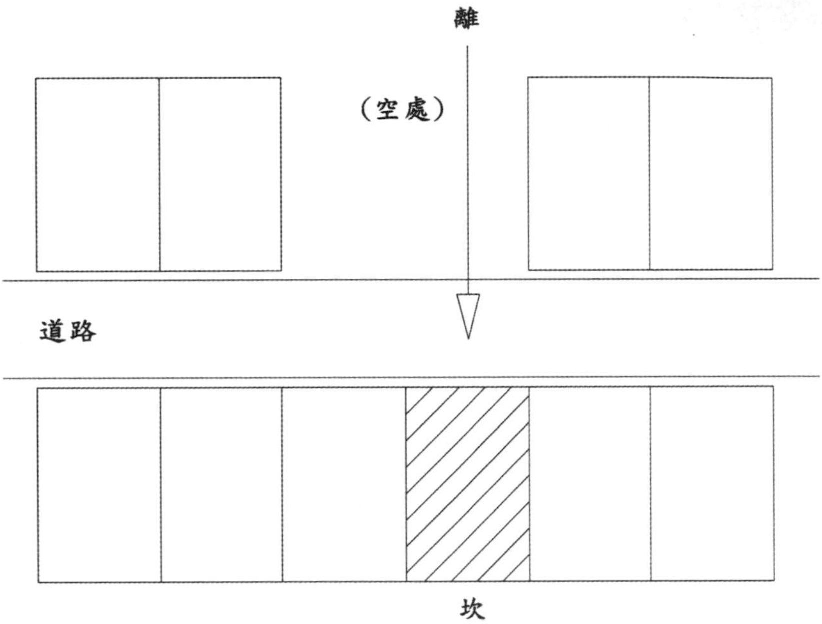

圖150
此處建築群的形態乃E棟的延伸，故畫斜線處的房子亦納離氣。

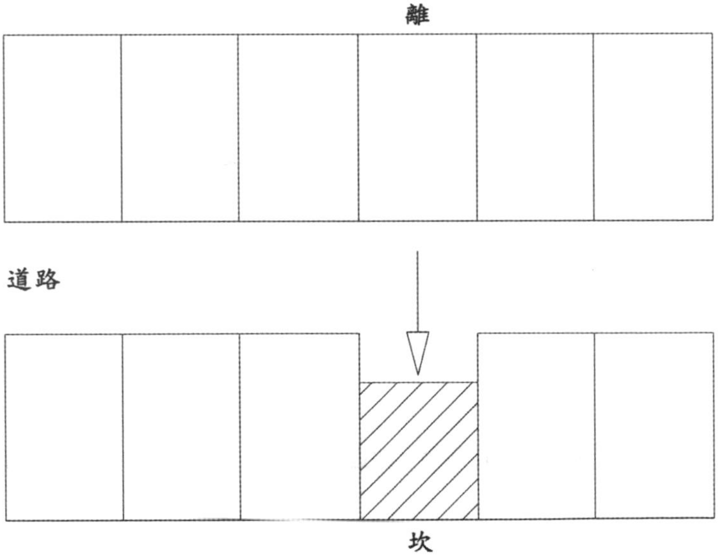

圖151
對面的房子平整無空缺，如果自己的房子稍微後退，亦可構成如E棟的形態而納得離氣。

上圖的整體建築形勢，其實是E棟的延伸，由單獨一棟擴大為建築群，所以眼光也要放大來看，因此斜線處的房子即納得離氣。根據凹型納氣的原理，即上圖所示，道路兩邊的房子如果整個正面都是平整的，基本上是無納氣可言，如果其中有一戶向後退縮，讓出前方一塊空間，此時凹型的型態就出現了，那麼就可以收進對面方向的氣。

以上所說明的是幾種最基本的納氣型態，尚未考慮周邊若有河流溝渠、斜坡路、丁字路、交叉路、高突物、樹木、或單獨之高大建築物，以及整體地勢若有高低變化的狀況，如果考慮進來，納氣判斷上又更複雜了。都市中建築物大小、高低、凹凸、遠近及形狀往往千變萬化，並不是每次都能直接套用前面介紹的這些型態來納氣，但掌握了這幾種重要的基本型態，然後將眼光放大去看整體形勢，再根據這些基本型態做延伸和變化，久而久之就能領略當中的奧妙與訣竅。

定宅氣之法・室內開門引氣法

所謂定宅氣就是要找出對這棟房子的吉凶最有影響力的一條空氣流通的路線，也就是宅氣線或稱氣路。通常是根據整間房子的空間配置型態格局找出最長的那條氣路，定為此宅的宅氣線，也稱為宅命線。

古時三合院式的房子，左右對稱，格局方正，所以很明顯地就知是取中軸線做為宅氣線。現代的房子已很少見到三合院的形式，空間配置多為客廳與房間的排列組合變化，在認定宅氣時不像三合院那麼簡單，必須根據空間配置的型態多方斟酌考量。

例1-1民間常見的透天式房子，大

例1-1

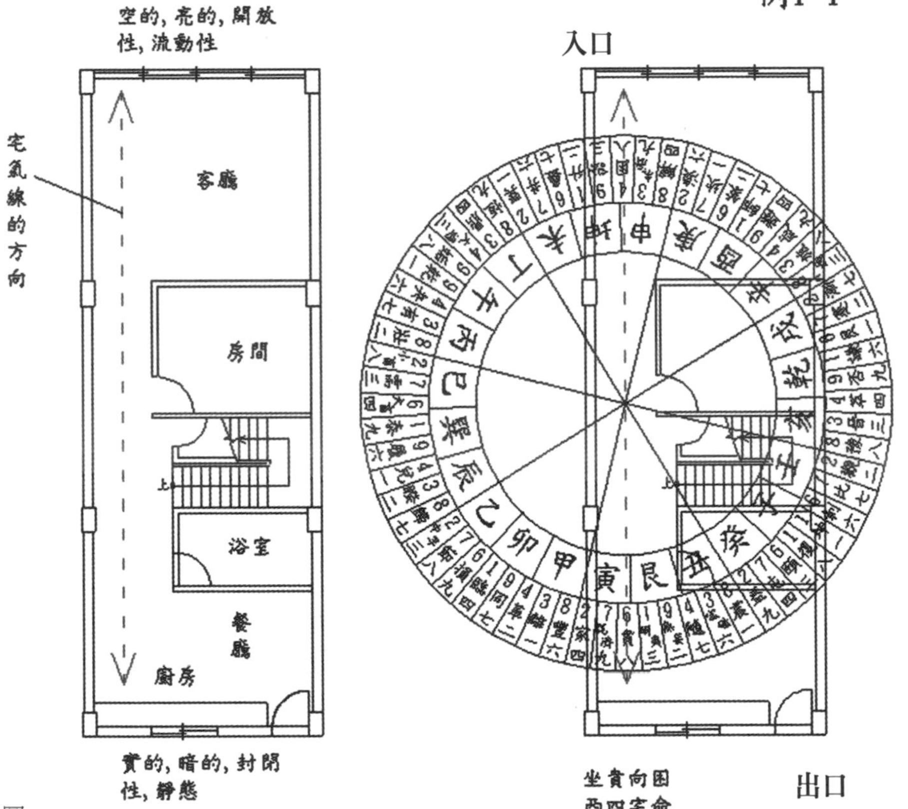

圖152

多呈長條形，我們可以清楚看到從前方大門入口處，到後面廚房，就是一條長長的氣路，自然就將它定為宅氣了。宅氣線是有方向性的，它的進氣的一端必須是空的、低的、開闊的、人來人往流動性高的地方，而另一端則是實的、高大的、封閉的、靜態的地方。例1-1所取的宅氣線就符合這樣的特點。

接下來用羅盤測出宅氣線的卦位，空的哪一方測得困卦（4八），實的哪一方測得賁卦（6八），所以我們稱此宅的宅氣為「坐賁向困」。宅氣從空的一方為困卦流入宅氣，困卦，卦氣4，下元八運時屬衰氣，空方得衰氣進入故而不適合，如那個方向是水口處配以衰死之卦則是吉利的。實的哪一端宅氣為賁卦，卦氣6，在下元時屬旺氣，實方得旺氣為吉一樣的道理，如同前面章節所示的龍峰須配以生旺之卦為吉。

所以此宅的宅氣為坐旺向衰屬不吉利的宅門納氣，如果一宅的宅氣測出來是坐衰向旺，也就是空邊得旺氣卦，好的氣進入屋內，實邊得衰氣卦，那麼這棟房子的宅氣就是納吉祥旺氣入宅所以是吉利的住宅，反之則不吉。

因門為氣的出入口，是為陰陽兩片，陽一片，陰一片，門外一片，門內一片，若空邊即門的外面和門內的前端是旺氣，那麼旺氣由門而入，此必為納旺氣，是為迎面春風喜氣洋洋，此為陽宅納氣之法，當然房間也有房間的納氣之法，請讀者詳細體會其中奧妙。

如例1-1宅氣線兩卦為賁（6八）、困（4八），其上卦為艮、兌，是為了接下來要進行的，開門引氣。測出宅命之後，接著就要來測每一間房間的開門吉凶，方法是從大門入口處連線到各房間的門，再由各房間的門連接到房間的內氣處，此即外氣引入本宅，進入房間的路徑。

測量此路線之卦位，經云：「明得零神與正神，指日入青雲，不識零神與正神，代代絕根除」。「陰陽二字看零正，座向須知病，若遇正神正位裝，撥水入零堂，零堂正向須知好，認取來山腦，水上排龍點位裝，積粟萬餘倉」。

但是最重要的是進旺氣出衰氣，而且其氣須與大門之氣合乎相生成之卦或合乎易經六十四卦的卦氣，合十合生成、相通、合五、合十五、合旺氣，而且又需要合乎宅內房間主人的本命生庚之卦氣，而且其卦氣又需與進氣大門的卦氣合乎大玄空準則。而搬遷良辰吉日亦是須合乎玄空大卦的準則。如此方可求財、求緣、求健康、求人丁、求智慧及官運之佈局。但是最後須依屋主之特殊情況，如求丁、求財、求升官，皆各有個的佈局方式，和選擇吉時的方法和秘訣，此需以實際陽宅風水格局和屋主的出生年月日時為基準，以為營謀之計算。

如圖153之例1-2所示，如果此宅是從正中央的門扇出入，則氣由大門進到房間可以畫出AB兩段路徑。分別測其卦位A段內卦為離，外卦為坎。靠近外面的為外卦，靠近裡面的為內卦，B段內卦為隨，外卦為蠱，隨、蠱之上卦為兌、艮。必須配合一九、二八、三七、四六合十，或一六共宗，二七同道，三八為朋，四九為友之生成數，或合五、合十五，或生入、剋入之法，或相通。

當以能配合宅主生辰八字先天卦氣之生旺為準，請讀者依視察情況變化。當以納入生氣為吉為佳，但最後最重要的是配合房間的主人，與其生辰八字之先天卦氣的生旺為準，用之得法，必可催丁、催貴、催財，並能健身及夫妻圓滿。

此引氣路徑之卦氣旺衰也很重要。內卦及外卦我們要求最好它須是生旺之卦，但內方的小門流通的生旺出氣必為衰，外卦則須為生旺之卦。例如A段外卦坎，卦氣7，在目前下元為生旺卦，內卦離，卦氣3，在目前下元為衰死之卦，所以A路徑不符合入旺出衰的開門引氣法則。B段外卦蠱，卦氣6，為旺氣之卦，而內卦隨，卦氣4，為衰氣之卦，所以B路徑也不符合入旺出衰，這代表從大門引入房間的氣為衰氣，故住此房間不吉，遇此情

例1-2

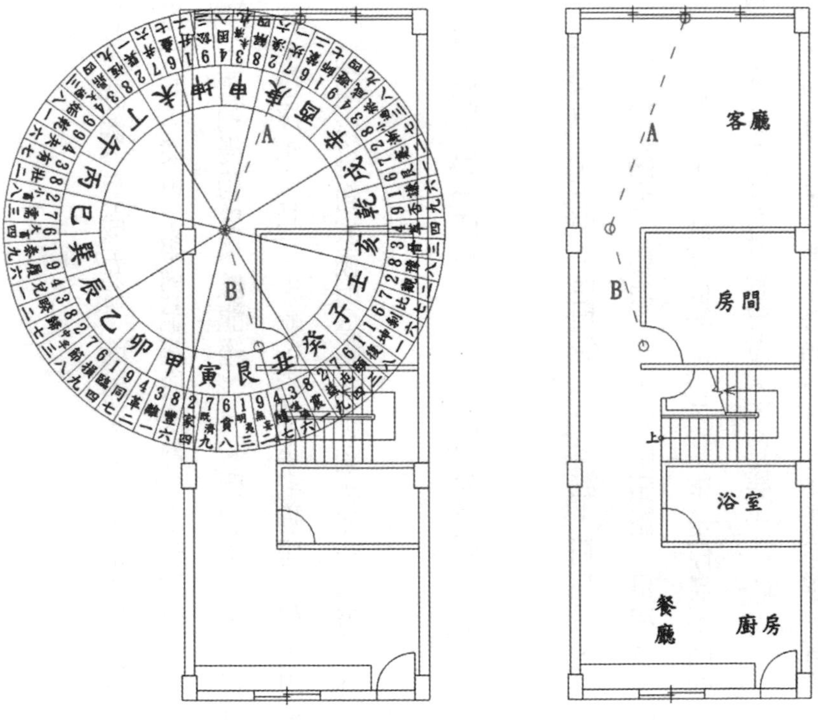

A段收氣：內離外坎　　B段收氣：內隨　外蠱

圖153

況，我們可以調整房間的門位來改善。

五代以後，陰陽五行學說盛行，以陰陽為基礎的觀念形成五行，四方、天干、地支等概念。而各種術數如卜筮、星占、相術、仙術等盛行一時，使風水學理論趨於成熟。當時的重要著作有郭璞《葬經》，南北朝王徽《黃帝宅經》，唐朝楊筠松《撼龍經》、《疑龍經》、《青囊經》，均對後世發生極大的影響。到了唐朝葬地選擇越來越受重視，不論陰宅陽居，對山川形勢，宅墓方位、座向等已非常講究。宋元開始，理學家針對太極與陰陽八卦圖和理論闡釋，卦理被廣泛的運用。

風水大體可分為兩個派別：一是形勢（巒頭）派，另一個是理氣派。形勢著重於山川大地的形勢，山巒、水流與環境的選擇。

理氣偏重於方位座向與陰陽五行的應用：主要有八宅派、命理派、三合派、翻卦派、飛星派、五行派、玄空大卦派、八卦派、九星派、奇門派、陽宅三要派、二十四山頭派、星宿派、金鎖玉關派、玄空六法派。從古至今人類的文化凡是只講求門派高低的，它也一定是停滯不前的，是原地打轉，也是文化倒退的表現，既然能稱得上門派的都有其社會背景才會產生。

而由於人為的添加更異，更使得有些門派早已遠離了原本創作者的理念，如八宅派，有的是以坐山為依據來論生氣、五鬼、延年、六煞……，另有一派，則是以向上來論生氣、五鬼、延年、六煞……。兩者差異極大。另有八宅後天派者，其論法與此更迥異。

又如三合派，有以正五行論長生、沐浴、臨官、帝旺，也有用陰順陰逆陽死則陰生論之，兩者也羞異極大。

一般堪輿最流行的玄空飛星派，也有多種版本，一般常用的運盤，是以當運的九星入中順飛九宮，也有一派運盤是根據陰順陰逆，單數元運為陽，奇數元運為陰，以此排運盤取用陽順陰逆，排出的飛星絕對不同。

星宿理氣消砂也有多種派別，有採用開禧度消砂，認為天星永遠不會變，有採用時憲度消砂，也有用校正的二十八星宿消砂。

至於玄空大卦用於陽宅理氣，有認為大門氣口要取零神為用，另有說法是大門氣口要取當旺正神為用。而現代都會區大樓林立，陽宅的座向如何判斷取用，有認為一律以一樓大廳的門向為座向，有認為以馬路方為向上，也有的門派認為以各戶的門做為向上，如此分別之，則飛星取用大大不同。

又如天星選擇，許多古書強調天星太陽到山、到向，拱照、夾照能解一切凶煞，也有強調地平方位真太陽到山、到向，拱照、夾照，能解一切凶煞，今人也大肆宣揚，真的是這樣嗎？如此學習天星選擇豈不是太簡單了！

堪輿界凡此種種現象不勝枚舉，真是熱鬧非凡，雖然其中仍然有許多共通的相關性。然各有所本，各自表述，在這些矛盾中如何去求得正確的版本，誰是誰非，實非三言兩語可以說清楚，道明白，而且文字說明似有不當，易讓人產生誤解，有興趣的讀者可與作者之服務處互相探討。

宋氏祖居在海南省文昌市昌灑鎮古路園村，距海口約80公里，距文昌縣城30公里。座落在一片果樹環抱的山丘上，周圍綠樹成蔭，環境幽靜。沿著進村的林蔭小道走一百多米就可到達宋氏祖居。現在的故居是一九八五年修復，一九九四年成為海南省文物保護單位。「瓊州百景」評選活動正在火熱進行，文昌「宋氏祖居」暫列歷史文人景區十強之列。從有關方面獲悉，為給海南國際旅遊島建設增添新的旅遊品牌，文昌正在籌建「宋氏家族紀念園」。

走近宋氏祖居就會看到由鄧小平同志所題字的「宋氏祖居」匾額掛在門楣上。室內陳列著宋慶齡的祖、父兩代人使用過的物品，內中也有種地用的犁和耙，挑水用的擔和桶，還有做飯用的鍋和灶等。牆上還掛著宋慶齡高祖、曾祖和祖父的照片、家譜以及一些歷史背景情況的介紹。

據海南省宋耀如、宋慶齡研究會有關人士介紹，「宋氏家族紀念園」規劃已經委託專業機構進行編制規劃，目前進展順利，爭取在二〇一〇年內送審規劃編製成果。這位負責人還透露，規劃中的

（左起）宋靄齡、宋慶齡、宋美齡

宋氏家族紀念園歷史人文景區佔地約一千畝。分佈在海外的宋氏後人表示，等紀念園建成後將捐贈有關宋氏家族保存在海外的珍貴文物及歷史資料。

據悉新設計的宋氏家族紀念園規劃在突出紀念宋慶齡為主題的基礎上，還突出紀念宋氏家族的理念，著重展示宋氏家族的歷史事蹟。方案在現有宋氏祖居原貌前提下，對新宋氏家族紀念館、宋氏家族研究所等板塊進行了設計和定位。建成後的宋氏家族紀念園，將全方位展示宋家成員在各個歷史階段留下的歷史足跡，尤其著重挖掘、收集有關宋耀如生平的各種資料。

專家認為，一座以宋氏家族為主體的紀念館或紀念園的背景下而提出的「宋氏家族紀念園」可以演繹出歷史人文魅力，也將為海南國際旅遊島的建設打造出全新的旅遊品牌，在原有的宋氏祖居上，提出文化建設的全新概念和全新包裝。對於發展海南經濟，推動海南旅遊，聯誼海外華僑，都具有極為重要的意義。

文昌「宋氏祖居」暫列歷史文人景區十強之列

孫中山先生的夫人、中華人民共和國名譽主席宋慶齡的高祖、曾祖、祖父三代都居於此地，宋慶齡的父親宋耀如於一八六一年在這間祖居裡誕生，修葺一新的宋慶齡祖居為當地傳統的農家宅院，由2間正屋、2間橫屋、2間門樓和院牆組成。陳列館設在其中，館內分別陳列著宋慶齡青少年時代、革命戰爭年代和從事世界和平事業以及國內外各界人士對她的深切懷念的史料、照片、圖表、繪畫、仿製實物等。

宋氏家族原來姓韓，宋慶齡的高祖韓儒循，曾祖韓錦彝，祖父韓鴻翼，早先居住在文昌市羅豆烏坡村。高祖韓儒循時遷來古路園村，從此，韓儒循、韓錦彝、韓鴻翼三代都在這裡居住和務農。

這韓氏家族怎麼變成了宋氏家族？從牆上的家譜看出，宋慶齡的祖父韓鴻翼生有3男，即韓政準、韓教準、韓致準。韓家祖先向來務農，生活艱

韓氏近代親緣圖

苦。一八七五年，宋慶齡父親韓教準12歲時，由於家境貧寒，同哥哥韓政准一起跟隨舅舅到美國謀生，後來被舅舅收為養子，從此改姓換名為宋嘉樹，號耀如。後來共生下3男3女，所生子女均用宋姓，依次為宋藹齡、宋慶齡、宋子文、宋美齡、宋子良、宋子安。宋氏姐弟6人，均成為中國現代史上的著名人物，尤其是其中的二小姐宋慶齡及三小姐宋美齡稱得上是中國婦女中的豪傑。

宋慶齡一八九三年生於上海，曾留學於美國，一九一三年回國後任孫中山先生的秘書，一九一五年與孫中山結婚。參加了護國、護法和討伐陳炯明叛變諸戰役。從一九二一年起幫助孫中山改組國民黨，擁護「聯俄、聯共、扶助農工」三大政策。孫中山逝世後，她堅持孫中山的革命立場，繼承孫中山的遺志，與國民黨右派和蔣介石進行了堅決的鬥爭。她曾兩次出席國際反對帝國主義同盟大會，當選為大會名譽主席，為世界反法西斯委員會主要領導人之一。

在抗日戰爭時期，宋慶齡反對蔣介石的不抵抗政策，支持中國共產黨的抗日主張，先後在廣州、香港等地組織「保衛中國同盟」為世界反法西斯戰爭做出了突出的貢獻。宋慶齡從一個民主主義革命者發展成為偉大的共產主義戰士，她是中國人民的優秀女兒，深受中國人民和世界人民的愛戴和崇敬。

么女宋美齡是蔣介石主政時期的風雲人物，一九四三年為了取得美國對中國抗戰的更多支持和同情，宋美齡做為蔣中正的特使，於該年2月訪問美國。成為美國羅斯福總統的夫人的貴賓，在白宮住了十一天。宋美齡優美的儀態、高雅的風度和適度的言談，贏得了羅斯福夫婦的敬佩。在此期間並完成對美國募款的任務，並於2月18日在國會發表演說，成為第一位在美國國會發表演說的中國人。

宋美齡在美國接受教育的背景，美國人覺得這是自己國家培養出來的高雅人才，油然而生出一種自豪感。因此，美國一時掀起「宋美齡熱」，傳播媒介大量報導她的行涵，許多雜誌以她的肖像做為封面。所到之處受到人們鼓掌歡呼，慷慨捐款，支援中國抗日戰爭，美國國會更順勢廢除實行已有60年惡名昭彰的「排華法案」，提高美國華人的地位，這可以說對國家做出了貢獻。接著宋美齡又到加拿大訪問，進一步擴大了中國抗戰的國際影響。

一九四三年11月宋美齡隨蔣中正出席中、美、英三國首腦開羅會議，穿梭於蔣中正和美國總統羅斯福、英國首相邱吉爾之間，充分顯示了外交才華。由於蔣中正不會說英文，居中翻譯協調全部皆由宋美齡負責，羅斯福事後說：「我對蔣先生的印象十分模糊，現在想想，我對蔣先生的認識，幾乎全部是透過他的夫人」。之後邱吉爾對羅斯福說：「這位中國女人可不是弱者」。這也凸顯出宋氏姐妹的才華和國際地位及對國家做出貢獻。

宋氏祖居距南海11公里，深入陸地的位置，風水上取穴的勝妙之處在於其準確的落在了七星嶺與銅鼓嶺連線之後的西南坤方，居青龍、白虎二砂後方最有利的地方，巧妙的格局，左青龍、右白虎的威勢，如巨人般掄起有力的臂膀，左抱右攬，揮動自如，縱横四方。而且其水口方有一

宋氏家族對風水地理的講究和篤信是有一定的程度。

考察團於宋氏祖居內合影左起依序為張方勸、作者入門弟子鄭金鴻、作者、作者入門弟子黃添榮、鄭易貞、黃家瑜、主編白漢忠。

小平原，又有之玄曲折的層層兜攔，甚為緊密，滴水不漏，並不見去水，正為地戶閉之風水寶地，由此可見宋氏家族對風水地理的講究和篤信是有一定的程度。

宋氏祖居前朝廣闊，龍虎之內，堂氣層層回收，銅鼓嶺、鹿馬嶺如蕩開的兩腮，吸水入朝，百砂朝賀。如此一來，看似平常的宋氏祖居，實則得五指山雄渾之龍氣，而盡結於斯，誠為瓊中獨一無二的大富貴地，從說卦傳可知，坤為母、為后，為大輿之象，如此地靈人傑，蔭育出顯赫的宋氏家族。

宋耀如女兒天生麗質，各有其特質。長女宋藹齡愛錢，嫁給了孔祥熙，一生最大的傑作，是成功策劃並撮合了蔣介石與宋美齡的婚姻；次女宋慶齡愛國，年輕時追隨孫中山，成為孫中山的革命伴侶，矢志不渝，任

看似平常的宋氏祖居實則得五指山雄渾之龍氣而盡結於斯。

中華人民共和國副主席，並獲國家名譽主席稱號，被譽為國之瑰寶，么女宋美齡愛權，嫁給了蔣介石，幾乎參與了近代中國政治、軍事和外交等所有重大國事的決策活動，是一位傳奇女性。

與三姐妹比起來，宋氏三兄弟稍微顯得黯淡，但並非無光。宋子文數度出任國民黨政府財政部長、行政院長和外交部長，宋子良、宋子安則縱橫於商界和金融界。人皆云海南文昌宋家出二后一相，及商業金融鉅子，為海南文昌增添了無限的榮耀。

海南島像一顆巨大的橄欖，在中國南方呈西南—東北走向矗立於南海之中。五指山是海南省的最高山，素有海南屋脊之稱。

五指山主峰由西南向東北排列，先疏後密，二指海拔一八六七米，為最高峰。遠觀之，五指峻峭挺拔，高聳入雲。從西南方位，向東北，宋氏祖居就在西南向東北的這條軸線上，五指山巍峨高大，雄峙排列於宋氏祖

1941年日本兵首次進村時曾在此牆上用石灰粉寫上「宋子文之家」，告示部屬注意。

居之後，成為其堅強的祖山。宋氏祖居位於海南省文昌縣昌灑鎮古路園村的一個丘崗上，坐坤向艮兼申寅。屋後有宋慶齡祖母王氏墓，與祖居同一座向。

銅鼓嶺，雄踞宋氏祖居東南方位，在八卦中為巽位。巽位，古稱為女山，而巽為長女，為后妃之象，而且巽為四綠，主文昌。雖然女山還包括離、兌二山，但卻以巽山為至驗。女山高大，主出女貴。具體到宋氏故居這裡，一言以蔽之，女貴有必然之理，虎強龍弱，巽山高於坎、乾諸山，而且兩門都於右邊之白虎位開門納氣，正應女強於男之勢。

再由宋氏祖居的方位上看，二進格局，由兩間正屋、兩間橫屋、兩間門樓和院牆組成，分金立向是坐坤向艮兼申寅，三元坐澤水困卦，先天卦氣四，後天卦運八，向山火賁，先天卦氣六，

宋氏祖居的方位上看皆合乎玄空大卦之體用生成數。

後天卦運八，水口41度，兩門都在虎方。中堂水在頤，左大門萃卦，古井同人卦，祝老亭坐頤向屯卦，皆合乎玄空大卦之體用生成數。

宋氏祖居坐西南坤宮，以易經而言，坤屬老母，為地、為輿、為后，其德為聖載……，其祖居二起二落之門皆開在虎邊，乾為天、為尊，而坤，為后之象，海南地區的風俗，民宅普偏開門都在虎方，所以造成海南島大多數由女人當家作主。這已然顯出風水之妙，是為地靈人傑之顯應，真是天造地設半點不由人。

宋氏家族出自文昌，文昌縣山明水秀，地靈人傑，名人輩出，在郭仁勇先生所著《文昌將軍傳》書中即記述了近代197位將軍，文昌出人才，文昌將軍多，文昌到底有多少名人，確實難以估計。因此驗證出山明水秀，地靈人傑，好風水蔭育出文昌人才輩出。

宋氏家族出自文昌，驗證出山明水秀，地靈人傑，好風水蔭育出文昌人才輩出。

抗戰勝利後，國防部統計全國各縣市將官階級人數，文昌人當將軍的很多，居全國最多的第二位。宋氏的祖居地，文昌人都引以自豪。中華五千年文明史，姐妹兄弟同時鉅富顯貴者，較之宋氏家族，尚無出其右者。

宋氏一族的顯赫，雖不能說絕後，但可以肯定是空前。三個女兒：宋慶齡、宋美齡和宋靄齡，還有三位公子：宋子文、宋子安、宋子良，6人中有4人成為了二十世紀中國政治舞臺上叱吒風雲的著名人物。

風水富豪條件

由上節所述宋氏祖居之風水和海南文昌的將軍，因此可以驗證出海南文昌的好風水蔭育出文昌人才輩出，正是地靈而人傑，山明水秀，因此在風水上能出大富大貴之地，是有其條件存在，本章節就以風水的富貴吉凶做一介紹。九歌十訣之一，風水家以龍、穴、砂、水的十種佳形，謂之有利於財運廣進，立宅安墳得其地，可大富。

歌曰：

一富明堂高大，二富賓主相迎，
三富降龍伏虎，四富朱雀懸鐘，
五富五山聳秀，六富四水歸朝，
七富山山轉腳，八富嶺嶺圓豐，
九富龍高抱虎，十富水口緊閉。

一富為明堂高大寬闊，眾水來朝，如王者坐殿而百官膜拜於廷，有尊嚴氣象。
二富為賓主相迎者，謂主客有情相顧，隨龍護山，承迎真龍主峰。此吉地有緣有福者得之。
三富為降龍伏虎者，左蒼龍、右白虎俱馴伏，護衛而不居傲欺主。
四富為朱雀懸鐘，當謂前山朱雀，宜如懸鐘，靈動渾圓，不可偏翅或擺尾。

山峰秀麗圓潤豐滿主富

九富龍高抱虎，石富水口緊閉。（如上圖）

五富為山聳秀者，謂自發脈至結穴星峰，太祖、太宗、少祖、少宗、父母之山，俱聳撥而秀麗。

六富為四水歸朝者，眾水翕聚於明堂。

七富為山山轉腳，回轉枝腳，相護有情，纏護穴場。

八富為嶺嶺圓豐者，以圓潤豐滿為美。

九富為龍高抱虎者，左蒼龍高於右白虎。

十富為水口緊閉者，來水方大，而出水口小，最好有層層關攔而不易見出水處。

水翕聚於明堂主富

回轉枝腳，纏護穴場

穴前明堂廣闊而收納有情。

風水發貴條件

九歌十訣之一，指有關龍、穴、砂、水的十種吉形；風水家謂之，有此形局可結成貴地。

其歌曰：

一貴青龍雙擁，二貴龍虎高聳，

三貴嫦娥清秀，四貴旗鼓圓豐，

五貴硯前筆架，六貴官誥覆鐘，

七貴圓生白虎，八貴頓筆青龍，

九貴屏風走馬，十貴水口重重。

青龍雙擁，是指主要來龍有隨龍翼護簇擁。

龍虎高聳者，勢雄而力遠。

嫦娥清秀者，謂主山當明媚秀麗而不雜亂為是。

旗鼓圓豐者，謂纏山圓潤豐滿。

硯前筆架，謂朝案之山清秀聳起如筆架之形，主出文貴之人。

官誥覆鐘，謂星峰如覆鐘覆釜之形，圓鼓齊整，主出人封官得誥。

圓生白虎，謂右山馴柔如伏服之狀。

九貴屏風走馬，十貴水口重重。

青龍雙擁是指主要來龍有隨龍翼護簇擁。

頓筆青龍，謂左山聳秀，青翠有神。

屏風走馬者，背後玄武之山形端正方高，大而平整。

水口重重者，水口關攔綿密。

尋龍點穴現場教學實習。

風水致貧條件

九歌十訣之一，是關於龍、穴、砂、水的十種惡形。風水家謂其地品流低下，取之不吉。

其歌曰：

一貧水口不鎖，二貧水落空亡，

三貧城門破漏，四貧水破直流，

五貧背後仰風，六貧四水無情，

七貧水破天心，八貧潺潺水笑，

九貧四顧不應，十貧孤獨獨龍。

水口不鎖，出水口之處其氣蕩散不凝聚，且空蕩無兜攔，隨水流去。

水落空亡者，水口處諸水分流傾瀉如牽牛而去，生氣洩漏無遺。

城門破漏者，垣局不密，水口無捍門山、華表山、羅城禽獸以關攔。水破直來直流者，無會聚之象。又水以彎環繞抱，屈曲之玄者為吉。

水落空亡

水口不鎖

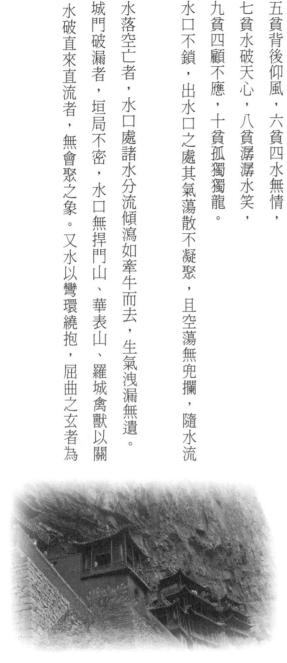

背後仰風者，謂玄武之山中間空缺，呈仰瓦之勢，風吹穴場，氣乘風而散。

四水無情者，周圍水勢，不纏不繞，不朝不聚，反弓背跳。

水破天心者，穴心三分三合之分處，無節包、毬簷分水，後纏之水直泄天心，淋頭而下。

四顧不應者，山不纏、水不繞，潺潺水笑者，溝洫冷泉，崩漏滴瀝。昂首直去無情向穴。（如下圖）

孤獨獨龍，無拱護之山水，只宜寺廟道觀苦守清貧。

四顧不應

風水弱勢條件

九歌十訣之一，是關於龍、穴、砂、水的十種惡形。風水家謂其地無氣融結，取用之不吉。

其歌曰：

一賤八風吹穴，二賤朱雀消索，

三賤青龍飛去，四賤水口分流，

五賤擺頭翹尾，六賤前後穿風，

七賤山飛水走，八賤左右皆空，

九賤山崩山裂，十賤有主無賓。

八風吹穴者，垣局破碎，無隨龍護山，八面來風，氣蕩而散，氣乘風而散，地形草木無生氣。

朱雀消索，謂穴前朱雀無意朝拱，如掀裙翔舞擺尾而去。

氣蕩而散，氣乘風而散

青龍飛去，青龍無蹲伏護穴之情而呈騰走奔瀉，一去不回不眷戀之勢。

水口分流，出水口無兜攔而且分支分流而出，如人走入絕境，為空亡歇滅之地。

擺頭翹尾者，四應不顧，如人拂袖揚長而去，無情向穴，人事俱非，孤軍奮鬥，留不住人才。

前後穿風者，玄武、朱雀不全，風煞直貫直出。

山飛水走者，不繞護穴場無觸聚之象，志向不同沒有共識及向心力。

左右皆空者，青龍白虎不全，凹風吹穴助手不得力。

山崩山裂者，星辰破碎，崩頹破面。有主無賓，謂龍無隨從，穴無纏繞之孤獨龍。

在風水堪輿的條件上有形勢理氣俱佳，山水得運則富貴，山水失運則貧賤固屬無疑，風水賤而人卻富者必遠墳非地，新墳得地其風水主貴而人貧者，必山龍

星辰破碎

得運，向水失運；其人富貴而夭絕者，必旺運已盡，煞運管事；其人貧賤而有丁壽者，必地本非地，而向水得令，有吉無凶。

陰宅所示，不外乎財丁貴，人丁壽考，只要坐山主星莊重，水法團聚，俱在旺運便是，至於科甲則全要看科考之年有文昌，魁星會於坐山，或會於水口，或會於文峰，或會於向中三堂之水上，並與命主有合局，俱主科甲。

如龍穴砂水，縱美好到十分，只主豪富人丁壽考，而文昌、貴人星會不著，科甲終不可得也，所以往往有地非吉穴而亦出科甲者，必是其穴之前、後、左、右砂水上有文昌貴人星相會之故，但發科甲不得大貴，或旋即殞滅，其久與不久，就要看卦運與元運，一元有一元之氣運，一運有一運之用法，當令之運，二十年，一小遷移，六十年，一大更換百八十年，週而復始。因此在風水堪輿學就有諸如歷代皇朝有三元180年不敗之傳說，但是依據三元玄空的學理，元運必有更替，這就是說天下沒有永遠不敗之地。

程子曰：「卜其宅兆，卜其地之美惡也」。地美則神靈安，子孫盛。若培壅其根，而枝葉茂，理固然也，惡則反是。蔡季通曰：「生死殊途，情氣相感，自然默與之通」。而一年又有一年之運，一月又有一月之運，得其法而用之，但看龍山向水合局與否，也就是因人適任在對的地方在對的時間點上去做對的事情或選擇也。

天星垣局與堪輿風水之關係

真正的風水堪輿明師，首先考慮的是龍穴砂水，若是沒有龍穴，沒有堂局，或是砂水反背，沒有地靈的地方，地理明師是不願意造作的。至於現今坊間有些堪輿師只論仙命、山頭、分金、年向，只找空地以合年利、月利配合主事年命所適合的吉時良辰、方向即進行造作，對真正的尋龍點穴亦只是擺擺架勢口頭說說而已，如此豈不誤人家族，可悲之極。

堪輿地理之學，是為觀天文，察地理，尤其在古代針對帝都的選址，均需合三垣列宿，因為京畿重地，是為一國萬方的總樞紐，是行使行政命令，統治萬民，天地至尊的地方。論地理，此處最重要，故必須上合天心，中合紫徽京畿帝王畢駐之垣局，下合真龍正脈的結穴成局。

中國古代為了區分天文星象，將星空劃分成三垣二十八宿。三垣即紫微垣、太微垣、天市垣。紫微垣為三垣的中垣，位於北天中央位置，故稱中宮，以北極為中樞。有十五星，分為左垣與右垣兩列。古代認為紫微垣之內是天帝居住的地方，因此預測帝王家事便觀察此天區，認為此區星象變化可預示皇帝內院之事，除皇帝之外，皇后、太子、宮女等命星皆居於此，若是流星現則內宮有喪，星象異則內宮不寧。

三垣即紫微垣、太微垣、天市垣。每垣都是一個比較大的天區，內含若干（小）星官（或稱為星座），各垣都有東、西兩藩的星，左右環列，其形如牆垣，故曰為垣。

紫微垣是三垣的中垣，居於北天中央，所以又稱中宮，或紫微宮。紫微宮即皇宮的意思，各星多數以官名命名。它以北極為中樞，東、西兩藩共十五顆星。兩弓相合，環抱成垣。整個紫微垣據宋皇佑年間的觀測紀錄，共合37個星座，附座2個，正星163顆，增星181顆。它的天區大致相當於現今國際通用的小熊、大熊、天龍、獵犬、牧夫、武仙、仙王、仙后、英仙、鹿豹等星座。

太微垣是三垣的上垣，位居於紫微垣的東北方，北斗之南。約佔天區63度範圍，太微即政府的意思，星名亦多用官名命名，例如左執法即廷尉，右執法即御史大夫等。

天市垣是三垣的下垣，位居紫微垣的東南方向，約佔天空的57度範圍，大致相當於武仙、巨蛇、蛇夫等國際通用星座的一部分，天市即如集貿市場，故星名多用貨物、星具，經營內容的市場命名。

四貴星垣：亥為紫微星垣，艮為天市星垣，巽為太微星垣，兌為少微星垣。

關於三垣局的創始年代，從古籍來看，紫微垣和天市垣做為星官，首見於輯錄石申所著《石氏星經》中的《開元占經》一書中，而太微垣的名稱始見於唐初的《天象詩》。而且在《史記・

《地理統一全書》紫微垣

天官書》中已載有和三垣相當的星官名稱，天市垣東、西兩藩的星均用戰國時代的國名命名，亦是三垣創始年代的一個佐證。所謂在天成象，在地成形，天星各有所司，各有所主，上有天星，則下映地理，天星與地理的形勢配合，故產生不同的地理龍穴。

《地理統一全書》楊公云：「紫微垣外前後門，華蓋三台前後衛，中存過水名禦溝，抱城屈曲中間流」。廖公云：「紫微西藩星有七，東方八星出華蓋，杜星在後門，天床前面陳，中央一水直進入，抱城九回屈萬山，簇擁書朝迎，拱極不虛稱」。紫微垣為三垣的中宿，又名紫宮垣，主星有十五，位於羅經的亥方，以北極星為中樞。故而出帝王之地，或帝都之地。

古書上記載在穴的周圍，有上將、上相之山峰，分居四垣，有天乙、太乙之山峰，拱照明堂，帳有華蓋、三台，水口華表、桿門多重。天有星象，地有星形，上合天星之垣局，下鍾正龍之旺氣，如此之形局，始能蔭生帝王之始機。故相地之學，須仰觀天文，俯察地理，而後始得其真。

地理蔭生帝王的其他外圍條件：

1、天池：祖山有天池可收天光，日月精華，天然的湧泉，四季不涸，清澈如鏡。

2、羅星：於水口交鎖間所生出羅星者，亦即水口山，必有數重羅星列居鎮守水口方。

3、來龍百尖：穴場後方來龍氣勢雄偉，起伏頓跌，一起一峰，一伏一尖，連貫成多重彎曲如君臨天下之勢。

4、流水百曲：凡來水與去水，連接成近百個彎曲以上者，而成兜攔環抱有情。

5、龍虎生曜：穴前生官星，水聚天心，萬派朝流入駐，人才輩出，集市而貿。

6、貴人登殿山、將軍攔關山、旗鼓山，此三者同時出現者為點兵擺陣有屏障，氣勢磅礴，威武不屈之狀。

7、穴之周圍，有龜蛇、天馬山、華表、高山峰，穴前滿床牙笏者。

一勺子曰：「天地人上共一氣，氣之清者，在天能照曜乾坤，在地能化生萬物，在人能神明變化。氣之濁者，在天為彗孛虹霞，在地為洪水蟲蛇，在人為悖亂愚頑，日月星辰者，氣中之象，山川土石者，象中之氣，人得土氣以成形，浩然剛磊者充塞兩間矣」。

龍之來必須有起伏擺折，有屏障，有枝腳，至結穴處，必須有砂環水繞，內有窩鉗乳突，此等語，人人能說，及至覓地時，拉山抵水，往往皆錯，蓋看地之法，先以形勢為體，理氣為用，形勢一錯，則體非其體，用非其用，無往而不錯矣，以勢為專主，深明龍穴砂水之法，則於地理一道，亦登入堂奧矣。以上具有的外在條件，須得龍脈真穴方能應之，故而堪輿者巒頭形勢為先為體，理氣為後為用，須體用得法，先後有常則方顯其靈驗，本書專以理氣為主，巒頭為輔，讀者對巒頭形勢有興趣可以參考拙作《天下第一風水地理書》。

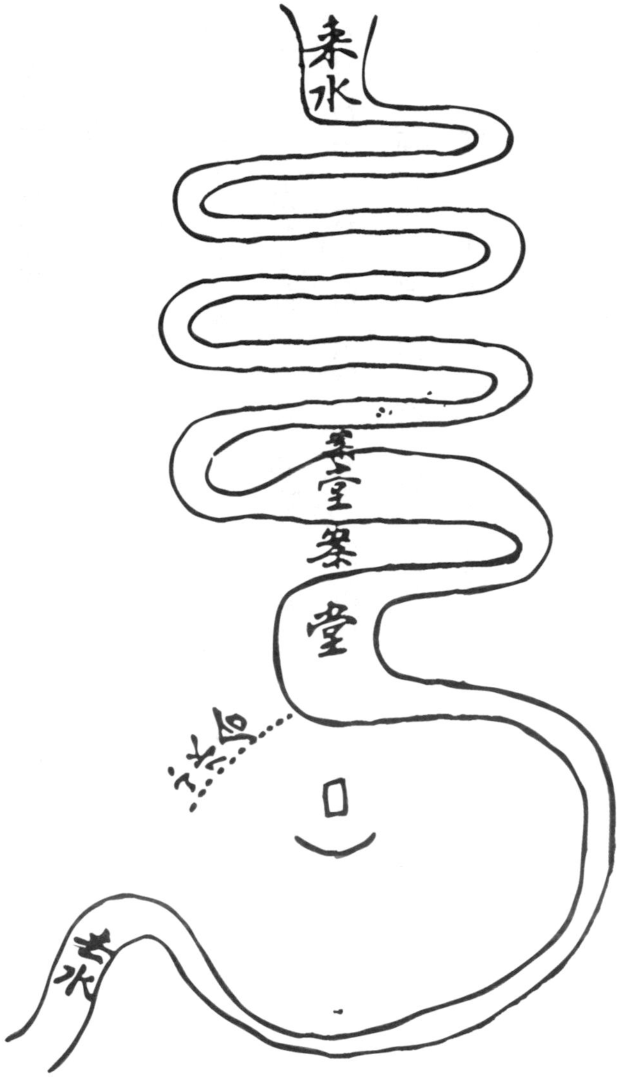

龍來之玄曲折，位至公卿

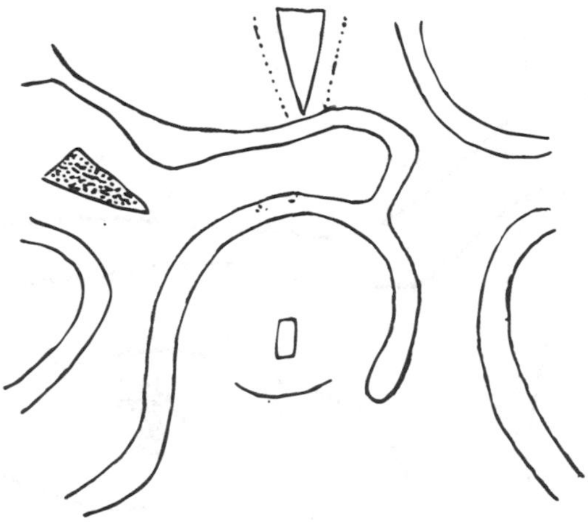

先吉後凶：案前先有環抱水局，過後即有尖射物，故先吉後凶。

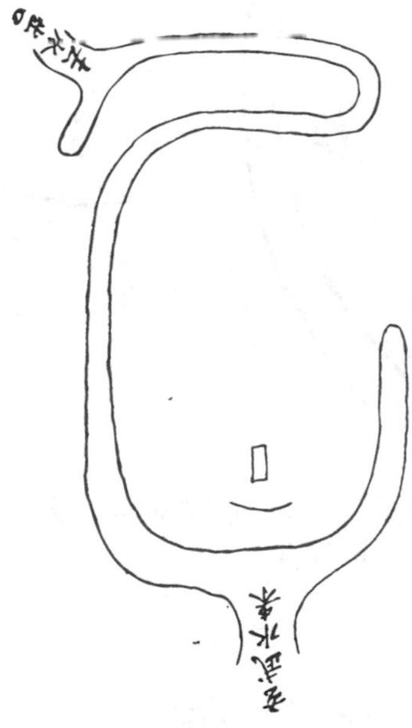

玄武來催，科甲巍巍

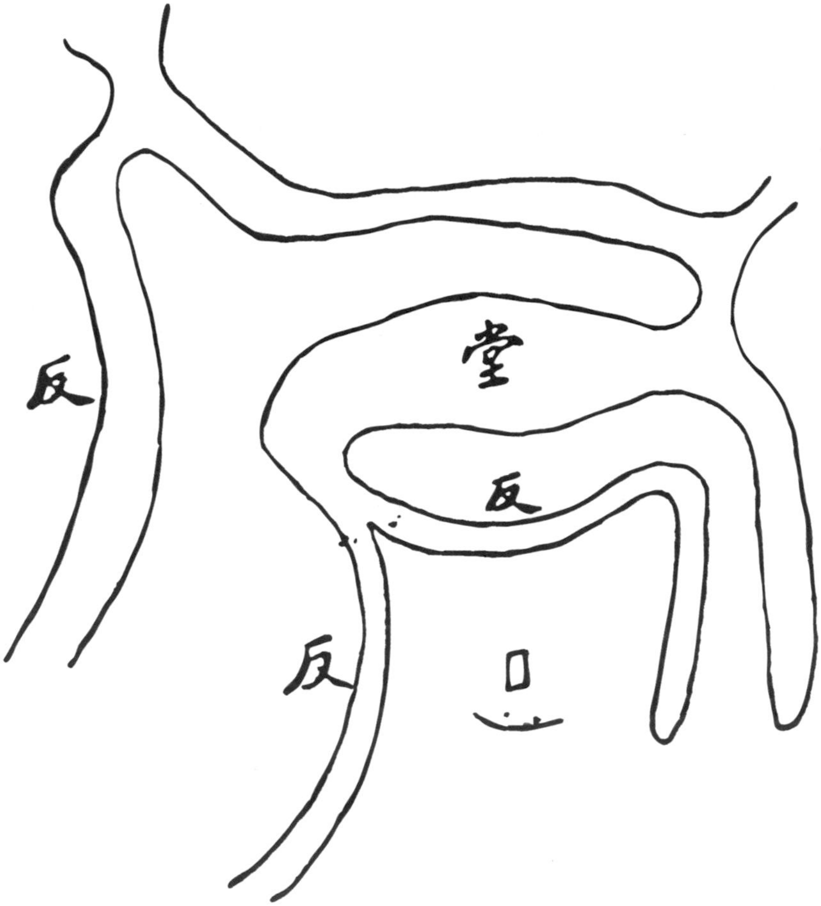

先凶後吉：案前龍方反弓，第一層案前亦呈反弓，第二層案呈現環抱，故而此局是先凶後吉。

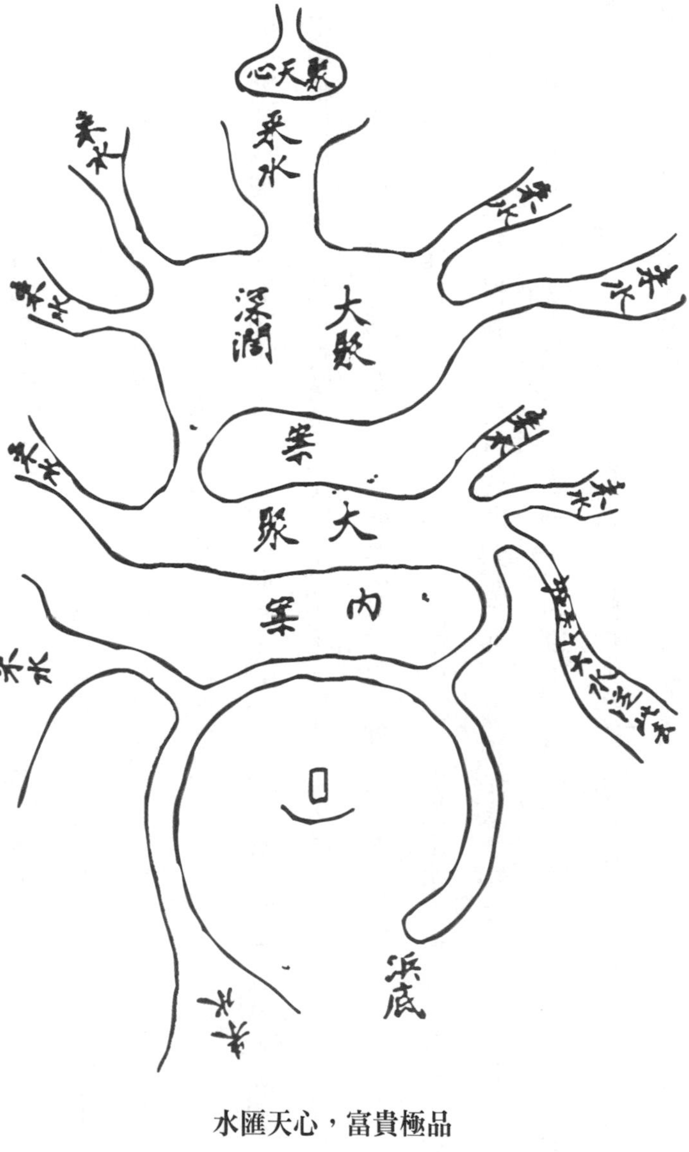

水匯天心，富貴極品

風水與擇日──天、地、人的交互感應

風水的操作不管是陰宅的破土、立碑、進金、造葬、完墳、謝土或是生基壽墳的營造裁剪佈局造作，還是陽宅動土、上樑、出火、入火、入厝、遷徙、修造、開市、營業，或上官赴任、廟宇啟建、修飾彩繪、安神、入廟等動作，除了要有龍穴吉地之外，其實都必須慎重的選擇吉利時辰來進行，此風水上發旺增福、趨吉避凶的效果才會快速而顯著。

時間因素的影響力，猶如化學反應中的「催化劑」，化學反應終究會發生，但如果少了催化劑，則反應將變得很慢，甚至暫時停止反應；風水吉地能使人發福，如果沒有好的時辰配合，則發福的感應不能顯現，所以前賢有言：「發福由其地脈，催福出於良辰」。

時間因素既然是「催化劑」，故吉則助吉，凶則助凶。如果風水之巒頭、形勢、理氣組合起來構成吉利格局，則好的日課更能令發福的效應很快地顯現出來；相反的，如果風水本身為凶，若是不良的風水地加上日課不良，也會因為不良日課的催發之力使得凶禍之事很快加速的發生。

從另一種角度來看，時間因素的影響力也會對風水的吉凶情形產生加強、削弱、補助、抵銷、轉化……等等的作用。我們如果以「開車」來比喻：風水地理的形式格局猶如「汽車」，日課的好壞就如同「駕駛技術」。一輛性能優越的汽車，如果駕駛人的技術很差，則不但不能展現車子的優秀性能，還可能容易出車禍。所以好風水如果選擇了壞的日課，一樣會發生凶事，風水上稱之為「吉地葬凶」；若是一輛性能普通的汽車，如果駕駛技術很好，也一樣能夠平平安安到達目的地。所以造命歌中有言：「不得真龍得年月，也應富貴旺人家」。

《易經》上說：「夫大人者，與天地合其德，與日月合其明，與四時合其序，與鬼神合其吉凶」。擇日之意義乃「各人所得之造化休咎也」，我們從許許多多的實際經驗中發現，時間因素對於人、事、物的演變和發展的確存在著某種影響力，就像大自然四季的變換而有春耕、夏耘、秋收、冬藏的行為，其深層的意義，也就是「在對的時刻、對的地點、用對人，做對的事」這個道理一樣的。

如相對等的人處於相同的地方，並且也謀營相同的事物，會因處理事務的時間點不同，或是不同的人來處理相同的事物，就產生了好壞吉凶截然不同的結果，或者相對等的人，在相同的地方（如僅在樓上樓下，或只在隔壁之遙或僅只在對面之距）謀營了相同的事物，往往因為謀營創業開市起跑點的時間不同，就產生了成功與失敗的不同結果，或是在相同的時間，相同的地點，而謀營相同的事物，但只因謀營的人及方法有所不同，就有了吉凶成敗的差距性，這使人們發現因地球不同地點磁力場產生的時空變化，將使一個人或家族運氣，及謀營的成果產生不同的現象。

如何有效掌握到好的地球磁力場（能量場）是個人謀營成敗的關鍵。擇日之法是在探討時間推移運行的效用，也就是「天時」之意；風水上巒頭理氣之吉凶旺衰則為「地理」之意；而吉凶效應將作用在何人身上，是男還是女？是父母還是子女？是老大、老二還是老三？是長官、同事或是部屬，則反應出「人和」的現象。所以風水學與擇日學整體配合應用也就是體現了「天」、「地」、「人」三才涵融一體、天人合一交互聯動效應的感應。

觀音山尋龍點穴

最早的擇日——奇門遁甲術

最早的擇日天文學，相傳始於黃帝與蚩尤之戰，據說黃帝因得九天玄女授陰符經奇門遁甲之術，命風后演奇門遁甲制式，上層象天而置九星，中層象人以開八門，下層象地以分八卦而得以大敗蚩尤於涿鹿，故而奇門遁甲係為兵家之運籌帷幄決勝於千里之外的思維準則，上可輔國安邦，下能便覽營謀，是為帝王將相之學，史記曆書言：黃帝考星曆建立五行起消息，正閏餘並使羲和占日，常儀占月，臾區占星氣，車區占風，伶倫造律呂，風后演奇門，大撓作甲子，棣首作算數，容成總此而作調曆，故而可知天文奇門遁甲絕學創始於黃帝，是為帝王將相之學，大可容於運籌帷幄之機宜，小含進退攻防之妙算，其大可範圍天地而不過，小可曲成萬物而不遺，是為密術中之密術，不管任何事物僅在一線之隔就可立判吉凶，而好壞自有分別。故而方位無全吉，亦無全凶，是吉中有凶，凶中有吉，陰中有陽，陽中有陰。

擇日造課猶如人之再次造命，上乘天之日時，下可擇地之方向，故奇門遁甲上可乘天之日時，下可擇地之方向，以術奇門為天時順逆之判，而以行趨吉避凶之法，而法奇門是藉由道家之神通奧妙之術以施法行籙，步罡踏斗，以為避難潛身謀營之用，故而奇門遁甲術自黃帝以後，歷代王朝皆視為不可輕傳之治世密學，並嚴禁民間百姓使用，如唐朝皆設有禁令，尤其是明朝開國皇帝朱元璋即位後，深深體會到成敗僅在一線之隔，並思及得天下之時借重劉伯溫之力甚多，劉伯溫是精通奇門遁甲術之高手，朱元璋深知能通天文星象之學者絕不可輕忽，尤以奇門遁甲更為奇特，因此下詔禁止民間學習天算，違者處以極刑，致使奇門遁甲之學幾乎因而失傳幾廢喪失殆盡，因而本人曾製天星奇門遁甲擇日軟體，以為開啟承先啟後之作用，並藉以融入了民間普通所使用之三合擇日通書法，及西洋天星擇日，並結合了果老星宗七政之術與太陽到山到向及黃道十二宮，和易經玄空大卦秘學三元卦影之先天卦氣、後天卦運擇日學的應用。

謀營之人以此來選擇吉日，有好的能量場，與其人出生年月日時之命運軌道發生共構，進而轉化為新的能量場，與主事的本命卦產生相通、相生、相應的聯動效應，因而改變運勢，使得主事者的命運如同再造一樣，使其良辰吉時的諏取能以分為單位，進而突破傳統以兩個小時120分的小時為單位的擇日法，祈以此為拋磚引玉，帶動五術之學的精密化、科學化及實用化，讀者對此方法與軟體有此興趣可與本人服務處聯絡。

因開市創業之時日，如果可與自己本命出生年月日時相通而相生的話，將可藉此使您掌握到地球的好的磁力能量場，而儲存自身的電能磁力以增強自己無形的實力，以達有效的發揮潛能，並藉而改變運氣而扭轉劣勢以為改善命運之效。

地理堪輿祖師楊救貧云：「年月要妙少人知，年月無如造命玄，天機妙決正值千金」。晉郭璞景純先賢亦曰：「天光下臨，地德上載，藏神合朔，神迎鬼避」。此為先賢對擇日學之妙用與功能之釋述，古書亦云：「地靈鍾山川之氣，佳期奪日月之光」。由此可見擇日學與人謀營之吉凶好壞的關係是密不可分，故而不可不謹慎使用擇日之學，因此除了奇門遁甲制式而外，亦應知曉並且謹慎的推算出天星運轉之週期、時間與位置。

古之《計倪子》云：「太陽三歲處金則穰，三歲處水則毀，三歲處木則康，三歲處火則旱，故蔽有時，積餘有時，領則決萬物，不過三歲而發矣，以智論之，以決斷之，以道佐之，斷長續短，一歲再倍，其次一倍，其次而反，水則資車，旱則資舟，物之理也。天下六歲一穰，六歲一康，凡十二歲一飢，是以民相離也。故聖人早知天地之反，為之預備」。

此為古人研究木星對地球、莊稼和人們的生活影響所做的闡述，因此可知我們的老祖先自古就已知，木星繞太陽一圈為十二年的現象，現在科學家測算而知為11.86年，即11年又315天，這與古之十二地支為十二年，做為算年之紀年相合，而「計倪之」是研明木星運轉到什麼方位，便對地球產生不同的好壞影響，十二年之中有三年會風調雨順，有三年水災，接著又有三年風調雨順，三年旱災，十二年中有兩個豐收年，一個饑荒年，聖人早就知道這個道理，所以應提前做到對救災的準備。

順天應人選擇良辰吉日

人命若得出生年月日時所計算出紫微與八字之吉則富貴綿長。而擇日造課之法猶如人之再次造命，而且本命與風水地脈吉地和天星射入的角度做一個結合，而產生的共構，使天地人三才合一涵融為一體的法門，是為上乘天之日時，下擇地之方向，進而奪日月之光，正是天光下臨，地德上載，藏神合朔，神迎鬼避，人合其德，招吉納祥。

擇得日課之吉，再與本命相應則發福悠遠，意謂天時與地利與人和配合應用之道。如農家栽植花草種五穀雜糧水果蔬菜，若非得其時，則不能發育成長開花結果。地球運行而形成四時八節，春為暖氣，枯木逢之發芽，夏為熱氣，草木逢之茂盛。秋為涼氣，草木逢之葉落。冬為寒氣，草木逢之枯萎衰死。一年四季天氣之運行，萬物之變化，天地循環，順乎自然，擇日之道正是運用天地運行之法則而不可違背天道，是為順天應人合地之理也。

古云：天不得時，日月無光。
地不得時，萬物不生。
水不得時，風浪不靜。
人不得時，利路不通。
鬼不得時，地獄不超。
神不得時，求之不靈。

擇日哲學演自周易，至今其用宏深綿遠，擇日之法意以使人能避禍趨福。「發福由其地脈，催福出於良辰」。擇日如有不當，有好的龍脈寶穴亦不能發福，甚至產生禍端亦時有所聞。《葬經》：「天光下臨，地德上載，藏神合朔，神迎鬼避」。道出千古選擇良辰吉日之宗旨。

現今經濟發展科技資訊日新又新，社會環境比古代複雜許多，不管是在國防、科技、經濟、貿易、交通、資訊、文化和日常生活上的訊息等等都大量採用電腦、網路從事一切運作，市場變化尤其神速，國與國之間的距離拉得愈來愈近，是為地球無距離的地球村資訊時代來臨。

華人遍及世界各地，不管是商業投資、設廠、移民、旅遊等，處處皆有華人的訊息，因此中華文化思想和生活習俗亦遍佈在世界上的每個角落，被廣為流傳及受到相當程度的重視，並應用在日常生活上。

傳統的易經思維及由易經所衍生出來的卜卦、論命、擇日、陰陽宅堪輿等玄學，也普遍的被廣為應用在華人及西洋人的日常生活中的訊息傳遞及擇吉運用。

坊間普遍應用在論命或選擇良辰吉日的神煞起例來自於干支，若干支的排列不同，必然產生選擇日課上所排列出來的八字完全不同，故吉凶的剋應也必然不同。這個重點是使用干支選擇的學者極要注意之要點。

奇門遁甲——掌握時間與方位

風水理論既是古代祖先在長期的社會實踐中於生活實驗的總結，也是對於複雜現象的認識之歷史侷限的紀錄。觀物取象的創作特徵，其中所謂「觀之物」乃是觀察自然生活中具體的事物，所取之象，則是類比這些事物成為象徵的意義。如卦象，乾為天、坤為地等，即是此八卦兩兩相重出現的六十四卦，並產生卦形所寓哲理的卦爻辭。

風水的流行是來自於天人感應的福蔭觀念，其實它在環境選擇、陽宅居住和陰宅卜葬都有很大的影響關係。也根據不同的環境，水流、峰巒、河流、通道，去做合理的、自然的順勢安排造作，使其達到更好的組織安排，佈置合適。

陽宅首先強調的是本宅位置，周圍環境來路、方向、氣候、地形、地物和有關的建築物，以此來建構有利於人們生活和生產的室內外景觀生態。室內的合理佈置生剋配合也可讓人心理上一種美的感受。要求山明水秀，氣勢雄壯的山川，更要考慮到它的選穴位置與周邊環境因素的配合青龍、白虎、朱雀、玄武、明堂的結構，和水的來去論述等環境因素。

這只是從景觀心理去認識。最後則是考慮時間與空間的配合。最佳的時間組合之一，就是「奇門配合天星及玄空大卦擇日法」。

龍之來脈起伏、頓跌、曲折、轉動，變化不一，必須要合天地定位，山澤通氣，雷風相薄，水火不相射，並一六共宗，二七同道，三八為朋，四九為友之生成數及卦之反對，合五、合十五，或一三通、七九通，或二四通、六八通等格，或生入、剋入等。

來龍與坐山合得生旺則吉，逢剋坐山則凶，謂之死絕，斷不可用。如生旺，金生水，水生木，火生土，金對金，木對木，火對火等則生旺也。死絕者如來龍剋坐山又逢休囚是為衰敗。因坐山生剋來龍則必受泄氣。

選擇日課採用「奇門天星及六十四卦大玄空擇日法」，也一樣必須要合天地定位、山澤通氣、雷風相薄、水火不相射，並一六共宗、二七同道、三八為朋、四九為友及卦之反對，爻的反對等格，或一卦純清，或合五、合十五、合相通之取用，合生入、剋入之象，各取生旺為佳。天時與地理達到完美的組合，如此之數又當與主事者出生年月日時之卦氣卦運命格五行的生剋制化產生良好相應，為天地人三才各得吉卦才是造福主家的正確方法。

玄空大卦奇門六十四卦擇日法

奇門遁甲傳奇性的膾炙人口，是中華民族的精典著作，號稱帝王之學，又為奪天地造化之學，也是以天體運行和人之謀為與地球運動規律為標準的科學巨著，先賢很奧妙的將地球的磁場就勢而為的以化繁為簡的植入式的隱藏在奇門遁甲之中，進而可深奧而精準的揭示出宇宙間人、事、物、地的發展變化和所遞演的自然法則規律。

奇門遁甲的結構獨特，其理論應用天干、地支、八卦、九宮、八神、九星、奇儀、八門等元素，來判斷及利用時間、空間以為掌握勝負關健的法門，並以人、事、物之對待關係的相應之理，而分辨出主與客之對待呼應之道，並善用自然的力量（能量與磁場）來掌握先機，以反客為主，反敗為勝，以少勝多扭轉乾坤的樞機，以主導運勢而掌握時機，並而增加地理龍穴的能量，以及主家的氣勢、人緣，永遠將主事者處在最有利的方位，進而運籌帷幄，決勝於千里之外。

奇門遁甲自古係為兵家運籌帷幄決勝之思維準則，上可輔國安邦，下能便覽營謀，是帝王將相之學，大可容於運籌帷幄之機宜，小至含攻防進退之妙算，其大可範圍天地而不過，曲成萬物而不遺，是為密術中之密術，可乘天之日時、擇地之方向，藉術奇門以為天時順逆之判，以法奇門行趨吉避凶之法。

因此奇門遁甲基本上是一種可以供我們掌握「時間」、「方位」，從而能有效掌控對自己有利的天時、地利、人和的條件，是一門以小搏大，以少勝多，以四兩撥千斤的神秘之學，可以讓我們在最短的時間內，以最快速、最有效、最精準、最神秘而不讓人知的方法，達成實現您的願望，是一門化不可能為可能的學問。

現代社會競爭激烈，人際複雜，因此生存在這個時代想要脫穎而出，以及讓您永遠立於不敗之地，除了智慧以外，當然要靠自己加倍努力不懈的打拼與奮鬥，然而當您比別人付出更多的時間、金錢與腦力、精力和體力之時，而所擁有的成就卻比別人少的可憐，這時就應該要注意您的陽宅、陰宅和行事方位、方法和時間點，並進而選擇不同的方位即時間點，或行事風格、策略的改變，並配合待人處事之道，以為改變的人生方向。

環顧我們周遭的環境，擁擠的交通讓人覺得危機四伏，或是壓力太大有喘不過氣的感覺，並而常有出行失事、求職失意、投資失誤、生意沉浮、買賣失算、升遷失利、考試迷惘、子女學業不佳，或子女行為乖張叛逆、旅遊出岔、愛情不如意、身體違和、家人不和諧、出外不得人緣、購置房地產出差錯、家宅居之不平安等種種的煩惱常困擾著我們。

當您面對了人生這許多不盡如意的事務，更需要有正確的分析、判斷，而筆者在書中所述的玄空大卦與天星奇門遁甲正是配合時間、方位的所謂天時、地利、人和的掌控，以為改變人生逆境的學術，不論在任何角落，或者是進行風水佈局，都可運用以及掌握到天地自然的好磁場，而發揮其最神奇的功效，即使在不利的情況下，也能做出明確的抉擇，讓您轉敗為勝。

奇門遁甲如何組成

奇門遁甲的占測主要分為天盤、八門、地盤，象徵三才。天盤的九宮有九星，中盤的八宮（中宮寄二宮）佈八門，地盤的八宮代表八個方位，靜止不動，同時天盤地盤上，每宮都分配著特定的奇（乙、丙、丁三奇）儀（戊、己、庚、辛、壬、癸六儀）。

這樣根據具體時日，以六儀、三奇、八門和九星排局，來占測人、事、物的關係、性狀、動向、剋應，以為擇吉時吉方之依據，就構成了中國神秘文化中的一個特有的門類——奇門遁甲術。

「奇」就是乙、丙、丁三奇；「門」就是休、生、傷、杜、景、死、驚和開八門；「遁」是隱藏的意思，「甲」指六甲，即甲子、甲戌、甲申、甲午、甲辰、甲寅。遁甲是把這六甲遁起來，而這六甲之甲代表是為君、為王、為領導者，是為神龍見首不見尾，正如行軍，主帥行蹤需隱密不應讓人知道，故須遁藏，此為奇門遁甲之精髓，因此奇門遁甲就是由「奇」、「門」與「遁甲」三個概念組成。

「遁甲」之甲是在十干中最為尊貴，它藏而不現，隱遁於六儀之下。「六儀」就是戊、己、庚、辛、壬和癸。隱遁原則是甲子同六戊；甲戌同六己；甲申同六庚；甲午同六辛；甲辰同六壬；甲寅同六癸。另外還配合蓬、任、沖、輔、英、芮、柱、心、禽九星之佈局。

八門、九星、八神的擇吉運用

一、八門的運用

開門：在乾（西北方）其數為六

開門代表四通八達，是為公開、開放、開創、開始、開動、開朗、開明、打開門面、門市、開幕、開始、開動、出行。在西北方五行為金，在戌乾亥，感應於九、十月間戌為火庫，亥為根核，是為萬物殺盡而收斂之時，但萬物殺盡而收斂，其生機獨存，故而也是復生之時，而在乾卦中，乾納甲壬，乾為金，甲為木，壬為水，是為金動生水，水生木，而萬物之道生焉，故開門為大吉之門，為萬里晴空，天高雲淡的天氣。

開門是一個吉門，適宜見貴人、經商謀利、修繕、起

杜門（木） 東南方巽宮 技術能力	景門（火） 南方離宮 企業文化	死門（土） 西南方坤宮 固定資產
傷門（木） 東方震宮 競爭能力	中宮（土）	驚門（金） 西方兌宮 廣告能力
生門（土） 東北方艮宮 創利能力	休門（水） 北方坎宮 整合能力	開門（金） 西北方乾宮 開拓能力

厝（建屋）、升官、發洋財及利於畜牧、升遷、駕駛、手術順利之象、遠行、婚娶、開張、求財等，取開門辦事為百事吉利亨通。代表出行、飛機場、跑道、高大建築物、圓形物品、高大、高亢之地或建築物、坦誠無私、通情達理、為獅、虎、豹、馬、龍、天鵝。

運用開門的良好氣場常人會有好的後代，凡須公開進行之事，或演唱、表演、開會之公開場合。坦誠無私，開誠佈公，或公開發行之事，應用此方都會有良好的表現與結果，若為私謀、密謀或秘密行動，反致凶咎不吉。

因此如能應用開門的良好氣場能量，對於建造新宅或修造房屋，或畜牧業、飼養豬、牛、馬必定是又肥又壯又賺錢。甚至對於養蜂蜜的收成也很有幫助，可以大發利市。國際貿易方面可大發洋財，達到利市三倍之效果。常得此門吉應的陽宅和陰宅必會孕育出良好的後代，子弟或兒孫，人才輩出，人丁興旺，對於當官或任職、求貴之人則有升官而富貴榮顯之應。

休門：在坎（正北方）其數為一

休門五行屬水，是百霜雪之寒，純陰之氣，玄武之精，三光不照之處，鬼邪所居之所，是為至陰之地，是為寶瓶宮，一陽復始之初，返本還原之處，且萬物以水為生氣而發招於外，以水為死氣，收斂歸根而藏精於內，故為吉門。代表休養生息、休閒、懶散、休息、休剋、靜止、休止、死亡、調養、整理、退休人員、營養師、睡覺的人、安然、漫不經心、半睜眼半閉眼之人、不慌不忙、氣定神閒之人。

代表休養生息、懶散、碼頭、公園、酒吧、娛樂場所、蝸牛、毛毛蟲、水牛、黃牛、棲息在沼澤中的動物、河馬、水草、調料、布匹、鬆軟物、海綿、芹菜、黃瓜、白菜、蘿蔔、電冰箱、冷氣機、洗衣機、電風扇、下雨天、星期天、假日、海濱、臥室、客廳、療養院、水池。

休門是吉門，代表安定、平安、適宜休息聚會、拜師習藝、和解、經商、嫁娶、參謁貴人、移徙、上任、營建修造、利於祭祀搬家、休閒娛樂，美容、美髮，但不利於行刑斷獄，更不可出兵，應以靜制動，以守成靜止為佳。

因此若使用此方位來祭祀祖先神佛、修理房屋或建造新屋、搬家、上官赴任新職必定是富貴顯著。而且會使子孫的運氣變好，並有增加房屋田園之好運勢，故本方位的運作有利於增加收入，靜靜的低調的賺，或低調的休閒生活享受。

生門：在艮（東北方）其數為七

五行屬土，天開於子，地闢於丑，人生於寅，天氣到此為三陽開泰，是舊的老的結束，新的、新生的開始。是新舊的交接點，替代交接點是延續工作生產製造者，生意人、經理人、領導人，忠厚樂觀進取向上。萬物皆生，故為吉門，代表生意、生長、活潑的物，一切生物、生育、誕生、新生事物、生生不息、生動活潑、生意人、變動性、活動性、有來有去的、來來往往沒有休止的現象。學生、學習、勞動者、從事金融機構。

生門是吉門，若應用得當可使一切不良事務（物）消失，並可得異性朋友的物質幫助，宜婚嫁、求財、謀事、見貴、治病、上任、土木建築、營建修造、入宅、婚姻、播種、比賽。因此，如能應用此方位的有利條件去辦事，將會於三年之內求子得生貴子。對婚姻及播放種子、種植、改良品種，及進行土木建築、遠方的買賣、貿易得以順利進展，故可發財並使運氣好轉。而且會有利於後代子孫的繁衍，消災納福，運氣變好。星為雲露蒸騰、陰天。代表一切會動的生物、植物，日常生活所需用品、商品交易場所、交易市場、房屋、橋樑、街道、農場、股票買賣之象。

傷門：在震（正東方）其數為三

傷門為東方發動，正值春分之氣，為太過，外華內虛，華而不實，五行屬木，凡事過而不及，春分為萬物復甦，嫩甲不能擋霜露之寒，代表傷心、傷痛、傷疤、傷痕、殘疾、傷殘、做過手術的部位、手術、醫生、拉傷、扎傷，或破裂不完整的物質，消耗、妨害、漁獵、賭博、索取、格鬥、軍警、討債人、駕駛人員、手術、外科醫生、手術受傷部位、震驚、醜陋、捕捉。代表響聲、震動、格鬥、競爭對手。為雷電、大風、早晨、青綠色，或危險環境，破壞的道路，懸崖、兵工廠、化工廠、危險物品存放處。仙人掌、刺刺的、玫瑰、刀劍、剪刀、針鎗、武器、炸藥、毒氣、使人傷亡的物質、吹大風，或有雷電的天氣。

傷門是凶門，若在此方位出入或辦事容易得病遇災受傷，招惹是非。但對於收款索債效果很好，又宜於打獵和捕捉盜賊。傷門有破壞的本質，若能運用傷門的能量場來追捕犯人，或者用來討債還物，賭博或收取貨款是一個極其有利的方位，故傷門宜捕獵、賭博、捕捉盜賊、索債、收斂財貨。不宜經商、營建、埋葬、嫁娶、上任。大凡喜事、吉事皆不可用。

使用傷門搬家或變換職業，或變換工作場合，會使人或家畜感染疾病、致使家畜死亡，或家中招致盜賊、火災，夫妻爭吵，被動物咬傷或被刀傷易患眼疾、中風、難產等。

杜門：在巽（東南方）其數為四

杜門五行屬木，在東南方巽宮，是陽木值夏季茂盛之時，因此時是津液已泄，陽氣亢極，一陰將至未至，為力屈欲收斂而不能收斂，欲生旺而力已竭，欲振乏力，故為小凶之門。為阻塞、阻止、限制、閉塞、保密不通、杜絕、隱蔽、滯留、延緩、出入困難、不通暢。但一切可看到、體會到、感覺到的、意識到的、文靜內向、心平氣和。為技術員、聾啞之人、安全保密人員、氣功師、心理學家、神職人員、神秘人員、獄警、循環係統不通暢、夜行動物、老鼠、貓狗、貓頭鷹、蚊子、苔蘚植物、樹整排密密的、瓶蓋、被子、頭蓋、帽子、堤防、圍牆、被隔離的區域、籬笆、閘口、門檻、交通擁堵。

杜門代表希望、理想、慾望、目標遭到堵塞或隱蔽，宜潛藏、休養、逃亡、捕盜剿賊、抓捕犯人。杜門雖列入凶門，但偏於平門，也可出行，謁貴，宜於躲避藏身。杜門有閑塞阻滯之義。

因此凡事使用本方位，就好像用手去堵住水流而使其不能暢通，或使事情延緩，代表凡事行不通之象，但是對於追捕惡人或捕抓逃亡盜賊，或自己想潛逃而遠走高飛時，這是一個很好的方位或方法。是為氣流、氣壓、氣旋、空氣悶熱、不流通、出入被塞不能進出。

景門：在離（正南方）其數為九

景門五行屬火，位居南方夏令，正值離6月之域，因夏令之氣萬物狀大，為將老之時，是為陽盡之時且與坤之死門相近，是盛極而衰，但星為內外文明，上明下亮之方，主火光漂亮，風景、景色、景氣、願景、前程、光明、火電、文書、信息、照明、圖片、相片、藝術品、證書、合同、書籍、文明、文化、文書、投影機、煙花、廣告、文學家、煙火、爆竹、霓虹燈、花卉、盆景、銅器、燒傷、燙傷、美容、化粧、彩色、娛樂、風景旅遊區、旅遊者、公園、繁華熱鬧區、廣告、策劃、信息、通信人員、文學位、脾氣火爆而卻是知書達禮、電影院、歌廳、裝飾品、孔雀、雉雞、觀賞動物用品、漂亮、豔麗的東西、晴天、熱天、中午炎熱。

景門代表華麗，宜上書獻策、並利於發表文章、選拔人才、突圍破陣、訪問社交、人際溝通談判、遊戲競賽、考試、面試、簽證、凡欲他人加深對自己良好印象者，或對希望的事務（物）想促成，皆可應用此門之良好磁力能場。運用此方位對於您所希望的事可助您達成願望，或者對於派遣使者所做的訪問事宜，或者對於演藝事業的發表、演唱會、用來增加人氣的旺盛，或想藉此來消弭災難，這是一個很好的方位。

若想要加強聲譽、名聲、求名、考試、升學、嫁娶，或上書獻策、選拔幹部、熱鬧活動，皆為適宜。惟不宜營建，但可修繕。

死門：在坤（西南方）其數為二

位居西南坤宮，五行屬土，秋天之候，天地肅殺，自此而始碭，是為草拂色變扶搖落葉，是天地令行大肆肅殺之威，故代表不靈活，沒有變化，死氣沉沉沒有生命，固定住不能動或不能改變，不可周轉，死板固執的不能變通、執著或固定不能動、周轉不靈、死板板、不同救護的人、腫瘤病灶之位、屍體、標本、乾枯、樹木、同金塑神像佛像、木偶玩興、有體無魂、凶器、刀劍、百鎖、墓碑、停屍間、鬼、斷了念頭、訊息全沒、音信石沉、死心眼、死不認帳、墳墓、保守、穩重、死亡、空房、死氣沉沉、結束、最後、最終、吊喪、歷史性的、沉著、固定不可變、遲鈍、沒有活力，代表雲露雨陰暗的天氣。

死門是一個凶門，代表停止、保守、靜止，因此不宜積極用事，但與死有關者，可逢凶化吉，宜弔喪、送葬、行刑、處罰死刑、捕獵。出入此門，百事皆凶，忌出行、修造、嫁娶、謀事，否則傷人損財。

因此若在死門的方位來蓋房子或修繕，會使得家中死氣沉沉，尤其是宅中之女性有妨母及剋女之象，家人因而不容易相處，婦人容易發生產厄意外，若是在職之人則容易被撤職。宜漁獵，行刑，吊喪。

驚門：在兌（正西方）其數為七

驚門位居西方兌宮，五行屬金，值秋令萬物俱老，物之氣數蒼老，本無生氣，如人之臨老而頓覺老之將至，警嘆時不我予，歲月不饒人，故為吃驚、詫異、驚慌、恐慌、驚恐、驚嚇、心悚肉跳、坐立不安、忐忑不安、驚心動魄、驚魂未定、目瞪口呆、心事重重。疑心疑慮、心律不整、呆板吃驚、嘴閉不上。有點口吃、哮喘之人、蟋蟀、青蛙、麻雀、蟬、善於鳴叫的一切生物、松樹、電話、電視、樂器、鞭炮、含發聲的物件、音響、鬧市、汽車噪音的街道、警察局、操場、雷電齊鳴的氣候。

驚門代表緊張惶恐、急躁不安，宜捕捉盜賊、興訟、謀詐、設疑，或伏兵或反間而蠱惑亂眾，選舉之不實抹黑、掩捕盜賊、鬥訟官司。驚門為凶門，吉事皆不可為。不宜出行謀事，否則必遇驚恐；但宜尋求走失，追捕逃亡。驚門為金神，臨三（正東方）、四宮（東南方）主大凶。驚門驚惶憂懼，多生怪異。凡事不可用，用之易發生與人打官司而招致刑罰，或產生驚恐害怕之事。

二、九星的運用

天蓬星：其數為一，是為貪狼星

天蓬星又名貪狼星，位居坎宮，五行屬水，故流動性強，主聰明、智慧、胆大妄為敢於冒險、多情慾。貪狼代表與酒色有關行業，或頭髮蓬鬆、運輸有關之行業、娛樂行業、黑社會、建築業。或為陰天、雨天，多雲的天氣，或雨具、雨傘、船車、冬天、黑夜，或四面透光的房子，或水生植物，或暗中行事，或高智慧的犯罪行為。破了門窗的房子、有蔓藤纏了的房子、四面通風的房子。

書云：訟庭競爭遇天蓬，勝捷名威萬里同。故宜安撫邊境，修築城市。亦可用揮兵大勝。春夏用之皆為吉，秋冬用之利主不利客，會使士卒死亡，是為半凶之星。對於嫁娶遠行皆不利，修造埋葬亦間空。須得生門同丙乙，用之萬事皆昌隆。

因此天蓬星若加生門又遇乙奇、丙奇縱反伏吟亦可消災而無惡事之發生。

天蓬為水賊，所入之宮不宜嫁娶、營造、搬遷、旅

巽 天輔星 文曲星 木 溫文儒雅	離 天英星 右弼星 火 烈火炎炎	坤 天芮星 巨門星 土 陰險貪毒
震 天沖星 祿存星 木 勇敢無為	中 天禽星 廉貞星 土 厚德載物	兌 天柱星 破軍星 金 喜殺好戰
艮 天任星 左輔星 土 任勞任怨	坎 天蓬星 貪狼星 水 暗中行事	乾 天心星 武曲星 金 濟世救人

行、埋葬、經商等都不吉，但如遇生門併合丙奇，乙奇，則可用無妨。如門凶為官不順，或反伏吟，在婚姻方面會有一人早往生。

天芮：其數為二，是為巨門星

天芮星又名巨門星，五行屬土，位居坤宮，主要代表疾病，是為病神，或稱病星，是為錯誤、或孕婦、產婦、雀斑、固執、遲鈍、種田人、地產持有人、錯誤不健康的事務、農作物、地瓜、街道、庭院，為雲霧之氣、黃砂、街道、代表求學、求道、教師、醫生、學者、女神、肚子大的女人。有雀斑的人、固執或遲純的人、懦弱的人、使不上力、懶散的人。

書云：天芮授道結交宜，行方值之最不吉。出行用事皆宜退，修造安墳禍難測。賊盜驚惶憂小口，更有官事被官責。縱得奇門從此位，求其吉事皆為虛偽。天芮為教師、朋友，故宜傳授學問、拜師習藝、結交朋友，不宜嫁娶、遷徙、訴訟、營造，不利於新事件或新的企劃案，即使得奇門也難為吉。

天芮為土星，因土有收斂萬物或強佔財產之弊，並與疾病流行有關，故旅行時注意染上流行病及受盜賊之災。更不利於新企劃，或打擊盜賊反被攻擊，故警察逢天芮星時宜小心行事否則易遭盜賊攻擊。在門凶或伏吟時會遭遇刑罰，故而使用天芮星，其所產生的吉凶因門而定。

天沖：其數為三，是為祿存星

天沖星又名祿存星，居震宮，五行屬木，代表衝動、衝擊、勇往直前、動作猛烈、代表樹林、農業、樹木、車輛、音樂、雷電、地震、響聲、砲聲、槍炮、交通要道、彈藥、爆發性、部隊、武裝、軍人、機場、派出所、噪音大的場所、交通樞紐、雷電交加、風大、海嘯、地震、音響、水電、鈴聲、天氣不穩定、雷令風行、做事乾脆。說話速度很快的人、梳髮髻的人、有勇氣、有衝勁、不拖泥帶水、果敢、巨響聲。

書云：嫁娶安營產女驚，出行移徙有災難。修造葬埋皆不利，萬般做為且逡巡。天沖為東方震宮雷祖之神，為天帝、武士，故宜適與競爭發展或報仇解怨有關之事務，或征伐戰鬥、施恩、交友及事物的變遷，或易動、改變，宜出軍報仇雪恥，定有威勢而成功，但不宜嫁娶、修造、遷徙、經商、埋葬，而有孕婦女用之易有產厄，凡事利春天進行，夏天平平，秋冬不利於用天沖星之方位辦事或營謀。

天輔：其數為四，是為文曲星

天輔星又名文曲星，居巽宮，五行屬木，代表幫助、協助、指導、輔佐、或教育部門工作者、教師、教授、文化傳承者、秘書、助手、導遊、指導員、有修養、有風度、文雅謙虛做事和諧、謙讓仁慈之人、代表繩子、電風扇、窗簾、電信、葫蘆、絲瓜、南瓜、葡萄、柳樹、林蔭大道、蚯蚓、泥鰍、蛇、帶魚、鰻魚、彩虹、旋風。

書云：天輔之星遠行良，修造埋葬福綿長。上官移徙皆吉利，喜溢人財百事昌。天輔為草為民，宜遠行、起造修築、移徙、婚娶、埋葬、請客，或征討惡者，但如被處罰之人在春夏使用天輔星，又有吉門之配合可得大赦。

故天輔星有慈心造化，助人為樂之德，若與農事活動、文化教育有關，或修道或設教化育萬民、請謁貴人，疏通財帛之事，或商人想得利賺大錢，可運用天輔星配合吉門行事。利於遠方旅行及作官，婚姻多子多孫，做生意用天輔星會賺大錢，若不通財帛之事則不利謁貴、搬家。

天禽：其數為五，是為廉貞星

天禽星又名廉貞星，五行屬土。書云：天禽遠行偏得利，坐賈行商皆稱意。投謁貴人俱益懷，修造埋葬都豐裕。天禽為巫為工，宜遠行、做生意、埋葬、修造、見貴，並利於祭祀神佛，而四季皆可用，但經商求財、婚姻、修繕須有好的奇門配合才可用。若運用得法時，則會有意想不到的建立奇功，或可使困難的事情有所突破，但還須配合智謀，因本星喜靜而煩動，若配合上吉門，則將可運用奇謀不戰而敵自降。因此天禽星利於入官見貴、錫爵賞功、應舉、謀望。

天心：其數為六，是為武曲星

天心星又名武曲星，五行屬金，代表思想、想法、堅固、醫生、醫藥、專制、霸道有統馭能力，為核心人物、指揮管理人員、代表強壯威武、聰明能幹，精明機智，進退自如，貴重物品、神像、佛像、珍珠、草藥、桔子、菊花、果樹、金屬器具、高亢之地、領導辦公室、董事長、老板辦公室、大馬路、遠處教堂、寺廟、水電、雷電交加、獅子、老虎、熊、狗、豬、天鵝、鯨魚。

書云：天心求仙合藥當，商途客旅財祿昌。主將遷葬皆吉利，萬事欣逢盡高強。天心為高道，為名醫，宜治病服藥、練氣功、經商、遷徙、埋葬、征討。秋冬吉，春夏凶。故而對正人君子有利，而不利於小人。

天心星是能動也能靜之星，有領導能力，故利於興師動旅，誅暴伐惡，或軍事指揮，或技術，學術研發事宜。

天柱：其數為七，是為破軍星

天柱星又名破軍星，五行屬金，可獨當一面，力挽狂瀾，投機、有破壞毀損之象。能言善道，喜好爭訟，軍警人員、律師、檢查官、身體健壯的人、高塔、水塔、煙囪、獨立一棵大樹、電線桿、秋天有雷電、冰雹、或霹雷之象、直直的樹、公雞、羊、鳥類、蘆葦、毛竹、鼠。

書云：天柱藏形謹守宜，不須遠行及營為，商賈百事皆不利，動作立刻見凶危。天柱性好戰，有強大破壞力，因此天柱宜於技術推展及物品的貯藏，士卒訓練，或屯兵、修築營壘。

天柱為隱士，宜隱為固守，不宜出行謀事，或征討，或創業，或入官見貴、商賈、營建、嫁娶、移徙，一切所為皆不吉，但對於技術的推展或婚姻及貯藏物品，使用天柱皆可得好的效應。

天任：其數為八，是為左輔星

天任星又名左輔，五行屬土，代表担當承受、老實人、固執、倔強、勤奮、有耐性、任勞任怨、保守、缺乏開創力，代表山丘、丘陵、土包、梯田、台階、門檻、高低起伏不平的路、有雲霧風砂之象、穀穗、黍、荔枝、杏、駱駝、彎腰駝背的人、礦山開採者、登山的人、種植業、農業生產、地產商。

書云：天任吉星事皆通，祭祀求官嫁娶同。斬絕妖蛇移徙事，商賈造葬喜重重。天任為富室，求官、埋葬、嫁娶、遷徙、祭祀、經商、拜謁貴人，諸事皆吉，使用天任星不必考慮四季的問題，利主不利客。

天任有艮止之意象，代表行事有緩慢拖延阻滯。但用於祭祀則有萬神相助之象，或安人民教化百姓，請謁通財，立國安邑，可得敵人來降，嫁娶則有多子多孫之吉，或入官吉迪，但不利建築、移徙。

天英：其數為九，是為右弼星

天英星又名右弼星，五行屬火，代表卓越秀麗、智勇雙全的人。

書云：「天英之星嫁娶凶，遠行移徙不宜逢，上官商賈凶敗死，造作求財一場空」。天英為爐火、為殘患，百事不宜，利客不利主，適合娛樂、宴會、遠行、埋葬、婚姻等。

天英星利客不利主，故宜做為遠行、飲宴作樂、上官見貴，或應舉參加考試，書報發表文章。不利仕途出兵、建築、賭博、祭祀、行商、貿易、生意求財。

為煙火、煙炮、電子、電器經營製造者、演員、導演、畫家、美術工作者、美容、美髮、秘書、代表焦躁不安、易怒、金魚、熱帶魚、孔雀、火雞、鸚鵡、鯉魚、盆景、花卉、易燃物品、影視用品、燈具、證件、圖片、閃光燈、霓虹燈、冶煉之地、電影院、夏天、彩虹、太陽高照、醫生、學生、圖書館管理人、農作物、土地、瓷器。

三、八神的運用

直符之神

所謂的神是一種看不見的能量，可通過媒介的人、事、物才能顯現的能量，神鬼莫測的，是無影無踪，但可用感覺或感應而得知其存在，是為能量磁場的信息波，如一年有春夏秋冬的循環，其能夠支使這四季的能量遞演的無形能量之神。

直符前三六合位，太陰之神在前二，後一宮中為九天，後二之神為九地。九天之上好揚兵，九地潛藏可立營，伏兵但向太陰位，若逢六合利逃形。其數為一和九，稟中央土，為天乙之神，諸神之首，是為中央貴人之位，是九星的領袖及九神的元首，所到之處造化世界，百惡消散。故此直符之神為高貴的、高檔的領袖人物，稀少的、有領導能力統馭能力的人。事急可從直符所進臨之方出，這就是所謂「急則從神」的說法。太白金星，雖是凶惡之神煞，但臨之於直符之下有如消形入墓無可作為，可以凶處轉為吉，天始於甲，地始於子，直符是六甲之首，堪稱萬物之尊，代表方正之物，凡事可出擊，旺相更佳，若為休囚之位，半吉半凶，若逢擊刑應靜守。

六合（木） 開朗和平 仲介交易 經紀人	白虎（金） 兇惡剛猛 衝突鬥爭 軍警罪犯	玄武（水） 盜賊逃亡 虛假暗昧 貪污受賄
太陰（金） 葫蘆之神 貴人暗助 老謀深算	中宮	九地（土） 柔順安靜 開發房地產 坐地經商
騰蛇（火） 驚恐怪異 虛假不實 易經玄學	值符（木） 領導統馭 高檔產品 貴人吉神	九天（金） 大展宏圖 出國遠行 美名遠揚

騰蛇之神

其數為二和七，稟南方火，為虛詐之神。性柔而口毒，性虛易耗，為食古不化，是頑固之象，代表固執，凡事有後遺症，拖泥帶水不能一下子解決的事情，糾纏不清，繩索綁吊之物、長繩、蛇、委曲婉轉，也代表曲折的河流或物件。

專管田木禾稼相關的官非詞訟。司驚恐怪異之事。善變、變化多端、駝背、蜂腰蛇身、經絡、鎖鍊、繩索、藤蘿、紫藤、南瓜、蔓狀植物、爬蟲類、蚯蚓、蛇、蜈蚣、彎曲而長、會反光的建築物、耀眼醒目之物。

出騰蛇之方主精神恍惚，故不管所遇到的人、事、地、物，多為虛幻浮誇，或噩夢驚悸，若得使，或得吉門則無妨，並可就公職。

太陰之神

其數為四和九，稟西方金，為蔭佑之神，性陰匿暗昧。故可使人暗中得庇，是為貞祥保護、或密謀、或慎密進行之事、隱密、隱情、隱避、私下進行、陰暗之處。太陰之方可以閉城藏兵、避難，太陰為為暗中庇佑之神，代表正直無私慈愛之人。

太陰為理解，配到西方為兌宮，兌為少女，離為中女，皆是陰氣，故陽氣已窮盡，難以化育萬物，故太陰之位的人事地物皆為女性或陰私之事，或為喜慶婚姻，或為密秘計謀，或策劃為柔軟之事物。

為遮蔽不見燈光，或欺詐、詛咒、巫師、禱告、暗中行事，或代表情報、諜報人員、深謀遠慮之事、陰匿曖昧、老鼠、貓頭鷹、蝙蝠、夜行動物、帶核的果實、苔蘚青苔植物、字跡、墨跡、化妝品、女人內衣、地下室、地下道、地窖、不能見光、潮濕的地方、陰天帶雨有霧的氣候。

六合之神

稟東方木，其原神為甲木，為雷電的護衛之神。其性和平，鎮守於東方，故而將六甲君主之妹六乙配身於庚金，從乙到庚金為六之序數，故為六合，是為乙庚合。代表娛樂場所、輪船、葦塘、浮萍、盒子、箱子、櫃子、合同、合約、旭日東昇和風的天氣，和風清爽徐徐拂來的氣候。其性平和，喜做交易媒妁之事，或為酒宴，或為談判或為說客，或為婚姻和合之事，專司婚姻交易中間介紹人之事。因此六合之方宜婚娶、喜事、避害。

代表歡樂、祥和、包容、合作、聯合、結婚、大眾、共同的人、事、物、組織能力、教徒、信教的人、集體結婚、相聚、聚集、結合、集合、合抱或重疊的東西、物件、娛樂、歡樂歡慶場所、箱子裝很多的東西、也代表綁在一起的物件或套牢的物件、股票、學校、軍營、開會場所、很多人的機構、交易場所、一切群居的或成雙成對，如燕子、螞蟻、蜜蜂、燕子、大雁、鴛鴦、蝴蝶、麻雀、兔子、蜻蜓、竹林、樹林、花草、花圃。

白虎、勾陳之神

白虎稟西方金，其數為七或五，為凶惡剛猛之神。性好殺司兵戈爭鬥殺伐病死。勾陳之方須防敵方偷襲。得奇門無忌。勾陳常隱於白虎之下，而白虎是西方庚金之形，故主交通意外事故，或道路不通，或行軍戰鬥砍伐之事，是為威鎮西方之徵。勾陳居中屬陰土，常隱於白虎之下，其主驚恐、怪異、妖言惑眾之類，其數為七或五。

代表衝突、罪犯、黑社會人、為警衛、警察、軍人、侍衛、工匠、有高端特殊技術的人、孝服的人、槍枝、毒品、凶器、帶勾的利器、手術燈、雨傘、碾磨、石鐵製品、是為凶猛、威嚴、權力鬥爭、嚴肅、冷酷、強硬、霸道、剛毅、殘暴易怒、羅網、貓頭鷹、狼、豺、虎、豹、肉食動物、荊棘、刺玫瑰、刺槐、蒺藜草、豬籠草、道路、懸崖峭壁、房角、堤壩、馬路口、關卡、收費站、閘門、廟角、狂風大作、閃電、霹靂、火山口噴發、地震、颶風、龍捲風的氣候。

玄武、朱雀之神

玄武稟北方水，其數為四或九，為奸讒小盜之神。為賊頭賊眼、視力不好、模糊不清、為地井、陰溝、下水道、地窖、地下室、低窪之地、污水之地、池溏、湖泊、糞坑、廁所、洗手間、廚房、流體物質、鹽、醋、醬、酒、油漆、碳、缸罐、小草、海帶、水果、蔬菜、水草、紫草、老鼠、鷹、蛇、魚類、水產動物、是陰暗的天氣，或下雨、陰晴的天氣。

性好陰謀賊害，司盜賊逃亡口舌之事。為文書職務有關事誼，主調升、提拔，文書即到達。亦主突破傳統禮數之事，及是非口舌之爭。朱雀為南方火神，有文明之權，與玄武有南北之分及水火之別，水主滲透往下而流，故玄武主隨波逐流，偷淫逃亡及陰謀之事。朱雀之方須提防奸細盜賊。得奇門則無妨。

深奧、很玄很虛、不可捉摸、不能確定、玄秘、神秘莫測、陰謀、偷盜、偷情、詭計多端、盜賊、胎兒、虛偽不實、誠信不好、不可靠、演員、作假、水產經營、海產餐廳、神色不定閃爍亂瞟。

九地之神

坤土之象，萬物之母。為堅牢陰晦之神，性柔好靜。九地之方，可以屯兵固守及主掌生殺之權。因坤納乙癸，從乙到癸為九，故曰九地，而坤為老母，有如母儀天下皇太后之權柄，因此可用在人、事、物為醫卜、仙道、老婦、布疋、藥餌、符錄等有關，於春夏則財吉，秋冬主雨。

代表厚重、柔順、謙卑、恭敬、小氣、吝嗇、自利、穩定、固執、慾望、大好好人、不好拒人千里之外的人、消極、有包容心、慢條斯裡、慢吞吞的、缺乏上進心、節儉、動作緩慢、一步一腳印慢慢來、地下工作者、不公開的行業、儲存、存放衣物的櫃子、首飾盒、珠寶盒、地基、地下室、地窖、地道、地鐵、地坑、瓦盆、瓦罐、土製品、地瓜、馬鈴薯、農作物、中藥、大蒜、牛、豬、大象、熊貓、性情溫馴的動物、是多雨陰晴的天氣。

九天之神

乾金之象，萬物之父。其數為一或六，為威悍之神，性剛好動。九天之方，可以揚兵佈陣。其體屬金，是為乾之象，正如天行健，君子以自強不息，是為奮發向上而好動，多動少靜，其質堅硬而強悍，得時令旺相主辦事名正言順，萬福齊集。代表高大、天空、虛無飄渺的、高處極端、頂端、屋頂、樹頂、自然、長輩、長官、首腦、領導人、有威望的人、剛強好勝、不服輸、不怒而威、好高騖遠、自大、自以為是、不顧別人、自我意識強、精神寄託、靈魂、神仙、牧師、宗教領袖、為龍、馬、獅、高大樹木、高原植物、高梁、高聳、高樓、高大建築、超高大樓、繁華地區、天井、天馬、天車、纜車、飛馬、直升機、會活動旋轉的物件、劍戟、寶石、光電華麗珍貴之物、金錢、刀槍、為雷電帶威的藍天氣候。

《孫子兵法》：「善守者，藏於九地之下；善攻者，動於九天之上」。意謂身處守地，而真正善於等待時機、轉化乾坤之人，必須如藏於極深的地底之下，以不變應萬變，力求毫無破綻；而真正有利的主動出擊，主要強調迅捷敏捷、出其不意，要如從九天之高處飛降而下一般，突如其來，勢如擴弩，節如發機，若激水漂石，似鷙鳥毀折，在取得有利的態勢和情勢。應用在商場上，一切順遂而成果豐碩，縱不得奇亦不為凶。但若入墓，則有志難伸。

玄空大卦配天星及奇門遁甲諏吉舉例

這種擇日法是將年、月、日、時的干支，配上六十四卦，而每一個六十四卦都有其代表的玄空卦氣和卦運的兩個數字。這卦氣和卦運可以從大圓圖上查出來，或筆者所精心設計的三合三元九星八宅之綜合羅盤亦可查出來，或一般三元羅盤都有註明干支配上六十四卦。總之，地理上的龍穴砂水向和天文上的年月日時，都要合於大玄空卦氣、卦運，如此才能鍾山川地靈之氣，奪日月之光，趨吉避凶，化禍呈祥之道。

凶神之方宜避之，吉神凶神同佔之方亦應避之。

吉神之方可用，遇無吉亦無凶神之方亦可用之。

吉門，主仕官遷陞，工商獲利，百事大吉。

生門，主萬事大吉，出門遇貴人扶持。

開門，主求財，見官，萬事吉利。

休門，主求財，謁見貴人，平息訴訟，和解。

配合三元卦影，先天卦氣，後天卦運，配合卦反、爻反及相通之義，和生入、生出、剋入、剋出為體用。

或者一六共宗、二七同道、三八為朋、四九為友之生成數，或一九合十、二八合十、三七合

十、四六合十。或卦的相通之用。《說卦傳》：「天地定位，山澤通氣，雷風相薄，水火不相射，八卦相錯」。

「帝出乎震，齊乎巽，相見乎離，致役乎坤，說言乎兌，戰乎乾，勞乎坎，成言乎艮」。等以上的配合。

最後並與奇門遁甲盤之九宮五行所產生之八門、九星、八神相互的尅應為用。

例如：

戊子所配的卦是水雷屯，而屯卦的玄空卦氣就是七，屯卦的卦運就是四。又如壬寅所配的六十四卦是天火同人，而同人卦的玄空卦氣是九，卦運是七。說明如下：

每一個卦的卦氣數都有其五行屬性，這是根據河圖五行而來，所以「一、六」屬水，「二、七」屬火，「三、八」屬木，「四、九」屬金，「五、十」屬土。

將年月日時干支的六十四卦列出，並取得各卦的卦氣數，選擇大玄空奇門日課時，就是以「日」的卦氣五行為主，再與年、月、時的卦氣五行做比較，看看是否構成吉利的生尅關係。

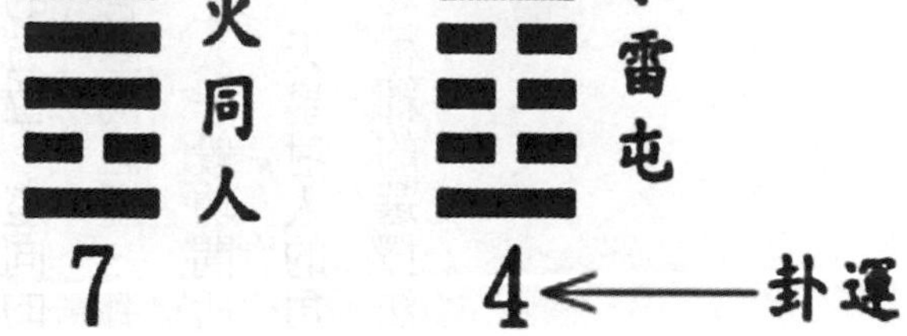

所謂吉利的關係有五種，即「生入」、「剋入」、「合十」、「比和」、「生成」。或卦的相通亦可。然後必須配合主事者的年、月、日、時的八字卦氣、卦運和行事地點的方位、座向的卦氣數，及生入、生出、剋入、剋出為體用。並合生成、合十、合五、合十五、合陰陽之理、卦反爻反、相通之用，如此並須瞭解天星射入的角度，及相位的吉凶，當然的能再配入一般坊間所用的三合喜忌，如此才是最完美最佳的方法，玄空大卦配合天星、奇門的擇日學，天星射入的角度方位，如此可以建立以分為單位的精密，比古本以二小時為單位的擇日法更為精細的選擇法門。

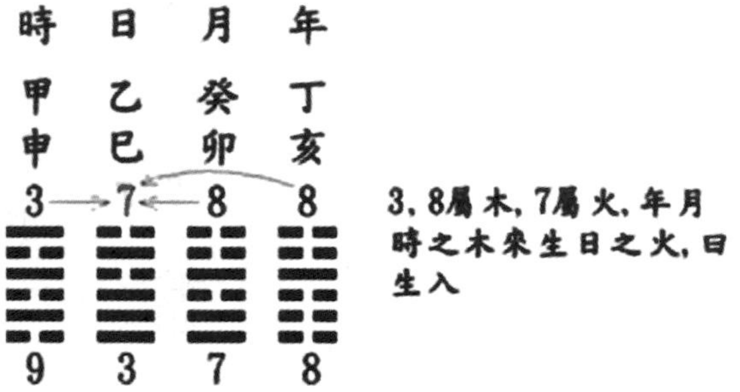

1、生入

生入即是年、月、時的卦氣五行來生日的卦氣五行。

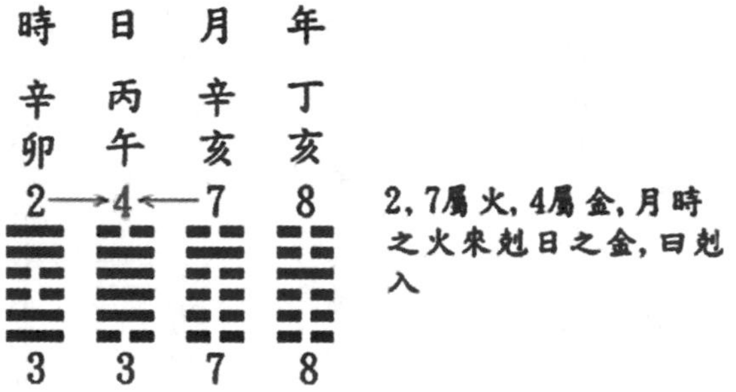

2、剋入

即年、月、時的卦氣五行來剋日的卦氣五行。

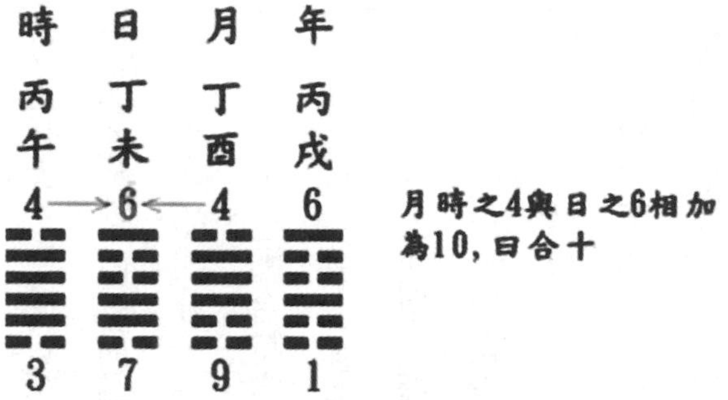

時 日 月 年
丙 丁 丁 丙
午 未 酉 戌
4 6 4 6
3 7 9 1
月時之4與日之6相加為10，曰合十

3、合十
即年、月、時的卦氣數與日的卦氣數相加等於十。

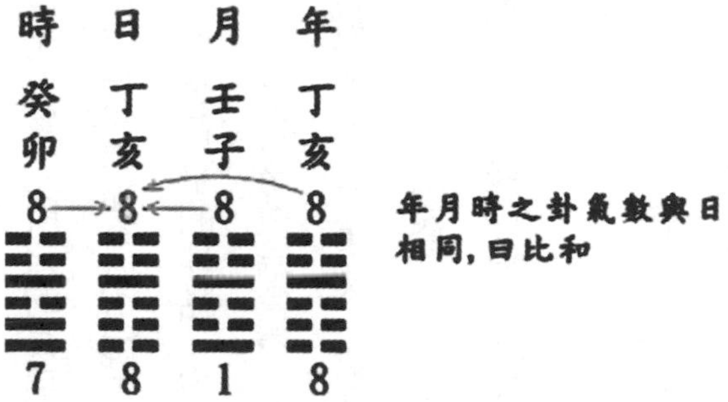

時 日 月 年
癸 丁 壬 丁
卯 亥 子 亥
8 8 8 8
7 8 1 8
年月時之卦氣數與日相同，曰比和

4、比和
即年、月、時的卦氣數與日的卦氣數相同。

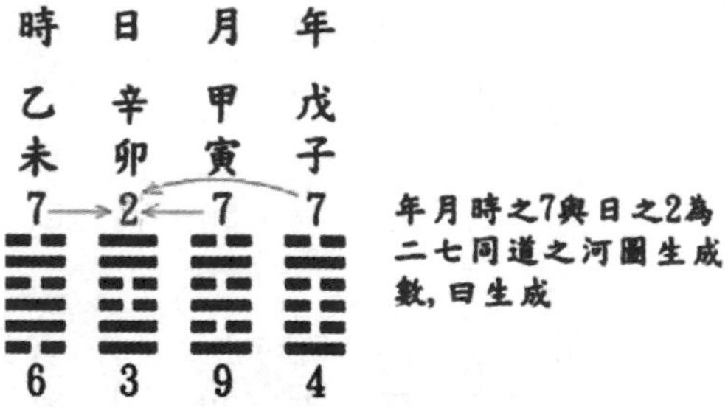

時 日 月 年
乙 辛 甲 戊
未 卯 寅 子
7 2 7 7
6 3 9 4
年月時之7與日之2為二七同道之河圖生成數，曰生成

5、生成
即年、月、時的卦氣數與日的卦氣數，
構成河圖生成數。

除了上述五種吉利關係，最好也能避開三合派喜忌用法，但是時間上的限制無法配合三合派之喜忌，就不需要也不忌一般三合的地支相刑、相沖、三煞、羊刃等等不利的組合。因為這已經是最精密的計算了，而且已經算到以分為單位，皆合易經所有的生成數，生入、生出、剋入、剋出為體用。並合生成、合十、合五、合十五、合陰陽之理。

以上是大玄空擇日法比較重要也比較為人所知的幾項要點，但這還只是第一階段屬於「時間因素」的部分。此套理論完整的應用還必須配合第二階段及第三階段，也就是「空間因素」和「人事因素」的部分，「空間因素」即是行事的地點、方位。「人事因素」即「六十四卦先天奇門遁甲」的方位配合特定的營謀對象或事物來做為選擇吉日的方針導引，這是營謀此事的營謀主人的年月日時卦氣、卦運，當然又需配合營謀事業、事件的特殊情形或地點，這個部分識者不多，故大多數人使用此擇日法僅停留在第一階段的時間系統，而不知還須配合空間系統與人物系統信息，如此一來猶如少了一隻腳或缺了一條胳臂，或如人子之行事沒有中心主軸點，所以實際使用上常感覺效果不甚明顯。

一般應用奇門遁甲選擇吉方是以周天360°除以8等於每一個卦位是45°的大範圍，這是屬於一般奇門方位取吉，此法較為常見，而精密的「玄空大卦採用六十四卦奇門遁甲」則是將圓周進一部細分為64等分，配以六十四卦，而每一個六十四卦方位，都可依時辰排出各自的天干、地支、八門、八神、九星等奇門元素，所以每一個六十四卦各自所占的0.9375°方位都有各自的奇門吉凶組合，也就是方位無全吉，亦無全凶，是吉中藏凶，凶中藏吉，陰中有陽，陽中有陰的使用方法。這將使奇門的精密度增加了許多，這也就是玄空大卦配合奇門遁甲比一般奇門遁甲術更能精密，精確而細密的掌控時間、地點、人物、事力的特殊因素。

例一、取二〇〇八年2月14日13時30分，戊子年甲寅月甲申日辛未時玄空大卦奇門。

在澤風大過這個卦位上所排出的奇門遁甲組合為「天甲（戊）地乙、天蓬、開門、九天、四碧」。

而在火天大有這個卦位上所排出的則是「天乙地丙、天英、驚門、九地、三綠」。

在天風姤卦位上所排出的奇門組合則是「天癸地壬、天心、休門、直符、九紫」。

再往下的圖示，是一般常用的奇門遁甲盤，是為比較簡略的一種奇門，是以周天360°分成八卦的八個方位，每一單位45°，每一單位45°在羅盤的24山上佔有3山，所以同樣是二〇〇八年2月14日13時30分，排出的奇門遁甲盤如下，丙午丁三方同屬離卦位的45°角內，故奇門為

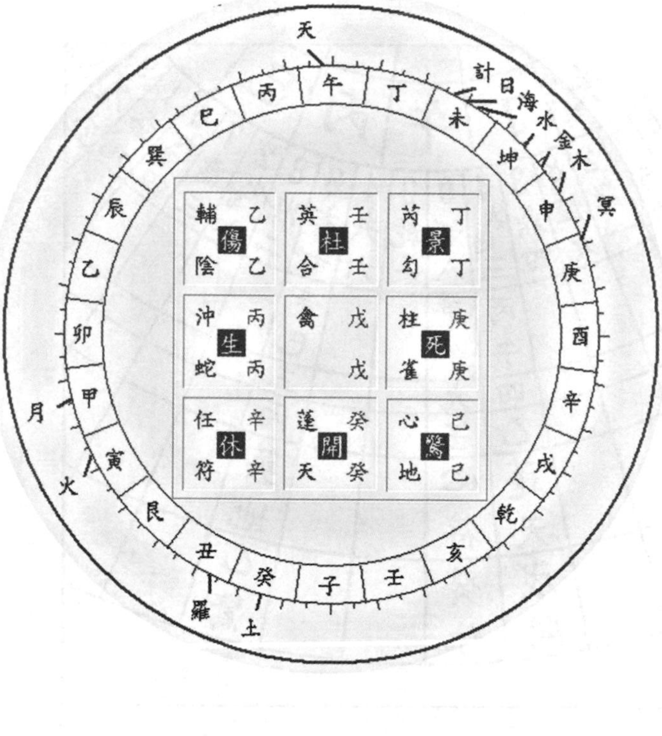

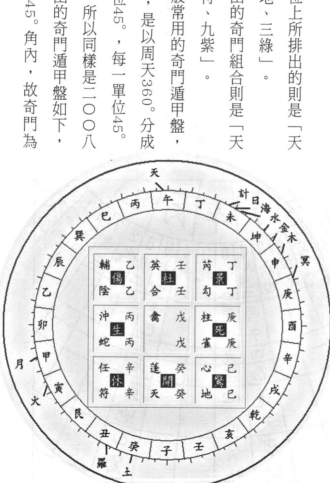

杜、壬＋壬、天英、六合。

丙午丁方一共有壯、有、夬、乾、姤、大過、鼎、恆，玄空大卦奇門各有所屬奇門，而一般通俗的奇門，則都是一樣，同屬杜門的範圍。如此則忽略了孤陰不生，孤陽不長的原則。（如下圖）

陰中有陽，陽中有陰，方位無全吉，亦無全凶，方位應是吉中有凶，凶中有吉之象，就如同宇宙天地間不管任何事物，甚或天災地變，區域災害僅在一線之隔，好壞吉凶也各自有分別。

因此筆者希望讀者能多用點心思，並能體會加以思索，並用心智去研究，而非用背誦死讀的方式，如此則玄空大卦之風水秘訣盡在掌中矣。

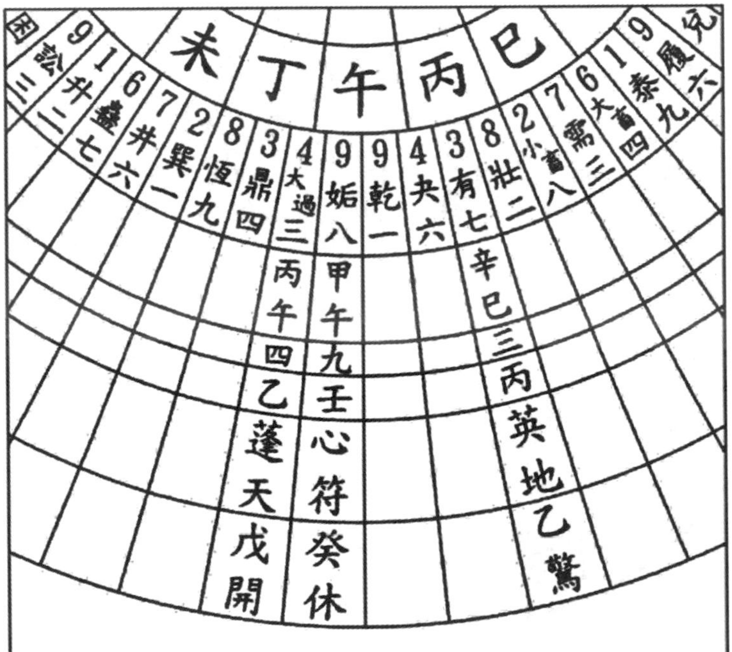

排出年月日時的干支及六十四卦卦氣，再結合用事方位上先天六十四卦的奇門組合，並須瞭解是何人要行使何事，也就是將「時間因素」與「空間因素」及「人為因素」的相互配合。使這個時間、空間、人事因素的天地人三才能產生共構，並因而碰出新的能量火花，以為改變不好的能量，注入吉祥的能量。

吉利的時間干支卦氣，必須有方位上的奇門吉格來呼應，也必須由特定的人使用這個特定的時間，去從事特定的事務，尋找到方位上的奇門吉格，也必須要有吉利的年月日時干支卦氣來呼應，並產生相互關聯性，只要兩者配合得當，將使天地間磁波能量的卦氣能量高度集中，收束在這個小角度的空間焦點上。而且對這個特定的人、特定的時間，去從事特定的事務有特別強的感應力。

如此再配合主事者的出生年月日時的先天卦氣與後天卦運的關聯性，及主事者欲用於處理何種性質的事務，及何種訴求的對待呼應，這就是玄空大卦配合奇門天星擇日學的精華所在。

這也可以說是玄空大卦堪輿秘訣與玄空大卦奇門天星擇日兩者緊密的結合，擇日的年、月、日、時、與主事、座向、龍、穴、砂、水、向，整體性的組合在一起，卦卦皆不出位，事事皆合乎卦的精神所在，皆合乎卦氣卦運的組合。

此時奇門遁甲中種種神奇的剋應現象將會一一出現，讓人即刻感受到日課的力量與效驗。這才是筆者所提倡的玄空大卦奇門天星擇日法完整的應用法門，因此也須配合天星在此時此刻此地點在星體的方位角度與地球上這位主事的八字和行事地點，在這個位置上最正確的角度所產生的最有力、最好的能量波的感應力，至於如何配合天星的應用法門特在下章詳述之，若再配合法奇門符咒及道家秘訣，更能精準無比。

例二、如擇取二〇〇八年2月20日上午1：30，戊子年甲寅月庚寅日丁丑時。

年、月的卦氣七對於日的卦氣三為「合十」。（如下圖）

時的卦氣四對日的卦氣為「剋入」。

故就日課干支而言是一個吉利的組合。

再就先天六十四卦奇門遁甲來看：

如果是在澤風大過卦的方位上，欲行使一件特定的事務，澤風大過卦所排出的奇門組合為「天乙地庚、天任、生門、直符、七赤」，如果是在火天大有的卦位上所排出的是「天丙地己、天柱、休門、九天、六白」，這兩個方位皆得三奇配吉門，都是吉利的組合，但因只有火天大有這個方位與所選擇的日課的先天卦氣與後天卦運產生吉利

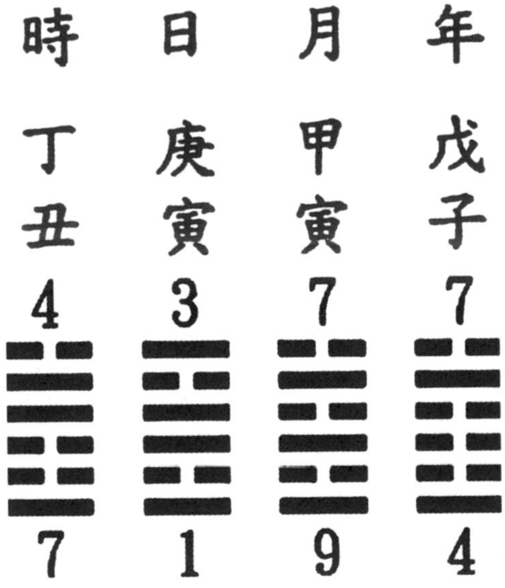

的關聯性，所以只取火天大有卦而不用澤風大過的方位來行事。當然還要配合主事者的八字及方位角的龍山向水組合才是。最精細精密的玄空大卦奇門天星擇日法，至於玄空大卦的龍山向水的風水堪輿造作，除了奇門遁甲外，再搭配玄空大卦及天星擇日法，這乃是玄空大卦擇日的依據重點。

其次，再用往下的圖示，一般常用的45°奇門遁甲盤，是比較簡略的一種奇門，是以周天360°分成八卦方位，每一單位45°，每一單位45°在羅盤的24山上佔有3山，所以同樣是二〇〇八年2月20日上午1時30分，排出的奇門遁甲盤如下，丙午丁方同屬離卦位，故奇門為開門、戊丙、天芮、六合。（如下圖）

其中64卦氣卦運擇日上的干支組合是相同的。而主事的卦氣卦運的干支組合也是相同。而坐山、向上卦氣卦運的干支組合就不是相同，這一點要注意。

丙午丁方一共有壯、有、夬、乾、姤、大過、鼎、恆，一般通俗的奇門，則不再細分卦位，因此所得的數據都是一樣，同屬開門的範圍。並視天星在周天360°所形成的相對位置引力、磁場。星光入射角度方位的效應

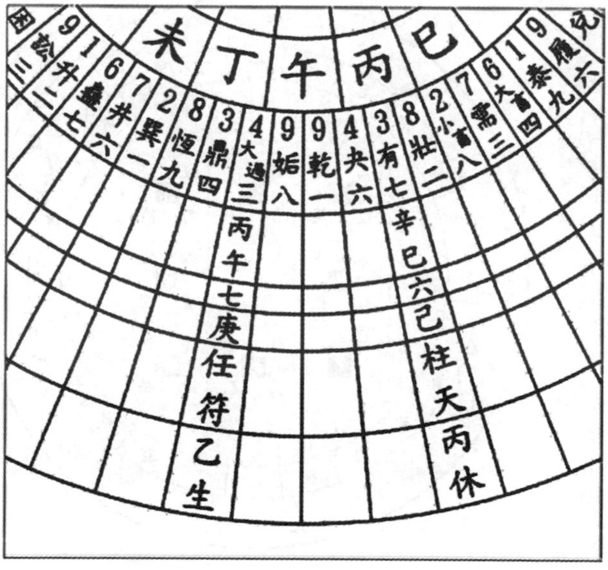

與主事地點、時間上的吉利相位為準則，依據如此方是玄空大卦奇門天星擇日學的精神所在，如下圖。

但是玄空大卦奇門天星擇日法是本著孤陽不生，孤陰不長，萬事萬物，陽中有陰，陰中有陽，吉中有凶，凶中有吉之象的自然法則及方位取捨。

萬物負陰而抱陽，沖氣以和，自然法則中，方位無全吉，亦無全凶，而吉凶僅在一線之格，差之毫釐，失之千里。龍穴砂水向亦須進一步的精細配合應用，如讀者有興趣可以加入筆者的學員班，則可知如何用之巧妙所在。

例三：造葬日課，擇日的效應，案例吉凶淺析。

這是朋友提供的案例（如下圖）

時間：陽曆二〇〇七年8月9日下午15點15分

坐山：巽山兼辰

主事：癸巳

這是進一步再將主事、坐山的卦氣、卦運納入，玄

時	日	月	年	坐向	主事
甲申	乙亥	戊申	丁亥	戊辰	癸巳
三木	三木	二火	八木	九金	四金
䷿	䷢	䷺	䷏	䷉	䷪
九紫	三碧	六白	八白	六白	六白
未濟	晉	渙	豫	履	夬

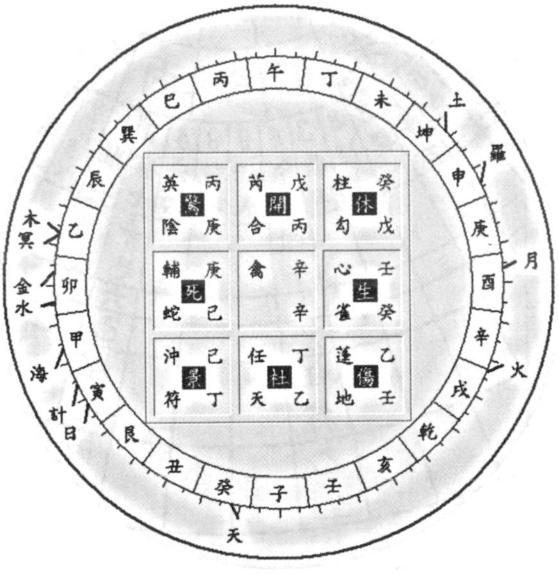

空大卦擇日強調的是卦不出位。

年的干支，丁亥年是雷地豫卦，其先天卦氣八，以即時的干支為甲申水火既濟卦，其先天卦氣三，均與日的干支乙亥火地晉的先天卦氣三構成吉利的關係（生成、比和），所以干支組合不算差。

但是要注意，這個干支組合卻不能與坐山的天澤履卦產生吉利的關聯性，反而形成金木交戰，故奇門雖得丁奇、景門卻也無用。為了讓讀者更深入的瞭解玄空大卦配合奇門遁甲和天星擇日法門，就請讀者先行瞭解天星擇日學的應用法門，而後就很容易瞭解本案例三的答案了。

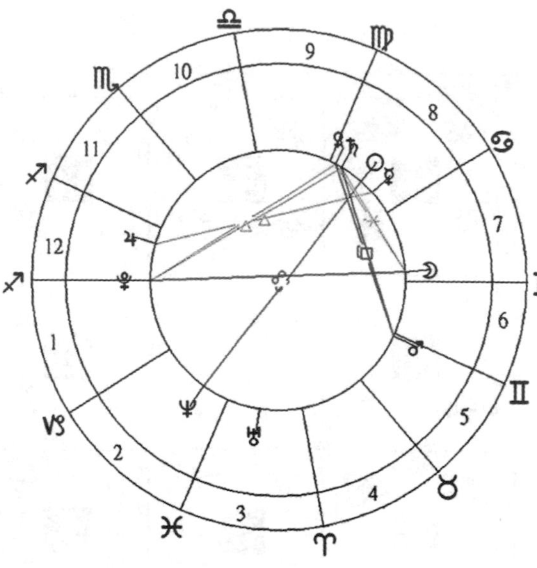

2007年8月9日下午15：15天星圖

又月亮位於雙子座，天王星進三宮代表與交通事件有關，而且會在短時間內就應驗。土星、金星是合相，同時也分別受火星刑沖，而且在第八宮意味著死亡。實際下葬後所發生的情況是，主事者的長子，丙子年生，在當天酉時即發生車禍當場死亡。所以這是個速發凶禍的日課。

例四：開幕日課

時間：陽曆二〇〇八年2月13日上午9點20分

坐山：子山午向

從大玄空六十四卦擇日法來看：

年、月、時的卦氣七、二，與日的卦氣四構成「剋入」的吉利組合。

坐山坤為地的卦氣與日的卦氣產生吉利的合五之關聯性。

大玄空六十四卦配合奇門遁甲得生門在離宮，有利於求財。日的卦氣與坐山產生一、四合五之數，金水相生的生入吉應。而且與主事癸亥命又能相合。

二〇〇八年2月13日這個日課由一般的奇門遁甲來看：

圖示如下，子山午向，生門、乙＋己、天柱、六合在向上離卦，適合開業。

從這裡可以體會到，當一般奇門格局，和大玄空奇門六十四卦格局，兩者的吉凶剋應不一時，一般奇門格局是以45°為一奇門單位，大玄空奇門六十四卦格局是以

主事	座向	年	月	日	時
癸亥	甲子	戊子	甲寅	癸未	丁巳
六水	一水	七火	七火	四金	二火
䷖	䷁	䷂	䷾	䷮	䷈
六白	一白	四綠	九紫	八白	八白
剝	坤	屯	既濟	困	小畜

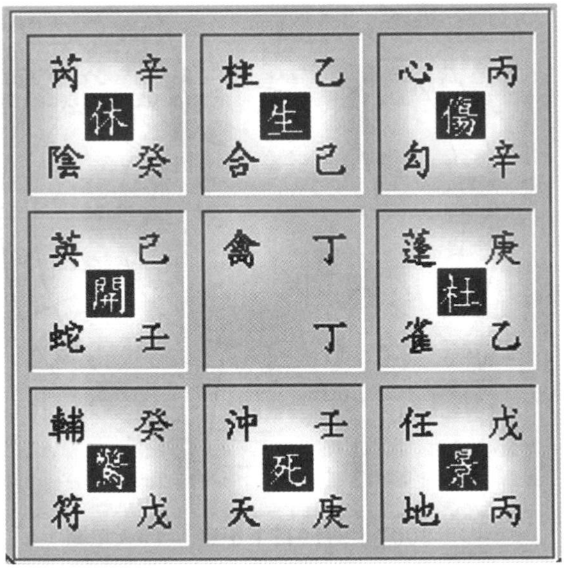

5.625度為一奇門單位，親疏自然有別，聰明的讀者，應該知道如何做抉擇了。因為一般奇門遁甲是以45°為一廣角單位，而大玄空奇門是以一般奇門遁甲是以45°內再分成八個卦，等於每個卦是5.625°為一奇門單位，從這八個奇門單位去做抉擇找出好的卦位。

再從從天星擇日來看，天星擇日圖示如下：

月亮與木星120°拱照。而且木星在十宮天頂位置。

二宮為財帛，其主星金星也臨於天項。

吉星均沒有被火土星傷到。

吉利的相位又多，故是個吉星拱照的吉利日課。

實際的情況是，開幕當天人山人海，訂位電話讓工作人員接到手軟，由於排隊等候的客人太多，甚至因此不得不婉拒了許多打電話來想要訂位的顧客。因此這是好的日課，好的開始是成功的一半，天星合奇門六十四卦的一大印證。

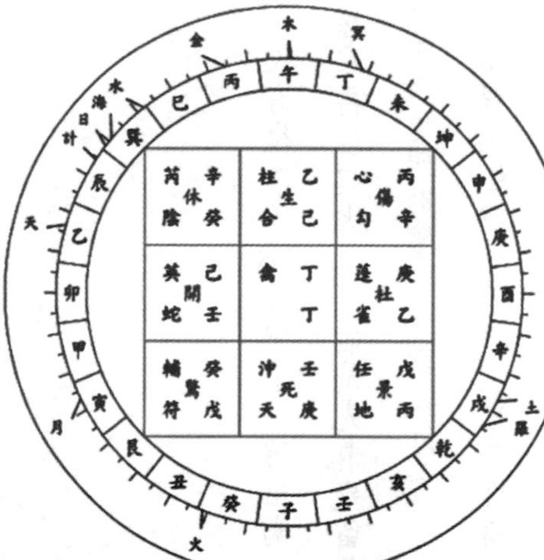

2008年2月13日上午9：20天星合奇門遁甲圖
本圖錄自《三元奇門天星軟體》

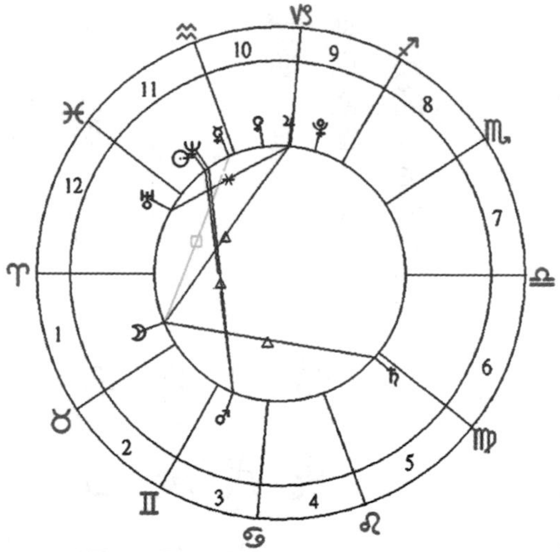

2008年2月13日上午9：20天星圖

例五、王府葬課研究

NOWnews今日新聞網

六輕麥寮廠又爆工安意外，附近民眾人心惶惶。

記者楊伶雯／台北報導二〇一一年5月18日14：19

「六輕在5月12日的大火善後還沒有結束，仍有廠房還沒有復工，18日中午再傳出南亞異辛醇廠發生火警，火勢很快就撲滅，據瞭解是上次火警的管線處再度起火，可能是先前殘留氣體所引發；不過，台塑四寶包括台塑、南亞、台化、台塑化股價並未受到影響，全數收紅。

台塑六輕廠區南亞異辛醇廠傳出火警，雲林縣政府消防局說，經前往灌救，中午12時19分將火勢控制，12時23分撲滅，起火原因仍有待調查；據瞭解起火點是12日失火的管線，研判火警可能是因先前殘留氣體所引發，但正確原因仍待調查」。

由天星擇日來研究，台塑企業三年來發生了五起火災，也許與王永慶安葬日課的星象結構有一些巧合，安葬日課是二〇〇九年7月2日，下午3：15，日課的八字如下：

時	日	月	年
庚	戊	庚	己
申	申	午	丑

王永慶過世8個月之後，安葬時間終於底定，王文洋證實，在二〇〇九年7月月2日下午3點15分，讓父親王永慶可以長眠於南亞林口園區，主要是因為變更地目，以及施工，導致下葬日一再延期。其實台灣的政商大老過世的時

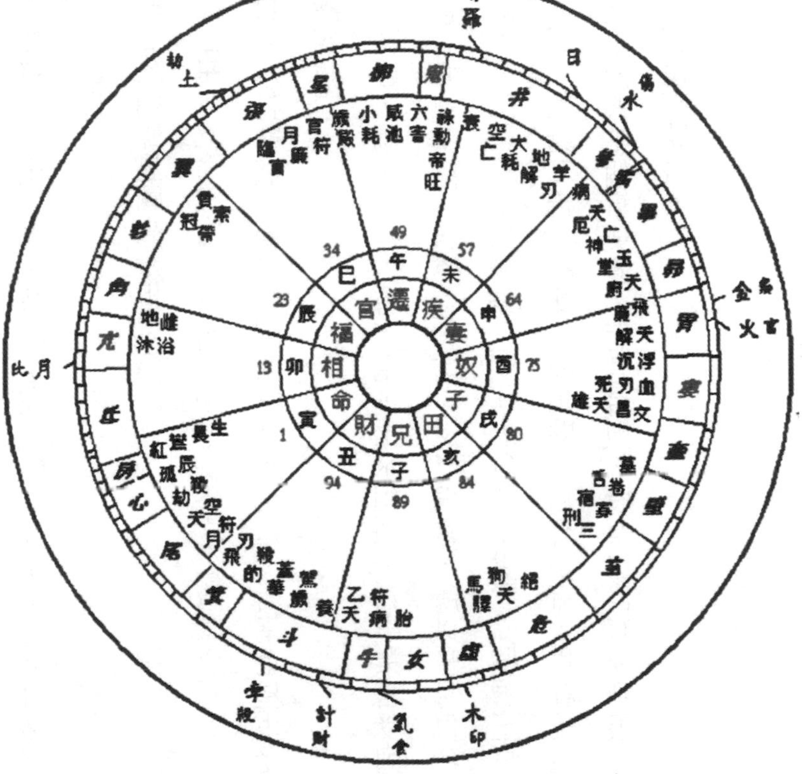

2009年7月月2日下午3點15分擇日星盤

候，距離下葬時間都拖了好幾個月，像是總統府資政辜振甫和國泰金控創辦人蔡萬霖，下葬時間都拖了3個月，而香蕉大王陳查某，還拖了4年多。

經營之神王永慶終於入土為安，時間定在二〇〇九年7月2日禮拜四，下午的3點15分，墓地還是位在南亞林口廠區。

如果從擇日的七政四餘星圖來分析：

選擇最重在命主星，立命寅宮，以木星為命主星，木氣同宮在第三宮，為命主星入閒宮。木在子，亦可言木打寶瓶，而且受到酉宮金星之剋。所幸金星也受到火星之剋，而且木星與紫氣同宮，亦屬餘奴救主。

再看事業宮，在巳，屬水，宮內有土星，土水相剋，為事業宮受剋，而且土星在張月宿，亦不利。太陽在未宮，本已落陷，月亮在12宮，又是弱宮，所以日月俱不得地。日課中亦有吉兆，第7宮內的水星為事業主星，水星躔參，廟旺，有利於事業，此為一吉。

水星生助命宮寅。此為二吉。故此日課是弱中藏有小吉，也許是這些原因，雖然發生多次的警察事故，尚不至於影響整個事業體，而且台塑的股票也沒有受到很大的影響。不過整體而言，這個選擇日課對王家沒有助益。

時	日	月	年	座向	主事
庚申	戊申	庚午	己丑	戊申	
七火	二火	八木	九金	二火	
䷜	䷺	䷟	䷘	䷺	
一白	六白	九紫	二黑	六白	
坎	渙	恒	無妄	渙	

再由三元奇門遁甲日課分析：
據媒體報導，向上為周天71.5°，為庚山甲向兼申寅，風水渙卦，先天卦氣二火，後天卦運六白。
選擇日課的坐山奇門取用：庚＋乙杜門，向上奇門戊＋辛，開門。
所以三元奇門遁甲選擇亦不合乎法則。

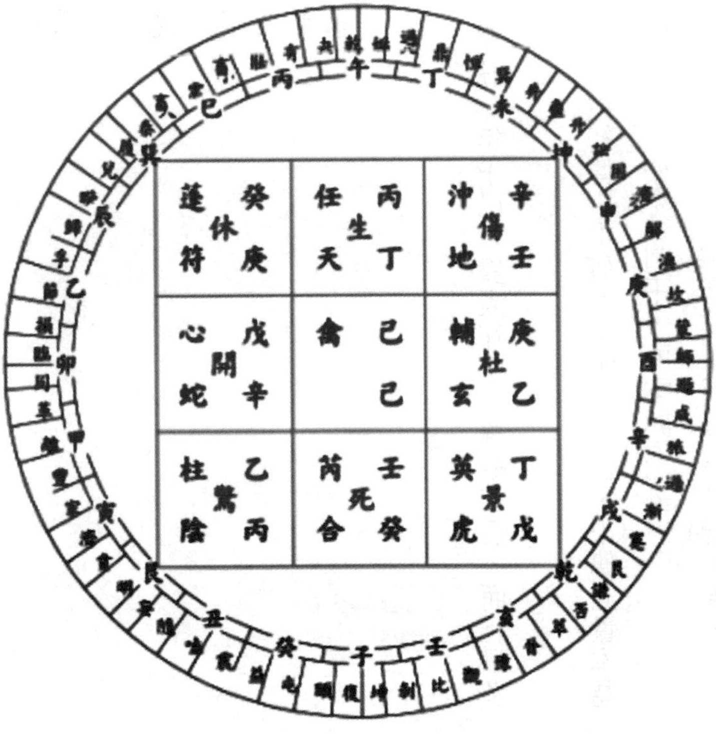

二〇〇九年7月2日，己丑庚午戊申庚申，五月未將甲辰旬寅卯空。

合勾青空
辰巳午未
朱卯　　　申虎
蛇寅　　　酉常
丑子亥戌
貴后陰玄

青空朱合　官　卯朱◎
午未卯辰　官　寅蛇◎⊙
未申辰戌　兄癸丑貴⊙

干支選擇取吉：月、時庚祿在申，戊庚貴人在丑，年干己，貴人在申，羅紋交貴，而且是多重的貴人。

大六壬取吉：戊辰日，屬甲辰旬，寅卯空，三傳中初傳、中傳卯、寅，空亡，末傳丑貴本為吉，無奈癸丑臨寅，坐空，所以三傳俱空。天盤向上朱雀卯木，剋干，所幸卯木空亡。

從以上分析，本日課干支選擇為吉，而大六壬選擇、奇門選擇及七政天星選擇皆不吉，故而產生凶應。

天星選擇的主要概念

如前所述，我們認為時間因素對於吉凶的影響與宇宙星球之間的相對位置、引力、磁場、光線入射的角度等因素有關，此即天星擇日學的基本理論。如果在使用玄空大卦奇門擇日，選擇吉利時辰之後，兩小時為一個單位，而在這兩小時為一個時辰單位中，到底在這120分鐘的時間裡，是哪一分鐘最為吉利，哪一分鐘最不吉利，就可以從天星擇日裡找到答案。

天星擇日法自古以來東西方皆有流傳，在中國稱「七政四餘擇日法」，在西方則是稱為「擇日占星術」，西方占星術現代人當作休閒消遣的話題而談論的十二星座看個性，其實這只不過是占星術中的一小部分，一點皮毛而已，完整的占星術理論其實是相當複雜而深奧的，用之於選擇吉日吉時以催福、催旺、催財、催貴、添壽，不但速度快，而且有很高的效驗。

以天星來選擇日課，必須注意幾項重點：

1、首先要避開不吉利的時間，表現在星盤上，日、月、木、金、水等星不可彼此刑沖，也不可被火、土凶星刑沖。

2、月亮一日行13度，約兩日半行一宮，月亮的位置變動幅度較大，所以也主導著短時間內吉凶較快速的牽引力，故月亮千萬不可受土星沖剋刑傷。月亮也不可形成空虛相（沒有主相位）。

3、宮位的選擇很重要，每個宮位各有其代表的意義，例如與事業有關之事會注重第十宮；與錢財有關則注重二、五宮；與婚姻感情有關則注重第七宮。選擇日課時要盡量讓吉星匯聚在相關的宮位之內。

4、日、月、木、金、水等吉星要盡量彼此構成吉利的相位。

5、在選擇日課時會重視第一、四、七、十宮，並盡量使日、月、木、金等吉星匯聚在與主事者所訴求的相關宮位附近，最好還能與東升點ＡＳＣ（命度）或命宮主星構成吉相位。

6、火、土凶星要避開角宮即一（命宮）、四（田宅）、七（夫妻）、十宮（事業），火土二星若相會，而且又在天頂或命度，乃大凶之相。最好使其落入果宮即三、六、九、

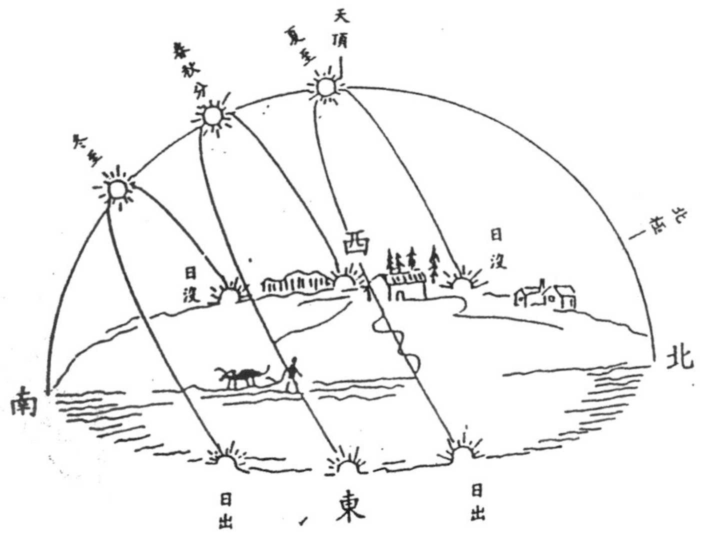

中原地區一年四季，太陽的仰角圖

古法：日月五星到山、到向最為吉利。
三合照次吉，六合照更次吉。
用太陽照之力量化煞時，須用三合照或六合或到山、到向才有力量來化煞。

十二宮，可降低其危害程度，若又能與吉星成和諧相位則更能降低其破壞力。

7、針對不同的事項，有不同的用事主星，例如婚姻、感情取金星，事業、功名看太陽、木星，子女則看五宮的宮主星等，用事之星同樣不可被凶星沖剋刑傷。

8、天星課之應用，需要與奇門遁甲一樣天盤和地盤二盤重疊才有力量催發富貴。如得地盤而無天盤相輔配合，則無法催發富貴；天地盤未能重疊，則發福不大。有好的地理，若無好的日課催助，難發富貴。

明白了以上的天星資料，再從例三的選擇日課的天星來看就能更清楚的體會：冥王星入命度合相ＡＳＣ。

月亮為八宮主衝命度又受冥王星之對沖而受傷。

以下引用育林出版社．白漢忠著《現代占星流年推運》以及《學會占星流年推運真簡單》擷取其中理論篇的部分資料，以做為學習天星擇日的基本資料，也能讓讀者對於天星選擇有進一步的瞭解。

行星的相關意義

太陽

神話上說，古代認為太陽是天空裡最具影響力，是賦予生命的神，太陽的光線和溫暖是地球上一切生物不可或缺的。太陽對於個人的一生有決定性的影響，代表本性、精神、意志、表現出外在的形象、活躍、表演欲、權力欲、尊心、自大、優越感。

太陽所具有強烈的影響力，象徵權力，創造力，人物的代表是元首、統治者、有名望者、父親、對女性而言，太陽亦代表父親、丈夫或男性親屬。

月亮

月亮在占星學上的地位僅次於太陽，月亮的特徵是它規律性的變化，從新月到上弦、滿月、下弦再回到新月的時間大約二十九天半，如此週而復始。月亮的引力影響地球很大，主宰地球上生物的某些行為，人類很早就知道它能影響體液，與女性的生理節奏有關。

英國科學家以引力定律解釋潮汐現象，月亮所在的宮位是內在個性的部分，也顯示幼年的健康狀況、母子間的關係和人生的波動及臨機應變能力。月亮代表反應、變動、情緒、感情、想像力、母愛、母性本能、女性化、記憶力。

水星

水星是最靠近太陽，運動速度最快的行星，每八十八天就環繞太陽一周，其在軌道上的平均運動速度每秒四十七點八九公里。人類各種的活動沒有比思想更快速，水星的移動很快速，象徵變化非常迅速，所以水星就與人的思維相對應，顯示出個人思考與說話方式，代表智力的傳達，同時主宰旅遊、思考、溝通、理解能力、旅遊、交通、交流、經商及外交手腕。掌管智能、神經系統。

金星

金星表面為一層濃密的大氣層所籠罩，以肉眼所見的金星最穩定持久而和諧，柔和，美而明亮，一向被視為愛神，美與藝術，希臘羅馬神話中維納斯的化身。讓人聯想到融洽、和諧、統一。柔性，感性及戀愛的一面，強烈的影響個人吸引他人的魅力與他人產生關聯的能力，主宰愛情以及所有美的事物，象徵著戀愛、和平、美麗等人類的希望，金星在命盤的所在的宮位常表示幸運的地方，金星代表愛情與金錢、美麗與協調、藝術修養、羅曼蒂克、性感、活潑、對美好事物的高深造詣。

火星

火星的表面為紅赭色，滿佈火山口，表面的晶體岩石氧化了，它的色彩其實是腐蝕作用所致，巴比倫人說它是戰神，主宰熱力、血、火。占星學上和侵略及戰爭有關，也常被視為和縱慾有關。代表力量、活潑、積極、侵略性和權力慾。火星也是熱情、戰爭及決斷之星，啟發個人性的泉源，尋找愛人的慾望。火星代表精力充沛、主動、果斷、熱情、攻擊性。對女孩而言，火星代表理想中的男性，也是夢中情人。

木星

九大行星中木星最大，直徑為一四二七〇〇公里，有十三個衛星，在距赤道周圍還有一圈的光環。木星外圈有氣體，整個星球有極大的磁場，木星在占星學上的觀點，就如它本身所具有的特質，代表巨大、包容力、擴散及注重精神生活的特質。木星大約一年走一宮，我國古代用木星來記年，是為歲星。

木星主生理、智力及精神上的成長，與宗教、哲學、正義、慈悲、法律、財富及社會地位有關。推運的木星代表：幸運、喜事、財源、發展、知識、擴張、哲學、宗教、外國。

土星

土星運行的速度比其他肉眼能看得見的行星都要來得慢，周圍散發出昏黃色的光，常被認為會帶來阻礙、壓力及不幸，古代就被認為是凶星，預告著希望的挫折失敗和悲劇，有時也預告著死運，始終不能擺脫它的負面特質。

但現代占星學土星並不完全表示為不祥之星，它的正面作用象徵壓力與突破困難，來激發個人堅毅的耐力、節儉及經營才能。推運的土星代表：限制、責任、壓力、耐力、韌性、穩重、困難、悲觀、受挫、焦慮、健康不佳。

天王星

天王星是在一七八一年3月13日，德國音樂家威廉·赫協爾所發現，這個被占星家視為奇特的行星，與其他星最大的不同，在於其地軸的傾角大於90度，季節變化必然顯得特殊。似乎是舊有勢力的破壞者，在占星學上，天王星素有離經叛道，任性不穩定的影響力，天王星的特質是獨特，超乎傳統，與眾不同，主開創，革新，愛好自由而不願隨波逐流，能別出心裁而不依常態運作。

海王星

海王星發現之時，剛剛有煤氣燈、招魂術與催眠術正大行其道，而麻醉劑也才運用在外科手術上，占星學上認為如同深不可測的大海一樣，時而風平浪靜，時而波濤洶湧，常表現在曖昧不清，遙不可及的理想。海王星影響個人的想像力，它想像空間的發揮出來就能激發出潛在的智慧，心靈透視與洞察力。表現在負面性格的人則容易產生妄想和不切實際、沉迷。

冥王星

現代行星中，冥王星是走得最慢，離太陽最遠，在寒冷、黑暗、遙遠的太空深處，於一九三〇年發現，當時世界大戰，到處有許多犯罪活動，擾亂不安，於是占星學家便認為冥王星和這些方面有關。冥王星主宰人們最深一層的潛意識運作，陰暗的一面，冷酷，無情，黑社會，叛逆性，性及暴力有關。

行星運行的速度

由於行星運行的速度不一，所以擇日必須對於各行星的運行速度做一個瞭解。

各行星一天所行的速度如下：

太陽一日行1度

月亮一日行13度

金星一日行1度

水星一日行1度

火星一日行0.5度

木星一日行0.2度

土星一日行0.1度

各行星每行1度所需的時間如下：

太陽行一度大約1日……30日行一宮

月亮行一度大約2小時……2.5日行一宮

金星行一度大約1日……30日行一宮

水星行一度大約1日……30日行一宮

火星行一度大約1.7日……………2月行一宮
木星行一度大約12日……………1年行一宮
土星行一度大約27日……………27月行一宮
天王星一年大約行4度……………7年行一宮
海王星一年大約行2度……………15年行一宮
冥王星一年大約行1.5度……………20年行一宮

十二宮代表意義

天星選擇十二宮的意義非常重要，在選擇吉日配合十二宮的屬性，是重要的關鍵因素之一。使用天星選擇開市、開業、入宅、動土、安葬等，往後所產生的吉利剋應，如催財、催丁、催貴、催福、添壽等等的需求，也是從十二宮的意義推演出來。

在既定的因緣下，如何使吉者增吉，凶者減凶，甚至能使凶的能轉化為吉的境界，怎樣才能趨吉避凶呢？這是一個非常重要的關鍵。

十二宮中每一個宮位各代表許多的意義，看起來好像很複雜沒有一個頭緒，其實只要熟悉每一宮位代表的意涵，再進一步瞭解行星、宮位、相位之間的關係，熟能生巧，並須瞭解主事者是從事什麼樣的行業，擇日就必須用哪一類型的天星組合，再配合玄空大卦，很容易就可以進入精密的天星選擇技巧。而擇日的天星組合如果與主事者的需求和行業不能配合，這種日課即使是天星吉課，而往後產生的效應也會大大的減弱，不能達到預期的效果，這是奇門六十四卦再配合天星選擇所必須特別注意的地方。

天星盤十二宮的意義如下：

第一宮（命宮）：代表個人的氣質，性格，外表，外在的行為，人生觀，脾氣，幼年的生活環境，壽命。

第二宮（財帛）：代表財富，經濟，慾望，個人的資源，股票，有價證券。

第三宮（兄弟）：代表兄弟姐妹，基礎教育，寫作，考試，表達能力，通信，鄰居，短程旅行，交通工具，交通事故。

第四宮（田宅）：代表祖業，傳統的，房地產，陽宅，陰宅，礦山。童年的家庭生活和居住環境，與父母的關係，特別是母親。

第五宮（子女）：代表兒女，娛樂，享受，愛情，性生活，戀愛，藝術、假期，股票投資，投機，賭博，同居。

第六宮（奴僕）：代表工作環境，健康，醫藥，公務員，員工下屬。對社會人群的服務以及與下屬之間的關係。

第七宮（夫妻）：代表婚姻，合夥人，外交事務，贊助人，明顯的敵人，合作關係。

第八宮（疾厄）：代表遺產，嫁粧，配偶之財，意外不勞而獲，性關係，玄學，死亡，超自然的神秘學，以及金錢投資，周轉資金。

第九宮（遷移）：代表國外運勢，外國人，遠方旅行，出國，高等教育，學術研究，法律，宗教信仰，貿易，旅行社，出版。

第十宮（官祿）：代表地位，成就，名譽，事業，政府官員，法庭，行政首長，董事長。

第十一宮（福德）：代表社交，朋友，社團，議員，國會，泛泛之交，社會關係，文化活動，個人與群體間的相互作用。

第十二宮（相貌）：代表隱私，拘禁，潛意識，神秘，迷幻藥，慈善機構，暗中的敵人，鬼神，秘密戀人，宗教修行。無意識、夢境、隱藏性的問題。

若以錢財做占星推斷，第二宮為主導財帛的宮位，第二宮如果沒有行星，則看第二宮的宮主星，兩者合併參照都主正財，個人的資源財務狀況。有關於如股票、賭博、賽馬、彩券等投機方面的財運就要看第五宮與其宮主星。

合夥、保險、遺產、做生意周轉的資金則屬於第八宮與其宮主星。第九宮則是遠方、外國投資的宮位。乍看之下似乎每個人都有無限的財源，其實宮位系統是要互相關聯才能產生效應。

除了宮位系統要取得連貫之外，行星和相位也是考量的因素之一。當今日師、地師所用的日課，有些僅以通俗的三合派的干支擇日法，只講求避開三殺、月破、日破、空亡、六沖、回頭貢煞……等，尤其三殺與六沖，避之如蛇蠍。

其實選擇的流派眾多，有許多的法則是與通俗的三殺、六沖等原則有很大的差異性，甚至於是背道而馳，而在實際應用的結果往往六沖、三煞的日課不僅沒有引起不妥，反而有些得到許多的吉應，是所謂的吉沖。這是值得少部分抱殘守缺、固執不化的擇日師所需深切探討。

而一般坊間的擇日很少配合行業，天星奇門遁甲選擇的特殊是配合主事行業所主的行星，其次並與主事命盤的相關行星角度相合，即可達到特別的吉祥剋應。

行星的相位

所謂的相位（Aspects）是指行星和行星間所形成的角度。行星之間形成的各種不同角度，運用在對於擇日命盤的解釋。行星的相位可以顯示出人格在某些方面可能獲得充分而積極的發揮，也可以顯露某些方面可能感受到心理壓力及緊張的狀態。

相位沒有絕對的吉凶，現代星象學家已普遍相信刑沖的相位，能夠為人格提供衝力與上進的能量。另外注意假如出生時間是正確的，則行星與上升點及天頂，與行星間形成的相位也應列入考慮，如果出生時間不是很精確，這些相位就不要考慮進去。而在擇日的運用，時間的因素是我們能夠掌握的，所以天星運用在選擇吉日比運用在論斷本命盤更有意義。可以說人生部分的命運掌握在自己手中，而這其中天星選擇就是一種最有效的方法之一。

相位的演算法

如果將人生比擬為一場戲，相位就像戲劇情節，它是你與他人彼此的互動狀況：相位是兩顆行星間與星盤圓心的夾角度數，如：分別將太陽、月亮與圓心連成一線，兩線的夾角，即為相位。相位佳時，即使行星落入星座不佳，當事人也能夠逢凶化吉。若相位不佳，行星落入的星座也不佳，就要以其他行星及相位來進行補救了。

相位的種類

主要相位：包括0度合相，二分相180度，三分相120度，四分相90度，六分相60度。

次要相位：八分相45°、補八分相135度，十二分相30度、補十二分相150度。

其他相位：五分相72度、144度，七分相，九分相，比較不常用。

二分相：黃道360°÷2＝180°

三分相：黃道360°÷3＝120°

四分相：黃道360°÷4＝90°

六分相：黃道360°÷6＝60°

相位的解釋

合相：兩星近乎重疊，與星盤圓心夾角為0度時，即是合相。這是非常有力的相位，它具有集中且強烈的作用，可增強兩星的力量。

六分相：兩顆行星與星盤圓心夾角為60度時，即為六分相。這是一個只要肯努力，即有好機會的和諧相位。

四分相：兩顆行星與星盤圓心夾角為90度時，即為四分相。這是一個不和諧的相位。當事人必須花費許多心力，才能改善不和諧的事。

三分相：兩顆行星與星盤圓心夾角為120度時，即為三分相。這是一個讓兩顆星互相協助，順利推動事情進展的和諧相位。

對分相：兩顆行星與星盤圓心夾角為180度時，即為對分相。

相位角在擇日上的運用很重要，主要是在選出良辰吉日之後，再選出吉利時辰，干支選擇兩個小時共120分鐘，一般大多是取時辰開始的15分鐘用事，而天星選擇比較精密，是在這同一時辰120分鐘內，找出其中最吉利的1分鐘。

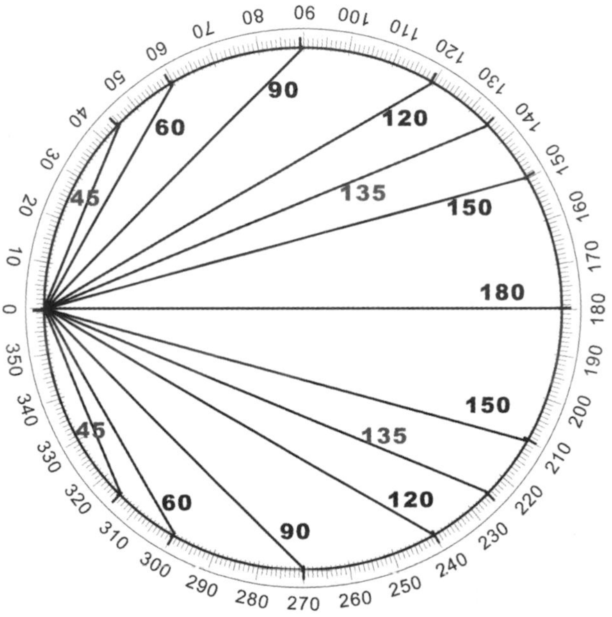

行星相位圖

認識星座符號

十二星座與中國傳統黃道十二宮對照如下：戌宮（白羊座）、酉宮（金牛座）、申宮（雙子座）、未宮（巨蟹座）、午宮（獅子座）、巳宮（處女座）、辰宮（天秤座）、卯宮（天蠍座）、寅宮（射手座）、丑宮（摩羯座）、子宮（寶瓶座）、亥宮（雙魚座）。

符號	星座	地支
♒	水瓶	子
♑	摩羯	丑
♐	射手	寅
♏	天蠍	卯
♎	天秤	辰
♍	處女	巳
♌	獅子	午
♋	巨蟹	未
♊	雙子	申
♉	金牛	酉
♈	白羊	戌
♓	雙魚	亥

座符號都有其一定的意義，星座的符號也能更清楚星座所代表的意涵，對於本命盤或者是流年盤的判斷，都有明顯的幫助。

牡羊座符號象徵♈

牡羊座的符號象徵羊的頭，是一種象形的方法，取出羊最明顯的羊角和鼻樑部分；由牡羊座的神話可以聯想到一些特質，可說是無心機、衝動、勇往直前。也有人指牡羊座的符號是象徵新生的綠芽，表現出大地新生和欣欣向榮的景象。

金牛座符號象徵♉

金牛座的符號象徵了牛的頭，也是以簡單的線條描繪出牛的形象；由金牛座的神話可以發現，金牛座的外表溫馴，但內心充滿慾望，對於美好事物的執著。由另一方面看，圓圓的牛臉表現出安逸和享樂，生活上會比較講究享受。但上面的牛角則提示我們脾氣有爆發的時候。

雙子座符號象徵♊

雙子座的符號象徵雙胞胎，由雙子座的神話可以知道雙子座的二元性和內在的矛盾。雙子座所代表的不只是二元性，而是多元的，一方面可以看出其廣，一方面也暗示可能的膚淺。有著新奇、彈性、變化和玩樂的性質，多采多姿的多元生活。

巨蟹座符號象徵♋

巨蟹座的符號象徵胸，也就是說明巨蟹和胸有關；由巨蟹座的神話可以想像，有一種家的感覺，同時也和忌妒有關。也有人指出，其實巨蟹座的符號是象徵巨蟹的甲殼，由此也可看出巨蟹座所具自我保護特質，和隱藏的習慣。發揮出強烈的防衛本能，並且遇到任何環境也都可以隨時適應。

獅子座符號象徵♌

獅子座的符號象徵獅子的尾巴，高高揚起的尾巴，充分顯示了獅子的個性；由獅子座的神話聯想到，獅子的勇敢和善戰。由獅子去聯想獅子座的特性，高貴、同情心，王者之風，但是別忘了，母獅子才是出外狩獵的。外向開朗之下，卻常感到內心孤寂。非常需要愛與安定的星座。

處女座符號象徵♍

處女座的符號象徵女性的秀髮，注意從符號中右半邊就可以發現，處女座是一個涉世未深的少女，具有純情的遐思，纖細條理的能耐，可看出機敏和批判的意涵。由處女去聯想處女座的特質可以發現，如小心、謹慎、沈靜和羞怯。由另一方面，處女也代表了聰穎和敏銳，似乎存在一股說不出來的距離感。

天秤座符號象徵 ♎

天秤座的符號象徵一桿秤子，希臘字母的衡量器，底下代表了衡量的基礎。在天秤座的神話中可以看出天秤座公平的特質。但由那一桿秤子，可以看出天秤座追求平衡的基本念頭，尋找著內心的穩定與均衡，同時，搖擺不定的秤子也表現著天秤座的猶豫不決，微不足道的事情就會使你感到驚惶不安。

天蠍座符號象徵 ♏

天蠍座是一隻毒蠍子，符號象徵蠍子的甲殼和毒針，由右半邊去意會，其像極了有毒的針刺，表現出復仇的特質，由神話中可以知道天蠍忌妒的來源。蠍子有暗中爬行的特性，以及擁有消滅敵人的能耐。神秘的探視能力及吸引力，做事常憑直覺，有深沈和安靜的心靈，比較難以讓人瞭解，有獨特見解，永遠有充沛精力。

射手座符號象徵♐

射手座的符號象徵射手的箭，回到象形的簡單形式，由射手座的神話可以看出射手座的智慧和愛好自由。射手的原型是拿弓箭的人馬，下半身的馬象徵追求絕對自由，把心力集中在自己遠大的理想目標。上半身的人象徵知識和智慧，而手中的箭，則表現出射手的攻擊性和傷人的一面，也喜歡新的經驗與嘗試。

摩羯座符號象徵♑

摩羯座的符號象徵羊的頭和魚的尾，抽象但基本上是象形的；由摩羯座的神話可以知道摩羯的擔心和恐懼。所以會比較嚴謹的自我要求，在工作中為目標在奮鬥。摩羯座又稱山羊座，這是由於其上半身的山羊形象，有向上登峰的慾求，有堸實主義思想與有抱負的人。在水面之下摩羯座也有象徵感情的魚尾，容易被熱烈的感情征服。

寶瓶座符號象徵♒

寶瓶座的符號象徵水和空氣的波，是具象但又抽象的；由寶瓶座的神話中可以看出，愛好自由和個人主義。象徵寶瓶座的波是高度知性的代表，由波的特性去思考寶瓶座的特質，看似有規律但沒有具體的形象，是一個不可預測的星座。既時髦又前衛，喜歡作怪、趕流行，對於新潮的事物相當熱衷，但另一方面是聰明，腦筋動得快，有人道精神也頗富藝術氣息。

雙魚座符號象徵♓

雙魚座的符號象徵兩條魚，而其中有一條絲帶將它們連系在一起；由雙魚座的神話中可以聯想到雙魚座逃避的特質。雙魚座的兩條魚是分別遊向兩個方向，除了表現出雙魚座的二元性之外，也象徵了雙魚座的矛盾和複雜，可以說是許多謎團與故事，多情、神秘、靈活，心靈的敏感且脆弱的性格。悲天憫人的情懷，也讓身邊自然的圍繞著需要幫助的朋友。

星座的分類法

牡羊座Aries，黃道十二星座的第一個星座，守護星為火星，位於黃經0度起到30度的區間，相對星座為天秤座。

金牛座Taurus，黃道十二星座的第兩個星座，守護星為金星，位於黃經30度起至60度的區間，相對星座為天蠍座。

雙子座Gemini，黃道十二星座的第三個星座，守護星為水星，位於黃經60度起到90度的區間，相對星座為射手座。

巨蟹座Cancer，是黃道十二星座的第四個星座，守護星為月亮，位於黃經90度起到120度的區間，相對星座為摩羯座。

獅子座Leo，黃道十二星座的第五個星座，守護星為太陽，位於黃經120度起至150度前的區間，相對星座為寶瓶座。

處女座Virgo，又名室女座。黃道十二星座的第六個星座，守護星為水星，位於黃經150度起至180度前的區間，相對星座為雙魚座。

天秤座Libra，黃道十二星座的第七個星座，守護星為金星，位於黃經180度起至210度的區間。

天蠍座Scorpio，黃道十二星座的第八個星座，守護星為冥王星、火星，位於黃經210度起至240度前的區間。

射手座Sagittarius，又稱射手座。黃道十二星座的第九個星座，守護星為木星，位於黃經240度起至270度的區間。

摩羯座Capricorn，又名山羊座，黃道十二星座的第十個星座，守護星為土星，位於黃經270度起到300度的區間。

寶瓶座Aquarius，又名水瓶座，黃道十二星座的第十一個星座，守護星為土星，位於黃經300度起到330度的區間，相對星座為獅子座。

雙魚座Pisces，黃道十二星座的第十兩個星座，守護星為木星，位於黃經330度起到0度的區間，相對星座為處女座。

星座分為陰陽兩類

陽性：白羊座、雙子座、獅子座、天秤座、射手座、寶瓶座。

陰性：金牛座、巨蟹座、處女座、天蠍座、摩羯座、雙魚座。

陽性星座表現：火象主熱情、活潑，風象主思考、變化。大多是有進取心、積極主動，有衝勁的理想主義者。

陰性星座表現：土象主物質、實際，水象主感性、情緒。大多是性格內向、比較被動的戰略家。

星座三分法

星座三分為：基本型、固定型、變動型三類。

把各星落在星座的特質：本位、固定、變動，分別標明出來，可以幫助我們瞭解往後行事的動機，基本星座強的傾向於影響他人，固定星座強的易於固執己見，而變動星座強則較能適應變局。應用於天星選擇，可以根據事件的需求，以及主事者心態的不同，因而選擇適合主事運用的星座屬性和宮位。

基本型：白羊座、巨蟹座、天秤座、摩羯座。

基本星座屬於領導者型

象徵著引導、開創和前進。表示個性的傾向：具有野心，強烈的競爭意識、活躍的精力。也因此，基本宮是一種爭取機會，追尋目標的象徵。可以為個人帶入開創新的領域。

固定型：金牛座、獅子座、天蠍座、寶瓶座。

固定星座屬於組織者型

固定宮所象徵的乃是一種固執、深化和不變的特質。可以帶來勤勉、努力、忠誠、建構及完成計畫、堅強的意志力。

變動型：雙子座、處女座、射手座、雙魚座。

變動星座屬於傳授者型

象徵的是適應、改變和調和。可能呈現出狡猾、膚淺、不定性和不誠實，但是也可能是多才多藝、學識廣博和高度的理解力。靈巧、機敏和聰明。

星座四分法

星座四分為：**火、地、風、水**

火象星座：白羊座、獅子座、射手座

土象星座：金牛座、處女座、摩羯座

風象星座：雙子座、天秤座、寶瓶座

水象星座：巨蟹座、天蠍座、雙魚座

把各星落在星座的元素（火、土、風、水）分別標明出來，可以幫助我們瞭解星盤的結構主

要是偏向哪一個元素，這在選擇吉日的分析上十分有用，有時我們也把上昇星座和天頂所落入的星座也一起探討，增加準確性。

火象星座：精力充沛，感情奔放激烈，有十足的行動力，表現出精力的集中，掌握機先，站立在最前線做先鋒，開創新的理想。但來的快去的也快，有時比較草率和粗心。

土象星座：實際、慎重、生產、嚴謹、安定、細心、建構和服務的寫照。冷靜對待感情，真誠持久，做事也腳踏實地。但有時過於保守和自信心不強。

風象星座：思維發達，想象力豐富，有思想家的傾向，擅長社交，語言表達能力強，但性格變化多端，有喜新厭舊和情緒化的毛病。

水象星座：溫柔寧靜、感情細膩，對事物的洞察力極強，直覺、敏感，表現出人類的感情力量。而在心理結構的功能，水象星座主宰著情緒。但有時想法不切實際，憑感情用事。

占星學是圍繞在十二星座打轉的，當人們將黃道分為十二等分後，十二星座、十二宮位就形成了，這兩者的特性相輔相成，懂得十二星座的概述和原理，進而瞭解宮位、相位的意義可說是相當容易的事，甚至行星的能量變化，也和十二星座息息相關。

生命歷程就像人們生命的功課，但每個人的功課都不同，有些人某些功課難、某些功課容易。因為每個人的出生星圖不一樣，本來就蘊含了各式各樣的功課在那兒，但也只有等到星辰推進時，才是進入生命功課重點學習時，星辰的推進就彷彿考試的鐘聲響起，催促著不同的人們要進入不同的課堂去接受生命的考驗，每個人的出生星圖是無法改變的，非自由意志，但是有一樣是可以用人為因素來改變的，那就是天星選擇。

天星選擇是以天上運行的星體，做為衡量事物的工具，但要如何在不斷運行的天體中，找到一個狀態和個人所營謀的事務發生良好的關係，這就是一門大學問了。在現代占星學中，取了一個起始點的概念，也就是以一個人生命開始一瞬間的星體位置，來和個人產生關聯，而在天星選擇來說，就是以開始行動的當下，取當時的天體狀態所產生的命盤來代表。

行星的感應

太陽——人生觀、性格

命盤中影響最大的是太陽，人生觀、性格。有一些人如何來認定和對你的評價，你所表現在外給人的印象。和父親，男性親屬的關係。在女性命盤中太陽代表父親、丈夫以及與異性的相處關係。

月亮——情感、與女人的關係

巨蟹座由月亮守護，月亮是私人情感，也代表幼年環境的影響，和母親、女性的關係。月亮的宮位會表現巨蟹座的特質，代表情緒化，受情緒影響，月亮在各個宮位中，指示著日常活動中情感的表達方式，受到過去潛意識的習慣及經驗所影響。

水星──表達、溝通、反應能力

生活事務有關的一些重要思維資訊，包含個人的心靈模式與人際溝通方式，思考及表達、溝通能力。如：學習、考試、演說、寫作，腦筋的靈活度，同時也顯示了何種活動領域比較會受到思想及人際溝通的影響。

金星──欣賞的異性、吸引異性、審美觀

男性會欣賞哪一類型的女性，及女性會用何種方式吸引男性，它更影響了你的審美觀。瞭解你如何在生活中不同層面表達自我，金星所在的宮位代表你如何建立社交以及情愛關係。金星也代表藝術眼光、美學、興趣。可以發現你賺錢的管道在哪裡。

火星──性、慾望、女性心儀的男人

代表行為模式及慾望傾注所在，慾望趨使你展開行動。也是你吵架發脾氣的樣子，和女性所欣賞的男性類型。火星也影響了你的性愛模式。火星所在的宮位表現了牡羊座的行動力，為了達成目標必須將精力及創意發揮在這裡，精力消耗的地方。當火星相位不佳時，過分衝動，所在宮

位的那些方面會發生衝突。

木星——人生目標、人生哲學、幸運所在

木星影響你的道德標準及生活理念，它更是一生所追求的目標。透露出宗教，哲學及教育思想活動形式的相關訊息。木星所在的宮位，代表了思想正面，主宰著樂觀的地方，一生當中幸運之神降臨的流向。在此得到幸運，物質資源及精神上的富裕。

土星——考驗、責任、壓力

土星所在的宮位，可要嚴肅的看待，不能等閒視之，表示你會面臨困難，要經過考驗，以及從中學習到什麼。現實的情況是需要在此表現你的責任感，經過考驗之後會更成熟。

天王星——改革、機會

天王星影響同一年代的人，顯示你目標背後隱藏的動機，你喜歡交哪一類型的朋友，不平凡、突破、叛逆、改革社會價值觀，很難接受現有觀念，最討厭被束縛。你在這一宮位最想表現

與眾不同的風格，獨創一套自己的模式，跳出傳統的框架。

海王星——精神生活、迷戀

海王星的影響是屬於精神層面的，時代的產物，文化標識與風格，都是海王星所造成的影響。海王星的位置將決定你如何使用圖像思考能力，決定在此宮位的生活將受強烈的預感，夢境，透視能力及潛意識的直覺影響。海王所入的宮位，是你要付出比較多心力的地方。

冥王星——創造、改變、重生、毀滅

三王星同時影響同一時代，火星和冥王星共同守護牡羊和天蠍，但火星較偏向牡羊，冥王偏向天蠍。冥王帶來人類生活劇烈的轉變，隨著宮位不同，對應到個人的感受會有所差異，冥王所在的宮位，將會是變動頻仍，所帶來的震盪，產生了不小的壓力，如何運用你的精神、意志，在徹底改變之後，帶來重生的機會。

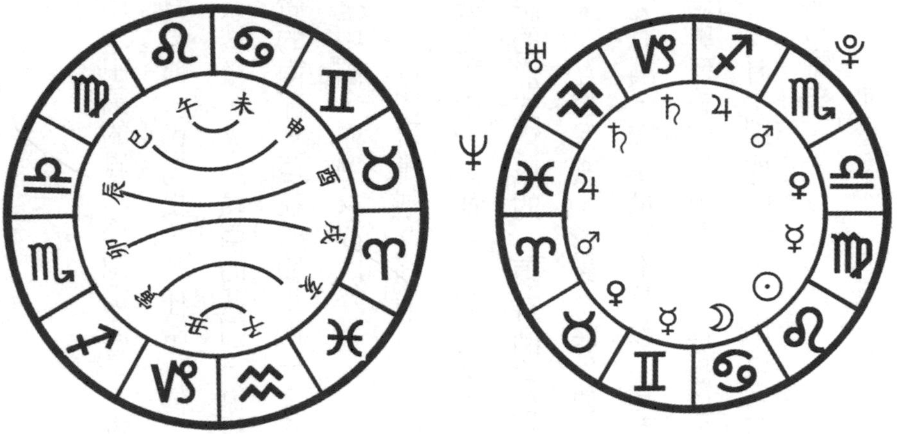

每一星座的宮主星尚有一種以八字六合的觀念解釋宮主星，午未合而不化，獅子座午宮的宮主星是太陽。巨蟹座未宮的宮主星是月亮。巳申合化水，處女座、雙子座的宮主星是水星。辰酉合化金，天秤座、金牛座的宮主星是金星。卯戌合化火，天蠍座、白羊座的宮主星是火星。其次，寅亥合化木，子丑合化土。

本章節有關占星術圖文錄自育林出版社發行．白漢忠著《學會占星流年推運真單》。

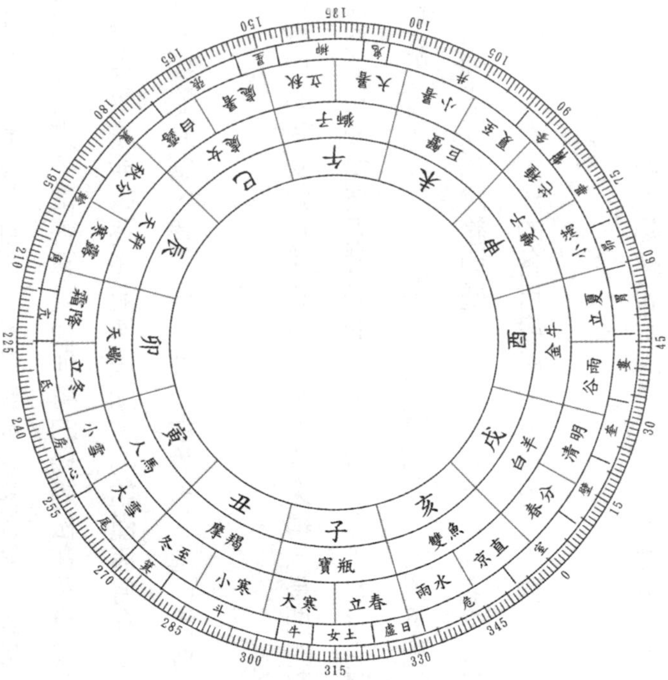

十二地支、十二星座與廿四節氣
本圖錄自《黃曆101問》

風水流派異同之省思

中國的風水學源遠流長，古時被稱之為帝王之術。唐朝以前一直被禁錮於皇室深宮，民間鮮為流傳。楊筠松，時任唐·僖宗國師，官至金紫光祿大夫，掌管靈臺地理事的楊筠松在黃巢攻破京城後，來到贛南的興國三僚村定居帶徒傳授，堪輿學才開始逐漸流傳民間。開始僅流傳在江西省的南部，現在的贛州市一十八個縣市，以後逐漸擴展到閩、粵、桂、湘、浙等省，進而流傳至全中國，並遍及海內外。

古代封建制度統治之下，風水術的傳授不可避免的要受到封建式教育制度的束縛。長期的發展進程中一直都是師徒授受，做為風水術的主要理論和操作技術載體的經文，古書多半都是用隱語的形式寫成的，須有師傅傳予口訣才能真正理解。不同門派之間雞犬之聲相聞，老死不相往來，互相保密，發誓不能外傳，守口如瓶，不能與同道互相討論切磋，即使在同行之間名之為研究討論，大多是言不及義，甚而互相攻擊，這種保守、封閉式的各自發展的傳授方式，雖對保持堪輿理論的精純有益，但總體來說，各自為政，是弊大於利。

有一則成語故事，出自《左傳·宣公二年》，春秋時期，鄭國和宋國有一次在大棘這個地方發生戰爭。

戰前，宋國元帥華元為了鼓舞士氣，殺羊來分賞將士，但把自己的車伕羊斟給忘了，羊斟懷恨在心。

第二天開戰了，羊斟對華元說：「昨天分羊的事聽你的，今天駕車的事聽我的」。（疇昔之羊子為政，今日之事我為政）駕著戰車衝入鄭軍陣地，結果華元被俘，宋軍大敗。

當時君子都說：「羊斟是個小人，因為自己的私憤，敗壞國家大事，應該受到懲罰。《詩經》中的「人之無良」就是說的羊斟這類人」。「各自為政」指各按自己的主張辦事。

故事的大意是曉喻世人，各按自己的主張辦事，不互相配合，不能融合各派門的優點，不考慮整體主觀、客觀條件去評估做為操作依據，只是不斷強調單一派門的理論如何了得，每人各搞一套，終究誤事，為求福而反得禍。

數千年來歷代都有堪輿大師，流傳至今的地理典籍著作繁多，浩如煙海。久之就形成了諸多的流派，各個流派的理論、術語、操作技術等各個方面都有不同的特點，法則和剖析風水的角度各不相同，各派皆有其優點，也相對的存在著某些缺點，與不能突破的死角，亦即戰國．楚．屈原《卜居》所謂：「夫尺有所短，寸有所長，物有所不足。智有所不明，數有所不逮，神有所不通」。由於使用的場合不同，一尺也有顯得短的時候，一寸也有顯得長的時候。比喻人或事物各有所長，也各有所短，風水操作也是一樣的道理，不要用一法則，一派系而統攝一切堪輿，不可一概而論，所以習得一門一派，或者是一門派的某一部分，學習數個月，就很熱心的想要為主家造福，那是很危險的，也許偶而誤打誤撞，會有某些靈驗，可是終究是有許多未能突破，風險極大。

基本上堪輿流派被劃分為巒頭形勢和理氣兩個大的主要派系，形勢派注重巒頭方位組合上的資訊，理氣派是元運、流年、大運、小運與方位角的生剋原理，兩者互為表裡，各有所長，不可偏廢。而這兩個主要流派下又統攝許多小流派。在五術之中，以風水術的派別可以說是琳瑯滿目，令人目不暇給。其中也有一些是屬於東拼西抄而來的，為了想要出名，將古人的一些基本理論加潤飾，就命名為自己的東西，出現了諸多某氏、某派風水學的招牌，細看其中的內容，好像是拼裝車一樣，並沒有完整的理論和操作體系。

風水術是由形、理、法三者共同構成的，三者之間相輔相成、相互聯繫、相互影響，形理法乃是構成中國風水術的三大基本要素，這三個基本要素是不可分割的，離開了其中任何一個，就不能算是完整的風水術。

郭璞《葬經》：「木華於春，粟芽於室，氣行於地中。其行也，因地之勢。其聚也，因勢之止。古人聚之使不散，行之使有止，故謂之風水」。郭璞對風水的定義明確說明風水是形、理、法的結合，即龍、穴、砂、水的形與勢，也就是由自然環境所構成的風水先天條件。這是構建風水的基礎，有了這基本的條件，才有資格而來談理氣，則是營造風水的人為造作方法，也可以說是後天條件的輔助操作技巧。

風水不論是形勢派或理氣派，基本上要以巒頭形勢做為風水之體，為主，理氣則是風水之用，為輔。也就是如何在選擇的優質外部環境後，用風水理氣和做法使生氣聚止，而合理開發利用的理論和技術，為主家造福所操作運用的過程。

是故形勢巒頭相當於原料，材料，理氣在方位上的選擇，和吞吐浮沉的種種造作，是針對原料加工製作的技術過程。假設所用的材料不佳，即便是加工製作技術如何了得，也是英雄無用武之地。絕對做不出優質的產品出來。但是，有了優質的形勢巒頭條件，就如同具備了優質的原料，如理法不正確，亦即理氣的操作不當，好的原材料也會加工出次級產品或者是不良品，嚴重的話更是會造做出對人有害的產品。

形勢巒頭條件本人在《天下第一風水地理書》中已經有了詳盡的介紹，而理氣方面則是在本書中說明。

三合派水法源流

封建時期，每逢社會和平穩定，平安思富貴，社會賢達，尤其是士大夫階級的社會中堅份子，對風水書籍和風水師的需求與日俱增，急遽增長之下，楊公流傳的古書，或者是自稱是楊公所傳的古抄本，相互的由其徒裔付梓，在社會上廣為流傳。於是，許多落難秀才、道士、和尚及五術的其他術士紛紛加入到堪輿的行列中。三合流派政出多門，就是由此而產生的直接後果。其中也有一些並沒有師承，只是飽詩書之人，自然能看懂大部分的書籍，可是沒有真正的師承，光靠自己摸索，成長自然有限，某些重要的口訣部分缺乏，以致無法很正確理解經典上的原意，只能運用僅有的文學基礎，以自己的思路去做解釋，行之已久，亦有如此就著書立說，自立門戶。這些書都打著楊公風水術的旗號，一經印刷發行，其影響可想而知。在江西、廣東、福建、廣西等地的許多名門望族的族譜中常見有記載，民間更是到處都流傳著楊公風水的神奇故事。

三合長生派是以天干、地支、陰陽、五行為理論根據理氣的風水學派，楊派風水的一個分支派系，三合，是指十二地支的三合局，即申子辰三合水局，寅午戌三合火局，巳酉丑三合金局，亥卯未三合木局。地支三合理論是楊公風水術消砂納水的主要理論根據。生旺墓三合，最早見於西漢劉安淮南子天文訓：「木生於亥，壯於卯，死於未，三辰皆木也。火生於寅，壯於午，死於戌，三辰皆火也。金生於巳，壯於酉，死於丑，三辰皆金也。水生於申，壯於子，死於辰，三辰皆水也」。

其獨特性：一是以地盤正針二十四山正五行論行龍、定山向，二是以人盤中針二十四山配合二十八宿論撥砂，三是以天盤縫針二十四山論納水，四是以天盤縫針雙山五行納水定生旺墓絕之吉凶。

自稱為地理口訣得秘訣的單行本相繼的問世，由於各人解讀方式的不同，於是產生了某些分歧。

明代徐善繼、徐世顏所創導。徐善繼的《人子須知資孝書》和徐世顏的《地理要義》為該派的代表作。二徐在理氣上也是用金、木、水、火四大局。在確定龍的陰陽上，徐善繼主張按龍是左旋還是右旋來確定龍的陰陽。徐世顏則主張以入首龍的透地與坐山穿山論生剋以定龍之生旺休囚死，立向以水口為主，與坐山論生剋。王徹瑩和清代的葉九升、趙九峰，明代的王徹瑩《地理直指原真》，清代趙九峰《地理五訣》、葉九升《地理指南》、《羅經撥霧集》。主張「千里江山一向間」、「萬水俱從天上去」，主張從向上起長生，以向配水。現在世上廣為流傳的二十四山水法就是該派的內容。

是故三合派的口訣與用法，就有多種版本，有主張從向上起長生，有主張從坐山起長生。

再論及長生訣的起法：

雙山五行為主要運用口訣，起十二長生，雙山以壬子、癸丑、艮寅、甲卯、乙辰、巽巳、丙午、丁未、坤申、庚酉、辛戌、乾亥為消砂納水之法，甲木生在亥，在乾亥宮起長生；乙木生在午，在丙午宮起長生；丙火生在寅，在艮寅宮起長生；丁火生在酉，在庚酉宮起長生；庚金生在巳，在巽巳宮起長生；辛金生在子，在壬子宮起長生；壬水生在申，在坤申宮起長生；癸水生在卯，在甲卯宮起長生。

另有法是以正五行起長生：

凡坐山屬水者，從申起長生，順布十二長生於地支上，即知該地支為何字，納水時，為納入天干，故以雙山之天干納之。凡坐山屬土者，亦從申起長生，土水同宮，佈法納法與前述相同。

凡坐山屬火者，從寅起長生，佈法納法亦同。凡坐山屬金者，從巳起長生，佈法納法亦同。凡坐山屬木者，從亥起長生，佈法納法亦同。

承上所述，即可知三合派就有從坐山起長生訣，有從向上起長生訣，而同樣是長生訣，又有從正五行起，又有從十干起，有分陽順陰逆，也有不採用陽順陰逆。一門學術流傳久了，各人有各人的秘本，每人解讀的方法不同，就產生許多的變異，林子大了，什麼鳥都有。

八宅派的源流

八宅派，基本上以坎離震巽為東四宅，以乾坤艮兌為西四宅，套入紫白流年法，用年來分東四西四命，八宅以坐山為計算單位，套入單卦變爻之法，由本宮之中爻變起，依中、下、中、上、中、下、中、上八變而歸本位，這是玩卦的遊戲，任何單卦八變後，必然歸本位，配以翻卦掌，乾、艮、坎、震、離、巽、坤、兌八宮，依次上起下止，下起上止，中起中止，邊起邊止一一挨去，以伏、絕、天醫、禍害、六煞、延年、五鬼、生氣為序，配以輔、破、巨、祿、文、武、廉、貪九星論生剋，以伏、天、延、生為吉，絕、五、六、禍為凶。

八宅派大多數是以坐山起卦，其中亦有採用以向上起卦，這是根本上不同。而坐山或向上的認定，各派也有不同的觀點，由於古代多數是平房，立向方法較沒有爭議，如今高樓林立，有的採用各戶大門立極，有的人就堅持用大樓的樓下大廳的大門方向，整棟的住宅皆以此立太極，有的取落地窗的方向立極，近來流行的後天派，所用的坐山，就不是羅盤上的方向，而是各樓層的坐山又有一套計算方法。這樣連八宅派都有如此多的變數，奇怪的是各門各派皆言證驗極多，亦皆言其為名門正派，想要為主家造福的堪輿明師，誰是誰非，該如何分辨呢？

沈氏玄空的源流

《沈氏玄空》自民國以來一直廣受風水專家和學者的青睞，曾用者屢獲奇應，不會用或自學者，時而靈驗時而失效。沈氏自幼即嚮往風水，博覽群書，後得借閱章仲山《宅斷》抄本後，徹悟《玄空》後天洛書飛星之奧義，沈氏竟無師傳授，有此悟性實為上蒼開眼，沈氏一派為平陽法訣，在江浙一帶及兩廣流傳較廣，對於背水面山之局和山龍格局則應驗較差，其斷事方面以《玄空秘旨》、《玄機賦》、《飛星賦》、《搖鞭賦》等為主旨，《沈氏玄空》是以十二陽山、十二陰山來分雌雄陰陽，以後天洛書一、二、三、四、五、六、七、八、九來挨星，山星與向星的挨星分陽順陰逆，至於元運盤，基本上以順排，不採用陽順陰逆，以元運分吉凶，以零正辨上山下水，正神要排到山上為吉，旺丁貴，零神排到水上為吉，旺財祿，不合此法者則山顛水倒而丁財兩敗。

另有一派飛星排法，山星與向星的挨星分陽順陰逆，與此相同，而元運取法不同，取陽順陰逆，如此則飛星分佈皆異，此其一。讀者必須留意，其二是飛星的分佈，也存在某此矛盾的現象。以旺山旺向為例，七運的酉山卯向下卦為旺山旺向，七運的卯山向酉下卦也是旺山旺向，八運的辰山戌向下卦為上山下水，八運的戌山辰向下卦也是上山下水，照說此方旺則彼方衰，此方衰則彼方旺，此為矛盾之二。

九星派的源流

至於九星派，淨陰淨陽水法，也叫納甲水法。乾納甲，坤納乙，艮納丙，巽納辛，離納壬、寅、午、戌，坎納子、癸、申、辰，震納庚、亥、卯、未，兌納丁、巳、酉、丑。乾坤離坎為陽，震兌艮巽為陰。主張向與水陰陽不混為吉，認為陰陽相混為凶。向上卦為輔弼，從中爻變起，依次為武曲、破軍、廉貞、貪狼、巨門、祿存、文曲、輔弼、巨門、武曲、貪狼為吉水，破軍、文曲、廉貞、祿存為凶水。而九星有以坐山起卦，有以向上起卦，也是有一些分歧。

選擇吉日之探索

尚有擇日的方法，本書也會介紹比較重要的選擇法門，大六壬選擇，此與大六壬占卜有些許之別，大六壬選擇是將六壬占卜的貴人、螣蛇、朱雀、六合、勾陳、青龍、天空、白虎、太常、玄武、太陰、天後十二神，化為天罡、太乙、勝光、小吉、傳送、從魁、河魁、登明、神後、大吉、功曹、太沖十二將為入用，其法以太陽所躔之宮即是月將，起法則以天罡諸星依訣而排，以二十四山雙山五行排去，從戌乾、亥壬、子癸、丑艮、寅甲、卯乙、辰巽、巳丙、午丁、未坤、申庚、酉辛一路排去。

穴場有山峰聳秀，或有水朝來，或有三叉水的卦位，逢大六壬吉星者主大吉，其餘則為不利，主要再配合坐山、向上，以及主事者本命，效果會大為增加。大六壬的比較沒有爭議性。

奇門遁甲選吉，一般都是用45度為一位奇門單位，本書採用的奇門是5.625度為一單位，比精密度非常高，判斷基準也是以乙丙丁三奇配以一白、六白、八白、九紫做為上吉之選，再以開、休、生為三吉門，以坐山來分宮，以中宮為立極，星門生宮者或比旺者大吉，忌星門剋宮，剋應則以五行斷其宮位吉凶，更重要是奇門要配合主事者年命。

本書特別介紹天星選擇，天星擇日在中國流傳甚多派別，依照目前可見者，通書派以天星祿、馬、貴人為主；取其到山、到向、拱照、輔照、夾照。並取太陽、太陰到山、仙向、拱照、輔照、夾照。完全以此法則，亦只是天星選擇之皮毛而已。

清末兼習西法者以弧角計算立十二宮並求真太陽到山，惜乎不中不西徒增神秘；又有宗法耶律天官五星而求化曜之運用；明末清初蔣大鴻又作《天元五歌》闡述恩用仇難配合時令之擇日法，從之者眾。以上所舉為主流派別，天星擇日派別眾多，往往令人迷眩，其中某些理論實不可取，但是能掌握星學之宗旨者少，一般人只要聽到天星擇日就以為神乎其技，人云亦云，鮮少有學者能掌握其中精髓，又能闢去謬誤。

而現今市面上的某些通書，又以黃道盤論地平方位求真太陽到山，卻不知真太陽到山並不在黃道盤上。用黃道盤取太陽、太陰到山、到向並不真切，古書又云真太陽到山、到向能解一切凶煞，這也是有待商榷。七政四餘又兼採二十八星宿配合五行生剋，然有少數學者亦不知二十八星宿是恆星系，必須校正，諸多疑點如不加以釐清，絕難掌握天星之真訣。

堪輿學說僅僅是理氣方面就存在凡此種種諸多問題，如不得明師指點，則猶如入五里霧中，其實每一門派都有其特色，也相對的各有存在一些缺失，稱職的堪輿師絕不是光有單一技巧就能遍行天下，只有融通多派的技巧，要用什麼法訣，是要看臨場的狀況而定，就如龍門八局，以先後天水法及曜方論斷極為精準，其用法大多是在外局，內局的用法就比較少。龍門八局一卦管三山，雖然也有一些分別，但是三山共有45度，精密度稍嫌不足，如能配合玄空大卦，以六十四卦卦氣卦運則精密度可及於5.625度之中，還可以從5.625度之中再分為六爻，每爻再細分為0.935度，可以從龍門八局取吉的45度中找出最吉利的5.625度，再細分為0.935度之中分出最吉祥的分金度，豈不妙哉。

沈氏玄空學也是一樣，其九宮格之中每卦位也是45度，如能配合玄空大卦，以六十四卦卦氣卦運，則精密度可及於5.625度，可以從45度中找出最吉利的5.625度，再細分為0.935度。而沈氏玄空學所使用的三元九運，謂之天運，如再配合本書所介紹的二元八運玄空六法，謂之地運，天地運合併運用，就能避開沈氏玄空的一些矛盾。本書是融通主要常用的各派精華，將之引導並配合五元玄空六十四卦的卦氣、卦運，使各門派的堪輿操作能更精準，更精密。

八宅與玄空大卦的結合

按照後天八卦方位推出個人的命卦：

坎、震、巽、離為東四命；

艮、坤、乾、兌為西四命。

宅的卦象也是按照後天八卦方位：

坎、震、巽、離為東四宅；

艮、坤、乾、兌為西四宅。

其中的推理是按照方位與五行關係，相生為同類。

如：

乾屬金、坎屬水。艮屬土、震屬木、巽屬木、離屬火、坤屬土、兌屬金；土生金。故屬土或金的艮、坤、乾、兌四命卦可同歸一類，稱西四命。

而水生木、木生火，故將坎、震、巽、離四命卦歸為一類，稱東四命。

東四命宜住東四宅，西四命宜住西四宅。

八宮方位之角度

坎宮337.5度至22.5度～即北方

艮宮22.5度至67.5度～即東北方

震宮67.5度至112.5度～即東方

巽宮112.5度至157.5度～即東南方

離宮157.5度至202.5度～即南方

坤宮202.5度至247.5度～即西南方

兌宮247.5度至292.5度～即西方

乾宮292.5度至337.5度～即西北方

東四宅與西四宅

坎屬水，離屬火，震巽屬木，水生木，木生火互相生助。乾兌屬金，坤艮屬土，土生金，互相生助，因此後天八卦之五行分成兩個體系：

1、東四宅

2、西四宅

坎離震巽——東四宅

乾坤艮兌——西四宅

凡依年命所配卦為震巽坎離者，即是東四命。

凡依年命所配卦為乾坤艮兌者，即是西四命。

東四命宜居東四宅，西四命宜居西四宅。

八宅法以生氣、五鬼、延年、六煞、禍害、天醫、絕命、伏位為定則。

伏（伏位）字為本卦之體，

從上爻變起，初爻為生氣（即貪狼木星），

變二爻為五鬼（即廉貞火星），

再變三爻為延年（即武曲金星），

復又變中爻為六煞（即文曲天星），
又變上爻為禍害（即祿存土星），
復變中爻為天醫（即巨門土星），
又變下爻為絕命（破軍金星），此即翻卦也。

翻卦使從上爻變起，變至下爻，又變至上，上而又下，變宅八卦即是，其操作方法規範程序如下所示。

以離卦為例，離卦本為伏位，變上爻即為震，故震為離之生氣；再變中爻為兌，故兌為離之五鬼；再以兌卦下爻一變為坎，故坎為離之延年。上變下一周，又復變中爻為坤，故坤為離之六煞；又變上爻為艮，故艮為離之禍害；又變中爻為巽，故巽為離之天醫；又變下爻為乾，故乾為離之絕命。

八宅，即八種座向的住宅，分別是坐東向西、坐西向東、坐北向南、坐南向北、坐東南向西北、坐東北向西南、坐西南向東北、坐西北向東南。

八宅風水的學說，創立者不詳，據說八宅派起源於唐代，盛行於宋代。宋代以後這一流派代代相傳，竟在陽宅的市場上中獨佔魁首，深入人心，特別在海內外華人聚居之處，學院派也有將八宅的理論與用法寫成博士論文，有些人竟然將之奉若神明。

八宅法大遊年歌

巽離坤兌乾坎艮震
震延生禍絕五天六伏
巽伏天五六禍生絕延
離天伏六五絕延禍生
坤五六伏天延絕生禍
兌六五天伏生禍延絕
乾禍絕延生伏六天五
坎生延絕禍六伏五天
艮絕禍生延天五伏六

舉例：震宅的歌訣為「延生禍絕五天六伏」，亦即屬震卦的住宅，東南方為延年（延）、南方為生氣（生）、西南方為禍害（禍）、西方為絕命（絕）、西北方為五鬼（五）、北方為天醫（天）、東北方為六煞（六）、東方為伏位（伏）。

這個口訣是用以找出住宅的吉凶各方，配合主事習東西四命，用以決定宅各房間、厨房、灶頭、廁所等的方位及方向。

離宅——坐南向北——四吉位

生氣——正東方：宜開門、臥室，健康活力充沛，精力旺盛，有衝動魄力，生生不息之意，主大旺人丁，催官出貴，財運，利於名聲，忌做廁所、浴室、儲藏室否則會引起失職，多病痛，小心小產。

延年——正北方：有耐性、具說服力、懂讚賞別人自己會受到肯定。財運好，健康延年益壽，官運，考試、升職，主早得婚姻，家中和諧，主壽，忌作廁所浴室，犯則口舌官非，家宅不寧。

天醫——東南方：主身體強壯健康，財富，多貴人相助，求醫、貿易，為財富之神，主健康，旺財，忌作廁所浴室，犯之則多主頑疾。

伏位——正南方：宜作神位或主管之位，主財運小吉，運氣中等，健康如常，尤其是利於慶

離宅八方吉凶圖

共，地位，婚嫁方面。家庭觀念重，男人在家體貼，與家人相處融洽，夫妻感情好。

《八宅明鏡》曰：「宅無吉凶，以門路為吉凶」。其意義是衡量住宅的風水好壞，主要是受大門的影響最大。為何大門有如此的大力量呢？《辯論三十篇》曰：「陽宅首重大門者，以大門為氣口也！氣口如人之口，氣之口正，便於順納堂氣，利人物出入」。

一般的房屋開門，為四類：

一、開南門（朱雀門）。二、開左門（青龍門）。三、開右門（白虎門）。四、開北門（玄武門）。

在風水學以門前方為明堂，如果前方有平地、水池、停車場等，以開中門至吉。而左方為青龍，一般風水師以青龍為吉位，故贊成開左方門。而右方屬白虎，一般風水師以白虎為凶位，故而一般風水師比較反對在右方開門。但這些理論只是入門的初步，門要開何方應該配合路的形勢與其他的建築物之實際形勢去審核及屋宅之座向為要。

風水學認為東四命應睡東四床，而西四命則應睡西四床。這樣把床與命相互配合，則諸事大吉。若是東四命的人睡西四床，或是西四命的人睡東四床，這樣床與命不配便會凶多吉少，災病連綿。

五行屬水、木、火的人均是東四命，睡床以擇在東（五行木）、東南（五行木）、南（五行火）及北方（五行水）為宜，因為這均是本命相生的吉方。

睡床是休息睡覺的地方，擇在本命的伏位較宜，因為伏位有靜伏不動的意思，現在把各命的伏位列出如下：

震木命，睡床應該擇在東方的伏位。

離火命，睡床應該擇在南方的伏位。

坎水命，睡床應該擇在北方的伏位。談過東四命和東四床，現在談談西四命和西四床。五行屬土，屬金的人，均是西四命，睡床就要以擇在東北、西北、西南及西方為佳，因為這均是本命的吉方。

現在把西四命的各個伏位列出：

坤土命，睡床應該擇在西南的伏位。

艮土命，睡床應該擇在東北的伏位。

乾金命，睡床應該擇在西方的伏位。

兌金命，睡床應該擇在西方的伏位。

但有些人則不同意睡床應該擇在伏位的說法，認為伏位只是第四吉星，可以說是第四選擇，所以並不太理想，應該是以生氣為首選，天醫及延年次之，再退而求其次，才會選擇伏位。

這種說法也言之有理，所以現在便把八星按其占位選擇的次序列表如下，以備參考：

四吉星：第一吉星生氣，第二吉星天醫，第三吉星延年，第四吉星伏位。

四凶星：第一凶星禍害，第二凶星六煞，第三凶五鬼，第四凶星絕命。

四吉星及四凶星

（一）、生氣

為吉星，凡求財求子，催官出貴，都要得生氣方。

可以催官出富貴，大旺人丁，百慶交集，逾月即得財。甲、乙、亥、卯、未年應。

（二）、天醫

為吉星，可以陸除病災。

夫妻和好，富有千金，家無疾病，人口平安，六畜興旺。戊、己、辰、戌、丑、未年應。

（三）、延年

為吉星，可以增壽卻病。

中富長壽，得財，早得婚姻，夫妻和睦，人口田畜大旺，田產益進，吉慶常來。庚、辛、巳、酉、丑年應。

(四)、伏位

為吉星，主小富中壽，唯子息方面女多男少。

(五)、絕命

為凶星，主絕嗣壽夭多病，官災，退財產、孤孀、傷人口六畜。庚、辛、巳、酉、丑年疾病。

(六)、五鬼

為凶星，主官訟口舌。傭人逃走、或失竊、火災，患病心痛、口舌、退財、邪祟、傷人口、田畜散敗。丙、丁、寅、午、戌年應。

(七)、六煞

為凶星，主耗散、盜、失脫。

失財、劫財、被笑面軟劫、口舌、貶斥、失意、敗田畜、損人口、桃花。壬、癸、申、子、辰年應。

(八)、禍害

為凶星，主爭鬥、車禍、或官非、訟獄。

諸事阻滯，主聾啞、目疾敗腎之疾，孤寡窮苦，但有壽而困苦。戊、己、辰、戌、丑、未年應。

八宅法運用上的侷限

以上的說法是根據本命的吉凶方來選擇，原則上住宅皆分八方八卦，乾兌二太陽卦與坤艮二太陰卦屬西四卦，離震二少陰卦與巽坎二少陽卦屬東四卦，形成陽宅風水「八宅法」學派之說。

但是學風水地理的學者，不應拘泥單一學術理論，否則將有失偏頗。《陽宅十書》頗有書不盡言，言不盡意之嘆，既以「論宅外形第一」，卻未盡宅外八方吉凶之義，復隱諱「小遊年變卦」法訣；既以「論福元第二」，而以人之生年值卦為「福德宮」，為「福元」，含蘊命宅適配之義；繼又則以「論大遊年第三」，以使知宅內周圍八方之吉凶。

其論曰：「天上九星，為地下之九宮，司人間禍福，其應如響然。吉星唯三，凶星乃六。若吉星不得地處，亦皆反凶，益見求福之難，免禍之不易也。」

建築師與業者如採用八宅法風水吉凶而為建築上的空間規劃，便會產生捉襟見肘之弊，則必然感嘆古今建築不符宅法吉凶而無可奈何，甚至大嘆古今建築變異而使相宅、斷宅更為艱難，幾乎找不出一間符合宅法吉凶的富貴吉宅來。因為用八宅法來做空間設計，從住宅的八方看，有四吉方，四凶方，形成有許多的空間不能充分運用，尤其在都會區，寸土寸金，也有許多中產階級屬於小坪數的住宅不好規劃。要是商業區大型辦公室的規劃，以八宅法來看，會有一半的空間不能使用，委實不合情理。

宇宙中盛衰消長的五大能量

在風水中另有一種基本的思維，就是中國古代的哲學思想「五行說」，五行爲五大能量。這對瞭解地理風水極爲重要。

所謂五大能量充滿於天地之間，即不斷循環境流動的五種「元氣」，稱爲「木」「火」「土」「金」「水」。所謂「元氣」是「成就萬物的根本之氣、天地之氣」的意思，也可以稱爲「元素」。這些元素構成宇宙、地球，再形成萬物。

五大能量在宇宙之中不斷反覆盛衰消長。如果五大能量之中的任何一種取得優勢，則全宇宙就會失去平衡，任何一種能量衰退也會受影響。人類社會當然也會受影響。

五大能量的相生關係，木生火、火生土、土生金、金生水、水生木。五大能量之間有相生的關係和相剋的關係。

「木」，正如文字所示，是草、木等植物之「氣」。

「火」即爲火，燃燒草木所生的能量。

火燃燒之後所餘留的灰，即爲「土」。

土之中經過長久歲月，就產生金屬，即爲「金」。

而且「金」之氣變化成爲「水」，「水」孕育「木」。像這樣「木、火、土、金、水」以這種順序，發生輔助下一個元素的功用，相生一次又回到木，永無止息的循環。我稱之爲「五大能量的相生關係」。

五大能量的相剋關係，水剋火、火剋金、金剋木、木剋土、土剋水。

「木」吸收「水」而成長，此時樹的根從土中汲取「土」的養分，使「土」的能量減弱。換言之，即「木」剋「土」。

「土」有如堆積沙袋可以阻止水流一般，能夠阻止「水」的聲勢。即「土」剋「水」。如澆水，火就熄滅，即「水」剋「火」。

「火」可以熔解「金」，即「火」剋「金」。「金」可製成斧頭、鋸子，成爲伐木的工具。因此「金」剋「木」。

如此，「木」剋「土」，「土」剋「水」，「水」剋「火」，「火」剋「金」，「金」剋「木」的關係，我稱之爲「五大能量的相剋關係」。

五行真的有如此重要性，我們該怎樣去研究它呢？

五行來自中國《易經》學問的一部分。這本書名爲《周易》，是周文王在羑里坐牢的時候所研究出來的結論。是十三經之首，是儒家文化，也是道家文化之源，有關中國文化大多是從文王著作的這本《易經》以後開始發展下來的。所以諸子百家之說，都淵源於此，又稱爲群經之首。許多的哲學數術概念，都源自於《易經》所畫的這幾個卦。

事實上還有兩種《易經》，一種稱為《連山易》，一種稱為《歸藏易》，加上《周易》，總稱之為「三易」。《連山易》是神農時代的《易》，所畫八卦的位置和《周易》的八卦位置是不一樣的。黃帝時代的《易》為《歸藏易》。《連山易》以艮卦開始，《歸藏易》以坤卦開始，《周易》則是以乾卦開始，這是三易的不同之處。

中國人所講的江湖中這些秘訣，如占卜、醫藥、堪輿，還有道家這一方面的關聯學術，養生修練之術，都是《連山》、《歸藏》兩種易學的結合。

易經的主要三原則

以下三原則這一段落是取自《易經雜說》的論述，《周易》包括三個大原則：就是一、變易；二、簡易；三、不易。研究《易經》先要瞭解三大原則的道理。

一、變易

第一，所謂變易，是《易經》告訴我們，世界上的事，世界上的人，乃至宇宙萬物，沒有一樣東西是不變的。在時間、空間當中，每一事、每一物、每一情況都在變化當中，不可能不變。譬如我們坐在這裡看玄空大卦這一本書時，第一秒鐘坐下來的時候，已經在變了，立即第二秒鐘的情況又不同了。時間不同，環境不同，情感亦不同，精神亦不同，思維情緒起伏必然不同，因此萬事萬物隨時隨地都在變化中，天下沒有不變的事物。所以學《易》先要知道變，不但知變而且能適應這個變，這就是為什麼孔子說，不知易無以為君子的道理了。

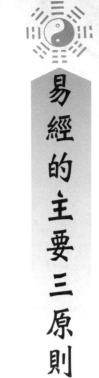

二、簡易

第二是簡易，宇宙間的任何事物，有其事必有其理，有這樣一件事，就一定有它的原理，只是在智慧不夠、經驗不足的情況下，一時不明白它的原理而已。

因為宇宙間無論如何奧妙的事物，當我們的智慧夠了，瞭解它以後，就變成為平凡，最平凡而且非常簡單。我們看京劇裡的諸葛亮，伸出幾個手指，那麼輪流一掐，就知道過去、未來及現在萬事的吉凶變化。真有其事嗎？答案是肯定的，因為筆者已經在使用掐指神算。

懂了宇宙萬物的法則以後，再把八卦的圖案，排在指節上面，再加上時間的關係，空間的關係，把數學的公式排上去，就可以推算出事情來。

這就是把那麼複雜的道理，用最簡單的符號，或簡單的法則來解釋，這樣就會變得非常簡化，很容易就可以去操作，所以叫作簡易。正如本人昕常用的掐指神算一樣，它是化繁為簡的最高法則與境界。

三、不易

第三是不易，萬事萬物隨時隨地都在變的，可是卻有一項是永遠不變的東西，就是能變出萬象的那個東西是不變的，那是永恆存在的。

這個不變的東西是什麼呢？宗教家叫它是上帝、是神、是主宰、是佛、是菩薩。哲學家叫它是本體，科學家叫它是功能。不管它是用什麼名稱來形容都可以，反正就是有這樣一個東西，這個東西是不變的，這個能變萬有、萬物、萬事，它會產生變化的道理是不變的，雖然其變化的當中又會產生另一個變化，但其變化的模式是不變的。

明白了易經的道理，可以簡易的從易卦的變化中，於八宅的四吉方找出更吉利的區塊，同時也可以從四凶方找出吉利的區塊，亦即「物物有太極」，而方方各藏有吉凶。易之為書也不可遠，為道也屢遷，變動不居，周流六虛。天地間的氣運，原自不一，生死福榮，隨時而轉。

以下就用坎宅（坐北向南）為例來做說明：

周易六十四卦如何用在八宅的方位以定吉凶。

如何取四凶方的吉方使用？

坎宅——坐北向南——四凶位

絕命——西南方。

五鬼——東北方。

六煞——西北方。

禍害——正西方。

一般採用八宅法就是在九宮格中變化，中宮之外尚有八個宮位，從周天360°來劃分，360除以8，每一格是45°。可用的吉方有四個，另外四個是凶方，以此來運用必然產生空間大量的浪費。因此筆者不得不在此又重複的強調方位無全吉，亦無全凶。是吉中有凶，凶中有吉，陽中有陰，陰中有陽，亦即方方各有吉凶在其中。

《繫辭下傳》第一章：「八卦成列，象在其中矣。因而重之，爻在其中矣。剛柔相推，變在其中矣。繫辭焉而命之，動在其中矣。吉凶悔吝者，生乎動者也。剛柔者，立本者也。變通者，趣時者也」。

如讀者所學是八宅明鏡法則，若能依筆者所舉之圖例配合玄空大卦，使之合乎八宅法，又能合乎玄空大卦豈不美哉！

這一個圖面是從上一頁的圖中切割出來的，八宅法中以絕命方位最凶，就以坎宅這個例子，絕命方在西南方，坤卦位，如何在西南方的45度角精準的找出有利的區塊。

在未山的壬午為生氣，為吉。乙未為伏位，為吉。丁未為五鬼，不吉。

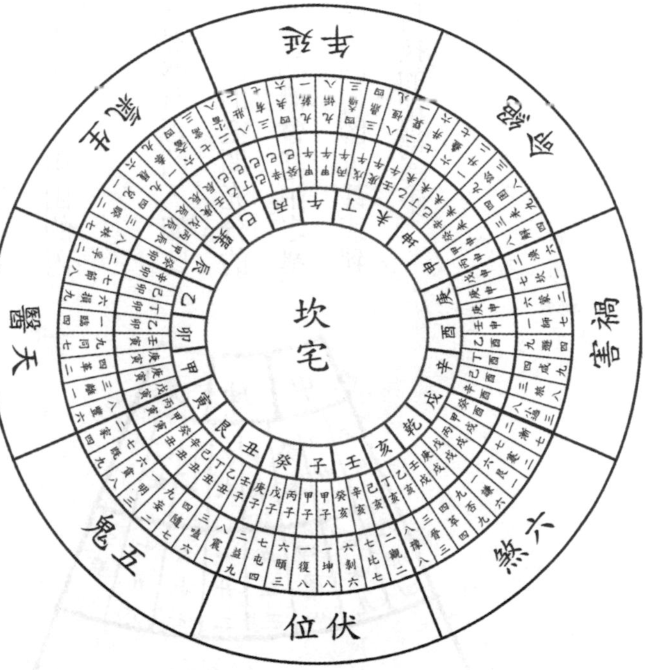

坎宅的四吉方與四凶方，在圓圈的最外圍，再往內一層則是六十四卦帶入八宅的用法。

坤山的己未為絕命，不吉。坤山的辛未為六煞，不吉。申山的癸未為禍害，不吉。申山的甲申為延年，為吉。申山的丙申為天醫，為吉。其他方位取吉依此類推。

因此可知方位無全吉，亦無全凶，是方方藏有吉凶，如此用法才能將好壞吉凶在一線之間定出，能將有限的空間充分的運用，故而差之毫釐，失之千里，望讀者能多加體會其中之奧妙就能將八宅法的45度角加以精算出5.625度角的吉凶，甚或到0.9375度的精密精細度之吉凶，以符合精密科技的精準要求。

陽宅開門應驗論斷

一、乾宅門

1、乾宅：開乾門伏位，生一女，住宅與外水局五行相生可得一子，貧困。

2、乾宅：開兌門生氣，震兌相剋，成材之木宜金雕塑，只一男一女，旺財旺丁，女主人有病纏身，乾金剋震木，男孩和老父代溝，廁廚不可壓天醫。

3、乾宅：開離門絕命，離為太陽火剋兌小金，遊年星受傷，有子亦難養，只生一女。廚廁壓天醫，家運不順，有眼睛、心臟毛病，當運時力量減輕。

4、乾宅：開震門五鬼，震木生離火，離火又剋乾金，宅內不淨，人旺財旺，夫妻不和，母親久病纏綿，未婚男女易有桃色糾紛。

5、乾宅：開巽門禍害，住宅與外水局五行相生可得二子，否則成年出事，或緣分薄，有婦女病，未婚者不易結婚。坤土剋巽木，母親、長女不和。

6、乾宅：開坎門六煞，有一男一女，男女緣佳，旺財人丁旺，先富後貧，九年後家運敗退出意外事故，水在上金在下，易四肢酸麻。

7、乾宅：開艮門天醫，有一男一女，土多埋金，男愚女聰明，未婚女子有桃花，不易結婚，純三陽煞之故。

8、乾宅：開坤門延年，天地正配，人財兩旺，子女有成就，夫妻和睦，失運時平平，坤土薄土力量小不能生乾金，生育率低。

二、兌宅門

1、兌宅：開乾門生氣，震木帝旺在卯，成材之木，乾金尅震木，住宅與水局五行相生可得兩男一女。旺財旺丁，母親身體虛弱，父與長子不和。

2、兌宅：開兌門伏位，有一男兩女，住宅生水局可多生一男，旺財。

3、兌宅：開離門五鬼，只生女，宅內常鬧鬼，母親有病。兌宅走離門星回本位有雙倍力量，未婚女子易犯桃花，婚姻難成。

4、兌宅：開震門絕命，兌金震木，合而不尅，陰極多生女。住宅生水局，才能有兩子，女人掌權，財運平平，遇火年有官非。

5、兌宅：開巽門六煞，有一男一女，先富後貧，女孩不乖。兌金尅巽木又生水，母親會因小病開刀，易遭小偷，九年過後財敗，貧窮出凶事。

6、兌宅：開坎門禍害，得一子，易出寡婦，小孩子不乖，只因水多土流，土不能制水，水又在上為覆舟，財運差。

7、兌宅：開艮門延年，丁財兩旺，富貴悠久，少男配少女，夫妻和睦。

8、兌宅：開坤門天醫，婚姻快成，有兩男，丁財旺，流年土金生宅則男易婚，宅生流年則女易婚，子孫孝順。

三、離宅門

1、離宅：開乾門絕命，得一女，生男難養或少亡緣薄，女主人身體常有疾病。再壓天醫或生氣，夫妻感情不和，貧寒人丁不旺。

2、離宅：開兌門五鬼，多生則夭折，純三陰五鬼，遇寅午戌年會常鬧鬼，女人有外遇桃色，少女不好管教，損丁財。

3、離宅：開離門伏位，只一女，外水局生宅可得一子，但財不旺。

4、離宅：開震門生氣，木火相生速發，得三男一女，丁財兩旺，夫妻和睦。十三年後家運漸漸衰退，內五行忌木火多，小孩個性強烈。

5、離宅：開巽門天醫，內陰外陽木火相生，有二男，小孩聰明，財旺，夫妻和睦，忌內五行木火旺，則易遭禍端。

6、離宅：開坎門延年，水火未濟，中男配中女，夫妻感情佳，得一子。不守財，因火在上水在下，水多金沉也。

7、離宅：開艮門禍害，有二男，水局生住宅可多一子一女，夫妻感情佳。火旺土燥，限期九至十年。

8、離宅：開坤門六煞，有一女，六煞水無法尅平地坤土，父母體弱，內五行不均衡者，老人易中風，小孩不乖又頑皮，夫妻不和。

四、震宅門

1、震宅：開乾門五鬼，可得一子，五鬼到乾亥位，亥為天門，則火燒天門，老父命短，老母久病，破敗傷子。忌木火多，則為燥乾金為最凶。

2、震宅：開兌門絕命，絕命金又到兌，星回本位，子少女多，因兌金不尅震木，夫妻感情和，初期財旺，末期退財。

3、震宅：開離門生氣，火燒木快發，人財兩旺，內五行火多則木成灰，易傷肝，有脾、腸疾病，十三年後運衰微。

4、震宅：開震門伏位，得一男一女，外水局五行生宅星可多生一男。

5、震宅：開巽門延年，有二男一女，人財兩旺，夫妻感情好，震巽兩木反尅延年乾金，因此老父有病纏身，或早亡。

6、震宅：開坎門天醫，有一子，初富後貧，因「宅、門、遊年星」三者純陽，女人有外遇。水上木下五行倒生，夫妻不睦，老婦住有病。

7、震宅：開艮門六煞，得一男一女，夫妻不和，婦女有疾病或男人外遇，陽木剋陽土，水又受土所制，初吉後凶，若壓生氣方不易懷孕或流產。

8、震宅：開坤門禍害，星回本位力量加倍，女多男少，夫妻感情不睦，內五行均衡才能得子，廁所壓震位，長男不利。

五、巽宅門

1、巽宅：開乾門禍害，乾金與禍害坤互為延年，先子後女，水局五行相生富貴長久。禍害寄卦坤土借走，母有小病，若壓生氣未婚女子不易結婚。

2、巽宅：開兌門六煞，六煞水遇陰則陰，得一子一女，母有病手術，因手術而致死，兌金尅巽木，陰性太強易遭盜劫。

3、巽宅：開離門天醫，可生男，天醫土入離宮，宮星五行相生，健康財丁兩旺。

4、巽宅：開震門延年，長男長女正配，延年陽金剋震陽木，陽極反陰，因生氣不旺，只得一男，後生三女，夫妻和睦，小康家庭。忌火流年，剋制太重故。

5、巽宅：開巽門伏位，有二男二女，再與水局相生，子女成群富貴之家。

6、巽宅：開坎門生氣，只單丁，水多木漂有手腳毛病，夫妻和睦，老人不宜住，退財後貧窮。

7、巽宅：開艮門絕命，絕命兌金到艮方變為延年，可生二女，遊年星絕命剋巽宅，母親因此有病，得小財貧窮，人丁不旺。

8、巽宅：開坤門五鬼，生女多，住宅與外水局相生，生女更多，宅內不淨，三陰五鬼，母親有病，貧寒家庭，後無嗣。

六、坎宅門

1、坎宅：開乾門六煞，得一子一女，但財不旺，水多金沉，純陽之卦導致四肢不利，夫妻感情不睦或有外遇，老母有病，先吉後凶。

2、坎宅：開兌門禍害，得二子後一女，人財兩旺，富而不長久，只因禍害借走，門與遊年星互為天醫之故。

3、坎宅：開離門延年，生二、四子，人財皆旺，富而且貴。以玄空五行乾坤卯午金同坐，午中帶金，火不尅乾金，金賴火美，中男、中女水火正配吉。

4、坎宅：開震門天醫，住宅與水局相生，可得二男一女，水局不相生，只有一男一女而已。「宅、門、遊年星」三者純陽，男人易有外遇，初吉後凶。

5、坎宅：開巽門生氣，水是地之精，人之血，震巽之木合而力量強，生二、三男一女，財源穩定，小孩聰明，富貴之家。

6、坎宅：開坎門伏位，生一子，財運不順，因常走北方壬癸易有足部毛病。

7、坎宅：開艮門五鬼，有二子，但身體不好，火被水尅，艮土失勢，容易傷到中男，或心臟病，老人不宜住，老母有病，口舌是非多。

8、坎宅：開坤門絕命，只有一子，女孩多，財運平平，夫妻感情平穩，土生金、金生水，兩陰一陽老人不宜住，易出寡婦，子女不易溝通。

七、艮宅門

1、艮宅：開乾門天醫，生二子，已婚男子容易有外遇，因三陽煞，天醫純陽女孩少，只到三代，此謂之孤陰不生，孤陽不長。

2、艮宅：開兌門延年，有四子，丁財兩旺，少男配少女婚姻正配有活力，艮到兌合為天醫，陽性為剛，小孩個性強，富貴長久。

3、艮宅：開離門禍害，離火生坤艮兩土，此乃火炎土燥，多生男，但愈生愈窮，夫妻感情不睦。離為九數，所以九年後敗退。

4、艮宅：開震門六煞，一男一女，艮土為山頭土，震木剋艮土太重而受傷，男女未婚多桃花或外遇，小孩聰明脾氣不好。五行純陽，老人不宜住，先富後貧。震為三數，坎先天為六數，宅運只有九年。

5、艮宅：開巽門絕命，陰金剋巽木，夫妻感情平順，生兩女。廁所若壓伏位，母女感情不和，財運不佳。

6、艮宅：開坎門五鬼，五鬼離火代表心臟病及眼疾視力差，易有精神病。若外水局合主星為後陰生，能生一子二女，主窮困。

7、艮宅：開艮門伏位，水局與宅主合者，子息多，主貧窮。旺運時可從事建築業或屬土的行業。

8、艮宅：開坤門生氣，生氣震木為成材之木，不能剋山頭艮土則會折根，生三四女，女生男人個性。丁少財多，夫妻感情佳，若有三個男孩，中男體弱。

八、坤宅門

1、坤宅：開乾門延年，人財兩旺，老父老母正配，星回本位力量大，夫妻感情和睦，子女孝順，富貴榮華長久。

2、坤宅：開兌門天醫，兩陰帶一陽，人財兩旺，兒子健康聰明，夫妻和睦，老人居住最適合，不可壓伏位、生氣則不生育。

3、坤宅：開離門六煞，生一子，遊年星與門星水火相尅，小孩喜歡往外跑。若廁所壓天醫易失明，或心臟病，初吉後凶。

4、坤宅：開震門禍害，先生二女，最後生一子，家運平平，門星相尅，坤土為老母氣衰。若壓生氣或天醫，小孩易殘疾。

5、坤宅：開巽門五鬼，五鬼運財，財來快速，得二女，生男難養，易犯官非，宅內陰氣太重壽命不長，夫妻不睦，子孫叛逆，十年內退財。

6、坤宅：開坎門絕命，財運不順，絕命金到坎方則金多生水，坎又天河大水，水多金沈，生女男少；假如壓生氣會影響生育。

7、坤宅：開艮門生氣，有二子，人財兩旺，吉星受尅中男或少男身體不好，因生氣木尅土也，忌土金流年。

8、坤宅：開坤門伏位，伏位本來半兒郎，靠外水局相生，可得一、二子，否則只有一女，難以守財。

一般採用八宅法就是在九宮格中變化，中宮之外尚有八個宮位，從周天360度來劃分，360除以8，每一格是45度。可用的吉方有四個，另外四個是凶方，以此來運用必然產生空間大量的浪費。而方位無全吉，亦無全凶。是吉中有凶，凶中有吉，陽中有陰，陰中有陽，亦即方方各有吉凶在其中。

風水理論認為氣是萬物的本源。太極即氣，一氣化而生兩儀，一生三而五行具，土得之氣，水得之於氣，人得之於氣，氣感而應，萬物莫不得於氣。《繫辭下傳》第一章：「八卦成列，象在其中矣。因而重之，爻在其中矣。剛柔相推，變在其中矣。繫辭焉而命之，動在其中矣。吉凶悔吝者，生乎動者也。剛柔者，立本者也。變通者，趣時者也」。

如讀者所學是八宅明鏡法則，若能依筆者所舉之圖例配合玄空大卦，使之合乎八宅法，又能合乎玄空大卦豈不美哉！如果有些方位在八宅法是凶方，方位無全吉，亦無全凶。也可以根據玄空大卦在八宅法凶方的45度中找出吉方。在45度角精準的找出有利的區塊。

風水以後天八卦為根據，以為表明大地氣場的分佈：正北為坎為水，其數為一；正南為離為火，其數為九；正東為震為木，其數為三；正西為兌為金，其數為七；東北為艮為土，其數為八；西南為坤為土，其數為二；西北為乾為金，其數為六；東南為巽為木，其數為四。

後天八卦之氣的最大特性在於運動，即「帝出乎震，齊乎巽，相見乎離，致役乎坤，說言乎兌，戰乎乾，勞乎坎，成言乎艮」。這是一種方位的運動，從震開始，周流八方，最後到艮，完成一個圓周週期。

後天八卦圖由兩部分構成，一部分是卦象，正北方為坎卦，正南方為離卦，正東方為震卦，正西方為兌卦，東北方為艮卦，西南方為坤卦，西北方為乾卦，東南方為巽卦。另一部分是卦數，坎為一，坤為二，震為三，巽為四，中為五，乾為六，兌為七，艮為八，離為九，此九數因為代表不同卦象或卦氣，所以又稱為九星。

此又稱為紫白九星。通常在圖中只標出九個數字，不畫卦象，也不寫九星名，數字就代表了卦象、星名、方位三種意義。以坐山的卦象數字入中宮順飛，九星的飛行由中心開始。

中心的數是五，五飛入六位（乾宮），六飛入七位（兌宮），七飛入八位（艮宮），八飛入九位（離宮），九飛入一位（坎宮），一飛入二位（坤宮），二飛入三位（震宮），三飛入四

位（巽宮），四飛入五位（中宮），

如此完成九星飛佈過程。其軌跡為五↓六↓七↓八↓九↓一↓二↓三↓四↓入中，這就是九星順飛的軌跡。請看下圖之中央，即是為元旦盤，而八宅飛星就是從此元旦盤化出：

由紫白九星運行所形成的星盤，表示了天地運行在地面所造成的氣場。不同方位的氣場，就以不同的星來表示，九星的分佈，就是統一氣場在不同方位的表現。九星中以紫星與白星為吉星，用後天八卦方位飛佈九星，這種飛佈九宮陽宅法，稱為紫白飛星，紫白星雖為吉星，還是要與中宮論生剋，所產生的結果也未必都是吉。

八宅都以本宅之坐山數飛入中宮，順佈八方。中宮為「我」，八方為星，再用「我」與八方

坎宅一入中

9	5	7
8	1	3
4	6	2

坤宅二入中

1	6	8
9	2	4
5	7	3

震宅三入中

2	7	9
1	3	5
6	8	4

巽宅四入中

3	8	1
2	4	6
7	9	5

元旦盤

4	9	2
3	5	7
8	1	6

乾宅六入中

5	1	3
4	6	8
9	2	7

兌宅七入中

6	2	4
5	7	9
1	3	8

艮宅八入中

7	3	5
6	8	1
2	4	9

離宅九入中

8	4	6
7	9	2
3	5	1

的後天八卦五行，相互比對產生生剋，計有生氣、旺氣、煞氣、退氣、死氣五種吉凶方位。

生氣：星來生宮，生我也。飛到各方之星來生中宮之星。父母印綬生我之星。

旺氣：星宮相同，比合也。飛到各方之星同中宮之星。旺氣即兄弟，與我比肩也，木見木，水見水，土見土，金見金，火遇火，是旺氣星方。

退氣：宮去生星，我生也。中宮之星去生各方之星。逢之自然不吉，然洩氣之方若出現一白、六白、八白、九紫，可視為凶中帶吉，若遇逢旺運，主生貴子，富貴、繁榮昌盛。

殺氣：星來剋宮，剋我也。飛到各方之星來剋中宮之星。殺氣方宜靜不宜動，門開在此即是動，方位有高聳物也不宜，如屋外天橋、高塔、電塔、煙囪之類建物。殺氣方遇1、6、8、9吉星，勢也不能免。

死氣：我剋，宮去剋星，中宮之星去剋所屬方之星。大門開在此方，守財不易，然八艮土局見一白水，三震四巽木局見八白土，九離火局見六白金，一坎水局遇九紫離火，是為魁星，財旺運勢順，大吉。

一白水星（本居坎宮）

天象：為月，為雨水，為，為雲，為霜露雪。氣象為冬，五行屬水。別名貪狼，先天卦序為六，後天卦數為一。

地象：為江、湖、溪澗、海洋、泉井沼泊、溝渠污廁、卑濕之地。位居正北方位。

人象：為中男，為酒鬼，為舟夫，為江湖人物，為盜匪、淫賊。其性浮而蕩，嬌而柔，陽慾直而陰慾曲，以曲為情。為漕運之官。於人器官，為耳，為血，為腎，為發，為脂。

物象：其色為黑、為藍，其形為波、為弓。於屋為水閣江樓，為茶酒旅館，為妓院，為浴房。於動物，為豬，為魚類水族，為狐鹿燕螺，為陰濕蟲鼠。於植物，為水草為棘藜，為矮柔草菜。於飲食，為酒肉海味，為湯為酸醋，為酒具水器。

生旺時：主文章發秀，生聰明之子，主少年科甲。

剋煞時：主刑妻、眼疾，飄盪無依，奸邪、桃花、溺水、不利男丁。

二黑土星（本居坤宮）

天象：為陰雲，為霧氣，為冰霜，為純陰。氣象為夏秋之間，五行屬土。別名巨門。先天卦序為八，後天卦數為二。

地象：為地，為田野，為鄉村，為平地。居西南方位。因其純陰，故為陰巷、林陰、樹陰、陰暗之角落、暗室等。

人象：為母，為後母，為農夫，為鄉人，為眾人，為老婦寡婦，為臌腹人，為尼姑，為大臣，為教師教官，為小人。其性柔而靜。於人體為腹、脾、胃，為肉。

物象：其形廣平方正，其色黃黑、黃。於屋宅，為村莊、田舍、矮屋，為土階、倉庫、宮闕、城邑，為牆壁，為低墓。於動物，為牛，為母牛，為子牛，亦為羊為猴為牝馬，泛為百獸。於植物，為布帛，為五穀，為絲棉，為木柄。於器具，為方物，為平扁物，為大輿，為瓦器，為轎車，為田具，為大盤等。

生旺時：主田產致富，旺人丁，女性當權、或寡婦興家，利武貴不發文秀。

剋煞時：主腹疾，代代出寡，流產、夭折。

三碧木星（本居震宮）

天象：為雷，氣象為春，別名祿存，五行屬木，先天卦序為四，後天卦數為三。

地象：為青秀碧綠、高直之山，為大途，為鬧市。居正東方之位。

人象：為長子，為秀士，為侯爵，為法官，為員警，為裏甲，為將帥，為商旅，為盜賊。其性勁而直。於人體器官，為肝，為足，為聲音，為髮。

物象：為喬碑，為商廈，為高閣，為青綠之色。於動物，為龍，為蛇，為鶴，為鷺，為馬鳴。於植物為喬木，為森林，為竹林，為林園。於器物，為棟，為牌坊，為刑具，為竹木樂器，為兵車，為大轎，為燈柱，為高塔等。

生旺時：主長子當家，白手起家，富貴雙全。

剋煞時：主不利長男，是非、官訟、出盜賊、神經方面的疾病。

四綠木星（本居巽宮）

天象：為風，氣象為春夏之間，別名文曲，五行屬木，先天卦序為五，後天卦數為四。

地象：居東南方位，為草木茂秀之所，為花果菜園，為林苑。

人象：為長女，為寡婦，為秀士，為山林仙道，為尼姑，為工女，為護士。其性和而緩。於社會，為文人，為翰官，為典獄，為婢妾，為富人工官。於人體器官，為肱股，為白眼，為口氣。

物象：其形如繩，其色青綠、翠綠。於屋宅，為寺觀樓臺，為山林小居。於動物，為雞為鵝鴨，為蛇，為善鳴之蟲鳥。於植物，為矮灌木，為麻為茶。於器物，為繩索，為藤蘿，為長物，為木香，為羽毛，為帕扇，為工巧之器等。

生旺時：主長女發秀，文章聰明，出俊男美女，善琴棋書畫。

剋煞時：主不利長女，酒色貪淫，風癱，神經錯亂。

五黃土星（本居中宮）

五黃土星，位居中央，有皇極之尊，別名廉貞，五行屬土，八方無定位，故無定卦象。當某星入中時，補上所缺之宮。當其處中宮，皇權極位，控制八方。當其補缺各宮時，性燥兇殘，所到之處，有凶無吉。

生旺時：主出掌權、極貴之人，或極富之人，操生殺大權。

剋煞時：主出寡，喪丁，惡疾，暴斃、犯陰。猶不利男丁，宜靜不宜動，動則生災。

六白金星（本居乾宮）

天象：為天，為純陽，為雪，為冰雹。氣象為秋冬之間。別名武曲，五行屬金。先天卦序為一，後天卦數為六。

地象：居西北方位，為京都大郡，為形勝之地，為高亢之所，為大圓用武之地，為戰場。

人象：為父，為老翁，為君主，為官貴，為首領，為大富商，為將帥，為德高望重之人，為福德慶祥。其性剛而健，動而不息。於人體器官，為頭，為肺，為骨，為項，為上焦。

物象：其形為圓，其色為白、玄黃、大赤（先天居正南火方，故大赤色）。於屋宅，為大廳、高堂、樓臺、西北之屋。於動物，為馬，為大象，為獅，為天鵝，為鷹鵰，為犬豬。於植物，為圓果（水果、瓜果）。於器物為首飾、珠寶、玉器、冠帽、圓鏡、鐘鼎、水晶球、錢幣等。於武器為刀劍、炸彈、剛硬之器具。

生旺時：主發官貴，發富。

剋煞時：主官非不斷，肺疾，破財，外傷。

七赤金星（本居兌宮）

天象：為雨水、為霧露、為流星。氣象為秋，五行屬金。別名破軍。先天卦序為二，後天卦數為七。

地象：居正西方位，為澤地、水際、缺池、廢井、崩山。

人象：為少女，為小房，為妾為婢，為巫師，為歌妓舞女，為伶人，為說客，為媒人。其性絕而利，為多口舌，為喜悅，為隨波逐流，為邪言偽行，為播弄是非，為宣傳遊說，為讒言誹謗。於人體為口、為舌、為喉、為肺，為膀胱，為生殖器，為痰涎。

物象：其形損缺（缺口、缺邊、缺角、缺牆等），其色為赤。於居所，為正西之屋，為近澤屋。於動物，為羊，為魚，為雞，為鳥，為鹿，為猿，為虎豹。於食物，為糖果、羔餅。於器物為刀戟斧鋤，為器皿酒盞，為瓶甌罐，為金飾物，為樂器破鼓。

生旺時：主武貴，小房發福，主出醫卜星相之人。

剋煞時：主殘疾，淫蕩，火災，官非，盜賊。

八白土星（本居艮宮）

天象：為雲、為霧、為星、為煙。氣象為冬春之間，又名左輔，先天卦序為七，後天卦數為八。

地象：位居東北，為山，為岩礙，為丘陵，為墳墓，為山居近石，為近路之宅，為門闕。

人象：為少男，為小房，為君子，為書僮，為山夫，為閒人，為親僕，為保人。其性安而止、靜而住，為進退不決，為濡滯多疑，為優柔不斷。於人體器官，為手、指、背、鼻、肋、脾、胃、骨。

物象：其色為白，為黃，其形如矮丘。於屋宅，為閽寺，為門闕，為山徑、牆巷、丘圓、寺廟、山屋、土爐、岩壑。於動物，為狗、為鼠、為虎、為牛、為狐、為黔喙之獸。於植物，為堅硬多節之木，為藤瓜，為馬鈴薯。於器物，為犁具，為兵甲，為陶冶瓦器，為鍋釜磁器，為盒子布袋。

生旺時：主出忠臣、孝子，文人秀士、大儒，富貴雙全。

剋煞時：主小兒殘疾，損小口，得傳染病。

九紫火星（本居離宮）

天象：為日，為天火，為電，為虹，為霓霞。氣象為夏，五行屬火。又名右弼，先天卦序為三，後天卦數為九。

地象：居正南方位。為爐灶，為窯窖，為乾亢剛燥之地，為殿堂，為大廳，為中堂，為廚房，為南舍，為明窗，為燈燭，為焚火。

人象：為中女，為穎士，為通人，為文人，為目疾人，為甲冑之士，為烈將。其性燥而烈，尤重虛榮。於人體器官，為目，為心，為三焦，為大腹。

物象：其形尖利，尖峰如火舌。其色赤紅、紫火紅。於動物，為龜、為鱉、為蚌、為蟹、為螯、為蛤、為介蟲等。於器物，為外剛內柔之物，為甲骨，為干戈，為槁木，為燈具，為幕簾等中虛之物。

生旺時：主富貴，而且突然發富，但易興易敗，亦主文章。

剋煞時：主火災，吐血，官非，小產。

流年九星斷訣

一白：先天在坤，後天居坎，為貪狼之宿，是為官星，五行則屬水，其色尚白，秋進冬旺春洩夏死，當令時士人遇之必得其祿，庶人遇之定主財喜，最宜一四同宮，一六聯星更助旺氣。失令時，若受其剋煞，則莊子有鼓盆之嗟，卜商有喪明之痛。

二黑：屬土，號巨門，應天醫之秀為先天火數，當其旺，有田莊之富，田財充滿，人丁興旺，又發武貴。當其衰死，則婦奪夫權，陰險鄙吝，難產腹病，為小人暗算，家人疾病叢生。失令時受其剋煞，孕婦有坐草之慮，宅母多病。或涉婦人而與訟，或因女子而招是非。會五黃輕則重病，重則死亡；會九紫或五黃再逢戊己都天，主火災，招是非。大抵此方不宜修動，犯者陰人不利，其病必久。若於六白方動作，可以調劑，或在二黑所到之方向，懸一金屬製成之風鈴，金德可以化之，若二黑會三碧犯鬥牛殺，主是非口舌。

三碧：蚩尤星，喜鬥爭，隸震宮，其色碧，五行屬木，值其生，興家立業。當其旺，富貴功名。若官災訟非，遇其剋也。殘病刑剋，遭其凶也。犯之者，膿血之災。觸之者，足疾大禍。若遇七赤，三七名穿心殺，被劫盜，更見官災；如逢坤艮五黃，二三名鬥牛殺，主是非或惹官刑。

四綠：為文昌之神，隸巽宮，其色綠，五行屬木，星號文曲，當其旺，文章蓋世，科甲聯芳，女子容貌端妍，聯婚貴族。登科甲第，君子加官，平民進產，若為剋煞，瘋哮自縊之厄不得免焉。淫佚流蕩，失時所有之。若一四同宮定主科名，否則有貴人助力，四六合十亦主吉祥。四九化金雖洩亦無礙。

五黃：為正關煞，應廉貞之宿，位鎮中央，威揚八表，其色黃，五行屬土，其性屬陽，若五黃會力士，或會劫殺，不宜造葬或修整，否則非傷丁亦有大禍。

當其旺，大發財丁，當其衰，無論被其生或被其剋，都為大凶，故宜靜不宜動。若值太歲加臨，凶性大發，即大損丁財，輕則災病，重則連喪五人，宜避不宜犯。

宜洩不宜剋，剋之則禍。會太歲歲破，禍患頻頻。二五交加，非死亡亦主重病，如在八白方動作，則遇險呈祥，故此星值方，在平坦之地，門路短散，猶有疾病。臨高峻之處，門路長聚，定主傷人。又值戊己都天再會七九火數，有大石尖峰觸其怒，古樹神廟助其威必遭回祿之災，萬室咸燼。遇瘟疫之厄，其性最烈，其禍最酷。

六白：乾宮，武曲居之，五行屬金，性尚剛烈，當令之時，威權震世。鉅富多丁。其剋煞也，伶仃孤苦，刑妻傷子。武曲星，是吉星。當其旺，權威震世，武將勳貴，鉅富多丁。當其衰死，刑妻孤獨，刀兵自縊，鰥夫自憐，寡婦守家。

失運六會九，長房血症，若六白見七赤為交劍殺，主失竊或劫掠，當令遇七赤比和為旺，逢四綠雖剋出，亦無妨礙。遇二黑不忌病符，反主生財，逢八白更佳，遇五黃亦做吉斷。

七赤：破軍，應感兌宮，位居正西。五行屬金，其色尚赤，有小人之狀，為盜賊之精。

七赤又名破軍，是為賊星，當其旺，發武權，丁財兩旺，小房發福。當其衰，家出盜賊，或投軍戰死，牢獄口舌，火災損丁，或出貪花戀酒之徒。七為凶星，宜靜不宜動，動則凶相大露，尤其在路口、三叉之處，危害最烈。七赤若與外形環境相應則有以下種種表現。

外有葫蘆之砂，家出醫卜之人；

外有刀盞之砂，家出屠沽之人；

外有鉗形之砂，家出工匠之人；

外有旗鼓之砂，家出叛逆偷盜之徒；

外有探頭之砂，家出狐形鬼影；

外有探頭與射脅之砂水，家出盜賊；

外有沖射又遇一六飛到，有服毒或吐血之人。

七會九紫主回祿之災，或少女受害。夏月忌臨，八白和之。逢三碧為穿心煞，被劫盜更有官非，遇六白為交劍煞，亦主失竊或破財，逢五黃疊戊己都天，為禍更甚。

八白：艮得八數，星號左輔，其色白，屬土，生旺則富貴功名。逢四綠則小口損傷。性本慈祥，能化凶神，反歸吉曜。失令三會八化木又相剋，真難十全十美。故與一六皆吉論，並稱三白。若失令，亦屬凶神。

九紫：離宮九紫，星名右弼，五行屬火，性最燥。吉者遇之，立刻發福。文章科第，驟至榮顯，中房得貴。凶者值之，勃然大禍。回祿官災，吐血瘋癲，目疾難產。

以上九星，不論吉星，凶星，當令之時，還宮復位固佳，交互疊逢更利；失運，則得其反，若遇聯星生旺，主有意外機緣；若聯星剋洩，有意外之恙；如聯星逢一六水，三八木，四九金，雖生出，則主退歡喜財，總之一切要以星宮並論為根據。

坎宅飛星斷訣

這裡以坎宅，坐北向南的住宅為例作說明，坎為一白，故以一白入中宮順飛，其九宮飛星盤如下：

求出房屋的中心點後，若坐山位於北方，337.5度～22.5度，就稱為坎宅。坎宅在羅盤上又細分為壬、子、癸三山：

坐山位於337.5度～352.5度，為壬山丙向。

坐山位於352.5度～7.5度，為子山午向。

向南

九	五	七
八	一	三
四	六	二

坐北

坐山位於7.5度～22.5度，為癸山丁向。

《三白鉤元》云：坎宅，是一白、一宮，貪狼天尊星入中宮，管中男，羽音，天蓬、休門值事，半陰半陽山也。其吉凶一旬、一月、一年應。喜坎、坤二方為吉，忌乾、離、震三方為凶。

《九宮內經》云：坎山一白入中宮，乃水山也。

坎宅西北方乾卦位斷訣

飛二黑到乾，二黑土剋中宮一白水，殺方也。高牆、高樓、庵廟、河埠，主不利。其方初住略吉，久住丁財兩敗，終主火災。不可開門、作廁。凶星到主宅長倒路而亡，先敗長房後絕。如西邊有路，此乃震局算，名絕處逢生，反旺財，但不可久居。有大樹，主外來之禍。池、井為破軍，主產厄、失盜，小口不利。廉貞流年五黃到方，破軍流年七赤到方到應，九年一犯，無不應者。如安床反吉，蓋先天二黑屬陰，後天六白屬陽，陰陽配合，發丁旺財。開門名走破天門，大凶。安步梯，梯屬木，剋二黑土，主小口不利。

坎宅西方兌卦位斷訣

飛三碧到兌，三碧屬木，中宮水生木，退氣方也。作灶雖云木生火，兌為女，主其家女多男少。有大樹，卯酉相沖，名為退財木。井在西方，名退曜。高峰為破軍，名退田筆。有獸頭，名白虎入明堂，主口舌。神廟，平平。有水沖名射脅水，其家常主中毒而亡。

坎宅東北方艮卦位斷訣

飛四綠到艮，四綠木，中宮水生木，洩氣方也。但四綠是文昌星，做書房，決主科第，應在四綠臨宮年內。作廁名污穢文昌，永不科甲，出人反呆。寅方作灶，平平。有池水來生木，主文秀。井，平平。安香火，上元妙；神廟在文昌不安。安床，先天八白屬陽，四綠屬陰，陰陽配合，上元平平，中元大利。開門在寅艮方，平平。

坎宅南方離卦位斷訣

飛五黃到離，五黃關方也。門，可用。子午壬丙不宜作灶。廁，主目疾。南方有屋五間，住宅或六間，其宅土剋水敗絕。池，平。井當關方，名破軍，不利。樓房對朝，為朱雀開口，多口舌是非。假如一家第一進高過正堂，為大頭屋，不利，少人丁，產厄死。有井當關上，主腫瘋，房前亦然。假如外門高，內門低，名朱雀開口，多口舌。神廟，不利。

坎宅北方坎卦位斷訣

飛六白到坎，六白屬金，生中宮水，生氣方也。開門，吉。北方有火星沖射，雖是火落水宮，必犯血症；此門犯之，不可開，雖築高牆遮蔽，尚犯暗攻之煞，五黃到不利。作灶，水火既濟，旺丁財。井在壬癸方，與南離配，亦為水火既濟，但井不可對灶；如子午相沖，出寡，偏過東妙。神廟、庵佛，不宜。正北有更鼓聲及油車、磨坊響動，大利。有大樹，論飛星為木入金鄉，夫婦受災多病；論卦氣，為子來泄母氣，池山顛狂，水來不妨。高山土阜，大發財丁；如低出惛愚，久住退敗。

坎宅西南方坤卦位斷訣

飛七赤到坤，七赤屬金，生中宮一白水，生氣方也。水土長生在申，開門作灶，大利；唯未上不宜。水來利，主發富貴。大樹，不宜，為木入金鄉。更鼓、神廟，利。有高山、高屋，如平土形，或高高低低水形，大利。尖峰屬火，火剋七赤金，西方之屋必火災。安床，多女少男。碓磨、井、廁，不沖本屋，大利。

坎宅東方震卦位斷訣

飛八白到震，八白屬土，剋中宮一白水，殺方也。開門，凶。井，在局上不吉。山峰、碓磨、神廟、樹、廁、水來沖，是殺方不利。屋宇，不宜。

坎宅東南方巽卦位斷訣

飛九紫到巽，九紫屬火，中宮一白水剋火，死氣方也。巽方屬木，木生九紫火，其火太旺，不能剋火，反被火傷，財丁不旺。大樹、神廟，必招刑，名火燭。巽方高起，出寡、少丁、敗絕。高橋，主血症。作房，巽方四綠屬陰，九紫屬陰，二陰共處不化，不利。作灶，不利。

《寶海經》云：坎宅遇子年月日時，大利營造（坎水旺子故也）。主百日內君子進職，庶人進財，中男先發（坎為中男故也）。遇太歲諸殺不妨。若犯無氣年月（申酉戌亥年月日時為有氣，坎水生申至子俱旺也），並辰巳入墓之辰，申子辰年應。

《餐霞道人》曰：坎宅喜三元之金運為生，水運為旺，木火平平，土運剋水，大凶。然又有分別，如：上元一白水，統管六十年，坎宅得氣。甲子、甲戌二十年，小運亦一白，坎宅大旺。甲申、甲午二十年，雖小運二黑，土剋水，然大運水統，小運之土來剋無害。甲辰、甲寅二十年，小運三碧木洩氣，亦無害。

中元四綠木，統管六十年，坎宅洩氣。甲子、甲戌二十年，小運亦是木，坎氣愈泄。甲申、甲午二十年，小運是土，坎宅休囚。甲辰、甲寅二十年，小運屬金，坎為有氣。

下元七赤金，統管六十年，坎得生氣。甲子、甲戌二十年，小運亦金，坎宅愈旺。雖值甲申、甲午二十年，小運火，無妨，圖運宜參用。

《陽宅秘旨》云：坎山橋在死方（巽），出呆人、遊蕩，殺人如刀。在退方（兌艮），出賭博人。在關方（離），火燒、損少年、退財。在殺方（乾震離），損少年、癆病，並損孕婦，招人命。在生方（坎坤），旺丁發秀，上下元應。

《陽宅秘旨》云：坎山廟在死方（巽），東孤西寡。在退方（兌艮），退財、易姓。在殺方（乾震），十二年絕。在生方（乾坤），發科秀。在旺方（中央），丁財兩旺。在關方（離），二十年後發火絕。

再取坎宅，以二〇一一年歲次辛卯為例，流年紫白飛星為七赤，流年的吉凶論斷，則是以七入中順飛，飛八白到乾卦，飛九紫到兌卦，飛一白到艮卦……。

流年斷法取原盤飛星與流年飛星合併以論吉凶。

圖中所示：

中文數字體：為坎宅的九宮飛星。

阿拉伯數字體，是二〇一一年歲次辛卯年紫白飛星。

在此八方各有吉凶論法：

如以東北方，為艮卦方，一四同宮，一白先天在西北乾。後天居北方坎。應貪狼之宿，號為文昌，五行屬水，色白。紫白訣：《一白為官星之應，主宰文章》。

四綠為文曲，為巽；一白坎為貪狼星。水生木旺，生旺文章顯世，科甲聯芳，身貴名揚。

紫白訣：《四一同宮，準發科名之顯。》

飛星賦：《當知四蕩一淫，淫蕩者扶之歸正。》

向南

九6	五2	七4
八5	一7	三9
四1	六3	二8

坐北

玄機賦：《坎無生氣，得巽木而附寵聯歡。》

《名揚科第，貪狼星入巽宮。》

玄髓經：《木入坎宮，鳳池身貴之徵。》

如住宅外局在艮卦方有秀麗山峰，則在二〇一一辛卯年有如上之剋應，尤利於考試、升官、求貴。

紫白飛星是堪輿家常用的法則，有一定的精準度，以上坎宅的艮卦方在二〇一一年為例，如果能再加上玄空大卦，將艮卦的丑艮寅45度中，再細分為64卦中的震、噬嗑、隨、無妄、明夷、賁、既濟、家人，在這八個小卦之中，有秀麗山峰是在八個小卦之中的哪一卦中，如此便能用玄空大卦的斷訣，運用的更為精密，是哪一房，哪一年出生的本命受惠最多，吉應所臨的月份等，都能算的更為精準，豈不妙哉。

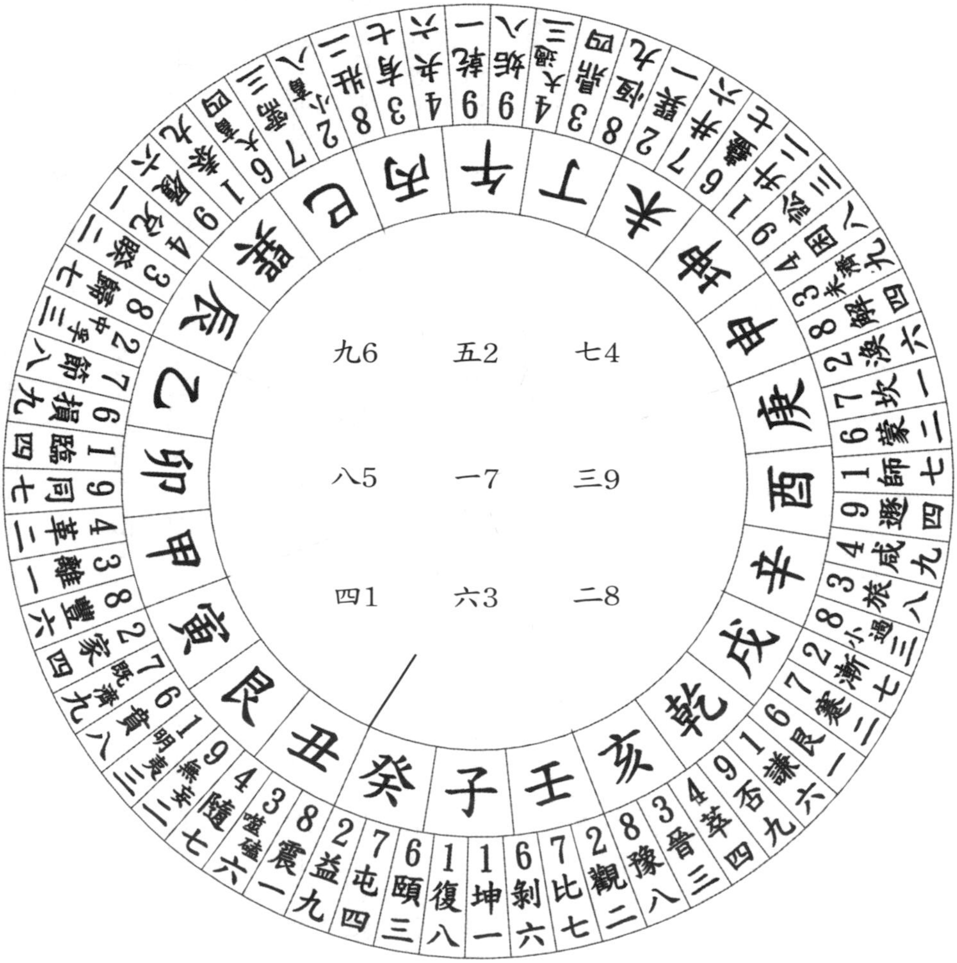

圖中所示：丑艮寅45° 中，再細分為64卦中的震、噬嗑、隨、無妄、明夷、賁、既濟、家人。

坤宅飛星斷訣

坐山位於西南方，羅盤202.5度～247.5度，就稱為坤宅。

坤宅在羅盤上又細分為未、坤、申三山。

坐山位於202.5度～217.5度，稱為未山丑向。

坐山位於217.5度～232.5度，稱為坤山艮向。

坐山位於232.5度～247.5度，稱為申山寅向。

《陽宅集大成》坤宅斷：「二陰山前起震峰，巽為魁曜午為龍；乾兌艮山低拱伏，子孫榮貴作三公」。

《陽宅秘旨》云：「未坤申山，乃土宅也。土宜厚而忌窄，厚則人財兩旺；窄則人財雖有，不甚興旺」。土宜旺不宜剋，剋則土崩，主退財，男婦浮黃。

《三白鉤元》云：「坤宅是二黑、二宮，巨門地福星入中宮，管宅母，是宮音，天芮、死門值事，純陰山也。其吉凶二旬、二月、二年應。喜震、坤二方為吉，忌艮、兌、乾三方為凶」。

《九宮內經》云：「坤山，二黑入中宮，為土山也」。

《寶海經》曰：「此星未申年入中宮，利申酉戌亥子年月日時為有氣；辰巳年月犯墓絕，修造犯之，瘟疫、官事、橫死，辰戌丑未年應」。

《餐霞道人》曰：「坤宅屬土，喜遇河洛之火運為生，土運為旺，金水運平平，木運不吉，八方亦照此推」。

《陽宅秘旨》云：「坤山橋在死方（巽），出呆人、損畜、失盜。在退方（離坎），陰人短命、損孕婦。在關方（艮），失火、官事、奴僕不得力。在殺方（乾兌），損小口、六畜。在生方（震），發秀、旺丁」。

《陽宅秘旨》云：「坤山廟在死方（巽），南寡北疾。在退方（坎離），女人顛狂。在關方（艮），火災、發秀。在殺方（乾兌），牢獄而死。在生方（震），世代發秀。在旺方（坤），六男一女，子孫聰明」。

一	六	八
九	二	四
五	七	三

坤宅九宮飛星圖

坤宅西北方乾卦位斷訣

飛三碧到乾，三碧屬木，剋山之土，殺方也。開門，不可。作灶，木火通明，但發福不久。安床，有丁。廁、路、池、井、碓磨，不利。有鐘鼓聲，其家大凶。

坤宅西方兌卦位斷訣

飛四綠到兌，四綠屬木，木剋木山土，殺方也。安床。出文秀，生聰明女。六事近三碧位上凶。

坤宅東北方艮卦位斷訣

飛五黃到艮，五黃屬土，關方也。當關方有水來，其家發財。有尖峰，財丁兩旺。餘俱不宜。

坤宅南方離卦位斷訣

飛六白到離，六白屬金，中宮土生金，洩氣方也。開門，丁有，財平平；逢土、水、金運，財丁兩旺；丙子、戊子二運不好。安床，略可。灶，不利。如第三間木，略可；第四間金，而飛宮又屬金，作灶主產亡，又犯血症。其方有高屋、高山，財丁兩敗。此間只可做起坐，不可開門及六事。池、井洩氣，初住略見財帛。碓磨、廁，可。

坤宅北方坎卦位斷訣

飛七赤到坎，七赤屬金，土山生金，洩氣方也。開門，丁有，財退。六事與離方六白同斷。

坤宅西南方坤卦位斷訣

飛八白到坤，八白屬土，與中宮土比和，旺方也。作灶、開門、安香火，利。如樓房上下安床，主女多男少。池、井，不利，主老母殘疾。五黃到，主痰症。樹，凶，主腫毒。

坤宅東方震卦位斷訣

飛九紫到震，九紫屬火，火生中宮土，生方也。開門，平平；逢丙子火運比和，而生中宮之土，利。有神廟、高山、橋、路，不忌。樹木，利。有水朝，水剋火。池、井，不宜。作灶、安香火、鐘鼓聲，大利。安床，主生紅髮之人。

坤宅東南方巽卦位斷訣

飛一白到巽，一白屬水，受中宮土剋，死氣方也。後天四綠屬陰，一白屬陽，陰陽配合。安床，財丁兩旺；逢上元水運更妙。井、橋、路、樹、高屋、作灶、開門，俱不利。

震宅飛星斷訣

若坐山位於東方，羅盤67.5度~112.5度，就稱為震宅。

震宅在羅盤上又細分為甲、卯、乙三山。

坐山位於67.5度~82.5度，稱為甲山庚向。

坐山位於82.5度~97.5度，稱為卯山酉向。

坐山位於97.5度~112.5度，稱為乙山辛向。

九	五	四
七	三	八
二	一	六

震宅九宮飛星圖

《陽宅集大成》震宅斷：「三陽山前乾震峰，卯為魁曜坎為龍；離艮兌山低拱伏，子孫福祿自無窮」。

《陽宅秘旨》云：「甲卯乙山，乃木宅也。木宜深而忌淺，深則發財旺人，淺則田土退敗，人多殘疾，主瘋病而亡」。木宜生不宜剋，剋則木折，不唯退田土，而陽人多主癆瘵少亡。

《三白鉤元》云：「震宅是三碧、三宮，祿存天罡星入中宮，管長男，角音，天沖、傷門值事，半陰半陽山也。其吉凶三旬、三月、三年應，喜乾、震二方為吉，忌艮、離、兌三方為凶」。

《寶海經》云：「此星卯年入中宮，利亥（三碧震木生於亥）；子丑年月日時，並寅祿、卯旺年月日時，為有氣；未年月入墓，修造犯之凶。五六七（五黃、六白、七赤在兌艮離方），所在之方亦凶」。

《餐霞道人》曰：「震宅喜遇河洛之水運為生，木運為旺，火土運平平，金運大凶，共八方之生、旺、退、殺，亦同此推」。

《陽宅秘旨》云：「震山橋在死方（坎），女人逃走、損小口。在退方（坤），損丁、黃腫。在關方（兌），縊死人命。在殺方（艮離），墮胎、鼓脹、口舌。在生方（震），發財、出強橫人」。

《陽宅秘旨》云：「震山廟在死方（巽），西孤東寡。在退方（坤），兩代人命。在關方（兌），世代黃腫、敗絕，三十年後火燒。在殺方（艮離），滿門寡婦，山與局同，立應。在生方（震），世代發秀。在旺方（乾），鉅富」。

《九宮內經》云：「震山三碧入中宮，為木山也」。

震宅西北方乾卦位斷訣

飛四綠到乾，四綠屬木，與中宮比和，旺方也。又文昌方，開門出秀。有高峰，主科第。井，利。作灶，財丁大旺，出文士。安床，生聰明女。廁，不吉。樹，無妨。上元開門，水木相生利。

震宅西方兌卦位斷訣

飛五黃到兌，五黃屬土，關方也。開門、放水，木剋方土。樹木、井、神廟、石碑、石碾、碓磨、廁，俱不宜。有山如金星，乃金剋木也。九紫到，犯火災。

震宅東北方艮卦位斷訣

飛六白到艮，六白屬金，剋山之木，殺方也。作灶、開門，俱主陰人經脈不調。樹木，謂之木入金鄉，不宜。池，為破軍，不宜。碓與高峰，亦不宜。神廟，主有火災。

震宅南方離卦位斷訣

飛七赤到離，七赤屬金，剋山之木，殺方也。作灶，少丁財。開門，金剋木，出寡。有池，泄本方之氣，又剋南離火，小口不利。廁、高山、屋，乃本宅殺方，不利。

震宅北方坎卦位斷訣

飛八白到坎，八白屬土，本山木剋土，死氣方也。安床，利。樹，凶。步梯、廁，不利。高峰，少財丁。廟，犯瘋症。

震宅西南方坤卦位斷訣

飛九紫到坤，九紫屬火，本山木生火，洩氣方也。開門，五黃到，主犯官非口舌。作廁，進財產。神廟高，犯火災。池、井，水剋火，凶。安床，木生火，我生方，宜子孫。

震宅東方震卦位斷訣

飛一白到震，一白屬水，水生中宮木，生氣方也。作灶，可。開門、安香火、井、廁、碓，利。遠方水來，大利。有峰在本方；如水形，大利；如金形，剋木，不利。安床多生少實。未年五黃到，剋一白水，主產亡。如太陽到，則利。

震宅東南方巽卦位斷訣

飛二黑到巽，二黑屬土，本山木剋土，死氣方也。安床、作灶，吉。開門，平平。安步梯，木剋土，損小口。高峰，財旺，少丁。三碧入中，宜安香火於震宮，利。

巽宅飛星斷訣

若坐山位於東南方，羅盤112.5度~157.5度，就稱為巽宅。

巽宅在羅盤上又細分為辰、巽、巳三山。

三	八	一
二	四	六
七	九	五

巽宅九宮飛星圖

坐山位於112.5度～127.5度，稱為辰山戌向。

坐山位於127.5度～142.5度，稱為巽山乾向。

坐山位於142.5度～157.5度，稱為巳山亥向。

《陽宅集大成》巽宅斷：「四綠山前起震峰，坤為魁曜午為龍；乾艮兌山低案伏，腰金衣紫職加封」。

《陽宅秘旨》云：「辰巽巳山，亦木宅也。宜以淺為度，此論明堂然也。木宜生不宜剋，剋則木折，不唯退田土，而陽人多主癆瘵少亡」。

《三白鉤元》云：「巽宅是四綠、四宮，文曲地計星入中宮，管長女，角音，天輔、杜門值事，正陰山也。其吉凶四旬、四月、四年應，喜巽、坤二方為吉，忌艮、乾與兌三方為凶」。

《九宮內經》云：「巽山四綠入中宮，屬木，乃木宅也。中宮如安香火，主出科第。前有水，要南方有橫界之水，此為坎向之水，遇戊子運屬木，與坎水相生，發科甲」。

《寶海經》云：「此星辰巳年入中宮，利亥子丑寅卯年月日時為有氣，未年月入墓，脩造犯之凶。五黃、六白、七赤所在之方（即乾、兌、艮方），切忌修造，大凶」。

《餐霞道人》曰：「巽宅屬木，喜遇上元水運生之，中元木運比之；下元金運，在所惡者也」。

然上元運中，前二十年，小運一白，巽得大小運俱生，固為全美。中二十年，小運二黑，略差。後二十年，小運三碧，巽得大運之生，小運之比，有氣極矣。

中元運中，前二十年，小運四綠，巽得大小運比，妙無以加。中二十年，小運五黃，略差。後二十年，小運六白，巽金受剋，但中元系巽統運，故剋亦無大害也。

至下元前二十年，小運七赤，大小運俱來剋巽，巽木休囚，不能得氣。中二十年，小運八白，巽木既受大運之剋，複被小運退氣，何能旺盛？後二十年，小運九紫，巽木生之，巽亦洩氣，故巽宅一至下元，或得基局合元，或砂、水、內外六事乘元生旺，亦可發福。否則衰敗而無複振之勢矣。更當合圖、運參看愈準。

《陽宅秘旨》云：「巽山橋在死方（離），淫慾。在退方（坎），飄蕩、賭博。在關方（乾），產厄、飄盪。在殺方（兌艮），損僕、退財。在生方（坤），得外財，因親而富，後出求乞工人」。

《陽宅秘旨》云：「巽山廟在死方（離震），婦淫。在退方（坎），世代孤寡。在關方（乾），兩代瘋疾，左瘋右蹺。在殺方（兌艮），失火、損人。在生方（坤），丁旺。在旺方（巽），為富商」。

巽宅西北方乾卦位斷訣

飛五黃到乾，五黃屬土，關方也。開門，財有丁少。何也？我剋者為財，為子孫也。又乾乃後天六白，原為先天八白（先天卦位，八白隸乾），此是先後相生。又得中宮飛出五黃土，以益金氣，金氣盛矣。其中宮四綠木，文曲映照坐山三碧木，森森之木亦盛矣。一受金琢削，二藉土培植成林，再得水滋生，又值文星司令於中宮，天門對映於西北，可奪巍科而登天府矣。但頭門要低小，大利，書香綿遠。若高樹，主口舌、火盜。高峰金星形受制，不可居。有井，為破軍，大利。明堂斜側，主婦女不良。如聞鐘鼓聲，名「朱雀鳴」，主官符、口舌；斜飛屋射同。碓磨，不宜。作廁，為「污穢文昌」，出人愚鈍。

巽宅西方兌卦位斷訣

飛六白到兌，六白屬金，剋中宮木，殺方也。安床，有丁無財。唯上元水運，則兌金生水，而反利於山木，以為化殺作恩，安床，利。開門，不吉。廟、井，平平。廁、橋，不宜。

巽宅東北方艮卦位斷訣

飛七赤到艮，七赤屬金，剋坐山木，殺方也。交土運，財丁兩旺；逢火運，人財兩敗；逢丙子水運，發丁；金運比和。

巽宅南方離卦位斷訣

飛八白到離，八白屬土，中宮木剋土，死氣方也。安床，財丁兩盛。高峰、路，不利。作灶、廁、開門，平平。

巽宅北方坎卦位斷訣

飛九紫到坎，九紫屬火，中宮木生火，洩氣方也。開門、作灶、安香火、安床、池、井、水，俱不利。樹，無妨；木能生火，又比和也。不可當門。廁、碓磨，不宜。

巽宅西南方坤卦位斷訣

飛一白到坤，一白屬水，水生中宮木，生氣方也。開門，吉。作灶，水剋火，平平。有樹，不妨。安床，一白屬天喜，發丁旺財。廁，可。高峰，旺。碓磨，利。

巽宅東方震卦位斷訣

飛二黑到震，二黑屬土，中宮木剋土，死氣方也。安床，財丁兩盛。高峰、屋沖，防火盜。開門、碓磨、池、井，不宜。

巽宅東南方巽卦位斷訣

飛三碧到巽，三碧屬木，與中宮比和，旺氣方也。作灶，大利，因木生火；四綠同宮，發秀。池、井，不宜。門，利。

乾宅飛星斷訣

若坐山位於西北方，羅盤292.5度~337.5度，就稱為乾宅。

乾宅在羅盤上又細分為戌、乾、亥三山。

五	一	三
四	六	八
九	二	七

乾宅九宮飛星圖

坐山位於292.5度~307.5度，稱為戌山辰向。
坐山位於307.5度~322.5度，稱為乾山巽向。
坐山位於322.5度~337.5度，稱為亥山巳向。
《陽宅集大成》乾宅斷：「六陽山前乾坎峰，午為魁曜酉為龍；艮巽二方平拱伏，子孫執笏位王宮」。
《陽宅秘旨》云：「戌乾亥三山，乃金宅也。金宜明而忌暗，明則出人聰明，多主秀氣；暗則出人愚魯，而損陽人。金宜生不宜剋，剋則金輕，不唯田土退敗，且出瞽目少亡」。
《三白鉤元》云：「乾宅，是六白、六宮，武曲地尊星入中宮，管宅長，商音，天心、開門值事，天門之位，正陽山也。其吉凶六旬、六年、六月應，喜乾、坎、兌三方為吉，忌艮、巽二方為凶」。
《寶海經》云：「此星戌亥年入中宮，利巳午未申酉年月日時為有氣，逢丑墓、寅絕入墓，犯主瘟殃。生子、旺酉，八白生氣一到方，修造主異常喜慶」。
《餐霞道人》曰：「乾宅喜遇河洛之土運為生，金運為旺，水木運平平，火運大凶，其八方之星，亦同此推」。
《陽宅秘旨》云：「乾山橋在死方（坤震），主殘疾、瘋癆、淫欲、破財。在退方（離），主殘疾、瘋瞽。在關方（巽），損小口、出寡。在殺方（艮），損小男、出孤老。在生方（兌坎），旺丁、出貴」。

《陽宅秘旨》云：「乾山廟死方（坤震），東孤西寡。在退方（離），跛足、瘋病。在關方（巽），十二年衝動火星，火發。在殺方（艮），兩代瞽目。在生方（坎兌），主發科，即孤絕。在旺方（乾），主出名士，兩世簪纓」。

《九宮內經》云：「乾山六白入中宮，乃金山也」。

乾宅西北方乾卦位斷訣

飛七赤到乾，乾為天門，屬金，金見金比和，旺方也。開門，利。有大樹，主火災。井，戌亥二方可用。廁、碓、水池，平平。作灶、神廟，不宜。有水朝，利。其方有高峰，土金形體，大旺。

乾宅西方兌卦位斷訣

飛八白到兌，八白屬土，土生中宮金，生方也。碓磨、廁、灶、開門，利。大樹、池、井、安床，平平。有高峰，象土體形，吉。更有鼓聲聞，主大利。有水朝，主旺財。

乾宅東北方艮卦位斷訣

飛九紫到艮，九紫火剋中宮六白金，殺方也。開門為熒入白，主火盜、損少丁、犯血症。作灶，丁絕。樹木，宜。井、池，水剋本方九紫火，主丁空財乏。路沖，不利。有高屋、山、水來，主丙子、戊子年，尤不利。

乾宅南方離卦位斷訣

飛一白到離，一白水，中宮六白金生之，洩氣方也。水朝，利。廁，不宜。樹木，財散。安床，平吉。神廟，無礙。

乾宅北方坎卦位斷訣

飛二黑到坎，二黑土，生中宮六白金，生方也。安床，平平。開門、安香火、有高峰，吉。井、碓磨、廁、神廟在旁，不利。樹木，小口不利。路沖，不妨。

乾宅西南方坤卦位斷訣

飛三碧到坤，三碧木，中宮六白金剋之，死氣方也。安床，主小災，丁有。開門、屋脊、高峰、神廟、水路沖，俱不宜。作灶，以木生火剋金制之，平平也。池、井，平平。

乾宅東方震卦位斷訣

飛四綠到震，四綠木，中宮六白金剋之，死氣方也。但四綠為「文昌星」，應出文秀。開門，宜，陰人少利，金剋故也。池、井，小利。作灶，木生火，旺丁，不可久居。旁邊屋高，防火災。碓磨、廁，主口舌。

乾宅東南方巽卦位斷訣

飛五黃到巽，五黃土，關方也。土生中宮金，中元，不利；上、下元，平平。巽上峰尖高起，其家一定火災。池、井，不宜，安香火，利。

兌宅飛星斷訣

若坐山位於西方，羅盤247.5度～292.5度，就稱為兌宅。

兌宅在羅盤上又細分為庚、酉、辛三山。

坐山位於247.5度～262.5度，稱為庚山甲向。

坐山位於262.5度～277.5度，稱為酉山卯向。

坐山位於277.5度～292.5度，稱為辛山乙向。

六	二	四
五	七	九
一	三	八

兌宅九宮飛星圖

《陽宅集大成》兌宅斷：「七陰山前離巽峰，乾為善曜艮為龍；乾兌二方無沖激，兒孫衣紫佐朝中」。

《陽宅秘旨》云：「酉庚辛山，乃陰金也。不宜太明，太明則女掌男權，恐有傷夫之厄。金宜生不宜剋，剋則金輕，不唯田土退敗，且出瞽目少亡。」

《三白鉤元》云：「兌宅，是七宅、七宮，破軍天計星入中宮，管少女，是商音，天柱、驚門值事，正陰山也。其吉凶七旬、七月、七年應，喜乾、巽、離三方為吉，忌震、兌二方為凶」。

《寶海經》云：「此星酉年入中宮，利巳午未申酉年月日時為有氣，逢丑（墓）、寅（絕）年月入墓，犯之凶。如在八方亦忌，犯之殺人，刀兵火盜」。

《餐霞道人》曰：「七赤屬金，喜河洛之土運為生，金為旺，木為退，水為泄，火為殺，八方同推」。

《陽宅秘旨》云：「兑山橋在死方（坎坤），人命、盜賊、驟發財。在退方（艮），逃人、退財。在關方（震），瘋啞、損小口、落水。在殺方（兑），官司、盜賊。在生方（離乾），主招客、旺丁」。

《陽宅秘旨》云：「兑山廟在死方（坎坤），折足、鼓脹而死。在退方（兑），兄弟官符、破家、人命。在關方（震），十二年後官符，退敗；三十年後出秀。在殺方（兑），官符、損小口。在生方（乾離），主科甲。在旺方（巽），因女得橫財」。

《九宮內經》云：「兑山，七赤入中宮，為金山也」。

兑宅西北方乾卦位斷訣

飛八白到乾，八白屬土，生中宮金，生氣方也。作灶，大利，但不可在戌上。如乾方開門，要朝北（總宜亥不宜戌）。有高峰在乾生方，長遠發福。如聞鐘鼓聲，富貴可許。有樹木，不利。安床，男多不寔，多生女。高樓，無妨。路沖，土見土比和，生氣吉。神廟及井，平平。安香火，大利。廁，不可。

兑宅西方兑卦位斷訣

飛九紫到兑，九紫屬火，火剋中宮金，殺方也。開門，人財兩敗。路沖、安床，不利。作灶，屬火，同爍兑金也，五黃到克兩人。有大樹，主火災。有井，剋火宮，主人命損小口，久住敗絕。兌方有高峰火星，財丁兩敗。安香火，在樓上略可，因後天七赤之位，合先天坎位之基，金水相生之義。上元甲子水運，如開門，其害尤甚。

兌宅東北方艮卦位斷訣

飛一白到艮，一白屬水，中宮金生水，退氣方也。開門，可用，流年一白、四綠星到，發秀，貴。作灶，水剋火，主冷退。安床，生女。安香火、井，平平。神廟、路，不利。

兌宅南方離卦位斷訣

飛二黑到離，二黑屬土，生中宮金，生氣方也。開門，子午相沖，不利。作灶、安香火，利。池、井、神廟，平平。

兌宅北方坎卦位斷訣

飛三碧到坎，三碧屬木，山剋木，退氣方也。作灶，上元可用。池、井，東北可。安香火、安床，發丁財。樹木在旁，不妨。神廟、尖峰、路沖，不利。

兌宅西南方坤卦位斷訣

飛四綠到坤，四綠屬木，中宮金剋木，死氣方也。安床，出秀。池、井，水來生木，可用。安香火，不可。四綠名催官星，上元水運，水木相生，大利。

兌宅東方震卦位斷訣

飛五黃到震，五黃屬土，關方也。如五間，可開中門。如三間，不可；中屬火，反生關方土，火間又剋中宮金，故不宜。神廟、樹，不利。鐘鼓聲，有口舌。有尖峰火星，生關之土，剋中宮之金，先富後貧。

兑宅東南方巽卦位斷訣

飛六白到巽，六白屬金，金見金比和，旺方也。宜作灶以制二金之剛，則為絕處逢生，用之發丁旺財。如九紫到，則「熒入白兮防盜賊」。安香火，大利。池井，洩氣不宜。樹，不宜。高屋，如平土形，大發財丁，出武職之人。六白到位，有鐘鼓聲，主發富，後旺丁，蓋生我者為恩，金見金為子孫，故主旺丁。

艮宅飛星斷訣

若坐山位於東北方，羅盤22.5度~67.5度，就稱為艮宅。

艮宅在羅盤上又細分為丑、艮、寅三山。

坐山位於22.5度~37.5度，稱為丑山未向。

坐山位於37.5度~52.5度，稱為艮山坤向。

坐山位於52.5度~67.5度，稱為寅山申向。

七	三	五
六	八	一
二	四	九

艮宅九宮飛星圖

《陽宅集大成》艮宅斷：「八白山前乾艮峰，兌為魁曜起乾龍；子午坤宮低繞案，登科及第入朝中」。

《陽宅秘旨》云：「丑艮寅山，亦土宅也。窄則無害，初年人財兩旺，但不久也。土宜旺不宜剋，剋則土崩，主退財，男婦浮黃」。

《三白鉤元》云：「艮宅是八白、八宮，左輔明龍星入中宮，管少男，宮音，天任、生門值事，正陽山也。其吉凶八旬、八年、八月應。喜乾、艮二方為吉，忌離、坤、兌、坎四方為凶」。

《寶海經》云：「此星丑寅年利，申酉戌亥子有氣，辰入墓」。

《餐霞道人》曰：「艮宅喜河洛火土運，木凶，金水平平」。

《陽宅秘旨》云：「艮山橋在死方（兌），婦人顛淫。在退方（震巽），官盜、退財。在關方（坤），損少年、做賊、賭博。在殺方（離坎），火災、淫慾、絕丁。在生方（乾），發秀、出強橫人」。

《陽宅秘旨》云：「艮山廟在死方（兌），北孤南寡。在退方（震巽），淫佚。在關方（坤），世代官事。在殺方（離坎），兩寡共房。在生方（乾），六男三女，長子榮華。在旺方（艮），出節婦，二子三女」。

《九宮內經》云：「艮山八白入中宮，為土山宅也」。

艮宅西北方乾卦位斷訣

飛九紫到乾，九紫屬火，火生中宮八白土，生氣方也。富貴多丁，此宅屬土，周圍樹木，不宜。

艮宅西方兑卦位斷訣

飛一白到兌，一白屬水，中宮土剋水，死氣方也。開門，上元水見水，吉；下元土剋水，不吉。路沖，不利。作灶，受剋凶。碓磨、廁，不宜。五黃到，土剋水，不利。

艮宅東北方艮卦位斷訣

飛二黑到艮，二黑屬土，山方比和，旺方也。作灶，火土相生，吉。開門，在寅上，可。有樹木，不宜。

艮宅南方離卦位斷訣

飛三碧到離，三碧屬木，木剋宅之土，殺方也。開門，先富後貧；二十年後，少年血症而亡。作灶，為木火相生，一發即敗。井，不妨。神廟，吉。

艮宅北方坎卦位斷訣

飛四綠到坎，四綠屬木，木剋中宮土，殺方也。作灶，木生火，有丁無財。井，屬壬癸水，可。廁，污穢文昌，不能科第。坎方做書房，水木相生，發貴。安床，旺丁出文秀。要開乾兌之門，生旺方也。住久發貴。

艮宅西南方坤卦位斷訣

飛五黃到坤，五黃屬土，關方也。有樹，主火災。井、池當關，為破軍，不利。廁，主目疾。有青煙對門，財好，患目。高峰如火星形，火生土大發。關方水朝名潑面水，合宅皆凶。住宅當門，為天門，天門宜開，地戶宜閉。

艮宅東方震卦位斷訣

飛六白到震，六白屬金，本山土生金，退氣方也。作灶，火剋金，陰人血症。開門，有丁無財。安床、井，平平。路沖，土金相生，無妨。神廟、高峰，火星剋金，不利。

艮宅東南方巽卦位斷訣

飛七赤到巽，七赤屬金，同六白例。七赤為破軍金，但看生剋之徵。假如六白、七赤，逢壬子土運，相生二金之方，安床十二年旺丁。庚子金運，金見金為子孫，此十二年尤利。戊子木運，為木入金鄉，十二年有災殃，破財損丁。丙子火運，火剋金，十二年不利。甲子水運，損財丁。丙子火運，火剋金，十二年不利。甲子水運，金生水退氣，十二年有丁無財。此五運八宅可以類推。

離宅飛星斷訣

若坐山位於南方，羅盤157.5度~202.5度，就稱為離宅。

離宅在羅盤上又細分為丙、午、丁三山。

坐山位於157.5度~172.5度，稱為丙山壬向。

坐山位於172.5度~187.5度，稱為午山子向。

坐山位於187.5度~202.5度，稱為丁山癸向。

《陽宅集大成》離宅斷：「九紫山家離艮峰，巽為魁曜坤為龍；乾坎二山低繞案，子孫福祿永豐隆」。

八	四	六
七	九	二
三	五	一

離宅九宮飛星圖

《陽宅秘旨》云：「丙午丁山，乃火宅也。火宜實而忌虛，寔則人財兩旺，虛則犯火官非。火宜泄不宜生旺，生旺則犯火，主傷人官非，寅午戌年應禍」。

《三白鉤元》云：「離宅是九紫、九宮，右弼應龍星入中宮，管中女，征音，天英、景門值事，半陰半陽山也。其吉凶九旬、九月、九年應。喜艮、離二方為吉，忌乾、坎二方為凶」。

《寶海經》云：「此星午年入中宮利，寅卯辰巳午年月日時為有氣；逢戌年月入墓，忌脩造，犯主病禍。逢九紫到坤艮中宮，大利。遇天月德、黃道並臨，更吉」。

《餐霞道人》曰：「離宅屬火，喜河洛之木運為生，火運為旺，金運為退氣，土運為洩氣，木運為殺氣，八方喜忌同推」。

《陽宅秘旨》云：「離山橋在死方（坤震），不旺丁、犯盜。在退方（巽兌），退財、官事。在關方（坎），官符、損孕婦、少丁。在殺方（乾），損陰人、殘疾、瘋症。在生方（艮離），多秀、多男」。

《陽宅秘旨》云：「離山廟在死方（坤震），世代寡婦。在退方（兌巽），虎傷蛇咬。在關方（坎），出女多矮人。在殺方（乾），陰人世代分屋死。在生方（艮離），因田產而富。在旺方（中央），世代發秀」。

《九宮內經》云：「離山九紫入中宮，為火山也」。

離宅西北方乾卦位斷訣

飛一白到乾，一白屬水，水剋中宮火，殺方也。開門，財丁兩敗，蓋外氣剋內宮，主外來剋剝，又為「走破天門」，故凶。上元無大運。大樹，不宜。作灶，財丁兩敗。安床，以一白天喜之星，主發丁。井、池，不可，破。如西邊有路或水，作震局也，俱無妨，此乃絕處逢生氣也。

離宅西方兌卦位斷訣

飛二黑到兌，二黑屬土，本山火生土，洩氣方也。作灶，平平。安床，有丁。開門，洩氣不利。池、井，名為腰穿，不宜。有高樹，為山之生氣，況木能生火，故吉。神廟，不利。路沖腰，主陰人難產，宜大石碑鎮此路。

離宅東北方艮卦位斷訣

飛三碧到艮，三碧屬木，木生中宮火，生氣方也。開門，上元利。池、井如在屋旁，主發秀。有樹在旁或有更鼓鐘聲，主大發財源。高山、神廟，利。作灶，木火相生，財丁並茂。安床，女多男少。作廁、碓磨，無妨。

離宅南方離卦位斷訣

飛四綠到離，四綠屬木，木生中宮火，生氣方也。開門，利。作灶，出文秀之人。樹、安床，利。廁，主目疾。

離宅北方坎卦位斷訣

飛五黃到坎，五黃屬土，中宮火生土，為關方，又洩氣方也。開門，丁有財少。樹、井、廟、床、廁、碓磨，俱不宜。

離宅西南方坤卦位斷訣

飛六白到坤，六白屬金，中宮火剋金，死氣方也。開門，火剋金為殺。作灶，主陰人經痛。安床，可。九紫火到宮，主其年犯盜。池、井、廁，不利。

離宅東方震卦位斷訣

飛七赤到震，七赤屬金，中宮火剋金，死氣方也。門、灶、床、井、池等項，與坤方同斷。

離宅東南方巽卦位斷訣

飛八白到巽，八白屬土，火山生土，洩氣方也。灶、碓磨、廁，利。床，略可。門、井、池、屋、樹、廟、橋，俱不宜。

三合派地理與玄空大卦的結合

「三合」是指十二地支的三合局，即申子辰三合水局，寅午戌三合火局，巳酉丑三合金局，亥卯未三合木局。地支三合理論是楊公風水術消砂納水的主要理論根據。生旺墓三合，最早見於西漢劉安《淮南子．天文訓》：「木生於亥，壯於卯，死於未，三辰皆木也。火生於寅，壯於午，死於戌，三辰皆火也。金生於巳，壯於酉，死於丑，三辰皆金也。水生於申，壯於子，死於辰，三辰皆水也」。

如圖所示：

壬子、乙辰、坤申——屬水。地支申子辰三合水局。

癸丑、巽巳、庚酉——屬金。地支巳酉丑三合金局。

艮寅、丙午、辛戌——屬火。地支寅午戌三合火局。

甲卯、丁未、乾亥——屬木。地支亥卯未三合木局。

十二長生就是命理學中長生、沐浴、冠帶、臨官、帝旺、衰、病、死、墓、絕、胎、養。一般都以向上配水和水的來去論吉凶，從向上起長生，以向配水，主要是用於陰宅。

十天干之十二長生演繹運行順序依次為：長生、沐浴、冠帶、臨官、帝旺、衰、病、死、墓、絕、胎、養。依陽順陰逆之順序：「甲木長生在亥順行。乙木長生在午逆行。丙火長生在寅順行。丁火長生在酉逆行。戊土長生在寅順行。己土長生在巳順行。庚金長生在巳順行。辛金長生在子逆行。壬水長生在申順行。癸水長生在卯逆行」。

另有一種排列旁法，屬水與屬土者由申起長生，屬木者由亥起長生，屬火者由寅起長生，屬金者由巳起長生。順佈十二地支，並用雙山五行取水。雙山五行者，壬子同行，癸丑同行，艮寅同行，甲卯同行，乙辰同行，巽巳同行，丙午同行，丁未同行，坤申同行，庚酉同行，辛戌同行，乾亥同行。

十二長生之涵意如下：

長生：象徵人之初生，或植物苗芽之剛初長出芽。以氣而言：代表氣之初生，猶人心之初生，主生發。

沐浴：人出生之後需沐浴以除垢，或苗芽出孢脫去曲端青殼。此後即沐浴在主人家之百般疼愛呵護而不識愁為何物。以氣而言：代表氣之休，猶人沐浴以去垢，故主桃花。

冠帶：形氣漸長，如人之漸長大需要有外出之頂冠、帶禮。以氣而言：代表氣之來，猶人穿衣戴帽，主喜慶。

臨官：由長而壯，如人已長大學成或已結婚生子，需就業且凡事需親臨管理。以氣而言：代表氣之盛，猶人出而為仕，主發展。

帝旺：壯盛之極，如人已屆壯年，體能精力、智慧智力、事業成就達於顛峰。以氣而言：代表氣，進而當令，猶人之帝王，主保守。

衰：盛極而衰，物極必反，如人至中年或更年，體能精力漸由旺而衰。以氣而言：代表氣變而轉弱，猶人由壯而將老，主衰敗。

病：是為衰之甚階段，如人老，體能衰弱，力不從心，難免多病。以氣而言：代表氣弱力少，猶人之患病，主疾病。

死：乃氣之盡而無餘，如人壽終亡，氣息已盡。以氣而言：代表前氣已盡，後氣不繼，猶人之死，主喪亡。

墓：如人死入墓，有如大地收藏萬物，五行各歸其庫。以氣而言：代表氣之藏，猶人葬之於墓，主藏。

絕：如人體入墓後血肉消失滅絕，前氣已盡，後氣將續。以氣而言：代表前氣已盡，後氣無繼，猶人之絕嗣，主滅亡。

胎：後氣繼續，如人因父母之結合，新生命將開始凝聚而成胎。以氣而言：代表氣之肇始，猶人在胎中，主喜兆。

養：如新生命養胎於母親之腹中，自是而後，長生循環無端。以氣而言：代表氣之將生，猶人之成兒將出生，主福氣。

十二長生水法之應用如下：

長生亦是貪狼，吉位宜來水。
沐浴亦是文曲，半吉半凶，不宜去來。
冠帶亦是文曲，半吉半凶，不宜去來。
臨官亦是武曲，吉位宜來水。
帝旺亦是武曲，吉位宜來水。
衰亦是巨門，半吉半凶，宜去水。
病亦是廉貞，凶位宜去水。
死亦是廉貞，凶位宜去水。
墓亦是破軍，半吉半凶，宜去水。
絕亦是祿存，凶位宜去水。
胎亦是祿存，凶位宜去水。
養亦是貪狼，小吉位宜來水。

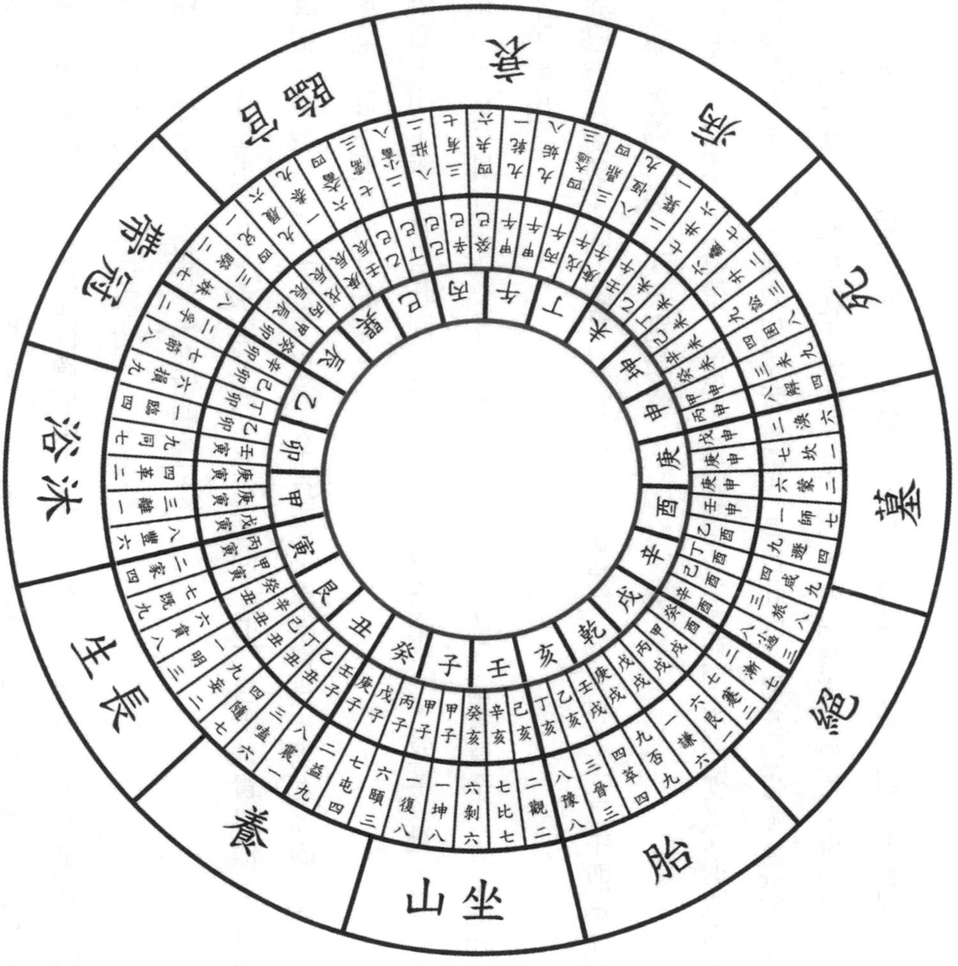

壬山丙向十二長生圖

生、老、病、死是世界上一切事物的普遍也是必的發展規律，龍、水的氣機運行同樣離不開這一規律。龍水陰陽之氣相對運行過程中，並不是在每一個方位上都是相等的，而是有強弱的區別。以下用壬山丙向為例來作說明：

壬山丙向，以向上丙火起長生在寅順行。

壬山丙向，宜左水倒右。水出辛戌。為正旺向。名三合聯珠貴無價。合楊公救貧進神生來會旺。玉帶纏腰。金城水法。大富大貴。人丁昌熾。忠孝賢良。男女高壽。房房無異。發福綿遠。若得旺山肥滿。旺水朝聚富比石崇。

左水倒右。出丁未。為自旺向。名「唯有衰方可去來」。發富發貴。壽高丁旺。

右水倒左。從甲卯沐浴方消水。名祿存流盡佩金魚。富貴雙全。人丁興旺。犯寅卯二字。非淫即絕。不可輕用。

水出巽巳方為衝破。向上臨官。犯殺人大黃泉，傷成材之子立主敗絕並犯軟腳。風癱、癆疾、吐血等症。先傷二房。次及別房。

水出乙辰方。流破向上冠帶。主傷年幼聰明之子。並閨中幼婦少女退敗田產。久則敗絕。

假設形局是左水倒右。而水出丁未，稱之為自旺向。發富發貴。壽高丁旺。而丁未共有30度的範圍，一般的論斷，只要是在丁未的30度之內，就論為吉，但是，以三元玄空大卦來看，這30度之內也可以再論吉中之旺，或吉中之衰，因為方方藏有吉凶，如何來做判斷呢？

基本上三合派取吉不論元運，而三元玄空大卦是配元運來斷吉凶，所以，在丁山和未山共有30度的範圍內，有大過、鼎、恆、巽、井、蠱六個卦，其中每一卦佔5.625度，堪輿師為人造福要達到更精準細膩的地步，只要將三合派的十二長生訣，再加上玄空大卦64卦的卦氣、卦運，就能達到最精準的效應。

以此案例而言，如果是在上元運，則是取恆、井、蠱為佳，因為上元運是旺一二三四運，而水須在衰的零神方位，故而以此三卦為基礎，接著取主事年命來搭配，取這三卦之中，看是哪一卦最符合水局與主事的年命卦氣來配合，以及水局與坐山、向上的配合，以如此的方法來精選過的分金度。肯定比一般的風水師更能精密的精算出最有利、最細小的方位角度，故而若是學三合的堪輿師又能夠結合大玄空的玄空大卦來為主家造作風水堪輿，豈不美上加美乎！

這也能夠解釋，為何很多的風水堪輿為主家造福，有些會得到吉應，而有些又似乎不甚管用，故而筆者常言，方無全吉，亦無全凶，而是方方都藏有吉凶，如此就要結合玄空大卦來為主家造作，這將使吉兆的靈驗度更加的精準，吉凶剋應將更為細膩。如果讀者是研究三合派的堪輿學術，而又能明白本章節的其中道理，既可合乎三合派學理，又符合玄空大卦之要旨，如此豈不是更能造福更多人，也使您在風水堪輿的操作造詣更上層樓，在為主家造福，則必然更能得心應手，自然更具有信心，也能造福更多的人群。

三合派二十四山消水吉凶斷驗

西山蔡文節云：「兩水之中必有山。故水會，即龍盡。水交，則龍止。水飛走，即生氣散；水融注，則內氣聚。此自然之理也」。

所謂「天一生水」，水實為萬物之祖。天地間水為佔最多比例之元素，人體或地球之水約佔百分之七十五，五湖、四海僅其概略而已。如言「浴日月，浸乾坤」皆水之靈效也。故水於陰陽家曰「山水」，曰「風水」，可知水居其半，可謂重矣。

而地書顧然以水居「龍、穴、砂、水」四科之末，似以水為輕於龍穴也？殊不知「龍非水送，則無以明其來；穴非水界，則無以明其止」。郭氏曰：「得水為上」。楊公曰：「未看山先看水，有山無水休尋地」。廖氏曰：「尋龍點穴須仔細，先須觀水勢」。皆言水之當重，與龍穴均也。

《水經》謂：「五行始焉，萬物所由生，元氣之腠液」。管子曰：「水者，地之血氣，筋脈之通流者」。故曰：「水其具財也」。而地理家謂「山管人丁、水管財」；水深處，民多富；水淺處，民多貧。水聚處，民多穩；水散處，民多離。是知水之關係禍福又如此之重。《葬書》：「洋洋悠悠，顧我欲留，其來無源，其去無流」。吳公：「來去之玄橫遶帶」。卜氏：「交錯織結之宜求，穿割箭射之宜避」。又謂：「水本動，妙在靜中」。謝雙湖氏：「水之吉者，聚而不散。見其來，而不見其去」。

蓋外氣橫形，內氣止生，是龍穴又賴水為證穴之應。故出水之處謂之「水口」，其關係重大可以想見，水口，要取得合局之方以放，方得其妙，否則不祥之禍逐步而至，無可避免。立分金只在一線之差，立見敗絕，豈可不慎乎？

壬丙與子午放水法

（一）左水倒右出辛、戌方，名為正旺向，亦名三合聯珠貴無價。合進神生來會旺，玉帶纏腰金城水法。主大富大貴，人丁昌盛，忠孝賢良，男女高壽，房房無異，發福綿遠。若得山旺肥滿，旺水朝堂，富比石崇。

（二）左水倒右出丁、未方，名為自旺向。唯有衰方可去來，發富發貴，壽高丁旺。

（三）右水倒左從甲沐浴方消水，名為祿存流盡佩金魚。主富貴雙全，人丁興旺。若犯寅、卯二字，非淫即絕，不可輕用。

（四）水出巽、巳方，為沖破向上臨官。犯殺人大黃泉，主要成材之子，立主敗絕！並犯軟腳，風癱、吐血等症！先傷二房，次及他房。

（五）水出乙、辰方，為流破向上冠帶。主傷年幼聰明之子，並閨中少婦、幼女，退敗財產，久則敗絕。

（六）水出癸、丑方，為沖破向上癸位，主傷兒、敗財、絕嗣，因犯退神，沐浴不立向也。

（七）水出壬、子方，為沖破胎神，主墜胎傷人。初年丁財稍利，久則敗絕！此名為過宮水，有壽無財。

（八）水出乾、亥方，名過宮水，情過而亢，「太公八十遇文王」，則此水法初年有丁有壽無財，因水不歸庫也。

（九）水出庚、酉方，因從死方消水也。為交如不及，犯顏回夭壽水，主敗產乏嗣，初年亦有稍利者，但先傷三房。有丁無財，有財無丁，有功名即失血夭亡，福祿壽不齊全。

（十）水出坤、申病方，犯短命寡宿水，男人壽短，必出寡居五、六人，敗產絕嗣，咳嗽、吐血等症，先敗三房，次及別房。凡病、死二方消水，發凶相似。

（十一）水艮、寅方，為旺去沖生，雖有財而小兒難養，富而無子，十子九絕！先敗絕長房。次及別門。

（十二）右水倒左，從向上丙字出去，不犯午字，猶須百武轉攔，合水局胎向、胎方出水，謂之出煞不作沖破胎論。主大富大貴，人丁興旺。但中間有壽短者，有出幼婦寡居者。

若非龍真穴的，葬後不敗即絕，不可輕為。

若是左水倒右出丙、午二方，即變為生來破旺，有丁無財，如范丹之貧困，不可誤屬胎向、胎方之水論。

左水倒右出辛戌方，名為正旺向，亦名「三合聯珠」貴無價。合進神生來會旺。（圖片引用自《地理綜合水法》梁貴博著）

癸丁與丑未放水法

（一）右水倒左出巽、巳方，為正養向，名為貴人祿馬上御街。主丁財兩旺，功名顯達，發福綿遠，忠孝賢良，男女高壽，房房皆發，三房尤盛。並發女秀，為地理中第一吉向。

（二）左水倒右出坤、申方，為木局墓向。書云：「丁坤終是萬斯箱，即此是也」。主發富發貴，人丁大旺，福壽雙全。

（三）水出丙、午方，為沖破向上祿位，名沖祿小黃泉。主窮乏夭亡，出寡居。間有壽高者，有五、六弟兄者，有乏嗣者，亦有乞丐者，總之窮困者多，發富者少。若未字上再有刀鎗惡石，出人橫暴，好勇爭鬥。

（四）水出乙、辰方，犯退神。初年發丁不發財，亦無大凶。

（五）水出甲、卯方，初年間或發丁，久則壽短，絕嗣，退敗田產。

（六）水出艮、寅方，主退財。小兒難養，男女夭亡乏嗣，先敗長房，次及別門。

（七）水出癸、丑方，犯退神，為冠帶不立向，夭亡敗絕。

（八）水出乾、亥方，丁財日衰，甚則絕嗣。

（九）水出辛、戌方，犯亥不立向，丁財不發。

（十）水出庚、酉方，為情過而亢。間有初年發富發貴者，亦有不發者，或壽高或壽短，吉凶參半。久則不利，有丁無財。

（十一）若右水倒左，即從向上正丁字流去，名絕水沖倒墓庫。或當面直去不能百步轉攔，又為牽動土牛立主敗絕。書云：「丁、庚上是黃泉，即此是也」。

（十二）丁水來朝倒右，從穴後壬字天干而去，不犯子字，名祿存流盡佩金魚，發富發貴，福壽雙全。但此向去水，平洋多發，山地多敗。何也？平洋要空朝滿，水出壬字，則穴後必是低陷，合「平洋穴後一尺低，個個子孫會讀書」。丁水來朝，則穴前必是高聳，合「平洋明堂高又高，金銀積庫米陳廒」。山地要坐滿朝空，穴後最忌仰瓦。

若是丁水朝堂，轉壬字而去，必是前高後低，合臂後風吹子孫稀。故曰：「平洋多發，山地多敗」。凡乙、辛、丁、癸向，水出甲、庚、丙、壬者同推。

若是癸、丁向，左水倒右出丁，不犯未字，百步轉攔，間有發富發貴者。少差即犯大黃泉水法，慎之。

艮坤與寅申放出法

（一）右水倒左出乙、辰方，合三合吊照正生向。旺來迎生，玉帶纏腰，金城水法。書云：「十四進神家業興」。主妻賢子孝，五福滿堂，富貴雙全。

（二）右水倒左出丁、未方，為借庫消水自生向不作沖破養位論。主富貴壽高，人丁大旺，先發小房。

（三）左水倒右出庚、酉方，合文庫消水進神法。書云：「祿存流盡佩金魚，即此是也」。主發富貴，福壽雙全。少差即絕，不可輕用！龍真穴的無妨。

（四）水出丙、午方，為沖破胎神。初年間有發丁旺財，壽高者，久則墜胎，乏嗣，家道窮苦不利。

（五）水出巽、巳方，名過宮水。情過而亢，故主初年有丁、有壽，久則不發。窮苦清廉，多是此穴。

（六）水出甲、卯方為交而不及。短壽、敗產不發。

（七）水出艮、寅方為交而不及。主多病、敗絕不發。

（八）水出癸、丑方犯退神，臨官不立向，主敗絕。

（九）水出壬、子方，犯生來破旺，家貧如洗。初年發丁，則夭壽，不吉。

（十）水出辛、戌方，犯病不立向。以向論又犯沖破冠帶，必傷幼年聰明之子，敗絕。

（十一）水出乾、亥方，沖破向上臨官，傷成材之子。乏嗣、夭壽、敗財、失血、癆疾、大凶。

（十二）右水長大倒左出坤，不犯申字，百步轉攔，大富大貴，人丁興旺。若龍穴稍差即犯敗絕，不可輕用。

若左水長大倒右，當面出坤，即犯墓絕，沖生大煞，非敗即絕。如出坤字更凶。

甲庚與卯酉放水法

（一）左水倒右出癸、丑方，為正旺向，名三合聯珠貴無價，乃生來會旺，玉帶纏腰水法。主大富大貴，人丁大旺，忠孝賢良，男女高壽，房房均發丁發福綿遠。

（二）左水倒左出辛、戌方，為自旺向。合唯有衰方可去來，合進神水法，主發富發貴，壽高丁旺，男聰女秀，大吉大利。

（三）右水倒左從丙字沐浴方消水，合祿存流盡佩金魚，主富貴雙金，人丁興旺，雖右邊病、死水過堂，但至向上巳會合庚旺水歸庫而去無妨。以水局而論，又有壬子旺水，乾、亥臨官水，辛、戌冠帶水上堂，均係合局，故主大發。若稍犯午字、巳字，非淫即絕不可輕用。

（四）水出庚、酉方，為沖破向上臨官，犯殺人大黃泉必喪成材之子，立主敗絕，官非，賣產，並犯軟腳、風癱、吐血等症，先傷二房次及別房。

（五）水出丁、未方，沖破向上冠帶，主傷年幼聰明之子，並損閨中幼婦，退敗產業，久則絕嗣。

（六）水乙、辰出方，為沖破向上養位，主傷小兒、敗產、絕嗣、犯退神不立向也。

（七）水出甲、卯方，為沖破胎神。主墜胎傷人，間有初平丁財稍利，但久則敗絕。

（八）水出艮、寅方，名過宮水，情過而亢，初年有丁有壽而無財，水不歸庫也。

（九）水出壬、子方，為交如不及，犯顏回短命水。主夭亡、敗產、絕嗣、吐血、癆疾，多出寡婦，先傷三房。初年間有稍利者。但總是有丁無財，有財無丁。發功名即夭壽，不能齊全。

（十）水出乾、亥方，犯短命寡宿水。男人壽短，必出寡婦五、六人，敗產絕嗣，並犯咳嗽、吐血，先敗三房，次及別房，與死方消水發凶相似。

（十一）水出巽、巳方，犯旺去沖生。雖有財而小兒難養。當面無丁，十有九絕。先敗長房，次及別房。

（十二）右水倒左，從向上正庚字出，不犯酉方，百步轉攔，又須左水細小，向木局胎向，胎方放水，謂之出煞，不作沖破胎神論，主大富大貴，人丁大旺。但中間有壽短者，有出幼婦寡居者，非龍真穴的，葬後不敗即絕，不可輕用。

若左水倒右，出向上正庚字，或當面直，即變為生來破旺，又名牽動土牛不作胎向、胎方之水論，有丁無財，貧如范丹，甚於凶煞！

乙辛與辰戌放水法

（一）右水倒左出坤、申方，係正養向，名貴人祿馬上御街。主丁財大旺，功名顯達，發福綿長，忠孝賢良，男女高壽，房房皆發，二房尤盛，並發女秀。

（二）左水倒右出乾、亥方，為火局墓向。書云：「辛入乾宮百萬莊，即此是也」。主發丁發貴，人丁大旺，福壽雙全。

（三）水出庚、酉方，為沖破向上祿位，名沖祿小黃泉。主窮乏夭亡，出寡居，間有高壽，有五、六兄弟者，有乏嗣者，亦有為乞丐者。總之：「窮困者多，發富者少」。若戌字上再有鎗刀、惡石，出性暴人，習拳棒，行凶爭鬥。

（四）水出丁、未方，犯退神。初年稍利，發丁發財，亦不發凶。

（五）水出丙、午方，初年間有發丁高壽者，久則夭亡，絕嗣，退敗田產，窮苦而終。

（六）水出巽、巳方，主退神，小兒難養，男女夭亡，乏嗣，先敗長房，次及別房。

（七）水出乙、辰方，犯退神、冠帶不立向，夭亡敗絕，不發。

（八）水出艮、寅方，丁財日衰，甚則絕嗣。

（九）水出癸、丑方，犯衰不立向，退神水法，丁財不旺。

（十）水出壬、子方，為情過而亢，間有初年發富貴者，亦有不發者，或壽高，或夭亡乏嗣，吉凶相半。

（十一）左水倒右出向上正辛字，不犯戌字，又須百步轉攔，有發大富貴者，稍差即絕，不可輕用。

（十二）辛水朝堂，左水倒右，從穴後甲字天干而去，不犯卯字，為祿存流盡佩金魚，大富貴，福壽雙全。山地不用，若右倒左，從向上正辛流去，犯沖墓大煞。書云：「辛、壬水路怕當乾是也」。主立敗絕。

巽乾與巳亥放水法

（一）右水倒左出丁、未方，名三合吊照正生向。為旺去迎生，主富貴驟至。書云：「十四進神家業興」。主妻賢子孝，五福臨門，富貴雙全，房房均勻。

（二）右水倒左出辛、戌方，為借庫消水，自生向，不作沖破養位論。主富貴壽高，人丁大旺，發福長久。

（三）左水倒右出壬、子方，合文庫消水，進神水法。書法：「祿存流盡佩金魚」。主發富貴，福壽雙全。

（四）水出坤、申絕位，為情過而亢。初年發丁有壽不發財，功名不利，貧而有壽，不絕。

（五）水出庚、酉方，為沖破胎神，初年間有旺丁壽高發財者，久則乏嗣、貧苦。有壽必窮，此水不歸庫也。

（六）水出丙、午方為交如不及。短壽、敗財不發。

（七）水出巽、巳方，名交而不及。年久敗絕。

（八）水出乙、辰方，犯十個退神如鬼靈。臨官不立向，非敗即絕。

（九）水出甲、卯方，為生來破旺，初年發財，久則貧窮敗絕，不利。

（十）水出癸、丑方，犯病不立向，退神水法。又沖破冠帶，必傷年幼聰明之子，嬌態之婦。

（十一）水出艮、寅方，沖破向上臨官。犯黃泉大煞。傷成材之子，乏嗣、夭壽、窮苦、大凶。

（十二）右水長大倒左，出向上正乾字，不犯亥字，百步轉攔，則大富大貴，人丁亦旺。若龍穴稍差，即見敗絕，不可輕用。

若左水長大倒右，出乾，即犯墓絕沖生大煞，非敗即絕。如出亥字，葬後尤凶。

丙壬與午子放水法

（一）左水倒右出乙、辰方為正旺向，名三合聯珠貴無價，生來會旺，玉帶團腰，金城水法。主大富大貴，忠孝賢良，男聰女秀，夫婦齊眉，房房相似，發福綿遠。申、子、辰、坤、壬、乙，文曲從頭出，即此是也。

（二）左水倒右出癸、丑方，為自旺向。唯有衰方可去來。主發富貴，壽高丁旺。

（三）右水倒左從庚字沐浴方消水，合祿存流盡佩金魚。主發富貴雙全，人丁興旺。若稍犯酉、申二字，即凶，不可輕用。

（四）水出乾、亥方為沖破向上臨官，犯殺人大黃泉，必喪成才之子，立主敗絕。官非、賣產，並犯軟腳、風癱、瘟疾。尤傷三房，次及別房，無不敗絕者。

（五）水出辛、戌方，犯退神。傷幼年聰明之子，並損少婦、少女，退敗產業。久則敗絕，破向上冠帶故也。

（六）水出丁、未方，為沖破向上養位。主傷小口，敗產、絕嗣，犯退神沐浴不立向。

（七）水出丙、午方，為沖破胎神。立主墜胎傷人。初年間有丁財稍利者，久則敗絕。此名過宮水，有壽必窮。

（八）水出巽、巳方，為情過而亢。不利功名，如「太公八十遇文王」。初年發丁，有壽不發財。

（九）水出甲、卯方，為交如不及。犯顏回短命水。主夭亡、絕嗣、退敗產財，多出寡居。先傷三門，內中亦有稍利者，然有丁無財，發功名即夭壽，福祿壽不能相兼，多因吐血、癆疾而死。

（十）水出艮、寅方，犯孤辰、寡宿水。男人短壽，必出寡婦五、六人，敗產乏嗣。犯咳嗽、吐血、癆症，先傷二房，次及別房。與死方消水同凶。

（十一）水出坤、申方，犯旺去生大殺。雖有財而小兒難養，富貴而無丁，大有九絕，先敗長房，次及別房。

（十二）右水倒左從向上壬字流出，不犯子字，百步轉攔。又須左水細小，合大局胎向，胎方去水，謂之出煞，不作沖胎而論。主大富貴，人丁興旺，中間有壽短寡居者，若非龍真穴的，則不絕亦敗，不可輕用。

若左水倒右從向上壬字出去，或當面直去，即是生來破向。又名牽牛不作胎向、胎方之水論，主上有財，家道窮苦。

丁癸與未丑放水法

（一）右水倒左出乾、亥方為正養向。名為貴人祿馬上御街進神水法。丁財大旺，功名顯達，發福綿遠，忠孝賢良，男女高壽，房房皆發，三房尤盛，並發女秀。

（二）左水倒右出艮、寅方，為金局墓向。書云：「癸歸艮位發文章」。主發富發貴，人丁大旺，福壽雙全。唯年久主生風疾。風疾愈見而愈發。

（三）水出壬、子方破向上祿位，名沖祿小黃泉。主窮乏夭亡，出寡居。間有壽高者，有五、六兄弟者，有乏嗣者。總之窮困者多，發富者少，若丑字有鎗刀、惡石，出性暴刁惡之人，好習拳棒，發丁不發財。

（四）水出辛、戌方，犯退神。初年旺丁不發財，亦不發凶。功名不利，平安有壽。

（五）水出庚、酉方，初年間有發財、發丁、壽高者，久則壽短乏嗣，退產敗財。

（六）水出坤、申方，主退財不發。小兒難養，男女夭亡，乏嗣，先敗長房，次及別房。

（七）水出丁、未方，犯退神，冠帶不立向。主夭亡敗絕。

（八）水出巽、巳方，生丁財日衰，甚則絕嗣。

（九）水出乙、辰方，犯亥不立向，退神水法。主財丁不旺。

（十）水出甲、卯方，為情過而亢。初年間有發富貴者，亦有不發者，或壽高或壽短，乏嗣。吉凶相半。

（十一）左水倒右出向上正癸字而去。又須百步轉攔，有發大富大貴者。但稍差即絕，不可輕用。

（十二）癸水朝堂，左水倒右，從穴後丙字天干而去，不犯午字，名祿存流盡佩金魚，主大富大貴，福壽雙全。平洋地準發，山地敗絕，不可輕用。

若右水倒左，即從向上正癸字流出，犯倒沖墓庫，或直去，又為牽動土牛。書云：「甲、癸向中憂見艮是也」。立主敗絕。

坤艮與申寅放水法

（一）右水倒左出辛、戌方，為正生向，旺去迎生，玉帶纏腰，金城水法。書云：「十四進神家業興」。主妻賢子孝，五福滿堂，福壽雙全，房房皆發。

（二）右水倒左出癸、丑方，為借庫消水自生向，不作沖破養位論。主富貴壽高，人丁大旺，先發小房，龍砂好亦有先發長房者。

（三）左水倒右出甲、卯方，合文庫消水。書云：「祿存流盡佩金魚」。主發富貴，福壽雙全。

（四）水出壬、子方，為沖破胎神。初年間有丁旺發財壽高，亦有貧苦，功名不利。

（五）水出乾、亥方，為情過而亢。初年發丁不發財，壽高貧苦，功名不利。

（六）水出庚、酉方為交如不及。短壽敗財，不吉。

（七）水出坤、申方，犯交如不及，多主敗絕。

（八）水出丁、未方，犯十個退神如鬼靈。臨官不立向，非敗即絕。

（九）水出丙、午方，為生來破旺。主窮乏，初年發丁，久則敗絕。

（十）水出乙、辰方，犯病不立向，退神水法。又犯沖破冠帶，必傷年幼聰明之子，貞節之女。

（十一）水出巽、巳方，為沖破向上臨官，傷成才之子，夭壽乏嗣。

（十二）右水長大倒左出艮，不犯寅字，百步轉攔，大富大貴，人丁亦旺。若龍穴稍差即見敗絕，不可輕用。

若左水長大倒右出艮，即犯墓絕沖生大煞，非敗即絕。如出庚字，葬後即凶。

庚甲與酉卯放水法

（一）左水倒右出丁、未方，為正旺向。名三合聯珠貴無價，生來會旺水。玉帶纏腰，金城水法。主大富大貴，忠孝賢良，男女高壽，房房相似，發福綿遠。書云：「亥、卯、未、乾、甲、丁，貪狼一路行」。

（二）左水倒右出乙、辰方，為自旺向。合唯有衰方可去來，進神水法。主發富發貴，壽高丁旺。若養水來朝，合三吉、六秀水法。

（三）右水倒左從壬字沐浴方消水，合祿存流盡佩金魚，富貴雙全，人丁興旺。苦稍犯子

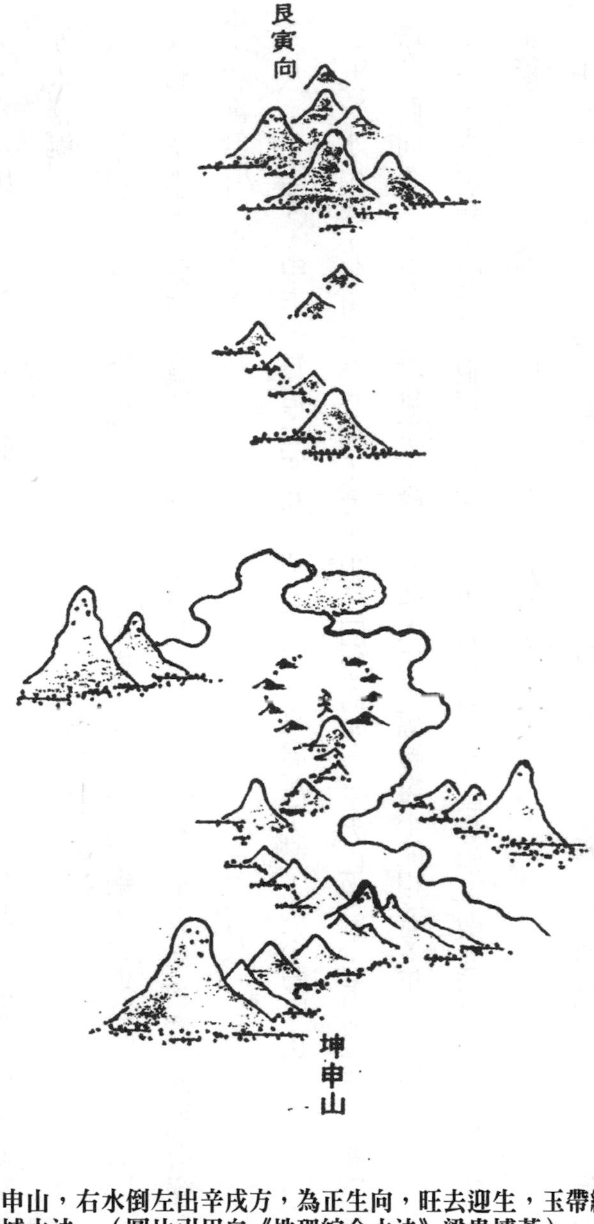

坤申山，右水倒左出辛戌方，為正生向，旺去迎生，玉帶纏腰，金城水法。（圖片引用自《地理綜合水法》梁貴博著）

字、亥字大凶，不可亂用。

（四）水出艮、寅方，為沖破向上臨官，犯殺人大黃泉。必喪成年之子，立主敗絕、官非、賣產，並患軟腳、風癱、癆疾。先傷三房，次及別房，大凶。

（五）水出癸、丑方，為沖破向上冠帶。犯退神。主傷幼年聰明之子，閨中幼婦，退敗產業，久則絕嗣。

（六）水出辛、戌方，為沖破向上養位。主傷小口，敗產絕嗣，犯退神沐浴不立向。

（七）水出庚、酉方，為沖破胎神。主墜胎傷人。初年間有丁財稍利者，久則敗絕。此為過宮水，有壽無財。小房更不利。

（八）水出坤、申方，為情過而亢。功名不利，有壽無丁財，水不歸庫也。

（九）水出丙、午方，為交如不及，犯顏回短命水。主夭亡絕嗣，退敗產業，多出寡居，先傷三房，此向有丁無財，有財無丁，發功名即夭亡，福祿壽不能相兼，年久敗絕。

（十）水出巽、巳方，犯短命寡宿水。男人短壽，多出寡婦，敗產乏嗣。並患咳嗽、吐血等症。先傷三房，次及別房。與死方消水，發凶相似。

（十一）水出乾、亥方，為旺去沖生，雖有財而小兒難養，富而無丁，十有九絕，先敗長房，次及別房。

（十二）右水長大倒左從向上甲字出，不犯卯字流去，百步轉攔，合堂局胎向、胎方去水，謂之出煞不作沖胎論，大富大貴，人丁興旺。但中間有壽短寡居者。若非龍真穴的，不敗即絕，不可輕用。

若左水倒右出向上正甲字，或當面直去，即變為生來破旺。又名牽動土牛，不作胎方、胎向去水論，主有丁無財，家道窮苦。

辛乙與戌辰放水法

（一）右水倒左出艮、寅方，係正養向，名貴人祿馬上御街。主丁財大旺，功名顯達，發福綿遠，忠孝賢良，男女高壽，房房皆發，三房尤盛，並發女秀。

（二）左水倒右出巽、巳方。書云：「乙向巽流清富貴是也」。主發富發貴，人丁大旺，福壽雙全」。

（三）水出甲、卯方，為沖破向上祿位，名沖祿小黃泉，主窮乏夭亡，出寡居。間有壽高者，有五、六弟兄者，有乏嗣者。窮困者多，發福者少。若辰字有刀鎗、惡石，尤出橫暴之人，好爭鬥行兇。

（四）水出癸、丑方，犯退神。初年發丁有壽，不發財，亦不發凶。

（五）水出壬、子方，初年間有發丁，亦有不發者。久則壽短，小產乏嗣，敗產不吉。

（六）水出乾、亥方，主退財不發，小兒難養，男女夭亡乏嗣。先敗長房，次及別房。
（七）水出辛、戌方，犯退神、冠帶，不立向。主夭亡絕嗣。
（八）水出坤、申方，丁財日衰，甚則絕嗣。
（九）水出丁、未方，犯衰不立向，財丁不利。
（十）水出丙、午方，為情過而亢。間有初年發富或壽高，或壽短，或乏嗣，吉凶參半。
（十一）左水倒右從向上乙字出去，不犯辰字，又須百步轉攔。主發富貴，但稍差即絕。
（十二）乙水朝堂左水倒右，從穴後庚字天干而去，不犯丙字，名祿存流盡佩金魚，主大富大貴，福壽雙全。此向平洋發福，山地敗絕。
若右水倒左從向正上乙字流出，為倒沖墓庫。或當面直去，又為牽動土牛。書云：「乙、丙須防巽水是也」。此向犯黃泉大煞立主敗絕。

水不亂灣，山不亂轉，須之玄曲折環抱有情。

乾巽與亥巳放水法

（一）右水倒左出癸、丑方，為正生向，旺去迎生水法。玉帶纏腰，金城水法。書云：「十四進神家業興」。主妻賢子孝，福壽滿堂，富貴雙全，房房皆發。

（二）右水倒左出乙、辰方，為借庫消水自生向神進水法，不作沖破養位論。主富貴壽高，人丁大旺。先發小房，龍砂好亦有先發長房者。

（三）左水倒右出丙、午方者，合文庫清水。書云：「祿存流盡佩金魚」。主發富貴，福壽雙全。少差即絕，不可輕用。

（四）水出甲、卯方，為沖破胎神。初年間有丁財稍利壽高者，久則墜胎乏嗣，貧苦，水不歸庫也。

（五）水出艮、寅方，為情過而亢。初年發丁，有壽不發財，功名不利。

（六）水出壬、子方，為交如不及，短壽敗財。

（七）水出乾、亥方，為交如不及，多主敗絕。

玉帶環腰祿存流盡佩金魚。

（八）水出辛、戌方，犯十個退神如鬼靈，臨官不立向，非敗即絕。

（九）水出庚、酉方，為生來破旺。主窮苦，初年發丁，久則敗絕。

（十）水出丁、未方，犯病不立退向神水法。又犯沖破冠帶，必傷年幼聰明之子，並嬌態婦女。

（十一）水出坤、申方，為沖破向上臨官，傷成年之子，夭壽乏嗣，貧苦不利。

（十二）右水長大倒左出巽，不犯巳字，百步轉攔，主大富大貴，人丁大旺，男女高壽。倘龍穴稍差，即犯敗絕，不可輕用。

若左水長大倒右向從上巽、已出去，即犯墓庫沖生大煞。立主敗絕，不可誤作立向，當面水去論。

讀者若所學是三合派者，可將此二十四山左右消水法配合玄空大卦之精密法則，將能細膩的精算出最有利的5.625度角，再配合玄空大卦抽爻換象，移步換形大法則，可細分為0.9375°的吉方位，豈不是盡得其美乎，此中之妙，請讀者詳加思索。

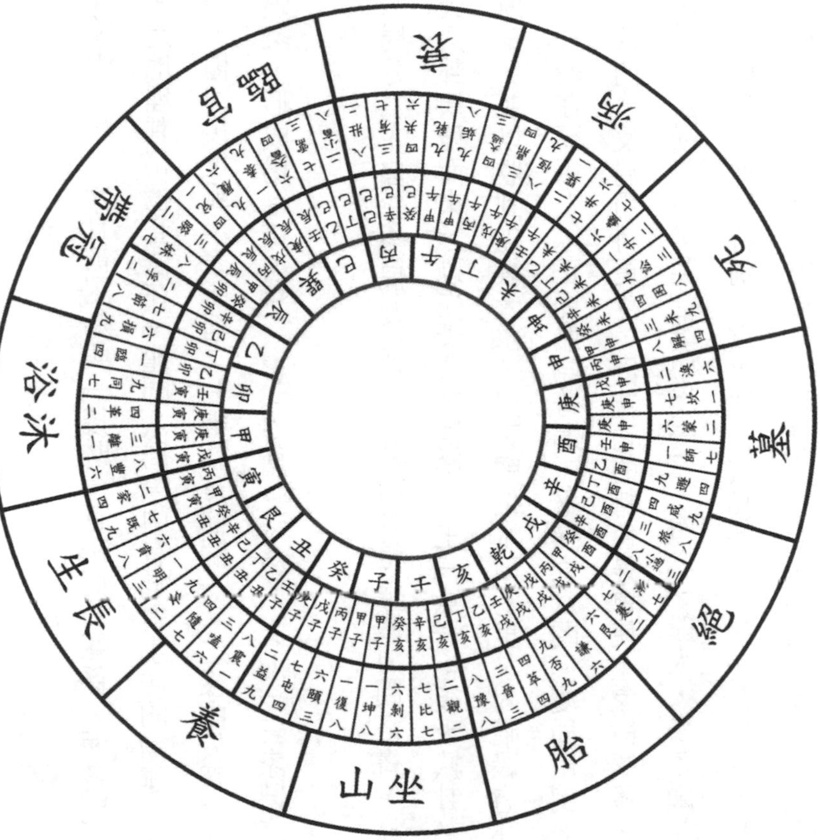

以壬山丙向十二長生圖為例，假如要在庚酉墓方取出水口，其中有煥卦、坎卦、蒙卦、師卦、遯卦，到底是哪一卦位最吉？以大玄空六十四卦來做取捨，在八運時，則是取庚方的煥卦最為理想，如果主事者年命能配合得上，如此就可以從三合派30度的出水口中找到最適合的，理氣的領域中，能增加許多的精密度。

乾坤國寶龍門八局與玄空大卦的結合

風水理論中「水」一直被認為與「錢財」有密切的關係，而各門各派有關於「水法」的理論也很多。三元地理其秘授心法在「龍門八局」中有針對水法的論述。此派起源於唐朝，由丘延翰傳予楊筠松，楊即後世風水家所稱之「楊救貧仙師」。之後由於姻親關係，一傳女兒之夫家，一傳媳婦之娘家，形成楊（筠松）、廖（金精）、曾（文辿）三家鼎立之勢。

龍門八局分為正局、變局及反局。其內容是根據河圖洛書、易經、先後天八卦演變而來。以先天八卦為體，主「氣」；後天八卦為用，主「運」，並以收到先後天水，出正竅位水口為重，對曜殺方亦相當重視。一般在應用上以正局最為普遍，又稱大八門。變局用到兼卦，又稱小八門。反局用得更少，因為它的特色是會使主家敗絕後，才東山再起，正所謂「置之死地而後生」，所以一般人大多不願使用。此龍門八局三元地理特別注重水法，其獨特之「龍門八局」若是能抓住「大格局」就可直斷出國運之興衰，亦能憑卦氣論斷家中個人的吉凶至十分細緻的程度，故又稱為「乾坤國寶」。

疊疊山巒鍾毓山川地靈之氣。

所謂龍門八大局者，是指以下八種方位的來去水：

一、先天位：掌管人丁及貴人，此方位的來水，旺人丁，去水則損丁。
二、後天位：掌管財富，此位來水，進錢財，去水則破財。
三、客位：來水利女兒女婿等外家姓這一方，不利主人本家姓氏這一方，去水則無妨。
四、賓位：與客位同吉凶，來水蔭外姓子孫。
五、天劫位：吉凶之位，來水主大凶，去水得大利。
六、地刑位：喜來水，去水稱地刑水流破，妻財兩空。
七、案劫位：宜去水如織如鎖，忌來水沖射，損丁絕嗣。
八、輔卦位：來水可旺丁，去水有凶。

一、先天水

先看坐山所屬為後天八卦中的何卦，此卦在先天八卦中是位於東、南、西、北、東南、西南、東北、西北，哪一方，再看後天八卦中的哪一卦同樣也位居此方，則此後天卦即為該坐山之先天位。若有水從此方位流經堂前即是先天水。

1.先天水主應人丁、貴人之位，凡陰陽宅之先天卦方有水朝堂，則該宅主人之子孫旺男丁。

2.若水反由他方流向先天卦方，即為流破先天水，流破先天水即會損丁。故先天水喜來而旺丁，不喜出而損丁。

二、後天水

先看坐山所屬天八卦中為何卦，此卦為東、南、西、北、東南、西南、東北、西北的哪一方，而此方在先天卦中為何卦所居，再看此先天卦在後天卦位置圖中是位於哪一方，則此方即為該坐山之後天位。若有水從此方位流經堂前即為後天水。

1.後天水主應妻財之位，凡陰陽宅之後天卦方有水朝堂，則該宅主人之錢財旺，妻又賢慧。

2.若水反由他方流向後天卦方，即稱為

卦應／坐山	先天水	後天水	三刀劫			賓位水	客位水	輔卦水	庫池水	三曜煞位			內局出水口	正竅外局出水	財丁貴水口
			天劫	地刑	案劫					正曜	反曜	地曜			
乾	離	艮	震	離	巽	坤	兌	坎	艮	午	亥	寅	甲乙巽	巽	巽甲乙
坎	兌	坤	巽	坤	離	震	乾	艮	坤	辰	巳	卯	巽丙丁	巽	巽丙乙
艮	乾	震	離	兌	坤	坎	巽	兌	乾	寅	午	申	坤丙丁	坤	丁坤庚
震	艮	離	乾	坤	兌	巽	坎	坤	壬	申	寅	亥	乾庚辛	乾	乾庚辛
巽	坤	兌	坎	兌	乾	離	艮	震	坤	酉	卯	巳	壬癸乾	艮	乾壬癸
離	震	乾	艮	乾	坎	兌	坤	巽	辛	亥	申	午	艮壬癸	辛	癸壬艮
坤	坎	巽	震	坎	艮	乾	震	兌	巽	卯	辰	酉	甲乙艮	甲	乙甲艮
兌	巽	坎	艮	巽	震	艮	離	坤	癸	巳	酉	辰	艮甲乙	甲	乙甲艮

龍門八局收山出水定局

流破後天水，則不但不能旺財，財產還會消耗殆盡，宅內婦女還會常常生病，或者會因妻子過世或離婚而有再婚的現象。故後天水亦宜來不宜出。

三、先天水與後天水同時朝堂

1. 若先天水與後天水同時朝堂則財丁雙旺，地局大則大發，地局小則小發。
2. 若先天與後天均遭流破，則為最壞之情況，稱為消亡敗絕，地局大則大敗，地局小則小敗。最後必內冷外耗，孤苦伶仃之命。
3. 若先天水朝堂，後天水流破，則主應男丁旺盛，但無錢財。
4. 若後天水朝堂，先天水流破，則雖能富有，卻是從事勞力、體力性質的工作而致富，且男丁不旺。

四、天劫位

先察坐山所屬為何卦，再依前面所述之方法求出後天位，再以此後天位之卦為主，重複前法再求出後天位，所得之卦位，即為該坐山之天劫位。所以天劫位就是「坐山後天位的後天位」。而且天劫位必定位於所屬坐山卦的左斜前方，或右斜前方45度範圍內之卦位。

有歌訣曰：天劫之水最是凶，此方流來不可當，劫案瘋癲虛癆疾，家門伶仃損少年。

五、地刑位

地刑位與天劫位均位於坐山卦之左右斜前方彼此相對稱，若一者在左斜前方，另一者必在右斜前方。以坐坎卦山為例，巽在左斜前方為天劫位，其對稱之右斜前方為坤，則坤卦為地刑位。

六、案劫位

案劫位又稱朱雀位，即明堂向之卦位，如坐坎山，則離卦即是案劫位。案劫位之明堂要清不可雜亂，形勢要環抱有情。明堂若清秀豐潤，主應其家中大小為人誠實正直忠厚。如明堂前有山近逼高壓，或雜亂反弓無情，則其家中大小不和睦，為人無情無義。

三刀劫有歌訣曰：「天地案位三把刀，屋角侵射卻如何，家門不幸年年亡，難免兒孫見血光」。可見天劫、地刑、案劫為禍之凶惡，故又稱三刀劫。

七、賓客水位

賓客水為龍門八局水法之副水口，賓客位可以做為出水口，一樣能夠旺丁旺財，但其缺點是流破賓客位則會不利女兒。賓客水主應女口及外來賓客，可以指房客、女婿，或女兒這一方的所謂外姓子孫等，若收賓客水則發女口，蔭外家姓子孫，或其他租賃房客，但房客久住亦不利，本枝姓則伶仃退敗。但若家中無男丁者，賓客水出則能發男丁。

賓位水

賓位之求法，先看屋宅之「向」為何卦，再察此卦在先天八卦位置圖中居於何方，最後再看此方在後天八卦位置圖中由何卦所居，此卦方即為賓位。

例如坐坎向離，離卦在先天八卦位置圖中位居東方，而東方在後天八卦中為震卦所居，則震卦方（東方）即為賓位。

客位水

客位之求法，先看屋宅之「向」在何方，再查此方在先天八卦位置圖中由何卦所居，最後再看此卦在後天八卦位置圖中位居何方，此方即是客位。例如坐坎向離，離卦為南方，先天八卦中南方為乾卦所居，而乾卦在後天八卦中位於西北方，所以西北方（乾卦）即是坎卦山之客位。

八、輔卦水位

輔卦位為坐山、先後天位、天劫地刑案劫位、賓客位等七個卦位全部除去，僅餘下之一卦即為輔卦位。輔卦乃輔助之靈氣，輔卦位之水，有如貴人之水，宜來不宜出，來則旺人丁，若出，則靈氣盡失，主家中出長期病人，故輔卦水又名「藥碗水」。

先天八卦為體，後天八卦為用，因此風水中論卦位，均以後天八卦為主。每卦再細分為三等份，八卦共可分成二十四個方位，稱為二十四山，每山管十五度，每卦有四十五度，稱為「一卦統三山」。每卦統三山及每山所統之方位角。

九、曜煞位

曜煞可分為：正曜、反曜、地曜。煞者剋也，八煞者，取義於八卦五行，剋我所用之卦神是也。曜煞歌訣曰：「坎龍坤兔震山猴，巽雞乾馬兌蛇頭，艮虎離豬為曜煞，宅墳逢之一齊休」。曜煞方最忌有水、路衝射、尖物逼近、屋角、電線桿、大石、古井、孤木、井欄侵射，運來吊沖之年月主損丁、血光、破財、出癲狂之人、無恥盜賊等等。

（一）、正曜煞

正曜煞為八純卦之官鬼爻，剋我者為官鬼。

1.乾之八純卦五行屬金，其官鬼在第四爻午火，故乾之正曜在午。即歌訣「乾馬」。
2.兌之八純卦五行屬金，其官鬼在第一爻巳火，故兌之正曜在巳。即歌訣「兌蛇頭」。
3.離之八純卦五行屬火，其官鬼在第三爻亥水，故離之正曜在亥。即歌訣「離豬」。
4.震之八純卦五行屬木，其官鬼在第五爻申金，故震之正曜在申。即歌訣「震山猴」。
5.巽之八純卦五行屬木，其官鬼在第三爻酉金，故巽之正曜在酉。即歌訣「巽雞」。
6.坎之八純卦五行屬水，其官鬼在第二爻辰土，故坎之正曜在辰。即歌訣「坎龍」。
7.艮之八純卦五行屬土，其官鬼在第六爻寅木，故艮之正曜在寅。即歌訣「艮虎」。
8.坤之八純卦五行屬土，其官鬼在第三爻卯木，故坤之正曜在卯。即歌訣「坤兔」。

（二）、反曜煞

反曜煞即先天卦之官鬼爻。先查坐山之先天卦位在何方，與此方相對應之後天卦為何卦，再對照八曜煞歌訣查出反曜方。例如坐坎向離，坎之先天卦位在西方，而西方為後天卦中之兌卦，此時對照八曜煞歌訣：「坎龍坤兔震山猴，巽雞乾馬兌蛇頭，艮虎離豬為曜煞，宅墳逢之一齊休」。為兌蛇頭，蛇即代表巳方，故知「巳」即是反曜煞，其餘各卦類推。

（三）、地曜煞

地曜煞即後天卦之官鬼爻。先查坐山之後天卦位在何方，與此方相對應之先天卦為何卦，再對照八曜煞歌訣查出地曜方。例如坐坎向離，坎之後天卦位在北方，而北方為先天卦中之坤卦，此時對照八曜煞歌訣：「坎龍坤兔震山猴，巽雞乾馬兌蛇頭，艮虎離豬為曜煞，宅墳逢之一齊休」。為坤兔，故知「卯」即是地曜煞，其餘各卦類推。

（四）、各卦之正曜煞、反曜煞、地曜煞整理如下：

乾卦（戌乾亥）：正曜在午。反曜在亥。地曜在寅。

兌卦（庚酉辛）：正曜在巳。反曜在酉。地曜在辰。

離卦（丙午丁）：正曜在亥。反曜在申。地曜在午。

震卦（甲卯乙）：正曜在申。反曜在寅。地曜在亥。

巽卦（辰巽巳）：正曜在酉。反曜在卯。地曜在巳。

坎卦（壬子癸）：正曜在辰。反曜在巳。地曜在卯。

艮卦（丑艮寅）：正曜在寅。反曜在午。地曜在申。

坤卦（未坤申）：正曜在卯。反曜在辰。地曜在酉。

（本篇部分資料取材自育林出版社，林志榮老師所著《乾坤國寶龍門八局圖解》）

龍門八局總結

龍與水，一陰一陽為夫婦正配。貴地者，最重龍水砂也。砂者，乃龍水之護衛，關攔臣僕之用，為禍為福，較之龍而疏遠，較之水而寬緩，似在所然。但高大星辰，站方照穴，其力量足以轉移龍穴之吉凶，有不容輕視者，故消法不可不講也。有先後天之水法，來龍、水口、消砂，妙用已備，以全地理之用也。

以上法例，淺者不知，知者又秘之，先賢至道所以晦而不明。余思形家一事，乃人人所必須，為人子者，知之則不為人所誤，行道者知之，則庶不誤人。法例焉可秘也。余和盤托出，但使道彰明著，而後世廣受其福。

坤爲地	艮爲山	坎爲水	巽爲風	震爲雷	離爲火	兌爲澤	乾爲天
子孫 酉金 -- 世	官鬼 寅木 — 世	兄弟 子水 -- 世	兄弟 卯木 — 世	妻財 戌土 -- 世	兄弟 巳火 — 世	父母 未土 -- 世	父母 戌土 — 世
妻財 亥水 --	妻財 子水 --	官鬼 戌土 —	子孫 巳火 —	官鬼 申金 --	子孫 未土 --	兄弟 酉金 —	兄弟 申金 —
兄弟 丑土 --	兄弟 戌土 --	父母 申金 --	妻財 未土 --	子孫 午火 —	妻財 酉金 —	子孫 亥水 —	官鬼 午火 —
官鬼 卯木 -- 應	子孫 申金 — 應	妻財 午火 -- 應	官鬼 酉金 — 應	妻財 辰土 -- 應	官鬼 亥水 — 應	父母 丑土 -- 應	父母 辰土 — 應
父母 巳火 --	父母 午火 --	官鬼 辰土 —	父母 亥水 —	兄弟 寅木 --	子孫 丑土 --	妻財 卯木 —	妻財 寅木 —
兄弟 未土 --	兄弟 辰土 --	子孫 寅木 --	妻財 丑土 --	父母 子水 —	父母 卯木 —	官鬼 巳火 —	子孫 子水 —

八卦的官鬼爻即正曜煞圖

嘗聞英雄豪傑，實鍾岳瀆之靈；富貴榮華，乃毓山川之秀；是故來龍去水，固有美惡之懸殊，點地立向，豈無吉凶之異應。

是以生水朝堂，人才輩出；旺神聚局，家道代昌。或立正局還生旺，又有借竅流客賓。

至若堂清水秀，君子故可求官；水聚庫深，小民亦應致富。馬陷祿空，多災多厄；山收煞出，為富為榮。

丙向辛砂巽口，擬獨佔乎魁元。離山震水辛流，幸題名于榜內。

糞池不可建置曜煞之方，砂水最喜來自生旺之位。

牢星方若遇高壓，難逃災訟之非。地支位如逢丁路，未免懸樑之厄。

若夫立向，以水為提綱；點穴以龍為主宰。明于尅擇之道，合於天星奇門，尤當精於點地之情。放水要元神，來龍看入首。觀水口較易，而點地最難。

古人云：「未入鄉先看來龍；未登堂先察水口」。龍之去住，以水辨；穴之偏正，以龍分。同龍即論向，論向即論水。審視要周詳，觀案須正確。

急硬直來，當避其峯，脈來而急，應緩而妥；氣到如緩，當急而裁。陰墳忌孤陰，陽宅忌孤陽。

落水之牛，鼻仰而吹；出淵之龍，身直而吐。下山之虎，側臥豈厭。落洋之鴉，展翼方妙。而青蛇貫水，孤身不忌。蜈蚣出土，無足何求？

半月沉江，其光在前。七星墜地，其蒙在先。美人梳粧，案堂懸鏡。孤兒坐帳，賢內呈翁。坐虎咬尾，觀其尾；獅子弄球，觀其球。牛取腰，蝦取背。落水蓬花，蒲可取。猛虎跳牆，虎高折。五虎朝獅，羅星閉聚。真武登台，龜蛇守口。

走馬結於獨山，藏龜結於田中。淺深合法，高山只許明堂並，平地還須一尺安。

勿以小凶，而忘大吉；勿以小利，而忘大害。故將軍脫帽，亦有過水之砂。五虎朝獅，更有反顧之獸。

總之，大地生成，龍水必稱；小地聚氣，全憑水神，天機妙訣，未可洩漏。

八卦有先後天之定位

先天乾卦乃後天離卦先天坎卦乃後天兌卦

先天艮卦乃後天乾卦先天震卦乃後天艮卦

先天巽卦乃後天坤卦先天離卦乃後天震卦

先天坤卦乃後天坎卦先天兌卦乃後天巽卦

先天八大局

坎水來立艮向離水來立巽向

艮水來立兌向坤水來立乾向

震水來立坎向兌水來立離向
巽水來立震向乾水來立坤向

後天八大局

坎水來立震向離水來立兌向
艮水來立巽向坤水來立離向
震水來立坤向兌水來立乾向
巽水來立艮向乾水來立坎向

先後天八大局

兌坤水來立離向震乾水來立坎向
乾震水來立坤向離艮水來立巽向
艮離水來立兌向坎巽水來立艮向
坤兌水來立乾向巽坎水來立震向

詩曰：

欲識先天水路行，榮華富貴達帝京；

欲識後天卦路連，丁財富裕萬貫財。

此言論前八局，收先天水朝來入局，大地必大發，小地必小發，此為先天八大局，主發財丁秀富出賢人。

又八局是後天水來上堂，地大水大，大發財；地小水小，發蠢富之財丁。或因妻致富，若有此水，主必有賢婦出內助之人也。

又八局是先後天相會局，係奇砂秀峯，龍水相應，為四法全備之局。若乾龍結穴者，此為大地難得，主出狀元。明堂左旗右鼓朝對，主出雄豪知識將相之才。若枝龍出幹，乾龍結地者，此為中等之地，主少年科甲連綿。若乾龍枝龍無結地者，或結在龍砂，或結在虎砂，乃為小結之地，亦發富貴，財丁茂盛。

破局——走破先天

坎山離向水走兌卦離山坎向水走震卦

艮山坤向水走乾卦坤山艮向水走坎卦

震山兌向水走艮卦兌山震向水走巽卦

巽山乾向水走坤卦乾山巽向水走離卦

破局——流破後天

坎山離向水流坤卦離山坎向水流乾卦
艮山坤向水流震卦坤山艮向水流巽卦
震山兌向水流離卦兌山震向水流坎卦
巽山乾向水流兌卦乾山巽向水流艮卦

詩曰：

不識先天以何來千災萬禍少人知
後天正位人難識家破消耗損妻財

走破先天，係為內哉之水走破先天位，主損幼丁夭折；若有外局水走破先天位，主家門伶仃退敗絕嗣之厄。

流破後天。內埕水流破後天之位，或流地支字，主婦人經損之疾。若外局水流破後天，主婦人虛損或墮胎或生產時見血光而亡。若水近明現，其應必然。

賓水、客水十六局

賓水

震卦水來立離卦向兌卦水來立坎卦向
巽卦水來立兌卦向乾卦水來立艮卦向
離卦水來立乾卦向坎卦水來立坤卦向
坤卦水來立巽卦向艮卦水來立震卦向

客水

震卦水來立艮卦向兌卦水來立巽卦向
巽卦水來立坤卦向乾卦水來立離卦向
離卦水來立震卦向坎卦水來立兌卦向
坤卦水來立坎卦向艮卦水來立乾卦向

以上十六局名曰：賓客水。若無男人，為發女口之法。關於客水朝來上堂，吉方囚射而去，主男丁消亡敗絕，女口興旺。此局多生女人。

若陰卦有奇峯秀水，真龍結地者，主發富貴應在女口，出賢婿或外甥。或招贅之子孫，此局必發他人子孫茂盛。若入贅之人，富貴壽考。本枝人，主子孫退敗絕亡，論此水收來，乃單丁過房也。

天劫水法

坤兌二卦沒有

坎卦水來忌立乾向離卦水來忌立坤向

艮卦水來忌立坎向（震向）坤卦水來忌立〇向

震卦水來忌立巽向（艮向）兌卦水來忌立〇向

巽卦水來忌立離向乾卦水來忌立兌向

詩曰：

天劫之水最是凶，此方流來不可當，

劫案瘋癲虛癆疾，家門伶仃損少年，

天劫刑案三位刀，屋角侵射是如何？

家門夭折年年亡，難免兒孫見血光。

此言論天劫水，主吐血癆疾。或天劫方、案劫方、地刑方，此三方，若一方帶劫，或屋角侵射，或有石塊尺餘高。若有一劫來應，主虛癆病疾，或見血光。

或劫曜方、孤樹、石塊在此方，主出乩童或顛狂不恥之人。若兼龍水不美，子孫世代受瘋癲拖累。

若天劫、案劫、地刑劫，高下不一，劫殺重時，亦主損人丁。或流年步運若行到劫年，主必大損財丁。地運力衰主絕嗣。

消亡敗絕水

消

正南水流西北東南水流正西
正北水流西南東北水流正東
正東水流正南西南水流東南
正西水流正北西北水流東北

亡

正南水流正東東南水流西南
正北水流正西東北水流西北
正東水流東北西南水流正北
正西水流東南西北水流正南

此論為先後天相破，八卦地理家最須注意者。
前八局皆為先天破後天，名曰：消
後八局皆為後天破先天，名曰：亡
消亡之水若兼龍穴不佳，立向少差者，皆主夭亡敗絕，可不慎歟。

二十四山分房位

乾坤艮巽子午卯酉長房位

甲庚丙壬辰戌丑未二房位

乙辛丁癸寅申巳亥三房位

此論房位之法，乾坤艮巽水來去，合在局內，主一四七房大發財丁，此方若有奇山秀水，主發科甲在一四七房。若犯水之囚射，主一四七房伶仃退敗。

若子午卯酉方水朝堂，有合先後天吉位，主一四七房大發財丁。例如午方水來入局，流年歲君犯子午沖動，雖發財，但必損無壽之人丁。餘倣此推之。

八卦公位

論房位：乾坤父母卦水來去合局諸房吉昌。震巽山峯秀美合法長女長男榮華。坎離二卦有奇峯秀水，中男中女富貴。艮兌二卦有砂峯秀麗，美水朝來，少男少女榮富。

論男女賢愚：例如坐坎卦山，西方水來朝堂，乃先天坎中男，後天兌少女，應男賢女愚，次房應子孫英賢，而三女愚蠢。例如坐離卦山，東方水朝來過堂，乃先天離中女秀富，後天震長男之子孫蠢富。例如坐乾卦山，有東北水朝來，先天震長男子孫豪英秀富，艮少男後天，故少男子孫愚富。餘局倣此推之。

小八門分卦局

癸丁兼丑未屬艮卦論丁癸兼未丑屬坤卦論

寅申兼甲庚屬震卦論申寅兼庚甲屬兌卦論

乙辛兼辰戌屬巽卦論辛乙兼戌辰屬乾卦論

巳亥兼丙壬屬離卦論亥巳兼壬丙屬坎卦論

壬丙兼亥巳屬坎卦論丙壬兼巳亥屬離卦論

丑未兼癸丁屬艮卦論未丑兼丁癸屬坤卦論

甲庚兼寅申屬震卦論庚甲兼申寅屬兌卦論

辰戌兼乙辛屬巽卦論戌辰兼辛乙屬乾卦論

二十四山先後天配合房位吉凶

壬子癸山

坎卦壬丙子午兼子午壬丙配合出丙水吉。來龍戌乾亥，來龍丑艮寅，先天庚酉辛，後天未坤申，地形未坤申，天劫水辰巽巳，坐山要豐滿，案堂有秀案，來水庚酉辛，來水未坤申，出水巽丙乙。故巽出好大房，丙出好二房，乙出好三房。天干敗男丁，坤出敗大房，庚出敗二房，辛出敗三房，內外局流地支者女人大凶病。酉水出敗大房，未出敗二房，申出敗三房。樹木不可鎮塞，案堂水朝來多病敗財，案堂穿心者出癆傷病。案堂樹木沖天主損目。步水行運一年四尺半，庚酉辛不到人丁少，劫水收來者人丁病，壬子癸三山曜殺卯辰巳也。

丑艮寅山

艮卦艮坤艮坤兼丑未寅申配合出坤水吉，來龍甲卯乙，來龍壬子癸，先天戌乾亥，後天甲卯乙，地刑庚酉辛，天劫丙午丁坐山要豐滿，案堂有案秀，來水甲卯乙並戌乾亥，出水丁坤庚。故坤出好大房，庚出好二房，丁出好三房。天干敗男丁，乾出敗大房，甲出敗二房，乙出敗三房。內外盤流地支女口大凶病。故卯出在女大房，戌出二房，亥出三房皆敗，甲卯乙不到定斷人丁少。案堂水朝來多病破財，若有穿心者出刀傷病，及案堂木係沖天，定損頭目。劫水收來者人丁病。步水行運者一年四尺半，艮卦山曜殺寅午申。

甲卯乙山

震卦甲庚乙辛兼卯酉卯酉合配庚水吉。來龍丑艮寅，來龍辰巽巳，先天丑艮寅，後天丙午丁，地刑未坤申，天劫戌乾亥。坐山要豐滿，案堂有秀案，來水丙午丁，水出乾庚辛。乾出好大房，庚出好二房，辛出好三房；天干敗男丁，艮出敗大房，丙出敗二房，丁出敗三房。內外盤流地支，午出大房女大病凶，丑出敗二房，寅出敗三房。若後天丙午丁水不到，人丁不能旺。案堂水朝來或穿心者多病敗財，並木沖天損主人，劫水收來者人丁定病凶。甲卯乙山曜殺在申寅亥也。

辰巽巳山

巽卦辰戌乾巽兼巽乾辰戌合配出乾吉，先天未坤申，後天庚酉辛，來龍甲卯乙及丙午丁。地刑庚酉辛，天劫壬子癸，坐山要豐滿，案堂有秀案，來水應未坤申及庚酉辛（係先後天星）出水要乾大房吉，壬出二房吉，癸出三房吉，天干敗男丁，坤出大房大凶敗，庚出二房敗，辛出敗三房。內外盤流地支星，酉出大房女主大病凶，未出二房凶，申出三房凶。案堂高又穿心或樹木沖天時人丁損或失主人若未坤申水不到者傷人丁，或收有來水時定斷人丁疾病，辰巽巳三山曜殺在酉卯巳也。

丙午丁山

離卦，丙壬，丙壬兼午子巳亥合配壬水吉，來龍辰巽巳及未坤申，先天是甲卯乙，後天戌乾亥，天劫星在丑艮寅，地刑戌乾亥坐山要得豐滿，來水應甲卯乙並戌乾亥。出水口要癸壬艮。艮出大房吉，壬出二房吉，癸出三房吉，天干敗男丁，乾出大房主大凶，甲出二房敗，乙出三房敗。內外盤流地支，卯出大房女病凶，戌出二房敗，亥出三房敗。先天來水，若不到欠人丁（甲卯乙）戌乾亥（後天星）來到定旺財。案水口有壓而水朝來並穿心或案堂木沖天等定斷損傷病主，劫水收來者定傷人丁。丙午丁山曜殺在亥申午方也。

未坤申山

坤卦，未丑坤艮兼坤艮申寅合配艮水吉，來龍庚酉辛及丙午丁，先天壬子癸，後天辰巽巳，天劫甲卯乙，地刑壬子癸，坐山要豐滿，案清有秀星，來水辰巽巳及壬子癸，水出乙甲艮，艮出大房吉，甲出二房吉，乙出三房吉；內外盤流地支時，子辰巳出女大凶，子出敗大房，辰出二房凶，巳出三房凶；天干敗男丁，巽出大房大凶，壬出二房大凶，癸出三房大凶。先天不可流後天。辰巽巳不到定斷少人丁。案堂水朝來，多病定破財；案堂穿心者出入刀傷病，案堂木沖天出，損主人；劫水收來者人丁病；未坤申山曜殺卯酉辰方。

庚酉辛山

兌卦，酉卯兼庚辛合配出甲乙吉。來龍未坤申，及戌乾亥，先天辰巽巳，後天壬子癸，天劫丑艮寅，地刑辰巽巳，庫池在癸，坐山要豐滿。來水壬子癸及辰巽巳，出水乙甲艮吉，艮出大房大吉，甲出二房吉，乙出三房吉。天干敗男丁，出巽壬癸大凶損，巽出敗大房，壬出敗二房，癸出敗三房。地支敗女口，子辰巳出損女凶；子出敗大房，辰出敗二房，巳出敗三房。由此斷，案清有秀星，案堂有水朝來或穿心者，木並沖天定損主人。辰巽巳若不到，定斷人丁少，劫水收來者人丁病。庚酉辛山曜殺在巳酉辰方。

戌乾亥山

乾卦，乾巽兼戌辰亥巳合配出巽水吉。來龍壬子癸並庚酉辛，先天丙午丁，後天丑艮寅，地刑丙午丁，劫水甲卯乙，坐山要豐滿，案堂有秀案，來水丙午丁並丑艮寅，出水巽甲乙三房皆大吉；巽出大房吉，甲出二房吉，乙出三房吉，天干敗男丁，艮丙丁出房房大凶損，艮出敗大房，丙出敗二房，丁出敗三房。內外盤流地支敗女口，午丑寅出水損女口大凶，午出敗大房，丑出敗二房，寅出敗三房。案堂水朝來及高穿心或堂木沖天而出者，主被傷損，若丙午丁水不到者，定斷人丁少。劫水收來者人丁受病，戌乾亥山曜殺在午亥寅方也。

房份的斷訣，在龍門八局有其準確度，能斷出何生肖主吉、主凶，而生肖的屬性，如屬虎命應吉，則是涵蓋了甲寅、丙寅、戊寅、庚寅、壬寅，並非所有寅命皆吉，這樣的層次要想突破瓶頸，恐非龍門八局所能。

目前生育率大為降低，如此在為主家造福，也許只有一房，若不能掌握房份吉凶的資訊，必然會產生誤判，欲趨吉而反致凶，或者是明明是吉地的造作，卻不能福蔭主家，堪輿師也不明所以，產生許多遺憾。如能再運用玄空大卦的卦氣、卦運、生入、生出、剋入、剋出，配合龍門八局剋應運用，則可以再精細的斷出，是哪一房、哪一年命主吉、主凶。

先天之乾坤，即後天之離坎；先天之離坎，即後天之震兌；先天之震兌，即後天之艮巽；先天之艮巽，即後天之乾坤。此為先天八卦與後天八卦對待而相通。每卦有四十五度，每山管十五度，稱為「一卦統三山」。每卦有四十五度範圍很大，即坎卦統壬子癸，艮卦統丑艮寅，震卦統甲卯乙，巽卦統辰巽巳，離卦統丙午丁，坤卦統未坤申，兌卦統庚酉辛，乾卦統戌乾亥（如圖154）。流破後天位，會破財格局，就代表在這個格局所住的人，每一個人都沒有財運，或說住進有利財運格局的房子則保證一輩子財運亨通！有些談論乾坤國寶的理論這麼說。

筆者在上述幾個章節中常言，方位無全吉，也不會有全凶的方位，而是方方都藏有吉凶在內。

因此如能掌握乾坤國寶龍門八局的各方位，一卦管三山的45度角內，再用玄空大卦的六十四卦，配上干支，將45度角再細分成八個小卦，以5.625度為一個單位，如此則可以精細的精算出，在後天水位的45度角內，其中的哪一個5.625度的小卦對本宅及本宅之主事最為有利，也因為如此，正如先賢朱子所謂物物皆有太極，各有其好壞吉凶，其實就在一線之隔。

坐山在坎卦的「地雷復」的位置而言，它是在坎卦子山的範圍內，坎卦的先天位在庚酉辛，先天水主應人丁之位，凡陰陽宅之先天卦的方位有水朝堂，則該宅主人之子孫旺男丁。

在庚酉辛的45度中為先天位，如何取吉？如何在西南方後天位的45度中找出有利的區塊？

如果是在上元運，宜取用庚申，「山水蒙」，或「坎為水」。

如果是在下元運，取丁酉，「澤山咸」。

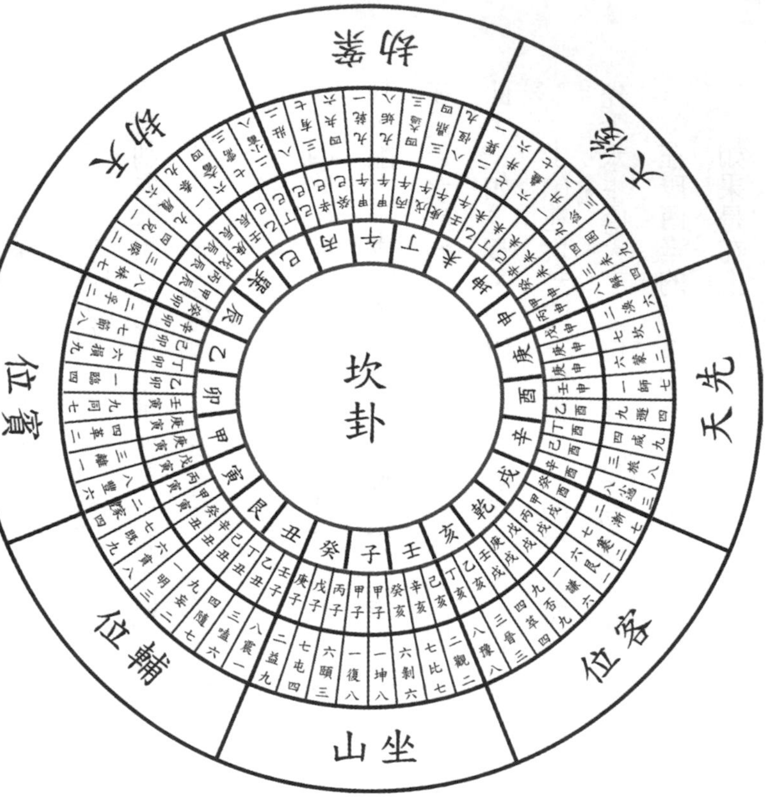

上圖以坎卦為例所繪的先、後天水法，與賓位水客位水。圖中並加上玄空大卦的64卦。

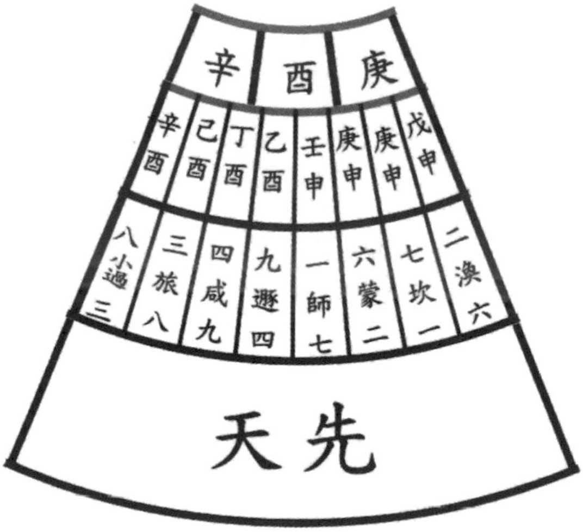

這一個圖面是玄空大卦的64卦的圖中切割出來的，以坎卦為案例。

這是坎卦「地雷復」坐山，運用在催丁的取用法，其他方位取吉依此類推。讀者若能明白了這個方法，而又能夠以乾坤國寶為主軸，再以玄空大卦用精密的方法精細的算出45度的大範圍內，縮小成5.625度，甚或抽爻換象成0.9375度，如此豈不是錦上添花，美上加美。

其實這就是玄空大卦的最佳法門，是千年來秘而不傳之法訣，也是化繁為簡的明師盤線最佳法門，如此可證明五術同源於物經六十四卦與河圖洛書之中，何有派別之分耶！讀者若能本此原則加以運用，如此就可以將乾坤國寶運用的更為淋漓盡致。

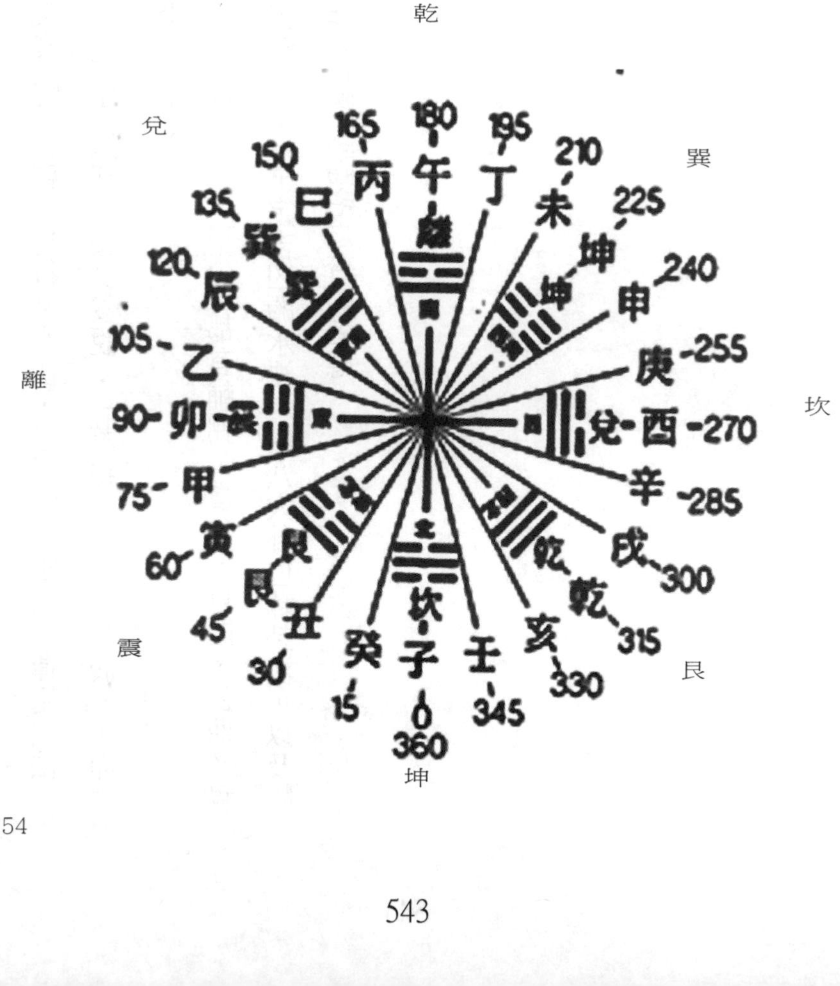

圖154

九星水法與玄空大卦的結合

九星水法又稱輔星水法，乃宋朝賴文俊《催官篇》獨特之水法，是淨陰淨陽原理運用之法。賴氏認為淨陰淨陽法是天地萬物生生不息之基本原理。賴文俊說：「萬物之生，不生於一，而生物必兩」。此奇遇奇，偶遇偶，合數必偶，乃自然生育。

從羅盤上二十四山向，它是根據納甲，依順序每一水路都有輔弼、貪狼、巨門、武曲、祿存、廉貞、破軍方向來水，也就是以「天盤納水」來定吉凶的水法。由八大卦位翻卦法，以及陰陽屬性，以此來測來水、去水，門路，進而推斷陰陽宅之吉凶剋應。

九星水法八卦理氣原理

乾卦老父天陽卦
坤卦老母地陽卦
——天地定位

震卦長男雷陰卦
巽卦長女風陰卦
——雷風相薄

坎卦中男水陽卦
離卦中女火陽卦
水火不相射

艮卦少男山陰卦
兌卦少女澤陰卦
山澤通風

《洛書》：「戴九履一，左三右七，二四為肩，六八為足」。九、一、三、七為奇數為陽，六、四、八、二為偶數為陰。

「戴九履一」：先天乾南，坤北，故乾九、坤一俱屬奇數，為陽。乾納甲、坤納乙、所以乾甲、坤乙為陽。

「左三右七」：先天離東坎西，故離三、坎七俱為奇數，為陽。又離納壬，且離為午，其三合局寅午戌火局。又坎納癸，且坎為子，其三合局，申子辰水局。所以，離（午）壬寅戌，坎（子）癸申辰為陽。

「二四為肩」：先天兌東南，巽西南，故兌四、巽二俱為偶數為陰，又兌納丁，兌即為酉，其三合局巳酉丑金局。又巽納辛，所以兌（酉）丁巳丑、巽辛為陰。

「六八為足」：先天震東北，艮西北，故震八、艮六俱為偶數為陰。又震納庚，震即是卯，其三合局亥卯未木局。又艮納丙，所以，震（卯）庚亥未、艮丙為陰。

以上即賴布衣《催官篇》：「奇要配奇，偶要配偶，洛書位上排先天」。

「九星」就是北斗七星加上斗柄左右兩旁二星而成。它們的名稱分別是貪狼、巨門、祿存、文曲、廉貞、武曲、破軍、左輔、右弼。

九星在風水上使用是非常普遍，也是非常重要。因此，在風水使用上除了要研究「山龍證穴」和「龍虎佈局」以外，在收山收水或撥砂，或開山立向時也是常用的法則之一。

輔弼水為來去水時：來吉，去凶。

輔弼水來最高強，房屋富貴福壽長，輔弼水去退田莊，水去無財更無利，男夭女亡為孤孀。

此水朝來房屋發達，唯三房最盛。亡人屍骨潔淨。

武曲水為臨官水時：來吉，去凶。

臨官方位水聚墳，祿馬朝元喜氣新，少年早入青雲路，賢相籌謀佐聖君。

最忌此方砂水去，成材之子早歸陰，閨中少婦當啼哭，財谷虛空徹骨貧。

武曲水為帝旺水時：來吉，去凶。

武曲水來發長房，子孫福壽綿延長。

帝旺水來聚面前，一堂旺氣發庄田。高官爵重威名顯，金谷豐盈有剩錢。

最怕休囚來激散，石崇豪富不多年，旺方流去財祿薄，乏食貧窮怨上天。

武曲水來發眾房，世代為官近帝王。武曲水去血光死。男女離鄉走外邦。此水朝來長晚房人口興旺。子孫聰明，寅午戌亥卯未年，中房大旺，百子千孫綿遠。亡人筋骨乾淨，紫藤蓋棺之兆。

破軍水為墓庫水時：去吉，來凶。

墓庫之方水怕臨，破軍流去反為禎。陣上揚名文武貴，池湖停蓄富春申。蕩然直去家資薄，欠債終年不了人，水到充軍千里外，三男二女總凋零。破軍水來是凶神。先殺長子後殺孫。破軍水去大吉昌，為官英雄近帝王。此水朝來先敗長房，田地人財官事牽連，出人凶暴，投軍作賊。女夭男亡，子孫聾啞疾病。已酉丑寅午戌年應，顛狂少亡淫亂酒色。亡人骸骨黑色，木根繞棺，白蟻咬棺。

廉貞水為病死水時：去吉，來凶。

去吉，來凶。廉貞水來最難當，廉貞水去富貴來。病死二方水莫來，天門巽戶不為乖，更有科名官爵顯，水莫斜飛起火災。損妻服毒刀兵禍，軟腳瘋癱女墮胎，必主其家遭此病，瘋癆痼瘟瘦形骸。

貪狼水為養水、持長生水時：來吉去凶。

來吉，去凶。貪狼來水照穴場，房房富貴人丁旺。第一養生水到堂，貪狼照顧顯文章，長房兒孫多富貴，丁人昌熾性忠良。水大曲朝官職重，水小彎環福壽長。養生流去終敗絕，桃花不斷禍難當，少年寡婦守空房。

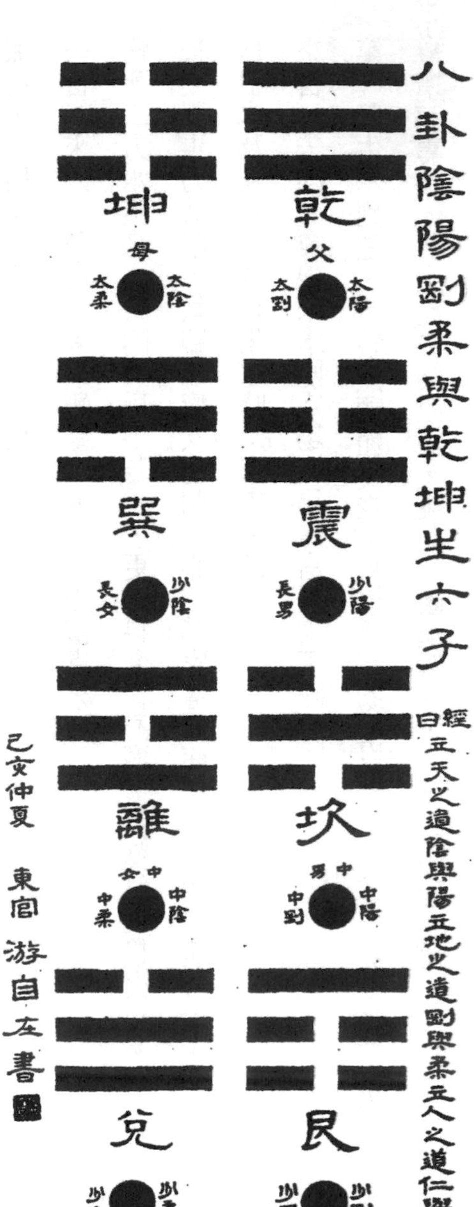

巨門水為衰方水時：來去均吉，但要彎曲，勿直來直去。

巨門水來百事旺，水去他鄉求生存。

衰方管局巨門星，學堂水到發聰明，少年及第文章貴，文旺財高金滿盈。出入起居乘駟馬，宴遊歌舞玉壺春，旺方總宜來去吉，也須彎曲更流情。

祿存水為絕胎水時：去吉，來凶。

祿存來水人遭殃，家宅不慎災火降；祿存去水大吉昌，大富大貴長伴隨。

絕胎水到不生兒，孕死休囚絕後嗣，縱使有生難養育，父子分情夫婦離。

水大婦女多淫亂，水小私情暗會期。此處只宜為水口，祿存流盡佩金魚。

文曲水為沐浴水時：來去均不吉。

文曲來水人丁少，家道中落體病多；文曲去水能聚財。

沐浴水來犯桃花，女人淫亂不由他，投河自縊隨人走，血疾官災破敗家。

子午方來田業盡，卯酉流來好賭奢。若還流破生神位，墮產風流帶鎖枷。

文曲水為冠帶水時：來吉，去凶。

冠帶水來人聰明，雅致風流好賭奢。七歲兒童能作賦，文章博士萬人誇。水神流去三房苦，髫齡兒童死不差，更損深閨嬌態女，此方停蓄乃為佳。

九星水法結語

再重複一次在上述幾個章節中常言，方位無全吉，也不會有全凶的方位，而是方方都藏有吉凶在內。

因此如能掌握九星水法的精要，一山15度角內，再用玄空大卦的六十四卦，配上干支，將15度角再細分成三個小卦，以5.625度為一個單位，如此則可以精細的精算出，在九星水法15度角內，其中的哪一個5.625度的方位對主事最為有利，也因為如此，好壞吉凶，就在一線之隔。

如此更加可說明中國五術山醫命卜相皆源自於易經六十四卦與河圖洛書，故五術本同源，不應有派別之分，應在其大同小異之中，取異中求同，同中求其異，如此則可知先賢之智慧應用於風水堪輿術中，以造福人群，豈不美哉！

地理論水法最多法則，大多以目視為準，水之曲折蜿蜒，術者大多含湖混雜而言，此皆不識山川之直性也，如輪船航行於汪洋中之大海，飛機飛行半空之際，豈容偏差，況且堪輿羅盤一山就十五度，一山就偏得老遠了，而一山又包含三個卦，水為動態，明師就在於如何動中取靜而已，以子山午向坐地雷復卦向天風姤卦為例來做說明：

如取用辰方來水為巨門來水，請見前段巨門的條文解說，此中涵蓋著玄空六十四卦之歸妹、睽、兌，如在上元運則是取兌卦，卦氣為四與地雷復卦氣一，為一四合五。

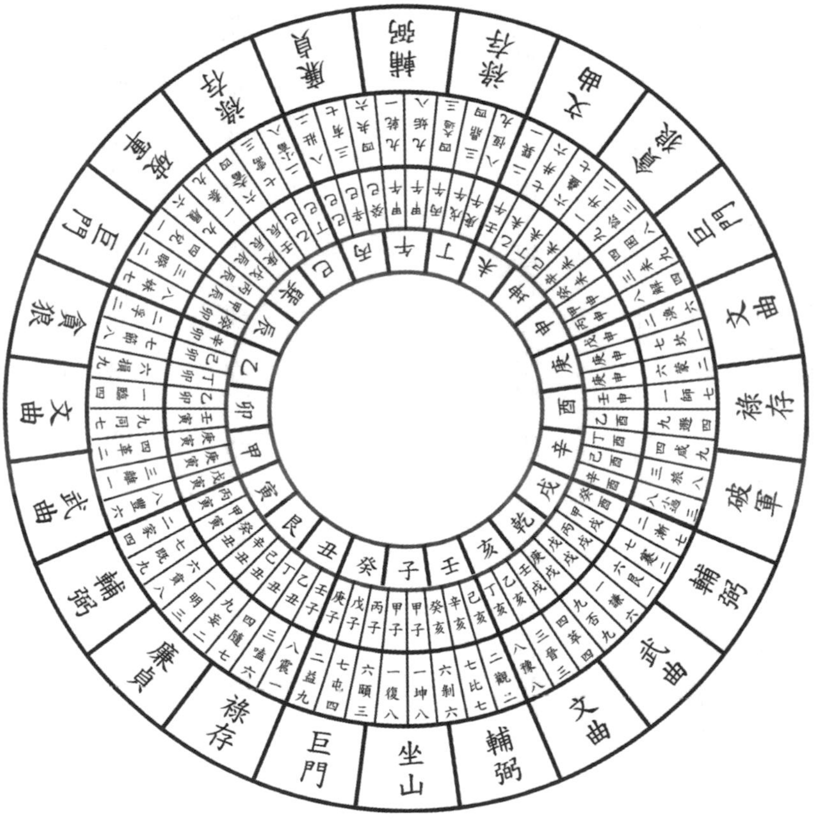

玄空飛星與玄空大卦的結合

玄空飛星採用三元九運以定地運旺衰，每二十年一運，也與天文現象有關，據古人觀察，每二十年木星與土星會相會一次，其相會時的引力牽引會對地球產生影響，也就是說會引起氣運的變化。

三元的開始，據說是古人觀察天文現象時，發現每隔一段時間，就會出現七政齊一的現象，三元是指上元、中元、下元，每一元由甲子年開始，至癸亥年結束共六十年，三元共一百八十年。九運是指每一元又分成三運，即上元一二三運，中元四五六運，下元七八九運，每一運是二十年，三運六十年，九運共一百八十年。

也就是說，日、月、金、木、水、火、土這七大行星會運行到一條直線上，於是以該年為甲子年。根據史料所載，西元前二六三七年觀察到第一個七政齊一的天文現象，此時約當黃帝時代，於是就以該年為第一個上元甲子年，依此逐年往前推，此後元運周流不息，直到西元一九八四年共經歷了七十九個甲子年。

每60年一循環的六十甲子，逢甲子年行星會運行到一條直線，所謂的七政齊一嗎？其實這是對不懂天文的人可以這樣說，只要有一點天文常識的人都知道，七大行星會運行到一條直線上，不會剛好在甲子年，尤其是三元九運每一小運二十年的分界點一般都設定在立春，而實際上從天文行星推算，分界點的這一天更不可能剛好在立春，因為行星有時會有逆行，即使是太歲星木星，其誤差的範圍也常會在半年以上，筆者認為所以三元九運可能是宇宙間能量的變化趨勢，不應將之列為天文現象。

玄空學運用之第一步驟，即定天心立太極，所謂之天心即主宰宇宙的力量，天心變動，其它八宮亦跟著變動。天心化育萬物之「氣」，亦即三元玄空學係站在「宇宙萬物皆成於氣」之觀點，詳細考量陰陽兩氣之對立與統一，運用先天八卦與河圖，以辨明陰陽之交媾。再以後天八卦與洛書，判斷「氣運」即天運運行之生、旺、退、殺、死變化。謹慎地擇定陰陽宅之「氣」即天運之變動而對陰、陽兩宅穴場做出吉凶之判斷，以及做為選擇及造作之產則。

二十四山方位

將一個圓周360度等分成八個部分，每個部分佔45度，這就是八卦的方位。如果將每一卦45度的範圍再等分為三部分，則八個卦共可分成二十四部分，每部分佔15度。這就是一卦管三山，八卦共二十四山的方位分配法。其每一山的名稱則是將天干：甲、乙、丙、丁、庚、辛、壬、癸，地支：子、丑、寅、卯、辰、巳、午、未、申、酉、戌、亥，以及乾、坤、巽、艮四卦依序配置而成。其中戊、己兩天干因為五行屬土在中央，所以不配置於二十四山上。

二十四山的陰陽

一卦管三山，八卦共二十四山。在每一卦所管的三山之中，可以分成中、左、右三部分，中間的哪一山就稱為「天元龍」。以天元龍為準，順時針哪一邊的就稱為「人元龍」，逆時針哪一邊的就稱為「地元龍」。各卦之天、地、人整理如下：

坎卦：
天元龍：子
人元龍：癸
地元龍：壬

艮卦：
天元龍：艮
人元龍：寅
地元龍：丑

震卦：
天元龍：卯
人元龍：乙
地元龍：甲

巽卦：
天元龍：巽
人元龍：巳
地元龍：辰

離卦：
天元龍：午
人元龍：丁
地元龍：丙

坤卦：
天元龍：坤
人元龍：申
地元龍：未

兌卦：
天元龍：酉
人元龍：辛
地元龍：庚

乾卦：
天元龍：乾
人元龍：亥
地元龍：戌

三元九運的旺氣與衰氣

隨著三元九運，每一元運的週而復始的變化，在每一運中會有一顆當運的星來主導，此星就具備了最旺之氣，又稱「主氣」、「當令之氣」。以此旺氣之星為準，和其他八顆星做比較，元運尚未到來的，和元運已經過去的星，各自具備不同強弱、不同衰旺程度的能量。當令者旺，未來者生，功成者退，已過者衰，過久者死。

近代各元運的起始紀年

上元

一運：一白水星（貪狼）管事，一八六四——一八八三年。

二運：二黑土星（巨門）管事，一八八四——一九〇三年。

三運：三碧木星（祿存）管事，一九〇四——一九二三年。

中元

四運：四綠木星（文曲）管事，一九二四——一九四三年。

五運：五黃土星（廉貞）管事，一九四四——一九六三年。

六運：六白金星（武曲）管事，一九六四——一九八三年。

下元

七運：七赤金星（破軍）管事，一九八四——二〇〇三年。
八運：八白土星（左輔）管事，二〇〇四——二〇二三年。
九運：九紫火星（右弼）管事，二〇二四——二〇四三年。

當運之星是「旺氣」，乃當令之吉氣，山逢之，身體健康，地位提升。水逢之，營業致富，驟然速發。

與未來將到臨之運相同者，叫做「生氣」、「進氣」。亦為吉氣可用。

剛剛過去之運叫做「退氣」，基本上無吉無凶，但會漸漸退敗，能保持平安現狀就很好了。已經過去很久的運相同的星，叫做「衰氣」、「死氣」。山逢之，人會消極沒有活力，體弱多病，智慧不開。水逢之，家業驟敗，為生活辛苦奔波，財運閉塞，一籌莫展。

當天心正運入中後，衍化八方，四正四隅各有運星，依當年值「元」何運，用九宮飛星飛佈於各卦，此為「運盤」或稱「地盤」。再以山、向之運星數入中，依其陰陽、順逆原理挨排飛佈各宮，左為山星，其挨排出之星盤稱為「山盤」，右為水星，其挨排出之星盤稱為「水盤」，下於各卦，此法謂之「挨星」。山盤亦稱「地卦」，水盤即向盤亦稱「天卦」。五入中為五運盤又稱「元旦盤」，即二十四山本來之陰陽與星數。所謂「山管人丁，水管財」。

玄空飛星零正法則相當重要，零、正、催、照須配合收山出煞，方得顯示真正吉凶。《天玉經》：「明得零神與正神，指日入青雲；不識零神與正神，代代絕除根」。水裡龍神與「零神」（五黃飛入）配合，若有三叉水口、聚水，則發財最速且大，稱之為「真零神水」。

三元玄空根據建築物座向，建物完成遷入之年份決定「元運」，再依此畫製三元玄空盤，並由元運、山盤、水盤飛星之組合決定究係三元玄空四大局——旺山旺向、雙星到坐、雙星到向、上山下水。當運正神方為坐山，旺方應高，但有水，則形局不合，山管人丁，水管財，故損丁。

正神之相對位衰方零神，衰方應低，有水，則形局符合，則旺財。運之合生成之方即催吉方，有水，出貴；運合生成方之對方即催煞方，有水，吉凶不一。吉照方有水，遠方亦可，發財，凶照方有水，遠方亦同，主敗財。

元	運	旺氣	生氣	退氣	衰氣	死氣	煞氣	佐氣
上元	一	一白	二黑、三碧	九紫	七赤	六白	五黃、七赤	八白
	二	二黑	三碧	一白	九紫	六白	五黃、七赤	八白
	三	三碧	四綠	二黑	一白	六白	七赤、九紫	八白
中元	四	四綠	五黃、六白	三碧	二黑	八白	七赤、九紫	一白、八白
	五	五黃	六白	四綠	三碧	二黑	九紫、二黑	一白、八白
	六	六白	七赤	五黃	四綠	九紫	二黑、三碧	一白、八白
下元	七	七赤	八白、九紫	六白	五黃	四綠 三碧 二黑	四綠 三碧 二黑	一白
	八	八白	九紫	七赤	六白	二黑	三碧 四綠 五黃	一白
	九	九紫	一白	八白	七赤	六白、七赤	四綠、五黃	一白

三元九運圖表

玄空挨星盤式飛佈排法

當天心正運入中後，衍化八方，四正四隅各有運星，依當年值元是何運，用九宮飛星飛佈於各卦，此為「運盤」或稱「地盤」。再以山、向之運星數入中，依其陰陽、順逆原理挨排飛佈各宮，習慣上以左方為山星，其挨排出之星盤稱為「山盤」，右為水星，其挨排出之星盤稱為「水盤」，山盤與水盤下於各卦，此法謂之「挨星」。山盤亦稱「地卦」，水盤即向盤亦稱「天卦」。

五入中為五運盤又稱「元旦盤」，即二十四山本來之陰陽與星數。所謂「山管人丁，水管財。」係云有山有地，人類才能依靠得以生存；有河有水，人類才容易種植作物。理氣人丁以山星為重，財富則是以水星為重。無財不能安身立命，故當令取用以水為重，當令之水又以能屈曲交會者尤佳。

入中宮飛星採順飛或逆飛原則，各別以本來之坐山、向與運星入中宮後之山、向星所變成之陰陽比對，變成陽時則順飛、變成陰時則逆飛。入中宮之山星、向星為5時，則依原本山、向之陰或陽認定之。二十四山之地元龍、天元龍、人元龍及其陰陽之順逆飛及比對如下：

陰山：子、午、卯、酉、辰、戌、丑、未、乙、辛、丁、癸，逆飛。

陽山：乾、坤、艮、巽、壬、丙、甲、庚、寅、申、巳、亥，順飛。

運星元旦盤，如圖155：以五入中宮順飛。以此為基礎，一至九運的運盤，即是以運星入中順飛。

例如上元一運，運盤，即是以一白入中宮順飛。二飛臨乾宮，三飛臨兌宮，四飛臨艮宮，五飛臨離宮，六飛臨坎宮，七飛臨坤宮，八飛臨震宮，九飛臨巽宮。如圖156。

四	九	二
三	五	七
八	一	六

圖155

九	五	七
八	一	三
四	六	二

圖156

下卦挨星盤排法舉例

（例：以七運戌山辰向）

一、先排出七運之運盤

又稱天盤，排法以運星七入中宮，然後順飛九宮。

這樣七運的運盤就完成了。

二、排山星

戌山屬於乾宮，看哪一個運星飛到乾宮，此例是八飛到乾宮，就把八置入中宮的左上角。

這樣七運入中宮的山星就完成了。

三、接著要判斷山星是順飛或逆飛。

1、先看戌山在乾卦中是屬於天元龍、人元龍或地元龍？參考上一章節的說明，可知戌山為地元龍。

2、再看飛到乾宮的運星為八，而八代表後天八卦中的艮卦，於是查看艮卦中與戌山同樣為地元龍的是何山？查出是丑山。

3、丑山的陰陽屬性為陰，陽順陰逆，所以八從中宮開始逆飛，如此運星、與九宮中的山星就完成了。

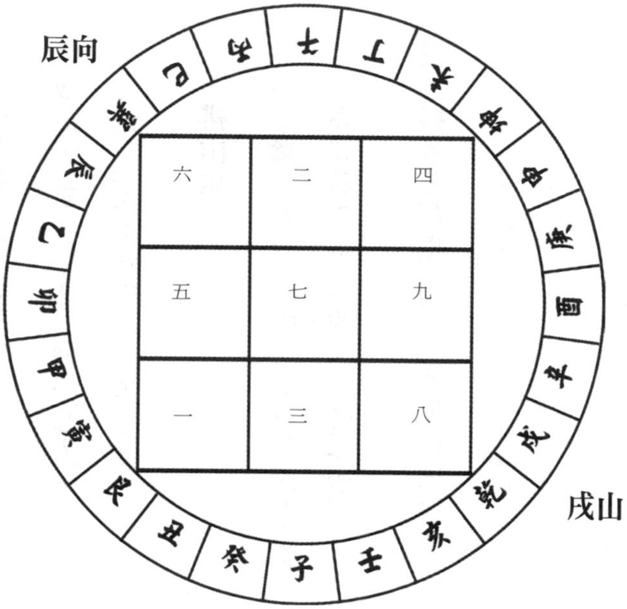

先排出七運之運盤

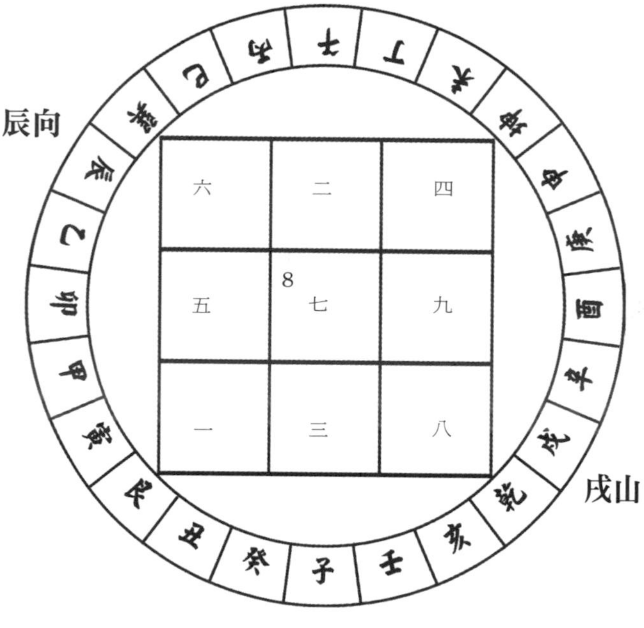

開始排山星

卦序	地元龍	天元龍	人元龍
1	壬	子	癸
2	未	坤	申
3	甲	卯	乙
4	辰	巽	巳
5	依坐山、向上陰陽而定		
6	戌	乾	亥
7	庚	酉	辛
8	丑	艮	寅
9	丙	午	丁

天地人三元陰陽對照表

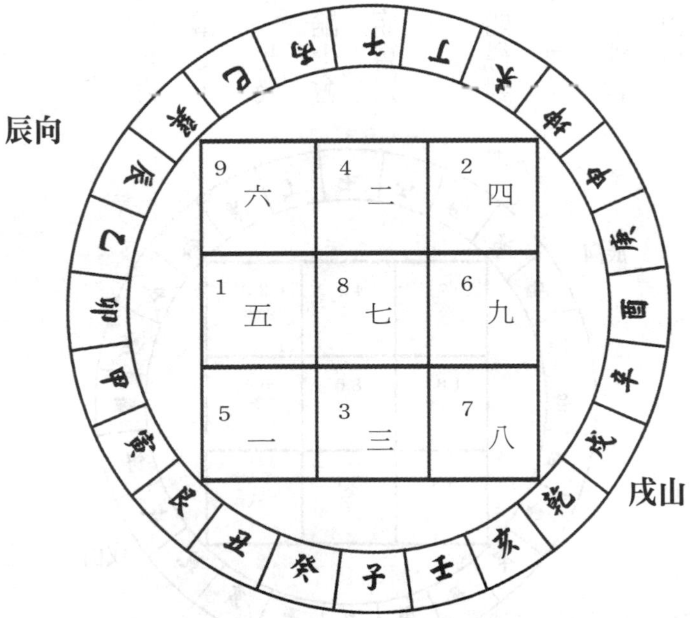

運星與九宮中的山星排列完成。

四、排向星

亦即水星，辰向屬巽卦四之地元，其對應運星乾六之地元為戌，屬陰，故向星六入中宮逆飛。

依本例，七運戌山辰向，坐山乾宮之山星飛得七，與七運相同，屬旺星。向為巽宮，其向星亦飛得七旺星，則本例為旺山旺向。旺山旺向即山盤當令，旺星挨到坐山，同時向盤當令，旺星挨到向上。是為形局符合，主財丁兩旺。旺山旺向的挨星盤理論上會財丁兩旺。而事實上可能會有出入，是不是一定會財丁兩旺？

實際上考量，必須要有外部形勢來配合才能得到吉應，外部形勢若坐山之後有秀麗端莊之山峰，而且龍虎砂合宜，前面有曲折彎秀之水流朝拱，或有明澄停蓄之水放光，是為旺山旺真正成局。若挨星再得玄空大卦合局、又合於九星、合於六法者，其福澤更是深厚。

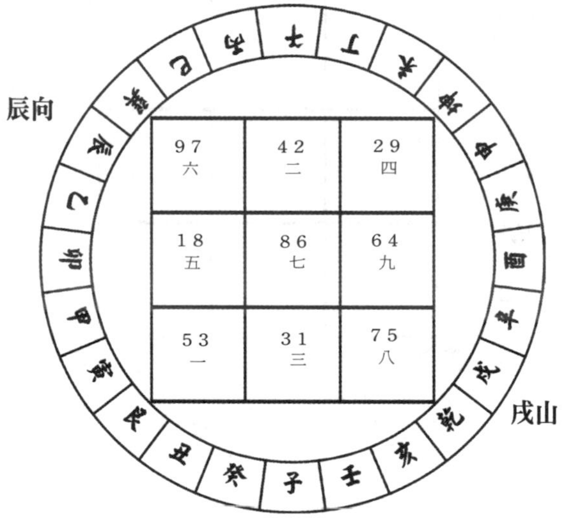

排向星完成

凡使用三元玄空法，立向、消砂、納水皆用地盤正針。正確合理之立線稱為「合線法」，求所立氣場之界線，以定陰陽之利弊，在求旺山旺水，發家致富，社稷安寧，故不但山頭氣脈要合盤理與陰陽同元，還要合山勢環境與水路。

是故古云：地吉葬凶，與棄屍同，此何謂也？地既吉矣，則堂局之完美、砂水之有情、龍穴之真的已不問可知，而云葬凶者，豈葬法之未合歟？

約而言之，即查元運之旺衰，趨其生旺，避其衰死是已。古來多少吉壤，甲葬之而傷丁退財，凶禍立見，遷葬既久，乙再葬之，竟反大發丁財，綿延世澤，此理不關巒頭，實有流行之天運主持其間。運衰則敗，運來則旺，其應如桴鼓，學者不可不知。

（例二：以八運戌山辰向）

一、先排出八運之運盤

排法以運星八入中宮，然後順飛九宮。

二、排山星

戌山屬於乾宮，看哪一個運星飛到乾宮，此例是九飛到乾宮，就把九置入中宮的左上角，這樣入中的山星就完成了。

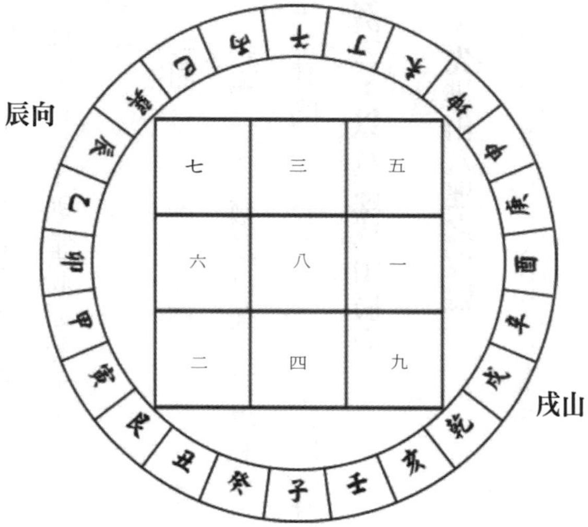

先排出八運之運盤

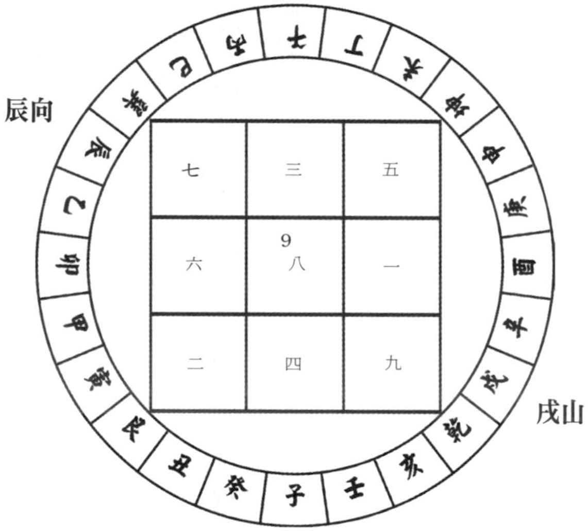

開始排山星

三、接著要判斷山星是順飛或逆飛。

1、先看戌山在乾卦中是屬於天元龍、人元龍或地元龍？參考上一章節的說明，可知戌山為地元龍。

2、再看飛到乾宮的運星為九，而九代表後天八卦中的離卦，於是查看離卦中與戌山同樣為地元龍的是何山？查出是丙山。

3、丙山的陰陽屬性為陽，陽順陰逆，所以八從中宮開始順飛。

如圖，八運戌山辰向的九宮山星就完成了。

四、排向星

亦即水星，辰向屬巽卦，故取巽宮的運星七入向星的中宮。

其次，巽宮七之地元，其對應運星兌之地元為庚，庚屬陽，故向星七入中宮順飛。如圖，八運戌山辰向下卦的玄空飛星盤，這樣就整體完成了。

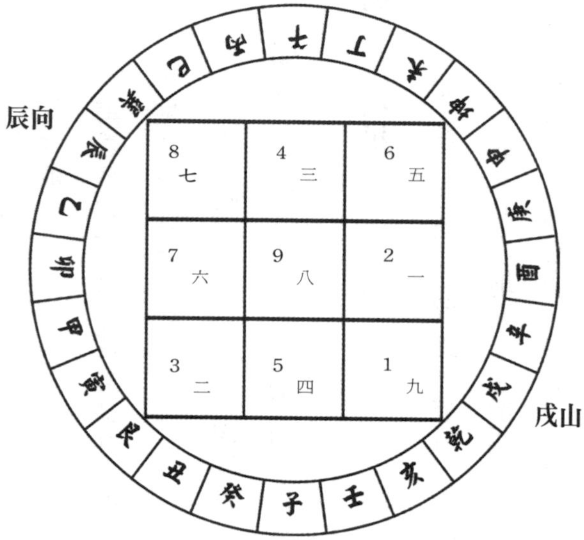

八運戌山辰向九宮山星完成

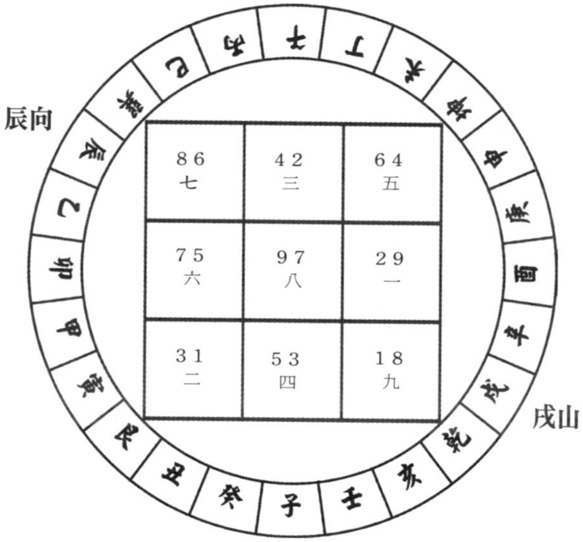

排向星八運戌山辰向下卦的玄空飛星盤完成

依本例，八運戌山辰向，坐山乾宮之水星飛得八運星，與八運相同，屬弱勢星。

向上為巽宮，其山星亦飛得八運星，屬弱勢星。

山盤之當令旺星到向上，水盤之當令旺星到坐山，稱之為「上山下水」，主傷丁破財。

立向最忌上山下水，凶禍立見，此為前面有旺氣的山星，後面有旺氣的水星。形局顛倒，或者是迴龍顧主的格局，皆主財丁兩旺。本例為上山下水局。如前有山，後有水，是為形局符合，主財丁兩旺。

本例為八運戌山辰向，上山下水，凶禍立見。

如前面有山，後面有水。形局顛倒，或者是迴龍顧主的格局，則主財丁兩旺。是故上山下水局。如前有山，後有水，是為形局符合，財丁兩旺。

本例為八運戌山辰向，上山下水，凶禍立見。若以玄空大卦用法，戌山之中涵蓋了癸酉漸卦、甲戌蹇卦、丙戌艮卦，在八運中，可取用的分金是甲戌蹇卦。至於向上之水，分為甲辰暌卦、丙辰兑卦、戊辰履卦，八運中取用甲辰暌卦最為適宜，當然還要配合仙命、主事者的年月日時，以及主事所從事的行業，再配合奇門天星選擇，如此就能取用戌山辰向，上山下水，並轉之為吉應。

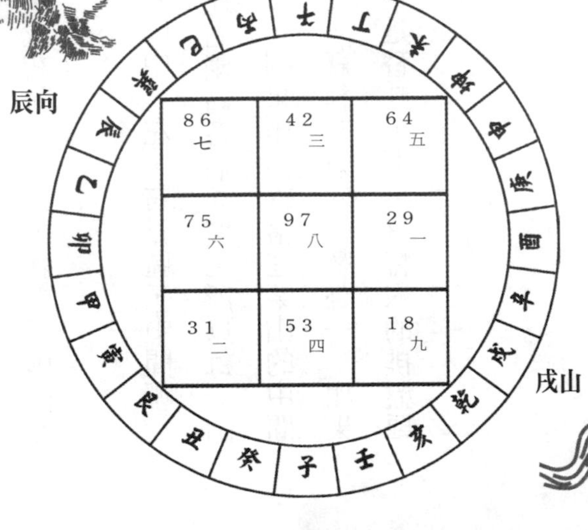

二十四山方位，每一山佔15度，用羅經測量陽宅或陰宅的座向時，座向線可能偏左一點或偏右一點，並不一定會落在某山的正中央，如果座向線偏得太靠近左或右哪一山頭，就成了兩山互兼的情況，稱為「兼向」，玄空飛星派稱之為「替卦」或「起星」。

究竟偏離中線到什麼程度才稱為兼向呢？我們把一山15度再分成中、左、右三區，中間哪一區佔9度，也就是從每一山的中線往左右各偏4.5度的範圍，剩下左右兩區各佔3度，所以每一山就是「左邊3度＋中間9度＋右邊3度＝15度」。測量房屋座向時，如果座向線落在某山的中間9度範圍內，就稱為「下卦」，如果落在左邊或右邊3度的範圍內，就稱為兼向「替卦」。如果是下卦，就用前面介紹過的下卦挨星盤排法來飛佈山向各星，如果是替卦，則另有特殊的排盤要訣。

二十四山下卦替卦起止度數

壬山337.5——352.5度。340.5——349.5下卦挨星。兩側各3度起替卦挨星。

子山352.5——007.5度。355.5——004.5下卦挨星。兩側各3度起替卦挨星。

癸山007.5——022.5度。007.5——019.5下卦挨星。兩側各3度起替卦挨星。
丑山022.5——037.5度。025.5——034.5下卦挨星。兩側各3度起替卦挨星。
艮山037.5——052.5度。040.5——049.5下卦挨星。兩側各3度起替卦挨星。
寅山052.5——067.5度。055.5——064.5下卦挨星。兩側各3度起替卦挨星。
甲山067.5——082.5度。070.5——079.5下卦挨星。兩側各3度起替卦挨星。
卯山082.5——097.5度。085.5——094.5下卦挨星。兩側各3度起替卦挨星。
乙山097.5——112.5度。100.5——109.5下卦挨星。兩側各3度起替卦挨星。
辰山112.5——127.5度。115.5——124.5下卦挨星。兩側各3度起替卦挨星。
巽山127.5——142.5度。130.5——139.5下卦挨星。兩側各3度起替卦挨星。
巳山142.5——157.5度。145.5——154.5下卦挨星。兩側各3度起替卦挨星。
丙山157.5——172.5度。160.5——169.5下卦挨星。兩側各3度起替卦挨星。
午山172.5——187.5度。175.5——184.5下卦挨星。兩側各3度起替卦挨星。
丁山187.5——202.5度。190.5——119.5下卦挨星。兩側各3度起替卦挨星。
未山202.5——217.5度。205.5——214.5下卦挨星。兩側各3度起替卦挨星。
坤山217.5——232.5度。220.5——229.5下卦挨星。兩側各3度起替卦挨星。
申山232.5——247.5度。235.5——244.5下卦挨星。兩側各3度起替卦挨星。

庚山247.5——262.5度。250.5——259.5下卦挨星。兩側各3度起替卦挨星。

酉山262.5——277.5度。265.5——274.5下卦挨星。兩側各3度起替卦挨星。

辛山277.5——292.5度。280.5——289.5下卦挨星。兩側各3度起替卦挨星。

戌山292.5——307.5度。295.5——304.5下卦挨星。兩側各3度起替卦挨星。

乾山307.5——322.5度。310.5——319.5下卦挨星。兩側各3度起替卦挨星。

亥山322.5——337.5度。325.5——334.5下卦挨星。兩側各3度起替卦挨星。

替卦的排法

口訣

子癸甲申用一白，坤壬乙卯未二黑。

戌乾亥辰巽巳六，艮丙辛酉丑七赤。

尚有寅午庚丁字，一律挨星用九紫。

替卦安星訣圖示

用法

1.測定座向，看座向度數是否超過每山正中九度外，以此確定是用下卦或者是用替星，然後排出運盤。

2.先取用下卦的起法先求出座向元龍與運盤上卦宮相對應元龍在二十四山中屬哪一山。

3.再根據上文口訣去替換元龍，有替則替，無替則與下卦同，以此排中宮的山星與水星。

4.之後根據原局即起下卦元龍的陰陽起飛星，以此來決定山星與水星順飛還是逆飛。

例：七運子山午向兼壬丙替卦

一、先排出七運之運盤，以七入中順飛九宮。

二、子兼壬，陰陽互兼須用替。飛到坎宮之運星三代表後天八卦之震卦，震卦中與子同樣為天元龍的是卯。

三、替卦口訣「坤壬乙卯未二黑」，所以卯要用二黑來代替，就把二置入中宮左上角（山盤）。

四、因為卯屬陰，所以二入中宮逆飛。

五、坐山午兼丙，飛到離宮的運星二代表後天八卦之坤卦，坤卦中與午同樣為天元龍的是坤山。

六、用替口訣「卯乙未坤壬二黑」，所以坤也要用二來代替，就把二置入中宮右上角（向盤），因為坤屬陽，所以二入中宮要順飛。

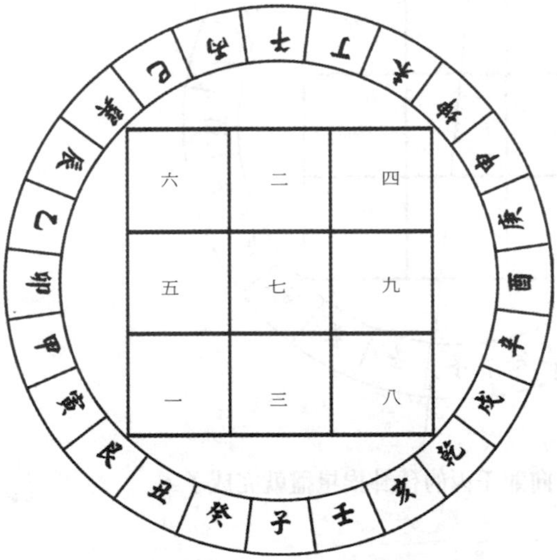

先排出七運之運盤，以七入中順飛九宮。

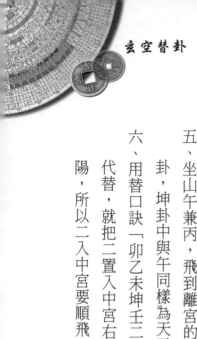

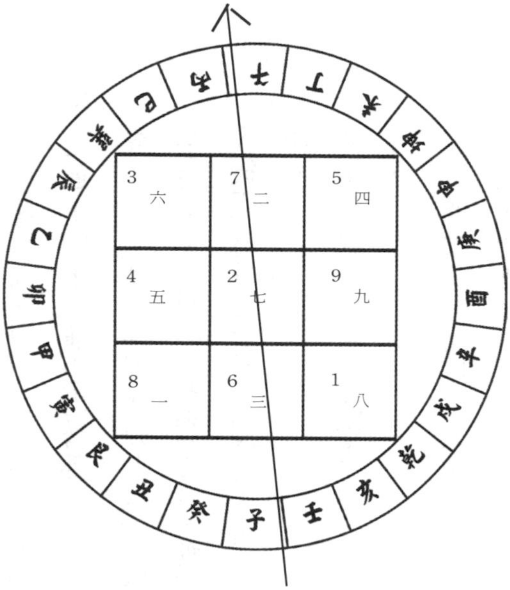

如此山星排列就完成了。

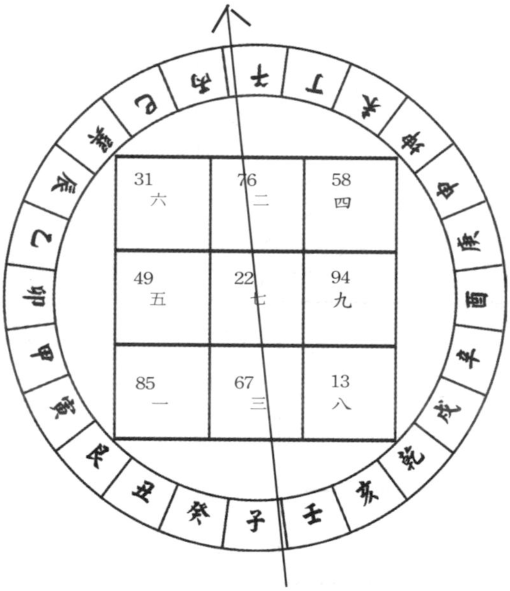

如此七運子山午向兼壬丙的替卦挨星盤就完成了。

壬山：

一運：滿盤犯伏吟，無替卦。二運：下卦合打劫運。三運：令星會合坐山。四運：下卦令星會向首、艮生氣、離打劫、坤伏吟。五運：下卦犯上山下水。六運：令星會坐山、須後有水。七運：令星合向首。八運：令星合坐山。九運：合離宮打劫，起星：全盤伏吟。

子山：

一運：雙星到離，離宮打劫。二運：雙星到坐、向上有水為殺水。三運：離宮打劫，向上有水，當元進財。四運：令星令坐山，宜坐朝滿。五運：合旺山旺向。六運：合離宮打劫，犯伏吟。七運：向星、山星合坐山，非玄武有水者不可用。八運：合離宮打劫，向上有水放光者，當元進財。九運：下卦：合令星會坐山。替卦：艮方為當元旺水。

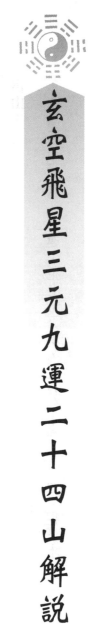

癸山：

一運：離宮打劫、巽、離、坤有水，大房秀而無財，二房財、丁、貴、秀俱全。二運：雙星到坐。三運：旺向，向首有水，當元進財。四運：下卦雙星到坐。起星：合旺山旺向。五運：旺山旺向。六運：下卦，雙星到向。起星：旺山旺向。七運：令星合坐山。八運：向首有水可用。九運：令星合坐山。

丑山：

一運：財星犯上山，離方為生氣。二運：合旺山旺向。三運：犯上山（令星會合坐山）。四運：犯上山下水。五運：合旺山旺向。六運：犯上山下水。七運：犯下水，向首有水富貴全。八運：合旺山旺向。九運：犯下水，坎方為生氣。

艮山：

一運：犯下水。二運：犯上山下水。三運：犯下水。四運：旺山旺向。五運：犯上山下水。起星：丁星到震。六運：旺山旺向。七運：犯上山。八運：犯上山下水。九運：犯上山，離方為生氣。

寅山：

一運：犯下水。二運：犯上山下水，兌方有水吉。三運：犯下水。四運：旺山旺向，起星同下卦。五運：犯上山下水。起星：離、坎、坤三方有水，可發六十年。六運：旺山旺向。七運：犯上山。起星：亥方旺水。八運：犯上山下水。九運：犯上山，離方為生氣。

甲山：

一運：犯上山，雙星到山，起星：財星入囚。二運：犯下水。三運：犯上山下水，宜坐空朝滿。四運：旺山旺向。五運：犯上山下水。六運：旺山旺向。七運：犯上山下水，辰方有水為生氣。八運：犯上山，起星：坤當元旺水，後有山旺人丁。九運：犯下水，朝方有水生氣。

卯山：

一運：犯下水，坎宮打劫，當元財丁兩旺。二運：犯上山。三運：旺山旺向。四運：犯上山下水。五運：旺山旺向。六運：犯上山下水。七運：旺山旺向。八運：犯下水。九運：犯上山。無替卦。

乙山：

一運：犯下水，合打劫運，當元財丁兩旺。二運：雙星到坐。三運：合旺山旺向，形氣配合者，添丁發財，唯坐山犯伏吟，宜通不宜實。四運：犯上山下水，玄空秘旨云：「山地被風，還生瘋疾」。飛星賦云：「須識七剛三殺，剛殺者，制則生殃。」五運：合旺山旺向，乾方有水為生氣，但犯伏吟，宜通不宜實。六運：犯上山下水，丁星入囚，子嗣艱難。七運：旺山旺向。八運：犯下水，坎宮打劫，替卦：三般卦。九運：犯上山，令星會坐山。替卦：巽方有水當元旺財。

辰山：

一運：犯下水，向上有水，當元發財。二運：犯上山下水，替卦：向上有水為旺水，丁星入囚。三運：旺山旺向。四運：犯下水，雙星到向當元即發。五運：旺山旺向。六運：犯上山，雙星到坐，背後有水可用。七運：旺山旺向。八運：犯上山下水。九運：犯上山：雙星到坐。

巽山：

一運：犯上山，雙星到坐。二運：旺山旺向，起星財星入囚。三運：犯上山下水，起星：向首犯三七凶星，令星到坤。四運：犯上山，滿盤犯伏吟。五運：犯上山下水。六運：犯下水，離宮打劫，離、乾、震三般卦。七運：犯上山下水。八運：旺山旺向。九運：犯下水，離宮打劫。

巳山：

一運：犯下水，替卦：財星入囚，向首生氣。二運：旺山旺向。三運：犯上山下水，宜坐空朝滿。四運：犯上山滿盤伏吟。五運：犯上山下水。六運：犯上山，離宮打劫。七運：令星顛倒，非得顛倒形巒。雖合聯珠三般卦不可用，起星：乙方為當元旺水，向首有水損丁。八運：旺山旺向，向首有水合「六遇輔星，尊榮不次」。主當元富貴全。九運：犯下水，離宮打劫，全局合十。

丙山：

一運：犯下水，坎宮打劫。二運：犯上山，雙星到坐。三運：犯下水，合打劫運。四運：犯上山，雙星合到坐。五運：犯上山下水。六運：犯下水，起星：旺山旺向。七運：犯上山。八運：犯下水，合坎宮打劫運。九運：犯上山，雙星到坐，向首為生氣，全盤犯伏吟。

午山：

一運：令星會合坐山。二運：合坎宮打劫，向首有水者發財，更主出醫師，乾方犯伏吟宜有水，否則長房有官非，或被盜賊劫掠。三運：雙星到坐，主敗財旺丁，向首有水，主室有欺姑之婦。四運：雙星到向，合坎宮打劫，唯失六主家門不潔如兌方有水，主官訟，震方有水，客星又遇五黃加臨，震位主神鬼為崇，疾病叢生。五黃：令星到山到向。六運：雙星到坐，主敗財。七運：合七星打劫全盤合十，子方有水者主進財。八運：令星會合坐山向首生氣。九運：雙星到向，合坎宮打劫運。

丁山：

一運：犯上山，令星會合坐山。二運：犯下水，坎宮打劫。三運：犯上山，全盤合十。四運：犯下水，坎宮打劫。五運：旺山旺向。六運：犯上山，起星：旺山旺向。七運：合七星打劫，全盤合十與午山同斷。八運：犯上山，替卦，合十，酉方當元旺水。九運：犯下水，雙星到向。

未山：

一運：犯下水雙星到向。二運：旺山旺向，全盤合十。三運：犯下水，替卦：令星到向，向首有水當元發財。四運：犯上山下水。五運：旺山旺向。六運：犯上山下水，合三般卦，替卦：巽有水發財。七運：犯上山，甲方有水為生氣。八運：旺山旺向，無替可尋。九運：犯上山，雙星到坐，震方為生氣。

坤山：

一運：犯上山，令星會坐山。二運：犯上山，滿盤犯伏吟。三運：雙星到坐，旺丁敗財，向上有水主出迕逆之兒，震方有水，出欺姑之婦。四運：合旺山旺向，財丁俱進，坐山得井卦若有山峰秀麗者，主官貴，乾震兩方犯伏吟，不可有山，失元主淫亂。五運：犯上山下水，替卦，震方有水為當元旺水。六運：合旺山旺向。七運：犯下水，酉方為生氣。八運：犯上山下水。九運：合雙星到向，形氣相合者進財。

例證：

旺山旺向之局，向首有水，坐下有山，為當運，財丁齊發。若以玄空大卦用法加以配合，則更能增加其吉應，坤山之中涵蓋了己未升卦、辛未訟卦、癸未困卦，在八運中，取用的分金是辛未訟卦為上吉。至於向上之水，分為丁丑隨卦、己丑無妄卦、辛丑明夷卦，八運中取用辛丑明夷卦最為有利，當然還要配合仙命、主事者的年月日時，以及主事所從事的行業，再配合奇門天星選擇，如此就能取用坤山艮向下卦，使之吉上加吉，既合乎玄空飛星，又能從玄空飛星的大範圍中，再採用大玄空六十四卦找出最有利的分金度，能讓福主的吉應更增加許多。

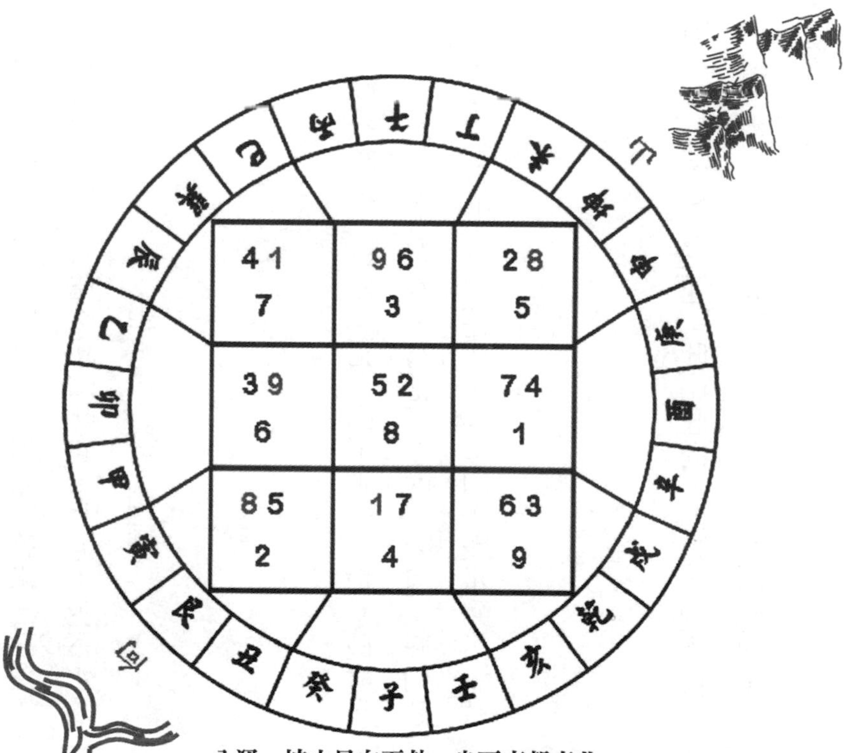

八運・坤山艮向下卦，坐西南朝東北

申山：

一運：犯上山，財星犯上山，向上有水男女淫亂。二運：犯上山下水，須坐空朝滿。三運：犯上山。四運：旺山旺向。五運：犯上山下水，宜坐空朝滿。六運：旺山旺向。七運：犯下水。八運：犯上山下水，向首有山，玄武有水當運，財丁齊發。九運：犯下水，雙星到向。

庚山：

一運：犯下水，合離宮打劫。二運：犯上山，雙星到坐。三運：犯上山下水，主損丁破財。四運：旺山旺向，全盤合十。五運：犯上山下水，替卦：離方有水，為當元進財。六運：旺山旺向。七運：犯上山下水，水纏玄武，當元進財。八運：犯下水。九運：犯上山，雙星到坐，替卦：財星入囚。

酉山：

一運：犯下水，令星會坐山。二運：犯上山，合打劫運。三運：旺山旺向。四運：犯上山下水，宜坐空朝滿。五運：旺山旺向。六運：犯上山下水，替卦：向星入囚。七運：旺山旺向，坤方有水為生氣。八運：犯上山。九運：犯下水，離宮打劫運。

辛山：

一運：犯上山，令星會坐山。二運：犯下水，離宮打劫運。三運：旺山旺向。四運：犯上山下水。五運：旺山旺向，坤方有水為生氣。六運：犯上山下水，七運：旺山旺向。八運：犯上山，令星會坐山，艮方為生氣。九運：犯下水，離宮合打劫運。

戌山：

一運：犯上山，令星會坐山。二運：犯上山下水。三運：旺山旺向。四運：犯上山，離宮合打劫運。五運：旺山旺向。六運：犯下水，坎宮打劫運。七運：旺山旺向，替卦：財星到向，丁星入囚。八運：犯上山下水。九運：犯下水雙星到向。替卦：震水當令。

乾山：

一運：犯下水，坎宮合打劫運。二運：旺山旺向。三運：犯上山下水，令星到坐。四運：全局合聯珠三般卦，唯令星顛倒，非坐後有水者不可用。五運：上山下水，宜坐朝滿。六運：犯上山雙星到坐。七運：全局合聯珠三般卦，唯令星顛倒，非坐後有水者不可有。八運：旺山旺向。九運：犯上山全盤合十。

亥山：

一運：犯下水，全盤合十，坎宮打劫運。二運：旺山旺向。三運：犯上山下水，宜坐空朝滿。四運：犯下水，坎宮打劫運。五運：犯上山下水。六運：犯上山，雙星到坐，犯伏吟。七運：犯上山下水。替卦：令星到坐，向首退氣。辛方生氣。八運：旺山旺向。替卦：無可尋。九運：犯上山，全盤合十，向星入囚不可用。

例證：

八運・亥山巳向下卦，坐西北北朝東南南，旺山旺向，坐後有山，向上有水，財丁兩旺。為當運，財丁齊發。若以求財而論，玄空大卦用法加以配合，則更能增加其吉應。巳向之水，分為丁巳小畜卦、乙巳需卦、壬辰大畜卦，八運中取用丁巳小畜卦最為有利，同樣是亥山巳向，如出水口，或是三叉水在此方位角，福應最大。當然還要配合仙命、主事者的出生年月日時，以及主事所從事的行業，再配合奇門天星選擇，如此就能取用使之吉上加吉，既合乎玄空飛星水法，又能從玄空飛星的大範圍中，再採用大玄空六十四卦找出最有利的分金度，能讓福主的吉應更佳，豈不美哉。

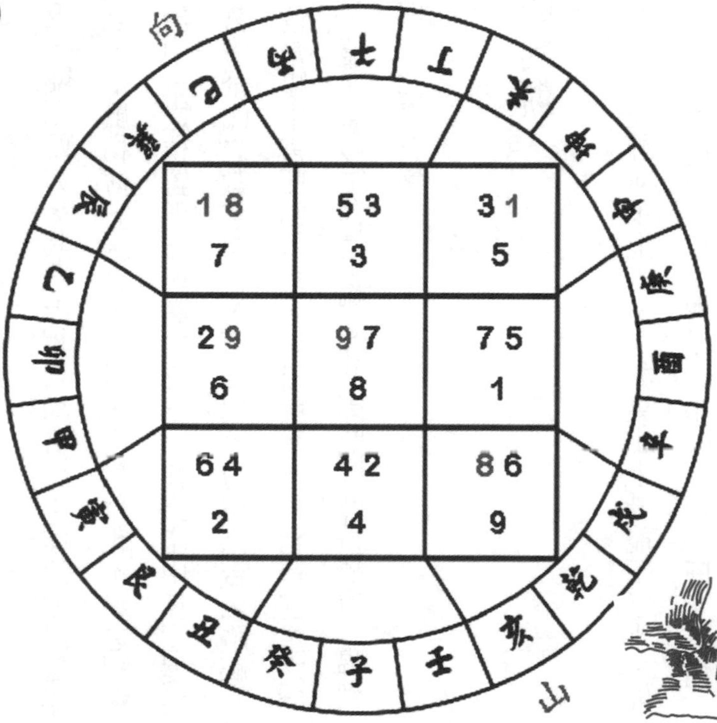

八運・亥山巳向下卦，坐西北北朝東南南

玄空四大格局

易理洛書居中為五，臨制四方，其八方相對均合十；即無形之雌雄交媾，此自然之交合，亦即天地定位，山澤通氣，雷風相搏，水火不相射，生生化化不易之理。蔣大鴻三元法即運用此易理，將各運之運數置於中五之位置即為所謂之玄空，此玄空中任意變換一個字，則全盤各宮之數字即跟著改變，由各宮中飛臨之數字組合，可斷出各方位之吉凶禍福，其中由坐山之卦位飛臨中宮即為山盤，向之卦位飛臨中宮即為水盤，山盤與水盤依相待宮星之陰陽，順逆飛之，以查該元運中，旺衰自然流行之氣所臨之方位，臨到旺山旺向局則採用，臨到上山下水局則不用。此山盤、水盤飛怖之組合即三元玄空學。

山峰與水法吉凶判斷

「山上神龍不下水，水裡神龍不上山」，如果山上神龍下了水，則「損丁」；水裡神龍上了山，則「破財」。若雙星同聚於坐方即「雙星到坐」，則「旺丁」而「損財」；若雙星同聚於向方即「雙星到向」，則「旺財」而「損丁」。如雙星到向局，向方有水，水外又有山，則山上神龍不犯下水之忌，如此立向亦可取；若雙星到坐，亦同此理。

山盤亦稱地卦，向盤亦稱天卦，運盤亦稱天盤。由玄空盤中之山盤與水盤組合，形成玄空學之四個基本格局：旺山旺向、雙星到向、雙星到坐、上山下水。

挨星盤排好之後，是否旺山旺向就是吉，上山下水就是凶呢？其實並不一定，還要看週遭內外實際的山水形勢是否配合才能推斷。

簡單來說就是山盤旺星所到之處要有「山」存在，而向盤旺星所到之處要有「水」存在。可是在玄空風水學裡並不是只有實際的「山」、實際的「水」才叫做山水，有許多物體都可以視為「山」或「水」。

基本上比較高的、實體的就可視為「山」，比較低的、空曠的就可當作「水」來看待。此外，還要分室內和室外來分別檢視。

玄空四大格局簡說

山：包括山峰、岡埠、土墩、高樓大廈、高壓電塔、石橋、大樹、廟宇、假山、只要高出地面些許便視為山。

水：包括溪、河、江、海、溝渠、池塘、湖泊、馬路、巷道、廣場、空曠之處、低陷之地。

山與水其實是相對而言的，例如高架橋，若比住宅高就視為山來作論斷，如果住在高樓，高架橋是在低處，那高架橋就是以水來作論斷。

瞭解了山與水的分辨方法，再拿前述四大類挨星盤來比較分析，就大概可以知道吉與凶的分別在何處了。

一、旺山旺向

旺山旺向即山盤當令，旺星挨到坐山，同時向盤當令，旺星挨到向上。若形局符合，後面有山，向上有水，主丁財兩旺。

旺山旺向的挨星盤，外部形勢若再坐山之後有秀麗端莊之主星且龍虎合宜，前面有曲折彎秀之水流朝拱，或有明澄停蓄之池湖放光，是為標準之旺山旺向局。若挨星再又得「合十」、「陰陽相配」、「三般卦」等合局者，其福澤更是深厚。

二、雙星到向

山盤和水盤之當令旺星都到向上，稱之為雙星到向，若

山星的卦位最喜有秀麗的山峰

形局符合，前面有水，水外又有山，則主財丁皆有，但財旺於丁，若前面僅有水或地形空曠，則主利財不利丁。例如七運建造完成，壬山丙向的房子，山盤與向盤之當令旺星七皆到向上，即為雙星到向局。

三、雙星到坐

山盤與水盤之當令旺星皆到坐山，稱之為雙星到坐，若形局符合，後面有水，水外再有山，則主丁財皆有，但丁旺於財，若屋宅僅有後山或高物，則主利丁不利財。例如七運建造完成，子山午向的房子，山盤與向盤之當令旺星7皆到坐上，即為雙星到坐局。

四、上山下水

山盤之當令旺星到向上，水盤之當令旺星到坐山，稱之為「上山下水」，主傷丁破財。立向最忌上山下水，凶禍立見，雖有法可解，如形局顛倒，但福來不全，禍來甚速，終究不如旺山旺向之悠久。如下圖，八運亥山巳向即是旺山旺向。

但是，前面有山，後面有水，形局顛倒，或者是迴龍顧主的格局，皆主財丁兩旺。

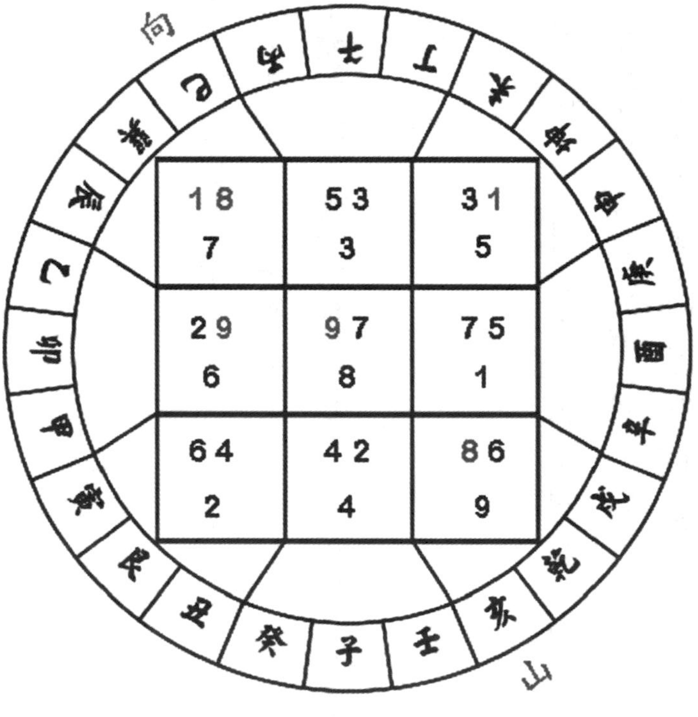

八運・亥山巳向下卦，坐西北北朝東南南旺山旺向，坐後有山，向上有水，財丁兩旺。

玄空飛星相會吉凶斷

天下萬事，有吉有凶，可以用九星推知。以下為向飛星與山飛星的關係吉凶應驗事項。其吉凶之論斷如下：

一白水星

一白為貪狼星，又號文昌星，為官祿星，為子星，乃第一級之吉星。若其當旺且外環境有當運的水光返照，主少年科甲，名播四海，或生聰明智慧之男兒；一白水，為中男，為魁星，主文學藝術，聰明靈秀。紫白訣云：「一白為官星之應，土宰文章」。

一白水，於身為血，為精，為腎，為耳，所以當坎宮處於失運之時便會產生病變。玄空秘旨：「坎宮高塞而耳聾漏道在坎宮，遺精洩血」。玄機賦：「坎宮缺陷而墜胎」。飛星斷：「以象推星，水欹斜兮失志」。失運之時則為刑妻致夭亡、飄盪，流血、腎虧，淪為酒徒、盜賊。

一一，比和。當運之時，利文才，利文職；失運之時，有血症之危;有酒色之災。

一二，剋入。坤腹、坎水。當運之時，母患腸胃之病；失運之時，腹積水致疾。居巽宮，有水來去，局逢形巒顛倒，則夫遭婦辱，主婦當權。家人易得腎氣之病。

一三，生出。當運之時，長子得貴或有利於三木命人，大發丁財。失運則凶，流年七赤加臨，長房落敗，或有官司牢獄，或家出盜賊，或有肝足之病，或被迫遷居。

一四，生出。當運之時，名揚科第，青雲得路，文筆之妙，得登榜提名；失運之時，亦有考場登科，但貴而不富，恐「四蕩一淫」或因貴而淫蕩，出迂腐書生，或婦人無法生育，或幼兒早夭。

一四七，山向一四，運盤得七，有水得令，屬「破近文貪」，出人多情秀麗；衰則貪花戀酒，肝病身亡，貴棄全失。

一五，剋入。當運之時，可得財貴；失運之時，輕則陰處生瘍，重則腎腰衰竭，食物中毒，中子早夭。

一六，生入。當運之時，得先天生成之數，能「啟八代文章」，大發官貴，若乾山得水，便有此應。逢同宮生成之數，則並稱連珠，山水並秀時主發貴秀；失運之時，水冷金寒，易得頭、骨之病或被金屬器物所傷。

一六二，山向一六，逢運星二來會之，有化剋為生之兆，得令有「車驅北闕，時聞丹詔頻來」之應。

一六八，向宮與其左右兩宮，或坐宮與其左右兩宮，分別各得三白吉星，至為寶貴，主發福悠久。

一七，生入。當運之時，「金水相涵」，有桃花運，得田宅財富；失運之時，金水多情，貪花戀酒，因酒色而牢役徙流，或口舌是非而被仇家刀傷，或因男女荒淫而得性病。

一八，剋入。當運之時，小兒有溺水之險，家則文才得利；失運之時，婦人不育，有耳病、貧血，或有子早夭。

一九，剋出。當運之時，水火既濟，大利錢財，多子丁盛；失運之時，易犯風濕心病，夫妻反目，兄妹不和。

二黑土星

二黑為巨門星，又號為病符星。當運之時，有田莊之富，玄機賦：「巨入艮坤，田連阡陌」。當旺時發田財，人丁興旺，發武貴。天玉經：「坤山坤向水流坤，富貴永無休」。須配合巒頭斷應。

失運之時，容易有色禍、火災，婦奪夫權，陰險鄙吝，難產腹病，為小人所暗算，家人疾病叢生。飛星賦云：「若夫申尖興訟」。主孕婦有坐草之慮，或因婦人而興訟，因女子以招非，大抵此方不宜修動。

二一，剋出。當運之時，有地產之富，家旺丁盛，老母長康；失運之時，惡婦剋夫，中男早亡，寡婦當家，多腸胃腎病。夫妻情薄，婦爭夫權。

二二，比和。當運之時，田財多富，武職利權；失運之時，陰神滿地，出寡婦，女色淫蕩，老母多病，家醜叢生，在外則多有小人暗算。

二三，剋入。當運之時，老婦掌權，家財橫積，唯長子不肖；失運之時，男兒淫蕩敗家，婦人滯食腹病。二三亦稱鬥牛煞，主夫妻不和，婦被夫欺。家人博奕好飲，田園荒廢，官非口舌，出偷雞摸狗之徒。

二四，剋入。當運之時，家嫂掌權，家旺多丁；失運之時，悍婦欺姑，男兒好色，外藏情婦，老母孤伶，或出家為尼，家人易得腸胃脾傷及股肱之病，家室陰暗，常有狐形鬼影，在外常有官非纏身，易得風寒之病。

二五，比和。當運之時，置業容易，財運頗好，尤其經營房地產之業興盛；失運之時，百病滋生，老婦病重，易出鰥夫，特別慢性腸胃病，童少者易得胃癌致死。陰暗處鬼神作祟。

二六，生出。當真旺，乾坤交泰，「富比陶朱」，子女順和，家業興盛，或行醫濟世，或為武職權官；失運之時，則老父多病，貪財忘義，家出僧尼，父子成仇，賓主爭執，官非糾纏，家人常有頭痛之病。

二七，生出。當運之時，橫財鉅富，多產女丁；失運之時，母女多爭，庶妾難投寡母之歡心。二七稱為先天火，易有火災或血光之災，家人常有泄痢之病，男兒常有異性糾纏，或因口舌是非而被刀傷。

二八，比和。當運之時，「聚入艮坤，田連阡陌」，有地產之富；失運之時，家庭暴戾，常有小口之病，婦人有出家為尼之事。

二九，生入。當運之時，文筆生輝，田財巨積；失運之時，陰神入室，男女淫蕩，常被剝削，財富耗盡，且生愚鈍之夫。火炎土燥，易有血光之災，陰氣過重，世出寡婦。火土傷目，世出瞽目之人。

三碧木星

三木為祿存星，因其性暴躁好鬥，故號稱蚩尤。當運之時，財祿豐盈，興家創業，富貴功名，長房大旺。天玉經：「卯山卯向卯源水，大富石崇比」。失運之時，三碧是賊星，主官非盜劫。紫白訣云：「蚩尤碧色，好勇鬥狠之神」。飛星賦云：「碧本賊星，怕見探頭山位」。

三一，生入。當運之時，長子得貴，大發丁財，科甲登榜；失運之時，長房落敗，脾性暴燥，或因爭鬥而惹官司獲罪。或因鄰里不和而搬遷遠行。運勢多乖蹇滯，且易受四肢之傷。

三二，剋出。當運之時，得田莊地產之富，長子大發丁財；失運之時，即惹「鬥牛煞氣」。

家庭不和，夫妻不睦。與上司爭鬥而惹官非。或傷胃而停食，或因爭鬥而傷足。多勞碌奔波，阻礙破敗。

三三，比和。當運之時，盛氣凌人，名聲顯赫，興家立業，頗有財氣；失運之時，家出盜賊，或被盜賊所劫，常有手足之傷，或與他人爭鬥而遭官司。

三四，比和。當運之時，三四正配，多生貴子，「貴比王謝」，事業財運正常發展；失運之時，家出盜賊，出人常誤事，身有風疹之疾，或股肱、四肢之傷，或有肝、膽之痛。若遇太歲，恐有色難或被蛇咬。流年五黃加臨主患風疾。

三五，剋出。當運之時，頗得財貴，或有官運。失運之時，「寒戶遭瘟」，身生風疹五毒。心起叛逆情緒，易得肝病足傷。

三六，剋入。當運之時，官場奔走，事業有成，成為上司的得力助手；失運之時，興訟成凶，被官家所排斥，或遭盜賊刀兵之禍，或因跌撲、刀金而傷手足，或時有頭鳴肝病，家人多有爭執。

三七，剋入。當運之時，財源廣進，有文臣而兼武將之權貴；失運之時，稱為穿心煞，會有手足及肝膽病，又遭官訟。若兌方有破損，則肺損而吐血。或家有酒色之徒，偷扒之賊，敗壞家門，或閨幃不睦，常為長子遭殃。

三八，剋出。當運之時，為文才元魁，又發丁財；失運之時，少子多災，筋股易傷，或有被狗咬之厄。兄弟不和，或因爭財產而惹官司。

三九，生出。當運之時，雷奮而火尤明，有廳堂再煥之氣，兒女聰明靈活，文才奇士，多官貴。失運之時，官累不休，常患眼、頭之病，並易有火險。

四綠木星

四綠木為文曲星。當運之時，為文章蓋世，科甲聯芳，女子容貌端妍，聯婚貴族，紫白訣：「蓋四綠為文昌之神，職司祿位」。主登科甲第、君子加官、小人進產。失運之時，瘋哮血縊，娼女淫亂，飛星賦：「巽如反臂，總憐流落無歸」。（原註：四綠到處，砂形如臂向外反抱者，主流落他鄉，因風性飄蕩。男兒酒色破家，漂泊絕滅，意外傷亡。）飛星賦：「風鬱而氣機不利」（原註：在天為風，在人為氣，巽宮窒塞，故有此應。）

四一，生入。當運之時，鳳池身貴，大利文才學業，連出甲第，子女聰明，考試奪魁，兄長科甲登榜，業務順遂，財運亨通；失運之時，易患中風之疾，或漂泊淫蕩，酒色腐敗，家醜外傳，婦女無生育，或育而早夭。

四二，剋出。當運之時，頗有財貴，婦掌家權，多產多丁；失運之時，悍婦剋母欺姑。家中陰氣重重，陰神困擾，瘋疾胃病纏身，姑嫂婆媳不睦，老母遭殃，事業衰敗，家風醜陋，或有出家為尼，或為狂犬所傷。

四三，比和。當運之時，陰陽正配，家境和睦，子兒順和，頗得財貴，事業順利；失運之時，夫妻反目，意向僧尼，出遊盪不肖之子，身有風疹、股肱及四肢之疾。

四四，比和。當運之時，文曲雙星齊到，兒女成績優異，喜逢登科，大利文職書章，頗有聲望；失運之時，漂泊四海，或為僧尼，風疾不斷，寡婦當家。男兒離家出走、葬身於雲水之中。

四五，剋出。當運之時，頗具文才，事業順利。失運之時，瘋疹不斷，博奕好飲，園田荒廢，家室陰暗，常見狐形鬼影，主婦病纏，常向僧尼許願，難生育兒女，家境敗落。

四六，剋入。當運之時，兵軍不侵，官以禮待，家境和氣，頗具財祿；失運之時，父虐妻嫂，致使憐婦有懸樑之危，家庭爭執甚多，有肝膽股肱之病。四六又為風疾驛馬，有遠行搬遷或勞役之苦。

四七，剋入。當運之時，婦人主政，強悍過人，頗多積財；失運之時，陰神滿地成群，男女貪淫，兒女文章不顯，又遇嘔血早夭。若在外，則諸多口舌，婆媽當市，易犯桃花劫。

四八，剋出。當運之時，賢婦教子，頗積山林之財；失運之時，家人有山石之癮，或入山林為隱士，或入寺院為僧。兒女多病，學業不佳，易患鼻炎、風疾，或蛇、狗所咬。

四九，生出。當運之時，合先天之金數，頗得財貴，家出聰明之士，文章皎皎，頗得名聲；失運之時，家嫂爭權，婦人不和，婦女淫亂，易犯桃花劫，常犯眼疾或火災；男士或有因色破財之遇。

五黃土星

五黃土位鎮中央，威揚八面，應廉貞之宿，又號正關，另稱為戊已大煞，或都天大煞。其色黃；宜靜不宜動，動則終凶；宜化不宜剋，剋之則禍疊；戊己大煞，災害並至，會太歲、歲破、禍患頻生。當運之時大發財丁。

失運之時，無論被其生或被其剋，都為大凶，故宜靜不宜動。若值太歲加臨，凶性大發，即大損丁財，輕則災病，重則連喪五人，宜避之不宜犯。紫白訣：「五主孕婦受災」。又云：「運如已退，廉貞飛處眚不一，總以避之為吉」。

五一，剋出。當運之時，大發丁財，出文臣兼武將。失運之時，中子遭殃，有大病纏身，尤其泌尿係統之病，女性為婦科病，家人亦百病不離。此外為耳病、瘡癬、膿血之苦。

五二，比和。當運之時，大發丁財，家母掌權；失運之時，百病叢生，尤其是父母病重，主要是腸胃病。若太歲加臨，父當病死，母為寡婦。

五三，剋入。當運之時，大發丁財，尤為長男得福；失運之時，恐得肝脾之病，肢蔭生毒瘡疥癬；男兒有叛逆之心，家人有腳傷之病，一家不寧。

五四，剋入。當運之時，頗具文才物富，事業順利；失運之時，男兒博奕好飲，田園荒蕪。或婦人生乳毒之瘡，男人多生風疹。或家室陰暗，常見狐形鬼影。或意向為尼，家境落敗。

五五，比和。當運之時，丁財兩旺，家業昌盛；失運之時，凶煞橫行，無可擋避，必有血光之災，輕者有膿血瘡毒，重者連死數人。

五六，生出。當運之時，頗得錢財，兒女孝順，但家主不受；失運之時，家主得病，輕則頭痛、骨痛，重則命厄。或出外必遇衰煞。或為官逢諸多難題，甚至弄得焦頭爛額。

五七，生出。當運之時，頗得錢財，家業興旺；失運之時，是非口舌、官非不斷，或因淫蕩而破財，或因女色惹官司。或少女多病，家人口喉病，易為刀斧所傷。

五八，比和。當運之時，有田莊地產之富，兒女言順；失運之時，小男多病，大人筋骨酸痛，運氣衰滯。

五九，生入。當運之時，兒女聰明，財運頗好；失運之時，婦生愚鈍之子，家人多有眼病，或有心悶頭痛。若遇太歲，恐有血光之災。失令又會於離宮更甚。

六白金星

六白名為武曲星，是第三吉星。當運之時，武職威權，登科甲第、威權震世、鉅富多丁、君子加官、小人進產；天玉經：「乾山乾向水流乾，乾峰出狀元」。失運之時，主伶仃孤苦、刑妻傷子。刑妻孤獨，刀兵自縊，鰥夫自憐，寡婦守家。挨星六白方之山忌開路斷頭；飛星賦：「乾若懸頭，更痛遭刑莫避」。

六一，生出。當運之時，得先天生成之數水，則官運亨通，財富豐盛，兒女科甲登榜；失運之時，官祿不退，但家人有頭、頸、骨痛之病，或逢水患。

六二，生入。當運之時，大發田財，堆金積玉，乾坤交泰，行醫濟世；失運之時，貪婪無厭，吝嗇如鬼，或出家為僧尼，或夫妻反目分離。或家人多有頭、骨、腸胃之病痛。

六三，剋出。當運之時，財運官運極佳，權威蓋世；失運之時，有兵刀之苦。頭鳴傷足，或為父子不和，或有孝服穿戴之事。

六四，剋出。當運之時，得市場貿易之富，長途販運之財，出任武官；失運之時，有剋妻之象，有勞役之苦，有婦不堪虐而懸樑之狀。或家人有股肱、頭風之病楚。

六五，生入。當運之時，雖財運官運佳，但小人卻在中暗算；失運之時，小人發難，丟官受弄，焦頭爛額。或家主多病多災，尤其頭病，甚至神經失常，服毒。

六六，比和。當運之時，官運亨通，權登極位；失運之時，官非糾纏，難以脫身，或逃避遠行，或暗算搬遷，或被刀徒追殺，破財損傷，或交通意外，頭傷骨折。

六七，比和。當運之時，「武曲峰當庚兌，職掌兵權」。文官武赫，大權在手，財運亦佳；

失運之時，為「交劍煞」，勾心鬥角，互踐沙泥。或家中有盜賊劫財，或因口舌而遭官非，家中老少不安，有頭痛口喉之苦。

六八，生入。當運之時，文職武權，功名利祿齊來，家業興盛，子孫受蔭。寅亥合則出文明之能士；失運之時，雖官祿不減，但多有頭、骨之病。

六九，剋入。當運之時，為火照天門，「丁丙朝乾，耄耋之壽」，丁財皆旺，家主貴壽，且出聰明武將；失運之時，則反為火燒天門，家出罵父之子。其長房當敗，必當火剋金肺，吐血難支。若為火向天門，有鬼神指責，家出逆子，火盛多災。

七赤金星

七赤又名破軍星，是為盜賊星，當運之時，發武權，丁財兩旺，小房發福；飛星賦云：「七有葫蘆之異，醫卜興家」。七為刑，有除之象，故為醫，洪範七稽疑故為卜，葫蘆砂，形如葫蘆也。飛星賦：「七逢刀盞之象，屠沽居肆」。

其色赤紅，有小人之狀，為盜賊之精；紫白訣：「破軍赤名，肅殺劍鋒之象」。失運之時，家出盜賊，或投軍戰死，牢獄口舌，火災損丁，或出貪花戀酒之徒。七為凶星，宜靜不宜動，動則凶相大露，尤其在路口、三叉之處危害最烈。七赤若與外形環境相應則有種種相應表現。

七一，生出。當運之時，武職升遷，兒女當行桃花運，酒肉滿盈；失運之時，金寒水冷，兒女貪花戀酒，錢財傾瀉，或背義忘恩。若遇太歲當值，招惹是非，或為賊所劫，或下腹疾病，肺癆吐血，金屬所傷，或徙流破敗。

七二，生入。當運之時，田財萬貫，為官升遷，婦人稱貴。二七先天之火數，燈火輝煌，熱鬧興旺；失運之時，當有回祿之災，淫蕩無度，陰神滿地，婦人不和，少妻難求寡母之歡心。或寡母當家，虐待少婦，造成服毒，或因食物中毒，口病痢疾。

七三，剋出。當運之時，有文臣武將之權貴，文韜武略，四方歸服，子女出類拔萃；失運之時，對眾施暴，子女橫行，為劫為賊，有遇刀傷兵傷之狀。家出盜賊或遭賊劫。或口舌是非，橫遭官訟，或家庭不和，兒女分離，酒肉淫蕩，吐血刀傷，又遭官非。

七四，剋出。當運之時，婦人顯貴，官祿兩旺，並有桃花運；失運之時，陰神滿地，婦人當家，男女貪淫，當有桃花之劫。或家中閨幃不睦，諸多口舌，婆媽當市，有兵刀之災；有嘔血早夭。

七五，生入。當運之時，有田財之富；失運之時，有口疾瘡膿，口舌是非不斷，因之而遭官刑，有桃花劫。

七六，比和。當運之時，文財武庫，官祿雙收；失運之時，交劍劫殺，官場爭執，家庭不和，恐有刀劍之傷，車馬之禍。有口疾，頭痛或膿血之苦。

七七，比和。當運之時，財權神助，大發橫財；失運之時，劫賊入室；火災臨門，口舌是非、男女淫慾，招至桃花劫，或色難遭官。

七八，生入。當運之時，連連升官，財神助富，「積千箱之玉帛」，腰纏萬貫，家庭和睦，子女康順；失運之時，錢財易散，口生異物，少子少女多病。

七九，剋入。當運之時，火照廳堂，家室興旺；失運之時，易有回祿之災。若七九在向方，動則起火。或外部有紅廟火型，難免瘟火。若遇五黃，則患血症。「午酉逢，江湖花酒」，出蕩子淫婦。

八白土星

八白又稱左輔星，為第二吉星。號為財星，其色杏白；值生旺則富貴功名，旺田宅發丁財，出忠臣孝子，富貴壽考。當運之時，孝義忠良，富貴綿遠，小房洪福。大利文才學業，利文職升遷，尤利地產置業。

失運之時，小口損傷，瘟癀膨脹。玄空秘旨：「家有少亡，只為沖殘子息卦」。又云：「艮傷殘而筋枯臂折」。又云：「離鄉砂見艮位，定遭驛路之亡」。

八一，剋出。失運之時，易患貧血耳病，兄弟不和，合夥背逆，或婦人不育，或小兒溺水。

八二，比和。當運之時，有田莊地產之富；失運之時有腸胃病，有小口損傷，或被犬咬傷。若外有反背之砂，則離鄉背井，出家為尼，或客死他鄉。

八三，剋入。當運之時，有地產之財，驟增權力，得先天生成之木數，合作良好；失運之時，破財傷官，削職丟權。若在家，小口四肢受傷，或有肝胃之疾。

八四，剋入。當運之時，主婦掌握，有地產田莊之富；失運之時，有小口之損，婦奪夫權，夫妻不和。在外恐有車舟之禍，或為山林隱士。

八五，比和。當運之時，大發財祿，運勢頗好；失運之時，破財損傷，小口病厄，運勢破壞。或有腸胃疾病之苦，或食物中毒。

八六，生出。當運之時，發跡文職，尊榮不次，富貴福德；失運之時，父子不和，頭痛骨酸之病。

八七，生出。當運之時，文職武權，財祿兩得，夫妻和睦，兒女安康。失運之時，財產易散，夫妻成仇，少丁有損。

八八，比和。當運之時，大利文才學業，大發田莊地產之富，雙吉臨門，事業興旺；失運之時，事業衰敗破財，常有肩骨酸痛之苦。

八九，生入。當運之時，喜事重來，富堪敵國，位列朝班；失運之時，火炎土燥，鼻眼多疾，熱腹便血，筋骨臂折，易有火災之厄。

九紫火星

九紫火先天在震（正東），後天居離（正南），應右弼之宿，號為吉慶，吉者遇之立刻發福，凶者值之勃然大禍，故術數家稱為趕煞催貴之神。

當運之時，文章科第，驟至榮顯，中房得貴；玄空秘旨：「火曜連珠相值，青雲路上自逍遙」。火曜尖秀之峰，即文筆也。天玉經：「午山午向午來堂，大將值邊疆」。

失運之時，回祿、官災，吐血、瘋癲，目疾、難產。玄機賦：「離位巉巖而損目」。離主目，離位巒頭有損則傷目。飛星賦：「火暗而神志難清」。火為神，若離宮幽暗，主神昏。

九一，剋入。當運之時，家多喜慶，陰陽正配、水火既濟，婦多產男兒，驟富驟貴；失運之時，中房敗落，目疾耳鳴。若遇七到，恐有火災。

九二，生出。當運之時，有田莊地產之富，母管

作者於河南安陽周易專修學院專題演講。

家業；失運之時，婦生愚子，火患莊園，胃火便血，有目疾腸胃之疾。

九三，生入。當運之時，明燈廳堂，權登高位，威望回鄉，兒女聰明得志；失運之時，恐有色難之劫、火災之厄。或男兒暴戾，名敗鄉里，家人有目疾，足傷之疾。

九四，生入。當運之時，廳堂煥發，夫榮妻貴，兒女聰明，文才優異，財富驟積，喜事頻來；失運之時，男女淫亂，身敗名裂，事業破敗，常有目疾、股腰之若。或子女淫蕩不歸。

九五，生出。當運之時，有地產之富；失運之時，婦生愚鈍之子。或陰神滿屋，生損目之子。若外局有破損之峰，子女名落孫山，家有目疾之人，或生花柳瘡毒。

九六，剋出。當運之時，文章顯達，七八九相聯，有八代文章之應；家人長壽安康，有武庫之財；失運之時，火燒天門，遇鬼神指責，家出罵父逆子，或背父出家為僧。若火剋金肺，則有吐血成癆之疾。

九七，剋出。當運之時，女子聰朋靈俐，横財就手；失運之時，男女花酒淫慾，家有回祿之災。或家財散盡而成癆疾。因九七為先後天之火，易有火災、官司。

九八，生出。當運之時，有田莊地產之富，有文職升遷之喜，家中吉事頻來；失運之時，火炎土操，婦生愚子，家人或有眼疾，胃火之疾。

九九，比和。當運之時，文章顯達，名揚四海，廳堂輝煌，驟發丁財；失運之時，婦多產女兒，男女好色，家中出眼疾之人，易有血光之災。

取用八運坐北朝南為案例來作說明

依玄空飛星八卦各方位吉凶斷訣如下：

巽卦：有山，主腸胃病，腳傷，運氣蹇滯，主人怪異，昧事異常，因財致禍。有水，恐有色難或蛇咬，出人常誤事，風疹之疾，或股肱、四肢之傷，或肝膽疾。

離卦：有山，大旺人丁，主聰明，出文人，科甲。有水，大發財利，置產。

坤卦：有山，旺丁，出文人秀士，啟八代文章。有水，為金生水旺，桃花旺，人緣佳，利於科名。財運不吉。

兌卦：有山，旺人丁，利地產或五金行業。有水，為金生水旺，桃花旺，人緣佳，財可。

乾卦：二五交加必損主，是非、健康不利，鬼魅多。有山，盲腸、腹部疾病，產厄。

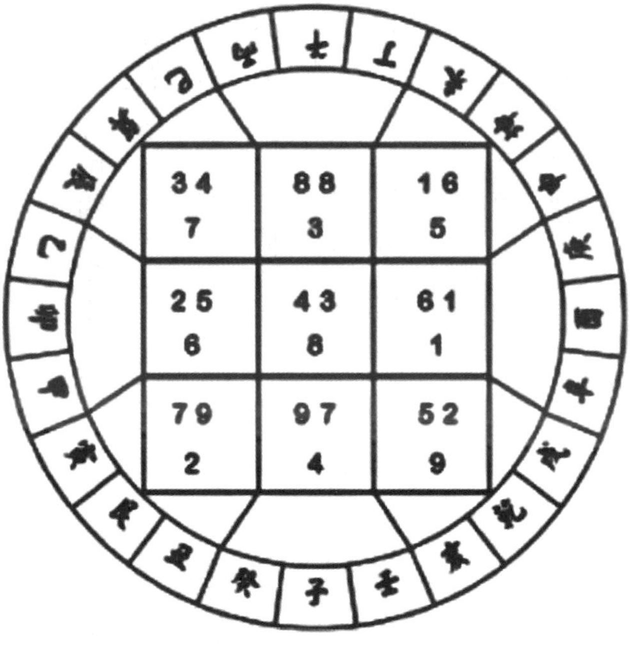

八運、子山午向下卦

有水，出寡婦、孕婦多災，皮膚病、瘡毒、腫瘤。

坎卦：有山，火照廳堂，家室興旺，其女聰朋靈俐。有水，男女多情，防火災，財運與事業不順利。

艮卦：有山，目疾、皮膚病，是非官災，回祿之災。午酉逢，江湖花酒，出浪蕩子。有水，男女多情，當運旺財，求名求財，大吉。

震卦：二五交加必損主，多是非、鬼魅，健康不利。有山，慢性腸胃病，皮膚病、腫瘤。有水，盲腸、腹部疾病、產厄。

中宮：有山，主腸胃病，腳傷，運氣蹇滯，主人怪異，昧事無常，因財致禍。有水，遊盪之子，恐有色難，常誤事，風疹之疾，或股肱、四肢之傷，或有肝膽疾。

如後圖，離卦方，飛星88有山，為當運之山，離卦的條文：有山，大旺人丁，主聰明，出文人，科甲。有水，大發財利，置產。故旺人丁，出貴，但是在離卦的45度中包含了丙午丁三山，在哪一山才是最佳所選，對福主最為有益？而得利的是哪一房？庇蔭何生肖？

並且丙午丁三山中又涵蓋了恆、鼎、大過、姤、乾、夬、大有、大壯，共八個小卦，其干支分別為庚午、戊午、甲午、甲午、癸巳、辛巳、己巳，在三元九運中如何取捨才能發揮最大效應，這是高級堪輿師所必須具備的知識。在下元八運中庚午恆卦先天卦氣8木，為當元旺數，在這5.625度的小角度上可以考慮取用，讀者即可知這方法的精細程度，如果能配合上福主的本命就有上述的吉應，如與福主的本命不合，或取用的不是當運旺氣的卦位，那就可以說整個佈局是吉中有缺，保平安財尚可，要催福取貴就有些困難，讀者假設是採用玄空飛星佈局，若能再配合玄空大卦之法，則為美中加美，吉中加吉，豈不善哉。

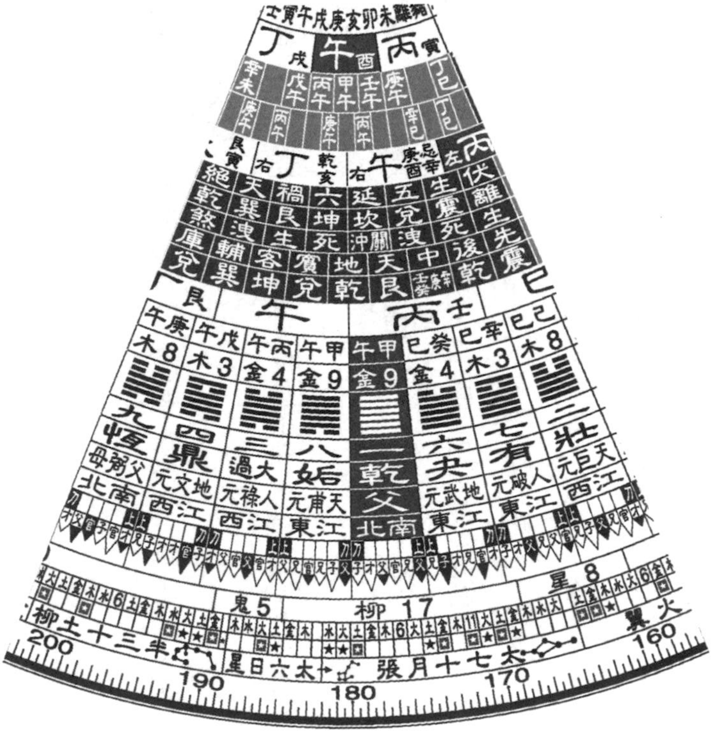

玄空六法與玄空大卦的結合

《玄空本義》敘：「玄學由來久矣，眾以為玄空為玄學，而不知其乃科學化之學術也。其論山水形勢，則地理學也。土質土色，則地質學也。佈局聚勢，力貴向心，則物理學之力學也。俯察仰視，成象成形，則天文學也。風水方位，陰陽中和，則氣象學也。八卦九宮，三元兩片，則又不外乎數學也。地理地質物理天文氣象與數學，人皆知其為自然科學矣，玄空地學闡明此諸學之體，而且習遠其用，不唯區此諸學之全，而且獨造其精，推而國之建邦經野，則有以知其興亡強弱。人之鐘靈毓秀，則有以知其質愚貴賤」。

金龍者，陽剛之動氣也。地之有金龍，猶人之有精神，故以（乾）之本體形容之。

金龍二字，看似奇特，而尤以動為最貴，龍而不動，當然已無生氣，而龍之上綴以金字者，以乾為金，六畫純陽，爻辭均以龍名之者，又以陽極於九，而其氣最健。地之氣脈亦然，變化莫測，消長靡定，故以龍名之，故曰金龍，極言其至剛至動之意，實有深意存焉。經云：「先看金龍動不動，龍分兩片陰陽取，乾坎艮震為陽一片，巽離坤兌為陰一片，此八卦方位之兩片也。陰一片為山，陽一片為水，此形勢之二片也」。

六法取吉，必以水之動與山之動，兩兩相對，精神兩全，方合兩片，若相對者，山動而水不動，或山大而水小，或有山而無水，有水而無山，兩無精神，則兩片不分，金龍不動，雌雄不交，陰陽無取，故以先看金龍動不動，為看地最要之旨。經云：「山上龍神不下水，水裡龍神不上山」。山管山，水管水，明明說得山自為山，水自為水，山有山之旺衰時間，水有水之旺衰時間，凡此皆不外乎取當元得氣旺運之山水為要。當元之山則旺丁、出貴，當元之水，則大發財利。

如以乾坤一卦之水火而言，坎水為上元一運之正神，根據先後天八卦轉換，以陽九陰六計算，坎水為上元一運龍旺二十七年，離火為零神，水旺一十八年，如以下元末運論，離火為正神，龍旺一十八年，坎水為零神，水旺二十七年，此先天之體，後天為用，合而用之真旨。

堪輿佈局最重者山與水，水與山，明此理即能知左右陰陽雌雄交媾。左右陰陽雌雄交媾之理與山水配合，即所謂體無用不驗，用無體不靈，形氣兩合，合於元運，再合主事，乃見禍福。

玄空六法的元運與一般的三元九運略有小異，玄空六法的元運在上元一二三四運，取後天乾坎艮震四陽卦為山一片，巽離坤兌四陰卦為水一片，下元六七八九運，以乾坎艮震四陽卦為水一片，巽離坤兌四陰卦為山一片，此統而言之也，故又稱為二元八運。

人之體有氣則生，無氣則沒；地之體，有氣則靈，無氣則絕，地理即人理，人體是陰陽二氣之所成，富貴、貧賤、智愚、壽夭皆稟乎氣。山水之吉與凶，亦不外氣之流轉，得運則旺，失運財衰，堪輿師為人造福，必然是順應天地自然流行之氣機，取其旺氣，避其衰氣而已。

經云：「江南龍來江北望，江西龍去望江東，南與北對，東與西對，故一必對九，二必對八，三必對七，四必對六，不合十者，金龍不望，不望則不交矣」。故云山水兩片，而相見必取相對，不相對則雖相見而不能相交。玄空六法挨排之法，與沈氏玄空飛星又有些相異，沈氏玄空飛星元旦盤不分陽奇陰偶，而玄空六法則須分陽奇陰偶，一三七九為陽，二四六八為陰，陽順陰逆，飛佈九宮。地理形勢理氣取用之法，其氣在上而流行於周天360度之間，下而循環於二十四山之位次，總之一動一靜，不出二十四山之間，六合與密，皆二十四山三百六十度在焉，這是讀者在排盤時必須注意的地方。

二元八運的理論

兩元八運的理論是只分成「上元」和「下元」，上元再分成一、二、三、四運，下元則是六、七、八、九運。每一運的時間長短不一，並非固定的二十年。想要知道各運的時間長短，就得先知道各運本身有一個代表性的卦，這卦與運的關係是怎麼來的呢？那是洛書和先天八卦配合起來的結果。

在「先天八卦配洛書數」圖中每一個數字所在的宮位恰好有一個配合的卦，這也就是一運至九運各運的代表卦，例如一運是坤卦，二運是巽卦，三運是離卦，四運是兌卦，六運是艮卦，七運是坎卦，八運是震卦，九運是乾卦。

知道各運的代表卦之後，要如何推算各運的時間長短呢？那就得從各卦的陰爻和陽爻來分別計算。在易經中古人是用「九」來代稱陽爻，以「六」來代稱陰爻。例如乾卦的第一爻就稱為「初九」，第二爻就稱為「九二」，第六爻就稱為「上九」。又如坤卦第一爻就稱為「初六」，第二爻就稱為「六二」，第六爻就稱為「上六」。因此在計算各卦運的時間長短時，遇到陽爻就以九來計算，遇到陰爻就用六來計算。

《玄空本義》：「上元一二三四運，取後天乾坎艮震四陽卦為山一片，巽離坤兌四陰卦為水一片，下元六七八九運，以乾坎艮震四陽卦為水一片，巽離坤兌四陰卦為山一片，此統而言之也。既有山水兩片矣，而相見必取相對，不相對則雖相見而不能相交」。

故經云：「江南龍來江北望，江西龍去望江東，南與北對，東與西對，故一必對九，二必對八，三必對七，四必對六，不合十者金龍不望，不望則不交矣，其挨排之法，須分陽奇陰偶，一三七九為陽，二四六八為陰，陽順陰逆，飛佈九宮」。

關於無形陰陽之氣，除了八卦的陰卦、陽卦、陰爻、陽爻彼此兩兩相對之外，在玄空六法中，另外一個相當重要的陰陽對待之氣，就是

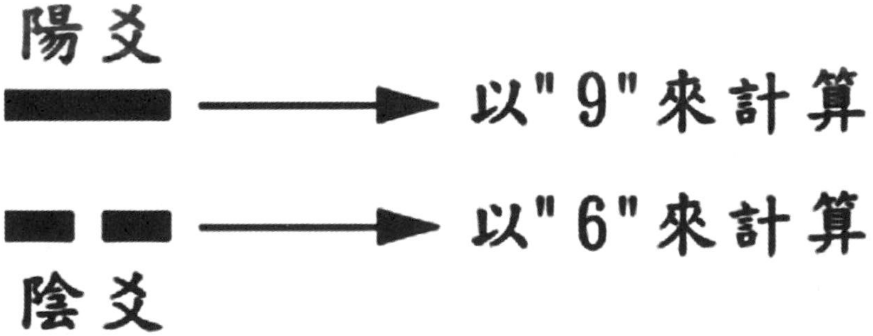

「正神」與「零神」的區別。

例如上元一運，一運的代表卦是坤卦，坤卦由三個陰爻組成，陰爻以六來計算，所以一運坤卦涵蓋的時間就是：6×3=18年。又例如二運為巽卦，巽卦由兩個陽爻和一個陰爻組成，陽爻以九來計算，陰爻以六來計算，所以二運的時間就是：9×2+6=24年。其餘各運均依此法則計算，即可得知各運的時間長短，觀以下圖示即可一目了然。

在兩元八運的理論中，上元一、二、三、四運合計是九十年，下元六、七、八、九運合計也是九十年，兩元八運總共一百八十年，和三元九運的總時間一樣，而且同樣是起於甲子年，經過三次六十甲子循環，最後同樣止於癸亥年。三元九運據說是和星辰的運行週期有關，兩元八運則是由易經、洛書、八卦等原理所導出，所以它包含了陰陽的變化，即是易經陰陽爻的轉換；空間方位的涵義即是洛書九宮方位，以及大地山川自然環境的相互關係來自於八卦的象徵意義，因此玄空六法兩元八運的元運推算法又稱為「地運」，常用的三元九運推算法又稱為「天運」。

玄空六法年運之計算．統二元而分八運．

並以先天八卦卦爻陽九陰六之法計之。

其算法如下：

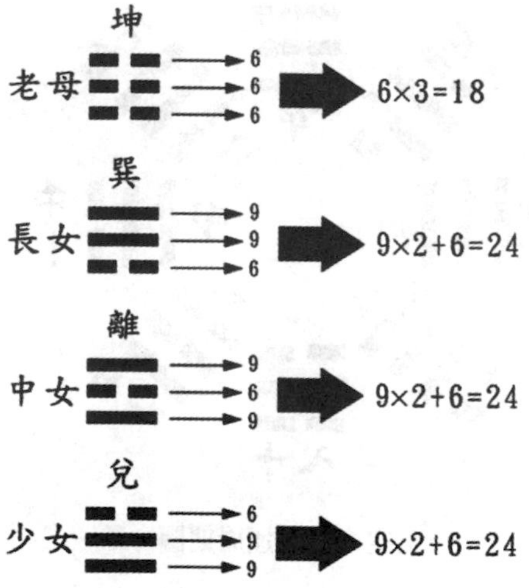

後天坎一運・先天坤・為三陰爻・統１８年
後天坤二運・先天巽・為二陽爻一陰爻・統２４年
後天震三運・先天離・為二陽爻一陰爻・統２４年
後天巽四運・先天兌・為二陽爻一陰爻・統２４年
（此為上元之一片共九十年）
後天乾六運・先天艮・為二陰爻一陽爻・統２１年
後天兌七運・先天坎・為二陰爻一陽爻・統２１年
後天艮八運・先天震・為二陰爻一陽爻・統２１年
後天離九運・先天乾・為三陽爻・統２７年
（此為下元之一片共九十年）
八運上下元合計共統１８０年
以下是最近三元九運與兩元八運年運的起止。讀者可以依此做一比較。

玄空六法元運周期圖

【三元九運】

上元：

一運：一白水星管事，1864～1883年。

二運：二黑土星管事，1884～1903年。

三運：三碧木星管事，1904～1923年。

中元：

四運：四綠木星管事，1924～1943年。

五運：五黃土星管事，1944～1963年。

六運：六白金星管事，1964～1983年。

下元：

七運：七赤金星管事，1984～2003年。

八運：八白土星管事，2004～2023年。

九運：九紫火星管事，2024～2043年。

【兩元八運】

上元：

一運：一白水星管事，1864～1881年。

二運：二黑土星管事，1882～1905年。
三運：三碧木星管事，1906～1929年。
四運：四綠木星管事，1930～1953年。
下元：
六運：六白金星管事，1954～1974年。
七運：七赤金星管事，1975～1995年。
八運：八白土星管事，1996～2016年。
九運：九紫火星管事，2017～2043年。

玄空六法大金龍

其次，金龍位置的推算法，就是將各運的數字放在中宮，然後循著前述的軌跡路線，按照奇數順行、偶數逆行的規則排列其它各數。最後看五落在何宮，該宮位就是大金龍的位置。

各運大金龍位置

一運時（奇數），大金龍在對面離宮。
二運時（偶數），大金龍在本宮坤宮。
三運時（奇數），大金龍在對面兌宮。
四運時（偶數），大金龍在本宮巽宮。
六運時（偶數），大金龍在本宮乾宮。
七運時（奇數），大金龍在對面震宮。
八運時（偶數），大金龍在本宮艮宮。
九運時（奇數），大金龍在對面坎宮。

青囊序：「富貴貧賤在水神，水是山家血脈精，山靜水動晝夜定，水主財祿山人丁」。此段談氏註解中提到：「坤水發於二運，艮水發於三運，屬上元。乾水發於六運，巽水發於七運，屬下元」。

當下元六、七、八、九運時，大金龍分別落在乾、震、艮、坎這四宮，而乾、震、艮、坎全為陽卦，以人倫關係來比喻，代表的是家中男性，其中乾為老父，震為長男，坎為中男，艮為少男。所以下元運時，大金龍總是會落在陽卦男性這一邊，從「後天八卦配洛書數」圖中來看，則大約是分佈於九宮的下半部。這也就是「玄空本義」中常常提到的兩片之說，所謂上元一片、下元一片，陰一片、陽一片。

九	五	七
八	一	三
四	六	二

例如一運時，就將一放在中宮，一為奇數故順行，所以二到乾宮，三到兌宮，四到艮宮，五到離宮所以大金龍在離宮，六到坎宮，七到坤宮，八到震宮，九到巽宮。如上圖。

三	七	五
四	二	九
八	六	一

二運時，就將二放在中宮，二為偶數故逆行，所以一到乾宮，九到兌宮，八到艮宮，七到離宮，六到坎宮，五到坤宮所以大金龍在坤宮，四到震宮，三到巽宮。其餘各運之金龍位置均依此類推。如上圖。

玄空六法與六十四卦

六甲則以地支十二宮，輪配陰陽十天干，完成六甲以配周天，六十四卦以八宮為分野而成一周天，其法以天干循十二支宮繞太極五周復原，子至六宮，即依「陽從左轉」之法，天道左旋，三百六十度為一周天，六十卦均平，每卦佔五、六二五度，故由子午線零度左之復卦開始，每經五、六二五度挨一卦。

自震經離兌至乾四宮，從復卦經頤卦——屯卦——益卦——震卦——噬嗑卦——妄卦——明夷卦——賁卦——既濟卦——家人卦——豐卦——離卦——革卦——同人卦——臨卦——損卦——節卦——中孚卦——歸妹卦——睽卦——兌卦——履卦——泰卦——大畜卦——需卦——小畜卦——大壯卦——大有卦——夬卦——乾卦而歷三十二卦，會合午未申酉戌亥六宮右行，以配合先天陰卦巽坎艮坤四宮，自姤卦經大過而至坤卦亦共歷三十二卦，再接子宮週而復始，東西南北，共歷六十四卦，共配六十四卦而為一周天。趨吉避凶，自有一定之取捨，依照卦中之陰陽五行以及象數、卦氣、卦運，推算出旺表及吉凶禍福，地學之真旨，在此六十四卦中求之。

玄空飛星學可以做為旺財佈局，也有旺丁佈局，這是福主最大的需求。所謂旺丁，重要的是要提高人丁素質，從而提高整個國家的人才素質，促進國家的繁榮昌盛。

旺丁佈局條件是當旺的丁星見山，即主旺丁。如丁星為陽星，則主旺男丁的機率高，如丁星為陰星，主旺女口的機率高。但這並不是絕對的，應由六十四卦的卦氣、卦運與主事的八字配合度來做決定。山無水不交，水無山不合，一動一靜，一陰一陽，主財主丁，就在親臨現場，羅盤轉動的一線之間。

假設是在八運中用玄空六法佈局，假如丙午丁三山有水，是屬於旺財的部位，而其中涵蓋了恆、鼎、大過、姤、乾、夬、大有、大壯，共八個小卦，其干支分別為庚午、戊午、甲午、甲午、癸巳、辛巳、己巳，在玄空六法中，如何配合大玄空六十四卦來做適當取捨才能發揮最大的效應？

在下元八運中，羅盤45°中的丙午丁三山之中，鼎、大過兩卦可以是最佳選擇項目，當然在這個前提下，首先先確定所立的分金度是哪一卦，哪一爻與巒頭、山峰、來水、出水卦氣、卦運是否合局，再作取捨，其次再配合上福主的本命，就有上述的吉應，如與福主的本命不合，那就可以說整個佈局的吉兆就很難發揮出來。

玄空六法在應用上是採用兩元八運，以兩元八運的系統連貫整個六法理論，因此本段提

丙午丁三山其中含蓋了恒、鼎、大過、姤、乾、夬、大有、大壯，共八個小卦。

到的元運系統除非特別註明，否則皆以二元八運的法則來看待。正神與零神的應用和方位有很大的關係，而正神與零神的方位分佈，又會隨著元運而變化，所以也和時間有密切的關係。

此元運的算法與玄空大卦所用的三元九運有些許的相同，也涵蓋著一些很明顯的差異性，故使用時要特別留意，當兩者有共通性時，則感應快速。

零神正神分佈於八方，恰好有四個方位為正神，另外四個方位為零神，從「洛書九宮零神正神相對圖」中，可以看見零正分佈的兩種情況，當一、二、三、四宮為正神的時候，六、七、八、九宮就是零神，而當一二三四宮為零神時，六七八九宮就為正神。所以一二三四宮是一組，六七八九宮是一組，當這一組是正神的時候，另外一組必定是零神，反之亦然。

正神，可視為一股陽氣，零神，可視為一股陰氣。這零正陰陽二氣隨著元運的不同，而在四面八方各個宮位流轉變動。但不管怎麼變動，從「洛書九宮零神正神相對圖」中，我們可以發現，當某一方是正神時，與其面對面的另外一方必是零神，當某一方是零神時，對面一定是正神，就像先天八卦圖一樣，陰與陽必定相對相望。

結論

堪輿家又稱為形家，為主家選擇最佳宅第及墳墓，主要是相度形勢，形勢是以目測之，需要眼力精巧，常見山水廣大之地，出人多度量寬宏，山水逼窄，人多胸襟狹隘，山端正而水清平，出人平易正大，山峻嶒而水沖激，出人兇狠乖戾，古書上說：五峰連聳、唯中獨高、當出刺史、知州之職，小山累累、如盞瓶之樣、主人富。娥眉山現、主女人清秀、為宮妃之貴。群峰矗矗、迎秀于前、疊嶂層層、侍從於后、主出公侯。大凡一個英雄豪傑之誕生，必稟受山川之靈氣。

古人曰：陰宅一「線」，陽宅一「片」，「陰宅」即墳墓，墳墓用地不必太大，能合「龍真穴的」，又其合乎「山環水抱」，理氣合於玄空六十四卦要求，雖僅數坪地亦不嫌其小。祇要剪裁適度，立向、消砂、納水得法，收山、出煞得宜，便可平安發達致祥。

有形與無形的結合，必須考慮零神和正神的分佈情況，正神是一股陽氣，零神是一股陰氣，而陰陽相交之理即是：陰要見陽，陽要見陰。所以在應用上，就要將有形的雌放在正神的位置，把有形的雄放在零神的位置。

例如，以山和水來說，山靜為陰為雌，而陰必須和陽相配，正神為陽，所以山必須座落於正神方，如此有形與無形之陰陽才能互相交流、相互融合、陰陽相濟，並且使住宅或墳塋納得山之旺氣。而水動為陽為雄，陽須與陰配，零神為陰，所以水必須位於零神方，才能陰陽交融、陰陽相濟，並且使住宅或墳塋納得水之旺氣。

至於某運得，某運失，某年吉，某年凶，某時利，某時不利，一二三四六七八九為終始，週而復始，循環無端，合時則吉，失時則凶，生旺則吉，衰死則凶，行之於地理陰陽，喻之於人事得失，吉凶有方位之辨。

大玄空運用卦爻有陰陽之分，一先一後，一山一水，如影隨形。堪輿貴在融通各派，只通一門或兩門亦大有人在，不過偶而會現出些許差錯，或些許的不合乎理氣，因為各派門皆有其專長與優缺點，所以想當一位稱職的堪輿師應該多讀書、多印證、多學習，每一門派的口訣都要認真研究。

堪輿理論諸多，一言以蔽之，無非是得天地自然間之旺氣而已。氣是構成世界本元的元素，它無所不在，山中有氣是為活山，則林鬱蒼翠，生氣蓬勃，鳥語花香；水中有氣，則流水潺潺，草木欣欣向榮，魚蝦潛游活潑；人得氣而精神飽滿；地得氣而滋生萬物，絲毫不能假借，玄空之意旨，卦爻之吉凶，山水龍脈、房份、年命之配合，堪輿師運用之妙理，融合各派堪輿精密理論，本書盡述之。

（以上玄空六法部分圖文參考育林出版社・張成春編《玄空本義・談養吾全集》以及林志縈老師著《玄空六法秘訣圖解》部分資料，謹此致謝。）

玄空法鑑跋：「地理以三卦為宗，三卦以玄空為主，玄空之旨不明，則三卦之用必舛，而地理之學不真。中陽蔣氏辨正一書，其名不在楊曾下，惜其詞簡而義晦，閱者從暗中摸索，了無確處，故乾坤法竅，辨正補義，辨正直解，辨正解疑等書，接踵而起，人人言玄空，實人人不解玄空。而三卦之害，更甚於三合可恨也。鄙性好談山水，每遇名勝，及前人名墓，不憚登涉，考證有年所矣，近以安厝二親窀穸，不敢委之庸師，欲探玄空之奧，以從事若為諸家所惑，莫定旨歸，幾欲廢書而退，壬辰適青城」。

「輝山夫子，振鐸中川，謁誠請教，猥蒙不棄，辨其訛謬，示以真詮，始知玄空的解，本儒家太極之精，即仙佛證道之原，實地理無上之義。歷來名師所密，秘而不肯輕洩者，今且著為成書，正告天下，天下讀青囊天玉而不得其解者，以圖證註，以註合圖，得此一篇，不第迷津之寶筏，覺路之金繩，豈但有功於辨正，其造福於天下後世，不尤溥哉。幸與校之末，敢掇數語，以志授受有自云」。

玄空秘法非經師傳，難憑心悟。分為四大綱領，一雌雄，一元運，一金龍，一挨星，採圖必精，集註甚約，不敢一字杜撰以誤人。

楊公養老看雌雄，曾序首句已說盡諸經道理，其訣只在交媾處生出妙用來。易緯云：「易一名而含三義」。玄空即變易之理，然錯綜其數。孔子已先言之矣，而世儒豈能不悟？

易曰：「天垂象，見吉凶，聖人則之。河出圖，洛出書，聖人則之。作太極，序八卦，明闔闢，判柔剛，理氣象數，四德咸備」。

易經是中國的十三經之首，易經的哲理可說是真理，而真理的定義是不會依時間而有所改變，是千古不變的。無極的原義就是道，指道是不可窮盡的。道門人士都是在這此意義上使用無極的概念，但在不同場合引伸的側重點稍有不同，是故千變萬變，不離其變，而在易經的變易中，亦皆存在其變易的道理，有原則可循。

震一索而得男，謂之長男。巽一索而得女，謂之長女。知用矣，而不知權，則用不精。玄空法鑑：「地學以形勢為體，理氣為用，二者不可偏廢，形勢俗書汗牛充棟，學者總宜以楊公九星為主」。

「蔣氏作辨正，有功於楊公，然不肯直揭本原，使讀者猜想於疑似彷彿之間，按圖索驥，指鹿為馬，誤盡天下聰明才子，非徒自誤，且又誤人，則自有辨正以來，其禍於斯世，可勝言哉！」著書立說，大都吞吐含餬，貌為艱深，使人莫測於是。偽書雜出，大道昏於長夜。

陰陽之氣，噫而為風，升而為雲，降而為雨，行乎地中而為生氣。生氣行乎地中，發而生乎萬物。氣產生天地，氣的清陽部分散佈而成天，重濁部分凝聚而成地。天地形成之後，萬物得以產生。

河圖、洛書、先天卦、後天卦、陰陽、五行生剋是一體而不可分割的，這些是五術常用的一些基本元素，八卦的無窮變化，其奧妙至精至微，其中有其邏輯可循，符合天地定位之理，變化過程看似非常複雜難懂，而實有著依循的規律、排列及程序，未按其規律變化。

《周易參同契》養性立命章第二十：「將欲養性，延命卻期。審思後末，當慮其先。人所秉軀，體本一無。元精雲佈，因托初。陰陽為度，魂魄所居。陽神日魂，陰神月魄。魂之與魄，互為室宅。性主處內，立置鄞鄂。情主營外，築垣城郭。城郭完全，人物乃安」。

人類能夠對氣場有感應，氣場會感應到往來在氣場中者，不良氣場招來凶災、橫禍。好氣場、好風水，帶給人健康、富貴。本書不厭其煩，採取諸家之長，希望讀者能融通各家，取其各家之精華，不可偏廢。

賴布衣消砂法——收山出煞法則

收山出煞也稱之為消砂，通過合理確定分金座向，配合主事者的年命，以及房份，選擇最理想的分金坐度，使大多數的砂成為吉砂，盡可能將凶砂減少到最少的方法就稱之為收山出煞。

亦即將旺砂、生砂、財砂收為我用，將煞砂、泄砂撥開。砂所在的位置是固定的，同一個方位上的砂是吉還是凶，其五行是不變的，但是隨著坐山的角度不同，砂的生剋就會跟著改變。所以收砂出煞的要領就在於根據砂的分佈情況來確定合理的座向，因穴制宜，合理裁剪。

宋代江西定南鳳崗賴布衣，引進二十八宿天星五行創製人盤，專用於收山出煞。此後贛南楊公風水術的門內弟子均用地盤挨星七十二龍格龍、定向，用人盤消砂，用天盤納水。人盤的增設使羅盤天地人三才兼備，風水術的消砂從理論到實際操作形成了完整的體系。

賴公的消砂訣是根據宋代當時二十八宿天星位置所確定，甲丙庚壬、子午卯酉屬火，辰戌丑未屬金，乾坤艮巽屬木，乙辛丁癸屬土，寅申巳亥屬水。

以人盤坐山為中心，與四周之砂的中針五行論生剋。比和者為旺砂，生坐山者為生砂，為坐山所剋者為財砂，坐山所生者為泄砂，剋坐山者為煞砂。旺砂、生砂、財砂為吉砂，泄砂、煞砂為凶砂。

吉砂並非全吉，凶砂並非全凶。吉方之砂如果不合形法的要求，破碎、傾崩、歪斜、無情，有不如無；凶方之砂如果秀麗端莊，又正好是坐山的祿馬貴人，則可化煞為權，反成吉砂。

賴布衣秘傳撥砂歌

消砂別來有五種，奴旺煞分洩與生，
他來剋我為七煞，我生他也是洩名，
旺神即是我生我，他來生我號食神，
食發科甲人丁誕，旺司財祿多子孫；
生不正兮只及旺，兩旺高明過一生，
剋我煞高則禍絕，我生洩氣漸凋零，
我剋奴砂為財帛，居官財祿得和平，
大地由來多帶煞，兩邊公位從不勻，
龍氣盛旺煞無力，閃脈脫脈煞最靈，
龍弱砂弱洩旺秀，女嫁豪門誕腹英；
為生為旺貴在內，旺秀嫌洩在門外，
此為賴公親口訣，唯有挨星法最靈。

撥砂歌

乾坤艮巽是木鄉，寅申巳亥水神當，
辰戌丑未金為局，乙辛丁癸土相傷，
甲庚丙壬原屬火，子午卯酉火依相。
生我食神居兩榜，比和人才發科場，
我剋是財為儲祿，剋我七殺最難當，
泄我文章窮到底，女邊功名好又強。

賴布衣消砂法

《穿山透地真傳》：地理諸書以砂形美，便稱其為出富、出貴，砂形不美則稱之為貧賤，寶鏡則不然。

如貴人在生氣方，則出公卿將相，仙佛科甲。
若貴人在旺氣方，則出科貢秀才，人丁富厚。
若貴人在退氣方，則出窮酸蕩子，畫工乞丐。
若貴人在煞氣方，則出美貌盜賊，忠臣烈士。

假如見一火星歪筆砂，地理書以其形惡，便指出僧、出賊。寶鏡亦不然。

如見歪筆砂在洩氣方，則出和尚法師，畫工技藝。

如見歪筆砂在煞氣方，則出盜賊煞人，武將橫行。

如見歪筆砂在生氣方，則出貪佞宰相，邪媚奸臣。

如見歪筆砂在旺氣方，則出豪富奸淫，占產武斷。

賴布衣：砂形雖美，位凶方，亦恐歲久非吉。

張九儀：地無催官砂，不發科甲。此竅一得催科甲、催生子、催財，更兼天星祿馬貴人法，更兼天官五行權蔭文魁朝元守垣諸法，所以應驗較砂法更速。

若山頭結為火局

邱延翰言砂云：「翻來倒地面向天，總在撥砂尖上論」。凡看山巒之砂筆，必須於立穴之中心點，將羅經仔細校正，看二十四山方位，落於何峰，是何星宿，星宿的五行，如能得生、旺則吉。吉星落於高處山峰則吉，凶星落於高處山峰則凶，再審查房份、主事，就能得知吉凶剋應。

如透得木龍：

外木來生火，名為生氣，曰食神，相逢得吉，發科發甲，顯貴。

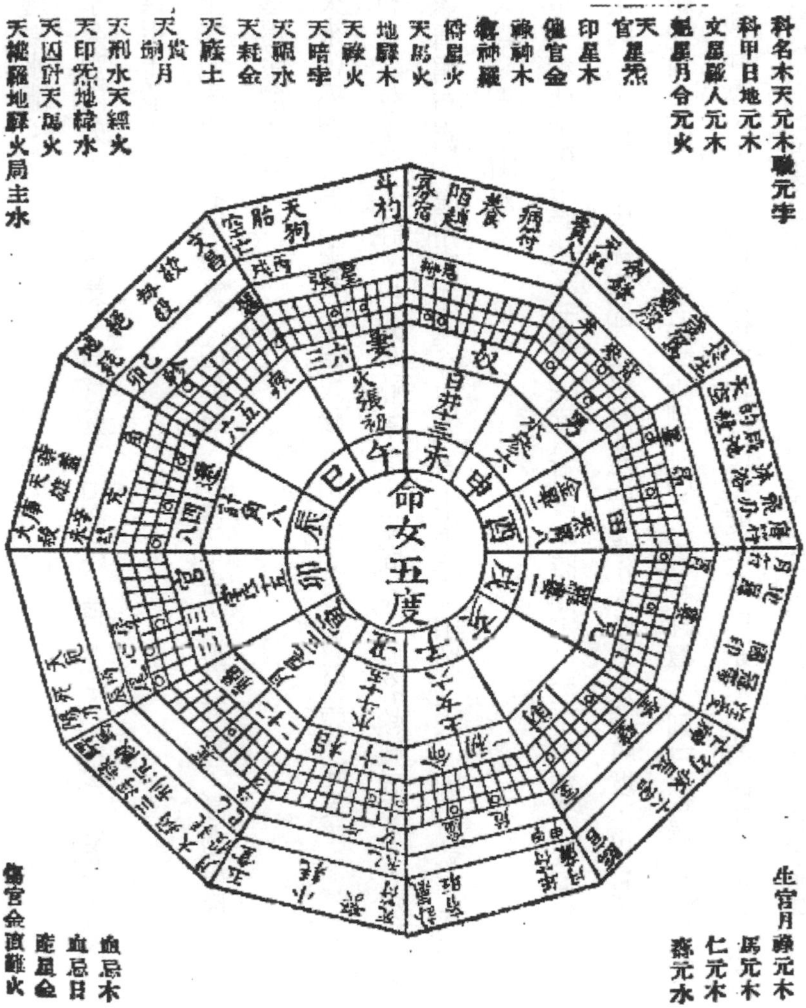

《果老星宗・星度指南》書中所示的天星宿度

如透得火龍：

外火來助內火，名為旺氣，曰比肩，相逢得吉，發丁發財，白衣作官。

如透得水龍：

外水來剋內火，名為煞氣，曰官鬼，出盜賊，犯人命，官訟，是非。

如透得土龍：

外土來洩內火，名為洩氣，曰退氣，相逢不吉，退財敗家，漸漸消條。

如透得金龍：

內火來剋外金，名為妻財，曰奴砂，相逢亦吉，發財帛、旺人丁。

賴布衣（生卒年不詳，只知生於宋徽宗年間），原名賴鳳岡，字文俊，號先知山人，又號布衣子，遂稱賴布衣。處州盱江（今江西省定南縣鳳山岡）人，因自號布衣子而被稱為賴布衣，也有號為太素、先知山人。

賴布衣是在宋徽宗時代，至今已經八百多年時間了。二十八宿天星每年西移50.2735秒。而現在的羅盤上的二十八宿分度卻大部分沒有即時調整，大多數是開禧度，也有羅盤加上清代的時憲度。

開禧元年是西元一二〇五年，到二〇一二年計算，則已經過了807年的時間，以每年西移50.2735秒計算，天星已經西移大約11.255度，所以原來的消砂訣可用於印證古書的堪輿案例，對於先賢提供的堪輿心法去作實證，但是要注意星宿的位移，需要隨著每一年代的更異稍作調整，故而現在不能直接使用宋代版的天星，必須通過計算進行調整後使用才會準確。

	統天	開禧	會天	授時	
斗四度	三十五分九十二秒	三十分三十九秒	三十四分九十七秒	斗三度七十六分八十五秒	入丑宮
女二度	九十五分九秒	九十二分九十三秒	九十二分八秒	六分三十八秒	入子宮
危十三度	四十七分一十七秒	三十六分八十二秒	四十分八十七秒	危十二度三十八秒	入亥宮
奎二度	三十七分二十秒	三十八分三十六秒	三十六分二十九秒	奎一度七十三分六十三秒	入戌宮
胃四度	十九分十五秒	二十三分二十秒	三十三分七十九秒	胃三度七十四分五十六秒	入酉宮
畢七度	八十二分四秒	九十六分七十三秒	九十四分八十二秒	畢六度八十八分五秒	入申宮
井九度	四十二分八十九秒	三十三分六十八秒	四十分一秒	井八度二十四分九十四秒	入未宮
柳四度	柳五度二十七分	九十六分三十四秒	九十六分十八秒	柳三度八十六分八十秒	入午宮
張十五度	六十二分四十四秒	五十二分四十四秒	五十七分七十九秒	六十六分六秒	入巳宮
軫十度	六十五分空秒	五十六分二十四秒	五十分十六秒	七分九十七秒	入辰宮
氐一度	七十四分五十一秒	七十七分二十三秒	七十七分六十九秒	十四分五十二秒	入卯宮
尾三度	八十六分六十一秒	九十七分八十七秒	九十八分六十七秒	十分十五秒	入寅宮

果老星宗所載：黃道分野宿度

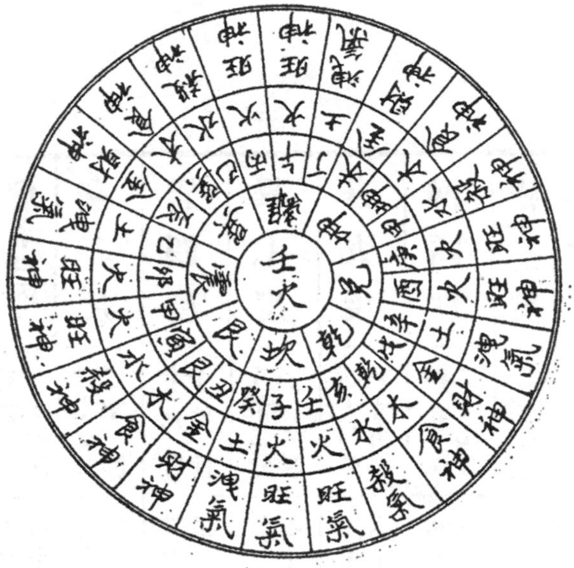

壬山消砂圖

子山消砂圖

癸山消砂圖

丑山消砂圖

艮山消砂圖

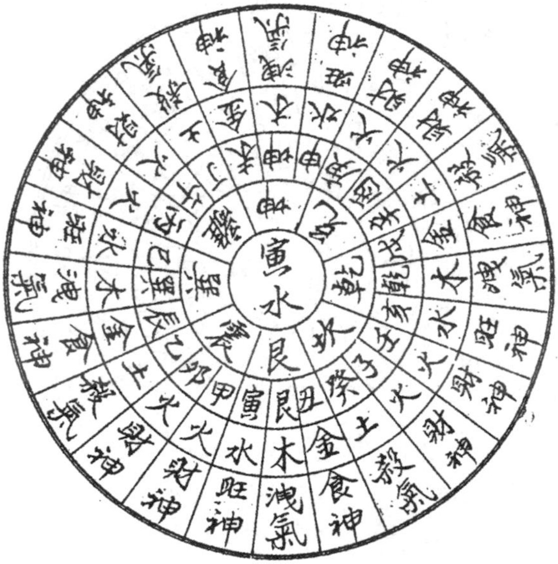

寅山消砂圖

甲山消砂圖

卯山消砂圖

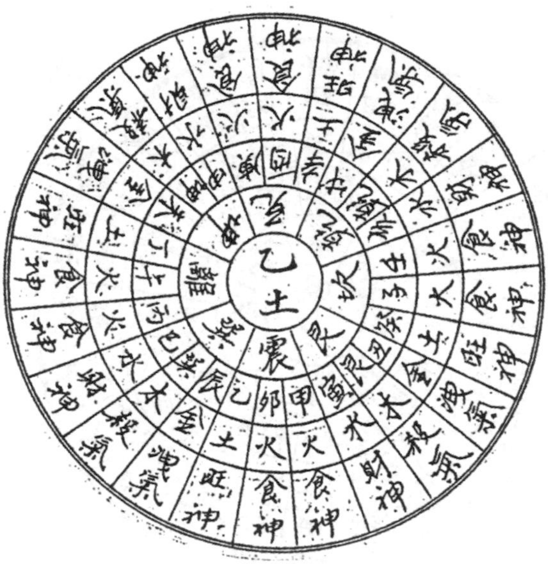

乙山消砂圖

辰山消砂圖

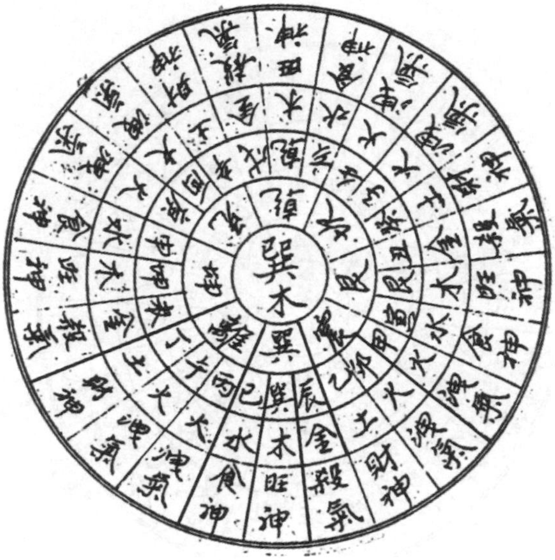

巽山消砂圖

巳山消砂圖

丙山消砂圖

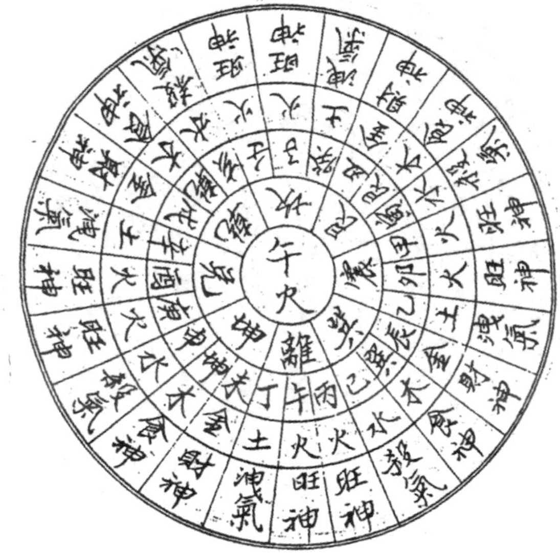

午山消砂圖

丁山消砂圖

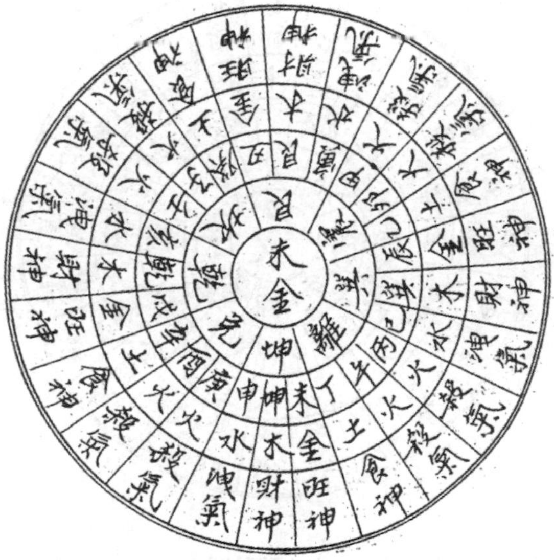

未山消砂圖

坤山消砂圖

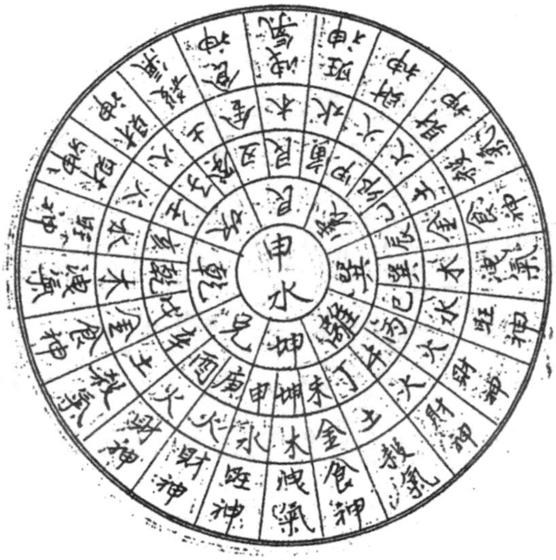

申山消砂圖

庚山消砂圖

酉山消砂圖

辛山消砂圖

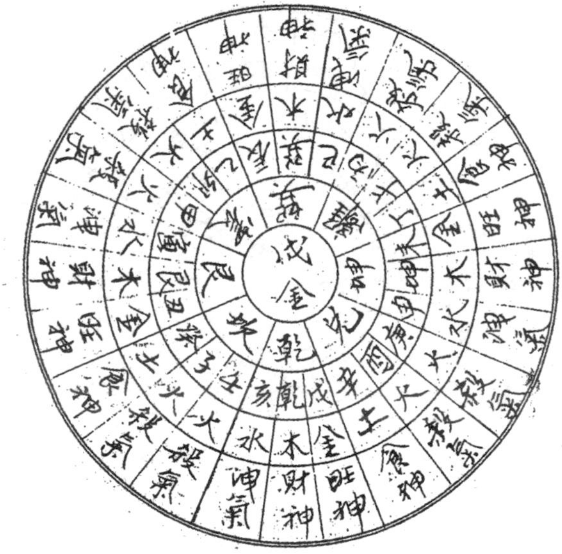

戌山消砂圖

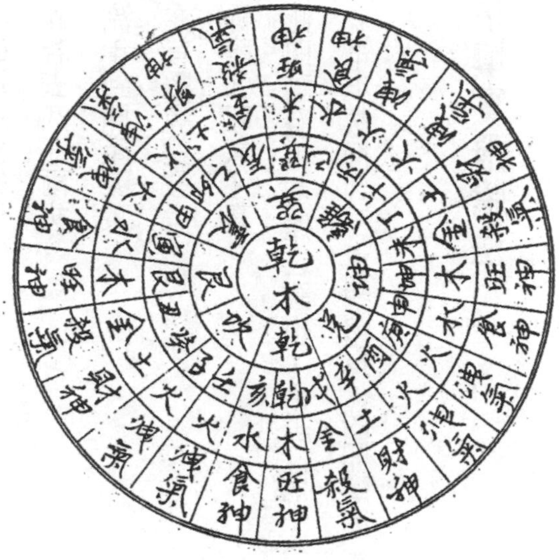

乾山消砂圖

亥山消砂圖

撥砂法吉凶剋應分析

撥砂詩云：

欲識人家何代發
詳砂遠近便知情
砂若去穴三兩丈
流年到即產豪英
亦有數尋就發者
神龍強旺氣注真

此即論發福遲速之訣也，若吉砂近穴而有情者，即用步弓尺，每步四尺五寸，一年一步量去，流年步數行到，吉即斷吉，凶即斷凶，或流年填實其方，即應驗如神。

沖吊填實飛騰法

一、沖吊

沖，是六沖：子午沖、卯酉沖、寅申沖、巳亥沖、丑未沖、辰戌沖。

吊，是三合：申子辰三合，亥卯未三合，巳酉丑三合，寅午戌三合。先看高峰之砂，在何方為主，挨流年月建之沖吊詳推論也。

如巽山屬木，辰峰高起屬金銳利，則金剋木，尅我者為煞，遇申子辰三合年並吊動辰峰，故申子辰其中任何的一年遇戌月，定主災禍損丁敗財。

二、填實法

坐庚山甲向屬火，亥方之砂屬水，水卻來尅火為煞神，而亥年填實亥峰，亥峰則在庚山之左，故應長房亥年發凶也。

三、飛騰法

1.飛騰即是三合之法，用二字合照在一起也，如午山屬火，辰峰屬金，火剋金，我剋為奴曰吉砂，可是到了申子年拱合辰，申子辰三合五行水，水剋火為午山之煞神，反主退敗損人丁。

2.甲山屬火，乾峰屬木，木生火，生我為食神，生砂吉。可是逢辛年拱乾，辛屬土，火生土，我生我為洩神，因辛年為甲山火之洩氣，主疾病耗損。

四、認砂篇

形貌之妍媸，必肖山川之美惡，故嵩嶽生仲尼孔子，吳景鸞曰：「高原之地，人多狂躁；散亂之地，人多遊蕩；尖惡之地，人多殺傷；福壽之地，人多福壽；秀穎之地，人多輕清；濕下之地，人多重濁；頑硬之地，人多執拗；平夷之地，人多忠信」。

楊筠松：「山肥人飽，山瘦人飢，山俏人美」。司馬陀頭：「以端方而其知忠，以傾側而知其佞，粹美知慈，威武知斷，況其出脈有偏正，卓展有大小。所謂砂管人丁，人丁相平，其砂者正。人盤收砂之謂耳，水不彎環水無情，外砂不及內砂力，外水不及內水親」。是故山高則水急，水急則人貧。其實砂不必拘其形體，但以端巧秀媚、光彩、平正、齊整回抱有情為吉，向穴尖射、臃腫、粗大、破碎、醜惡、走竄反背無情為凶也。

附錄

八純卦抽爻換象些子變卦法

自古以來在風水堪輿界略似神仙事蹟，神秘異常的，奇蹟似的，可救貧致富致貴化腐朽為神奇，傳說中的靠風水地理術來扭轉乾坤而成就帝王之霸業，寅葬卯發、抽爻換象、移步換形，些子變卦法始終被披上一層的神秘面紗，其實說清了以後，讀者就能輕易的明白其中奧妙，更甚而可瞭解它是有學術的根據，些子變卦法之意可用拆字法將些子拆成此二子，而此二子即乾坤為大父母所生之二子，是為長男、長女、中男、中女、少男、少女，皆為陰陽對待關係，而子亦為小兒，小小或小子之意，而些字代表些微，些小、些些少許，微細些小之意涵，故此為陰陽消長遞演之變化法則，其變化是些些、小小、些微、細小之變化，並不是一下子就產生180度轉變，其變化法則為易經的變易、不易、簡易之內涵，即陽變陰，陰變陽，陽中有陰，陰中有陽，陽來陰受，陰來陽受之法則的內涵應用。

但是讀者須知，不管你如何去抽爻換象，或是如何運用些子變卦法去變，不管你如何去翻卦變卦，總之萬變不離其宗，因不管是風水堪輿之裁剪造作以後變好或變壞皆是福東來承受，如此以福東為白老鼠來試驗，這對福東是不合理的，因此福東在選擇地理師不得不慎重，也應格外的考慮地理師的學術修養。也就是由原本未變之前的那個地及葬在此地或住在此地之人來承受，若離其宗則失之毫釐，差之千里，如此將亂其根本而無法尋覓其本宗。

因此從些子二字即可知它是為宇宙陰陽之變化，雖僅是些小些微的小變化，卻是牽一髮而動全身，請讀者詳思此中之妙，則可知其情粹之所在。今特舉八純卦的變卦法即可知，以乾卦為例的些子變卦法而可知，初爻變為天風姤，二爻變為天火同人，三爻變為天澤履，其外卦皆不變都是乾卦，而四爻變為風天小畜，五爻變為火天大有，六爻變為澤天夬其內掛皆為乾不變，今以乾卦為例，其餘諸卦以此類推，但不管如何皆不可離其宗本，不管如何翻卦，皆離不開乾卦之本宗，只是內外不同而已，正如《地理小補》所云：「世俗以龍穴砂水稱地，幾能昧此本原，形勢與理氣原無分途，蓋山自崑崙發脈，有一支萬派之象，但終必萬派歸於一支而地方成。水自尾閭歸源，有萬派一支之象，而終必一支化為萬派，其地乃結」。

其理正是萬變不離其宗之最佳寫照，這正與玄空大卦抽爻換象些子變卦法之理不謀而合，請讀者詳思此中之妙。但是要知道在什麼情況下，什麼時間，在什麼條件的地理風水環局之下該變一爻、二爻、三爻、四爻或五爻、六爻，也應知道福土本命卦的對應關係，是為此中最高境界，必須要經由面授才能知實際靈巧和龍山向水之現實情況相互搭配的精要所在。

乾卦六爻些子變卦法

初爻變天風姤

上卦乾九屬金，下卦巽二屬木。金剋木，九二之數不合。主乾宮命、巽宮命受禍，家族內長房人口凋零，老翁、長婦容易想不開走絕路。長女、貴婦會有意外橫禍，家族內會出亂倫之輩，家人失和，家族內易有因感情糾紛而引發的麻煩禍事。

二黑運正失元運，八白運正合元運。下元合元運，上元失元運。

失元運，主家族有人會有意外事故，不易生兒育女，家族內女性易難產，易有官司糾紛，疾病顛狂，客死異鄉，事業會失敗，人口凋零，錢財破耗。

合元運，主能得命格尊貴的子女，財富不虞匱乏，家族內人口興旺，財運亨通，人人都能興家立業，豐衣足食，安居樂業，健康長壽。

二爻變天火同人

上卦乾九屬金，下卦離三屬火。火剋金，九三卦氣與卦運之數不合。主乾宮命、離宮命不利。

對家族內長房、中房不利。家族內婦人會有難產的情況，老人會有胸、肺、支氣管方面的問題，男人容易有氣喘腦炎、肺炎、腦溢血等疾病。父子相處失和，多有衝突，家族婦女容易有意外橫禍，感情桃花多且亂，家族易出亂倫之輩，易引發交通意外事故，常常會有血光之災，或受到尖銳鋒利之物創傷，家道中落。

七赤運正合元運，三碧運正失元運。上元失元運，下元合元運。

失元運，主家族內男女容易受到傷害，災禍重重。

合元運，家族必發財，而且是快速賺進大財，富貴之餘又人口興旺。

三爻變天澤履

上卦乾九屬金，下卦兌四屬金。合四九為友。乾宮命、兌宮命者能受到庇蔭。主家族內人口興旺，廣納四方之財，若有在政府任職者，能得到豐厚的財產，家族內不論男女皆是才貌雙全，福澤深厚，健康長壽，家族內長房、少房會比較先發達，而二房次之。

四綠運正失元運，六白天運正合元運。上元失元運，下元合元運。

失元運，主會發生災禍。

合元運，則諸事大吉，事事順利。

四爻變風天小畜

上卦巽二屬木，下卦乾九屬金。金剋木，二九之數不合。主巽宮命、乾宮命者比較會有災禍。

家族內少婦容易被尖銳鋒利物品所傷，家族內感情桃花多且亂，容易因為感情糾葛引發很多麻煩事，家族內會有婦女難產的情況，及痰火、膽病、氣喘、膽結石。家族內會有男子娶年紀小自己很多的妻子，且易出亂倫之輩，家族人口凋零、錢財破耗。

八白天運正合元運，二黑天運正失元運。上元失元運，下元合元運。

失元運，主容易引發交通意外事故，或有水、火災等，家中人口凋零，或出亂倫之輩，錢財破耗。

合元運，家族會有發橫財，身家財產倍增，家族人口興旺，且子孫事親至孝，家人福澤深厚，錢財不虞匱乏。

五爻變火天大有

上卦離三屬火，下卦乾九屬金。三九之數不合。主離宮命、乾宮命者會有災禍。

家族內老翁容易受傷。婦女則容易想不開走上絕路，父子之間感情失和，衝突爭執不斷，女性容易被尖銳鋒利物品所傷，家族內易有感情桃花多且亂，容易遭逢水、火災，家族人口凋零、錢財破耗，諸事不利。

三碧運正失元運，七赤運正合元運。下元運合元運，上元運失元運。

失元運，則家族內災禍不斷，凶事多多，人口凋零，錢財破耗。

合元運，主諸事大吉，人口興旺，廣進四方之財。

上爻變澤天夬卦

外卦兌四屬金，內卦乾九屬金。合四九為友。主兌、乾兩宮命者受到庇蔭。家族內家人能很快得到財富。人口興旺，社會地位名聲顯赫，福澤深厚，健康長壽。四綠運正失元運，六白天運正合元運，正失元運大凶，失元運次凶。

宜用合元運，則諸事大吉，闔家平安人安康，家族內家人平安順遂，富貴兩全，興家立業，人口興旺，不論男女皆是才貌雙全，家族世代榮華富貴。

失元運者，絕對不可以用。

坤卦六爻些子變卦法

初爻變地雷復

上卦坤一屬土，下卦震八屬木。一八數不合，木剋土。對坤宮命與震宮命不利。

女性婚姻不順遂，感情上桃花多，與母親或女性長輩相處上較多問題，容易想不開，誤觸法網身陷囹圄，兒子不聽母親管教，家中長房容易因金錢及子女之事操煩。

八白運正合元運，二黑運正失元運。上元失元運，下元合元運。失元運，因車禍意外導致死亡，女性遭受無妄之災，小孩容易與母親發生衝突，家人健康不佳，金錢耗損多。

合元運，子孫光耀門楣、孝順，才華出眾又發財，有不動產以及意外之財，既富且貴，延年益壽。

二爻變地水師

上卦坤一屬土，下卦坎七屬水。一七數不合，土剋水。

女性容易因車禍而受傷，家族二房諸事不順，或離家發展，與家人無緣。

三碧運正失元運，七赤運正合元運。上元失元運，下元合元運。

失元運，家中必定發生凶事，輕者家道中落，重者家人健康不佳，錢財耗損嚴重。

合元運，主家族中諸事大吉，輕取富貴，家族興旺，福澤綿延。

三爻變地山謙

上卦坤一屬土，下卦艮六屬土。二土比旺。合一六共宗。

主夫妻之間恩愛互敬，家中子孫各個有出息，賺錢發財不成問題，子孫孝順父母，甚者，能出光耀門楣的達官顯貴。能以德行處世，家中更能世代興旺又富貴。

六白天運正合元運，四祿運正失元運。下元合元運，上元失元運。
失元運，必定發生麻煩事端。
合元運，必定有好事臨門。

四爻變雷地豫

上卦震八屬木，下卦坤一屬土。八一數不合，木剋土。
母子之間容易起衝突，子女不孝，容易使母親想不開，容易有動物傷人的情況發生，會引起交通事故，因車禍而導致死亡，女性易遭受無妄之災，女性受人強逼而失身，家族易有亂倫之輩，家人健康不佳，錢財損耗嚴重。震宮命、坤宮命，都容易受到災禍纏身。
二黑運正失元運。八白天運正合元運。上元失元運，下元合元運。
合元運，家族興旺，廣納四方之財，子孫既能得富貴，又才華出眾，福澤綿延。
失元運，家中必定發生凶事，輕者家道中落，重者家人健康不佳，錢財耗損。

五爻變水地比

上卦坎七屬水，下卦坤一屬土。七一數不合，土剋水。坤宮命、坎宮命，不利。
容易發生火災，家中少女容易發生致命災劫，女性易有凶禍，女性感情桃花多；家中二房人口凋零，錢財有破耗，難生兒育女，家中各房發展受挫。

三碧運正失元運，七赤運正合元運。上元失元運，下元合元運。

失元運，家中人口凋零，錢財破耗。

合元運，家中人口興旺，健康平安，能得富貴，尤其軍警武職的人發展更佳，福澤深厚。

上爻變山地剝

上卦艮六屬土，下卦坤一屬土。二土比和，為旺。

艮宮命、坤宮命者能受到庇蔭，家中其他人也都能發達。子女與母親相處融洽，父慈子孝，財富不虞匱乏，能擁有不動產。

六白運正合元運，四綠運正失元運。下元合元運，上元失元運。

失元運，家裡衰事連連，諸事不順。

合元運，家中好運臨門，諸事大吉。

震卦六爻些子變卦法

初爻變雷地豫

上卦震八屬木，下卦坤一屬土。八一數不合，土被木剋傷。坤宮命先受剋。

先剋老母，次傷長房或長子。家中女性不易懷孕生子，男性容易體質虛弱常生病，家族人口日漸稀少，錢財容易破耗留不住。

八白運正合元運，二黑運正失元運。上元失元運，下元合元運。

失元運，家族之人壽命不長或容易有夭折，家族人口日漸減少，錢財易破耗。

合元運，家族廣進四方之財，子孫滿堂，吉應駢臻。

二爻變雷澤歸妹

上卦震八屬木，下卦兌四屬金。八四數不合，金剋木。主震宮命受禍，長房容易遭遇意外事故，不易生兒育女，家族中諸事不利。因意外事故而生命受到威脅，年輕人有凶災，家族內感情桃花多且亂，因感情糾紛產生許多麻煩與禍事，容易喪偶。年輕女性在腳、腿容易有毛病，家中長子、青年有腳部的毛病，還容易引發黃膽病，胸、肺、支氣管的病痛，家族易出亂倫之輩，口舌糾紛、是非不斷，嚴重者還會惹出官司糾紛，家族中易有人想不開而走上絕路。

七赤天運正合元運，三碧運正失元運。上元失元運，下元合元運。

失元運，容易有錢財破耗，敗光家產，家人健康不佳，人數漸少，家道中落。

合元運，家中人口眾多，子孫滿堂，財源滾滾，富貴兩全。

三爻變雷火豐

上卦震八屬木，下卦離三屬火。合三八為朋，生成之數。震宮命、離宮命最易發達。家族中人福澤深厚。家族裡長房、中房興旺發達，其餘的人次之。若家族有人任軍警武職，則能位居要職，掌握大權，使家中富貴興旺，家族人口眾多。

六白運正合元運，四綠運正失元運。下元合元運，上元失元運。

失元運，主家中錢財難留、人丁日漸稀少，感情桃花多且亂，家族易染上難以醫治的怪病，也易引發意外事故、凶險災厄。

合元運，主家族之人會忽然得到大筆財富，在工作上能升官發財，若有人經商則大發利市，讓子孫能有良好的環境成長，家族之人福澤深厚，健康長壽。

四爻變地雷復

上卦坤一屬土，下卦震八屬木。一八之數不合，且木剋土。主坤宮命、震宮命受剋。家族中母子之間關係不佳，多有衝突，易發生交通意外事故，長房亦凶。女性容易遭受電殛，被毒蛇咬傷，容易想不開走上絕路，家中錢財破耗，人口日漸稀少。

二黑運正失元運，八運正合元運。下元合元運，上元失元運。

失元運，不是失敗就是走上絕路。

合元運，能得富貴，家中人口日漸興旺。

五爻變澤雷隨

上卦兌四屬金，下卦震八屬木。四八之數不合，木被金傷。震宮命、兌宮命不利。長房、三房都會家道中落，一蹶不振。長男、少女容易有交通意外事故，兄弟之間失和，多有衝突，家中青年會有意外橫禍，家族之人諸事不利。

三碧運，失元運，七赤天運正合元運。上元失元運。下元合元運。

合元運，則能廣納四方之財，早生貴子，家族不乏文武雙全之輩，家人都能發達，富貴雙全，闔家平安。

失元運，主家中錢財難留，人丁日漸稀少，易引發嚴重的災禍。

上爻變火雷噬嗑

上卦離三屬火，下卦震八屬木。數合三八為朋，陰陽配合，主離宮命、震宮命受蔭。家族中人諸事大吉，家族長房、中房能發達，福澤深厚，健康長壽。子孫不乏賢能優秀之人士，也能因投資理財而致富，在社會上有名聲地位。

天運六白運正合元運，四綠運正失元運，下元合元運。上元失元運。

失元運，主家族女性有人墮胎、流產，桃花多且亂，易引動官司糾紛、牢獄之災，錢財流失，人口日漸凋零，身染奇症怪病，不治之症，家族內總是有災禍發生。

合元運，主諸事大吉，事事順心。家族之人能升官發財，福澤深厚，健康長壽。

巽卦六爻些子變卦法

初爻變風天小蓄

上卦巽二屬木，下卦乾九屬金。二九數不合，木被金傷。主巽宮命及乾宮命易遭殃。長房健康不佳，錢財破耗。家族易出亂倫，長女、少婦容易受到意外傷害，父女感情不佳易有衝突，感情桃花多，因感情引起的麻煩事亦多，肝膽以及結石的疾病。

八白運正合元運，二黑運正失元運。上元失元運，下元合元運。

合元運，家族之人諸事大吉，廣納四方之財，富貴兼得，福澤綿延，健康長壽。

失元運，主凶事刑傷極重。

二爻變風山漸

上卦巽二屬木，下卦艮六屬土。二六之數不合，土被木剋。主艮宮命、巽宮命凶事，家族桃花多且亂，感情糾葛麻煩事多，易出亂倫之輩。少房健康不佳，錢財破耗。

三碧運正失元運，七赤運正合元運。下元合元運，上元失元運。

合元運，主家族人丁興旺又發財，子孫能出優秀人才，金榜題名，光耀門楣。

失元運，往往災禍不斷，人口凋零，錢財破耗。凶事多。

三爻變風水渙

上卦巽二屬木，下卦坎七屬水。二七數合同道。先發巽宮命，次發餘宮命也。廣納四方之財，子孫滿堂，出受人敬重的賢能之士。

六白天運正合元運，四綠運正失元運。上元失元運，下元失元運。

合元運，主廣進四方之財，子孫才貌皆備，文武俱全，社會名聲地位漸次顯赫。

失元運，馬上會引發災禍。

四爻變天風姤

上卦乾九屬金，下卦巽二屬木。九二數不合，木被金剋。巽宮命、乾宮命受剋。主回祿之災，弔樑之厄。長女易生膽結石，長房容易想不開，家族會出亂倫，家族相處上多有衝突，健康不佳，錢財易有破耗。

八白運正合元運，二黑運正失元運。上元失元運，下元合元運。

失元運，會發生災禍，罹患癌症等不治之症，容易因中毒、意外事故而死亡，也會有破產、事業倒閉的情況。

合元運，家族皆能福澤綿延，廣進四方之財，子孫滿堂，不論男女才貌出眾，富貴兩全，任公職或出任官員皆能得人擁戴敬重，福德深厚，健康長壽，長富久貴。

五爻變山風蠱

上卦艮六屬土，下卦巽二屬木。六二數不合，木剋土。坤宮命及巽宮命先受剋。先敗少房，次敗長。家中兄弟姊妹失和，少男手容易受傷，少婦、男童容易發生意外事故，或股病、神經衰弱，健康不佳，錢財破耗。

七赤運正合元運，三碧運正失元運。下元運合元運，上元運失元運。

合元運，主家族廣進四方之財，子孫滿堂，子孫才貌雙全，成就非凡，若有擔任軍警武職，則能更顯尊榮。

失元運，家族易罹患癌症等不治之症，災禍重重，錢財破耗，凶事多多。

上爻變水風井

上卦坎七屬水，下卦巽二屬木。二七數合同道，水木相生。陰陽相見，福祿永貞。家族之人福澤深厚，從事文職或武職皆得名聲地位，子孫事親至孝，為人忠誠，不論男女皆是才貌雙全。

四綠運正失元運，六白運正合元運。上元失元運，下元合元運。

失元運，主易引發意外事故而導致死亡，家族易罹患癌症等不治之症，家中災禍頻傳，錢財破耗，事業失敗。

合元運，家族能擁有大批田產、不動產，子孫優秀又富貴，逢考試皆能金榜題名，人丁眾多，又健康長壽。

坎卦六爻些子變卦法

初爻變水澤節

上卦坎七屬水，下卦兌四屬金。七四數不合。坎宮命與兌宮命者容易發生凶災。家族中男易受到傷害，家族少女亦難免凶災，中房、少房發展成就都不佳。易被歹徒搶劫或家中遭小偷，家族感情桃花多且亂，更甚者會受刑罰，或遭受殺害。耳朵容易有毛病、罹患肺癌。家族易有亂倫之輩。

二黑運正失元運。八白天運正合元運。上元失元運，下元合元運。合元運時期，能快速得到大筆財富，子女孝順，文武雙全，才貌出眾，能生活在良好的環境，諸事大吉。

失元運之天運，難免凶災。

二爻變水地比

上卦坎七屬水，下卦坤一屬土。七一數不合，土剋水。主坎宮命、兌宮命不吉。家族中二房容易溺水而亡，女性桃花多且亂，因感情之事而惹禍上身，家族中人健康不佳，錢財易破耗。

三碧運正失元運，七赤運正合元運。上元失元運，下元合元運。

失元運，則易生腫瘤及易犯流行性疾病，人生發展不佳，惹上官司，客死異鄉，難有子嗣，或是罹患癌症。

合元運，主後代能出賢人，社會地位名聲顯赫，司法官員，軍警武職能職掌大權，走文科路線能為知名作家，家族各房光耀門楣，富貴兼得，身體平安健康。

三爻變水風井

上卦坎七屬水，下卦巽二屬木。二七數合同道，夫妻之間相敬如賓，感情良好。主家族中人福澤綿延，子孫滿堂，不論男女都是才貌雙全，孝順尊長，富貴兩全。

四綠運正失元運，六白運正合元運。上元失元運，下元合元運。

失元運時期，必定衰事連連，禍從天降。

合元運，則廣進四方之財，家族出賢能之人，金榜題名，子孫事親至孝，富貴兩全。

四爻變澤水困

上卦兌四屬水，下卦坎七屬木。四七數不合，水冷金寒。主坎宮命、兌宮命不吉。家中年輕人有意外凶災、肺部方面的疾病，家中少女有耳疾，感情桃花多且亂，或二房、少房的健康出問題。

二黑運正失元運，八白運正合元運。下元合元運，上元失元運。

合元運，則家族各個有福可享，子孫滿堂，廣納四方之財，受人敬重。

失元運，馬上會引發凶事。輕者家道中落，重者家人健康不佳，錢財耗損。

五爻變地水師

上卦坤一屬土，下卦坎七屬水。一七數不合，土水相剋。主坎宮命受剋。次房或中男很容易有意外災害。母親易虐待孩子，易有交通易外事故，腸、胃消化系統容易出問題，或有貧血、敗血症等問題，易犯小人、口舌是非，甚至官司糾紛，精神狀況失常，小口損傷。

七赤運，正合元運。三碧運，正失元運。下元合元運，上元失元運。

失元運，家族中人健康不佳，錢財易破耗。

合元運，主家族興旺，廣納四方之財，子孫才華出眾能得富貴，福澤綿延。

上爻變風水渙

上卦巽二屬木，下卦坎七屬水。二七數合同道。巽宮命，坎宮命者會先發達。主夫妻生活優渥，不乏房屋、田產、金錢，子孫滿堂，子女事親至孝。

天運六白運正合元運，四綠運正失元運。上元失元運，下元合元運。

失元運，引來官司糾紛，有牢獄之災，或身染頑疾而喪生，或溺斃，或死於火災，或易交通意外事故，造成非死即傷，事業發展挫折不斷，衰事連連。

合元運，主升官發財，早生貴子，富貴兩全，子孫後代財富不虞匱乏。

離卦六爻些子變卦法

初爻變火山旅

上卦離三屬火，下卦艮六屬土。三六之數不合，火炎土燥。離宮命、艮宮命均受剋。次房、少房會引發凶事。易有感情糾紛，桃花多且亂，引發麻煩禍事，女性容易有眼疾、高血壓、神經系統方面的疾病，或會被尖銳鋒利物品所傷，家中錢財流失，人口日漸凋零。

八白運正合元運，二黑運正失元運。上元失元運，下元合元運。

失元運，必會導致家族有人意外喪命，家中人丁凋零，做事業容易失敗，家族窮困潦倒。合元運，能很快傳宗接代，子孫才華洋溢，在政府單位工作升遷快速，從商能大發利市，在商界佔有一席之地，可說是富貴雙全。

二爻變火天大有

上卦離三屬火，下卦乾九屬金。三九之數不合。不利離宮命與乾宮命。火剋金，主傷長房及老翁，次房男人易喪偶，父子感情不睦，多有衝突，中女容易有血光意外，肺結核、肺癌、高血壓等疾病，失元運時，就有回祿之災，錢財破耗、人口凋零等現象。

七赤運正合元運，三碧天運正失元運，上元失元運。下元合元運。

合元運，家中人口興旺，廣納四方之財，能生得優秀子女，能有快速發財的機會，家族各房諸事大吉。

失元運，家族窮困潦倒，易逢回祿之災，家中人丁凋零，事業容易失敗。

三爻變火雷噬嗑

上卦離三屬火，下卦震八屬木。合三八為朋生成數，離宮命、震宮命最發達。主家族人口興旺，富貴逼人。及長房、二房，最先興旺，其餘各房次之。四綠運正失元運，六白運正合元運。下元合元運，上元失元運。

失元運，主人口日漸稀少，易引動官司糾紛、牢獄之災，容易引發嚴重的災禍。

合元運，主人口興旺、廣納四方之財，能得命格尊貴的子女，家族內喜慶綿綿。

四爻變山火賁

上卦艮六屬土，下卦離三屬火，六三之數不合，土燥火炎。主艮宮命、離宮命大凶。次房、少房容易破財、人口凋零，生遲緩兒。少男、少女容易有意外橫禍致死，中女容易有感情糾紛，桃花多且亂。家族易患眼疾、高血壓、神經系統的疾病，免不了有災禍臨身。

八白運正合元運，二黑運正失元運。上元運失元運，下元運合元運。

失元運，易於引發禍事，導致有人喪生，成年人易出事，容易發生交通意外事故，或身染絕症，感情桃花多且亂，會有想不開而走絕路，易有火災導致人口凋零，容易失去錢財、不動產等。

合元運，家族能廣進四方之財，子孫滿堂，不乏聰慧人才，年紀輕輕就能嶄露頭角，在社會上或工作上佔有一席之地，不論是從事文職或武職，皆能有顯赫的成就與名聲，家族人口興旺，富貴榮華，福澤深厚，健康長壽。

五爻變天火同人

上卦乾九屬金，下卦離三屬火。九三之數不合，金被火剋。主乾宮命、離宮命不利。長房、中房錢財破耗、人口凋零。父子之間感情失和，多有衝突，家內老人容易出事，有胸、肺、支氣管及高血壓等問題，家中女性容易受到意外橫禍，家族內易出亂倫之輩。

三碧運正失元運、七赤正合元運。下元合元運，上元失元運。

合元運，主廣納四方之財，人口興旺，子孫品行良好，若是在政府單位工作，則會擔任重要的職位，受人敬重，諸事大吉。

失元運，則感情桃花多且亂，易有火災、意外橫禍，常有發生嚴重的麻煩禍事。

上爻變雷火豐

上卦震八屬木，下卦離三屬火。木火通明，三八為朋，震宮命、離宮命受到庇蔭。

主家族內長房、中房會先發達，廣納四方之財，人口興旺，少房會比較晚發達。

六白運正合元運，四綠運正失元運。上元運失元運，下元運合元運。

失元運，家人會有凶禍，家族內人口凋零，錢財、不動產皆流失。

合元運，則會有很多好事發生，家族內人口興旺，廣納四方之財，健康長壽。

艮卦六爻些子變卦法

初爻變山火賁

上卦艮六屬土，下卦離三屬火。六三數不合，火炎土燥。會導致家族少房有凶災。艮宮命與離宮命者也容易同遭災殃。

家族之人火氣較大，高血壓，容易中風，眼睛容易出毛病，少女容易有神經衰弱，易出遲緩兒，家族內易出亂倫之輩，家人健康受損，錢財破耗。

八白天運正合元運，二黑運正失元運。上元失元運，下元合元運。

合元運，則家中諸事大吉，家族中人丁興旺。

失元運凶。

二爻變山風蠱

上卦艮六屬土，下卦巽二屬木。六二數不合，木剋土。主艮宮命、巽宮命者俱受禍。

手足之間易有衝突不和，或因交通意外而導致傷殘，家人易神經衰弱，家中不論男女皆有災殃。家族中易出亂倫之輩。孕婦容易流產，男主人易早喪，由女主人持家，家族人口凋零，錢財破耗。

七赤運正合元運，三碧運正失元運。上元失元運，下元合元運。失元運，容易引發意外傷害，因凶災死亡，嚴重者易遭他殺，或觸法而入獄，桃花多且亂，家中容易有火災，家族人口凋零，錢財容易破耗。合元運，則家人平安順遂，廣納財富，尤其家人有從事軍警武職者更容易得到顯赫地位，能得祖先庇蔭子孫滿堂。

三爻變山地剝

上卦艮六屬土，下卦坤一屬土，數合一六共宗。艮宮命與坤宮命者會先發達。艮為子，坤為母。母子之間關係良好，子女孝順。三房易添丁得子，富貴綿延長久，諸事大吉。家中各房興發，子孫滿堂，廣納四方之財。四綠運正失元運，六白運正合元運。上元失元運，下元合元運。合元運，諸事大吉。家中人口興旺，健康平安，能得富貴。失元運，必有凶厄災禍臨門。

四爻變火山旅

上卦之離三屬火，下卦艮六屬土。三六數不合，有火炎土燥之嫌。主離、艮兩宮命者會有凶事纏身。

家中男主人早喪，女主人成寡婦。易犯高血壓，貧血，遲緩兒，眼睛易出毛病，家族出亂倫之輩，女有戀童的傾向，中女或少女易有神經衰弱，少房易災禍頻生。

八白運正合元運，二黑運正失元運。下元合元運，上元失元運。

失元運，主客死異鄉，感情桃花多且亂，因染上不治之症而亡，家族發展成就俱不佳。

合元運，則家中諸事大吉，家族中人口興旺，各房都後繼有人，廣納四方之財，更甚者可有橫財，家族盡出才華洋溢之人，子孫皆能對長輩盡孝。

五爻變風山漸

上卦巽二屬木，下卦艮六屬土。二六數不合，且木剋土。主艮宮命者健康不佳。手足之間衝突不斷，出亂倫之輩，不易生兒育女，錢財易破耗，少房破財兼且健康不佳，男童股病。

三碧運正失元運，七赤運正合元運。上元失元運，下元合元運。

失元運，往往災禍不斷，家中人口凋零，錢財破耗。

合元運，收入頗豐，人口興旺，光耀門楣，在社會上有良好名聲，子孫既富且貴，福澤綿延，身體健康。

上爻變地山謙

上卦坤一屬土，下卦艮六屬土。二土比旺，又合一六共宗。主家族之人福澤深厚，升官發財，人口興旺，子女能孝順父母，世代財富不虞匱乏。天運六白運，正合元運。四綠運，正失元運。上元失元運，下元合元運。合元運，大吉，家族人口興旺，健康平安，廣進四方之財，能得富貴。失元運，大凶。往往災禍不斷，家中人口凋零，錢財破耗。

兌卦六爻些子變卦法

初爻變澤水困

上卦兌四屬金，下卦坎七屬水。四七之數不合，為少女配中男，金寒水冷。水洩金氣，兌宮命、坎宮命大凶。

家族內次房、少房易錢財破耗、人口凋零。家族會出亂倫之輩，家族年輕人容易有意外橫禍。身體注意胸、肺、支氣管，耳朵，容易引發交通意外事故，或被水淹。

八白天運正合元運，二黑運正失元運。上元運失元運，下元運合元運。

失元運，災禍頻傳，損傷多，人口凋零，錢財破耗。

合元運，闔家平安，家族人口興旺，廣納四方之財。

二爻變澤雷隨

上卦兌四屬金，下卦震八屬木。四八之數不合，金剋木，震宮命、兌宮命發凶事。

長房受剋，易有交通意外事故導致死亡，年輕人易有意外橫禍，家族男女會不務正業，易引發口舌糾紛、官訟是非、錢財破耗、人口凋零。

三碧運正失元運，七赤運正合元運。下元合元運，上元失元運。

合元運，人口興旺，廣進四方之財，諸事大吉大利。

失元運，主人口日漸稀少，感情桃花多且亂，易有官司糾紛、牢獄之災，錢財破耗。

三爻變澤天夬

上卦兌四屬金，下卦乾九屬金。合四九為友。乾宮命、兌宮命會比較先發財。家族人口興旺，能得命格尊貴的子女，廣進四方之財，富貴且健康長壽。

四綠天運正失元運，六白天運正合元運。下元合元運，上元失元運。

合元運，主廣進四方之財，家族人口興旺，能人輩出，社會名聲地位高，福德深厚，健康長壽。

失元運，主麻煩禍事傷害極多。

四爻變水澤節

上卦坎七屬水，下卦兌四屬金，水冷金寒，七四之數不合。主坎宮命、兌宮命不吉。少房錢財破耗、人口凋零，少女耳朵會有毛病或遭受意外橫禍，少年、中男易有肺部疾病或意外橫禍。

二黑運正失元運，八白天運正合元運。下元運合元運，上元運失元運。

合元運，人口興旺，子孫品行良好，社會地位名聲顯赫，福澤深，財產豐厚。

失元運，人口凋零，家族內感情桃花多且亂，錢財、不動產流失。

五爻變雷澤歸妹

上卦震八屬木，下卦兌四屬金。木被金剋，八四之數不合。震宮命、兌宮命易破耗。不利長、三房，人口凋零，長男、少女易有交通意外事故，尤其容易被尖銳鋒利之物創傷。容易因肺部疾病開刀，或有肝臟疾病，家族易出亂倫之輩。

三碧運正失元運，七赤運正合元運。上元運失元運，下元運合元運。

失元運，主錢財、不動產流失，口舌糾紛、是非纏身，感情桃花多且亂，家族之人不講仁義，容易遭受橫禍凶災。

合元運，則家族人口興旺，廣進四方之財，子孫富貴綿延，福澤深厚長久。

上爻變天澤履

上卦乾九屬金，下卦兌四屬金。四九為友，合生成數。主乾、兌兩宮命會先發財。家族得命格尊貴子女，男女皆是才貌雙全，子孫事親至孝，文武全才，名聲地位顯赫，廣進四方之財。

四綠運正失元運，六白天運正合元運。上元運失元運，下元運合元運。

失元運，必定會有凶災，家族內不論男女都容易因水、火災而受損，人口日漸凋零，錢財破耗。

合元運，主人丁興旺，子孫命格尊貴，能得富貴，健康長壽，諸事大吉。

玄空大卦抽爻換象吉凶斷訣

本章節所運用的抽爻換象移步換形明師盤線斷訣，應配合當令零正關係與福主之八字，大玄空亦必須合十、十五，及一六、二七、三八、四九合生成數，以及一三、二四、七九、六八相通之理，當然也應該考慮巒頭形勢龍入首與坐山合生旺，當令向水也應以轉弱為旺，以零神為旺之法。

還有更重要的是巒頭的形局，峰巒起伏，來水、去水合局，之後配合抽爻換象明師盤線斷訣，才能真正為主家造福。

龍入首之位是那一卦，龍入首與穴位要合易經之生成、合十、十五或相通之理才能產生快速的感應。

卦氣：

1坤。2巽。3離。4兌。

6艮。7坎。8震。9乾。

卦運：

前10年看4運，後10年看6運。

1運：坤乾、艮兌、坎離、巽震。

2運：壯觀、睽蹇、革蒙、妄升。

3運：需晉、中小過、明訟、頤大過。

4運：臨遯、大畜萃、屯鼎、家解。

5運：中五獨一局。

6運：夬剝、履謙、豐渙、嗑井。

7運：比有、漸歸、師同、蠱隨。

8運：復姤、賁困、節旅、小畜豫。

9運：泰否、損咸、既未、益恒。

壬山：

宜配戌龍入首，龍以山配合主人丁千萬口。

乾亥龍配壬山為次吉，亦能旺人丁。

壬山宜配丑龍入首，龍山合吉，艮寅龍入首次吉

此龍乾卦宜三、六、七、八運，而丑龍入首龍山合吉，艮寅龍入首次吉，艮卦龍宜五，九運大吉。

風地觀巽二木配坤一土

得元運

家人若往軍警方面發展，或財經、金融營謀必能至高位，掌重權。也出文藝氣息濃厚之藝術家，在文學、藝術領域會有很高成就，若從事種桑養蠶、休閒、精緻農業、觀光旅遊事業皆能獲得財富。

失元運

木來剋土。家中婦女易發生意外傷害或疾病，官司是非不斷，破財傷丁。易患肝膽病、腹部腸胃不適，消化系統之疾病，及流產失血，精神異常，靈異鬼祟之現象。

風地觀：壬山，巨門星，己亥，二火二運，仙命玄空忌一六、三八退氣。助2、8運。

初　益：二火九運，危宿五度，雖合生剋但逢絕，長房貧賤。助2、9運。

二　渙：二火六運，危宿四、五度間線，雖合生剋但逢絕，合二七同道，房房昌盛，丁財兩美。助2、6運。

三　漸：二火七運，危宿四度，傷少房，不利財丁。助2、7運。

四　否：九金九運，危宿三度，合十。夫婦老壽。名利雙收。助9運。

五　剝：六水六運，危宿二度，一六共宗。財產日進，先發少房，餘房次發。助6運。

上　比：七火七運，危宿初度，土剋水。中房先敗，各房亦破財傷丁。助7運。

水地比坎七水配坤一土

得元運

人丁興旺，容易生雙胞胎，家財豐盈，土地、房產不計其數。子孫聰慧，讀書考試成績優異，求取功名，一帆風順。可為外交、傳媒、傳播業發展。

失元運

土來剋水。家中年輕男性易受災傷。易患腎臟、耳聾、胃出血、泌尿系統、子宮瘤腫，水腫、吐血、精神異常等現象。易受不良朋友之哄騙而散盡家財，終至家業敗絕，人丁凋零無後嗣。

水地比：壬山，破軍星，辛亥，七火七運，仙命玄空忌一六、三八退氣。
上　觀：二火二運，虛宿十度，木剋土，傷宅母，婆媳不和。助2運。
五　坤：二火一運，虛宿九度，伏吟。不利宅母。腹病，出寡婦。助1運。
四　萃：四金四運，虛宿八度，母女、婆媳不和，久則乏嗣。助4運。
三　蹇：七火二運，虛宿七度，二房、中男不利。事業困難重重。助2、7運。
二　坎：七火一運，虛宿六度，不利二房。進財困難、耳痛、腎病、水厄。助1、7運。
初　屯：七火四運，虛宿五度，合十五。長房大利，出創業之人。名利雙收。助4、7運。

山地剝艮六土配坤一土

得元運

二土比旺，陰陽得和。人丁興旺，家業興隆。為人工於心計多智計謀略，並能以此賺得錢財，但仍不失為善良之人。

失元運

家業衰敗，人丁凋零，貧窮孤寡。官非口舌重重，易患腹部疼痛、消化不良、腸胃方面的疾病。

山地剝：壬山、子山，武曲星，癸亥，六水六運，仙命玄空忌四九退氣。

初　頤：九金六運，虛宿四度，木剋土，兄弟不合。損丁，筋骨手臂折斷。助4、6運。

二　蒙：八木八運，虛宿三度不利中男。耳痛、腎病、水厄。助2、6運。

三　艮：六水一運，虛宿二度伏吟。損少男。鼻過敏，痛風，關節病。被狗咬傷。助1、6運。

四　晉：三木三運，虛宿初度，火炎土燥，出愚鈍之人，失眠、精神亢奮。助3運。

五　觀：二火二運，女宿十一度，木剋土，婆媳不和。脾胃受傷，破財失身。助2運。

上　坤：一水一運，女宿十一度間線，伏吟。失令主出寡婦、疾病不斷。助1運。

子山：

宜配乾龍入首山運配合旺人丁，戌亥龍配子山為次吉，而乾卦龍宜三、六、七、八運，而艮龍入首、艮、子配合大吉、丑、寅二龍入首次吉，艮卦龍三、九運吉。

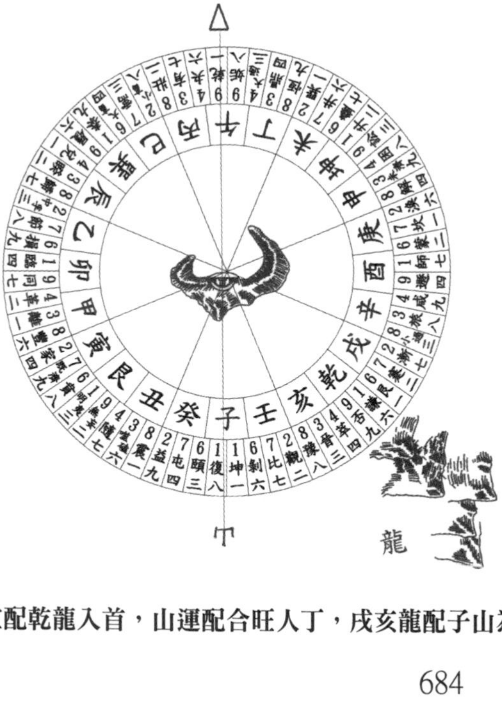

子山宜配乾龍入首，山運配合旺人丁，戌亥龍配子山為次吉。

坤為地坤一土配坤一土

得元運

二土比和。財帛豐盈，富貴有餘，但女多男少，女性當家掌權、堅守婦道。子孫聰慧有才能出名醫，從政當官可至高位，若經商亦能事業勃發，生財有道、鴻圖大展，進財豐厚。

失元運

田財敗盡，人丁多損傷夭亡，家庭不睦，口舌是非多，官司不斷，或遭牢獄之災，或遭盜賊劫奪殺傷，意外血光，患腹脹水腫，癌症，痰嗽氣喘，眼疾目盲等病症。

坤為地：子山，貪狼星，甲子，一水一運，玄空仙命忌四九，是為退氣。

上　剝：六水六運，女宿九、十度間線，一六共宗。母慈子孝，少房先發，餘房次發。助6運。

五　比：七火七運，女宿九度，土剋水，不利二房，其他各房亦敗。中男水厄，損丁破財。助7運。

四　豫：八木八運，女宿八度。母子不合，財丁兩敗。車禍、跌傷。助8運。

三　謙：一水六運，女宿七度。一六共宗。房房均發。助1、6運。

二　師　一水七運，女宿六度。土剋水，中房宜遠徙他鄉，居家多破敗。腎病、水腫、墮胎、陽痿。助1、7運。

初復一水八運，女宿五度。木剋土，傷及宅母。長房傷丁。易患脾胃病、黃腫。助1、8運。

地雷復坤一土配震八木

得元運

家中出文人，在文學藝術方面很有成就，積極進取，名聲顯露，並因此賺得財富，家產年年增長。且家中易生雙胞胎。

失元運

木剋土，家中年長的婦女牝雞司晨，易受災傷，婦女與幼小的子女容易生病，長子不肖，賭博貪玩，敗盡家產，貧窮一生。女性易有不正常戀情，名聲敗壞。口舌官司不斷。易患咽喉氣管、呼吸系統方面的疾病，以及腸胃、子宮卵巢方面的疾病。

地雷復：子山，左輔星，甲子，一水八運，玄空仙命忌四九退氣。

初　坤：一水一運，女宿四度。伏吟。傷宅母。卑賤，多病，出寡婦。助1運。

二　臨：一水四運，女宿三度。合五。得橫財，財產進益，但久而乏嗣。助1、4運。

三明夷：一水三運，女宿二度。火土相生，異路功名，婦女興家，久則乏嗣。助1、3運。

四　震：八木一運。女宿初度。伏吟，傷長男。蟲害、蛇咬，車禍傷亡，肝膽病、足疾。助1、8運。

五　屯：七火四運，牛宿八度。合十五。艱辛創業有成，發富催貴。助4、7運。

上　頤：六水三運，牛宿七度。兄弟不和，口舌是非多。助3、6運。

山雷頤艮六土配震八木

得元運

丁財大旺，很年輕就功成名就，從事糧食商、碾米業、手工藝、琴藝、插花，事業興隆，兄友弟恭、家產財富日漸增長，且身體健康，長命百歲。

失元運

旺木剋弱土，主兄弟鬩牆、同室操戈、家中幼小的子女易受災傷或常生疾病。家中人易患筋骨病痛、腮腺炎、失聲，腸胃消化系統方面的疾病。久之則純陽不長，人丁漸漸凋零，貧窮困苦而無後。

山雷頤：子山、癸山，祿存星，丙子，六水三運，玄空仙命忌四九退氣。

上　復：一水八運，牛宿六度。木剋土，傷宅母。長房傷丁。脾胃病、黃腫。助1、8運。

五　益：三木九運，牛宿五度。二八合十。得令乘元，貴比王謝，附龍聯歡。助2、9運。

四噬嗑：三木六運，牛宿四度。三八為友。先發長房，後發中房，財丁兩旺。助3、6運。

三　賁：六水九運，牛宿三度。星數不合。損丁破財，禍患不堪。助6、8運。

二　損：六水八運，牛宿二度。四六合十，少年早發，速發富貴，才子佳人。助6、9運。

初　剝：六水六運，牛宿一度，一六共宗。少房先發，母慈子孝。助6運。

癸山：

宜配亥龍入首，山以龍配合人丁旺，乾龍配癸山為次吉，而乾卦龍宜三、六、七、八運，而寅龍入首癸寅配合大吉、丑、艮龍入首又次吉，艮卦龍宜五、九運大吉。

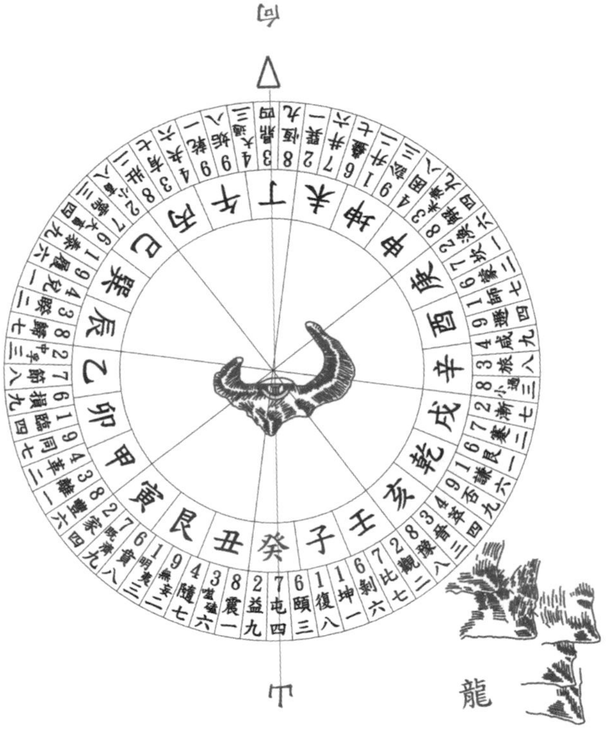

癸山宜配亥龍入首，山以龍配合人丁旺，乾龍配癸山為次吉，

水雷屯坎七水配震八木

得元運

水木相生，富貴極品。白手成家，初期屢遭險阻而終於成功。家產豐厚，家庭和順，兒孫滿堂，福祿榮昌。

失元運

純陽不利於陰，年久婦女短壽，人丁不旺，家業盡凋零。家中男性易遇盜賊凶殺之禍，女性不容易結婚。易患心疼、吐血、躁鬱症、運動傷害等疾病。家中貧窮無依靠，以致於鋌而走險做出違法之事。

水雷屯：癸山，文曲星，戊子，七火四運，玄空仙命忌四九退氣。

初　比：七火七運，牛宿初度。中男溺水，損丁敗財。助7運。

二　節：七火八運，斗宿二十四度。盜財橫禍，傷中，少房。助7、8運。

三既濟：七火八運，斗宿二十三度。夫婦正配，然先吉後凶，終剋妻。助7、9運。

四　隨：四金七運，斗宿二十二度。長房傷丁。刀傷、肝膽病、足疾。助4、7運。

五　復：一水八運，斗宿二十一度。母子不合，長房傷丁。助1、8運。

上　益：二火九運，斗宿二十度。合十。發富催貴。助2、9運。

風雷益巽二木配震八木

得元運

二木成林，最為茂盛。人財兩旺，富貴雙全。子女相當優秀，不僅課業成績好，而且多才多藝，在很小的時候就嶄露才華，甚至有神童之稱。成年後在社會上也具有很高的社會地位，令人稱羨。

失元運

家業衰敗，家中女性易受災傷，或精神狀態出問題。男性則風流多情，沉迷於酒色及賭博，名聲敗壞，同時也容易患精神方面的疾病。

風雷益：癸山，右弼星，庚子，二火九運，玄空仙命忌四九退氣。

上　屯：七火四運，斗宿十九度。合十五。艱辛創業有成，長房先發，次發餘房。助4、7運。

五　頤：六水三運，斗宿十八度。同室操戈。車禍，地震災害、墜死。助3、6運。

四无妄：九金二運，斗宿十七度。金傷雷府，父不慈，喪長子。肝膽病、足疾。助2、9運。

三家人：二火四運，斗宿十六度。木火通明，合五，發富催貴。助2、4運。

二中孚：二火三運，斗宿十五度。金剋木，長女受害，妯娌不和。助2、3運。

初　觀：二火二運，斗宿十四度。婆媳不和。常患肝胃之病。助2運。

丑山：

宜配甲龍入首合貴格主旺人丁。卯、乙入首配丑山次吉，震龍宜二、三運主發富，四、六、九運亦吉，壬龍入首龍，山配合吉，癸龍次吉，坎龍宜一、六運吉，五、七運次吉。

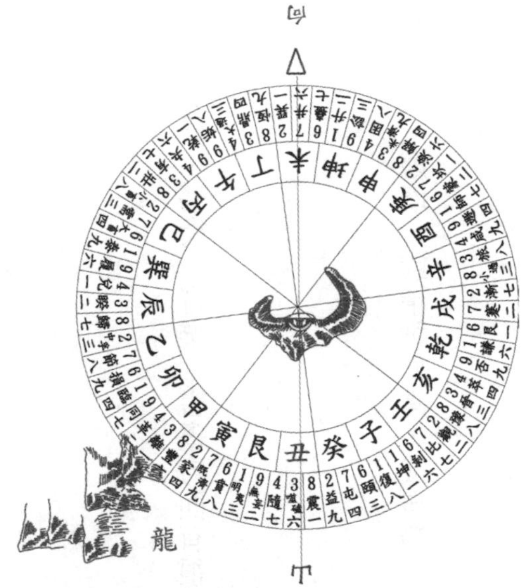

丑山宜配甲龍入首合貴格主旺人丁。卯、乙入首配丑山次吉。

震為雷震八木配震八木

得元運

長男長女很優秀，允文允武，前途不可思量，尤其在文學、藝術、音樂、書畫方面有很高的成就，聲名遠播，同時財富豐厚。

失元運

家業凋零，敗產傷丁，家中人易遭受意外傷害而至殘疾、癱瘓，或精神異常，或自殺。多發生在婦女或未成年子女身上。久而久之將無後嗣。

震為雷：丑山，貪狼星，壬子，八木一運，仙命玄空忌一六、四九退氣。

上　嗑：三木六運，斗宿十三、十四度間線。財丁兩旺，長次房出文人秀士。助3、6運。

五　隨：四金七運，斗宿十二度。禍來不測，官災、盜賊。長、三房大敗。助4、7運。

四　復：一水八運，斗宿十一度。長房人丁不利。腹病黃腫。助1、8運。

三　豐：六水六運，斗宿十度。三八為朋，長房財丁兩旺。助6、8運。

二歸妹：八木七運，斗宿十度、九度間線。長、三房財丁皆不利。剋兄弟、喪妻、橫禍。助

初　豫：八木八運，斗宿九度。木剋土，老母傷亡，財丁兩敗。助8運。
7、8運。

火雷噬嗑離三火配震八木

得元運

青龍入宅，木火通明。主人丁興盛，定出文人秀士科甲聯登。有當醫生，行醫濟世而出名，或當司法人員主持正義，審判公正嚴明，或是在宗教玄學領域有所成就。招財進寶，大富大貴。

失元運

男盗女娼、口舌官司惹禍，恐有牢獄之災。易患肝病、腸病。小心誤食有毒之物，或服毒自殺。

火雷噬嗑：丑山，武曲星，乙丑，三木六運，仙命玄空忌一六、四九退氣。

上　震：八木一運，斗宿三度。伏吟，傷長男。意外傷害，出賊盜。助1、8運。

五无妄：九金二運，斗宿四度。長房不利，官司、車禍、肝膽病。助2、9運。

四　頤：六水三運，斗宿五度。兄弟鬩牆。小口殞生。筋傷臂折。助3、6運。

三　離：三木一運，斗宿六度。伏吟。傷中女、中房主婦。眼疾。助1、3運。

二　睽：三木二運，斗宿七度。閨房醜聞。因色生災破財。助2、3運。

初　晉：三木三運，斗宿八度。火炎土燥，男人短壽，小兒難養。助3運。

澤雷隨兌四金配震八木

得元運

賢妻助夫、子女文武雙全多福氣。土地房產日漸豐盈，家財萬貫，外鄉去發展事業，能賺得豐厚的財利。

失元運

金來剋木。傷長子及少女，孤兒寡母，婦女持家，傾家敗產，人財兩絕，易發生自縊、投水、凶死之事。易患咽喉腫脹，心疼、腰疼、肝硬化、膽病、開刀、手腳傷殘等症。

澤雷隨：丑山、艮山，破軍星，丁丑，四金七運，仙命玄空忌四九退氣。

上无妄：九金二運，斗宿一、二度間線。長房車禍、官非、喘咳。助運。助2、7運。

五　震：八木一運，斗宿初度。伏吟，傷長男。肝膽病、腳病，出賊盜、暴徒。助1、6運。

四　屯：七火四運，箕宿九度。合十五。兄友弟恭。艱苦創業成功。蔭生創業之子。助4、9運。

三　革：四金二運，箕宿八度。火剋金，姊妹、妯娌不和。助7運。

二　兌：四金一運，箕宿七度。伏吟，官司、口舌、肺病、刀傷、傷少女。助6、7運。

初　萃：四金四運，箕宿六、七度間線，母女、婆媳不和。助7、9運。

艮山：

宜配卯龍入首，三、八運龍與山配合生成、合十、合五、相通、生入，主旺人丁。甲、乙龍入首次吉。宜配二、三運主發富旺人丁。四、六、九運亦吉。子龍入首宜一、八運配合山，主人丁旺。

壬、癸龍入首次吉、坎卦龍宜一、六運為上吉。五、七運次吉。

艮山宜配卯龍入首，三、八運龍與山配合主旺人丁。甲、乙龍入首次吉。

天雷無妄乾九金配震八木

得元運

家業豐隆，意外之福、大進田產資財，人丁大旺，腦筋靈活，人才輩出，尤其適得從事醫學，活人濟世，必出名醫。

失元運

金來剋木，父子不和，無妄之災傷長房子孫。交友不慎、行事虛誕、遭盜賊官災損傷人命，子孫凋零。易患胸悶胸痛，喘嗽，筋骨疼痛、頭痛、腦震盪、腦神經衰弱、手腳傷殘、肝硬化、膽管不通之症，邪靈入宅。

天雷无妄：艮山，巨門星，己丑，九金二運，仙命玄空忌二七退氣。

初　否：九金九運，箕宿六度。合十。遲發而悠久。助9運。

二　履：九金六運，箕宿五度。四九為友，長、三房富貴豪雄。財產豐厚，子孫聰明。助2、9運。

三同人：九金七運，箕宿四度。長、次房財丁兩敗。老翁痰咳，婦人產厄，長子氣喘、血光。助7、9運。

四　益：二火九運，箕宿三度。雙木成林，貴比王謝，聯姻豪貴，附寵聯歡。助2、9運。

五噬嗑：三木六運，箕宿二度。先發長房，次發仲房，財丁兩旺，出人文秀，得外財致富。助3、6運。

上　隨：四金七運，箕宿初度。財丁兩敗，長、三房虧損。助4、7運。

地火明夷坤一土配離三火

得元運

家資富厚，光華內歛、人丁興旺有度量，異路功名、出軍警將才，陣前威武顯功名，若為文官則滿腹文章小有成就。

失元運

火炎土燥。純陰傷男，缺子損丁，家中女性易得子宮卵巢婦科方面的病因而切除子宮，或眼疾心疾，老母精神異常。男女離家出走。

地火明夷：艮山，祿存星，辛丑，一水三運，仙命玄空忌四九退氣。

上　賁：六水八運，尾宿十五度。火炎土燥。三房痰火之疾，損丁破財。助6、8運。

五既濟：七火九運，尾宿十四度。初吉後凶、目疾、心病，剋妻。助7、9運。

四　豐：八木六運，尾宿十三度。長房財丁並進。生聰明穎異之子，發科甲、催官。助6、8運。

三　復：一水八運，尾宿十二度。長房財丁敗絕。母子不和，腹脹、腸胃病、壓傷、覆車。助1、8運。

二　泰：一水九運，尾宿十一度。合十。父母老壽，發遲而悠久。助1、9運。

初　謙：一水六運，尾宿十度。一六共宗，母慈子孝，積聚財寶。助1、6運。

山火賁艮六土配離三火

得元運

丁財大旺，家業興隆，土地房產豐厚，子孫皆溫文儒雅之士，家人健康長壽。

失元運

火烈土燥。主婦性剛暴，男人怯懼，識見不多，傷少男及中女，婦人掌權，家庭不睦，夫妻不和，子孫遊蕩在外。易患目盲、耳聾、暗啞、心臟衰竭之病，精神異常、手足殘疾、火災蔓延、種種橫禍。

山火賁：艮山．寅山，左輔星，癸丑，六水八運，仙命玄空忌四九退氣。

初　艮：六水一運，尾宿九度。伏吟，不利三房及少男。手臂、關節病。助1、6運。

二大畜：六水四運，尾宿八度。老父年高，得子孝養，經商致富。助4、6運。

三　頤：六水三運，尾宿七度。兄弟鬩牆，損小口。助運。助3、6運。

四　離：三木一運，尾宿六度。次房不利。火災、目疾、精神失常。助1、3運。

五家人：二火四運，尾宿五度。合五。婦女當權持家，仁慈，好善佈施。助2、4運。

上明夷：一水二運，尾宿五度、四度間線。通卦，出文人、畫家、法官。助1、3運。

寅山：

宜配乙龍入首，寅次吉，乙正配主人丁大旺。而甲、卯龍入首為次。宜配二、三運主發富旺人丁，四、六、九運主發富，癸龍入首，山龍配合主旺人丁。

壬、子龍入首為次吉。坎卦龍宜一、六運主財丁，而五、七運主發財。

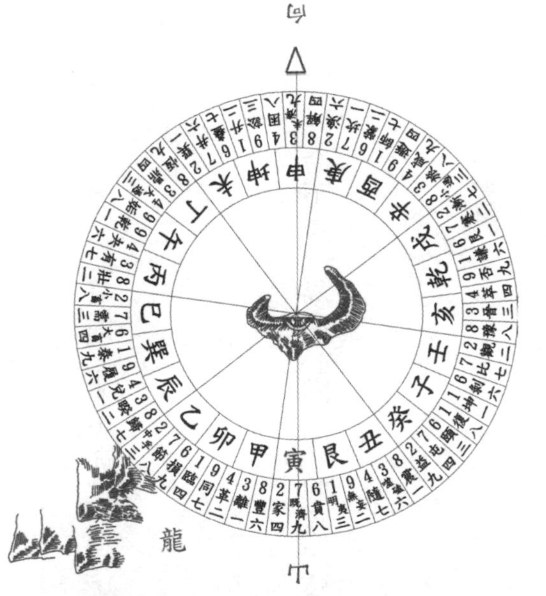

寅山宜配乙龍入首，寅次吉，乙正配主人丁大旺。而甲、卯龍入首為次。

水火既濟坎七水配離三火

得元運

陰陽正配。富貴雙全、福澤綿長，夫妻恩愛、人丁鼎盛，出文武兼備之才，從政當官，可官至一品，從軍乃大將之才，國之棟樑，位高權重，財帛豐盈。

失元運

敗財傷丁絕後嗣，子孫離鄉背景流落在外，家中婦女壽命不長。易患心臟病、眼疾，痰癆吐血之病。

水火既濟：寅山，右弼星，甲寅，七火九運，仙命忌二七退氣。

上家人：二火四運，尾宿四度。合五。婦女持家，發富催貴。久乏嗣。助2、4運。

五明夷：一水三運，尾宿三度。通卦。主能明辨是非。助1、3運。

四　革：四金二運，尾宿二度。火剋金。口舌是非、肺炎、口腔疾患，姊妹、妯娌不和。助2、4運。

三　屯：三木四運，尾宿初度。艱困創業有成。長房先發，次發餘房。助4、7運。

二　需：二火三運，心宿八度。星數不合，多淫敗財，好酒。但金生水，主中男發橫財。助3、7運。

初　蹇：一水二運，心宿七度。次房不利。事業困難重重。溺水、尿道結石。助2、7運。

風火家人巽二木配離三火

得元運

巽木生離，木火通明。主孝悌之家、婦女聰明賢慧，善持家，精明能幹如女中丈夫。仁慈好善、富而好禮，財帛豐盈，五穀豐登。光顯榮耀之象。

失元運

二女同室，木上火下，牝雞司晨、風聲誹聞、婦女失節、壞盡根芽，無生育之道，定主絕嗣，抱養過繼。易得頭暈目眩、肝膽病、股病。須防火災。

風火家人：寅山，丙寅，二火四運，仙命玄空忌二七，主退氣。

初　漸：七火七運，心宿六度。三房傷丁敗財。懷才不遇、黃腫、肝膽病、關節病。助2、6運。

二小畜：二火八運，心宿五度。長房婦人產難、痰火、氣喘。助2、8運。

三　益：二火九運，心宿四度。合十，雙木成林，喬木扶桑，貴比王謝，附寵聯歡。助2、9運。

四同人：九金七運，心宿三度。剋老父。肺病、咳喘、痴呆、腦炎、中風。助7、9運。

五　賁：六水八運，心宿二度。火炎土燥。仲房人丁零落。三房痰火之疾，損丁破財。助6、8運。

上既濟：七火九運，心宿初度。夫婦正配，但初吉終凶，目疾、心病。終剋妻。助7、9運。

甲山：

宜配丑龍入首，龍與山配合主人丁千萬口、艮、寅龍入首配甲山為次吉，艮卦龍宜五、九運、辰龍入首山龍合吉，巽巳龍入首次吉，宜四、七運發財丁，一、二、三運發財不發丁。

甲山宜配丑龍入首，龍與山配合主人丁千萬口、艮、寅龍入首配甲山為次吉。

雷火豐震八木配離三火

得元運

青龍入宅，木火通明。婦女精明能幹，持家有方，田產進益。子孫聰明清秀，才華橫溢、登科及第，功名貴顯，光宗耀祖、富貴雙全。

失元運

盛極將衰、家業凋零，家產敗絕，而不得不離鄉發展。家中有精神異常之人，或腳部殘疾不良於行，心律不整。年輕人容易早夭。

雷火豐：甲山，武曲星，戊寅，八木六運，仙命忌一六、四九退氣。

初小過：八木三運，房宿五度。木剋土，兄弟鬩牆，同室操戈，鰥寡孤獨。助2、6運。

二大壯：八木二運，房宿四度。父子不合，頭痛、腳病，官司刑罰，刀兵之禍。助3、8運。

三　震：八木七運，房宿三度。長房不利。車禍雷擊，蟲害蛇咬。助1、8運。

四明夷：一水三運，房宿二度。得運出文人雅士、通儒、忠臣。失令，出愚鈍之頑夫。助1、3運。

五　革：四金二運，房宿一度、二度間線。星數不合。口舌是非、口腔疾患、肺炎痰火。助2、4運。

上　離：三木一運，房宿初度。伏吟，中女、仲房不利。眼病，精神失常，火災。助1、3運。

離為火離三火配離三火

得元運

科名貴顯，富貴功名垂手可得，從政為官，能至高位，創業行商，也能大發利市，田產興旺。

失元運

以火濟火，烈焰燎空，家道鼎盛。但純陰，失運時，主男子夭亡，家中女多男少，小口不利。婦人當家作主。易患痰火癆嗽，眼紅、心疼、頭疼、血光、陰虛火旺，口苦心焦等症。

離為火：甲山，貪狼星，庚寅，三木一運，仙命忌一六、四九退氣。

上　豐：八木六運，氐宿十七、十八度間線。三八為朋。長房財丁並進。發科甲、催官。助6、8運。

五同人：九金七運，氐宿十七度。出逆子，傷宅長，長次房財丁兩敗。助7、9運。

四　賁：六水八運，氐宿十六度。火炎土燥，中、少房人丁零落，出愚頑之人。助6、8運。

三噬嗑：三木八運，氐宿十五度。三八為朋，先發長房，後發仲房，財丁兩旺。助3、8運。

二大有：三木七運，氐宿十四度。出逆子，傷老翁，中房財丁兩敗。助3、7運。

初　旅：三木八運，氐宿十三度。火炎土燥。次房財丁兩敗。燥症、膽石症。助3、8運。

卯山：

宜艮龍入首、艮、卯配合主旺人丁。丑、寅龍入首配卯山為次吉，艮龍宜五、九運。巽卦龍入首宜四、七運主發財丁。一、二、三運主發富貴，死氣為財星故丁不旺。

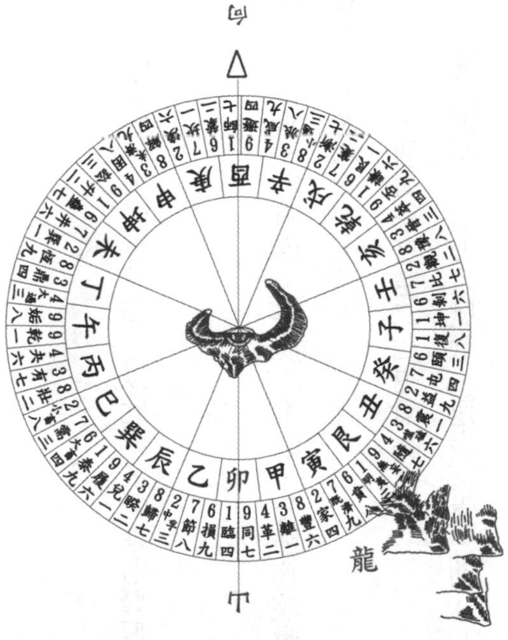

卯山宜配艮龍入首，龍與山配合主人丁千萬口、丑寅龍入首配卯山為次吉。

澤火革兌四金配離三火

得元運

出美人、律師、法官、造曆家、文人雅士，口才極佳，能言善道，以此成名並進財豐厚。

失元運

火剋金，主傷少男少女。利令智昏、遇盜賊、官非，患頭疼、眼疾、失眠，及肺疾咳嗽吐血。財產敗亡，人丁損傷，出女同性戀、婦女作亂家中不安寧。

澤火革：甲山．卯山，巨門星，庚寅，四金二運，仙命忌玄空二七退氣。

初　咸：四金九運，氐宿十二度。合十五、雌雄正配，出天才兒童，速發富貴。助4、9運。

二　夬：四金六運，氐宿十一度，四九為金。出武貴、律師，富貴財丁，房房興發。助4、6運。

三　隨：四金七運，氐宿十度。伏吟。不利三房。口舌是非、缺唇、肢體殘障。助4、7運。

四既濟：七火九運，氐宿九度。合十。主富貴雙全，發科甲、催官。助7、9運。

五　豐：八木六運，氐宿八度。三八為朋。人財兩旺，出聰穎之異人。助6、8運。

上同人：九金七運，氐宿七度。剋老父。長、次房財丁兩敗。肺病、痴呆、腦炎、中風。助7、9運。

天火同人乾九金配離三火

得元運

位尊職顯、道德高尚，可廣結人緣，與人合夥之事業很成功，富有領導統馭能力，財源廣進，財產豐厚。人丁鼎盛，子孫聰慧，讀書成績優異，從政當官能至高位，地位尊榮顯貴。

失元運

火來剋金，主男女不倫（老翁、次媳、次女）、趨炎附勢、好高騖遠、長房子孫不利。老父及中女易受災傷。易患氣喘、心疼、高血壓、腦溢血、發高燒、痙攣、腦炎、眼疾、虛勞癱瘓，膿血等症。及惹上官司是非，孤寡敗絕、小兒損傷，老人凶死。

天火同人：卯山，破軍星，壬寅，九金七運，仙命玄空忌二七退氣。

上　革：四金二運，氐宿六、七度間線。二女同居，其志不合。坐困愁城。口舌是非，肺病咳嗽。助2、4運。

五　離：三木一運，氐宿六度。伏吟，富貴不常不久。不利次房。火災、眼病。助1、3運。

四家人：二火四運，氐宿五度。合火，木火通明。婦女才能掌權持家，行善佈施，久則乏嗣。助2、4運。

三无妄：九金二運，氐宿四度。長房車禍、父子不合。足病、官司、頭痛。助2、9運。

二　乾：九金一運，氐宿三度。伏吟，不利宅長。孤立自負。肺病、虛而不實。助1、9運。

初　遯：九金四運，氐宿二度。六九合十五。安如泰山，福祿屢臻。夫妻眉壽，老而彌堅。助4、9運。

地澤臨坤一土配兌四金

得元運

巨門入宅，土金相生。見識廣大，廣施恩澤、財產進益，財帛豐盈，人丁興旺生貴女，男女孝義。

失元運

母女同室，純陰不生。婦人當家而不善持家，母女婆媳不和，傷夫剋子。敗財傷丁，貧窮孤苦，且婦女易有外遇私情。易得胃潰瘍、下痢、吐血等病症。

地澤臨：卯山，文曲星，乙卯，一水四運，仙命忌玄空四九退氣。

初　師：一水七運，氐宿初度。房房破財，仲房尤凶。水腫、耳痛、心肌梗塞、墮胎。助1、7運。

二　復：一水八運，亢宿九、十度間線。長房財丁敗絕。母子不合、覆車、震災、蛇咬。助1、8運。

三　泰：一水九運，亢宿八、九度間線。合十，夫婦偕老，德高望重。富貴悠久。助1、9運。

四歸妹：八木七運，亢宿七度。剋兄弟、喪妻、橫禍。男盜女娼、逃亡、腳病。助7、8運。

五　節：七火八運，亢宿六、七度間線。傷中，少房。酒色淫慾、盜財橫禍。助7、8運。

上　損：六水九運，亢宿六度間線。合十，少年早發，速發富貴，才子佳人。助6、9運。

山澤損艮六土配兌四金

得元運

土金相生，陰陽正配，行善佈施、家財大發，功名榮顯。婦女賢良，子貴孫賢。出文人雅士，從政為官也能步步高升，至位高權重之職。

失元運

男性金屋藏嬌，玩弄感情、女子易遇負心漢、田產敗絕，家業凋零，頻生女子不生男丁，孤寒貧窮而無子息。

山澤損：卯山，右弼星，丁卯，六水九運，仙命忌玄空四九退氣。

上　臨：一水四運，亢宿五度間線。合五。久則乏嗣。助1、4運。

五中孚：二火二運，亢宿四、五度間線。長女受害，乳病、氣喘、瘡癩、股病、刀殺、勒縊、絞殺。助2運。

四　睽：三木二運，亢宿三度。漁業致富。姊妹、妯娌、姑嫂不和，久而乏嗣。助2、3運。

三大畜：六水四運，亢宿二度。合十五，經商致富，行善積德，修道有成。助4、6運。

二　頤：六水三運，亢宿一度。兄弟鬩牆，投資失敗，計謀無成。助3、6運。

初　蒙：六水二運，角宿十二度。兄弟不睦，不利仲房。耳聾、心病。助2、6運。

乙山：

宜配寅龍入首，山與龍配合人丁旺，丑、艮龍入首宜五、九運主發富貴旺人丁，巳龍入首乙以配合主大吉，辰龍入首及巽龍入首為次吉，一、二、三運主發財而不旺丁，四、七運較佳。

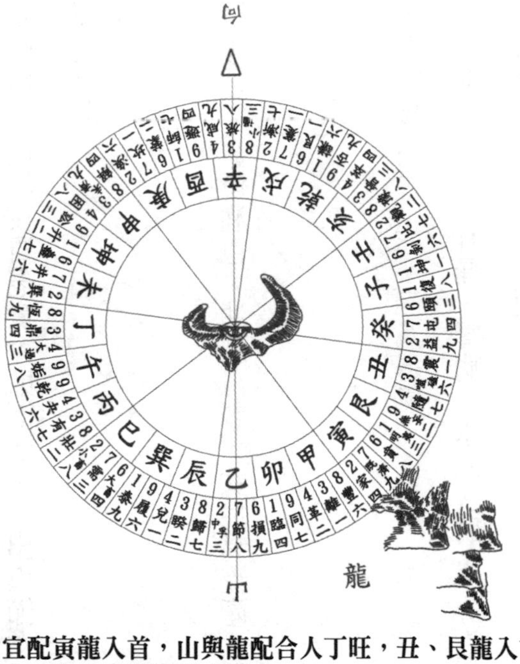

乙山宜配寅龍入首，山與龍配合人丁旺，丑、艮龍入首宜五、九運主發富貴旺人丁。

水澤節坎七水配兌四金

得元運

人丁大盛，開源節流、財源廣進，土地房產豐厚，個性樸質老實，廉潔清白、出貞節女子，能心無旁騖的專注於事業。子孫聰明優秀，上進能讀書。

失元運

水洩金氣，中男誘拐少女，放辟邪侈、少男少女、貪戀酒色、油腔滑調。女性易流產，難受孕。敗財傷丁而至絕嗣。

水澤節：乙山，左輔星，己卯，七火八運，仙命忌玄空一六、三八退氣。

初　坎：七火一運，角宿十一度。不利二房。進財困難、耳痛、腎病、水厄。助1、7運。

二　屯：七火四運，角宿十度。合十五，長房富貴。助4、7運。

三　需：七火三運，角宿九、十度間淚。上下不親，內外乖叛。易患腦水腫、腦溢血。子嗣出走。助3、7運。

四　兌：四金一運，角宿九度。伏吟，不利三房。肺病、刀傷、口舌是非。助1、4運。

五　臨：一水四運，角宿八度。合五，雖富貴而日久乏嗣。助1、4運。

上中孚：二火三運，角宿七度。金剋木，得財而有肝病、乳癌、股病。助2、3運。

風澤中孚巽二木配兌四金

得元運

雖然正直無私多才藝，有才華，講信用，唯讀書成績始終不能算好，口才佳，有辯才可為講師，與追求科名無緣，但靠自身才藝的發揮，卻能有所成就並發財致富。

失元運

金木刑戰，家中婦女多災傷，陰盛陽衰，故男人多妻、壽短，男丁漸稀多生女兒、女人同性戀。易患肝硬化、膽病、眼疾、筋骨疼痛、聾啞殘疾、精神異常、小兒生痦瘡等病症。

風澤中：孚乙山，祿存星，辛卯，二火三運，仙命忌玄空一六、三八退氣。

上　節：七火八運，角宿六度。傷中，少房。酒色淫慾、盜財橫禍。助7、8運。

五　損：六水九運，角宿五度。合十，速發富貴，少年早發。助6、9運。

四　履：九金六運，角宿四度。四九為友，房房財丁兩旺。助6、9運。

三小畜：二火八運，角宿三度。老夫少妻。出亂倫之輩。乳病、氣喘、自縊。助2、8運。

二　益：二火九運，角宿二度。合十。長房速發富貴，附寵聯歡。助2、9運。

初　渙：二火六運，角宿一度。官訟橫禍，破財，肝腎病。助2、6運。

辰山：

宜配丙龍入首，山與龍配合主旺人丁。而午丁龍入首，配辰山為次吉主旺人丁。離卦龍宜五、七、九運主大發富貴，旺人丁。甲龍入首龍山配合主人丁旺，卯龍乙龍入首次吉。震卦龍宜二、三運上吉而四、六、九運為次吉。离卦龍四運吉。

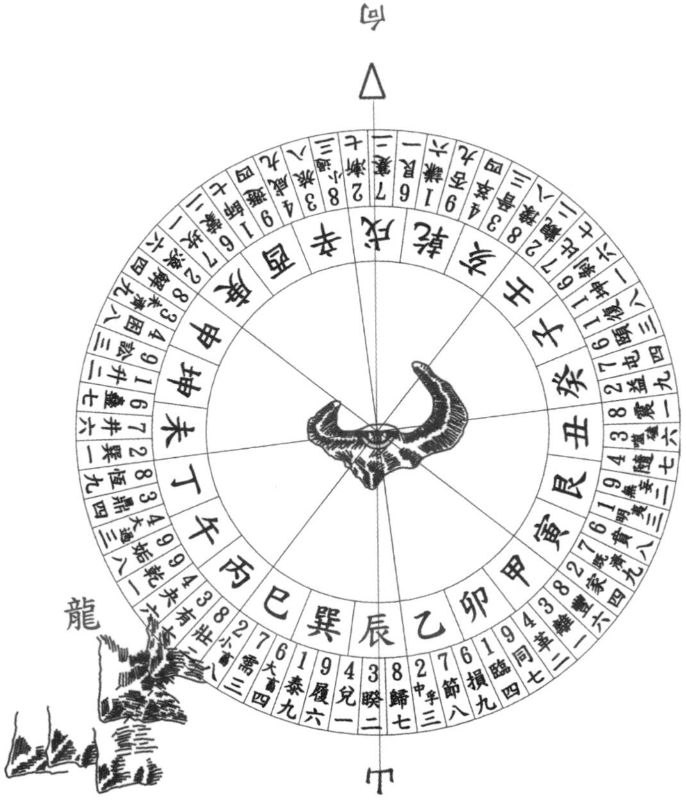

辰山宜配丙龍入首，山與龍配合主旺人丁。
午、丁龍入首配辰山為次吉。

雷澤歸妹震八木配兌四金

得元運

子孫聰明優秀、女配貴夫、男性多才多藝有藝術氣息，文武兼備，聲名遠播，並能發財致富，名利雙收，田產豐厚，兒孫滿堂。

失元運

金木刑戰，傷長子、少女，男盜女娼、誘拐未成年少女、見利忘義、夫妻離異、敗產傷丁，男丁漸漸稀少而至絕嗣。易患胸中氣悶、胸脇痛，肝硬化、膽道阻塞、結石，傷寒咽喉喘嗽，腰疼手足麻木、手腳傷殘，車禍、凶死等病症。

雷澤歸妹：辰山，破軍星，癸卯，八木七運，仙命忌玄空一六、四九退氣。

上　睽：三木二運，角宿初度。敗長房，婦女夭折。因色生災破財。助2、3運。

五　兌：四金一運，軫宿十三度。不利三房。口舌是非、刀傷戰亂。助1、4運。

四　臨：一金四運，軫宿十二度。合五，土生金。得橫財，成鉅富。助1、4運。

三大壯：八木二運，軫宿十一度。敗長房。官司刑罰、刀傷、賊盜車禍。助2、8運。

二　震：八木一運，軫宿十度。不利長房。肝膽病、手腳病、雷打電擊。助1、8運。

初　解：八木四運，軫宿九度。合十五，兄弟和睦，速發富貴。助4、8運。

火澤睽離三火配兌四金

得元運

家道興隆富裕，平安吉慶，子孫讀書成績優秀，追求科名能發貴顯榮，出律師、軍火專家、若經商做生意也能獲利豐厚。

失元運

烈火鑠金，必傷幼婦少女，男人身體瘦弱多病，壽命不長。家人見錢眼開，桀傲不馴、同室操戈、易患咳嗽、痰火、血崩之病。易發生自縊溺水事件。田產退敗，孀婦專權，傷丁缺嗣。

火澤睽：辰山，巨門星，甲辰，三木二運，仙命忌玄空一六、四九退氣。

初未濟：三木九運，軫宿八度。合十。夫妻同心，久則眼疾、心病。助3、9運。

二噬嗑：三木六運，軫宿七度。先發長房，次發中房，財丁兩旺。助3、6運。

三大有：三木七運，軫宿六度。傷家長，仲房敗財乏嗣。肺癆、官司刑罰。助3、7運。
四　損：六水九運，軫宿五度。合十。速發富貴、出帥哥美女、天才兒童。助6、9運。
五　履：九金六運；軫宿四度。四九為友。房房發福，財丁兩旺。助6、9運。
上歸妹：八木七運，軫宿三度。長、三房人丁敗傷。男盜女娼、刀傷。助7、8運。

兌為澤兌四金配兌四金

得元運

二金比和，家道興隆，德澤長流、飽讀詩書，口才極佳，辯論談理均能令人心悅誠服，以此成名並進財無數。

失元運

純陰不生，男丁少，少婦當家專權，卻家人不睦，阿諛諂媚、拍馬屁、造謠、口舌是非多，官司重見，家業凋零。或胸悶胃疾。出女同性戀、妓女、午妻、小老婆。

兌為澤：辰山，貪狼星，丙辰，四金一運，仙命忌玄空二七退氣。

上　履：九金六運，軫宿二度。四九為友。房房發福，丁財兩旺。助運。助6、9運。

五歸妹：八木七運，軫宿初度。長、三房敗人丁。傷女人，橫禍官司，腳病。助7、8運。

四　節：七火八運，翼宿十七度。仲、少房人丁稀少。初順利，日久貪花戀酒敗家。助7、8運。

三　夬：四金六運，翼宿十六度。長、三房財丁兩旺，富貴雙全。助4、6運。

二　隨：四金七運，翼宿十五度。長房人財兩傷。男盜女娼，腰腿生癱。助4、7運。

初　困：四金八運，翼宿十四度。三房人丁敗傷。逃亡、入獄。助4、8運。

巽山：

宜配午龍入首，龍配合主旺人丁。而丙與丁龍入首，配巽山為次吉，而離龍宜五、七、九運為生氣，旺氣主大發旺人丁，又卯龍入首配合主旺人丁，而甲乙龍入首次吉，而震卦龍宜二、三運主大發旺人丁而四、六、九運死氣但發財。

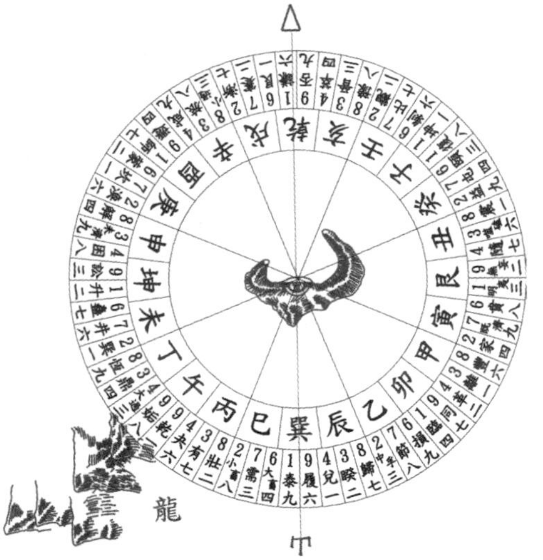

巽山宜配午龍入首，龍配合主旺人丁。丙與丁龍入首，配巽山為次吉，

天澤履乾九金配兌四金

得元運

二金比和，錢財進益，米穀豐盈，天賜福澤，外地發達，掌兵權，財政、子孫聰慧，婦女美麗，丁財兩旺，在地方上相當出名的富貴之家。不過家中可能出跛足或視障之人則是小小的缺點。

失元運

同室操戈、兄弟鬩牆。家中頻遭意外災害，如交通事故，盜賊刀槍殺傷，損傷人命。家中有人腳部殘障或視障，或生出缺唇幼兒。男女不倫、婦女易有外遇，不正常的戀情。

天澤履：巽山，武曲星，戊辰，九金六運，仙命忌玄空二七退氣。

初訟九：金三運，翼宿十四度。星數不合，故富而不貴，久則多淫慾，退財產。助3、9運。

二无妄：九金二運，翼宿十三度。父子不合，傷長房。腰腿筋骨疾病、頭痛。助2、9運。

三乾九：金一運，翼宿十二度。不利宅長，初雖獲福日久破敗。助1、9運。

四中孚：二火二運，翼宿十一度。妯娌不和，嘔血氣喘、肝癌。助2運。

五睽三：木二運，翼宿十度。少房人丁稀少。花柳病、骨折、肺病。火災。助2、3運。

上兌四：金一運，翼宿九度。初雖獲福，日久破敗。三房敗人丁。助1、4運。

地天泰坤一土配乾九金

得元運

土金相生，武曲得位、小投資大賺錢。父母身心安泰、福壽康寧，子孫優秀賢達，加官晉祿，富貴榮華，添丁進財，家產富厚，從政為官可至高位。

失元運

家運凋謝，轉福為殃，鬼神作祟、神棍詐財、田財敗盡，人丁漸絕。男性有跛足之傷，女性易得眼疾，嚴重者目盲。也易患水腫腹脹、胃下垂、虛勞痰喘吐血等病症。

地天泰：巽山，右弼星，庚辰，一水九運，仙命忌玄空四九退氣。
上大畜：六水四運，翼宿八度。合十五。父慈子孝，積德行善，富貴高壽。助4、6運。
五　需：七火三運，翼宿七度。星數不合，久則多淫慾，退財丁。助3、7運。
四大壯：八木二運，翼宿六度。父子不合。搶劫偷盜，投機破產。助2、8運。
三　臨：三木四運，翼宿五度。合五。得橫財，成鉅富，多生女。助1、4運。
二明夷：一水三運，翼宿四度。星數不合，得令出人聰秀；失令出人愚魯。助1、3運。

初　升：一水二運，翼宿三度。婆媳不和，脾胃病，黃腫，詐欺。助1、2運。

巳山：

宜丁龍入首，山與龍合主旺人丁，午、丙龍入首，配巳山為次吉，人丁旺，而離卦龍宜五、九、四、七運主發富貴旺財丁，乙龍入首人丁興旺，甲卯龍入首次吉。震卦龍入首，宜二、三運上吉，四、九運次吉。

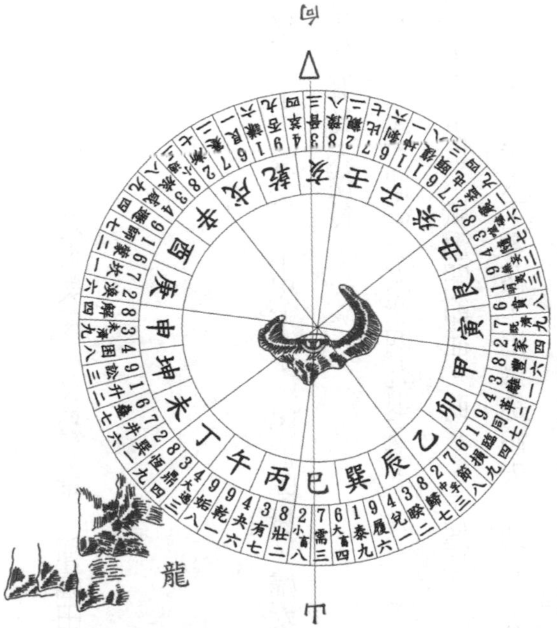

巳山宜丁龍入首，山與龍合主旺人丁，午、丙龍入首，配巳山為次吉。

山天大畜艮六土配乾九金

得元運

土金相生，家財大發，積善行仁、善有善報、任公職、功名榮顯。父慈子孝，種福田予子孫享。小房興旺。子孫品德高尚，賢名受人稱頌。

失元運

好高騖遠、不求上進、坐吃山空，耽於逸樂、子不養父、不忠不孝。陽盛陰衰，婦女體弱多病，壽命不長，久之丁財敗絕，孤苦貧窮，流落他鄉為人僕役。

山天大畜：巽山．巳山，文曲星，壬辰，六水四運，仙命忌玄空四九退氣。

初　蠱：六水七運，翼宿二度。懷才不遇，災害重重，風濕關節症。助６、７運。

二　賁：六水八運，翼宿初度。星數不合，仲、三房人丁零落，出愚鈍頑夫。助６、８運。

三　損：六水九運，張宿十八度。合十。速發富貴，少年早發，出神童。助６、９運。

四大有：三木七運，張宿十七度。宅長受剋。仲房財丁兩敗。肺病、腦病。助３、７運。

五小畜：二水八運，張宿十六度十七度間線。剋妻，投機破產，勞累致病，氣喘，股傷。助２、８運。

上　泰：一水九運，張宿十六度。合十。遲發而悠久，富貴高壽。助１、９運。

水天需坎七水配乾九金

得元運

子孫誠信守正、聰明優秀、處世圓通，讀書求學成績名列前茅，工做事業能把握時機，一帆風順，步步高升，功名富貴俱全、勤儉興家，家運一發如雷。

失元運

水星好淫，金星多濫。男性易風流放蕩、飲食無節，負債、周轉困難，感情糾紛多。婦女身體虛弱，易患子宮、卵巢、無法生育、婦科疾病。年輕男性易有眼睛、心臟方面的毛病，以及腦溢血、吐血，命危之患。

水天需：巳山，祿存星，乙巳，七火三運，仙命忌玄空三八、一六退氣。

上小畜：二火八運，張宿十五度。出亂倫之輩，投機破產、勞傷。助2、8運。

五　泰：一水九運。張宿十四度。合十。富貴高壽，夫妻偕老。助1、9運。

四　夬：四金六運，張宿十三度。四九為友，財丁兩旺，富貴雙全。助4、6運。

三　節：七火八運，張宿十二度。星數不合。貪花戀酒，敗家逃亡。助7、8運。

二既濟：七火九運，張宿十一度。合十。夫妻富貴。助7、9運。

初　井：七火六運，張宿十度。二七同道，名利雙收，富貴雙全。助6、7運。

風天小畜巽二木配乾九金

得元運

辛勤創業起家，小投資大賺錢、丁財興旺，家產豐厚，從事畜牧、養殖業發達，能得貴人幫助。子孫多才多藝，富文藝氣息，在文學藝術方面能獲得很高的成就，長女掌權、聯姻貴族。

失元運

金來剋木。家中長女易受災傷。懷才不遇、財丁兩敗，家業凋零，夫妻不和，男女不倫（翁媳、父女），官司口舌重重，年輕人好在外遊蕩而惹禍，易患口眼歪斜、氣壅痰癆吐血、筋骨疼痛、肝硬化、膽病、腿疾等病症。

風天小畜：巳山，左輔星，丁巳，二火八運，仙命忌玄空三八、一六退氣。

初　巽：二火一運，張宿九度。不利長房。出浪子蕩婦、氣喘、股傷。助1、2運。

二家人：二火四運，張宿八度。合五。婦女才德持家，出文人秀士。助2、4運。

三中孚：三木二運，張宿七度。閨幃不睦，肝癌、乳癌、貪花戀酒，敗家逃亡。助2、3運。

四　乾：九金一運，張宿六度。不利宅長。勞累致病，頭病、肺病。助1、9運。

五大畜：六水四運，張宿五度。合十五，富貴雙全，名利雙收。助4、6運。

上　需：七火三運，張宿四度。降謫革職，不孕無嗣，腦溢血。助3、7運。

丙山：

宜配辰龍入首，丙、辰配合主人丁旺。而巽、巳龍入首為次吉主旺人丁。巽卦龍宜四、七運主大發富貴旺人丁。未龍入首，二、九配合為次吉，而坤、申龍入首又次吉，坤龍宜一、二、四、五運上吉，三、六、七、八運次吉。宜辰龍起祖。

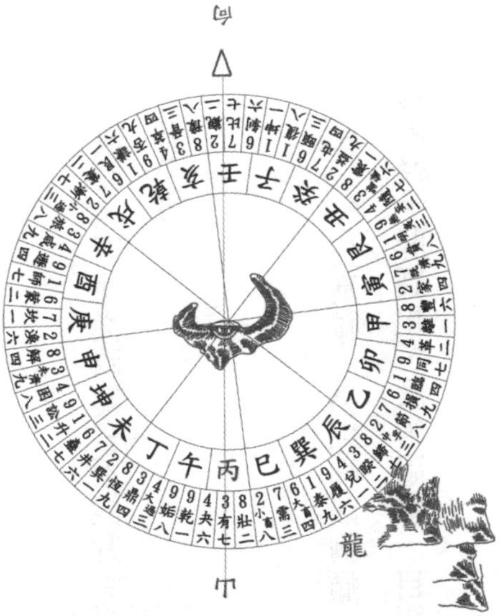

丙山宜配辰龍入首，丙山、辰龍配合主人丁旺。而巽、巳龍入首為次吉，亦主旺人丁。

雷天大壯震八木配乾九金

得元運

正直無私、文武兼備，勇於任事，有擔當有氣魄，名利雙收、即使從政為官不能升到很高的階級職位，也能在地方上小有名氣，且家產人丁皆旺，建築業大利。

失元運

金來剋木。傷長子長女及老父，父不慈子不孝、長上連累、因公殉職。易患胸悶胸痛、氣喘咳嗽、咽喉阻塞，及筋骨疼痛之病、腦震盪、頭痛、手腳傷殘、肝硬化、膽管阻塞。自縊、殺傷，意外凶死，禍患連連。

雷天大壯；丙山，巨門星，己巳，八木二運，仙命忌玄空四九、一六退氣。

初　恆：八木九運，張宿三度。婦女夭折，貧賤。貪花戀酒，敗家逃亡。助8、9運。

二　豐：八木六運，張宿二度。長房、仲房丁財並進，富貴雙全。助6、8運。

三歸妹：八木七運，張宿二、一度間線。剋長房。男盜女娼、意外傷災、吐血。助7、8運。

四　泰：一水九運，張宿初度。合十，富貴高壽，夫妻偕老。助1、9運。

五　夬：四金六運，星宿八度。四九為金。出武貴，長、三房財丁兩旺，富貴雙全。助4、6運。

上大有：三木七運，星宿七度。不利宅長，肺炎、中風、痴呆、官司。助3、7運。

火天大有離三火配乾九金

得元運

人丁興旺，懷柔得眾、衣紫腰金、子孫科名貴顯，有很高的社會地位，位高權重，聲名遠播，田產興旺，家中賓客不斷。

失元運

火剋金。先傷老父，次損中女、惡媳、潑婦。家中人不切實際、眼高過頂、心比天高，命如顏回、身體虛弱、面黃肌瘦，易得喘嗽之病，吐血癱瘓，眼疾惡瘡肺炎、肺氣腫、肺痿、不育、腦溢血、無嗣。容易發生交通事故，或自縊投水之事，終至財敗丁傷。

火天大有：丙山，破軍星，辛巳，三木七運，仙命忌玄空四九、一六退氣。

上大壯：八木二運，星宿六度。父子不合。事業破產倒閉。腳病、肝膽病。助2、8運。
五　乾：九金一運，星宿五度。不利宅長。奢侈虛華，肺病，頭病。助1、9運。
四大畜：六水四運，星宿四度。合十五。富貴多孫，文武雙全。助4、6運。
三　睽：三木二運，星宿三度。火災，花柳病，色災，肺癌、肺癆。助2、3運。
二　離：三木一運，星宿二度。仲房不利。官司退敗、吐血、目疾、火災。助1、3運。
初　鼎：三木四運，星宿一度。合五，婦女賢德持家，助3、4運。

澤天夬兌四金配乾九金

得元運

家道和悅，人財兩發，富貴雙全，出文人秀士，也會有從事軍、警方面的工作，獲得很大的成就，由此累積豐厚的家產。年輕的女性相當精明能幹，女人當家作主。

失元運

家人剛愎自用難溝通，聽信小人言、口舌是非多，官司重重，傷丁敗產，男女不倫，家業凋零、耳聾目盲。

澤天夬：丙山．午山，武曲星，癸巳，四金六運，仙命忌玄空二七，退氣。

初大過：四金三運，柳宿十七度。金剋木，癲疾瘋狂，肝癌，嘔血。助3、4運。

二　革：四金二運，柳宿十六度。星數不合。主口舌是非、口腔疾患、肺炎痰火。助2、4運。

三　兌：四金一運，柳宿十五度。不利季房。婚姻不順，刀傷、詐欺，殘障。助1、4運。

四　需：七金三運，柳宿十四、十五度間線。金牛水，資財順利，久則多淫慾、退財丁。助3、7運。

五大壯：八木二運，柳宿十三、十四度間線。傷長房。橫禍官司，筋骨腰腳病痛。助2、8運。

上　乾：九金一運，柳宿十二、十三度間線。不利宅長，初雖獲福，日久破敗。助1、9運。

午山：

宜配巽龍入首，山龍氣通，主人丁大旺，辰、巳龍入首，山龍符合旺人丁。巽卦龍宜四、七運主人富貴旺人丁而坤龍入首，午、坤正合主旺人丁，而未、申龍入首次吉。而坤龍宜一、二、四、五運為上吉，而三、六、七、九運次吉。

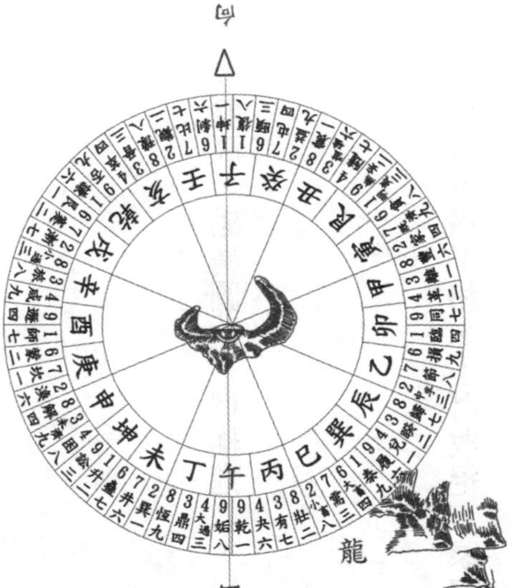

午山宜配巽龍入首，山龍氣通，主人丁大旺，辰、巳龍入首，山龍符合亦人丁。

乾為天乾九金配乾九金

得元運

田產興發，家富殷實，人丁鼎盛，子孫相當會讀書，學歷高，勵精圖治、積極進取、自強不息，從政為官能至高位，尊榮顯貴。

失元運

純陽無陰，傷妻剋子，虛名虛利，男性可能妻亡再娶，長房子孫不和。丁財敗絕，家中有人易作奸犯科為盜賊，性情不好，自私吝嗇又脾氣壞。肺病、新陳代謝症。易被金屬器物所傷或出車禍。

乾為天：午山，貪狼星，甲午，九金一運，仙命忌玄空二七退氣。

上　夬：四金六運，柳宿十二度。長、三房財丁兩旺，富貴雙全。助4、6運。

五大有：三木七運，柳宿十一度。傷老翁，中婦自縊、投河，敗財乏嗣。助3、7運。

四小畜：二火八運，柳宿十度。婦人產厄、乳病、氣喘，出亂倫之輩。助2、8運。

三　履：九金六運，柳宿九度。四九為金。發財旺丁，子孫聰明。助6、9運。

二同人：九金七運，柳宿八度。老人痰嗽，婦人產厄。出不孝子媳。助7、9運。

初　姤：九金八運，柳宿七度。投機破財。淫慾敗家。氣喘、乳病、股病。助8、9運。

天風姤乾九金配巽二木

得元運

財丁大盛、妾生貴子，家人健康長壽，財富豐厚一生不缺。多見老夫少妻聯姻權貴的情況，子孫雖不擅於讀書，卻能在運動武術方面有成就，也適得從事軍警方面的工作。

失元運

金木刑戰，招蜂引蝶男女不倫，成年的婦女容易有意外傷害而短壽。家中人易患精神方面疾病而自殺，或手腳筋骨痠痳疼痛，兩肋脅氣滯疼痛，咳嗽、肝硬化、膽道阻塞、腿病。丁財兩敗，家業凋零。

天風姤：午山，左輔星，甲午，九金八運，仙命忌玄空二七退氣。

初　乾：九金一運，柳宿六度。不利宅長，初雖獲福，日久破敗。助1、9運。

二　遯：九金四運，柳宿五度。合十五。積德行善。富貴財丁。助4、9運。

三　訟：九金三運，柳宿四度。通卦，富而不貴，久則多淫慾，財丁消。助3、9運。

四　巽：二火一運，柳宿三度。不利長房。初雖獲福，日久男丁稀少，婦女專權。助1、2運。

五　鼎：三木四運，柳宿二度。合五。婦女才德持家，出文秀，久則財丁退敗。助3、4運。

上大過：四金三運，柳宿初度。合通卦，初雖富貴後則退敗。助3、4運。

丁山：

宜配巳龍入首，山龍氣通為上吉，主人丁興旺，丙、午龍入首為次吉，申龍入首有生氣主發人丁。未、坤龍入首次吉，巽卦龍入首宜四、七運主大發富貴，坤卦龍入首宜一、二、四、五運為上吉，三、六、七、九運又次吉。

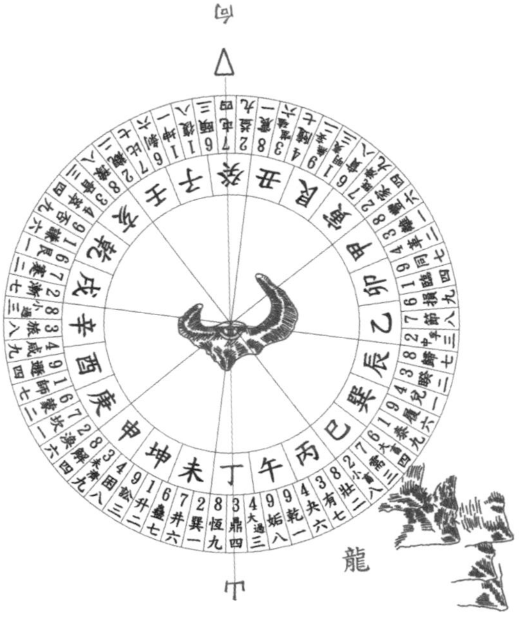

丁山宜配巳龍入首，山龍氣通為上吉，主人丁興旺，丙、午龍入首為次吉，

澤風大過兌四金配巽二木

得元運

多見老夫少妻之情形，且老年得子，生相貌清秀的女兒、丁財兩旺，但從政當官或服務於公職，卻無法升至高層，只能做基層的人員。

失元運

金木刑戰，純陰無陽，婦女易發生意外傷害，久之人丁凋零而無後嗣。易患肝硬化、膽病、腿疼心疾，咳嗽，精神疾病自殺，或遭火災或遇溺水，禍害交加。

澤風大過：午山、丁山，祿存星，丙午，四金三運，仙命忌玄空二七退氣。

上　姤：九金八運，鬼宿五度。淫欲敗家。不利長婦、長女。氣喘、乳病。官刑。助8、9運。

五　恆：八木九運，鬼宿四度。合十。雷風相薄，財丁富貴。助8、9運。

四　井：七火六運。鬼宿三度。二七同道，名利雙收，出文人秀士。助6、7運。

三　困：四金八運，鬼宿二、三度間線。星數不合，仲少房人丁損傷。遺精、失血、泄瀉。助4、8運。

二　咸：四金九運，鬼宿二度。合十。速發富貴，家業興隆，人丁旺盛。助4、9運。

初　夬：四金六運，井宿三十度。四九為友。財丁兩旺，富貴雙全。老夫少妻，寵妾當權。助4、6運。

火風鼎離三火配巽二木

得元運

木火相生，文采斐然，婦女當家掌權。家產豐厚，人丁興旺，富貴雙全，從政為重量級人物，或服公職，能升至高位。

失元運

純陰不長，乾柴烈火，婦女喧鬧淫亂，子孫稀少或無後嗣。且家中人易患肝膽病、腸炎、股病、眼睛方面的疾病，或頭暈目眩、頭疼，精神異常，血光之災，口舌官司，也容易發生火災。

火風鼎：丁山，文曲星，戊午，三木四運，仙命忌玄空一六、四九退氣。

初大有：三木七運，井宿二十九度。傷家長。仲房財丁兩敗。助3、7運。

二　旅：三木八運，井宿二十八度。次房財丁兩敗。少男禍患，出愚魯頑夫。皮膚病，燥症、膽石症。助3、8運。

三未濟：三木九運，井宿二十七度。夫婦合。河東獅吼，怕老婆。日久眼疾、心腎不交。助3、9運。

四　蠱：六水七運，井宿二十六度。長、三房財丁不利。災害重重，家業凌替。助6、7運。

五　姤：九金八運，井宿二十五度。長婦氣喘、乳病。傷股部、官司。淫慾敗家。助8、9運。

上　恆：八木九運，井宿二十四、二十五度間線。合十，長男長女正配。財丁富貴。助8、9運。

雷風恆震八木配巽二木

得元運

長男長女正配和順、男娶貴妻、夫婦同心、白首偕老、家庭和睦，子孫相當優秀，讀書考試成績優異，在社會上也能功成名就，聲名遠播，擁有很高的地位，富貴雙全，家產豐厚。

失元運

龍蛇混雜、出盜賊乞丐倡優、寄人籬下、口舌官司不斷，終至敗產絕丁，貧窮潦倒，且家中人易患精神方面的疾病，擾得全家不得安寧。

雷風恆：丁山，右弼星，庚午，八木九運，仙命忌玄空一六、四九退氣。

上　鼎：三木四運，井宿二十三度。合五。婦女賢德持家，生聰明文秀之人。助3、4運。

五大過：四金三運，井宿二十二、二十三度間線。通卦。初雖富貴，後則退敗。姑嫂不和。肝病、氣喘。助3、4運。

四　升：一水二運，井宿二十二度。木剋土。婆媳不合。破財失身。脾胃病、婦女病。助1、2運。

三　解：八木四運，井宿二十一度。合十五，創業成功，生貴子。助４、８運。

二小過：八木三運，井宿二十度。兄弟不睦、主從不洽、損小口。助３、８運。

初大壯：八木二運，井宿十九度。父子不合、官司、賊盜。頭痛、腳傷。助２、８運。

未山：

宜配丙龍入首為上吉主旺人丁。午、丁龍為次吉主旺人丁。而庚龍入首為正配山龍卦主旺人丁。酉辛龍入首山龍卦配主旺人丁。兌卦龍宜六、八運主大發財丁。離龍宜五、九運為上吉，四、七運次吉。

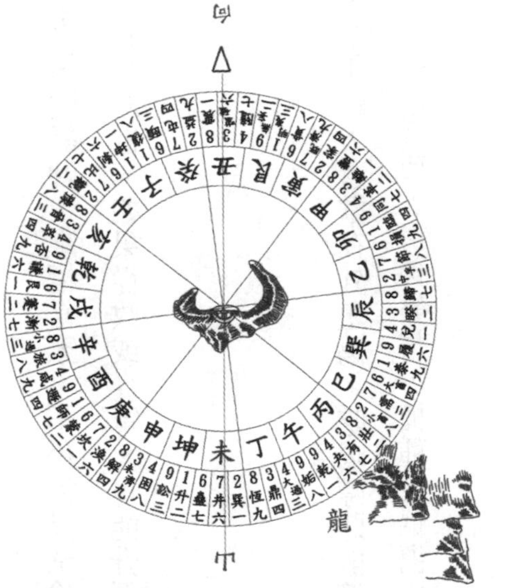

未山宜配丙龍入首為上吉，主旺人丁。午、丁龍為次吉，亦主旺人丁。

巽為風巽二木配巽二木

得元運

二木比和。家中女性文雅美貌、清白廉潔、正直精明能幹，掌權當家。子孫溫良恭儉讓、有文藝繪畫方面的才能，多才多藝，能以特殊的技藝聞名於世。如果從政或從軍，也能升至高層而掌大權。

失元運

純陰不長。男人壽短。久而久之人丁凋零。家中年輕人喜歡在外遊蕩，吃喝嫖賭敗壞家業。家人易患狐臭、氣喘、腿部疾病，終至不良於行。口舌官司，精神異常，種種災禍傷亡接踵而來。

巽為風：未山，貪狼星，壬午，二火一運，仙命忌玄空三八、一六退氣。

上井：七火六運，井宿十八度間線。二七同道，房房吉利。助6、7運。

五　蠱：六水七運，井宿十七度。主婦風流。風濕關節症，黃腫脹悶。助6、7運。

四　姤：九金八運，井宿十六度。淫慾敗家。婦女氣喘、自縊、乳病。傷股部、官司。助8、9運。

三　渙：二火六運，井宿十五度。二七同道。名揚科第，財丁兩旺。助2、6運。

二　漸：二火七運，井宿十三、十四度間線。三房傷丁敗財。懷才不遇、黃腫、關節、肝膽病。助2、7運。

初小畜：二火八運，井宿十三度。剋妻，投機破產，勞累致病，肝癌、乳癌、氣喘。助2、8運。

水風井坎七水配巽二木

得元運

水木相生，貪狼得位。家財豐盛，人丁興旺。子女聰明優秀，讀書考試成績優異，金榜題名。

失元運

家中男女不倫，男性酒色淫蕩、患吐血之症，或眼睛疾病，嚴重者甚至失明目盲。女性易遭受災傷而夭亡。破財絕丁，丟官罷職甚至有牢獄之災。

水風井：未山，武曲星，乙未，七火六運，仙命忌玄空三八、一六退氣。

初　需：一水三運，井宿十二度。星數不合，富而不貴，房分不均。助3、7運。

二　蹇：二火二運，井宿十一度。仲房不利。事業困難重重。溺水、尿路結石。助2、7運。

三　坎：三木一運，井宿十度。不利仲房。水厄、腎病、遺精洩血，墮胎，失志。助1、7運。

四大過：四金三運，井宿九度。相通卦。初雖富貴後則退敗。姑嫂不和、妯娌不和、破財。助3、4運。

五　升：一水二運，井宿八度。老母受剋，婆媳不和，脾胃病，腹脹，黃腫。助1、2運。

上　巽：一水二運，井宿七、八度間線。長女、長媳不利。氣喘、股病、乳病。自縊。助1、2運。

山風蠱艮六土配巽二木

得元運

子孫個性敦厚，性情木訥，能腳踏實地，養蠶繅絲、勤奮努力使家業興旺，終成富有之家，但若讀書考試，求取功名則不順利。

失元運

土受木剋，陰勝於陽。故傷夫剋子，寡婦當家持事，終至敗產絕丁而無後嗣。家中人易患脊椎病、風濕症，脾胃、腹部之病症，或誤食有毒藥物而傷身。

山風蠱：未山．坤山，破軍星，丁未，六水七運，仙命忌玄空四九退氣。

上　升：一水二運，井宿六、七度間線。老母受剋，婆媳不和，脾胃病，腹脹，黃腫。助1、2運。

五　巽：二火一運，井宿六度。伏吟。不利長女、長媳。氣喘、股病、乳病。飄盪，自縊。助1、2運。

四　鼎：三木四運，井宿五度。星數不合，木火相生，但風易散、火亦熄，好景不久。助3、4運。

三　蒙：六水二運，井宿三、四度間線。仲房不利。腎病、結石、周轉不靈、退敗家產。助2、6運。

二　艮：六水二運，井宿二度。伏吟。不利少男。筋骨、關節疾患。雖貴必危。助1、6運。

初　大畜：六水四運，井宿二度。合十五，土生金，出孝子。文武雙全，富貴，積善行仁。助4、6運。

坤山：

宜酉龍入首，坤兌正配主旺人丁，庚、辛龍入首為輔配主大吉，而兌卦龍宜六、八運主大發旺財丁而午龍入首為上吉，主人丁旺。而丙、丁龍入首為次吉，五、七、九運為上吉，主發富貴旺人丁，四運次之。

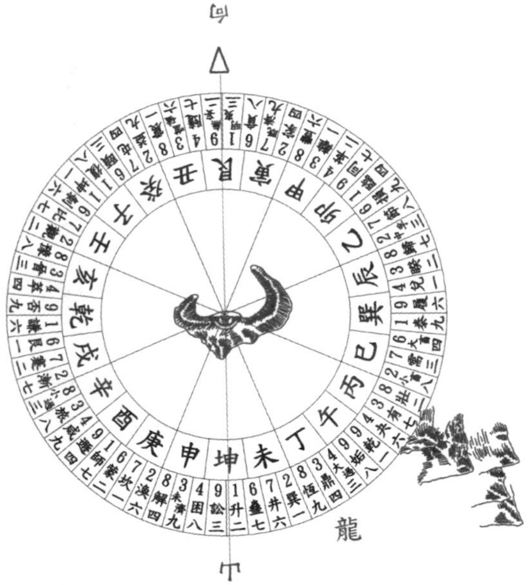

坤山宜酉龍入首，坤兌正配主旺人丁，庚、辛龍入首為輔配主大吉，

地風升坤一土配巽二木

得元運

家產豐厚，土地、房產眾多，家中有慈母、賢妻、美女、貴婦。財富驚人，但富而不貴，若想做官從政會不順利，頂多當個基層公務人員。

失元運

木剋土傷，又犯純陰。主貪心破財失身、家中年長的婦女容易受災傷，男性則壽命不長。家中婆媳不和，兄弟不睦，口舌是非多。易患腸胃消化系統方面的疾病。如果在政府機關工作容易犯錯觸法吃上官司。

地風升：坤山，巨門星，己未，一水二運，仙命忌玄空四九退氣。

初　泰：一水九運，井宿一度。合十，雌雄配。發遲而悠久，夫婦偕老、高壽。有德有福。助1、9運。

二　謙：一水六運，參宿十度。母慈子孝，房房均發，財產日增，少房最利。辰戌丑未年月吉。助1、6運。

三　師：一水七運，參宿九度。中男瘋狂、水厄、陽痿、官災、耳痛、心病、淋病。助1、6運。

四　恆：八木九運，參宿八度。合十，雌雄配。夫婦好合，安泰，富貴。聯姻豪門貴冑。助8、9運。

五　升：七火六運，參宿六、七度間線。男女俊秀，子孫賢孝，廣進財產。申子辰及亥卯未年月吉。助6、7運。

上　蠱：六水七運，參宿六度。長、三房財丁不利。主婦偷僕，叔嫂通姦。風濕、黃腫。助6、7運。

天水訟乾九金配坎七水

得元運

金水相生，能得高官厚祿，人丁興旺，富貴雙全。子孫容貌清秀、清廉正直、學識高深、讀書考試成績優秀，求取功名輕而易舉。

失元運

純陽不化。家中婦女壽命不長，家財消散，財產紛爭、家業凋零。口舌官司不斷，意外災害損傷人命，家人易患水腫、上吐下瀉、及泌尿系統方面的疾病。

天水訟：坤山，祿存星，辛未，九金三運，仙命忌玄空二七退氣。

上　困：四金八運，參宿五度。心口言行不一，酒色破家，口吃，有志難伸。助4、8運。

五未濟：三木九運，參宿四度。合十，雌雄配，夫婦同心，但怕老婆、眼病。助3、9運。

四　渙：二火六運，參宿三、四度間線。妻賢子孝，財產豐隆，子孫榮貴。申子辰年月吉。
助2、6運。

三　姤：九金八運，參宿三度。家族不和，財丁兩敗。翁媳、父女亂倫。長女自縊、氣喘。
助8、9運。

二否：九金九運，參宿二度。合十。夫婦老壽。名利雙收。助9運。

初履：九金六運，參宿一度。四九為友，財產豐厚。老夫少妻，寵妾專權，多生女。助6、9運。

申山：

宜配辛龍入首，申、辛正配主人丁興旺，庚酉龍入首，龍山配合主旺人丁，而丁龍入首為輔配上吉，主旺人丁，丙、午龍入首為次吉，離卦龍入首上吉，主旺人丁，宜五、七、九運大發富，四運為次吉。

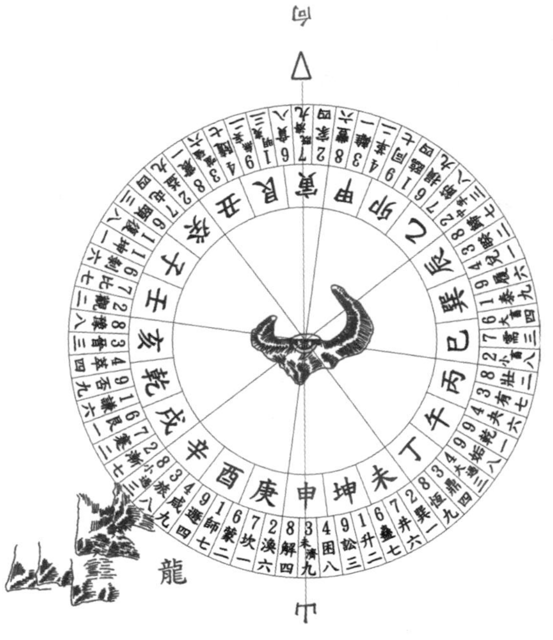

申山宜配辛龍入首，申、辛正配主人丁興旺，庚、酉龍入首，龍山配合主旺人丁。

澤水困兌四金配坎七水

得元運

金水相生，丁多財旺，家人健康長壽。房產財帛豐足無缺，子孫聰明辯才無礙、為飽學之士，尤其口才很好，辯論談理均能頭頭是道，出心理學家、醫生。

失元運

水洩金氣，少女、中男容易貪戀酒色、愛上有婦之夫，發生意外災傷，或與人發生肢體、衝突，打架受傷並吃上官司。家中易生出畸型或聾啞、殘障。易患嗽咳、心疼吐血之病，女性不易受孕，容易流產，終至人口衰敗。

澤水困：坤山．申山，左輔星，癸未，四金八運，仙命忌玄空二七退氣。

初　兌：四金一運，觜宿。伏吟，少女、小房不利。初雖獲福，日久破敗。助1、4運。

二　萃：四金四運，畢宿十五度。合五，土生金。初獲福，終破敗、乏嗣。助4運。

三大過：四金二運，畢宿十三、十四度間線。金剋木，傷長婦。顛狂、喘咳、股病、乳癌、肝癌、刀傷。助3、4運。

四　坎：七火一運，畢宿十三度。仲房不利。貧賤困苦，水厄，耳、腎、心病。助1、7運。

五　解：八木四運，畢宿十一、十二度間線。合十五。丁財兩旺，兄友弟恭，艱苦創業有成。助4、8運。

上　訟：九金三運，畢宿十一度。金生水，但星數不合，富貴而淫，酒駕肇事，退敗家產。助3、9運。

火水未濟離三火配坎七水

得元運

坎離夫婦正配，貴氣無與倫比，子孫為官從政功名顯赫，從事學術研究亦能獲得很高的成就。人丁興旺，子孫滿堂，財帛豐盛，門庭顯赫，冠蓋雲集。

失元運

子孫雖然讀書考試成績不錯，在工作上卻屢受阻礙，事業失敗，破財而貧窮。酗酒成癮，易患心臟、血管、眼睛方面的疾病，家中人壽命可能均不長，年久剋妻。

火水未濟：申山，右弼星，甲申，三木九運，仙命忌玄空一六、四九退氣。

上　解：八木四運，畢宿十度。合十五。主艱苦創業有成，丁財兩旺。助4、8運。

五　訟：九金三運，畢宿九度。水腦、腦溢血，腸風下血，精冷不孕，酒駕肇事。助3、9運。

四　蒙：六水二運，畢宿八度。剋中男。周轉不靈、退敗家產。助2、6運。

三　鼎：三木四運，畢宿七度。合五，木火通明。婦女才德持家，出文人秀士，久則乏嗣。助3、4運。

二　晉：三木三運，畢宿六度。出人愚魯痴頑，精神異常、腸炎、火傷。旱災為疾，君無黍稷。助3運。

初　睽：三木二運，畢宿五度。火剋金，花酒江湖，性病、骨折、肺炎，火災、騙財騙色。助2、3運。

雷水解震八木配坎七水

得元運

水木相生。家庭和順。在地方上名聲佳，且進財如有神助，大發富貴，財產豐茂。子孫相當聰明，有可能會生出雙胞胎。

失元運

純陽不化。年久不利，子孫稀少。家中女性容易受災傷，出外易遭盜賊劫奪殺傷，破財傷丁。或家中動盪不安、分裂渙散、發生鬼祟靈異之事。

雷水解：申山，文曲星，丙申，八木四運，仙命忌玄空一六、四九退氣。

初歸妹：八木七運，畢宿四度。金剋木。男女犯桃花，不仁不義，腳病、刀傷長男。助7、8運。

二　豫：八木八運，畢宿三度。先傷老母，次傷長男。男癆病，女產厄。財丁兩敗。助7、9運。

三　恆：八木九運，畢宿二度。合十，長男長女正配，雙木成林，貴比王謝，附寵聯歡。助6、9運。

四　師：一水七運，畢宿一度。中房絕滅不還鄉。腎病、陽痿、水腫、流產、墮胎、土石流、戰死。助2、8運。

五　困：四金八運，昴十度。中、少房人丁損傷，遺精、吐血、泄瀉。花天酒地，損丁破財。助3、7運。

上未濟：三木九運，昴九度。出卦大凶，破財、人命盜案、瞽目、心病、剋妻、破家。助4、6運。

庚山：

宜配未龍入首，為坤、兌配合主大旺人丁，坤、申龍入首以山龍配合主旺人丁。戌龍入首為輔配吉，主旺人丁，乾、亥龍入首為次吉。坤龍宜一、二、四、五運主大發鉅富，旺人丁。三、六、七、八運主大發財丁。

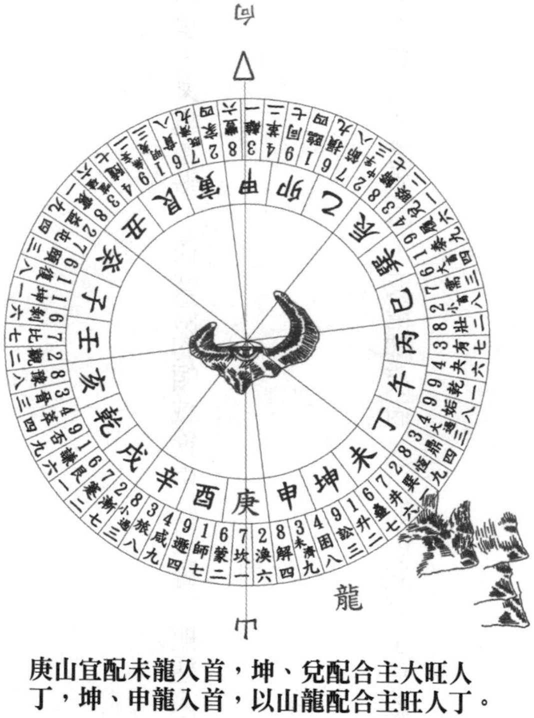

庚山宜配未龍入首，坤、兌配合主大旺人丁，坤、申龍入首，以山龍配合主旺人丁。

風水渙巽二木配坎七水

得元運

青龍入宅。子孫榮貴，妻賢子孝，兒女滿堂，家道和諧。在藝術的領域獲得好名聲，航運大利，因此貨財發達，榮華富貴。

失元運

財丁敗散，四處奔波飄盪，無依無靠。家中有人肢體殘障，或精神疾病。可能因此發生自殺事件或遁入空門。

風水渙：庚山，武曲星，戊申，二火六運，仙命忌玄空三八、一六退氣。

初中孚：二火二運，昴宿八度。出卦大凶，傷女人，官刑。乳癌、肺癌、氣喘、股病。助2運。

二　觀：二火二運，昴宿七度。婆媳、母女不和。脾胃病、黃腫痞悶。出卦凶。助2運。

三　巽：二火一運，昴宿六度。伏吟、出卦，不利長女、長媳。股病、肝病、乳病、飄盪。出卦，凶。助1、2運。

四　訟：九金三運，昴宿五度。金生水，但星數不合，宜合挨星吉用。腎虧、遺精、不孕。助

五　蒙：六水二運，昴宿四度。剋仲房。水腫、溺水、腎病、腎結石。周轉不靈、退敗家產。助2、6運。

3、9運。助3、9運。

上　坎：七火一運，昴宿三度。剋仲房。勞苦貧賤。婦女經痛。助1、7運。

坎為水坎七水配坎七水

得元運

二水比和。子孫聰明有才能，求取功名輕而易舉，從政為官步步高升。經營事業則鴻圖大展，生意興隆，榮華富貴隨之而來。

失元運

純陽無陰。婦女壽短，日久則人丁稀少。家中人易患水蠱腫脹，吐血及眼睛方面的疾病，以及疝氣遺精，泌尿生殖器官疾病。家中容易發生水災、火災，或遭盜賊劫掠因而破財傷丁。容易惹上是非官司而有牢獄之災。

坎為水：庚山，貪狼星，庚申，七火一運，仙命忌玄空三六、一八退氣。

上　渙：二火六運，昴宿二度。妻賢子孝，富貴雙全。名揚科第，鳳池身貴。助2、6運。

五　師：一水七運，昴宿一度。官災、口舌，中男狂死，腎病、心病、耳痛、陽痿。遠徙、破敗。助1、7運。

四　困：四金八運，胃宿十三度。遺精、失血。仲、三房人丁損傷。嘔吐下痢。貪花戀酒。助4、8運。

三　井：七火六運，胃宿十二度。房房發福，子孫賢孝，男女聰秀，人丁蕃衍，財產廣進。助6、7運。

二　比：七火七運，胃宿十一度。損丁破財，中男溺水、耳痛、心病、失血、陽痿。助7運。

初　節：七火八運，胃宿十、十一度間線。中、少房發凶。酒色敗家，盜賊橫禍。助7、8運。

山水蒙艮六土配坎七水

得元運

家道興隆富裕，平安吉慶，子孫才學深厚，智慧淵深，發財致富，財產豐盈。若從事軍警方面的工作能得好名聲，從政則成就不高，只富不貴。

失元運

土去剋水。家中壯年男性易受災傷，女性則壽命不長。官司是非不斷，子孫忤逆。容易發生火災，或遭盜賊劫掠。家中人易患腎結石、膀胱結石、攝護腺病、小便不通、月事不調，新陳代謝症等病症。也容易發生靈異鬼怪的事件，不得安寧。

山水蒙：庚山．酉山，巨門星，庚申，六水二運，仙命忌玄空四九退氣。

初　損：六水九運，胃宿九、十度間線。合十。速發富貴，出神童、少年科第。助6、9運。

二　剝：六水六運，胃宿九度。母慈子孝，財產日進。房房俱發，少房有傑出人才。助6運。

三　蠱：六水七運，胃宿八度。逐狐東山，水遏我前，深不可涉，失利後便。懷才不遇。助6、7運。

四未濟：三木九運，胃宿七度。合十。夫婦富貴，唯河東獅吼，久則目疾。助3、9運。

五　渙：二火六運，胃宿六度。妻賢子孝，子孫榮貴，財產豐隆。助2、6運。

上　師：一水七運，胃宿四、五度間線。官災口舌、損小口、中男。溺水、墮胎、陽痿、水腫。助1、7運。

酉山：

宜配坤龍入首，酉正配主旺人丁，而申龍入首，龍山配合主旺人丁，乾龍入首為輔星配合旺人丁，戌龍入首，乾龍入首為次吉，坤龍入首宜配一、二、四、五主大吉，發財旺人丁，三、六、七、九運主大發財，乾卦龍五、七、九運主大吉。

酉山宜配坤龍入首，酉正配主旺人丁，申龍入首，龍山配合主旺人丁。

地水師坤一土配坎七水

得元運

家業興隆，財帛豐盈，子孫滿堂，人丁興旺，且家人能同心協力共同努力，從事農產土地發財、使家業更是一發如雷。

失元運

土來剋水。中男黃腫身死，老母瘋狂病亡。家財丁口一敗塗地，子孫雖多卻不成材，官訟是非不斷，或遇盜賊破財傷身。家人易患水臟病、腹膜炎、糖尿病、陽萎、泌尿生殖器官之疾病，女性易流產、有不正常之戀情，敗壞名節。

地水師：酉山，破軍星，壬申，一水七運，仙命忌玄空四九退氣。

上　蒙：六水二運，胃宿四度。中男絕滅不還鄉。婦女淫蕩。水腫。助2、6運。

五　坎：七火一運，胃宿三度。剋仲房。勞苦貧賤。婦女經痛。助1、7運。

四　解：八木四運，胃宿二度。合十五。消除困難，艱苦創業而有成。助4、8運。

三　升：一水二運，胃宿一度。耳目盲聾，所言不通，佇立以泣，事無成功。出寡婦。腹病。助1、2運。

二　坤：一水一運，婁宿十三度。伏吟，不利老母。失令主貧賤、吝嗇、貪瞋痴，出寡婦，多病。助1運。

初　臨：一水四運，婁宿十二度。合五，婦女持家。離家出走。婆媳不和，疲勞生病。

天山遯乾九金配艮六土

得元運

土金相生。田產茂盛，丁財興旺，父慈子孝，男女好善。但子孫不太會讀書，若想靠讀書考試求取功名則阻礙重重。或出清高之士，隱居山林田園，不理俗務，但財富尚豐，可過著舒適自在的生活。

失元運

陽盛陰衰。逃避現實、功名無望。婦女壽命不長，拋養棄食、父不養子，日久則無後嗣。丁財衰敗，家貧如洗，易患精神病、肺病痼疾。女娼男盜，意外橫死。

天山遯：酉山，文曲星，乙酉，九金四運，仙命忌玄空二七退氣。

初同人：九金七運，婁宿十一度。汲營無得。逆子剋父。肺病咳血。中風、痴呆、腦炎。助7、9運。

二　姤：九金八運，婁宿十度。兄弟叔侄不睦，翁媳父女亂倫，財丁兩敗。助8、9運。

三　否：九金九運，婁宿九度。合十，老陽配老陰，富貴高壽，夫婦偕老。助9運。

四　漸：二火七運，婁宿八度。三房破財傷丁。懷才不遇、黃腫、肝膽病、關節病。助2、7運。

五　旅：三木八運，婁宿七度。少男禍患。出寡婦、愚頑之人。故步自封。關節發炎。助3、8運。

上　咸：四金九運，婁宿六、七度間線。速發富貴。少年早發。才子佳人。商賈平安。助4、9運。

辛山：

宜申龍入首為吉，山龍合局，主人丁興旺，未、坤龍入首為二、七配合，坤卦一、二、四、五運主大發富貴，三、六、七、九運主發富貴，亥龍入首，為輔配，乾戌龍次吉，宜三、六、七、八運主大發財。

辛山宜申龍入首為吉，山龍合局，主人丁興旺，未、坤龍入首為二、七配合，

澤山咸兌四金配艮六土

得元運

土金相生，陰陽正配。夫婦和順，丁財兩旺。財源廣進，樂善好施。子女聰慧，學業成績優異，尤其口才頗佳，談理論事頭頭是道，從事口語表達相關工作必有很大的成就。

失元運

金洩土氣，口舌是非，官訟不斷，損財傷丁，家業凋零。易患過敏症、肺部呼吸系統及腸胃消化系統疾病。

澤山咸：酉山．辛山，右弼星，丁酉，四金九運，仙命忌玄空二七退氣。

上　遯：九金四運，妻宿五、六度間線。老父壽高，孝子奉養父親。積德行善，修道有成。助4、9運。

五小過：八木三運，妻宿五度。兄弟鬩牆，同室操戈。手腳病痛、膽石症、蛇咬、雷打。助3、8運。

四　蹇：七火二運，妻宿四度。剋中男、仲房。腎病、尿路結石。水淹其家，土石流。助

2、7運。

三　萃：四金四運，妻宿三度。少女難投老母之歡，婆媳不和。刀殺老父，腹病手術。助4運。

二大過：四金三運，妻宿一、二度間線。金剋木，肝硬化、乳癌、股關節壞死，刀殺婦女。助3、4運。

初　革：四金二運，妻宿一度。火剋金。戰禍刀兵，因色惹禍、口腔疾患、肺病。助2、4運。

火山旅離三火配艮六土

得元運

經商獲利、見識超卓、財豐丁旺，家產豐盛、揚名國外，讀書考試求取功名，雖一帆風順，若公職則官運並非特好，大約僅為低、中階級的職位。

失元運

火炎土燥。旅卦有「失其居」，喪家、喪偶、寡親、無伴之義。家中婦女個性剛烈暴躁，男性金屋藏嬌，夫妻不睦，口舌是非不斷。

家中容易發生火災，或官司牢獄之災。家人易患頭昏、癱瘓、眼疾、癡聾暗啞、大便結燥等症。久後家業敗絕，人丁凋零。

火山旅：辛山，左輔星，己酉，三木八運，仙命忌玄空四九、一六退氣。
初　離：三木一運，奎宿十二度。不利仲房。眼疾、腸炎。助1、3運。
二　鼎：三木四運，奎宿十一度。合五。婦女才德持家，出文人秀士。助3、4運。
三　晉：三木三運，奎宿十度。通卦，火生土，出文人秀士。助3運。
四　艮：六水一運，奎宿九度。不利少房。筋骨、關節、手臂之病。助1、6運。
五　遯：九金四運，奎宿八度。老父壽高，孝子奉養父親，行善積德，善有善報。助4、9運。
上小過：八木三運，奎宿七、八度間線。兄弟鬩牆。手腳病痛、膽石症、棒傷、蛇咬。助3、8運。

雷山小過震八木配艮六土

得元運

人丁興旺生貴子，子孫樸實敦厚、兄友弟恭，建築、農林大利，財帛漸豐。有藝術氣息，也能在文學、繪畫等藝術領域獲得很高的成就，聲名遠播，並因此進財豐厚。

失元運

木來剋土。家中年輕男性易受災傷，兄弟鬩牆、同室操戈。魯莽衝動、好勇鬥狠，與人打架衝突而傷亡。女性易因閉經難產而亡，或發生不正常戀情，損害名節而逃家。終至敗產傷丁，家業凋零。易患腹腫、氣蠱、噎食、痰癆、不思飲食、精神疾病，或家中出現靈異鬼祟之事。

雷山小過：辛山，祿存星，辛酉，八木三運，仙命忌玄空四九、一六退氣。

上　旅：三木八運，奎宿七度。中房財丁兩敗，少房禍患出寡。人丁愚鈍頑魯。助3、8運。

五　咸：四金九運，奎宿五、六度間線。合十。速發富貴，出才子佳人。助4、9運。

四　謙：一水六運，奎宿四、五度間線。一六共宗。財產日增，房房獲福。助1、6運。

三　豫：八木八運，奎宿三度。逆子打母，雷殛老婦，電擊、棒打、蛇咬、脾胃病。助8運。

二　恆：八木九運，奎宿二度。合十，長男長女正配，夫唱婦隨，富貴雙全。助8、9運。

初　豐：八木六運，奎宿一、二度間線。長房、仲房丁財並進，富貴雙全。助6、8運。

戌山：

宜配壬龍入首，壬與戌正合主出英豪傑士，旺人丁。而子癸龍入首，為一六共宗，主旺人丁。庚龍入首龍與山氣同主旺人丁。酉、辛龍入首，主人丁燥烈，而坎卦龍宜一六主大發鉅富人丁興旺。兌卦龍宜六、八運主大發財丁，坎卦龍宜五、七運吉。

風山漸巽二木配艮六土

得元運

丁旺財豐，家中女性美麗而聰慧，子孫聰明靈巧，學習能力強，多才多藝，能憑精通的才藝獲得名聲和成就，並以此賺得財富。

失元運

木來剋土。家中婦人養小白臉，不易受孕，容易流產。幼小的孩子易發生意外傷亡。家人易患腹

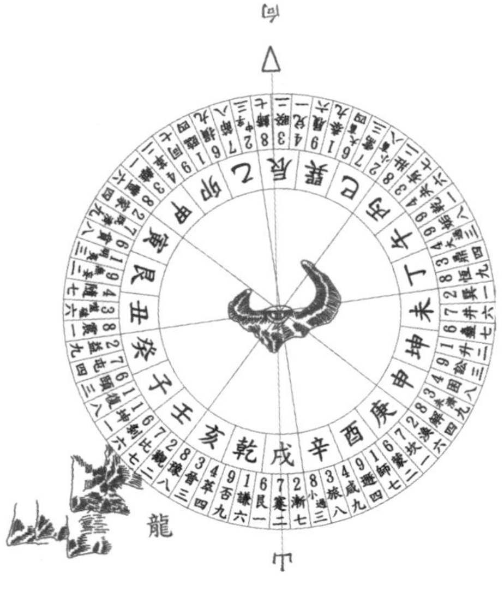

戌山宜配壬龍入首，壬與戌正合主出英豪傑士，旺人丁。子、癸龍入首，為一六共宗，主旺人丁。

部腸胃疾病，膽結石、消化不良，及精神異常，癱瘓癆疾、氣蠱攻心等症。終至財產敗絕，人丁凋零流落他鄉。

風山漸：戌山，破軍星，癸酉，二火七運，仙命忌玄空一六、三八退氣。

上　蹇：七火二運，奎宿一度。土剋水。兄弟不和，中男滅絕。困難險阻。出卦大凶。助2、7運。

五　艮：六水一運，壁宿十三度。不利少男、仲房。小口損生，臂折筋枯，脊椎疾患。助1、6運。

四　遯：九金四運，壁宿十二度。老父壽高，孝子奉養父親。助4、9運。

三　觀：二火二運，壁宿十一度。人財兩敗。懷才不遇，風濕關節症。主婦偷僕。助2運。

二　巽：二火一運，壁宿十度。不利長房。氣喘、乳病、縊死、窒息。助1、2運。

初家人：二火四運，壁宿九度。合五，木火通明。家族和順，出文秀。助2、4運。

水山蹇坎七水配艮六土

得元運

人丁興旺，子女聰明，才德兼備、學識淵博，能得高學歷，勇於任事精明能幹，在最困難危險之時都能逢凶化吉，得到援助，工做事業一帆風順且大發財富。

失元運

水土相剋。家中年輕男性易發生意外或疾病。兄弟不睦，夫妻不和離異，丁財衰敗，為求溫飽而四處奔走。易患腎結石、脊椎骨彎曲、眼睛疾病，及火災、溺水、盜賊殺傷等血光之災。

水山蹇：戌山，巨門星，甲戌，七火二運，仙命忌玄空一六、三八退氣。

初既濟：七火九運，壁宿八度。合十，中男中女正配，夫妻富貴，但久而目疾、心病。助7、9運。

二　井：七火六運，壁宿七度。二七同道，名揚科第，出文人秀士。助6、7運。

三　比：七火七運，壁宿五、六度間線。不利次房。腎、耳、心病，水厄、土流。助7運。

四　咸：四金九運，壁宿五度。合十。速發富貴，出神童、帥哥美女。助4、9運。

五　謙：一水六運，壁宿四度。一六共宗。母慈子孝，財產日增，房房獲福。助1、6運。

上　漸：二火七運，壁宿三、四度間線。人財兩敗。懷才不遇，風濕關節症。助2、7運。

艮為山艮六土配艮六土

得元運

二土比和，大興富貴。子孫忠厚老實正直無私、不善交際，但秉性聰慧，讀書考試成績優異，求取功名輕而易舉，榮華富貴亦隨之而來。

失元運

二土重疊。早年順利，但純陽多疾。家中易出問題兒童、不良少年、幼子多疾病災傷，照顧不易，且婦女壽命不長。家人易患腹部脹痛、腸胃不適、消化系統的疾病。

艮為山：戌山．乾山，貪狼星，丙戌，六水一運，仙命忌玄空四九退氣。

上　謙：八木一運，壁宿二、三度間線。一六共宗。房房獲福，三房尤吉。助2、6運。

五　漸：六水七運，壁宿一度、二度間線。三房人財兩敗。懷才不遇，風濕關節症。助2、7運。

四　旅：三木八運，室宿十六度。少男禍患，出寡婦、愚頑之人。關節炎。助3、8運。

三　剝：六水六運，室宿十五、十六度間線。房房興發，子母歡悅。積德向善。助6運。

二　蠱：六水七運，室宿十五度。長房人財兩敗。懷才不遇。風濕關節症。助6、7運。

初　賁：六水八運，室宿十四度。少房出愚頑之人，痰火病，損丁破財。助6、8運。

乾山：

宜配子龍入首為龍山之上吉，主人丁大旺。壬、癸龍入首，一六共宗，坎龍一六運主大發鉅富，五、七運主大發財丁，酉龍入首龍山配合，庚、辛龍入首宜六、八運主發財。

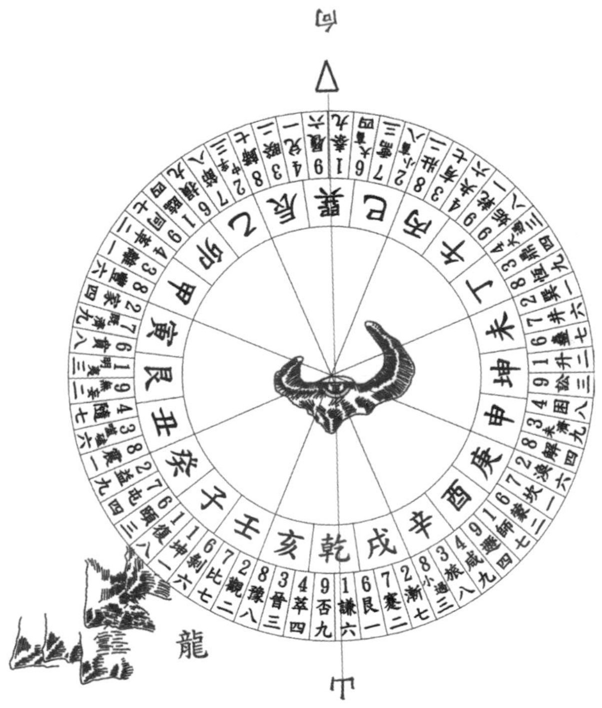

乾山宜配子龍入首為龍山之上吉，主人丁大旺。壬、癸龍入首，一六共宗。

地山謙坤一土配艮六土

得元運

陽土陰土成疊，母見幼子歡喜之象。青龍入宅，積聚財寶，丁旺財豐，房產田莊為數可觀。母慈子孝，為人謹慎敦厚，樂善好施，佳名廣傳。

失元運

口舌官司不斷，家產敗絕，人丁凋零，男女不倫。易患眼睛疾病，肢體殘障，及腹部脹滿疼痛、消化系統疾病。

地山謙：乾山，戊戌，六白天運正合元運，四祿運正失元運。下元合元運，上元失元運。

初明夷：一水三運，室宿十三度。出愚魯頑夫。脾胃發炎，高血壓。助1、3運。

二　升：一水二運，室宿十二度。婆媳不和，肝剋胃，黃腫痞脹。助1、2運。

三　坤：一水一運，室宿十一度。不利老母。脾胃病。鰥寡孤獨。多病晦悶。助1運。

四小過：八木三運，室宿十度。兄弟不睦，手足操戈。膝關節病。損小口。臂折筋傷。助3、8運。

五　蹇：七火二運，室宿九度。不利仲房。目疾，視弱。識人不明。助2、7運。

上　艮：六水一運，室宿八度。伏吟，不利三房、少男。困難險阻，臂仇筋傷，關節疾患。助1、6運。

天地否乾九金配坤一土

得元運

土金相生，陰陽正配。產業豐隆，人口興旺。尤其官運亨通，不管在朝為官或在私人企業，官階職位均能扶搖直上，步步高升，可謂富貴雙全。

失元運

家業衰敗，人丁凋零，貧窮困頓。又遭遇種種天災橫禍，意外之災。易患眼疾、頭疼、不孕、殘障癱瘓等症。

天地否：乾山，右弼星，庚戌，九金九運，仙命忌玄空二七退氣。

上　萃：四金四運，室宿七度。少女難投老母之歡。婆媳不和。助4運。

五　晉：三木三運，室宿六度。出人愚頑。神識不清、失眠、腹內之病。助3運。

四　觀：二火二運，室宿五度。婆媳、母女不和。脾胃病。助2運。

三　遯：九金四運，室宿四、五度間線。孝子養父。行善積德。畜牧、貿易致富。助4、9運。

二　訟：九金三運，室宿四度。下元虧損，精冷、早洩、不孕。官司訴訟。助3、9運。

初无妄：九金二運，室宿二、三度間線。父毒害子。刀兵之禍。腳病、頭痛、過動兒。助2、9運。

澤地萃兌四金配坤一土

得元運

土金相生。婦女當家掌權，家業興隆，魚塭獲利、財產日漸豐盈。出醫生、法官、為人樂善好施，但喜追求名聲地位，會花費金錢去換得名位與權勢。

失元運

人丁凋零離散，事業衰敗，錢財化為空。官非口舌不斷，出瘖啞之人，或易患肺部、皮膚、呼吸系統的疾病。

澤地萃：乾山．亥山，文曲星，壬戌，四金四運，仙命忌玄空二七退氣。

初　隨：四金七運，室宿一、二度間線。貧窮空虛，男盜女娼、夫婦分離，腳病、刀傷。助4、

7運。

二　困：四金八運，室宿一度。少房人丁損傷，遺精、吐血。助4、8運。

三　革：四金九運，危宿二十度。黯淡無光，破財，好色，口腔疾患，肺炎。助4、9運。

四　比：七火七運，危宿十八、十九度間線。仲房乏嗣。心病、血症、耳痛，損丁破財。助7運。

五　豫：八木八運，危宿十七、十八度間線。子母不合，財丁兩敗。壓傷、覆車。助8運。

上　否：九金九運，危宿十七度。合十。夫婦偕老。富貴高壽，德高望重。助9運。

亥山：

宜配癸龍入首，癸以亥配合吉。壬、子龍入首，主人丁興旺，而辛龍入首，主旺人丁，庚、酉龍入首龍山氣同。坎卦宜一六運主大發富貴人丁興旺。五、七運主發財，兌卦龍宜六、八運主富貴。

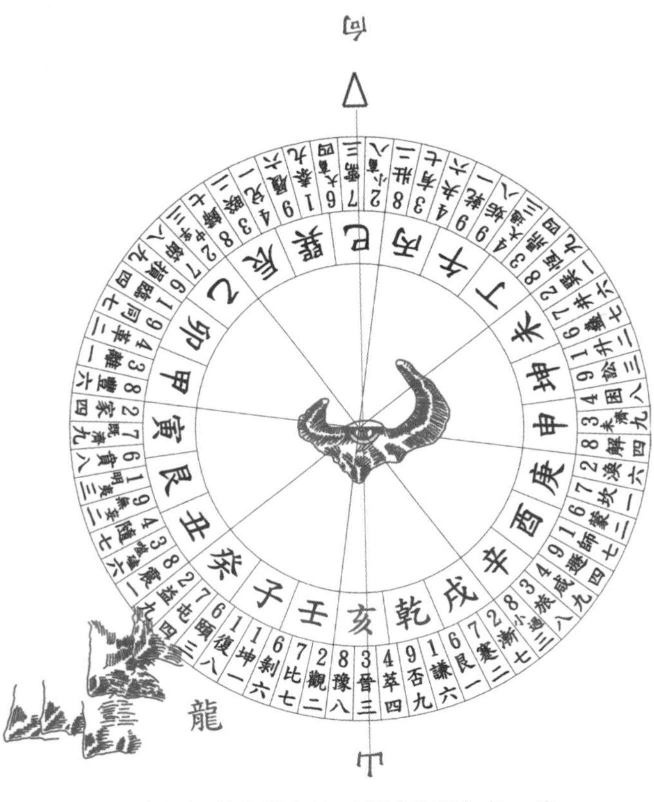

亥山宜配癸龍入首，癸以亥配合吉。壬、子龍入首，主人丁興旺

火地晉離三火配坤一土

得元運

功名垂手可得，在朝為官可至高位，手握重權，名聲貴顯，財富隨之而來，田莊房產為數可觀，人口旺盛、子孫滿堂，而且讀書成績優秀，名聞天下。

失元運

火炎土燥，純陰無陽。家中年輕男性及幼兒多意外災傷，壽命不長。婦女易患子宮卵巢等婦科疾病，及腹膜炎、胃出血、胰臟炎、心血管方面的疾病。年久則人丁凋零無後嗣。

火地晉：亥山，祿存星，乙亥，三木三運，仙命忌玄空一六、四九退氣。

上　豫：八木八運，危宿十六度。財丁俱敗。車禍、雷殛，盜劫。助8運。

五　否：九金九運，危宿十五度。合十。主夫妻偕老，富貴高壽。助9運。

四　剝：六水六運，危宿十四度。合生成，二土比和，房房興隆。助6運。

三　旅：三木八運，危宿十三度。少房禍患，出寡婦，長房墮胎，損丁破財。助3、8運。

二未濟：三木九運，危宿十二度。合十。夫婦富貴，但年久剋妻、目疾。助3、9運。

初噬嗑：三木六運，危宿十一、十二度間線。合生成。財丁兩旺，房房皆發，出法官。助3、6運。

雷地豫震八木配坤一土

得元運

能在大企業或重要的政府部門任職，但官階職位不高。但財運佳，進財豐厚，土地房產不少，且妻賢子孝，安居樂業、家庭和順。

失元運

震木剋坤土。年長的婦女及長子多意外之災或疾病。母子不和，口舌是非多，精神異常，面黃體瘦，日久人丁凋零，財產敗絕。

雷地豫：亥山，左輔星，丁亥，八木八運，仙命忌玄空一六、四九退氣。

初　震：八木一運，危宿十一度。長房不利。防雷打、棒傷、劫盜。助1、8運。

二　解：八木四運，危宿十度。合十五。兄友弟恭，艱苦創業有成。助4、8運。

三小過：八木三運，危宿九度。兄弟鬩牆，同室操戈；筋骨受傷、損小口。助3、8運。

四　坤：一水一運，危宿七、八度間線。老母不利、寡婦持家，人多貪鄙嗔痴。助1運。

五　萃：四金四運，危宿六、七度間線。婆媳不和。純陰，日久乏嗣。助4運。

上　晉：三木三運，危宿五、六度間線。合通卦，火生土，出文人秀士。助3運。

抽爻換象斷法總訣

卦爻者先天之理氣，數用先天，卦用後天，抽爻換象結果，及元運之旺衰，也要考慮到合五、合十、合十五，以後天五行相生相剋，生入、生出、剋入、剋出為論斷吉凶之依據。

（一）、金剋木，乾兌配震巽，長男長女定遭殃。

（二）、木剋土，震巽配坤艮，老母小男在家亡（外卦剋內卦使然）。

（三）、土剋水，坤艮見坎，中男絕滅不還鄉。外剋內為在家絕滅，內剋外為出外不回。

（四）、水剋火，坎離合，夫婦先吉後凶。坎離雖三七合十，夫婦正配，久之水剋火，剋妻也。

（五）、火剋金，又星為剋出之象，離配乾兌，老夫小婦見喪亡。

（六）、木剋土，又星為剋出之象，震巽配坤艮，老母小子亡。其應在寅卯年月。

（七）、坤艮四季傷中子。其害出於辰戌丑未年月。

（八）、坎若剋火，但必須為剋出之象，亥子年月當。

（九）、火剋金，必須為剋出之象，其應在巳午年月。

（十）、乾金剋震木，若為剋出之象，必先有無妄之災發生，主剋長子；火剋金（火天大有）主傷老父。

（十一）、艮配兌，小陽配小陰，主早發；乾配坤，老陽配老陰，主發遲。

（十二）、震坎艮三卦受剋，有喪子之痛；兌離巽三卦受剋，有喪妻之悲。

（十三）、天澤履，老陽配小陰，雖數合九四，然非正配，老夫少妻，同床異夢。

（十四）、水火未濟，離火女在上，坎水男在下，水剋而不及，河東獅吼也。

（十五）、火剋金（天火同人、火天大有），主生忤逆之子。

（十六）、金剋木（天雷无妄、雷天大壯），乾金剋震木，長子受害。破軍（七赤）剋祿存（三碧），皆屬凶神，恐有不測之禍。艮坤巨門土，乾金坤土相生又合十，乾金艮土合十五，皆主有殊榮。

（十七）、碧入艮卦（雷山小過），小男受害，有絕嗣之慮。

（十八）、風天小畜，天風姤，老夫配長女，五行金剋木，傷及老夫。

（十九）、兩女相見（澤風大過、火澤暌）主有閨門亂德。

（二十）、卦動出震艮（雷山小過），則兄弟不和。乾金得艮土（山天大畜），老父有壽元。

六爻順逆之動靜

用爻之法，是穴中迎神引氣、移木接氣之秘，若不知順逆，安知陰陽的雌雄動靜及變化哉。

如明順逆動靜之秘，則穴中迎神引氣、移木接氣之訣，始能運用自如也。

順逆之法：凡六十四卦，其外卦內卦俱陽者為順（以河圖數為準），其外卦內卦俱陰者亦為順；而外卦陽、內卦陰，或外卦陰而內卦陽者，為逆。簡言之，兩陽兩陰為順，一陽一陰為逆，此千古不易之法也，陽從盤面上之左邊排初、二、三、四、五、上爻，陰從右邊排初、二、三、四、五、上爻。一三七九為陽，二四六八為陰，其陽從左邊團團轉，陰從右路轉相通者是也。如六十四卦排在羅經上一樣，陽者自午往丙之方向，排初爻二三四五及上爻，陰者自午往丁之方向，由午排初二三四五上爻。（此曾文迪派之先天六四卦排爻法）。

讀者瞭解此法後對抽爻換象些子卦法、移步換形明師盤線就會有正確而初步的認識，如此讀者對抽爻換象、移步換形以為幫福東福主客戶做迎神引氣，移木接氣之秘，的操作上就簡單而容易許多，為了方便容易操作，筆者所設計的羅盤上均有明細的排列出來，若是初學者或者是堪輿高手，只要持有本人所設計的羅盤，就可清楚的得知六爻之順逆動靜，有興趣的讀者可與服務處聯絡。

抽爻換象分金另一說

古人說：兼二分，或兼幾分者，是以五分金，分成十分。羅盤周天360°，分成二十四山，而一山有十五度，十五度又分做五分金，一分金正好佔圓周三度正。故一分金為二分。

比如說兼三分，已經兼到分金盡邊，稍微不小心就兼入火坑，不可不慎之。三合派的說法是庚辛，丙丁四字分金為旺相可用，其餘之甲乙戊己壬癸六分金，不可用等語。實則出於卦也。如乾卦，天地人三爻都屬陽爻，人爻不用，天地二爻皆陽，叫做天地陰陽不交。

畫圖說明渾天甲子六位卦納甲。

乾			坤		
爻上	——	戌壬	6	——	酉癸
爻五	——	申壬	5	——	亥癸
爻四	——	午壬	4	——	丑癸
爻三	——	辰甲	3	——	卯乙
爻二	——	寅甲	2	——	巳乙
爻初	——	子甲	1	——	未乙

震			巽		
6	——	戌壬	6	——	卯辛
5	——	申壬	5	——	巳辛
4	——	午壬	4	——	未辛
3	——	辰甲	3	——	酉辛
2	——	寅甲	2	——	亥辛
1	——	子甲	1	——	丑辛

坎			離		
6	——	子戊	6	——	巳己
5	——	戌戊	5	——	未己
4	——	申戊	4	——	酉己
3	——	午戊	3	——	亥己
2	——	辰戊	2	——	丑己
1	——	寅戊	1	——	卯己

艮			兌		
6	——	寅丙	6	——	未丁
5	——	子丙	5	——	酉丁
4	——	戌丙	4	——	亥丁
3	——	申丙	3	——	丑丁
2	——	午丙	2	——	卯丁
1	——	辰丙	1	——	巳丁

以乾卦來做說明

以乾卦為例：如用初爻，則變為天風姤，乾卦屬九數，姤卦之內卦屬巽二（因初爻在內卦，故論內卦）九與二，不合十，又不合生成數，不可用。

如用乾卦二爻，則變為天火同人，同人之內卦屬離三，與乾九亦不合，不可用。

如用乾卦三爻，則變為天澤履，履卦之內卦屬兌四，與乾九合四九為友之生成數，用之則吉。

如用乾卦四爻，則變為風天小畜，小畜之外卦，因四爻屬外卦，故論外卦。

此指乾卦之內卦言，蓋一與四交，二與五交，三六相交。屬巽二，與乾九不合，不可用。

如用乾卦五爻，則變為火天大有，有卦之外卦屬離三，與乾九不合，不可用。

如用乾卦上爻，則變為澤天夬，夬卦之外卦屬兌四，與乾九合四九為友，用之則吉。此為一般性的論斷法則，如配合元運則又有一些不同之論述，以當運之卦氣為吉，如不當運即使是卦氣相交為友，亦不能顯現出其吉。

用爻之法，是穴中迎神引氣或移木接氣之秘，若不知順逆，安知雌雄動靜及變化，若明順逆動靜之秘訣，則穴中迎神引氣之法無餘蘊矣。蓋順逆之法，先識陰陽為主，六十四卦中之洛數，屬一三七九單數之卦如泰、臨、夷、復、升、師、謙、坤、有、睽、離、嗑、鼎、未、旅、晉、需、節、既、屯、井、坎、蹇、乾、履、同、妄、姤、訟、遯、否、三十二卦，其爻數由右而左（面對羅盤之左右），如午中乾卦而言，則乾之初爻在夬卦那邊，乾之上爻，則在姤卦那邊餘仿此。

如六十四卦中之洛數屬二四六八之偶數者，為小畜、孚、家、益、巽、渙、漸、觀、夬、兌、革、隨、大過、困、咸、萃、大畜、損、賁、頤、蠱、蒙、艮、剝、大壯、妹、豐、震、恆、解、小過、豫、三十二卦，其爻數，俱由左而右，茲以子中之頤為例頤屬六運，頤之初爻在屯卦那邊，頤之上爻在復卦那邊，餘仿此。此最捷之法也。余所設計之羅盤上已寫明各卦之初爻、上爻，因此讀者可依羅盤上所寫之初上推算可也。至於動靜之法，以所用之爻為動，不用之爻為靜。六十四卦之卦爻，共有三百八十四爻，即每卦有六爻，六爻之中，初爻至三爻為內卦，四爻至上爻為外卦。

其次，分金抽爻換象，卦爻所產生的變化，與年命的感應力也大有關係。

乾為天			天風姤		
爻上	——	戌壬	爻上	——	戌壬
爻五	——	申壬	爻五	——	申壬
爻四	——	午壬	爻四	——	午壬
爻三	——	辰甲	爻三	——	酉辛
爻二	——	寅甲	爻二	——	亥辛
爻初	——	子甲	爻初	——	丑辛

如圖：若為乾卦，所立分金為初爻動則變為天風姤

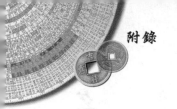

乾卦納甲壬，感應生庚為：

甲子、甲寅、甲辰，其感應力量最大。

壬午、壬申、壬戌、其感應力量其次。

若所立分金為初爻動：

則本卦是乾為天，變卦是天風姤。

故卦氣轉為巽，以巽卦之內卦感應力量最大，此為內在的，其禍福是由內而外。而外卦為乾，主外來之禍福，其應驗皆在外來之象。

乾卦納甲壬，但以壬戌、壬申、壬午，感應力較大，壬辰、壬寅、壬子，其感應力較小。

巽卦納辛，感應生庚為：

辛丑、辛亥、辛酉，其感應力量最大。

辛卯、辛巳、辛未，其感應力量其次。

玄空大卦在羅盤操作上的一些問題點

讀者到此必然會有更深瞭解到玄空大卦與各大門派的結合操作，之後又對抽爻換象木接氣中迎神引氣之秘有了初步的瞭解，筆者將對玄空大卦在羅盤的操作上所遇到的一些問題來與大家進一步的探討。

玄空大卦理論在方位的分析上是採用六十四卦方位的每個卦，所使用的羅盤也是將圓周360°分成64等分來對應六十四卦，因此每一卦所涵蓋的角度是5.625度。更甚者每一卦有六爻，而每一爻所佔的空間度數是0.9375度。說實在的，這樣的角度其實是非常小的，因為角度太小，所以在實際應用上便出現一些操作上的問題。

目標定位點的問題

當我們測量某個方位上的目標物時，該目標所佔的範圍，可能就涵蓋了六十四卦中的好幾個卦，而這幾個卦均為該目標物的一部分，那麼，我們要以哪一卦為基準來論吉凶呢？

例如測量來龍入首，入首處雖然已經呈現了收束之形，但仍然可能佔了好幾個卦，例如甲字入首，就可能包含革（4二）、離（3一）、豐（8六）三個卦。那麼該以哪一卦視為入首方位呢？因為差個4.5度，可能卦位就不同，而衰旺吉凶就當然肯定不同了，所以不能不講究。

又例如：測量周圍山峰，如果山峰呈木型或金型，那麼取最高點做為定位點或許不成問題，但如果是頂部平直的土型山體，或如波浪起伏的水型山體，可能就沒有最高點可取。有人會以土型或水型山體頂部的中央位置做為定位點，此時就會牽涉到接下來要討論的「測量準確度」的問題。

又例如測量水口的方位，如果是一條河，河面的寬度也許就橫跨了好幾個卦，那麼該以何卦為準？有人以河面寬度的中心點為準，但許多時候河面的寬度是會變動的，例如乾季和雨季時的寬度就可能不同，則中心點也會移動，雨季時河面較寬，中心點在A處，而乾季時河面變窄，中心點可能就跑到B處了，那麼該以A或B為準？

如果是二水交會之處，或者是一面湖泊、池塘，其面積都很可能涵蓋數個卦位，那麼該如何取定位點？如果說取其中心點，那同樣也會面臨「測量準確度」的問題。

測量準確度的問題

例如一座頂部平直的土型山體，要抓取其頂部的中央位置，從幾百公尺甚至數公里之外，僅憑肉眼觀察，真能保證準確無誤？

真能保證：一、以肉眼所辨識的中央點真的準確無誤？二、從羅盤看出去的卦位，與遠方的定點真的有對準？一個卦位只有5.625度，那麼如何能肯定幾百公尺甚至數公里外的哪一點，確實位於這5.625度的範圍內呢？

測量水口方位也會遇到同樣的問題。例如二水交會之處，事實上它應是一個有長度、有寬度的水面區域，就算我們知道要找這塊區域的中心點，但僅憑肉眼觀察，真的能抓得準這塊區域的中心點位置嗎？其次，以羅盤看出去的卦位，與那個水面區域的中心點是否真的有對準？

如果測量一個湖泊或池塘，它可能是不規則的形狀，那麼對於中心點的辨識，其差異性、困難性就更大了。如果是用二十四山方位，每山十五度來測量，其容許範圍就大很多了，我們可以抓個大概的中心位置，並且有把握此中心點必包含在那十五度的範圍內。可是如果是把角度縮小到只有5.625度，而且又是形狀不規則的湖泊池塘，要找其中心點，又要要求卦位的精準度，那就非常困難了。

某甲來測量，和某乙來測量，他們所認取的中心點位置，以及從羅盤看出去的卦位，都可能因辨識眼力的差異而得出不同的測量結果，更由於每一卦角度範圍的狹小，造成誤差的機率就更高了。

筆者認識一些對玄空大卦理論與實際應用皆相當有心得的堪輿同道，發現到後來他們都會對羅盤進行或多或少的「改裝」，例如加裝個類似照相機所使用的三腳架是很常見的，使用腳架固定羅盤，以避免手持羅盤時手部的輕微晃動而造成誤差。更有的人在羅盤上裝了一副望遠鏡，以便於觀測遠方定點時，提高卦位的準確度。

甚至還有在羅盤上加裝能射出雷射光線的水平定位儀的。也有堪輿同道凡出門必隨身攜帶GPS全球衛星定位裝置的。凡此種種，皆表現出這些人都是為了提高羅盤測量精準度而做的努力，但另一方面，卻也正好體現了這套玄空大卦理論在實際應用羅盤測量卦位操作時，的確存在著「測量準確度」的困難問題。

環境中磁干擾的問題

磁干擾的問題，一般而言在勘察陽宅時所受的影響比較大。古代的房子皆為木石構造，室內家俱也幾乎都是木造，因此不會對羅盤磁針造成干擾，但現代的建築物使用金屬材料非常普遍，還有室內的各種金屬家具、家電、音響，以及隨身攜帶的手機的收發等等，這些都會對羅盤磁針產生嚴重的干擾。所以我們在測量陽宅座向時，通常是不會在室內的，一般都會在屋外，離開房屋一段距離，並確定四周近處沒有金屬物體，並把手機拿開，並避開所有磁干擾，如此才能測出準確的座向卦位。

但是在其他學術上及玄空大卦派中，卻也有一些人他們使用羅盤時是完全不避開磁干擾，所以他們會將羅盤緊靠在大門來測量房屋的座向，即使大門是金屬製的也不忌諱，也不用避開。他們認為，房屋目前的狀態，包括門窗、隔間的安排、家具的擺設等等，其整體所呈現出來的磁場，就是對居住者造成好壞影響的能量現況，羅盤處在這個房屋磁場中，只不過是忠實地反應目前的磁場狀態罷了，所以不用避開磁干擾，如果以玄空大卦的測量角度而言，其受磁干擾的影響必使其卦位不同於沒有受磁干擾的位置，真磁針指向必不同，而大門為出入氣口，其衰旺之氣當然會有別異。

他們自有一套方法去對受到磁干擾的羅盤指針進行吉凶的判讀。甚至有人還發展出在門框上貼上鐵片的做法，來改變羅盤磁針的刻度，認為如此一來房屋內的磁場就改變了，所以只要調整門框上鐵片的數量和位置，使羅盤磁針指向吉利的角度，那麼就可以達到轉凶為吉的效果。

然而，這種不避開磁干擾的測量與操作風水的方式，無論從理論的邏輯性和實際應用的經驗上，本人都持保留的態度。但信奉這套理論者的確大有人在，或許他們的理論中有著一些外界所不知道的訣竅吧。

磁偏角與抽爻換象

近幾年來，風水界對於測量方位時該使用正北還是磁北，時有爭議與辯論。爭辯到後來，磁偏角就開始受到重視了，因為它是正北與磁北之間轉換的重要參數。在這裡並不想介入正北與磁北的爭議之中，而是想談談磁偏角與羅盤指針的一些現象。

根據現代地球科學的研究，我們知道磁偏角是會變動的，會隨著地點的不同而改變，也會隨著時間的不同而變化。也就是說，就算在同一個地點，今天的磁偏角與昨天的磁偏角就會不一樣今天上午、中午、下午、晚間也是有所不一樣。而磁偏角一改變羅盤磁針所指的南北方也就會改變。

筆者有位朋友，在家中擺了一個船隻航海專用的羅盤，因為是當作裝飾品，所以他是用支架將羅盤撐起，固定安置於客廳某個角落，平常也不會去碰觸移動這個羅盤。據朋友所言，他曾經連續好一陣子每天在固定的時間去觀察那面羅盤，結果發現磁針所指的刻度每天都會有1～2度的差異。這就是受到磁偏角的影響。

為什麼要說這些呢？因為在玄空大卦理論中，還有一種自古以來被認為最神秘最奧妙的理論，就是所謂的「抽爻換象」明師盤線，移步換形的移木接氣，及穴中迎神引氣法門。我們知道易經六十四卦每一卦是由六個爻組成的，這六十四卦安排在羅盤上，就是將圓周360°分成64等分，得到每一卦佔5.625度。而每一卦的六爻，就是將每一卦所佔的5.625度再細分成六等分，得到每一爻只有0.9375度，因此玄空大卦是能分別出連一度都不到的方位角。

所謂「抽爻換象」就是指當風水師在立向的時候，將分金線定在某一卦的某一爻度上，例如定在地澤臨卦的二爻，那麼就是臨卦動二爻，將第二爻陰變陽、陽變陰，陰陽互換，於是地澤臨卦動二爻就變成了地雷復卦。這就是「抽爻換象」。抽爻換象之後，雖然分金定在臨卦，卻要以復卦來論吉凶了，因而可得知這所受磁偏角的影響將更少，而其靈驗度更精準。

當我們瞭解到磁偏角是隨時在變化的，同時也影響著羅盤磁針的指向，大約會有1～2度間經常性的變動，到此聰明的讀者應該立刻發現為什麼先賢會有「抽爻換象」理論的發明與衍生的必要性和實用性的問題所在。

今天我們將分金定在這個爻度上，但等到明天再來測量可能就變成另外一個爻度了，因為受了磁偏角的影響爻度根本是無法固定的，但是經過抽爻換象後，如以地澤臨卦動二爻而成地雷復卦之時，它佔我們原本立向的圓周度數少則差0.9375度，大則差1.875度，那麼不管磁偏角如何改變，因圓周度數相差不遠，若此其準確度將更精準，其偏差度將更為縮小，因為磁偏角皆還是在地澤臨的5.625度內，有可能今天是地雷復卦，明天有可能是地天泰卦動三爻，但後天有可能及二、三爻同時動，或是地火明夷卦，不管向左向右偏，皆是在1.8度之間，基本上皆在地澤臨這個5.625度內其外卦不變，其先天卦氣皆為一水。難怪抽爻換象這套理論會被如此的神秘化和神奇化的宣揚開來。

玄空大卦理論其實是根植於易經哲理，故其理論之推演變化，層次分明，邏輯清楚，其內涵之精妙豐富，使人有浩瀚深奧之感，實際應用上亦有相當程度的準驗效果。然而前面所述的種種，不可否認的確是它所存在的問題，不過雖有這些問題與現象，仍不能否定它的價值，這套理論所展現的本來就是一種對精準度的高標準高要求所呈現出來的精緻思維與其凡事求其真善美的真實的一面。

從另一種角度來看，玄空大卦之理論反而更符合現代的高科技時代的要求精準風格。因此我們更應該結合現代的科技知識和技術，來應用在風水堪輿上，例如也可應用大地測量的知識、技術與工具儀器來補強其缺陷，提高羅盤測量和定向的精準度，這應該是可行的，唯有當這些問題獲得解決，我們才能更清楚而更精準的來驗證玄空大卦抽爻換象理論的真實性和真價值所在，如此可造福更多的人群。

巒頭與理氣的配合

《雪心賦》：「蓋聞天開地闢，山峙川流，二氣妙運於其間，一理並行而不悖，氣當觀其融結，理必達於精微。地學中巒頭與理氣是相輔相成，巒頭中不離理氣，理氣中不離巒頭」。

《葬經》：「人受體於父母，本骸得氣，遺體受蔭」。父母骸骨為子孫之本，子孫形體乃父母之枝，一氣相蔭，由本而達枝也。

故程子曰：「卜其宅兆，卜其地之美惡也。」地美則神靈安，子孫盛。若培壅其根，而枝葉茂，理固然也，惡則反是。蔡季通曰：「生死殊途，情氣相感，自然默與之通」。如高坑之地，天陰自上而降，生氣浮露，最怕風寒，易為蕩散。如人深居密室，稍有罅隙通風，適當肩背，便能成疾。故當求其城郭密固，使氣有聚也。土色光潤，草木茂盛，為土之美。今童山粗頑，土脈枯槁，無發生沖和之氣，故不可葬。凡真龍落處，左回右抱，前朝後擁，所以成其形局也。

神農嚐百草，醫藥有方。黃帝問天師，調劑多術。卦位干支有刑沖剋害，陰陽氣化應化之病本先天；草木藥石醫治。是病在後天，堪輿之術亦如藥石，為眾生造福祛病，如陽宅、陰宅之佈局，皆能致吉避凶，唯百姓日用而不知。

苟能知三元玄空大卦吉凶方位之推移，即具有趨吉避凶之至理；更能知七政經緯之會望，行星之廟旺弱陷，天文與地理參合人事，即俱有造命解厄之真機，始信無藥而奪神工，誠足補黃農之所未逢。然吉凶悔吝生乎動，不犯煞方不生殃，不得福地不召祥，堪輿必避凶位而趨吉方，如此理氣與巒頭必相扶，方能臻其美哉。

因有巒頭沒理氣其福不驗，有理氣沒巒頭其福不靈，故理氣與巒頭為表裡之分，為體用之關係。在前面的章節都是著重於玄空大卦理氣法則的闡述，故而本章節就著重於巒頭形勢之剖析，但是篇幅所限，如有未盡事宜，可參考余前之所著《天下第一風水地理書》，台灣紅螞蟻出版，或是《中國傳統風水地理全書》，中國中央編譯局出版社出版，此中將有比較詳細的闡釋。

青龍吉砂斷墓（左邊之山為青龍）

青龍似排衙長子插金花，青龍如勒馬，宕貴傳天下，青龍起大石，舉家大吉昌，青龍如頓毫，長子登科第，青龍內短環，長子足衣糧，內短外山高，子孫顯達好。

內短外山來，子孫得外財，內真外山鈎，子孫出公侯，雙峰長青龍，加官加識寺，青龍內外曲，代代為官職，青龍抱明堂，長子面君王。

青龍如雨笠，僧道兼遊還，青龍起毫峰，舉毫逞英雄。青龍起圓峰，田禾起錢壓，青龍如灣弓，威權大公，青龍如牛角，加官並進爵。

青龍如蓮鈎，富貴足田牛，青龍抱水口，富貴人長久，青龍似半月，富貴人傳說，青龍滿月形，富貴足金銀，青龍雙肩入，迸財納米穀。

青龍似樓盤，升鋪放銀錢，青龍似龍樓，必主出公侯，青龍似龍麟，倉內白米存，青龍如生龍，富貴比石崇，青龍如團起，富貴人難比。

青龍如毫架，長子富貴發，青龍若升口，鬼還錢財有，青龍如倉庫，錢財和無數，青龍不高虎不低，十男五女一般齊。青龍灣轉抱墓腳，迸財迸寶家安和，擩龍連貼抱水口，鎚兵將相有，青龍吉砂至此終。

青龍凶砂斷

青龍尖尖頭入水，長子他鄉水鬼入，青龍尖而直長出，去祖賣田莊，青龍尖似刀，剎人比黃巢，青龍反背起，家內婦人與外人通。

青龍似旗如行馬，強盜行天下，若見旗前有馬山，入伍做將官，山短少不長，因賊迸田莊，獨有旗山鼓馬無，生石遭瘟疫。

青龍腳下做做水，出家做氣鬼，青龍腳下有深坎，長子無糞門，青龍低頭落，長子家計簿，青龍尖尖反外去，偷盜賣田地。

青龍抱一星，婦女嫁異人，青龍射白虎，忤逆糞田土，青龍頭上有池塘，婦女自招郎，青龍射墓堂，氣痛不能當，青龍微微有凹風，出人左耳龍耳，青龍膊協有池塘，無水損牛羊。

白虎吉砂斷（墓右邊之山為白虎）

白虎砂上有圓峰，女子美貌嫁王公，白虎山有百盡高，小兒子武職逞英豪，白虎起雙峰，二子登科甲，白虎似排衙，小子插金花。

白虎一重高一重，小子叉子富貴一般同，白虎抱明堂，婦女美貌嫁君王，白虎面直外面來，兒孫外孫娶得媳婦來，白虎似牛睡，小子登科貴。

白虎起峰螯，養女嫁王公，白虎口內吐青煙，子孫貴迸帝王前，白虎如勒馬，參將傳天下，白虎頭上起高山峰，小支小子富貴比石崇。

白虎身上雙峰起，家內雙生子，白虎有重胎，不用銀錢收婦來，白虎橫橫來作案，二房子孫出通判。

白虎凶砂斷

白虎似尖刀，其尖又似針，主招三名軍，白虎出外有黑石，子隨娘嫁他鄉死，白虎山有坑，嫁出麻煩人，白虎似筆尖，年年有災疾。

白虎似人困，其家多疾病，白虎一山隨，女人不用媒，白虎一直去，實盡祖田地，白虎似旗如行馬，強盜傳天下，白虎頭高一氣雄，男女血光紅。

白虎腰直又長細，棄養獨立自少亡，白虎現大石，流徒斬絞兒，白虎帶一刀，剎剮不曾饒，白虎一帶隨，養女被人拐，白虎曲曲去，子孫衣食沿途找。

白虎頭入坑，田地不留存，白虎頭帶人，忤逆惡人家，白虎抱一峰，淫亂反成凶，白虎射中堂，生疾生惡瘡，白虎射墓堂，家內有死亡，白虎似棺材，路死無人埋。

朱雀吉砂斷（墓堂前面之山為朱雀）

朱雀似頓袍，喚作爛禾倉，朱雀圓純對，斷作迸田輩，朱雀灣灣勢，金帶羅衣貴，朱雀如滿月，富貴人傳說，朱雀似連珠，家門富貴足。

朱雀數屢高，代代出英豪，朱雀如生龍，斷定出三公，

朱雀吉砂，一字文案

朱雀如覆釜，千箱並萬倉，朱雀如頓毫，聰明從此出，朱雀兩邊連，富貴得登天。

朱雀如數峰，百子及千孫，朱雀似尖毫，榮華登科第，朱雀形如鼓，積谷堆金府，朱雀如帳旗，武將受君恩，朱雀似排衙，中子插金花。

朱雀如竹簍，文學男兒俊，朱雀如屏風，職位定豐隆，朱雀山上品自生，富貴出公卿，朱雀一山高一山，兒孫世代有衣戛，朱雀如勒馬，富貴傳天下。

朱雀起三峰，一定出三公，朱雀毫架面前朝，中子出官僚，朱雀如拳蓋，勇猛不堪言，朱雀如覆鍾，家主放錢翁。

朱雀凶砂斷

朱雀似尖刀，入口舌臨門有，朱雀如棒橫，衙門奉公庭，朱雀如門咀，口舌年年起，朱雀走出門，中子年年換妻室，朱雀如人眼，癘病世相傳。

朱雀如園圃，入獄受災苦，朱雀中堂小石墩，傷眼又遭瘟，朱雀似背弓，朝看定孤窮，朱雀兩邊去，家門常不吉，朱雀似冬瓜，黃腫出其家。

朱雀生橫石，傷生火燒室，朱雀石碎高，年年瘟疫遭，朱雀不回頭，遊蕩走他州，朱雀如橫睡，瘟病無人葬，朱雀形如鼠，被人拐財去。

朱雀無節木，尖淨常悲哭，朱雀紅白砂，邪精火燒家，朱雀堂中圓石堆，媳婦產危有血災，朱雀如海鰍，斷定虎傷牛，朱雀射玄武，三家一般苦。

朱雀射左山，長子受孤單，朱雀射白虎，三子離鄉土，朱雀山上有縮頭山，牛馬被人偷，朱雀去而不回頭，兒孫糞田園，朱雀禦泥中子絕，人口衰敗有死傷，朱雀凶山，判斷至此終。

朱雀凶砂斷：「朱雀生橫石，傷生火燒室，朱雀石碎高，年年瘟疫遭，」

大樓的外牆設計了許多尖銳物，這犯了陽宅學上的禁忌，陽宅前面如果有很多尖物沖射，會對屋內的人造成意外疾病、眼睛的毛病和血光之災。（如下圖）

萬箭齊發

玄武吉砂斷（墓堂後面之山為玄武）

玄武聯絡來百里，葬看家富貴，玄武落半田，背腰骨肉連，玄武節節高，葬看出英豪，玄武如印掌，安穴人家旺，玄武獨高凌，富貴得天恩。

玄武靠三峰，富貴如石崇，玄武帶倉庫，何愁家不富，玄武帶印誥，何愁家不貴，玄武似牛群，葬後子孫興，玄武似灣弓，何愁祿不豐。

玄武如生蛇形，富貴如同孟嘗君，水抱玄武身，家內長黃金，玄武榮官鬼，子孫登科貴。

玄武凶砂斷

玄武若當空，寡婦出家中，玄武生得低，葬後兒孫稀，玄武如槍咀，百禍重重起，玄武有深坑，消敗絕人丁，玄武坐山仰，活計漸水消。

玄武無來永，糞盡租田地，玄武被風吹，背痛損人丁，玄武尖槍帶碎石，賊劫火燒室，玄武似槍刀，被剎不須刀，玄武似人困，家內長生病。

玄武後山空，寡婦哭老公，玄武不接連，葬後退莊田，玄武山破有深坑，葬後絕人丁，玄武破碎見岩石，少死無人埋，玄武似冬瓜，黃腫在其家，玄武生成死蛇死鱔祥，子孫吃酒賭錢多嫖蕩，玄武風常祥，寡婦絕成行。

秘傳楊公土牛經

土牛經上卷

尋龍尋穴真奇妙，步跡步踪得玄奥，大山大水乾龍過，小山小水子龍行，龍行蛇走天虹祥，龍位蜂腰鶴麥形，踪跡顯露尋隱處，未著山實先著星，有形惡星應雉作，吉星無形穴不真，形真星吉穴方住，一切萬物自生成，山水未成君莫作，只恐操心志未誠，行龍要得明師指，自來由命不由人，廣覽古今模範式，量度輕重自然情。

尋龍要得明師訣，好把星峰細分別，主星相應三吉星，兒孫世代產英傑，真龍入穴案山端，假龍入穴案山偏，崩洪節目最為奇，氣脈相連左右先，楊公尋龍經一卷，天下九洲都遊偏，眾星不固山水走，禍福自然眼中見，時師後學休描龍，各把雌雄仔細詳，識破上龍行生法，天下任君處處踏。

尋龍要得明師訣，好把星峰細分別。

尋龍訣

尋龍需要到山頂，頂有龍好光景，有無換有無剝，剝龍換骨最難描，只在星峰頂上瞧，分背面，分手足，分三吉，分四惡，但取雌雄相配合，有纏送，有護托，千山萬水尋臨落，左右週迴如城郭，公侯將相帝王山，現出樓台並鼓角，楊公所以有玄機，紅日沉西要見落，欲得子孫萬代榮，失受令人家消鑠，有人得我土牛經，不怕天寬並地凋，不怕山水亂交錯，楊公自是有斟酌，尋龍需要上山崗，登高盼望仔細詳，記得乾龍窮盡處，雌雄交合真龍藏，乾龍尋處中途泊，遺下枝腳左右落，三重五重回轉抱，只在後龍山上剝，乾龍或由隨水聽，護送迢迢不得閒，水走山飛龍不佳，山盡水朝產英賢，千源萬派入明堂，四山八水聚穴場，龍虎灣抱是羅城，貴星現招前程，貪巨武輔來作案，筆峰秀出侵雲汶，樓台鼓角前面朝。

尋龍需要上山崗，登高盼望仔細詳。

葬著定出大官僚　真龍法

真龍住處纏來護，千山萬水遮攔固，明堂升闊面山貴，此是真龍會真龍水口坐，也有一山如虎臥，回實不與象山過，左右灣灣三五人，定有真龍左右躲，時師登盼莫懶惰，萬水千山盡回腳，有山奇異不關多，認取真龍行程處，蘇蘇星峰似水波，頂上枝龍左右撥，真龍落處山意多，假龍落處水無情。

有情有意真富貴，無情無意定奔波，但得水口重重鎖，雌雄會合育花果，若是假龍山便懶，四獸不臨水便返，明堂匾窄水傾城，或者無欄又無桿，眾星在囚反崩洪，產死角胎並眼爛，官實疾病敗祖業，枉死少年則便散。

土牛經中卷

楊公懶步不遵芳，只在山中仔細詳，望見貪巨武輔現，定有真龍左右藏，南山奇秀穴居北，北山奇秀穴居南，左右

萬水千山盡回腳，有山奇異不關多。

有情皆拱抱，自然真氣結明堂，有堂有氣家富貴，無堂無氣絕兒孫，立穴要窩暖，明堂要寬闊，兩邊龍虎伏，四畔起峰巒，貴人當面立，此地便宜扞。

第一看地法

看地須尋水口峽（如圖），水口峽來地脈全，脈全富貴產賢英，莫叫水口開門戶，水昇退財不記數，水口大升無鎮山，定主貧賤受孤單，山飛水走財難聚，必主人口離鄉去，左右看他尖射沖，可以斷他那房凶，斬絞徒流此中出，災病詞訟日迫促，產難投河自縊死，財帛六畜盡遭傷。

第二看龍虎

看龍虎又要公與母，雌雄會合值千金，此中一定有穴星，有雌有雄方是地，最喜要有回固氣，雌若不住雄並走，一定離鄉家難守，雄的是公雌乃是母，公母住時家大富，公母行時不會長，離鄉棄祖買田莊。

看地須尋水口峽

第三看左右

要看朝效風水就，難有左山救得人，世代食祿若有神，一山有情皆足用（如下圖，左右有情），切忌莫教土牛動，龍山回顧便進財，生得破碎長房災，山無情，休言凶，灣灣環抱方有功，小山回護小子昌，生得破碎子孫殃，有左無右不敢下，下了一定小房難，有右無左不敢扦，如若扦葬長子艱，有左無右外山護，葬後小子升盾庫，且要貼身龍虎轉，定主富貴綿綿軟，有右無左外山欄，葬後長子榮華繁，子孫知叉人倫諧，聲價眾名遠人懷，最怕龍虎尖射出，定主弟兄不和睦，後輩兒孫多忤道，後來爹娘稱孤獨。

又看龍虎有無護，重重抱來家大富，單纏單裡也榮華，切忌不要起尖斜，大凡龍虎千般說，多數最喜無空角，平洋不怕八風吹，尖射都是一般推，八風吹動人丁敬，必有寡女孤兒漢，四水不臨實難詳，財帛消散人便亡，左右空缺外無護，定出鰥夫並寡婦，兒孫衰絕少衣

左右有情

粉，勞苦貧困迴時光，左右破碎折裂丑，癆疾癩病瘟疾有，不遭刑憲法中亡，會有腳手也殘傷，腰膀並癆疾產難兼自縊，穴根不足休生瘡，翻眼疼痛出癲狂。

龍尖可作進田筆，虎尖刀傷並打劫，嶺尖脊破石實紅，定主牢獄法場逢，左右有尸官便撿，左右無尸家內顯，後代子孫離鄉土，煞臨右畔小房凶，家業田地忌成空，虎發源流小子位，二房小子離鄉貴，煞向右畔長子當，家財消散人便亡。

青龍山高白虎矮，小子不死妻遭亡，白虎山高青龍低，長子不死換頭妻，青龍白虎羊蹄烊，兒孫忤逆法場上，主山反被案山欺，定見兒孫受孤恓，青龍白虎若欺主，子孫貧苦實難處，龍虎兩山雙起拳，寃枉死亡叫黃天，白虎拳頭起鎚胸，定主其家苦死女，若見兩邊尖似槍，定主鬧禍剎人亡，穴高龍虎低實去，此是不好絕人地，凡看朱雀龍虎位，實若尖利又不對，忽然拱背石實坐，便主刑徒法傷過。

玄武山尊龍虎伏，案秀必定食天祿，四畔尖射起尖枇，定出忤逆害爹娘，龍虎對峙不相讓，定有忤逆法場上，左右鴨咀及鵝實，淫慾嫖賭貪風流，左山回護右山去，小子難得成家計，蜂腰鶴麥斷實山，換實妻房免孤單，拋家失祖業離鄉免斷絕，山蠢山臥及崩紅，瘟疾腫死在其中，山斷山歪山返折，鰥寡殘疾牢獄危，山似一支碗四畔團團轉，有枷有鑽門不門，定主牢獄受其靈，若有尸刀在旁過，定主行凶剎人亡。

甲庚丙壬秀峰起，風水便應剎文臣，斬絞流徒及充軍，等到赦放得回程，筲箕樣，覆船同，莫將此地作真龍，出身無主休言吉，葬了遭官退敗窮，覆鍾覆釜鰻頭樣，只可用來作效向，橫山臥嶺及偏坡，坐對下了損人多，灣坡斜嶺休把對，定主財帛年年退，人口孤恓及少亡，鰥寡困難缺衣料，早晨討得三五貫，晚夕回家無半串，取債爭鬧人官靈，常有疾病不離門。

青龍山上休立屋，定然會見損六畜，白虎山實見紅石，瘟病瘟疫定相逢，白虎山上有穀場，家中自然卻榮昌，青龍山上起倉庫，定主富貴食天祿，青龍先到實向右，成親姻緣是姑舅，白虎先到看青龍，媳婦斷定與公同，左右山水一直去，後來兒賣斧田地，兩邊無抱案子媳少午飯，內山回抱外山走，異姓分居人不久，左右山斷及腰低，必然會應損實妻。

朱雀騰空中子絕，後來人口定遭災，土牛若動主少亡，家中缺少隔年料，土牛動時人難仕，又主人口離鄉苦，更帶黃泉左右行，家中唯有白實人，土牛不動人丁旺，若是走竄主遊浪，若見山鬥損人丁，常出橫事實焦心，認得土牛行住法，天下留君處處踏，吉凶禍福眼中見，不用眾經自然驗。

山要灣，水要曲，山灣水曲方發福，明堂平正歪斜無，富貴異常家財足，山要灣山不灣兮水要關，若得兩邊山水要關，便是發透進財宮，水要曲兮則無祿，抱效灣轉似生蛇，富貴榮華自然得，山要護山不護兮家不富，護纏托送一齊回，其家財谷積成堆。

水要裡水不裡時明堂破，破碎傾斜雖有財畜多耗走，山要抱山不抱兮財不到，若得腰帶水纏繞，富貴官高享到老，山怕去山去人離財難聚，崩紅走竄損財丁，如同屋漏簷流侵，水怕走水走怕破城門口，水破城門無擋山，兒女貧苦受孤寒。

山怕直山直便謂退回筆，左尖無禍右尖凶，禍害牢獄法場中，水怕挺水挺似箭靈禍繁，相爭財帛起官靈，枉死少年哭哀哀。

山怕尖山尖射入便遭冤，左右有屍山官便檢，無屍內亂叫黃天，水怕射兩邊射入靈禍危，傷

山怕尖，山尖射入便遭冤

山怕臥，水怕倒，水倒山臥都不好。

龍虎似為有護，重重抱來，惜乎後山高壓。

青龍山高白虎略低

玄武山尊龍虎伏，案秀必定食天祿。

心刺脇更難當，財又破來人散亡，山怕飛水怕走，山飛水走退人口，杆門不鑽主離鄉，出去外郡討田壓。

山怕臥，水怕倒，水倒山臥都不好，山臥人病不離床，水倒財丁兩散亡，水怕偏，水怕側，山偏水側貧意客家貧更遭盜賊侵，久債無償日憂心，男人少在家中住，今日在家明日雇，女人也要去鄉村討活計，吉則不過三五載，遇後漸漸家並敗，籬穿壁破休無遮，忙碌奔波做孤客，少衣少食水財穀，年年歲歲主孤獨，雞鴨不能畜，牛馬也會遭瘟疫。

土牛經下卷

明堂穴法少人知，造化之中玄妙思，有人識得真龍穴，何愁不挂紫朱衣，穴法明堂內要寬，男左女右要纏灣，莫使風吹尖射沖，當堂地位莫陷空，莫數明堂如走瀉，欲得周環萬馬容，富貴聲價天下雄。

明堂貼身水來臨，永久遠無靈情，假如歪斜竄及傾，子子孫孫憂貧窘，明堂更喜三折水，眾房中子齊富貴，反弓反背最為凶，父子親情不和同，明堂寬大容萬馬，富貴聲名傳天下，明堂寬闊水環灣，財谷如山有餘寬，又要明堂水口歛，又要龍虎無空缺。

案山排列貴人峰，富貴發達出三公，明堂寬闊貴人正，後代朝內科目盛，若是歪斜與偏坡，兒孫子媳不登科，案山是旗環需馬，出人武職傳天下，馬若上堵祿不空，武士爭戰也英雄，面前明堂如逼窄，灣環擁抱也要得，不然開門乞食過時光，嫉妬為人只憂荒，堂要聚堂不聚時財無氣，四水均流聚掌心，家中富貴斗量金，堂要闊堂不闊時財無著，東成西就總不成，口舌是非不離門。

　明堂如坡米子孫窮到底，明堂如崩紅財畜退而窮，明堂如火尖不久家中喧，明堂如傾槽財散人更逃，明堂如凹缺財散人更滅，子孫少智略，人前出衆不能言，堂怕散堂散無財家家辦。明堂內有石產茌火眼疾，明堂外水反孝服退財慘，明堂有卷簾退財並退田，明堂水針直鰥寡少衣食，明堂水去長缺少隔年炑，明堂八字水父子東西咀，明堂水直沖官事重重逢，明堂水到瀉寡婦淫亂丑，明堂水射身打劫強汝生，明堂水黑黃癆瘵多瘟疫。

　水打青龍實長子命難留，水打白虎胸二子命少終，四水射效身家無白實人，明堂如繡毬代代足耕牛，明堂左右寬財手家內歡，明堂生蛇水子孫富貴累，明堂水抱效子孫榮過人，明堂四水臨朝內朱衣排。明堂水不盡須看五行定，先看明堂水後用羅經推，上山不用諸卦例，定穴不用打羅針，山水若能明楊公再出身。

土牛經真假穴法

土牛穴法三十五，怪穴四十不須呈，剖破十二真假穴，才能不誤世間人，左回右抱穴居左，右回不須葬左邊，結穴居中人不曉，內藏真氣少人扞，土牛真穴實唯難尋，人海居河必有情，地中有脈真榮貴，水中一脈聖賢生。

土牛陰穴原無多，真穴常在敗中躲，點穴教君須下淺，葬深子孫主零落，土牛陰穴乳實安，深葬須逢陽氣參，若得榮華富貴乳，葬後子孫桂必攀，土牛對坐名真武，左有龜蛇水口　，定出金枝並玉葉，兒孫富貴長年處，土牛大地無扡形，磊落須教葬正心，面前斜亂休對向，風邪疾病時來侵，土牛鍋底及甄箕，敗穴現形真穴藏，三穴實尾都是煞，堂中一穴定高強。

土牛代箭鼻孔牽，兩脇面前箭穿連，傳癆瘟疫淫邪亂，去祖離鄉天折年，土牛巔野弄風波，山飛水走腳更多，離鄉別境聲名坯，橫事滿門百病磨，土牛相逐人不孝，忤逆流徒配軍絞。

元辰直流斜飛走，棄祖偷竊貧到老，蠻奴趕牛悲哀兮，雌雄會合左坑溪，此地姦淫軍賊敗，父南子北奔東西，土牛長走主離鄉，身短斜直出少亡，關攔會合定榮昌。

元辰直流斜飛走，棄祖偷竊貧到老，蠻奴趕牛悲哀兮。

內藏真氣少人扦，土牛真穴實惟難尋，人海居河必有情，地中有脈真榮貴，水中一脈聖賢生。

三元地理賦．劉基

嘗聞天下英雄豪傑實鍾岳瀆之靈，富貴榮華乃毓山川之秀。是故來龍去水，固有美惡之懸殊，點地立向豈無吉凶之異應。

是以生水朝堂人才倍出，旺神聚局家道代昌，或立正局還生旺，又有借竅流客賓。

至若堂清案秀，君子故可求官，水聚庫深，小民亦應致富。馬陷祿空，多災多禍，山收煞出為富為榮。

丙向辛砂巽口，擬獨佔乎魁元，離山震水辛流，幸題名於榜內。

糞池不可置曜煞方，砂水最喜來自生旺之位。

牢星方若遇高壓，難逃災訟之罪。

地支位若逢丁路未免懸樑之厄。

若夫立向以水為提綱，點穴以龍為主宰，明於剋擇之道，尤當精於點地之情，放水要元神，來龍看入首，觀水口較易，點地最難。

古云：「未入鄉先看來龍，未登堂先察水口」。龍

樓宇如山巒，須重巒疊山章郁郁靄靄，不宜孤樓獨秀。

之去往以水辨，穴之偏正以堂分。同龍即論向，同向即論水，審視要周詳，觀案須正確。
委拖屈曲，正中受氣，急硬直來當避其峰，脈來而急，應緩而妥，氣到如緩，當集而栽。陰墳忌孤陰，陽宅忌孤陽。
落水之牛鼻仰而吹，出淵之龍，身直而吐。
下山之虎側臥豈厭，落洋之鴉，展翼方妙。
而青蛇貫水，孤身不忌，蜈蚣出土，無足何求？
半月沉江其光在前，七星墜地，其蒙在先。
美人梳粧，案堂懸鏡、孤兒坐帳，腎內呈翁。
坐虎咬尾觀其尾；獅子弄球，觀其球；
牛取腰；蝦取背；
落水蓬花，蓬蒲可取。猛虎跳牆，虎高折。
五虎朝獅，羅星閉聚。真武登台，龜蛇守口。
走馬結於獨山；藏龜結於田中，深淺合法。高山只許明堂並平地還須一尺安。
勿以小利而忘大害，故將軍脫帽亦有過水之砂，五虎朝獅更有反顧之獸。
總之大地生成，龍水必稱；小地聚氣，全憑水神。天機妙法，未可洩漏。

尋找吉穴須觀四面八方之山巒

觀四面八方之山巒，望兩旁之水勢，看山在何處駐，水在何處合。看山勢來脈，尋求脈結穴的地方，這就是所謂望勢、尋龍和查穴，穴就是理想的放置棺槨或生基的位置，也是整個陵寢或生基建築佈局的核心。吉穴可分為上上吉、上吉、中吉、下吉等。

所謂龍脈就是山脈，對基地或穴位來說稱來龍、來脈或後龍。要求山勢層疊深遠，要重巒疊嶂，秀麗森然，煙霧雲氣，郁郁靄靄，不宜孤峰獨秀，最好後龍背後還有少祖山，祖山幾層。來脈峰巒要高峙聳拔，端正尊貴。龍脈的來向和穴位間的方向，也就是將墳墓建築布局的中軸線，要依羅盤上八千四維十二支的二十四山立向。主要依據傳統的「南向為尊、南為正向」、「非正向不可用」（見翁文恭公記，慈太后旨意）。清代各陵並非都向正南，亦多採用南偏東或南偏西。

來龍左右必須有起伏頓錯而下的砂山，一重或兩重，形

尋找吉穴須觀四面八方之山巒。

成對穴區的環抱、拱衛、輔弼的形勢，謂之左輔右弼，亦稱左右砂，或龍虎砂山。狀如牛角、蟬翼的亦稱蟬翼砂山。來龍和左右砂勢呈人字，龍無砂隨則孤，穴無砂護則寒。隨、護、寒、孤，幾個字闡明了不使風吹，環抱有情的意象。

穴區前中軸線上近對淺崗和遠對峰巒，風水上謂之近案和遠朝須是案如貴人幾席，可俯而憑也，朝如人臣面君，敬對而拱拜也。曠野一望無際，有近案則易野之氣為之一收。《管氏地理指蒙》指出這種案山和朝山遙對陵寢建築和背障的山巒，增強了中軸線前後的呼應，映襯和回視對景效果。

水法形勢景觀方面也很重要，在風水理論中提到風水之法，得水為上，未看山時先找水，有山無水休尋地，山主靜，水主動，互為對比、襯托。水是指流動的的水。來宜曲水向我，去宜盤旋顧戀，洋洋悠悠顧我欲留者，謂水於穴留戀有情也，也就是最忌諱直

未看山時先找水，有山無水休尋地。

沖走竄，激湍陡瀉。還講究相土嘗水要求水要有味可嘗，甘甜清冽。穴區四至，要有一定長寬面積，所謂福厚之地雍容不迫，尤其以前方地貴平夷，也就是堂局或明堂要平坦寬暢，足以安置寢陵制度中前後院和當和各個殿座。土壤的質地、色澤，含水情況亦須測驗。前經刨驗土，色有紫色土，四至八尺純青細土，自九尺至一丈五尺零俱系紫黃色土，以紫黃土為準，酌留佳土三尺，以為底基之氣（乾隆九年相度勝水峪奏摺）。陵寢以風水為重，蔭護以樹木為先，樹木繁茂與否和風水好壞分不開草木郁茂，生氣相隨，草木不茂，生氣不來也，童山不可葬也。

二十四山剋應氣

丙午丁龍，三尺七寸深，內有紅白土，深入大石在內，用寅卯辰巳時，主有唱歌打鼓道人來，下坟戌亥子丑時，應見南方打𪡏，六親担物來下坟。

未坤申龍，四尺九寸深，內有牛肝石、黑青石，土氣斜在內，用寅卯辰巳時，應𪡏叫鳥聲，下坟戌亥子丑時，應見南方火光，雞叫鐘響，天陰下雨。

庚酉辛龍，內有紅紫石，牛肝石，又銀龔石，白蟻窩在內，用寅卯辰巳時，應東方有親人挑物穿青衣來下葬，用午未申酉時，有騎馬鳥叫鐘響下葬。

戌乾亥龍，三尺深，內有青石、五色硃砂土，黃白石在一邊，用寅卯辰巳時，應烏鴉叫鐘鼓響下葬，用午未申酉時，風雷有響聲。

壬子癸龍，三尺深，內有黃紫色石及生氣。開地應挑水人過，或鼓樂之聲，小兒戲水，有大風雨。

丑艮寅龍，艮山三尺內有黃砂，五尺內有生氣窠青石大地，寅山五尺內有黃石，開地應雷聲大雨，並鼓樂，小兒做鬼叫，飛五色土。

甲卯乙龍，三尺深，內有五色硃砂石，住手不能抱，用寅卯辰巳時，應鐘響，二人挑物正過下坟，一百二十日進財，生子富貴雙全。

辰巽巳龍，三尺深有紅白青石，五色硃砂土，若得岩石交穴宜挖四尺五寸深，挖到紅砂石住手，用巳午未亥時，有貴人過，或有女人抱子過下葬，大吉，主發富貴。

六十透地龍

三合盤中，平分六十龍，又名六十透地龍，以之來推算來龍之氣為陽氣或陰氣，又或看其分度是否清純。每一刻度內寫著天干地支及木火土金水五行，即是所謂的透地六十龍，即所謂的五子氣，每一龍為六度，一個地支搭五個天干，一龍有五氣，從六十龍即可迅速看出該穴場所代表的吉凶現象。

《羅經透解》：「蓋平分六十龍透地，名為天紀，起甲子於正針，亥末屬乾宿，後天之乾，即先天之艮，艮為山，此故謂之穿山也」。

又云：「平分六十龍起甲子正針之，壬初屬坎，後天之坎，即先天之坤，坤為地，此乃謂之透地」。

透，如管吹灰，氣由竅出。五氣行平地，發生萬物。地有吉氣，土隨而起。氣透於地中，氣雄則地隨之而高聳，氣弱則地隨之而平伏，氣清則地隨之而透美，氣濁則地。隨之而凶惡。在撥弄針盤時，對六十龍的解釋各有不同。如果透得甲子沖山，就會女啞男癆；透得丙子，就會富貴雙全等等。

分金線陰陽配合

分金線路之說方法多端，不勝辨論，若龍穴已真，其形勢堂局，前朝、後靠、砂水，卦之陰陽是造化生成之配定，吾人不可自作聰明，誤信偽術，捨巒頭而講理氣，即錯誤殊甚。立向之要，龍水、座向，配合卦之陰陽而已，若卦之陰陽配合有規，即其用度用爻，係屬小節，能抽得合固佳，抽不合亦無甚大礙。（動爻卦與外局論）（以河圖數之五行為主）。

抽爻之法有二：

1.如坐山是子息卦（一九為父母，其餘皆為子息），六爻中能抽用之動爻，若合本卦父母，名為子息見父母。如雷地豫卦為坤卦之子息卦，而雷地豫卦抽第四爻，其動卦坤，變為坤為地卦者，名之曰子息見父母也。

2.如坐山是父母卦，能抽得合本卦之真子息，名為父母見子息。如坐乾卦，抽得合本卦之真子息，如天風姤、天火同人、天澤履等。巽卦第四爻抽出變為天風姤，離卦第五爻抽出變為天火同人。兌卦第六爻抽出變為天澤履，能抽得合形局固妙，不合亦無甚重要。

總而言之，以形局陰陽為主，或形局洽在兩卦之交界縫，則陰陽無所主宰，須略挨半度，坐入本山卦內始有主宰，配合陰陽，庶消得山來，出得煞去。

如坐一六、二七、三八、四九之縫，尚不至於凶，若在丁未、申庚、辛戌、亥壬、癸丑、寅甲、巳丙之縫，如巳丙，即大壯與小畜卦之縫，又子午卯酉、乾坤艮巽之中，皆為兩宮之交界，子午正中為兩儀之交界，為真空亡也。又如壬子、丑艮、甲卯、辰巽、丙午、未坤、庚酉之中，亦宜忌之，分金之法，宜神而明之。

殺人黃泉與救人黃泉

（一）、庚丁坤上是黃泉——殺人黃泉。

丁坤終是萬斯箱——救貧黃泉。丁中之澤風大過（4,3）合坤中天水訟（9,3）。

（二）、乙丙須防巽水先——殺人黃泉。

乙向巽流清富貴——救貧黃泉，乙中之山澤損（6,9）合巽中地天泰（1,9）。

（三）、甲癸向上休息艮——殺人黃泉。

癸歸艮戶發文章——救貧黃泉，癸中之雷地豫（6,3）合艮中地火明夷（1,3）。

（四）、辛壬水路怕當乾——殺人黃泉。

辛入乾宮百萬粧——救貧黃泉，辛中之澤山咸（4,9）合乾中天地否（9,9）。

斷訣

「正字金」有二十四組，合二十四山正氣脈為「珠寶線」。

「五五分金」有十二組，為「火坑線」。

「三七分金、七三分金」有二十三組為「差錯空亡」。

丙子、庚子二旬為「珠寶線」。

甲子、壬子二旬為「差錯空亡」。

戊子一旬為「火坑」、「煞曜」。

丙子旬：（旺相）（正氣脈）

丙子、丁丑、戊寅、己卯、庚辰、辛巳、壬午、癸未、甲申、乙酉、丙戌、丁亥、

庚子旬：（旺相）（旺氣脈）

庚子、辛丑、壬寅、癸卯、甲辰、乙巳、丙午、丁未、戊申、己酉、庚戌、辛亥、

甲子旬：（孤虛）（冷氣脈）

甲子、乙丑、丙寅、丁卯、戊辰、己巳、庚午、辛未、壬申、癸酉、甲戌、乙亥、

壬子旬：（孤虛）（退氣脈）

壬子、癸丑、甲寅、乙卯、丙辰、丁巳、戊午、己未、庚申、辛酉、壬戌、癸亥。

戊子旬：（煞曜）（敗氣脈）

戊子、己丑、庚寅、辛卯、壬辰、癸巳、甲午、乙未、丙申、丁酉、戊戌、己亥。

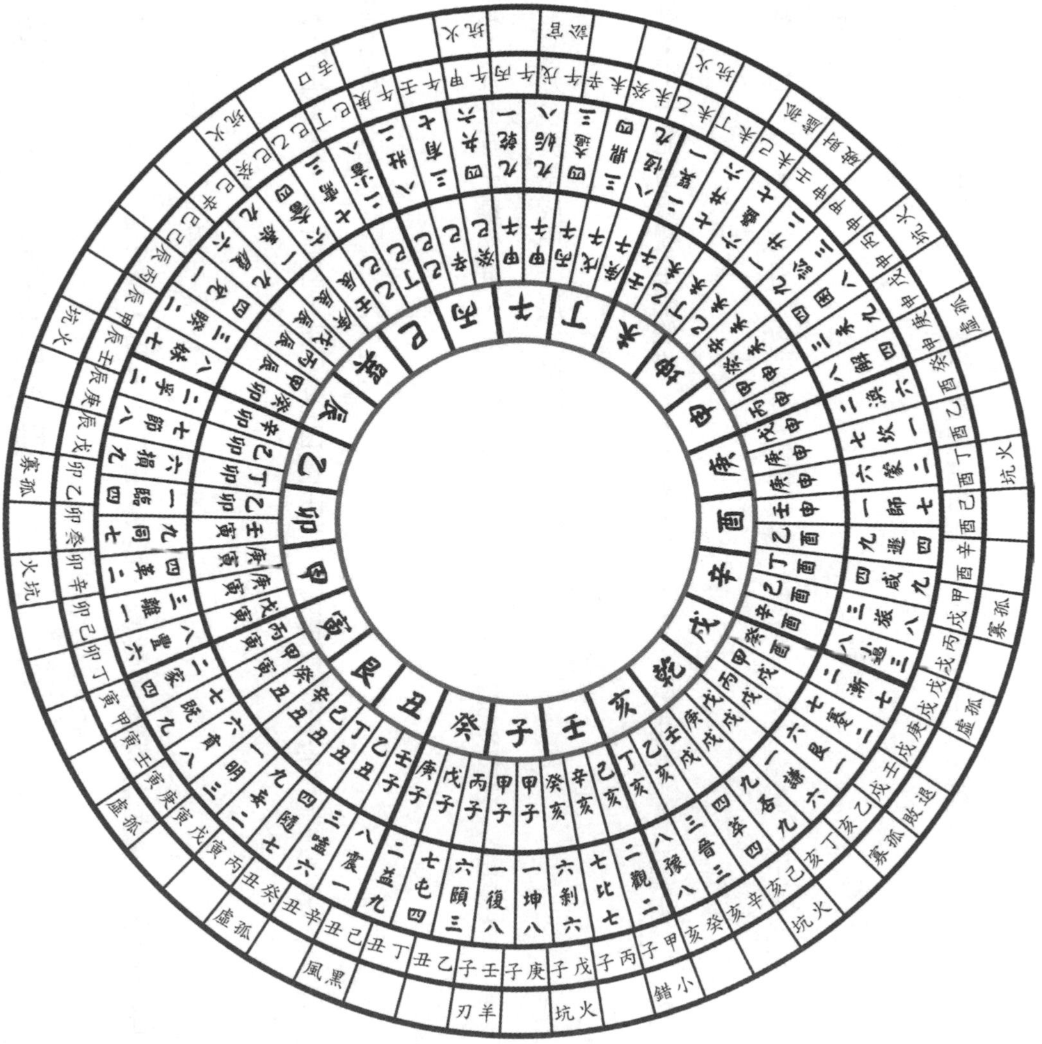

六十透地龍圖示

六十龍透地（五子氣吉凶秘訣）

甲子氣：七壬三亥為小錯，甲子沖棺出黃腫，瘋跛痽癩女啞男勞，若見丙上水，棺內有泥漿，又應口舌官非，巳酉丑年應。

丙子氣：正壬龍，大吉昌，添人進口置田莊，富貴雙全定有應，諸事尤吉祥，若見來坤水，棺槨內外是小塘，申子辰巳酉丑年應。

戊子氣：五子五壬是火坑，出人風流敗人倫，不唯木根穿棺內，白蟻從此生，若見巽方水，壙內泥水二三分，寅午戌申子辰年應。

庚子氣：正子龍富貴雙全福悠隆，人財六畜盛，申子辰年豐，若見巽方水，棺內泥難容。

壬子氣：七子三癸是羊刃，出人少亡招賊侵，損妻剋子多禍事，申子三年應，若見庚辛水，棺內作撐船。

乙丑氣：七癸三子旺人丁，食足衣豐富貴亨，倘見午丁水，棺內滥泥五寸深，又主病，巳酉丑年應。

丁丑氣：正癸龍，出人聰明又伶優，富貴悠久長，諸事樂時擁，若見未方水，棺內若塘中，申子辰年應。

己丑氣：五丑五癸是黑風，女妖男勞百事凶，瘋疾最可慘，敗絕實可痛，又見亥方水，井內有生蟻蟲，巳酉丑寅午戌年應，水淹入坑中。

辛丑氣：正丑龍，三十富貴大興隆，人丁大旺諸事吉，慈恭孝友邁凡庸，若見寅上水，棺入泥漿中。

癸丑氣：此邊三艮犯孤虛，葬後官靈實可必，諸事不如意，仲房皆不遂，口舌退財多敗絕，申子辰亥卯未年應，又見乾方水，木根穿棺定不疑。

丙寅氣：七艮三丑真平常，縱橫發福不久長，寅午戌年應，諸事皆吉祥，若見亥方水，棺濫入泥漿。

戊寅氣：正艮龍，富貴榮華世代隆，申子辰年登科應，只怕卯水沖棺定有凶。

庚寅氣：五艮五寅是孤虛，火坑黑風空亡的，葬後三六九年瘋疾見，人倫敗絕最堪啼，若見申方水，井內有水泥。

壬寅氣：正寅龍，富貴人財豐，田應廣置多福澤，巳酉丑年逢，倘見午方水，棺在水泥中。

甲寅氣：七寅三甲主平穩，一代興發好，後世多眼病，若見坤方水，棺中白蟻生。

丁卯氣：七甲二寅人平常，酒色飄流懶惰揚，寅午戌年應，又忌亥水多泥漿。

己卯氣：正甲龍，人財兩發衣食豐，若見巽方水，老鼠穿棺中，申子辰年應不爽，人子衰親莫糊胸。

辛卯氣：五辛五卯是黑風，火坑敗絕出盜翁，三房先絕後反別房，官靈疊見事多凶，若見庚申水，來射濫泥一盡入棺中，此墓若還不移改，人財敗絕永無蹤。

癸卯氣：正卯龍，富貴雙全出人聰，田財廣進多美境，人安物準百事通，若見巳方水，木根穿棺定不容，巳酉丑年應。

乙卯氣：三乙七卯孤寡敗絕多壽夭，後代腰駝並曲腳，縱然有人亦難保，若見戌方水，井內泥水養魚好。

戊辰氣：七乙三卯富貴壽長把名標，倘見申酉方水，棺內有蟻蟲，巳酉丑年應。

庚辰氣：正乙龍，出人發福永不窮，七代富貴出人秀，起群冠世雄，亥卯未年見，只怕丁水主火凶。

壬辰氣：五辰五乙是黑風，火坑敗絕最足痛，口舌官非少亡慘，離鄉和尚永別蹤，若見戌方水，棺內泥如膿。

丙辰氣：七辰三巽，主外發福，衣食平穩，招贅入房，後代人敗絕，申子辰年應，若見寅申水，木根穿棺亡人不安。

甲辰氣：正辰龍，七十五年富貴豐，若見子癸水，井肉泥水攻。

己巳氣：七巽三辰富貴均平，亥卯未年應，若見乾上水，屍骨入泥坑。

癸巳氣：五巳五巽是黑風，火坑敗絕百事凶，葬後五年並七載，老丁六畜敬若風，若見丑方水，老鼠棺內作窠攻。

乙巳氣：正巳龍，榮華富貴福最隆，寅午戌年應，有驗，只見癸水來，沖棺泥封。

丁巳氣：七巳三丙，三年七載口舌病來攻，若見卯水來，棺木內外水泥侵。

辛巳氣：正巽龍，榮華富貴定光宗，巳酉丑年應不爽，只怕午丁水來沖。

庚午氣：七丙三巳，人興財旺有其日，世代多進田莊，申子辰寅午戌年應，忌見甲寅水，棺內泥水損人丁。

壬午氣：正丙龍，富貴雙全出英雄，三、七載人丁旺，景星莊雲授誥封，忌見申方水，井內泥漿凶。

甲午氣：五丙五午是火坑，巳酉丑年家敗傾，若見午丁水，棺木底爛崩。

丙午氣：正午龍，家運平平發人聰，謀事穩妥諸般吉，申子辰年巳酉丑年多應驗，若見丑艮水，泥水入棺中。

戊午氣：七午三丁，官訟口舌亂紛紛，人丁平常過，發招橫事臨，若見子癸水，寅午戌年應。

辛未氣：七丁三午，出人俊秀性不魯，一發如雷響，粟陳貫朽庫，若見午丁水，棺內木根出。

癸未氣：正丁龍，出人富貴壽不窮，若見庚方水，亡人靈危凶，亥卯未年應。

乙未氣：五丁五未犯孤虛，火坑敗絕最堪的，若見巳水來，屍骨已成泥，巳酉丑年應。

丁未氣：正未龍，雙全富貴長久逢，申子辰年應不爽，世代旺無窮，倘見丑艮水，棺在水泥中。

己未氣：七未三坤犯孤虛，殃禍退財定不移，寅午戌年出瘋迷，已惡人見疑，若見亥壬水，兒孫橫事生。

壬申氣：七坤三未破家財，瘋痰蕭索實可哀，巳酉丑年應，諸藥難調靈，若見午方水，棺內水流來。

甲申氣：正坤龍，出人聰俊富貴豐，申子辰年必有兆，世代孫無窮，若見艮流水，棺內兩分凶。

丙申氣：五申五坤是黑風，火坑敗絕主貧窮，若見子癸水，井內泥水凶。

戊申氣：正申龍，出人聰明壽發長，富貴雙全丁財旺，若見甲方水，棺內泥水侵。

庚申氣：七申三庚犯孤虛，寡靈事出奇，若見乾方水，亡人受靈逼。

癸酉氣：七庚三申富貴揚，人財兩發福壽長，若見丁方水，棺內是小塘。

乙酉氣：正庚龍，出人富貴最聰明，若見辰宮水，棺內水泥坑。

丁酉氣：五庚五酉是火坑，百事不遂絕人丁，若見癸方水，棺內泥水浸。

己酉氣：正酉龍，文武近三公，申子辰年應，世代富貴豐，若見卯方水，棺板不全空。

辛酉氣：七酉三辛富貴揚，人丁田財旺無憂，亥卯未年應，只怕乾水，沖棺又加愁。

甲戌氣：七辛三酉，一代富貴發不久，後山僧道，寅午戌年有孤寡，又敗絕，諸事疊見憂，若見壬方水，墓生奇怪土。

丙戌氣：正辛龍，人丁發達壓時雍，登科及第早，申子辰年逢，若見甲卯水，木根穿棺中。

戊戌氣：五戌五辛犯孤虛，火坑敗絕人多疾，和尚少亡孤寡慘，損妻剋子定無凝，午未年前見，方知受靈奇，若見申方水，棺木不全。

庚戌氣：正戌龍，富貴榮華衣食豐，巳酉丑人多見喜，三、六年出人聰，若見午丁水，棺骨入泥中。

壬戌氣：七戌並三乾，出人無財損少年，離鄉僧與道，損妻剋子二房占，申子辰年應，敗退無其算，若見辰戌水，棺內有泥水。

乙亥氣：七乾並三戌，出人孀寡少亡孤，瘋疾瘖啞實足悕，寅午戌年疊見哭，若見坤宮水，棺內白蟻屋。

丁亥氣：正乾龍，富貴大發衣食豐，申子辰年多吉莊，只怕巽方有水，沖棺水泥凶。

辛亥氣：正亥龍，人財兩發福悠隆，若見午丁水，棺板不全凶。

己亥氣：五乾五亥並黑風，火坑主絕敗，申子辰年，寅午戌年，人走他鄉多奇怪，若見庚酉水，木根穿棺會受害。

癸亥氣：七亥並三壬，出官享豐亨，人丁昌盛多美境，申子辰年應，若見辰方水，棺內不潔淨。

結語

透地六十龍，其實為六十甲子納音，正針壬子，丙午之中剖戊子，甲午為陰陽大分界。但清末術士，詭為立說，以正針壬子丙午、癸丑丁未、艮寅坤申、甲卯庚酉、乙辰辛戌、巽巳乾亥二十四山之中為火坑者。

本來所謂「珠寶」與「火坑」原出於《青囊奧語》：「顛顛倒，二十四山有珠寶；順逆行，二十四山有火坑」。推原其義，用於沈氏玄空，以流行元運之氣，山向均逆則令星到山、到向，擬之為珠寶；若流行元運之氣，應逆而反順，則令星反背而犯上山下水，擬之為火坑。用之於其他派門，則又有另外說法。

東漢王充論衡有云：「事莫明於有效，驗莫大於有證」。粵明代大師李默齋辟徑集論天星地曜有云：「余向在東莞中，以羅經歷試諸家祖墳，其禍福吉凶，分金座向，有不必盡然者，始知術貴變通，理難執著」。誠哉！是言也。

其實所謂二十四山有火坑者，只有己丑，乙未，壬辰，戊戌四線最凶，因出卦必絕長房。至若正針之子午正線，即縫針壬子，丙午之中，乃陰陽大分界，先儒謂：「陽自復始，六變而乾陽備；陰自姤生，六變而坤陰成」。明師立向避此陰陽大分界，亦非所宜也。

是故分金的吉凶判斷基準，不能僅憑著火坑、珠寶就妄下斷語。仍然以大玄空六十四卦元運的衰或旺，以及先天卦氣、後天卦運是否符合巒頭形局，山峰走勢，來龍、入首、來水、去水、座向，以及福東本命之生剋制化以為造作、裁剪依據，並配合奇門遁甲、天星擇日學，之後再參照透地六十龍可矣，如此方能取吉於山川峰巒，鍾地靈之氣，擇佳期以奪日月之光，是為天光下臨，地德上載，藏神合判，神迎鬼避。《易經》：「與天地合其德，與日月合其明，與四時合其序，與鬼神合其吉凶」。造福人群，即在此中求。

國家圖書館出版品預行編目資料

天下第一風水理氣大全 / 張清淵著.
－－第一版－－臺北市：知青頻道出版；
紅螞蟻圖書發行，2013.1
面　公分－－(Easy Quick；126)
ISBN 978-986-6030-42-0（平裝）

1. 堪輿

294　　　　101019897

Easy Quick 126
天下第一風水理氣大全
作　　者／張清淵
主　　編／白漢忠
校　　對／張瑞蘭、楊安妮、張清淵
發 行 人／賴秀珍
總 編 輯／何南輝
出　　版／知青頻道出版有限公司
發　　行／紅螞蟻圖書有限公司
地　　址／台北市內湖區舊宗路二段121巷19號（紅螞蟻資訊大樓）
網　　站／www.e-redant.com
郵撥帳號／1604621-1　紅螞蟻圖書有限公司
電　　話／(02)2795-3656（代表號）
傳　　真／(02)2795-4100
登 記 證／局版北市業字第796號
法律顧問／許晏賓律師
印 刷 廠／卡樂彩色製版印刷有限公司
出版日期／2013年1月　第一版第一刷
2019年5月　　第二刷（500本）

定價 688 元　港幣 229 元

ISBN 978-986-6030-42-0　　Printed in Taiwan